조선 후기 사행가사의 문학적 흐름

지은이

김윤희(金允姬, Kim Yun-hee) 강원도 정선 출생. 강릉여자고등학교를 졸업했고 1998년도에 고려대 국어국문학과 입학했으며 영어영문학과를 복수전공 하였다. 2002년도에 고려대 대학원에 입학하여 2005년에 석사학위를, 2010년에 「조선 후기 사행가사의 세계 인식과 문학적 특질」로 박사 학위를 받았다. 박사 논문 테마로 2010년 솔벗재단 한국학 연구비 수혜자로 선정된 바 있다. 2007~2008년 동안 고려대 민족문화연구원 시조 DB실에서 연구원으로 근무했으며 2010~2011년에는 고려대 BK21 한국어문학교육연구단 연구교수로 재직했다. 고려대, 한성대, 경희대 등에서 강의했으며 현재에도 고려대에서 강의와 연구에 집중하고 있다. 주요 논문으로는 「조선 후기 사행가사의 창작 과정과 언어적 실천의 문제」, 「사행가사에 형상화된 타국의 수도 풍경과 지향성의 변모」, 「잡지 『소년』에 수록된 고시조와 최남선의 창작 시조에 대한 연속적 고찰」, 「1920년대 일본 시찰단원의 가사 〈동유감홍록〉의 문학적 특질」, 「20세기 초 외국 기행가사의 세계 인식과 문학사적 의미」 등이 있다.

조선 후기 사행가사의 문학적 흐름

초판 인쇄 2012년 9월 20일 **초판 발행** 2012년 9월 30일
지은이 김윤희 **펴낸이** 박성모 **펴낸곳** 소명출판 **출판등록** 제13-522호
주소 서울시 서초구 서초동 1621-18 란빌딩 1층
전화 02-585-7840 **팩스** 02-585-7848 **전자우편** somyong@korea.com **홈페이지** www.somyong.co.kr

값 34,000원
ISBN 978-89-5626-752-4 93810

조선 후기 사행가사의 문학적 흐름

The literary stream of Sa-hang Ga-sa in the late Joseon Dynasty

김윤희

소명출판

책머리에

필자는 박사 과정 중이던 2007년 고려대 이형대 선생님의 도움으로 프랑스에서 개최된 유럽한국학회(AKSE)와 런던대 SOAS 한국학 센터에서 주최한 워크샵에 참석할 기회를 얻게 된 적이 있다. 이 때 필자는 '한국인의 눈에 비친 서양'이라는 주제로 20세기 초의 미국 기행가사 〈해유가(海遊歌)〉를 분석하여 발표를 했었는데 이를 계기로 '기행가사'와의 '운명적' 만남이 시작되었다. 학부 3학년 시절 '고전문학반'이라는 소모임에서 조선 후기 가사 〈덴동어미화전가〉를 읽으며 느꼈던 운명적 설렘을 다시 한 번 경험하게 된 순간이기도 했다. 그리고 무엇보다 이 학회에서의 견문은 '우물 안의 개구리'와 같던 나에게 새로운 삶의 화두를 던져 준 계기가 되었다. 한국학에 대한 열정으로 반짝이던 외국 학자들의 눈빛과 담론은 '외부'에서 '내부'를 관찰함으로써 생성될 수 있는 성찰적 거리 감각을 일깨워 주었다. 그리고 한국에서 고전문학을 공부한다고 필자를 소개하니 많은 분들이 외국 대학에서는 한국 '고전문학'의 실체와 미학을 궁금해 한다고 알려 주셨다. 한국이라는 틀을 넘어 보편적 시야에서도 논의될 수 있는 고전문학의 가치를 탐색하여 소통해야 할 필요성을 깨닫게 된 것이다. 이 체험을 인해 필자는 이후에도 여러 번 국제 학술대회에 참석하였으며 이러한 시도와 노력은 앞으로도 지속하고 싶다.

이러한 일련의 계기들로 인해 필자는 점차 자연스럽게 조선 후기 사신들이 남긴 여행 기록들에 관심을 갖게 되었다. 우선 필자의 경험 탓인지 외국을 체험한 이후 생성된 그들의 내적 반응과 그것을 문학적으로 형상화한 과정 및 결과가 몹시 궁금했다. 특히 당시의 보편 문어였던 한문 기록 이외에 자국어를 통해 표현하고자 한 언어적 감각과 정서적 층위에 대해서 분석해 보고 싶었다. 비록 현전하는 작품들의 수가 풍부하지는 않지만 16세기부터 20세기까지 지속적으로 창작된 '사행가사'의 경향성은 문학적 흐름의 측면에서 논의될 여지가 충분해 보였기 때문이다. 자료들에 대한 애정과 분석에의 열망은 충분했지만 박사 논문을 쓰는 과정은 치열한 분투의 연속이었다. 국가별, 시대별로 흩어져 있는 작품들에 대해 통시적 계열화를 시도하는 작업이 생각만큼 쉽게 진행되지 않았기 때문이다.

몇 달간의 고민과 노력 끝에 필자는 '동아시아 관계사'와 '한문 기록과 가사문학의 이원적 구도'라는 분석의 틀을 설정할 수 있게 되었다. 조선 후기 사신들이 중국과 일본을 인식하는 양상은 동아시아 삼국의 시기적 관계망에 따라 변모를 보이게 되는데 이러한 역사학계의 논의들과 사행가사의 흐름이 조응하는 측면들을 발견할 수 있었기 때문이다. 또한 사행가사 작품들이 한문 기록과 중첩되거나 차이를 보이는 부분들을 검토하다 보니 자국어 문학으로서의 심미적 특질을 포착할 수 있게 되었다. 그리고 이러한 특징들을 토대로 시대와 국가에 따라 작품들을 배치해 보니 세계 인식의 차이에 따라 문학적 특질도 연속적 경향성을 보이며 변모해 간 흐름이 확인되었다. 이 과정에서 그 동안 국문학계에 축적되어 온 연구사 검토는 물론, 역사학계의 관련 논의, 작품들에 대한 해석과 한문 기록과의 대조 등과 같이 넘어야 할 산들이 너무도 많았었지만 돌이켜 보면 고전문학에 대한 애정만으로 나를 온전히 연구에 내맡길 수 있었던 기쁨의 시간이기도 했다. 몰두의 연속. 힘들고 지칠 때쯤이면 새롭게 보였던 자료의 가치와 의미의 발견, 그 희열로 인해 오로지 나 자신과의 싸움이었던 순간들을 견딜 수 있었다.

이러한 노력의 결과물로 2010년 여름에 「조선 후기 사행가사의 세계 인식과 문학적 특질」이라는 제목으로 박사 학위를 받을 수 있었으며 이 책은 이 학위 논문을 부분적으로 손질하여 출간한 것이다. 연행록과 관련된 많은 자료를 보유하고 계신 동국대 선생님들의 배려로 논문의 일부 오류를 수정할 수 있게 되었다. 그럼에도 여전히 부족함이 많고 수정해야 할 부분이 많은 글이지만 더욱 더 발전적인 논의를 위한 출발점으로 삼겠다는 마음가짐으로 부끄럽지만 용기를 내보았다. 또한 책 제목을 '문학적 흐름'으로 수정한 이유는 논문을 쓰면서 필자가 근본적으로 고민했던 것이 바로 고전시가의 문학적 감성이었기 때문이다. 산문 기록이 아닌 가사로 창작된 작품들이기에 세계를 인식하고 그것을 표현하는 과정에 문학적 감성이 작동하고 있었으며 그 궤적을 통시적으로 고찰해 본 결과물이라는 점을 강조하고 싶었다.

과거의 자료들이지만 문학이기 때문에 우리는 그들의 실제적 내면과 목소리에 귀 기울일 수 있고 현재적 의미까지도 고민해 볼 수 있다고 생각한다. 사행가사를 읽다 보면 낯선 세계로의 여행과 인식의 변모, 기억에 대한 표현 욕망과 재현 방식 등 결코 지금의 우리와 크게 다르지 않은 사유 체계를 발견할 수 있다. 그렇지만 어떤 면에서 보면 우리보다 더욱 치열하게 경험 세계를 인식하며 문학적 형상화를 시도한 그들의 열망이 감지되기도 한다. 우리가 사는 삶과 사회의 경계를 넘어보는 것, 그 너머에 대한 사유가 문학적 감성과 실천으로까지 연계되는 것은 쉬어 보이면서도 결코 쉬운 일이 아니다. 더욱이 자국어의 미감과 효용성을 인지하여 감각적 · 체계적인 양상으로 언어적 실천을 시도한 사례들은 문학적 연속성의 측면에서도 높이 평가되어야 할 것으로 보인다. 자국어 문학은 근원적인 위안의 정서를 줄 수 있음은 물론 보편적인 소통의 확대에도 기여할 수 있다는 점에서 오늘날의 우리에게 시사하는 바가 많기 때문이다.

궁금하다. 재미있다. 설렌다. 새롭다. 더 알고 싶다.

고전문학에 대한 나의 사랑이 이러한 순수한 감정들과 함께 더욱 발전적인 연구로 지속될 수 있기를 간절히 바래본다.

그리고 이 책의 발간과 함께 은사이신 김흥규 선생님의 정년을 감히 감축 드리고 싶은 마음이 있다. 올해 정년을 맞이하신 김흥규 선생님과의 인연은 고등학교 시절로 거슬러 올라간다. 우연히 문학 작품 해석을 읽던 중 역사적 통찰력과 문학적 감성을 통합적으로 분석한 논리에 감탄하여 나도 모르게 저자를 찾아보았던 경험이 있다. 그리고 고려대 국문과에 입학한 후 첫 학기는 선생님의 '한국문학의 이해' 강의로 인해 막연했던 동경이 현실화되었던 봄날의 기억으로 남아 있다. 박사 과정을 수료하던 2009년에는 선생님의 배려로 서관에 위치한 선생님의 연구실에서 논문을 쓸 수 있었다. 오전에 연구실의 창문을 열면 들어오던 신선한 바람은 오랜 세월 빛바랜 많은 책들을 어루만져 주는 듯했다. 하얀 연꽃이 햇살에 눈부시게 빛나던 어느 봄날의 바람은 마치 과거를 알고 싶다는 듯 연구실 안으로 돌진해 오기도 했다. 고전문학을 공부하던 필자의 욕망과 그 바람의 느낌이 왠지 비슷하다는 생각이 들었었다. 그 공간은 마치 현실 속에서의 내가 과거의 텍스트와 온전히 대화할 수 있게 해 주는 비밀의 통로와 같았던 것이다. 선생님의 퇴임과 함께 그 방은 사라졌지만 오래된 아름다움으로 빛나던 그곳은 아주 오랫동안 필자의 기억에 남아 가끔씩 찾아 가게 될 것만 같다. 대학원에 입학한 이후부터 지금에 이르기까지 아직도 여전히 필자는 선생님께 한없이 부족한 제자라는 생각을 지울 수 없다. 부족함은 채울 것이 많음을 의미하는 것이기도 하기에 지금보다는 더 나은 모습을 앞으로 보여드리겠다는 다짐으로 변명을 삼아 본다. 그리고 이 책은 이러한 변명의 출발점이자 또 다른 목표를 향한 실천적 의지의 반영이기도 하다.

대부분의 연구 성과가 그러하듯 본 결과물이 나오기까지 정말 많은 선생님들의 도움을 받았다. 특히 본 연구는 사행가사 작품들에 대한 주해 및 현대역, 관련 한문 기록에 대한 영인까지 완료해 놓으신 선생님들의 노고가 아니었으면 시작할 엄두조차 내지 못했을 것임을 고백하는 바이다. 후학들을 위해 자료에 대한 기초적 작업을 완료해 주신 김원모, 박노준, 임기중, 임형택, 최강현, 홍재휴 선생님들께 깊은 감사를 표하며 노고에 누가 되지 않기 위해 부족하지만 최선의 노력을 기울였다. 그리고 박사 논문을 준비하면서 끊임없는 조언과 격려를 통해 할 수 있다는 믿음과 자신감을 주신 고려대 이형대 선생님께 깊은 감사의 말씀을 전한다. 정말 지도 교수님과 다름없는 선생님의 열정으로 인해 필자는 어둠 속에서도 길을 잃지 않을 수 있었다.

또한 2009년 고려대학교 BK21을 통해 학위 논문 예비 발표를 진행했을 때 꼼꼼한 질의를 통해 많은 도움을 주신 고려대 민족문화연구원의 장정수 선생님께도 감사의 말씀을 전한다. 박사 논문의 심사를 기꺼이 맡아 주셨던 고려대 국문과의 장효현 선생님, 한양대의 이승수 선생님,

연세대의 윤덕진 선생님께도 이 자리를 통해 다시 한 번 감사의 말씀을 드리고 싶다. 바쁘신 와중에도 주제에서 오탈자에 이르기까지 정말 세심하게 논문을 봐주시고 지도해 주셨기에 부족한 부분들을 수정·보완하여 지금의 이 책이 나올 수 있게 되었다. 항상 존경해 마지않던 선생님들을 모시고 학위 논문 심사를 받을 수 있어 개인적으로도 큰 영광이었다.

박사 논문을 쓰면서부터 공부를 한다는 것이 참으로 고독하고 힘든 길이라는 점을 뼈저리게 절감하였고 지금도 나는 그 길 위에 서 있다. 지칠 때마다 따뜻한 조언으로 마음에 큰 위안이 되어 주시는 한성대의 신경숙 선생님, 고려대의 김기형 선생님, 성균관대의 서철원 선생님께도 깊은 감사의 말씀을 전하고 싶다. 엄정함과 성실함을 요구하는 학문의 세계이기에 자주 넘어질 수밖에 없지만, 그럴 때마다 진심이 전해지는 조언과 격려로 다시 일어날 수 있는 힘을 주셨다. 후학을 위한 인간적 배려와 따뜻한 마음의 소중함을 알게 해 주셨고, 그 온기로 인해 필자도 '희망'을 꿈꿀 수 있게 되었음에 진심으로 감사한다. 차가운 자본주의 시대에 인문학의 가치가 따뜻한 빛을 발할 수 있게 항상 애써 주시는 소명출판의 박성모 사장님과 번잡한 원고를 정말 꼼꼼하고 예쁘게 다듬어 주신 편집부의 노고와 배려에도 감사의 말씀을 전한다.

그리고 결혼 전까지 공부에만 몰두할 수 있도록 언제나 사랑과 희생을 베풀어 주셨고 지금까지도 항상 맏딸을 염려해 주시는 나의 엄마. 사랑한다는 말로도 표현될 수 없는 그 뿌리 깊은 감정에 대해서는 앞으로 더욱 효도하겠다는 마음으로 애써 모른 척 해 본다. 가족이라는 이름으로 영원할 나의 예쁜 두 동생들 난희와 수영이에게도 고마운 마음을 전한다. 그리고 작년부터 나의 고단한 삶을 옆에서 지지하고 응원해주고 있는 사랑하는 남편 최승현 씨. 시작과 끝이 정해져 있기에 우리네 삶은 줄곧 여행에 비유되곤 한다. 이번 생의 동반자로서 이제 함께 하는 즐거운 여행을 꿈꿀 수 있게 해 준 그의 사랑과 배려에 감사한다.

마지막으로 언젠가 이 생의 끝에서 다시 만나게 될 아빠. 필자가 박사 학위를 받은 것을 세상에서 가장 기뻐해 주셨을 분인데, 불행한 시대를 온 몸으로 견디어 내며 일생을 희생하신 분인데, 그래서 이 책을 가지고 당장 달려가 품에 안기고 싶은 분인데, 운명이란 참으로 가혹하다. 그럼에도 언제나 나를 지켜봐 주시고 응원해 주시기에 필자는 공부도 삶도 운명이 허락할 때까지 최선을 다할 것이다. 이제 곧 하늘에서 맞이하시는 아빠의 환갑 생신일이 다가온다. 너무도 많이 사랑하고 존경하는 아빠의 영전에 이 책을 삼가 바친다.

2012년 9월

김윤희

차례

제1장

사행가사 연구의 동향과 방법론의 모색

1. 문제의 소재 및 연구사의 주요 동향

본 연구는 조선시대 사행가사[1]에 대한 통합적 고찰을 통해 작품에 투영된 세계 인식과 문학적 특질의 제양상을 통시적으로 해명하고, 창

1 최강현은 기행가사를 "① 관유가사(觀遊歌辭) : 여행자의 의지와 관계없이 여행자가 관유적 심상으로 나라 안을 여행하고 그 경험을 작품화한 기행가사(불가항력적인 자연의 위력으로 행선지가 외국으로 바뀐 경우도 포함) ② 유배가사(流配歌辭) : 동기가 타의에 의한 것으로 귀양살이를 매개로 나라 안에서 여행하고 얻은 경험을 작품화한 기행가사 ③ 사행가사(使行歌辭) : 동기가 여행자의 자 · 타의에 상관없이 행선지가 외국이며 그 여행 목적이 국제적 외교성을 띤 장거리 여행을 경험하고 지은 기행가사"와 같이 세 범주로 분류한 바 있다(최강현, 『韓國 紀行文學 硏究』, 일지사, 1982, 38~39쪽). 본 연구에서 논의될 작품들은 모두 ③의 경우에 해당한다고 볼 수 있다. 그런데 18세기 후반의 〈표해가〉는 '표류'가 소재인 작품이라 이 분류에 따르면 ①에 해당한다. 〈표해가〉가 사행가사에 포함되지 않음은 분명하지만 사행가사에 투영된 세계 인식의 통시적 변모 양상을 해명하는 데 있어 참고적 작품이 될 수 있어 본 연구의 논의 대상에 포함시킨다는 점을 밝혀둔다.

작 및 향유 맥락을 살펴 작품들의 사회 · 문화적 의미를 확인해 보고자 한다. 조선시대에 지속된 중국과 일본에 대한 사행은 정치 · 외교적 사안인 동시에 당대 지식인들이 동아시아 세계를 인식하는 주요 통로였다. 권력 및 문화의 함수 관계가 지속되어온 동아시아 삼국의 구도 속에서 조선시대 지식인들은 연행사와 통신사를 통해 유입된 외부 문물 및 지식에 반응하며 현실 감각을 조율했던 것이다. 그 과정에서의 세계 인식 및 자각적 대응과 관련된 의식적 산물이 바로 연행록류와 해행록류의 기록들이며 그렇기 때문에 이 사료들은 '동아시아적 차원에서 지식 정보의 보고'[2]라고 할 수 있다. 이 가운데 사행문학[3]은 공식적 차원의 기록들과 달리 창작 주체가 경험을 해석하고 내면화하여 의미를 재구성했기 때문에 심미성과 성찰성이 풍부한 텍스트라고 할 수 있으며 이는 일찍부터 많은 연구자들이 사행문학을 주목한 이유이기도 하다.

4음보 운율을 바탕으로 연속되는 가사문학은 근대 이전의 서사적 체험을 표현하는 데 있어 매우 유효한 고전시가 장르였다. 또한 사행은 그 체험이 특별하고 서사적 요소가 풍부함은 물론 낯선 시공간에서의 인식적 기제가 확인된다는 점에서 가사문학으로의 형상화가 용이한 소재이다. 국내가 아닌 해외로의 체험은 주체와 자국에 대한 객관적 거리를 확보하게 하는 경험이며, 외부 문물과 접촉하는 과정에서 '타자'와 '자아'에 대한 동시적 인식을 통해 양자의 거리 감각을 확인하게 한다는 점에서 의의가 있는 것이다. 그러므로 사행가사에 관류하는

2 임형택, 「조선사행의 해로 연행록 : 17세기 동북아의 역사 전환과 실학」, 『한국실학연구』 9, 한국실학학회, 2005.

3 사행문학의 하위 영역에 해당하는 사행가사는 청나라 사행과 관련된 작품들을 '연행가사'로 통칭하며 일본의 경우는 '(대일)사행가사'라고 하는 것이 보편적이다. 그러므로 본 연구 역시 '사행가사'라는 용어를 주로 사용하되 논의 흐름상 필요할 경우 '연행가사'를 혼용할 수도 있음을 밝혀둔다.

창작 주체의 인식 기제는 타국을 체험하는 과정에서 강화되거나 변화하는 양상을 보이며 시대와 국가에 따른 차이도 확연하다. 또한 산문이나 한시와 변별되는 국문시가만의 미적 질감과 문학적 관습을 기반으로 16세기부터 지속적으로 창작 · 수용되어 왔다는 점에서 중요한 문학적 텍스트이기도 하다. 유사한 동사 구조의 반복 및 확장이라는 율격을 기반으로 주관적으로 선택한 체험의 공간과 파생된 정서의 결들이 교직을 이루고 있으며 이 과정에서의 문학적 질감 역시 시대별로 현저한 차이를 보이고 있다. 이는 동아시아 세계를 인식하는 구도와 작품의 창작 및 향유와 관련된 소통 구조가 변모하면서 발생한 현상이기도 하다.

이처럼 여타 사행문학 작품과 변별되는 사행가사의 가치는 당대인들의 삶과 사유에 대한 동아시아적 조망을 가능하게 함은 물론 사적 영역에서의 심미적 환기를 가능하게 하는 문학적 특질과 그 변모 양상이 발견된다는 점에 있다. 그렇기 때문에 사행가사를 역사적 실증을 보완하기 위한 사료의 일부로만 간주하거나 기행가사의 하위 항목 또는 단편적 작품의 시야에서 문학적 특성을 분석하는 기존의 시각들에 대한 지양과 변증법적 통합이 필요해 보인다. 사회적 담론이 작품의 미학과 유기적으로 연계되는 지점의 실체와 의의가 구체적으로 확인되는 고전시가의 한 영역으로서 그 위상이 제고되어야 하는 것이다.

따라서 본 연구에서는 역사적 존재로서 시적 화자가 타국을 인식했던 양상과 그 이면의 자아 변용을 살피는 동시에 국문가사로 형상하되는 과정에서의 문학적 특질을 분석하여 조선시대 사행가사의 실체를 파악하고 그 역동적 변모 양상을 확인해 보고자 한다. 또한 창작 주체의 창작 기반이나 향유 및 수용 양상에 주목함으로써 작품들의 사회 ·

문화적 의미를 고찰하여 그 실질적 생명력과 의의를 고찰할 것이다. 이러한 목적을 향한 과정이 순탄치는 않겠지만 텍스트에 대한 해명이라는 중심적 지표를 향해 시대적 변모 과정을 성실하게 살펴본다면 결국 작품들의 문학적 특질과 세계 인식이 조응하는 지점이 해명되어 그 사회·문화적 의미가 보다 온전하게 발견될 수 있을 것으로 보인다. 우선 분석 대상에 해당하는 작품들의 시대적 배열 양상과 목록을 각각 표로 제시하면 〈표 1〉, 〈표 2〉와 같다.

표 1. 분석 대상 작품들의 공간적, 시간적 배열 양상

세기 \ 지역	중국	일본	영국
17세기	○○○	○	—
18세기	○	○	—
19세기	○○○○	—	—
20세기	—	○	○

표 2. 분석 대상 작품 목록

번호	세기	작품명	작자	창작연대	유형	지역	분량	이본	필사연도
1	17세기	장유가	남용익	1666년경 (현종7)	사행	일본 중국	646구	1	미상
2		연행별곡	유명천	1694년 (숙종20)	사행	중국	201구	1	미상
3		서정별곡	박권	1695년 (숙종21)	사행	중국	324구	1	계묘년
4	18세기	일동장유가	김인겸	1764년 (영조40)	사행	일본	8200구	3	미상
5		*연행장도가	홍대용	1797년 (정조20)	사행	중국	26구	1	1797
6		*표해가	이방익	1797년 (정조20)	표류	중국	604구	2	—
7	19세기	(무자)서행록	김지수	1828년 (순조28)	사행	중국	2710구	1	1880 (추정)
8		(임자)연행별곡	서염순	1852년 (철종3)	사행	중국	358구	1	미상

9		(병인)연행가	홍순학	1866년 (고종3)	사행	중국	3782구	9	1891
10		북행가	유인목	1866년 (고종3)	사행	중국	2110구	9	1915
11	20세기	유일록	이태직	1902년 (광무6)	사행	일본	3256구	2	1902
12		셔유견문록	이종응	1902년 (광무6)	사행	영국	844구	1	1902

주 : 〈연행장도가〉는 홍대용의『을병연행록』속에 삽입된 짧은 가사(기존의 연구사에서 〈연행장도가〉로 명명하자는 제안이 있어 우선 이 명칭을 사용하기로 함)이고 〈표해가〉는 표류가 그 소재라는 점에서 두 작품 모두 본격적 사행가사라고 보기는 어렵다. 그러나 세계 인식이나 문학적 형상화의 측면에서 18세기 후반의 양상을 간취할 수 있어 전체 구도를 전개, 보완하는 과정에서 적절히 분석하여 배치할 것임을 밝혀둔다.

〈표 1〉을 보면 많은 수의 작품들이 대(對)청 사행을 토대로 창작되었음을 알 수 있다. 그러나 대(對)일 사행가사도 세기별로 한 편씩 확인이 되며 20세기 초에는 영국 사행가사까지 창작된 점이 흥미롭다. 중국과 일본을 포함한 동아시아 구도 하에서 조선의 대외 관계가 변모된 양상은 물론, 서구의 근대화와 관련된 인식까지 비교해 볼 수 있는 자료의 분포를 보이고 있는 것이다. 그러므로 세기별로 공시적 층위를 구획하여 국가별 차이를 변별해 보는 동시에 전후 시기와 관련된 변화를 통시적 흐름에서 조망해 보는 방법이 가장 유효할 것으로 보인다.

〈표 2〉는 개별 작품들의 주요 서지 사항들을 간략히 정리해 본 것이며 우선 이 작품들의 자료적 특징을 개별적으로 개관하고 관련 연구사를 통해 논의의 초석을 마련해 보도록 하겠다. 앞서 확인했듯이 현전하는 조선 후기 사행가사 작품들은 〈장유가〉(1666)에서 〈셔유견문록〉(1902)에 이르기까지 모두 10편이 있으며 해외 체험을 소재로 한 가사 작품으로는 〈연행장도가〉와 〈표해가〉가 추가적으로 포함될 수 있다.[4]

4 연구사를 진행하는 과정에서 보다 효율적인 정리를 위해 〈표 1〉에 제시된 작품들을 창작 시기별로 ①~⑫의 번호를 설정하여 논의를 진행하도록 하겠다.

1) 남용익(南龍翼, 1623~1692) 〈장유가〉

현전하는 최고(最古)의 사행가사인 남용익의 〈장유가〉는 근래에 학계에 보고된 작품이다. 초학 교재인 『계몽편(啓蒙篇)』의 후반부에 필사되어 있던 작품으로 이성호의 가계에 전해왔으며 임형택의 신발굴 가사자료집[5]에 영인, 소개되었다. 남용익은 28세이던 1655(효종 6)년에 통신사의 종사관으로 일본에 다녀왔고 이어 39세인 1666(현종 7)년에는 연행사의 부사로 중국을 다녀왔다. 〈장유가〉는 이 두 번의 사행 체험을 토대로 창작된 국문가사 작품으로 창작 연대는 1666년경으로 추정되며 17세기 중반 사행가사의 존재 양상과 문학적 특질을 살필 수 있게 하는 중요한 작품이다.

이와 관련하여 두 편의 작품론이 제출되었는데 우선 김윤희[6]는 〈장유가〉의 표현 양상에 감각적, 관념적인 두 층위가 있고 이것이 체험적 · 명분론적 인식 기제와 관련이 있음을 밝혔다. 그리고 〈장유가〉가 사적인 공간에서 가창의 형태로 향유되었음을 보여주는 한시를 소개하기도 하였다. 또한 김유경[7]은 〈장유가〉가 별개의 체험을 완결된 구성 방식으로 구현한 작품이며 대일 의식에는 발전에 대한 경탄이 대청 의식에는 명의 멸망에 대한 안타까움이 주를 이루고 있음을 지적하였다. 또한 산문 기록과의 비교를 통해 선택적 확장과 생략의 기법을 사용한 것이 〈장유가〉의 주된 진술 방식이라고 보았다. 이러한 두 편의

5 임형택, 『옛 노래, 옛 사람들의 내면 풍경』, 소명출판, 2005. 이후 〈장유가〉와 관련된 인용문 및 주석은 이 책에 의거하되 주석의 경우 필요에 따라 가감의 작업이 진행될 것임을 밝혀둔다.

6 김윤희, 「〈장유가〉의 표현 양상과 공간관을 통해 본 17세기 사행가사의 특징」, 『어문논집』 56, 민족어문학회, 2007.

7 김유경, 「최초의 사행가사 〈장유가〉 연구」, 『한국시가연구』 23, 한국시가학회, 2007.

연구 성과는 작품에 대한 이해의 폭을 넓히고 이후 연구의 초석을 마련하고 있다는 점에서 의의가 있다.

2) 유명천(柳命天, 1633~1705) 〈연행별곡〉

〈연행별곡〉은 고려대 도서관 소장 『가사선(歌辭選)』에 필사본이 실려 있는 작품으로, 원전을 확인할 수는 없으며 이상보가 주석과 함께 학계에 보고하였다.[8] 초창기에 연구자에 따라 작가에 대한 논란이 있었으나 임기중[9]이 유명천이 남긴 〈연행일기〉와의 비교를 통해 〈연행별곡〉의 작가가 1694(숙종 20)년 공행사(貢行使)의 정사(正使)였던 퇴당(退堂) 유명천(柳命天, 1633~1705)임을 고증하였다. 유명천은 '해박한 선고(典故)와 다양한 용사(用事)'를 토대로 많은 양의 한시를 창작한 작가이며[10] 특히 많은 수의 두시(杜詩)를 차운하여 당시의 사회적 현실과 심적 고뇌를 형상화하기도 하였다.[11] 〈연행별곡〉과 관련된 본격적인 작품론은 현재까지 진행된 바 없다.

---

8 이상보, 「燕行別曲」, 『詩文學』 52호, 詩文學社, 1975.

9 임기중, 『연행가사 연구』, 아세아문화사, 2001, 29~35쪽. 이 책은 연행가사에 대한 종합적 고찰로 〈연행별곡〉, 〈서정별곡〉, 〈무자서행록〉, 〈병인연행가〉, 〈북행가〉에 대한 전반적 특성이 소개되었고 주석이 된 원문이 제시되어 있다. 앞으로 논의를 전개하는 과정에서 대부분 작품들의 인용문은 이 책에 의거한 것임에 필요에 따라 주석 및 행 구분에 변개가 이루어질 것임을 밝혀둔다.

10 이종찬 · 김갑기, 「퇴당유명천론」, 『조선 후기 한시 작가론』 I, 이회문화사, 1998, 216~218쪽.

11 김갑기, 「退堂 柳命天의 杜詩受容論 - 〈悲秋八首〉와 〈秋興八首〉를 중심으로」, 『한국어문학연구』 35, 한국어문학연구학회, 1999.

3) 박권(朴權, 1658~1715) 〈서정별곡〉

〈서정별곡〉은 박권의 9대손 박영구(朴泳九)의 가장본(家藏本)으로 1695(숙종 21)년 공행사(貢行使) 서장관(書狀官)으로 연행을 다녀온 박권이 창작한 작품이다. 역시 이상보[12]가 교주했으며 이후 김명희[13]가 〈서정별곡〉의 현대어역을 통해 작품의 주된 특징을 분석하였다. 김명희는 이 과정에서 박권의 또 다른 작품인 『북정일기(北征日記)』[14]와의 비교론을 진행하였다. 사행가사인 〈서정별곡〉은 연군지정과 충절을 강조하며 사대부의 문학성을 여실히 드러낸 작품이며 『북정일기』는 사신으로서의 긴장감과 여정, 객수가 잘 묘사되었다는 점에서 각각 문학사적 가치가 있다고 보았다. 이후 임기중[15]은 연행가사를 종합적으로 고찰하는 과정에서 〈서정별곡〉을 가장 템포가 빠르고 장중하며 거침없는 언어구사를 한 작품으로 평가하였다.

4) 김인겸(金仁謙, 1707~1772) 〈일동장유가〉

김인겸은 김상헌(金尙憲, 1570~1562)의 현손(玄孫)으로 1763년 11차로

12 이상보, 「長風에 놀난 물결」, 『文學思想』 33호, 1975.

13 김명희, 「歸菴 朴權의 〈西征別曲〉과 〈北征日記〉 考究」, 최강현 편, 『한국 기행문학 작품 연구』, 한국자료원, 1996.

14 『북정일기』는 1712(숙종 38)년 백두산 정계비를 세우기 위해 청나라의 총독 穆克登이 差使로 나올 때 조선의 接伴史였던 박권이 정계비를 세우는 과정과 매일의 일상생활을 표현한 글이다. 중국 사신들과의 갈등과 조국의 국토에 대한 자각과 애착이 확인된다는 점에서 당대 지식인들의 대청 인식과 그 대응 양상의 일면을 확인할 수 있는 사료이다.

15 임기중, 앞의 책, 59쪽.

파견된 계미 통신사의 삼방서기(三房書記)로 발탁되어 일본에 다녀왔다. 이 체험과 관련된 사행가사가 바로 〈일동장유가〉이다. 이 작품은 학계에 보고[16]된 후 교주 작업[17]이 진행되면서 장르, 작가 의식, 소재 등 여러 측면에 걸쳐 적극적인 연구가 진행되었다. 장덕순[18]은 〈일동장유가〉를 가사문학이 아닌 기행문으로 보는 것이 타당하다는 전제하에 작품 속의 다양한 견문과 삽화를 분류하여 제시하였다. 이는 작품의 다양한 내용적 면모를 파악할 수 있게 해 주었다는 점에서 일차적 의의가 있다. 그러나 김인겸은 〈일동장유가〉 이외에 한문 사행록이 있었다는 점, '가(歌)'라는 제목의 특성상 가사의 양식적 전통 아래 창작되었다는 점, 4음보를 기본으로 한 가사 율격이 느슨하지만 지속된다는 점 등에서 기행 문학이라는 포괄적 관점보다는 사행가사의 측면에서 그 문학적 특질을 분석하는 것이 적절하다고 생각된다.

이후 이성후[19]는 〈일동장유가〉의 내용을 긍정과 부정의 범주로 분류하여 살펴보았으며 작가의 역사의식도 추론한 바 있다. 분석의 기준이나 시각이 모호한 측면이 있지만 작품의 총체적 면모를 분석하고 있다는 점에서 연구사적 의의가 있다. 이어 박희병[20]은 작품의 주요 부분을 살펴 내용적 이해를 진전시켰으며 도시의 번성함에 대한 서술이나 기기(機器)에 대한 특별한 관심 등은 작가의 이용후생(利用厚生)적 사고를

16 장덕순, 「日本紀行의 日東壯遊歌」, 『現代文學』 95, 현대문학사, 1962.

17 심민수 校註, 「日東壯遊歌」, 『탐구신서』 105, 탐구당, 1981; 심재완 校註, 「日東壯遊歌 · 燕行歌」, 『한국고전문학대계』 10, 교문사, 1984.

18 장덕순, 「김인겸의 〈일동장유가〉」, 『여행과 체험의 문학－일본편』, 민족문화문고간행회, 1985.

19 이성후, 「〈일동장유가〉 연구」, 효성카톨릭대 박사논문, 1988.

20 박희병, 「조선 후기 歌辭의 일본체험, 〈일동장유가〉」, 『한국고전시가작품론』, 집문당, 1992.

보여주는 것으로 보았다. 일본 문사들과의 교류 현장에서는 인간적 공감대가 형성되는 모습도 보이고 있음을 긍정적으로 파악하였다. 다만 일본의 학술이나 문물에 대한 깊이 있는 관찰이나 우리의 대응 자세 등이 진지하게 성찰되지 못한 점을 한계로 지적했다. 또한 이성후[21]는 〈일동장유가〉가 18세기의 실학적 분위기에서 창작된 만큼 산문성과 사실성이 확연하다고 보았으며 그 구체적인 사례들을 작품의 주요 소재들을 통해 설명하였다. 효즈토란(고구마), 수긔(水機), 비드리(舟橋), 물방하, 길(道路) 등에 관심을 보이고 있는 작품 내용들을 분석한 것이다.

그러나 고순희[22]는 작품에서 추론할 수 있는 김인겸의 선비의식에 주목하여 그가 중세적 보수성에 기반하여 일본을 인식하고 있다고 보았다. 도회적 문명에 둔감한 사의식(士意識)으로 인해 연행기록물들과는 달리 일본의 문명과 문화를 전혀 수용하려 하지 않았다는 점에서 시대적 한계를 보이고 있다고 분석하였다. 하지만 최상은[23]은 이러한 논의들을 바탕으로 하되 〈일동장유가〉에는 '개방적 요소'들이 확인된다고 보았다. 처음부터 '파적(破寂)거리'로 창작된 만큼 대화를 통한 장면화의 방식으로 흥미성과 사실성이 강화되고 있기 때문에 보수적이기만 한 조선전기의 가사 작품들과 차이가 있다는 것이다. 〈일동장유가〉가 워낙 방대한 내용인 만큼 시각과 입장에 따라 다른 견해가 있을 수 있지만 일본의 문물에 대한 김인겸의 적극적 관심이 확인되는 것은 분명해 보인다.

이후 진행된 소재영[24]의 논의는 부분적 접근에 한정되었던 기존의

21 이성후, 「〈일동장유가〉의 실학적 고찰」, 『어문학』 53, 한국어문학회, 1992.

22 고순희, 「18세기 향촌지식인의 선비의식 – 〈일동장유가〉를 통하여」, 『한남어문학』 17 · 18, 한남어문학회, 1992.

23 최상은, 「〈일동장유가〉와 사대부 가사의 변모」, 『반교어문연구』 6, 반교어문학회, 1995.

24 소재영, 「18세기의 일본체험 – 〈일동장유가〉를 중심으로」, 『한국 기행문학 작품 연구』, 한국자료원, 1996.

시각을 넘어 〈일동장유가〉의 전체적 내용을 항목화하여 분석했다는 점에서 의의가 있다. 김인겸의 문화 의식, 국가의 교린 양상, 최천종 사건, 문화적 우월감, 풍습 등으로 분류하여 관련 내용을 자세히 소개함으로써 작품의 전모를 밝혔다고 볼 수 있다. 이처럼 지속적인 연구로 인해 〈일동장유가〉의 주제와 문학적 특질이 대부분 규명되면서 특성 소재에만 주목하는 연구도 진행되었다. 고순희[25]는 작품에 형상화된 기녀들을 삶을 구체적으로 살폈으며 윤광봉[26]은 연희와 기예의 특성에 주목하여 문화적 교류의 측면을 분석하기도 하였다. 이러한 논의들은 〈일동장유가〉가 담고 있는 문학적 외연이 상당히 방대하면서도 구체적 삶의 실상에 근접해 있음에 대한 방증으로 볼 수 있을 것이다.

또한 다른 장르와의 비교 · 분석으로 작품에 대한 입체적 접근을 시도한 논의들도 확인된다. 이동찬[27]은 조엄(趙曮, 1719~1777)의 『해사일기』와 〈일동장유가〉를 비교 · 분석하면서 '있는 그대로의 현실'을 수용하려고 한 당대 지식인들의 문화적 시각에 주목하였다. 당시의 조선에도 실학적 분위기가 발흥하고 있었기 때문에 계미 통신사 일원들은 보다 적극적으로 일본의 선진 문물을 수용하려 했다는 것이다. 체험한 견문에 대한 상세한 기록과 기술 문명에 대한 긍정적 관심 등은 이용후생의 시각에서 일본 문물을 수용하려 한 의지의 발현임을 강조하였다. 정한기[28] 역시 두 자료를 비교함으로써 〈일동장유가〉에 나타난 일

25 고순희, 「18세기 가사에 나타난 기생 삶의 모습과 의미」, 『고전문학연구』 10, 한국고전문학회, 1995.

26 윤광봉, 「〈일동장유가〉에 나타난 놀이양상」, 최강현 편, 『한국 기행문학 작품 연구』, 한국자료원, 1996.

27 이동찬, 「18세기 대일 사행체험의 문화적 충격 양상—『해사일기』와 〈일동장유가〉를 중심으로」, 『한국문학논총』 15, 한국문학회, 1994.

28 정한기, 「〈일동장유가〉에 나타난 일본에 대한 인식 연구—『해사일기』와의 비교를 중심

본에 대한 인식을 보다 구체적으로 살펴보았다. 그 주된 양상이 작가의 성격과 가사장르의 특성에 기인한다고 보고 김인겸이 '수욕(受辱)을 거부하는 결신(潔身)의 사의식(士意識)'을 지닌 선비였음을 지적하였다. 또한 『해사일기』에서는 예(禮)를 중시하고 조선 산수의 우월성을 강조한 반면 〈일동장유가〉는 일본에 대한 '설치(雪恥)'가 부각되고 일본의 산수에 대해서도 찬탄하고 있다고 보았다.

이어 이동찬[29]은 『해사일기』와 〈일동장유가〉를 장르상 선택의 문제로 접근하여 그 내용상 차이점을 논증하기도 하였다. 한문 기록인 『해사일기』는 기록의 사실적 재현을 목적으로 특정 독자만을 대상으로 하는 닫힌 구조인 반면 〈일동장유가〉는 시가의 율격을 통해 다양한 체험을 연쇄적으로 기록함으로써 광범위한 향유층을 확보하려 한 열린 구조로 파악하였다. 이처럼 〈일동장유가〉는 『해사일기』와 주로 비교되었음을 알 수 있는데 이 과정에서 작품의 시대적 의미가 보다 선명해진 것으로 볼 수 있다. 그러나 두 자료의 경우 사행 과정에서의 신분이 달랐고 정사(正使)였던 조엄의 경우 일기를 구성하는 과정에서도 공적인 영역을 의식하지 않을 수 없었을 것으로 보인다. 그러므로 이러한 측면에 유의한 논리 보완이 필요해 보이며 두 자료를 장르 선택의 문제로 보는 시각도 일면 타당해 보이나 다소 수정되어야 할 측면이 있다. 〈일동장유가〉는 김인겸의 한문일기인 『동사록(東槎錄)』을 토대로 재구성된 작품으로 보이기 때문에 처음부터 장르가 '선택'되었다기보다 '변환'되는 과정에 유의한 시각이 요청되는 것이다.

으로」, 『관악어문연구』 25, 서울대 국어국문학과, 2000.

29 이동찬, 「계미 통신사행 기록의 장르 선택－『해사일기』와 〈일동장유가〉를 중심으로」, 『가사문학의 현실 인식과 서사적 형상』, 세종출판사, 2002.

이처럼 해외 체험과 관련하여 연구사의 초반부터 주목을 받은 〈일동장유가〉는 연행가사 및 이후의 일본 사행가사 작품들과 비교되면서 지속적인 논의의 대상이 되었다고 볼 수 있다. 하지만 근래에 보다 새로운 관점에서 작품을 해석하는 논의가 발견되지 않고 있다는 점이 아쉬우며 사행가사의 통시적 계보에서 본다면 〈일동장유가〉는 중요한 분기점에 위치해 있어 이를 고려한 연구 시각이 요청된다고 볼 수 있다.

5) 홍대용(洪大容, 1731~1783) 〈연행장도가〉

〈연행장도가〉는 홍대용의 한글 사행록인 『을병연행록』의 전반부에 삽입된 짧은 가사체 작품이다. 작품에 대한 독립적인 고찰이 진행된 경우는 없었으나 조규익[30]이 〈연행장도가〉로 명명하여 국문학사에 편입시킬 것을 제안한 바 있다. 본 연구에서는 사행가사의 통시적 흐름 속에서 작품을 조망하되 문학적 특질에 대해서도 세밀하게 분석해 볼 예정이다.

6) 이방익(李邦翼, 1757~?) 〈표해가〉[31]

〈표해가〉는 무과에 급제한 후 충장장(忠壯將)을 지내고 있던 이방익

30 조규익, 「화이 통합의 보편적 세계관, 그 현장의 기록: 『을병연행록』」, 『국문 사행록의 미학』, 역락, 2004, 159~160쪽.

31 〈표해가〉가 이방익의 체험을 토대로 창작된 작품임은 분명하지만 실제적 작가를 이방익으로 규정할 수 있는 근거는 희박해 보인다. 노래가 회자 혹은 전승되는 과정에서 다른 이에 의해 창작되었을 가능성도 농후해 보이기 때문이다. 이와 관련해서는 추후 별도의 논증이 필요해 보인다.

이 1796(정조 20)년에 제주도 해상에서 폭풍을 만나 표류하였다가 중국 내륙을 거쳐 다음 해 고국으로 돌아온 후 그 체험을 형상화한 기행가사이다.[32] '표해(漂海)'를 소재로 한 문학 작품들은 산문류가 대부분이며 시가로는 〈표해가〉가 유일하다는 점에서 초창기부터 연구자의 주목을 받아왔다. 우선 강전섭[33]과 최강현[34]은 작품의 개략적 내용을 소개한 바 있으며 최강현[35]은 원문을 제시하고 주변 자료들에 대한 고증을 통해 작가 이방익에 대한 연대기적 정보를 밝혔다. 이후 정재호[36]는 작품의 내용과 서술상의 특징을 세밀하게 분석하여 제시함으로써 작품의 전반적 성격과 실체 규명에 기여하였다. 이어 조규익[37]은 표해 문학의 전통 속에서 〈표해가〉를 고찰함으로써 작품의 가사문학적 본질 규명을 시도한 바 있다. 이와 유사한 시각에서 최두식[38]도 〈표해가〉가 표해록의 한계를 극복한 개방적이고 대중적인 시가 예술로서 가치가 있음을 밝혔다.[39] 객관적 서사를 기본으로 진행하되 중간 중간 서정적 요소를 배치함으로써 가사문학으로서의 미학을 구현하고 있다고 분석하였다. 이러한 선행 연구들을 기반으로 하되 김윤희[40]는 〈표해가〉의 문

---

32 윤치부는, 「〈표해가〉의 이본 고찰」(『한국기행문학작품연구』, 국학자료원, 1996)에서 〈표해가〉의 이본들을 비교, 분석하여 청춘본(1914) 계통, 악부(樂府)본(1930~1934) 계통, 아악부가집본(1934) 계통으로 분류한 바 있다. 내용과 표현 면에서 큰 차이점이 없는 이본들이며, 본 연구는 악부본을 대상으로 했음을 밝혀둔다.

33 강전섭, 「이방익의 표해가에 대하여」, 『한국언어문학』 20, 한국언어문학회, 1981.

34 최강현, 「한국해양문학연구—주로 〈표해가〉를 중심하여」, 『성곡논총』 12, 성곡학술문화재단, 1981.

35 최강현, 「표해가의 지은이를 살핌」, 『어문논집』 23, 민족어문학회, 1982.

36 정재호, 「이방익의 〈표해가〉 攷」, 『한국기행문학작품연구』, 국학자료원, 1996.

37 조규익, 「해양가사의 문학적 성격」, 위의 책.

38 최두식, 「표해기록의 가사화 과정」, 『동양예학』 7, 동양예학회, 2002.

39 그러나 본 연구에서 다루게 될 〈書李邦翼事〉나 〈李邦仁漂海錄〉처럼 〈표해가〉와 직결된 표해록과 비교·분석을 진행하지는 않아 아쉬움이 남는다.

40 김윤희, 「〈표해가〉의 형상화 양상과 문학사적 의의」, 『고전문학연구』 34, 한국고전문학회, 2008.

학적 표현의 측면에 보다 유의하여 자긍성과 심미성이 강화되어 있는 작품임을 확인하였다.

이처럼 기존의 연구 성과들을 통해 작품의 문학적 실체는 대부분 규명되었으므로 본 연구에서는 작품에 투영된 세계 인식의 측면을 사행가사의 통시적 구도에서 살펴 볼 예정이다. 사행은 아니지만 중국 체험이 형상화되어 있는 만큼 새로운 세계를 '인식'하는 측면에서 시대적 의미를 조망해 볼 필요성이 있기 때문이다. 또한 〈표해가〉와 관련된 산문 기록이 두 개나 확인되는 만큼 이와 관련된 비교 · 분석을 통해 작품의 문학적 실질도 보다 섬세하게 고찰해 볼 예정이다.

7) 김지수(金芝叟, 1787~?) 〈무자서행록〉[41]

김지수는 1828(순조 28)년 사은사의 종사관(從事官) 신분으로 연행을 다녀온 바 있는데 〈무자서행록〉은 이 체험을 토대로 창작된 사행가사이다. 임기중[42]의 소장본으로 처음 학계에 보고되었으며 최강현[43]은 작가인 김지수에 대한 고증을 『부연일기(赴燕日記)』를 통해 진행하였다. 이후 임기중[44]은 두 자료를 보다 세밀하게 비교 · 분석한 후 주해(註解)

41 필사본의 속표지에는 '西行錄'으로 표기되어 있고 본문 서두의 內題는 '셔힝녹'으로 되어 있는데 임기중은 '서행록'으로 지칭되는 여타 연행록들과의 변별을 위해 〈무자서행록〉으로 지칭하는 것이 적절하다고 보았다. 임기중, 『연행가사연구』, 아세아문화사, 2001. 24쪽. 본 연구는 이 의견을 수용하여 〈무자서행록〉으로 표기함을 밝혀둔다.

42 임기중, 「西行錄 解說 紀行文學史의 新紀元」, 『文藝中央』 가을호, 중앙일보사, 1978.

43 최강현, 「해외견문과 사기인식－사행가사」, 『韓國 紀行文學 硏究』, 일지사, 1982. 179～182쪽.

44 임기중, 『연행가사연구』, 아세아문화사, 2001.

를 완료하였다. 개별적인 작품론은 이동찬[45]에 의해 유일하게 이루어진 바 있다. 사행 과정에서 목도한 견문이 문화적 충격이었다는 관점에서 그 의미를 분석한 것이다. 청나라에 대한 관념적 우월감과 배타적 태도는 사행의 과정에서 점차 이완되고 있으며 연경의 물질적 번성에 큰 관심을 보이면서 견문을 사실적으로 서술하고 있다고 보았다. 〈무자서행록〉은 〈병인연행가〉의 범본(範本)이라 할 수 있을 만큼[46] 시기적 · 문학적으로 중요한 작품임에도 불구하고 심화된 논의가 진행되지 못하였다. 그러므로 19세기 초반 대청 사행가사로서의 시대적 의의가 문학적 특질이 보다 정치하게 고찰되어야 할 것으로 보인다.

8) 서염순(徐念淳, 1820~?) 〈임자연행별곡〉

〈임자연행별곡〉은 『가사소리』라는 제목으로 구성된 한 권의 필사집에서 발견되었으며 현재 가사문학관 DB자료실에서 확인해 볼 수 있다.[47] 김윤희[48]는 최근 이 작품을 처음 학계에 소개하였고 도곡(陶谷) 이의현이 1732(영조8)년에 사은사로 다녀온 연행 체험을 토대로 창작된 사행가사임을 논증한 바 있다. 그런데 이 〈연행별곡〉의 이본이라 할 수 있는 또 다른 자료가 최우형(崔遇亨, 1805~1878)의 『죽하집(竹下集)』에 부록으로 첨부되어 있음을 알 수 있었다.[49] 그로 인해 〈연행별곡〉은 최우형

45 이동찬, 「〈셔힝녹〉에 드러난 문화충격의 실상과 의미」, 『가사문학의 현실 인식과 서사적 형상』, 세종출판사, 2002.

46 임기중, 앞의 책, 118~119쪽.

47 가사문학관 DB자료실(http:// www.gasa.go.kr).

48 김윤희, 「사행가사 〈임자연행별곡〉의 창작 맥락과 문학적 특질」, 『고시가연구』 25집, 한국고시가문학회, 2010.

이 1852년 사은사 서장관으로 연경에 다녀온 후 창작한 가사라고 소개되고 있는 것이다.

그러나 가사문학관 DB자료실에서 확인된 자료에 의하면 제목 아래 '셔만셔렴슌'이라는 표기가 확인된다. 이러한 정황을 바탕으로 추론해 보았을 때 이 〈연행별곡〉의 작가는 서염순(徐念淳, 1820~?)으로 수정되어야 할 것으로 보인다. 서염순은 최우형과 함께 정사(正使)로 사행을 다녀온 인물이기 때문이다.

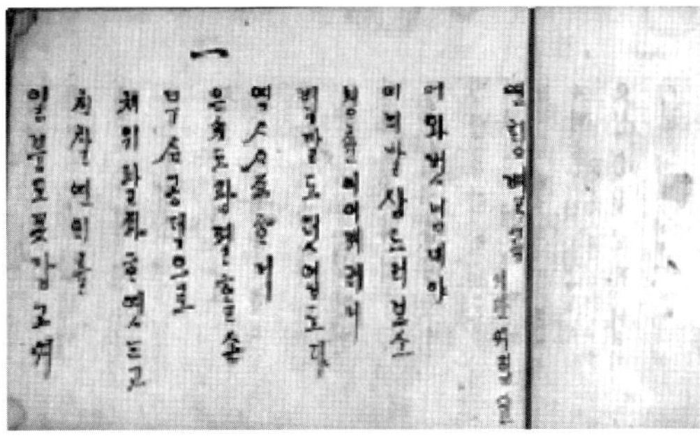

작자 미상으로 소개된 〈연힝별곡〉, 가사문학관 소재.

49 동국대 한국문학연구소 연행록 해제팀, 『(국학고전) 연행록 해제』 1, 유성문화사, 2003, 829~838쪽. 이 책에 소개된 〈연행별곡〉 자료에 대해서는 동국대에서 공부하고 계시는 곽미라, 김기종 선생님을 통해 소개받을 수 있었다. 이 책이 널리 유포되지 않은 까닭에 박사 논문을 쓰는 과정에서 미처 접하지 못하는 실수를 범한 것 같다. 이제라도 자료를 접할 수 있게 해 주신 두 선생님과 이 과정에서 애써 주신 고려대 민족문화연구원의 김승우 선생님께 이 자리를 빌려 깊은 감사의 말씀을 전하는 바이다. 필자는 가사문학관에서 발견된 〈연행별곡〉의 작자를 추론하는 과정에서 '임자년'이라는 표현을 확인하고 임기중 선생님께서 정리한 연행 목록들 중 '임자년'에 해당하는 사례를 일일이 검토했는데 1852년의 사행 기록은 나와 있지 않아 오류를 범한 것 같다. 온전히 필자의 부족함에 기인한 결과이다. 우연의 일치인지 도곡 이의현은 '임자년'에 연행을 다녀온 인물인데 작품 내에 '십년 전 도선생'이라는 구절이 발견된다. 이의현은 '십 년'의 간격을 두고 두 번에 걸쳐 사행을 다녀온 인물이기 때문에 필자는 박사논문에서 〈연행별곡〉의 작가를 도곡 이의현으로 추론하여 분석한 바 있다. 그렇지만 새로운 자료를 통해 〈연행별곡〉의 작가가 '서염순'임을 확신할 수 있게 되었으며 따라서 작품의 창작 시기도 18세기 전반이 아닌, 19세기 중반으로 변경되어 배치되었다. 이렇게 책을 출간하면서 오류를 수정할 수 있게 되어서 정말 다행으로 생각하며 더욱 엄정하고 성실한 자세로 자료에 접근하도록 하겠다.

9) 홍순학(洪淳學, 1842~1892) 〈병인연행가〉

〈병인연행가〉는 1866년 홍순학의 연행 체험을 토대로 창작된 작품이다. 그는 사은(謝恩)·주청사(奏請使)의 서장관(書狀官) 신분으로 연경을 다녀왔으며 현재 다양한 제목으로 가장 많은 이본이 확인되는 작품이기도 하다.[50] 비교적 이른 시기에 학계에 보고되어 〈일동장유가〉와 함께 사행가사의 대표작으로 지속적인 연구가 축적되어 왔다. 최강현[51]에 의해 작가 및 연대 정보가 고증되었으며 임기중[52]은 일종의 보고 문학으로 사실성은 강하지만 문학성이 다소 부족하다고 평가하였다. 이에 이주영[53]은 〈병인연행가〉의 문학적 성과를 살펴보려는 시도에서 다방면에 걸친 작가의 관심에 주목하였다. 또한 솔직한 감정 표현과 세심한 관찰력이 확인되며 부분적으로 비판정신도 보이고 있어 평면적 서술을 극복하고 있다고 보았다. 대부분 다른 작품들과의 비교를 통해 연구가 진행된 〈병인연행가〉의 경우 심화된 작품론은 정영문[54]에 의해 이루어졌다. 논자는 선행 연구들을 토대로 '무엇을' 이야기하고 있는가를 알기 위해 역사 사회학적 접근이 필요하며 '어떻게' 표

50 10여개 이상이 되는 이본에 대한 현황은 심재완이 「燕行歌考」(『韓國古典文學全集』, 보성문화사, 1978)에서 陶南 趙潤濟 소장본이 3,782구로 가장 장편에 속한다고 보았으며 다른 이본들은 대부분 도남본 이후에 필사된 것으로 보았다. 임기중은 도남본에 의거에 註解를 완료했으며 필사본마다 다채롭게 확인되는 제목들에 대한 혼란을 피하기 위해 이들을 대표한다는 의미에서 도남본을 〈병인연행가〉로 지칭한 바 있다(임기중, 앞의 책). 본 연구는 이 자료에 기반하여 논의를 진행할 예정이다. 〈병인연행가〉의 이본과 관련된 치밀한 연구와 그 의미에 대한 고찰도 반드시 필요한 작업으로 보이나 본 연구의 논의 방향과는 다소 거리가 있어 미처 다루지 못한 과제로 남겨두는 바이다.

51 최강현, 앞의 책, 285~291쪽.

52 임기중, 「연행가사의 연구」, 『한국문화연구』 10, 동국대 한국문학연구소, 1987.

53 이주영, 「燕行歌考」, 『한국고전시가작품론』 2, 집문당, 1995.

54 정영문, 「홍순학의 『燕行歌』 硏究」, 『연행록연구총서』 5, 학고방, 2006.

현하고 있는가를 살펴보기 위해서는 문학적 평가가 심화되어야 한다고 보았다. 이 과정에서 〈병인연행가〉에는 역사의 현장에서 확인한 민족의식과 '존화양이(尊華攘夷)'의 중국의식이 나타난다고 분석하였다. 그러나 청나라의 문화적 우위성에 대한 인식과 이면에 내재한 백성들의 고통도 나타나 있음을 지적하였다. 문학적 특질은 '보고'와 '독백'의 방식을 주로 하여 견문과 내면을 형상화하고 있다고 보았다. 개략적이지만 작품에 투사된 인식은 물론 자칫 소홀하기 쉬운 문학적 측면을 균형 있게 분석하고 있다는 점에서 연구사적 의의가 있다.[55] 또한 김풍기[56]는 〈연행가〉의 교육적 독법을 모색한 바 있는데 작품에 투영된 대청의식을 민족적 자아의 형성과 연계하여 분석하고 있어 흥미롭다. 홍순학의 시선은 소중화 관념에 머물러 있으면서도 청나라의 발전된 문물을 세밀하게 재현하고 있어 '타자의 설정을 통한 민족적 주체의 형성'에서 교육의 방향을 모색해야 한다고 보았다.

〈일동장유가〉의 경우와 마찬가지로 〈병인연행가〉 역시 여타 장르와 비교·분석이 이루어졌는데 초창기에 김주한[57]은 홍대용의 『담헌서』와 함께 문화교류 양상이 확인되는 작품으로 〈병인연행가〉를 분석하였다. 두 자료의 비교라기보다는 개별적으로 그 특징을 살펴 간략히 제시하였다. 본격적인 비교론은 소재영[58]에 의해 진행되었다. 논자는

55 또한 이러한 접근은 세계 인식과 문학적 표상을 동시에 살피고자 한, 본 연구의 의도와 유사한 시각이라 할 수 있다. 본 연구에서는 이러한 관점에 기반한 개별 작품론을 통시적 변모와 관련하여 조망해 보고자 하는 것이다.

56 김풍기, 「연행가의 교육적 독법－대타적 자아인식의 형성과 문화 상대주의」, 『한국 고전시가 교육의 역사적 지평』, 월인, 2002.

57 김주한, 「연행록을 통해 본 한·중 문화교류－홍대용의 담헌서와 홍순학의 연행가를 중심으로」, 『모산학보』 2, 모산학술연구소, 1981.

58 소재영, 「무오연행록과 연행가의 비교 고찰」, 『한국어문학논고』, 태학사, 1997.

서유문(徐有聞, 1762~?)의 한글 사행록인 『무오연행록』과 〈병인연행가〉의 유사점과 변별점을 고찰하였다. 두 작품이 공통적으로 서장관의 공식적 기록이기 때문에 자제군관의 작품들에 비해 자유로운 시선이 제한되어 있다고 보았다. 반면 산문 기록에 비해 〈병인연행가〉는 현장감 있는 서술과 주관적 시선이 부각되어 있음을 주요한 문학적 특질으로 제시하였다.

근래에 정한기[59]는 작품에 형상화된 '객수(客愁)'에 초점을 맞추어 그 복합적 양상을 추론하였다. 특히 산문기록들과 달리 〈병인연행가〉의 경우 구체적 정서가 확인되어 '내면의 사실주의적 표현'이 획득되고 있다고 보았다. 〈일동장유가〉의 경우처럼 작품 속 연희를 분석한 논의도 발견[60]되는 등 이처럼 〈병인연행가〉는 다층적 측면에서 심화된 연구 성과들이 축적되어 있음을 확인할 수 있다. 그러므로 작품에 투영된 세계 인식의 측면을 당시의 동아시아 관계사와 사행가사의 통시적 구도에서 조망해 보는 것이 앞으로 필요한 작업으로 보인다. 또한 〈병인연행가〉의 문학적 특질에 대해서는 다른 장르와의 비교도 필요하지만 바로 전대의 사행가사 작품인 〈무자서행록〉과의 상관성이 보다 정치하게 고찰될 필요가 있어 보인다.

59 정한기, 「연행가에 나타난 客愁의 특징과 그 의미 – 『국역 연행록선집』에 수록된 연행록과의 대비를 중심으로」, 『고전문학과 교육』 16, 한국고전문학교육학회, 2008.
60 윤광봉, 「연행가에 나타난 연희양상」, 『연행록연구총서』 9, 학고방, 2006.

10) 유인목(柳寅睦, 1839~1900) 〈북행가〉

유인목의 〈북행가〉는 〈병인연행가〉와 동일한 1866년의 사행 체험을 토대로 창작된 작품이다. 이 작품을 처음 학계에 보고[61]한 홍재휴는 9수의 이본을 검토한 후 가장 선본으로 추정되는 자료를 영인 · 주석[62]하여 이후 연구의 기반을 마련하였다. 홍재휴는 이 책에서 〈북행가〉는 다른 사행가사 작품들에 비해 자유분방한 율격과 이형적(異形的) 구조를 보이고 있는 작품임을 지적하였다. 또한 작품의 내용을 순서대로 '연행기망(燕行企望)', '우역위의(于役威儀)', '역정소회(歷程所懷)', '이국풍정(異國風情)', '유연견문(留燕見聞)', '원호환향(願好還鄕)', '최촉귀경(催促歸京)', '요채귀성(了債歸省)', '구가일민(謳歌逸民)' 등으로 설명하고 개성적 소재로 인한 염정적(艶情的) 색채 및 눈물에 대한 예리한 관찰력이 돋보이는 사행가사임을 강조하였다.

이후 권영철[63]은 작가 및 작품의 내용을 상세히 분석한 후 경험에 대한 낭만적 관조와 소회가 자기 고백적 형식에 근거한 유려한 필치로 형상화된 작품임을 지적했다. 그러나 보수적 인생관과 시대의 문학으로 승화시키지 못함을 한계로 지적하고 이 작품이 규방에서 널리 회자된 현상도 흥미로움을 분석하였다. 정병국[64]은 〈북행가〉의 내용과 형식을 개별적으로 고찰했으며 한 작품 속에 풍부한 견문 체험과 애정 이야기가 들어있는 독특한 장편 서사가사로서 가사문학사(史) 뿐만 아니라 국문학

---

61 홍재휴, 「北行歌와 燕行路程記攷」, 『大邱教大學報』 96, 대구교대, 1973.

62 홍재휴의 『北行歌 硏究』(효성여대 출판부, 1990)와 임기중의 『연행가사 연구』(아세아문화사, 2001)에 수록된 〈북행가〉도 이 책을 토대로 하고 있는바, 본 연구에서는 두 책에 영인 · 주석된 내용들을 동시에 참고하면서 작품 분석을 진행하고자 한다.

63 권영철, 「北行歌에 對하여」, 『연행록연구총서』 2, 학고방, 2006.

64 정병국, 「此山 柳寅睦의 北行歌 硏究」, 한국교원대 석사논문, 1999.

사에서 독자적인 위치를 점하는 작품으로 보았다. 이후 〈북행가〉에 대한 작품론은 확인되지 않으며 소재의 특이성으로 인해 여타 작품들과의 비교 · 고찰도 진행된 바 없다. 작품의 가치에 비해 '사행가사'로서 의의와 문학적 실질이 온당하게 규명되지 못하고 있는 만큼 보다 입체적 시야에서의 작품 해석과 가치 규명이 필요한 시점이라 할 수 있겠다.

11) 이태직(李台稙, 1859~1903) 〈유일록〉

1902년에 창작된 사행가사인 이태직의 〈유일록〉은 국서 전달을 비롯한 공사(公使)로서의 외교 업무를 위해 1895년부터 이듬해까지 일본에 체류한 경험을 토대로 창작된 사행가사이다. 국립중앙도서관에 소장된 〈디일본유람가〉를 최강현이 1975년 『문학사상(文學思想)』에 처음 발굴 · 소개했으며 이후 최강현은 이태직의 손자인 이윤구님이 소장한 〈유일록〉이 〈디일본유람가〉와 동일한 작품임을 밝혔다. 이 두 자료를 토대로 〈유일록〉[65]의 원문에 대한 영인 및 주석을 완료[66]하였으며 이는 이후 연구의 귀중한 디딤돌이 되고 있다. 또한 이태직은 동일한 체험에 대한 한문 일기인 『범사록(泛槎錄)』을 남기고 있는데 최강현은 이를 소개하고 두 자료에 대한 비교 분석을 진행한 바 있다.[67] 〈범사록〉은 공식적인 한문 기록으로 비교적 객관적인 일본 인식이 투영되어 있는

65 최강현은 〈디일본유람가〉를 후손가의 소장본에 의거하여 〈유일록〉으로 통일하는 것이 적절하겠다고 하였으며 본 연구 역시 이를 따르기로 한다.

66 이태직, 최강현 역주, 『조선 외교관이 본 명치시대 일본』, 신성출판사, 1999. 본 연구에서 〈유일록〉과 관련하여 인용하는 부분은 모두 이 책에 의거한 것임을 밝혀둔다.

67 최강현, 「일본 기행 〈범사록〉을 살핌」, 『어문논집』 27, 민족어문학회, 1987.

반면 〈유일록〉은 사적인 정서와 견문을 중심으로 구성되어 배타적인 대일 인식을 확인할 수 있다고 보았다. 이후 〈유일록〉은 일본 기행가사의 계보하에서 조망되기도 하였지만 아직까지 작품의 문학적 실질이 온당하게 규명되었다고 보기는 어렵다. 그러므로 〈유일록〉의 구성 원리와 가사문학으로서의 특질에 대한 보다 섬세한 관찰이 요청된다고 볼 수 있다.

12) 이종응(李鍾應, 1853~1920) 〈셔유견문록〉

〈셔유견문록〉은 1902년 영국 에드워드 7세의 대관식 사절단으로 참가한 이재각 특명 대사의 수행원 이종응의 작품이다. 844구의 장편 기행가사이며 『서사록(西槎錄)』이라는 한문일기를 기반으로 창작되었다. 『서사록(西槎錄)』과 〈셔유견문록〉 모두 김원모에 의해 학계에 보고되어 기본적 해제 및 번역의 작업이 진행되었다.[68] 이를 토대로 김기영[69]은 〈셔유견문록〉의 구성 및 표현과 주제 의식을 탐색함으로써 작품의 교육적 가치를 역설하였다. 다양한 수사법을 통한 리듬감의 확보와 민요적 어법 구사를 주요한 표현 특질로 보았으며 작품의 주제를 '선진 문물에 대한 동경', '자연 현상에 대한 관찰', '이국인 및 불조에 대한 관심'으로 나누어 고찰하였다.

68 김원모, 「李鍾應의 『西槎錄』과 〈셔유견문록〉 解題 · 資料」, 『동양학』 32, 단국대 동양학연구소, 2000. 이 논문에 〈셔유견문록〉의 원문 및 주석이 제시되어 있고 『西槎錄』에 대한 영인과 현대어 번역도 소개되어 있어 이후 진행되는 작품론은 이 자료에 의거할 것임을 밝혀둔다.

69 김기영, 「〈셔유견문록〉의 문예적 실상과 교육적 가치」, 『한국문학 이론과 비평』 17, 한국문학 이론과 비평학회, 2002.

이후 박노준[70]은 영남의 선비인 김한홍이 미국을 체험한 후 창작한 가사인 〈해유록〉과 〈셔유견문록〉을 비교하고 20세기 초 서구를 소재로 한 기행가사라는 측면에서 상보적 관계를 형성하고 있다고 보았다. 〈셔유견문록〉은 사행가사라 서구 문명에 대한 표면적 관찰이 이루어진 반면 〈해유가〉는 장기간의 이민 생활을 토대로 창작된 작품이라 선진 미국의 내면과 실질을 묘사하는 데 치중하고 있다고 보았다. 또한 김상진[71]은 〈셔유견문록〉에 형상화된 서구 체험의 양상과 작가 의식을 분석한 성과를 제출하였다. 〈셔유견문록〉은 선진 문물을 체험하는 과정에서 발견한 경이롭고 이국적인 문물을 소개하고 있는 작품이며 그 과정에서의 문화적 충격이 근대화에 대한 열망으로까지 이어진다고 보았다. 이어 박애경[72]은 〈셔유견문록〉과 〈해유가〉에서 표상된 '서양'의 특징에 주목하여 두 작품 모두 과학 · 기술, 합리적 법률과 제도, 부국강병 등의 측면에서 선진화된 문명국으로서 서양이 인식되고 있음을 주장했다. 또한 두 작품 모두 한문 기록과 국문의 가사를 동시에 남기고 있어 사행가사의 글쓰기 전통을 계승하고 있다고 보았으며 두 작품에 형상화된 서구 체험을 개화파 지식인들의 다층적 논의와 연계해서 살펴야 함을 지적했다. 정흥모[73]는 이러한 성과들을 토대로 〈셔유견문록〉과 〈해유가〉의 작품 세계를 분석하여 그 형식적 · 내용적 특징을 비교하였다. 〈셔유견문록〉은 견문 대상은 새롭지만 표현과 서술 방

70 박노준, 「〈해유가〉와 〈셔유견문록〉 견주어 보기」, 『한국언어문화』 23, 한국언어문화학회, 2003.

71 김상진, 「李鍾應의 〈셔유견문록〉에 나타난 서구 체험과 문화적 충격」, 『우리어문연구』 23, 우리문학회, 2008.

72 박애경, 「'서양'이라는 낯선 타자와의 대면」, 『한국 고전시가의 근대적 변전 과정 연구』, 소명출판, 2008.

73 정흥모, 「20세기 初 서양 기행가사의 작품 세계」, 『한민족문화연구』 31, 한민족문화학회, 2009.

식에서는 조선시대 사행가사의 전통 속에 있으며 〈해유가〉는 '고가세족의 후예'라는 사대부 의식에 기반해 있다고 보았다.

이처럼 〈셔유견문록〉의 경우 학계에 보고된 후 그 형식과 내용의 실체가 대부분 규명되었으며 주로 〈해유가〉와의 비교 분석을 통해 논의가 진전되었음을 확인할 수 있다. 20세기 초에 서구를 체험한 후 창작된 가사 작품들이기에 동시적 조명을 받았으며 이국적 문물에 대한 표상의 측면에서 두 작품의 문학사적 특질이 상당 부분 해명될 수 있었던 것이다. 그러나 〈셔유견문록〉의 저본인 『서사록(西槎錄)』과의 치밀한 비교 분석이 진행된 바 없고 사행가사 통시적 · 공시적 구도와 연계한 연구 시야의 확대가 필요해 보인다.

지금까지 살펴본 바와 같이 현전하는 사행가사 작품들은 지속적인 작품론을 통해 대체로 그 실체가 규명되었으며 여타 장르와의 비교 · 분석을 통해 문학적 실질이 고찰되었다고 볼 수 있다. 그렇다면 사행가사의 범주 하에서 비교가 진행된 논의들을 점검하여 작품들에 대한 입체적 조망의 성과 및 의의를 살펴보도록 하겠다. 일찍이 최강현[74]은 〈일동장유가〉와 〈유일록〉의 내용과 형식, 창작 동기 등을 세밀하게 비교 분석함으로써 두 작품에 대한 개략적 파악을 가능하게 했다. 임진왜란에 대한 환기와 풍속에 대한 거부감 등에서 확인되는 반일 감정은 유사하지만 후자의 경우 개화 문물의 실상을 전달하여 깨닫게 하려는 교훈적 목적이 내포되어 있음을 주된 차이점으로 지적한 것이다.

최강현[75]은 또한 〈병인연행가〉와 〈일동장유가〉의 형식 및 내용을

74 최강현, 「幕府日本과 維新日本의 風物 – 〈일동장유가〉와 〈유일록〉을 중심으로 하여」, 『여행과 체험의 문학 – 일본편』, 민족문화문고간행회, 1985.

상세히 분석하여 비교하기도 하였다. 〈병인연행가〉의 경우 요술, 서학, 천주당 등의 소재가 활용되면서 시정(市井) 풍경에서 보다 개화된 모습을 보이고 있으며 이는 당시의 국제 정세도 반영된 것으로 보았다. 이러한 성과들은 사행가사 범주 내에서의 비교론을 통해 작품들의 실상이 입체적으로 조망될 수 있음을 시사한 것으로, 이후 연구의 초석을 마련했다고 볼 수 있다. 유사한 시각에서 정재호[76]는 연행가류 가사들을 포괄적으로 살피면서 작품들 속에 형상화된 중국의 다채로운 모습을 분석하기도 하였다. 이국의 낯선 문화에 대한 형상화, 역사의 현장에서의 감회, 문명국으로서 중국의 위상, 청에 대한 폄시(貶視), 변모하는 중국의 모습 등이 연행가류 작품들에서 확인할 수 있는 주된 내용임을 분류하여 제시한 것이다. 이는 연행가 작품들에 투사된 다채로운 중국의 모습에 주목한 것으로 연행가사에 대한 통합적 시야의 필요성을 제시했다는 점에서 연구사적 의의가 있다.

이러한 비교론은 지속되어 조규익[77]도 〈일동장유가〉와 〈병인연행가〉를 동시에 분석하였다. 두 작품은 100년의 시차를 두고 창작되었지만 전자는 화이관(華夷觀)의 질곡에 있으면서도 벗어날 가능성을 보이고 있다면 후자는 화이관을 극복한 상태에서 관습적인 집착을 보이고 있는 작품으로 보았다. 작품들에 대한 평면적 비교를 지양하고 화이관을 통해 작품에 투사된 인식의 차이를 조망하고 있다는 점에서 연구사적 의의가 확인된다. 이 과정에서 도출된 논의 역시 일면 타당성이 있

75 최강현, 「使行歌辭를 비교하며 살핌－〈병인연행가〉와 〈일동장유가〉를 중심으로 하여」, 『여행과 체험의 문학－일본편』, 민족문화문고간행회, 1985.

76 정재호, 「燕行歌類에 나타난 中國」, 『여행과 체험의 문학－중국편』, 민족문화문고간행회, 1985.

77 조규익, 「사행가사의 해외체험과 세계관－〈일동장유가〉와 〈병인연행가〉」, 『국문 사행록의 미학』, 역락, 2004.

지만 일본과 중국이라는 국가적 이질성과 창작 시기의 차이와 관련하여 논의가 보완되어야 할 것이다. 또한 허남춘[78]은 〈일동장유가〉와 〈무자서행록〉을 통해 일본과 중국에 대한 대외 인식과 문물 형상화의 측면을 비교·대조하였다. 두 작품 모두 소중화 의식을 통해 타국을 이해했지만 타국의 발달한 문물과 풍속에 대한 긍정적 시선이 확인된다고 보았다. '파적(破寂)'을 위해 창작되었기 때문에 정치·외교적 시선으로부터 비교적 자유로울 수 있었던 것이다. 반면 관계 비중의 차이에 따라 〈일동장유가〉는 서적·학문에 대한 소개가 없지만 〈무자서행록〉에는 학문·예술·문화 등 다양한 방면을 상세히 서술하고 있다고 보았다. 이러한 두 연구 성과는 중국과 일본의 경우에 해당하는 사행가사 작품들을 대외 인식과 관련하여 접근하게 되면 입체적인 비교가 가능할 수 있음을 보여주고 있다. 사행가사의 범주에서 중국과 일본의 작품들을 동시적으로 고찰해야 하는 필요성과 의의가 확인되는 것이다. 최근 박애경[79]은 일본 기행가사들을 동시에 고찰함으로써 사행가사와 관련된 논의가 통합적인 방향으로 변화하고 있음을 보여주고 있다. 논자는 17세기부터 20세기까지 지속적으로 창작된 대일 사행가사 세 작품의 일본관과 화이론의 변화 양상을 분석하였다. 〈장유가〉에서는 화이관의 미묘한 균열이 발견되며 〈일동장유가〉는 상대적으로 배일 감정이 강화되고 조선의 문화적 우월감이 부각되어 있는 작품으로 보았다. 또한 〈유일록〉은 일본의 풍속과 문화에 대한 멸시와 근

78 허남춘, 「가사를 통해 본 중국과 일본-〈무자서행록〉과 〈일동장유가〉를 중심으로」, 『어문연구』 52, 어문학회, 2006.

79 박애경, 「조선 후기 일본 기행가사와 일본관」, 『18세기 한일문화교류의 양상』, 한국 18세기학회 편, 태학사, 2007. 유사한 시각의 발전된 논의는 박애경, 「화이관의 동향과 일본 기행가사의 계보」, 『한국 고전시가의 근대적 변전 과정 연구』, 소명출판, 2008.

대 문물과 제도에 대한 감탄이 교차되고 있어 구한말의 혼란스러운 상황 및 사신의 내면이 확인되는 작품으로 평가되었다. 그러나 각각의 작품들에서 확인되는 화이론적 시각의 실체와 표면화의 동인에 대해서 보다 심도 있는 고찰이 필요해 보이며 문학적 특질의 실제 및 변모 양상에 대해서도 보완이 진행되어야 할 것이다.

지금까지 살펴보았듯이 사행가사 범주 내에서의 비교론은 꾸준히 진행되어 왔으며 점차 비교의 층위와 범주가 확대되었음을 발견할 수 있다. 사행이라는 동일한 소재에 근거하여 창작된 작품들인 만큼 비교론이 확보할 수 있는 효용성이 지속적으로 확인되었던 것이다. 그러므로 사행가사에 해당하는 작품들을 총체적으로 고찰해 봄으로써 기존의 연구 성과를 포괄할 수 있는 유의미한 영역들이 확보될 수 있을 것으로 보인다. 그렇다면 마지막으로 사행가사가 사행문학이나 기행가사의 하위 범주에서 논의된 연구 성과들을 통해 통시적 변모에 대한 독립적 고찰의 필요성에 보다 근접해 보도록 하겠다.

우선 한태문[80]은 조선 후기 통신사 문학을 통시적으로 고찰하면서 문학 담당층이 확대되고 체험의 다양성이 구현되는 부분적 사례로 〈일동장유가〉를 평가하였다. 이러한 통신사 문학에 대한 본격적이고 종합적인 고찰은 이혜순[81]에 의해 이루어졌다. 조선통신사의 전반적 특성과 사행문학이 형성된 계기를 살피고 시대별 변화 양상을 대표하는 주요 작품들을 통해 통신사 문학의 실체를 구체화 한 것이다. 사행일기와 사행시 그리고 한일 문사의 창화 · 서신 · 필담집 등이 주요 논의 대상이 되었으며 이 과정에서 〈일동장유가〉는 사행시의 하위 작품

80 한태문, 「조선 후기 통신사 사행문학 연구」, 부산대 박사논문, 1995.
81 이혜순, 『조선 통신사의 문학』, 이화여대 출판부, 1996.

으로 간주되어 부분적으로 인용되었다. 또한 구지현[82]은 계미 통신사 문학을 종합적으로 고찰하면서 〈일동장유가〉는 과장과 사상적 편향을 보이고 있어 다른 사행들과는 달리 신중한 접근이 필요하다고 보았다. '파적'이 창작의 주된 동기라 흥미와 주관성이 강화되었으며 독자로 상정한 계층과 표기수단에 따라 사행록의 내용과 형식이 변화하는 사례로 평가하였다. 이처럼 대일 사행문학의 경우 비교적 이른 시기에 통합적 고찰이 진행되었고 〈일동장유가〉의 차별적 영역에 대한 논의도 확인할 수 있었다.

연행문학의 경우 그 양이 워낙 방대하여 지금도 단편적인 논의들이 지속적으로 제출되고 있다. 그러나 임기중은 400여 종이 넘는 연행록 중 시대별로 25종을 간추려 주요 담론을 정리하였으며[83] 본 연구의 논의 대상에 해당하는 연행가사 5수를 통합적으로 분석하기도 하였다.[84] 특히 이 성과를 통해 작품들과 직결된 자료와의 간략한 비교론을 통해 생산적인 논의 방향을 제시하였으며 주해까지 완료·제시함으로써 이후 연구의 귀중한 초석이 되고 있다. 대일 사행가사는 주로 〈일동장유가〉만이 연구된 반면 대청 사행가사의 경우 '연행가사'라는 상위 범주가 설정되어 통합적 시야를 확보하고 있음을 알 수 있는 것이다. 그러나 두 경우 모두 기행가사에 속하기 때문에 〈일동장유가〉는 기행가사와 관련된 논의에서도 많이 언급되었다. 대표적으로 이형대[85]는 인간적인 풍경과 사실적 묘사를 지향하는 18세기 후반의 기행가사 특성과

82 구지현, 『계미 통신사 사행문학 연구』, 보고사, 2006.
83 임기중, 『연행록 연구』, 일지사, 2002.
84 임기중, 『연행가사 연구』, 아세아문화사, 2001.
85 이형대, 「17·18세기 기행가사와 풍경의 미학」, 『민족문화연구』 40, 고려대 민족문화연구원, 2004.

관련하여 〈일동장유가〉을 조망한 바 있다. 또한 박경주[86]는 〈일동장유가〉를 포함한 기행가사가 소재적 다양성과 묘사의 세밀화를 보여주고 있는 장르라고 보았다.

사행가사라는 상위 범주를 설정하여 논의한 것은 일찍이 최강현[87]이 시도하였으며 비록 개별 작품들을 독립적으로 분석하고 있지만 해외 견문이라는 공통 소재를 중시했다는 점에서 연구사의 초석이 되었다. 이후 사행가사에 대한 종합적 고찰은 진행되지 않았으며 근래에 유정선[88]에 의해 기행가사의 하위 영역으로서 '사행(使行)' 소재가 독립적으로 분류되어 논의된 바 있다. 논자는 18 · 19세기 사행가사 작품들을 간략히 분석하고 그 시대적 변모 양상을 각각 대외적 명분의식과 일상적 관심사의 수용, 이국유람과 공식적 사절의식의 약화라는 측면에서 고찰하였다. 형식적 이완과 장편화 양상, 탈규범적 내용의 확대 등과 같은 양상으로 변화하는 19세기 기행가사의 흐름과 사행가사가 동궤에 있음을 조망했다는 점에서 연구사적 의의가 확인된다. 그러나 기행가사이지만 '타국'에 대한 '사행'이 그 문학적 소재라는 측면에서 국내 기행가사 작품들과 변별되는 점들이 정치한 작품론을 통해 보완되어야 할 것으로 보인다. 또한 사행가사의 경우 16 · 17세기는 물론 20세기에도 향유 및 창작의 양상이 확인되는바, 보다 확대된 시야에서의 고찰이 요청된다고 할 수 있는 것이다.

지금까지 선행 연구 성과들을 통해 확인한 것처럼 사행가사 작품들의 자료적 실체와 가치는 대부분 규명되었다고 볼 수 있다. 이를 기반

---

86 박경주, 「기행가사의 진술방식과 문학적 형상화 양상」, 『한국시가연구』 18, 한국시가학회, 2005.

87 최강현, 「해외견문과 자기인식－사행가사」, 『韓國 紀行文學 硏究』, 일지사, 1982.

88 유정선, 『18 · 19세기 기행가사 연구』, 역락, 2007.

으로 하여 사행가사를 대상으로 한 비교·분석론이 지속적으로 제출되면서 연구의 시야와 성과가 점차 확장되고 있음을 알 수 있었다. 또한 사행가사의 상위 범주라 할 수 있는 사행문학이나 기행가사의 통시적 변모 양상과 관련하여 작품들이 조망되고 있어 이제 사행가사에 대한 '통합적'이고 '통시적' 고찰이 절실히 필요한 시점이 되었다고 볼 수 있다. 사행문학과는 대외 인식의 차원에서는 유사성이, 기행가사 작품들과는 문학적 특질의 변모 양상이 유사하다는 점에서 사행가사는 양자의 교집합 속에 속해 있는 영역이라 할 수 있다. 그러므로 사행문학으로서 확인되는 세계 인식의 양상과 기행가사이기 때문에 확보하고 있는 문학적 특질에 대한 통합적 시각이 요청된다고 볼 수 있는 것이다.

2. 연구의 필요성과 방법론의 모색

지금까지 살펴 본 연구사의 경향과 그 과정에서 확인되는 문제점을 토대로 논의의 필요성을 항목화하고 이를 토대로 본 연구의 방법론을 모색해 보도록 하겠다.

첫째, 사행가사 작품들에 대한 통합적 시각과 통시적 변모 과정에 대한 해명이 필요하다. 사행가사는 역사·외교적 차원의 담론이 국문시가의 문학적 특질과 유기적으로 결합되어 있는 유일한 장르이다. 또한 일정한 경향성을 기반으로 16세기부터 20세기 초반까지 지속적으로 창작되었기 때문에 사행가사 작품들에 대한 통합적 시각이 요청된다. 이를 통해 단편적인 작품론이나 평면적인 비교로 드러나지 않았던 사행가사의 문학적 특질과 시대적 변모 양상이 확인되고 그 동인 역시 해명될 수 있기 때문이다.

둘째, 동아시아 관계사 및 역사적 개념의 실질을 기반으로 한 작품 분석이 요청된다. 사행가사에 투영된 세계 인식과 문학적 특질의 상관성은 동아시아 관계사를 기반으로 했을 때 보다 선명하게 규명될 수 있기 때문이다. 조선시대 사행은 '타국'과 '자국'에 대한 동시적 사유의 체험으로 창작 주체의 사회 · 문화적 이념과 중국 · 일본에 대한 기본적 인식의 틀이 반드시 고려되어야 한다. 또한 중화 담론이나 화이론은 인식 주체가 처한 역사적 상황에 따라 단속적(斷續的)으로 '재현'되며 '전달'된 것으로 보아야 하며[89] 그 발현 양상도 시대와 국가에 따라 다르다. 그러므로 작품의 내부에 한정하여 개념을 추출하거나 평면적인 비교론을 진행하는 것은 단선적인 시각으로 사행가사의 역사적 실체와 그 변동 양상을 규명하는 데 있어 한계가 있을 수밖에 없다.

셋째, 여타 사행 기록들과 변별되는 사행가사의 문학적 특질에 대한 해명과 그 변모 양상에 대한 고찰의 필요성이다. 사행가사가 지속적으로 창작된 것은 일정한 문학적 관습과 효용성이 있었음을 의미하며 따라서 여타 기록들과 변별되는 문학적 질감이 반드시 분석되어야 한다. 특히 사행가사와 동일한 체험을 형상화한 한문 기록이나 작품들이 확인된다는 점에서 공식적 기록과는 다른 미감과 효용성이 있었음을 짐작하게 한다. 실제로 경험의 선택과 감정의 표출 정도, 문학적 형상화의 방식 등 여러 면에서 그 차이가 발견된다. 그러므로 산문 기록이나

89 허태용, 『조선 후기 중화론과 역사인식』, 아카넷, 2009, 250~251쪽.

한문이라는 표기 수단이 감당할 수 없었던 경험의 진폭과 시적 주체의 내면 풍경에 유의한 작품 해석이 필요하다. 이러한 시각을 기본 전제로 하되 작품들의 문학적 특질도 시대적 변모를 보이고 있다는 점 역시 중요하게 분석되어야 한다.

넷째, 사행가사가 창작되거나 향유된 맥락과 그 효용에 대한 고찰이 전제되어야 한다. 사행가사의 소통 양상은 시대에 따른 변모가 확인되는데 이는 곧 문학적 특질과도 상관성을 보이고 있다. 그러므로 작품 자체의 내용만으로 연구되었던 기존의 시각을 넘어 작품이 창작된 목적이나 향유된 양상이 반드시 고려되어야 할 것이다. 사회 · 문화적 환경이 상이한 시대의 문학을 연구할 경우 이러한 시각이 전제되지 않으면 작품 해석이 자칫 현학적 유희나 폐쇄적 오독에 그칠 위험성이 있기 때문이다. 사행가사가 당대의 수용자들에게 소통된 양상과 의의를 고찰하는 것은 미학적 구성물로서의 작품의 실질적 가치를 조망할 수 있게 할 것이다. 기존의 연구사에서 축적된 논의들과 새로운 시각의 필요성을 기반으로 모색된 본 연구의 방법론은 다음과 같다.

1) 동아시아 관계사와 중화주의 · 화이관

현재와 미래에 대한 성찰적 담론으로서 동아시아[90] 관계사는 여전히

90 근래 탈민족주의에 대한 논의가 활발해지면서 '동아시아'는 '근대적 사건'이며 '서구'에 대응하는 '상상'적 개념이라고 보는 경우가 많다. 양니엔췬(Nian Qun Yang)은 이에 대한 문제 제기를 통해 '동아시아' 정체성의 기반과 역사적 내재성을 이해하려면 동아시아 '내부'에 대한 분석도 고려되어야 함을 강조했다. '동아시아' 개념이 '서구'의 내투와 연관되어 있지만 동아시아 내부의 정치 지형 및 질서의 재구성과도 상관성이 있음을 강조한 것이다(양니엔췬, 「'동아시아'란 무엇인가?—근대 이후 한 · 중 · 일의 '아시아' 想像의 차이와 그 결과」, 『대동

활발하게 논의되며 그 효력을 발휘하고 있다. 동아시아 민족과 민족주의에 대한 담론은 탈민족주의와 단절적 근대주의를 넘어 역사적 접근의 시야에서 재조명되어야 하며[91] 사행과 관련된 기록들은 조선이 동아시아권 타자들과 구별하면서 정체성을 확보해 온 역사적, 정치적 단위임을 보여준다. 거시적으로 보면 17세기 이후 동아시아는 '흔들린 조공질서'[92]를 통해 전개되어 왔다. 중국 중심의 세계관에 대한 문제 제기와 타자 인식을 통해 동아시아 삼국은 자국의 정체성을 확보해 온 것이다. 이에 관련된 최근의 역사학계 동향은 동아시아 삼국의 교류와 관계사에서 다원주의적 시각을 강조하고 있다는 점이다. 이는 조선시대의 사행 및 사행문학을 연구하는 시각에도 유의미한 시사점을 보여준다는 점에서 주목을 요한다.

우선 조공체제는 중국을 중심으로 한 국제 질서였다는 기존의 연구성과들에 대한 비판적 접근을 통해 그 이면에 작동하는 정치 · 군사적 힘을 고려하여 '주변'국의 관점에서 접근해야 한다는 피터윤의 견해[93]가 그 출발점에 있다. 조공 제도는 원에서 명으로 교체되는 14세기 말의 동북아 정세에 대처하기 위한 조선의 현실적 노력이었으며 이 제도의 정치성과 현실성은 조선중기 이후 성리학적 정통론과 결부되면서 학문적 · 철학적 특성으로 변모하게 되었다는 것이다. 중국은 동북아의 지정학적 삼각관계의 한 축이었으며 조공제도는 이웃 국가에게 실

문화연구』 50, 성균관대 대동문화연구원, 2005). 본 연구 역시 이러한 관점 하에 '동아시아' 개념을 활용하고 그 대상 국가도 조선, 일본, 중국을 지칭하는 것임을 밝혀둔다.

91 김홍규, 「정치적 공동체의 상상과 기억－단절적 근대주의를 넘어선 한국 / 동아시아 민족 담론을 위하여」, 『현대 비평과 이론』 30, 한신문화사, 2008.

92 임형택, 『문명의식과 실학』, 돌베개, 2009, 78쪽.

93 피터윤, 「서구 학계 조공제도 이론의 중국 중심적 문화론 비판」, 『아세아연구』 109, 고려대 아세아문제연구소, 2002.

용적이고 유리할 경우에만 수용된 제도라고 보았다. 또한 남궁곤[94]은 근대이전의 유교주의적 국제 관계를 강조하면서 18세기의 동아시아의 조공체제를 '(소)중화의식을 지닌 자율적 행위자들이 평화적으로 엮어 내는 복합적인 영역의 통합체'로 보았으며 사행록을 통해 그것을 논증해 내었다. 이처럼 동아시아 관계사를 역사적 차이와 다원성의 시각에서 분석하는 것은 국내[95]는 물론 세계 역사학계의 동향이기도 하며, 조선 후기의 경우 타자 인식이 확대되면서 동시에 자아의식도 강화된 현상을 명확하게 확인할 수 있다는 점에서 의의가 있다.[96] 조선사회는 원·명 교체, 임병양란, 명·청 교체, 서세동점 등과 같은 역사적 결절 지점들을 거치면서 타자와 자국 인식의 방향을 전환하며 정체성을 고민해 왔기 때문이다.[97] 조일관계에 대한 연구에서도 피상적인 교린 관계나 일방적 시혜의 관점이 아닌 양국의 상호공존과 능동적 관계 수립의 시각에서 조일관계를 재조명한 손승철[98]의 논의를 주목할 만하다. 명·청 교체 후 양국은 '탈중화'의 구도에서 독자적 교린 체제를 통해

94 남궁곤, 「조선사행록을 통해 본 18세기 동아시아 평화체제로서의 조공체제」, 『연행록연구총서』 7, 학고방, 2006.

95 이와 관련된 국내의 주요 성과들을 살펴보면, ① 13~14세기 : 이개석, 「정통론과 13~14세기 동아시아 역사 서술」, 『대구사학』 88, 대구사학회, 2002. ② 18세기 : 남궁곤, 「동아시아 전통적 국제질서의 구성주의적 이해」, 『국제정치논총』 43(4), 한국국제정치학회, 2003. ③ 19세기 말~20세기 초 : 임형택, 「19세기 말 20세기 초 동아시아 세계관적 전환과 지식인의 동아시아 인식」, 『대동문화연구』 50, 성균관대 대동문화연구원, 2005; 정용화, 「전환기 자주외교의 개념과 조건-19세기 말 조선의 대청외교의 이론적 고찰」, 『국제정치논총』 43(4), 한국국제정치학회, 2003; 최희재, 「동아시아 국제질서의 변화와 한국」, 『사학지』 39, 단국대 사학회, 2007 등이 있으며 이들 모두 다원성에 근거한 동아시아 인식을 강조하고 있다.

96 김문식, 「조선 후기 지식인의 자아인식과 타자인식-대청교섭을 중심으로」, 『연행록연구총서』 8, 학고방, 2006.

97 김문용, 「중화의식, '민족'과 그리고 '세계'」(윤사순 외, 『조선시대 삶과 생각』, 고려대 민족문화연구원, 2000)는 이러한 결절 지점의 주요 변모 양상과 세계 인식을 '민족'의 문제와 '현재'적 사유로 접근하고 있다.

98 손승철, 『조선시대 한일관계사 연구-교린관계의 허와 실』, 경인문화사, 2006.

외교를 지속했다는 점에서 '교린'의 실상을 독립적으로 파악해야 할 필요성을 제기했기 때문이다.

이처럼 다원성을 전제로 동아시아 삼국의 관계사를 살피되 이를 기반으로 조선시대 사행문학에 접근할 경우 반드시 점검해야 할 개념이 중화주의와 화이론이다. 정치 · 군사적 특성이 강한 사대 · 조공의 개념과 달리 중화 · 화이 관념은 문화 · 이념적 성격이 강해 조선시대 지식인들이 타자를 이해하는 과정에 지속적으로 작동하기 때문이다. '중화(中華)'는 처음에 '중하(中夏)'라는 지역적 개념으로부터 출발하여 춘추전국시대에 와서 유교 문명이 구현된 문화 공간으로 의미가 확장되었다. 그리고 송대 주자학 성립과 함께 규범주의적 성격이 강화된다. 이후 전개 · 확장된 중화주의의 개념은 대체로 중화 우월주의, 중화 보편주의 · 상고주의, 중국화 = 문명화로 정리될 수 있다.[99] 그리고 이 과정에서 지리적 · 종족적 · 문화적으로 중화(中華)의 범주에 벗어나면 '이적(夷狄)'으로 간주되는 화이론은 중화주의와 동시적으로 발현, 지속되는 개념으로 볼 수 있다. 본 연구에서는 이러한 역사학계의 전반적 논의들을 참고하되, 일차적으로 사행가사에서 확인할 수 있는 세계 인식을 귀납적으로 추론한 후 그것을 시기적 양상에 따라 변별하고, 역사학계의 논의와 조응해 보는 방식을 설정하기로 한다.

또한 조선시대 지식인들에게 중화문명은 보편문명이었으며 역사적 결절 지점에 따라 중화를 내면화함으로써 조선의 문화를 '발견'하고자

---

99 강정인 · 안외순, 「서구중심주의와 중화주의의 비교 연구—그 전개과정 및 특성을 중심으로」, 『국제정치논총』 40(3), 한국국제정치학회, 2000, 103~105쪽. 이 외에 중화주의 개념과 관련하여 중요하게 거론되는 논의는, 정옥자, 『조선중화사상연구』, 일지사, 1998; 이춘식, 『중화사상』, 교보문고, 1998; 이성규, 「중화제국의 팽창과 축소」, 『역사학보』 186, 역사학회, 2005; 유봉학, 「한국사학에서 바라본 중화주의」, 『中國文學』 44, 한국중국어문학회, 2005.

했음이 확인된다.[100] 이런 측면에서 본다면 사행문학을 분석함에 있어서도 중화 · 화이론의 관념성과 배타성에 대한 시각을 조율할 필요가 있어 보인다. 타자를 부정하거나 거부하는 시각도 자국의 정체성에 대한 재인식의 과정으로 볼 수 있는 여지가 있기 때문이다. 집권층의 실리와 이해관계를 기반으로 타국에 대한 이해의 틀을 설정하고, 그 주요 방법으로서 의복, 민족성을 공격함으로써 자국을 우위에 설정하는 방법은 전 근대 유럽 국가들의 역사에서도 확인할 수 있다.[101] 예를 들어 산업혁명이 진행되던 18세기 영국의 경우 프랑스인을 '노예(slave)'로 규정하고 '허영(vanity)'이 많거나 '더러운(dirty)' 민족으로 간주함으로써 자유와 근면의 정신을 기반으로 한 영국의 민족적 우월 의식을 강화한 기록들이 많다. 그런데 1789년 프랑스 혁명 이후 영국은 프랑스를 정치적 합리성을 지닌 국가로 이해하며 '활기 넘치고 유연한 민족으로 보아야 한다'는 여행기(旅行記)가 확인된다. 한 국가의 정치 · 이념적 구심점은 역사적 상황에 따라 그 양상을 달리하지만 타국을 '관찰'하고 '판단'하면서 국가적 정체성을 확보하기 위한 노력은 역사적 지속성을 보인다는 것이다. 이처럼 타국인을 혐오하는 인식 역시 국가 정체성을 확보하기 위한 개념적 자료로 활용될 수 있다는 시각도 고려되어야 할 것으로 보인다.

---

100 조성산, 「조선 후기 소론계의 古代史 연구와 中華主義의 변용」, 『역사학보』 202, 역사학회, 2009.

101 Roberto Romani, "Between Whiggism and the science of manners : Britain, 1750~1800", *National Character and Public Spirit in Britain and France 1750~1914*, Cambridge University Press, 2002. 이 책은 전근대 유럽의 정치 · 경제적 사고 속에서 형성된 국가의 특성을 타국과의 관계를 통해 역사적으로 개념화하고자 하는 논저이다. 논의가 워낙 방대한데, 본 연구에서는 타자의 민족성을 규정하고 공격하는 것이 국가 공동체의 일원으로서 자아를 확인하는 방법이라는 시각과 그 사례를 참고하고자 한다.

물론 조선시대의 경우 중화·화이론이 내포한 관념성과 배타성의 역사적 한계는 분명하며 이로 인해 급변하는 국제 질서에 능동적으로 대처하지 못하고 폐쇄적 고립을 자초한 측면도 확실히 있다.[102] 그러나 17세기 이후 단군의 재구성을 포함한 고대사의 재인식 문제,[103] 대보단(大報壇)의 건립 및 '동아시아 중화질서 수호자' 존숭을 통한 정통론의 확립[104] 등과 같이 중화주의 담론이 내포한 정체성 문제를 간과해서는 안 된다. 조선의 외교적 주체가 타국을 인식하고 이해하는 과정에서 창작된 사행문학의 경우 중화·화이론과 관련된 경계 영역에 대한 세밀한 접근이 필요한 것이다. 특히 공식적 보고의 기록이 아닌 개인적으로 창작된 사행가사를 분석하는 과정에서 '화이론'적 표상의 유무로만 작품 이해를 끝내거나, '화이론'적 시각이 작가 의식의 보수성 또는 작품 자체의 주요 성격이나 한계로만 지적되는 것은 문제이다. 작가 의식은 타자 인식의 역사적 맥락 속에서 해명되어야 하는 문제이며, 가사 작품인 만큼 중화·화이론의 이면에 작가가 표현하고자 한 감정이나 관찰하고 발견해서 전달하고자 했던 문화적 풍경들이 확인되기 때문이다.

---

102 최근 계승범은 조선의 능동적 역할이 분명했던 조명관계와는 달리, 명·청 교체 이후 발생한 관념과 현실이 괴리 속에서 조선은 관념을 우위에 설정한 것이 문제임을 강조했다. 청이 주도하는 '야만적' 현실 세계와 명이 주도하는 '문명적' 관념 세계로 양분된 현실 속에서 후자의 폐쇄성이 강조되어 조선의 경쟁력 약화를 초래했다는 것이다. 그런 점에서 조명관계의 본질과 유산은 성찰적, 현재적 의의가 크다고 보고 있다. 계승범, 「조선시대 동아시아 질서와 한·중 관계-쟁점별 분석과 이해」, 『한·중·일 학계의 한·중 관계사 연구와 쟁점』, 동북아역사재단 편, 동북아역사재단, 2009.

103 김흥규, 앞의 글, 23~26쪽. 이러한 시각과 관련하여 이종휘(李種徽, 1731~1797)의 『東史』 편찬을 자국의 정체성 양상과 관련하여 논의한 다음의 두 논문도 참고할 만하다. 장유승, 「이종휘의 자국사 인식과 소중화주의」, 『민족문학사연구』 35, 민족문학사학회, 2007; 정재훈, 「조선 후기 史書에 나타난 中華主義와 民族主義」, 『한국실학연구』 8, 한국실학학회, 2004.

104 이에 대한 자세한 논의는 허태용, 앞의 책, 113~134쪽.

기존의 사행가사 연구에서도 역사학적 시각에서의 접근이 있었지만 다원성을 기반으로 한 동아시아 관계사의 시각이 적용된 경우는 없었다. 그러나 사행가사는 동아시아 관계사 및 사상사와 관련하여 조망될 수 있는 유일한 국문가사의 영역이기 때문에 역사적 통시성의 맥락에서 반드시 해명이 필요하다. 18세기까지 사행가사의 창작 주체는 대부분 당대의 뛰어난 문인들로 집권층의 성향과 관련되어 있거나 학맥이나 교유 관계를 통해 활발한 정치적 · 문예적 담론을 구성한 이들이다. 또한 19세기 이후 작품들 중 필사기를 통해 수용자들이 사행가사를 통해 대타적 자국 인식의 담론을 구성한 사례도 발견할 수 있다. 그러므로 사행가사의 작가나 관련 집단의 정치적 성향 및 수용 담론을 동아시아 관계사의 통시적 구도 하에서 조망하는 것이 작품 해석의 전제로 선행될 필요가 있다. 다른 가사 작품들에 비해 비교적 객관성과 기록성이 강한 사행가사의 특질은 세계 인식과 연계되어 그 실질적 의미가 보다 생산적으로 해석될 여지가 있기 때문이다.

2) 여행자 문학, 율격론, 가사 양식

사행은 공식적 목적으로 인한 체험인 동시에 타국으로의 '여행'이기도 하다. 사행문학을 '여행자 문학'의 관점에서 분석해야 한다는 이혜순의 논의[105]는 이런 점에서 주목할 만하다. 여행자의 편견을 통해 형상화된 대상국의 허상에 주의해야 하며 반대로 이러한 편견이 시대의

105 이혜순, 「여행자 문학론의 정립」, 이혜순 외, 『비교 문학의 새로운 조명』, 태학사, 2003, 236쪽.

이념과 연관되었을 때 여행록의 표면적 서술 이면에 은장된 여행자의 내면 진실을 좀 더 섬세하게 투시할 필요가 있는 것이다. 이승수[106] 역시 연행 문학을 여행 문학의 관점에서 조명하면 '자아'와 '타자' 인식과 관련된 주체의 내면세계를 파악할 수 있음은 물론 문화의 소통과 혼종 현상도 발견할 수 있다는 점에서 유효한 시각임을 강조한 바 있다. 이와 관련하여 17세기 스코틀랜드인의 유럽 여행기를 통해 타자 인식의 문학적 표상들이 축적되는 과정을 자국의 정체성 강화와 내면 탐색과 연계해서 해석한 근래의 논의[107]도 주목할 만하다. 또한 전근대 유럽의 외교 과정에서 창작된 문학 작품들을 통시적으로 분석하여 그 문화적 함축성과 중요성을 강조한 최근 논의[108] 역시 참고할 만하다. '외교적 시학'[109]을 통해 외교 문학에 대한 균형적 시각을 확보하고 작품 속의 표상과 내면을 분석하는 것은 문학적 · 정치적 · 문화적으로 중요한 의의를 확보할 수 있다는 것이다.

이러한 일련의 논의들을 참조해 볼 때 조선시대 사행가사에 형상화된 타국의 표상에도 '인간과 문화에 대한 관심을 견지한 지식인'의 내

---

106 이승수, 「연행과 여행, 그리고 문학」, 김태준 외, 『연행의 사회사』, 경기문화재단, 2005.

107 Helga Quadflieg, "Approved civilities and the fruits of peregrination-Elizabethan and Jacobean travellers and the making of Englishness", *The Making of Modern Tourism-The cultural history of the British Experience, 1600～2000,* palgrave, 2002.

108 Timothy Hampton, *Fictions of Embassy-Literature and Diplomacy in Early Modern Europe,* Cornell University Press, 2009. 이 책은 문화사적 시각을 기반으로 근래에 완성되었으며 전근대 외교와 문학의 상관성에 초점을 두고 통시적으로 조망한 최초의 저서라는 점에서 주목을 받고 있다. 문학은 외교의 부산물이라는 종래의 시각을 지양하고 문학적 표상과 상상력이 문학사는 물론 정치와도 밀접한 상관이 있고 심지어 영향력을 행사한 경우도 많아 외교 문학은 전근대 유럽의 문화적 구심점임을 강조하고 있다.

109 "diplomatic poetics." I have in mind both a way of reading literature that would be attuned to the shadow of the Other at the edge of the national community, and a way of reading diplomacy that would take into account its fictional and linguistic dimensions. Timothy Hampton, *op. cit.*, pp.2～3.

면과 자의식이 반영되어 있다는 점에 유의해야 함을 알 수 있다. 한시나 산문 기록에는 있는데 가사문학에는 없는 부분이 한계로 지적되었던 기존의 관점을, 사행가사에만 있거나 혹은 사행가사를 통해 표현하고자 한 감정과 내용이기 때문에 중요하다는 시각으로 전환할 필요가 있는 것이다. 본 연구는 이러한 시각에 유의하여 '사행'이라는 외교적 타자 체험에서 유발된 주체의 정서와 문학적 표상이 관련된 여타 기록과 중첩·변별되는 지점을 고려하면서 논의를 전개할 것이다. 사행가사의 경우 대부분 동일한 체험을 기반으로 창작된 산문기록, 한시, 일기 등이 있어 그 변별성을 확보하기가 수월하다. 따라서 언어적·양식적 차원에서 이러한 이중적 층위를 기반으로 하여 지속적으로 창작·향유된 국문시가임에 보다 유의한 접근이 필요해 보인다.

그렇다면 사행가사의 문학적 표상을 해석하기 위한 접근 시각도 고민해 보아야 할 것이다. 사행가사는 기본적으로 여정의 공간과 촉발된 감회, 목도한 풍경이나 문물 등이 주요 소재로 창작되었다. 그리고 이 요소들의 표현 방식과 비중은 시대별·국가별·작가별로 차이를 보이고 있기 때문에 이에 유의한 해석이 필요하다. 예컨대 중국 사행가사의 경우 지속된 중화주의로 인해 관념이 구체적 공간과 결합하면서 발생하는 감정적 진폭이 상당하고 이는 시대별로 차이를 보이고 있다. 이러한 접근 시각은 우선 연행록 전반에 대한 연구에서 확인할 수 있다. 연행로에 대한 실질적 답사를 통해 그 자취와 역사적 의미를 살핀 결과물[110]은 물론 주요 연행 공간의 옛 풍경과 그 의미를 관련 기록과 문학 작품들과 함께 체계적으로 정리한 성과[111]는 연행 과정에서 '공간'

110 소재영·김태준·조규익·김현미·김효민·김일환, 『연행노정, 그 고난과 깨달음의 길』, 박이정, 2004.

의 의미가 지닌 중요성을 알게 해 준다.[112] 의미 있는 '장소'에 대한 기억은 집단의 정체성 확립에 중요한 역할을 하며 이는 '문화적 기능 기억'이 될 수 있기 때문이다.[113] 그러므로 사행가사에서 체험과 공간을 선택, 구성하는 방식에 주목하는 것은 동일한 체험을 형상화한 여타 기록들과의 중첩 또는 변별되는 측면을 확인하게 할 것이다. 그리고 이러한 양식적 '차이'를 기반으로 작품을 분석하되 국문이라는 기표가 담당했던 언어적 특질과 미감을 포착하기 위한 구체적인 방법론도 고민해 보아야 한다.

대다수의 조선시대 사대부들에게 이념적 · 의미론적 차원에서 표기문자로 인식된 것은 한문이었다. 한글이 문학이나 현실을 기사(記寫)하는 문자라는 인식이 없이 한자음을 정확하게 표기할 수 있는 주음부호(主音符號)로만 간주했던 것이다.[114] 그러나 일찍이 김만중이 지적했듯이 '문자로 쓸 수는 없지만 참된 성정을 드러낼 수 있는 것'이 바로 국문문학이었으며 그런 점에서 자국어 문학의 당대적 효용에 보다 주목할 필요가 있다. 월터 옹[115]은 쓰인 텍스트에만 중심을 두고 잠재한 구술

---

111 김태준 · 이승수 · 김일환, 『조선의 지식인들과 함께 문명의 연행길을 가다』, 푸른 역사, 2005.

112 이러한 시각들은 통신사 연구에서도 확인할 수 있다. 정장식, 『통신사를 따라 일본 에도시대를 가다』, 고즈윈, 2005; 손승철, 『조선통신사, 일본과 通하다』, 동아시아, 2006; 조선통신사문화사업회 편, 『조선통신사 옛길을 따라서』 1~2, 한울, 2005.
다만 연행과 관련된 논의들은 양적으로 풍부하기 때문에 학술적 차원에서 보다 심화된 연구들이 지속되고 있다. 앞의 두 책에 언급되지 않은 주요 논의는 조규익, 「연행록에 반영된 천산 · 의무려산 · 수양산의 내재적 의미」, 『연행록연구총서』 1, 학고방, 2006; 이승수, 「조선 후기 燕行 체험과 故土 인식」, 『동방학지』 127, 연세대 국학연구원, 2004; 강동엽, 「회동관과 동아시아 문화교류」, 강동엽 편, 『동아시아 문화의 통섭과 역동성』, 박이정, 2009.

113 알라이다 아스만, 변학수 · 백설자 · 채연숙 역, 『기억의 공간』, 경북대 출판부, 2003.

114 안대회, 「한문학에서의 민족적인 것과 세계적인 것」, 『국문학과 문화』, 월인, 2001, 314쪽.

115 월터옹(Walter J. Ong), 이기우 · 임명진 역, 『구술문화와 문자문화(*Orality and literacy*)』,

성을 간과해 온 기존의 연구 경향에 반기를 들고 구술성과 문자성의 균형적 이해가 유실된 가치의 확인에 기여하는 바를 논증하였다. 텍스트를 읽는다는 것은 그 텍스트의 목소리로 되돌리는 일[116]이며 대다수의 가사문학이 가창 및 음영을 향유 기반으로 했음을 미루어 볼 때 구술성은 가사문학의 연구에 많은 시사점을 주며 실제로 이를 바탕으로 진행된 선행 연구들도 여러 편 있다.[117] 그러나 대체로 장르의 성격 규명과 관련된 일반론 차원의 논의가 많아 본 연구는 구체적 작품론을 진행하는 과정에서 구술 문화의 특징을 참조해 보고자 한다. 사행가사는 가창에서 율독으로 향유의 양상이 변화하지만 기본적으로 구술적 요소가 전제되어 있다는 점을 고려해야 하는 것이다. 이러한 시각을 토대로 하면 사행가사의 문학적 특실이 변모하는 과정이 율격의 문제[118]와도 상관성이 있음을 알 수 있다. 18세기 전반기까지 유사한 율

문예출판사, 2009.

116 위의 책, 273쪽.

117 대표적인 성과들은 다음과 같다. 김대행, 「가사 양식의 문화적 의미」, 『한국시가연구』 3, 한국시가학회, 1998; 임재욱, 「가사의 형태와 향유 방식 변화의 관련 양상 연구」, 『국문학연구』 137, 서울대 국문학연구회, 1998; 고순희, 「가사문학의 구비적 성격」, 『국문학의 구비성과 기록성』, 태학사, 1999; 성무경, 「가사의 가창 전승과 '착간' 현상」, 『가사의 시학과 장르 실현』, 보고사, 2000; 윤덕진, 「향유 방식을 중심으로 본 16~17세기 가사의 양상」, 『한국시가연구』 9, 한국시가학회, 2001; 임재욱, 「가사의 가창 전통과 부분창의 가능성」, 『한국시가연구』 3, 한국시가학회, 1998; 조세형, 「서사가사의 사적 전개 양상과 그 의미」, 『가사의 언어와 의식』, 보고사, 2009. 이들 성과들은 '구술성'에 기반을 둔 가사의 성격 규명이라는 층위에서는 동일하지만 통시적 변모 양상에 대한 견해가 상이한 논의들도 발견된다. 이는 상당히 다층적인 가사문학의 역사성을 일반화하려는 과정에서 생기는 시각의 차이인 듯하다. 본 연구에서는 이러한 일반화를 위한 고민보다는 사행가사 작품들을 대상으로 귀납적인 분석을 시도함으로써 기존의 논의 구도에 배치될 수 있는 지점을 모색하도록 할 것이다.

118 김흥규는 한국 시가의 율격 형성 자질을 통사적 분단으로 규정했다. '생성율격론'과 '한정된 범위의 원칙 이탈'이라는 원리를 기반으로 '율격의 추상적 모형'을 제시한 것이나. 특히 '조응 규칙'을 통해 어휘 항목과 통사 규칙의 표면 구조가 성립되고 이는 '율격의 불확정 상태'까지 포괄할 수 있는 기저 원리로서의 의의를 확보할 수 있다고 보았다, 김흥규, 「韓國詩歌 律格의 이론 Ⅰ」, 『욕망과 형식의 시학』, 태학사, 1999. 이러한 시각은 〈일동장유가〉

격과 안정된 구조를 형성하던 사행가사는 18세기 후반의 〈일동장유가〉를 기점으로 상당히 이완·확장되는 양상을 보이고 있기 때문이다. 특히 타국을 '관찰'하거나 자신의 체험을 '전달(기억)'하고자 하는 욕구가 강할수록 율격의 급격한 변화를 보이고 있는 점도 흥미롭다. 또한 사행가사의 이러한 측면은 조선 후기 가사문학의 거시적 변모와 궤를 같이 하고 있다는 점도 고려되어야 한다. 가사의 율격적 보편성과 장르적 관습성은 진술 양식의 다양화를 가능하게 하는 전제적 요소가 되며 조선 후기 기행가사의 경우 서사성이 극대화되는 방향으로 가사 장르가 실현화되고 있기 때문이다.[119]

또한 조선 후기 가사문학은 문화적 전체성이나 보편성보다는 개별적 인식이 점차 강하게 발현되는 양상을 보이기도 한다. 특히 기행가사의 경우 '대상에 대한 느낌이나 감정'의 실체를 분석하는 것이 시적 화자의 근원적 태도를 해명하는 데 있어 유효한 방향을 제시해 줄 수 있다.[120] 이러한 거시적 측면들이 사행가사의 개별적 문학성과 조응하는 부분들에 유의하면서 논의를 전개할 예정이다. 특히 18세기 전반기까지의 작품들은 비교적 간략한 분량으로 창작되었고 〈일동장유가〉 이후에는 급격한 장편화 양상을 보인다. 따라서 전자는 시적 화자의 '시선'에 유의하여 문학적 분석을 진행할 것이며 장편의 작품들은 문학적 성격을 단선적으로 규정하기 어려운 만큼 개별 작품 내에서 포착할

이후 율격적 이완을 기반으로 통사 구조의 확장 및 변형을 보이는 사행가사의 통시적 흐름을 설명하기에 유용하다. 물론 본 연구에서는 사행가사의 '율격론'을 정립하는 것에 중점을 두는 것이 아니라 사행가사가 문학적 관습을 기반으로 지속적으로 창작되는 과정에서 통사 구조를 중심으로 하는 율격적 자질이 작품들의 변모 양상과 긴밀한 상관성이 있다는 측면에 유의하여 논의를 전개할 것이다.

119 김학성, 「가사의 실현화 과정과 근대적 지향」, 『근대문학의 형성과정』, 문학과지성사, 1983.

120 김대행, 「가사와 태도의 시학」, 『고시가연구』 21, 한국고시가문학회, 2008, 46~49쪽.

수 있는 주요 특질에 주목하는 방법을 설정하고자 한다.

3) 수용자 담론, 문화사적 관점

전근대 이전의 문화를 분석하는 경우 현재적 시각이 아닌, 그들 나름의 소통 체계 속에서 역동적으로 자아와 세계를 인식하고자 했던 의식적 실체에 유의해야 한다. 안정성이나 고아함의 측면보다는 그들을 매료했던 문화적 구조들의 역동성과 다양성의 실체를 확인[121]하여 고전문학의 현재적 의의를 확보해야 하는 것이다. 그런 점에서 사행가사의 경우에도 창작 의도 및 향유 양상을 통해 문학적 실체와 의의를 재조명함으로써 고전시가의 본원적 생명력과 역동성을 확인할 필요가 있다. 텍스트를 이해하기 위해 저자를 선험적 조건으로 규정한 신비평주의의 한계를 극복하는 대안으로 앤터니 이스톱[122]은 담론으로서의 시 읽기를 강조한 바 있다. 일차적으로는 기표가 기의를 강화시키는 '시적 기능'에 주목함으로써 전달 내용에서의 구체적인 '사물화'를 강조한다. 그리고 독자에게 행위 주체로서의 지위를 부여하고 그 과정에서 작동하는 이데올로기에 유의함으로써 물질적 · 이데올로기적 · 주체적 차원에서의 분석이 가능한데 이것이 바로 담론으로서의 시 읽기인 것이다. 이러한 관점은 문학적 · 역사적 · 수용 주체적 관점들을 종합적으로 고려한 시 독법으로서 본 연구가 지향하는 의도와 부합한다.

---

121 John Brewer, *The Pleasure of the Imagination-English culture in the 18th century*, The university of Chicago press, 1997, pp.664~665.

122 앤터니 이스톱(Antony Easthope), 박인기 역, 『시와 담론(*Poetry as discourse*)』, 지식산업사, 1994.

이러한 시각을 바탕으로 본 연구에서는 작품의 향유 주체와 맥락에 대해서도 살펴보고자 한다. 따라서 작품들의 필사기(筆寫記), 작품이 향유된 문집의 기록, 작품의 서사나 결사에서 확인할 수 있는 창작 목적 등을 참조하여 그 사회 · 문화적 의미를 조망해 볼 것이다. 16세기 〈조천곡〉의 경우 향유 양상과 의의가 보이는 문집 기록과 한시, 17세기 〈장유가〉는 사적 향유를 보여주는 한시, 17세기 〈서정별곡〉은 필사기, 19세기 〈무자서행록〉과 20세기 〈셔유견문록〉에는 필사기가 확인된다. 그리고 이 외의 작품들은 작품의 서사나 결사에서 창작 목적이나 동기를 어느 정도 추론할 수 있다. 이러한 자료들을 통해 확인되는 소통 양상은 작품의 문학적 특질과도 밀접한 상관성이 있기 때문에 더욱 중요하다.

또한 신문화사에서 주목한 개념 중의 하나인 '표상'과 관련하여 사이드는 '오리엔탈리즘'을 통해 '타자'의 표상을 강조한 바 있다. 특히 여행의 역사를 통해 친숙하지 못한 타자의 문화가 인식되고 서술되는 주된 방식이 '정형화'임을 강조했다.[123] 다른 나라에 가기 전에 형성된 지식과 선입견이 바로 타자를 이해하는 주된 방식 중 하나였다는 것이다. 그러므로 기존에 관습적이고 상투적인 나열로 분석되던 사행가사의 내용들도 타자 및 자아 인식을 기반으로 한 문화의 해석과 배열이라는 측면에서 재해석될 여지가 있다. 작품의 완결된 구조 내에 사물들이 선택, 배치되어 있는 양상은 수용자의 '기억'과 '상상'의 매개항으로서 문학적 의미를 확보할 수 있는 것이다. 특히 조선시대에 다른 국가로 여행할 수 있는 유일한 방식이 사행이라 새로운 세계에 대한 간접적 체험을 열망하는 이들에게 국문 언어와 가창이나 율독이 결합된 사행

123 피터 버크(Peter Burke), 조한욱 역, 『문화사란 무엇인가』, 길, 2006, 111~112쪽.

가사의 효용성도 상당했을 것으로 짐작된다.

그런데 기존의 사행가사 연구에서는 작품들의 후반부에 있는 '심심파적', '노친' 등과 같은 용어에 상당한 의미를 부여함으로써 사행문학에서 가사는 단순히 부녀자들을 위한 창작물로 치부되어 작품의 사회 · 문화적 의미가 폄하되는 경우가 많았다. 그러나 '파적'이 창작의 일차적 동기라 하더라도 관점을 달리 하면 전달 내용의 구체성에 대한 생산적 해명이 가능하다. 창작 주체의 입장에서는 한문이나 산문 형식으로 표출할 수 없는 경험과 정서의 다층적 국면들을 형상화하게 되고 독자의 입장에서는 그러한 체험의 공유를 통한 추체험이 가능해진다. 특히 작품 내에 독자를 상정하거나 '파적(破寂)'과 같은 창작(혹은 필사)의 구체적 목적을 표면화하는 양상은 18세기 후반 〈일동장유가〉에 와서야 나타나는 현상이다.

18세기 전반기까지의 작품들은 가창 및 음영을 기반으로 한 경험 주체의 일차적 향유가 주목적이었던 만큼 인상적인 여정의 수평적 배열 속에 주관적 세계관이나 정서의 층위가 교직을 이루는 양상을 보인다. 그러나 〈일동장유가〉 이후의 작품들은 노정이 수평적으로 배열되는 가운데 구체적 경험이나 사실적 기록의 측면이 확장되면서 주관적 영역이 상대적으로 축소된다. 물론 이 변모의 원인은 창작 주체의 신분 변화를 비롯한 사회 · 문화의 전반적 변화 양상을 고려해야 하지만 독자나 창작(혹은 필사) 목적이 구체적으로 확인된다는 점도 흥미로운 현상으로 주목해 보아야 한다. 향유 및 소통 구조의 변화가 작품의 문학적 특질과 상관성이 있음을 명확히게 보여주는 사례이기 때문이다.

따라서 텍스트 그 자체가 담고 있는 내용도 중요하지만 텍스트의 역사성, 곧 그 텍스트가 당시 사람들의 사고와 행동에 미친 영향력을 간과해서는 안 된다. 당대 독자의 문화적 의미 체계인 표상에 유의함으로써 의미 체계의 코드 해석을 위해 과거로의 접근은 '문화로의 전환'을 강조하는 역사학이 주장하는 핵심 방향이기도 하다.[124] 근래에 활발하게 논의되고 있는 문화사적 관점은 앞서 살펴본 논의들의 기저를 관류하고 있는 시각이나 다름없다. 지난 현실의 데이터와 사실의 차원만이 아니라 그 현실을 인간적으로 전유, 해석 그리고 처리하는 차원까지 관심을 가지고 의미를 부여한 지점에서 우리는 문화를 이야기[125]할 수 있기 때문이다.

문학은 역사적 사료들 중에서 당대 사회의 가치 있는 부분들이 인간적 충만함과 심미적 완성을 본질로 하여 구현된 것이며, 따라서 문화적 해석을 위한 필수적이고 의미 있는 자료가 될 수 있다. 따라서 사행가사의 문학적 특질이 창작 및 향유의 양상과 조응하는 양상을 고려함으로써 그 시대의 사회 · 문화적 의미를 살펴보아야 할 것이다. 이 과정에서 당대인들의 삶을 가시화하고 문화 형성 및 전승의 매개자로서 중요한 역할을 담당했던 고전문학의 한 영역으로서 조선시대 사행가사의 특징과 의의가 조망될 수 있기를 기대해 본다.

---

124 김기봉, 「'언어로의 전환'에서 '문화로의 전환'으로」, 『'역사란 무엇인가'를 넘어서』, 푸른역사, 2007, 147~155쪽.

125 아스트리트 에를(Astrid Erll), 배정희 역, 「회상사적 문학연구란 무엇이며, 그 목적은 무엇인가?」, 『문화이론과 문학연구』, 연세대 출판부, 2008.

제2장

16~18세기 사행가사의 세계 인식과 문학적 특질

1. 16세기–사행문학의 타자 인식과 국문 시가의 동향

현전하는 사행가사 작품들의 창작 시기는 대체로 17세기 중반 이후라 조선 후기에 해당한다. 그러므로 이 작품들을 본격적으로 고찰하기에 앞서 조선전기 사행문학에 대한 개략적 고찰이 선행되어야 할 것이다. 특히 본 장에서는 사행문학에 투영된 세계 인식이 동아시아적 지평에서 조망되어야 하는 당위성에 대해 간략히 살펴보고자 한다. 앞서 살펴보았듯이 동아시아는 중국 중심의 조공질서로 성립된 권계이지만 조선과 일본의 반응에도 주목하는 다원적 시야가 확보될 필요가 있다. 특히 사행문학에 접근할 경우에는 타국을 이해하는 방식의 이면에 자국이 구심점이 된 선이해적(先理解的) 요소가 작동하고 있다는 점이 고려되어야 한다. 타국에 대한 주관적 반응이 형상화된 사행문학에는 '심상지리'적 요소가 개입되어 있을 가능성이 매우 높기 때문이다. 문학작품에 대한 '지리학적 효과'는 특정한 시 · 공간에서의 사람들이 지닌 지적인 관심을 표현할 때 증가될 수 있다.[1] 중국과 일본을 사행하는 과정에서 지식인들은 그 실제와 변화에 대해 적극적인 관심을 보였으며 이러한 지적 탐색과 자아의 능동적 내면 반응이 결합되어 사행문학이 형성될 수 있었던 것이다. 따라서 이러한 측면들에 유의하여 조선전기 사행문학과 관련된 주요 연구 성과들을 간략히 살펴보고자 한다. 이를 통해 조선 후기 사행가사를 동아시아적 지평하에서 조망해야 하는 일차적 필요성은 물론 본 연구의 접근 시야가 확보될 수 있기 때문이다.

앞서 확인했듯이 사대 · 조공 제도는 원에서 명으로 교체되는 14세기 말의 동북아 정세에 대처하기 위한 조선의 현실적 노력이었으며 일본 역시 명으로부터 책봉을 받아 동아시아 외교 체제는 안정된 양상을 보였다. 따라서 15세기까지 조선의 대명 관계는 탄력적이었다고 볼 수 있으며 일본 및 여진과의 관계도 독자적인 측면에서 전개되었다. 그러나 16세기에 이르러 성리학이 심화됨에 따라 주자학적 화이관이 팽배하게 되고 중종이 '천자(天子)'와 관계를 통해 왕권의 안정을 도모하려는 정책과 맞물려 대명관은 상당히 변화하게 된다. 여말선초의 대표적 성리학자인 양촌 권근(權近, 1352~1409)의 사행시(使行詩)에는 중국의 풍물과 역사에 대한 현실적 인식, 그리고 자주적 민족의식이 반영되어 있다.[2] 권근은 존명사대의식에 근거한 중국의 번성한 문명을 예찬했으

1 이은숙, 「지리학의 한 분야로서의 문학지리학 · 지리학과 문학의 만남」, 김태준 편저, 『문학지리 · 한국인의 심상공간』, 논형, 2005, 32쪽.

2 주경열, 「權近의 使行詩 硏究」, 『연행록연구총서』 1, 학고방, 2006.

며 '동문(同文)', '동궤(同軌)'와 같은 논리를 통해 중화의 세계를 이해한 것이다. 또한 원(元)에 대항한 고려군(高麗軍)의 옛 활약지를 지나며 민족적 자긍심을 확인하거나 단군과 요임금을 대등하게 설정한 작품도 있어 주체적 민족의식이 발현된 양상도 살필 수 있다. 사행문학에서 발견되는 타국 인식의 이면에는 자국을 구심점으로 하는 인식이 작동하고 있었음을 보여주는 사례인 것이다.

특히 조선전기 사행문학에서 확인되는 중화·화이론이 숭명적(崇明的) 성격이 아닌, 하·은·주의 치세 회복을 지향하는 상고적(尙古的)·관념적 특성을 보이고 있는 경우도 있어 흥미롭다. 허봉(許篈, 1551~1588)과 조헌(趙憲, 1544~1592)은 1574년 부경사(赴京使)의 일원으로 연행을 다녀온 후 각각 『하곡선생조천기(荷谷先生朝天記)』와 『조천일기(朝天日記)』를 남겼는데 이 기록들에서는 명나라의 현실을 실망하며 비판하는 내용을 확인할 수 있다.[3] 양명학을 신봉하는 현실의 '중화'인들을 '완고하고 천박한 자로서 아무리 말해도 이해하지 못한다'고 판단하거나 명나라를 '금수가 사람을 위협하는' 사회로 평가하는 등 소중화 의식이 작동하고 있는 사례들을 발견할 수 있는 것이다. 그런데 조헌은 1574(선조 7)년에 귀국한 후 조정에 『동환봉사』를 바치는데 이 책에서 중국은 실제 견문과 괴리되는 유토피아의 세계로 보고되고 있으며 오히려 조선의 정치·사회·문화 전반에 대한 일대 개혁이 주장되고 있다. 16세기 말 조선주자학의 융성과 더불어 주자학적 경서로 습득된 가치 체계와 현실적인 명나라와의 모순 속에서 조헌은 중국이라는 텍

3 이들과 관련된 논의는 다음의 논문을 참고한 것임. 후마 스스무[夫馬進], 하정식 외역, 「만력 2년 조선사절의 '중화'국 비판」, 「조헌의 『동환봉사』에 나타난 중국보고」, 『연행사와 통신사』, 신서원, 2008.

스트를 개변함으로써 자국 인식을 강화하고 있는 것이다. 안방준(安邦俊, 1573~1654)은 『동환봉사』의 발문에서 '조헌의 뜻은 명조의 제도를 모방하는 것에 그치지 않고 그것을 소급시켜 하 · 은 · 주 3대의 치를 회복하는 것에 있었다'라고 언급할 만큼 조헌의 보고에는 작위성이 있었으며 당시 지식인들은 그 의도를 간파하고 있었음을 알 수 있다.

이처럼 명의 현실과 괴리되는 공식적 보고는 물론 개인적 일기에서 발견되는 비판적 대명 논리도 결국 자국을 구심점으로 하는 인식이 작동하고 있다는 점에서는 공통적이다. 조선전기에 이미 연행사들은 '중화'의 가치를 상고적 개념으로 상정하여 현실적 중화인 '대명'도 일정한 비판의 대상으로 간주하고 있었던 것이다. 따라서 연행기록물에 투사된 중화 · 화이론을 해석함에 있어 '자국 인식'의 논리와 '단속적(斷續的)' 특성이 반드시 전제되어야 함을 확인할 수 있다. 조선 후기 사행가사에 한정해 보더라도 명 · 청 교체와 청 세력의 확대, 서세동점 등과 같은 역사적 격변기에 따라 대청 인식과 그 이면의 자아 반응이 지속적으로 전변(轉變)하는 현상이 발견되기 때문이다. 그러므로 동아시아 질서가 변모하는 과정에서 그 발현의 양태만 변화할 뿐 근본적인 세계 인식의 구심점에는 '타자를 통한 자국 인식'이 작동하고 있다는 점이 중요하게 고려되어야 함을 알 수 있다.

중화 세계 주변의 이적국으로 간주되었던 일본의 사행문학을 보아도 중국의 경우와 유사한 양상을 보이고 있다. 정몽주(鄭夢周, 1337~1392)와 신숙주(申叔舟, 1417~1475)가 남긴 대일 사행 한시들을 보면 외교적 소명감과 고국에 대한 향수, 일본의 이채로운 풍습과 문화에 대한 발견 등이 확인된다.[4] 특히 그들의 시(詩)에서 화이론적 시각은 찾아볼 수 없으며 문화적 차이를 인정하는 등 보편적 시야에서의 대일 인식이 발견될 뿐이다. 신숙주(申叔舟, 1417~1475)의 『해동제국기』도 객관적인 시각에서 일본을 파악하고 있으며 풍신수길이 조선 침공을 기정사실화한 1590년에 사신으로 파견되었던 김성일(金誠一, 1538~1593)의 사행록에는 일본의 무성의한 태도를 강하게 비난하는 화이관이 발견된다.[5] 그러므로 임진왜란 이후에는 왜구 금압이라는 불가피한 목적으로 일본과의 교린 관계를 재개하지만 명을 중심으로 하는 중화적 세계관을 통해 그들을 의식적으로 견제하고자 함으로써 화이관의 발현 강도가 더욱 고조되는 것이다. 그러나 명 · 청 교체라는 격변기를 지나면서 '청(淸)'을 이적으로 간주하는 시각이 더욱 부각되었고 일본에 대한 문화적 시혜를 전제한 대일 교류가 지속되면서 17세기 통신사는 일본의 번영에 구체적으로 반응하는 모습을 보인다. 이후 18세기가 되면서 일본의 문물은 물론 학술적 변화에 따른 대타적 자국 인식의 기제로서 화이관이 단속적으로 발견되고 있는 것이다.

이와 관련하여 연행사와 통신사가 변별되는 양상과 의의에 대한 고찰도 필요해 보인다. 조선은 대청 관계에서의 경제적 이익을 고려함과 동시에 사대 · 조공을 중심으로 하는 동아시아 국제 질서에 순응한다는 차원에서 형식적이지만 정기적으로 연행사를 파견했다. 반면 통신사의 경우 일본의 요청에 의한 경우가 대부분이었으며 정치 · 군사적 차원이 아닌 문화 · 이념적 성향이 강한 교린 체제를 지속해 왔다.[6] 이러한 연행사와 통신사의 차이를 전제하면 사행문학에 반영된 대청 인

4 임종욱, 「여말선초 두 지식인의 일본 체험 – 정몽주와 신숙주의 한시를 중심으로」, 『조선통신사 사행록 연구총서』 2, 학고방, 2006.

5 이채연, 「조선전기 대일 사행문학에 나타난 일본인식」, 위의 책.

6 이철성, 「통신사와 연행사의 비교 연구」, 『통신사 · 왜관과 한일관계』, 한일관계사학회, 경인문화사, 2005.

식에는 중화주의가, 대일 인식의 경우 화이관이 주요한 관념으로 작동되는 변별 지점을 거시적으로 조망할 수 있기 때문이다. 또한 사행문학을 중국과 일본의 경우로 구분하지 않고 동아시아적 지평에서 통합적으로 고찰할 경우 작품들의 실체에 보다 입체적으로 접근할 수 있는 통로가 확보될 수 있는 것이다.

이상에서 살펴본 바와 같이 조선시대 사행문학에 형상화된 중국과 일본을 이해하는 경우 동아시아적 지평 내에서의 대외 인식과 그에 따른 대타적 자국 반응이 고려되어야 함을 알 수 있다. 또한 이러한 주관적 반응에는 일정 정도의 선험적 지식과 실제적 체험 정보가 교직되어 있으므로 작품에서 발견되는 세계 인식은 심상공간으로서 분석될 필요성이 있다. 특히 사행가사의 경우 사행 도중 창작된 일기나 한시를 토대로 추후에 재구성된 작품들이므로 체험 도중 변화된 의식까지 투사되어 있을 가능성이 높다. 관련 기록을 토대로 하되 주관적 회고와 기억을 통해 작품을 창작하는 과정에서 중국과 일본에 대한 화자 나름의 심상지리적 요소가 개입될 수밖에 없는 것이다. 앞서 확인했듯이 사행문학에는 공식적 문서에 명시되지 못한 내적 동요와 열린 자각이 포함될 수 있으며 사적 향유 및 소통을 전제로 창작된 사행가사의 경우 이러한 특질이 더욱 강화되었을 것이다. 그러므로 조선 후기 사행가사의 통시적 고찰은 이러한 심상지리적 공간 이해와 타자 인식을 선명하게 확인할 수 있다는 점에서 의의를 확보하고 있다.

이러한 시각 하에서 국문 시가의 동향을 살펴본다면 우선 현전하는 최고(最古) 사행가사는 1666년의 작품이지만 사행을 소재로 한 국문 시가가 창작된 정황은 16세기부터 확인된다. 그러므로 조선전기에 사행체험이 국문 시가로 형상화된 몇몇 사례들을 검토함으로써 조선 후기 사행가사와 관련된 전사적 양상을 살펴볼 필요가 있다. 낯선 타국에서 촉발된 감회가 국문 시가로 표출된 사례들은 조선 후기 사행가사의 미감과 문학적 효용을 조망하는 데 있어 유효한 기준이 될 수 있을 것으로 보이기 때문이다. 이를 본격적으로 고찰하기 이전에 최치원(崔致遠, 857~?)의 『계원필경(桂苑筆耕)』 소재 연작시 「대주산시(大珠山詩)」 10수를 잠시 살펴볼 필요가 있다. 김중렬[7]은 이 작품들을 소개하면서 한국 한시사(漢詩史)에서 최초로 시도된 기행시로서 이후 기행가사에 영향을 주었을 것임을 추론한 바 있다. 「대주산시」는 884년 최치원이 16년 만에 당나라에서 귀국하는 길에 느낀 감회를 표출한 작품이며 출발 동기에서부터 목적지에 이르는 노정을 연속으로 형상화하는 방식이 기행가사의 구조적 특질과 유사성을 보이고 있다. 낯선 시공간에서의 감회를 표출하는 데 있어 시가 유효한 수단이었음을 확인하게 하며 이국 체험의 서사를 연속적인 방식으로 형상화한 최초의 작품이라는 점에서 문학사적 의의를 확보하고 있는 것이다.

또한 일찍부터 유희춘(柳希春, 1513~1577)의 『미암일기(眉岩日記)』는 그 기록의 치밀함과 사실성으로 인해 많은 주목을 받은 작품인데 이재용[8]은 이 『미암일기』의 여행 관련 부분을 살펴 기행문학으로서의 특징을 추론한 성과를 제출하였다. 여행 과정에서의 경험과 감회를 폭넓은 시각에서 다층적이고 정확하게 기록함으로써 사실적 층위에서의 문학성을 확보하고 있음을 지적한 것이다. 이와 관련하여 본 연구에서 주목하고자 하는 것은 16세기에 다양한 체험 서사를 일기의 방식으로 세

7 김중렬, 「崔孤雲의 紀行詩 고찰－한국 紀行歌辭의 연원으로」, 최강현 편, 『한국 기행문학 작품 연구』, 한국자료원, 1996.
8 이재용, 「紀行文學으로서의 『眉岩日記』」, 위의 책.

계화한 사례가 발견된다는 점이다. 조선 후기 사행가사는 대체로 한문으로 된 일기와 이원적 구도를 형성하고 있으며 특히 사행가사 작품들은 대부분 이 일기를 저본으로 재구성된 정황이 확인되기 때문이다.

현전하는 국내 기행가사의 경우를 살펴보면 최고(最古)의 작품은 1555(명종 10)년 백광홍(白光弘, 1522~1556)이 지은 〈관서별곡〉이며 정철(鄭澈, 1536~1593)의 〈관동별곡〉, 이간(李侃, 1640~1699)의 〈백상루별곡〉 등이 16세기에 창작된 기행가사 작품들이다. 모두 환유가사(宦遊歌辭)에 해당하며 선험적 풍경과 초월적 상상력을 보여주며 독특한 풍경미를 확보하고 있다는 점에서 유사하다.[9] 특히 '환유(宦遊)'라는 소재에는 서사성이 내재되어 있으므로 촉발된 서정적 결들과의 교직을 이루며 작품을 구성하는 데 있어 16세기부터 가사문학은 효율적인 장르가 될 수 있었던 것으로 보인다.

이러한 맥락에서 볼 때 '사행'도 가사문학으로 구현되기에 적절한 소재가 되었을 것임은 분명하다. '사행' 체험이 국문시가의 소재로 활용된 최초의 사례는 〈서호별곡〉의 작가인 허강(許橿, 1520~1592)이 1541(중종 36)년에 아버지 허자(許磁, 1496~1551)를 따라 중국을 다녀온 체험을 토대로 창작한 시조 2수인데 그의 문집인 『송호유고(松湖遺稿)』에서 확인해 볼 수 있다. 또한 정철이 1593(선조 26)년에 사은사로 명나라를 다녀온 적이 있어 『연행일기(燕行日記)』가 전하고 있으며[10] 이 체험과 관련된 시조 1수도 발견되고 있어 흥미롭다.[11] 이 세 작품들의 실체를 보다 구체적으

9 이형대, 앞의 글, 127~130쪽.

10 『연행일기』는 송강의 친필본에 해당하는 초본과 『송강전집』에 수록된 전집본이 있다. 이와 관련된 해제 및 내용 분석은 다음의 논문을 참고할 수 있다. 최태호, 「松江의 『燕行日記』 考察」, 『목원대 논문집』 42, 목원대, 2003.

11 이 시조는 정희택이 소장한 송강 친서에 들어있는 작품으로 다음의 책에 현대역 및 해설이 이루어져 있다. 정재호 · 장정수, 『송강가사』, 신구문화사, 2006, 366~367쪽.

로 확인해 보도록 하겠다.

> ① 鳳凰城 돌아들어 고향 어디메오. / 八渡河 가에 갈잎에 자리 보아 / 三更에 겨우 든 잠을 여울 소리에 깨과라.
>
> ② 灤河 서릿달 孤竹村 눈 진 길에 / 萬里를 돌아드니 帝鄕이 거의로다 / 天涯에 외로운 꿈은 절로 돌아 가나다.
>
> ③ 長城萬里 밧끠 山海關을 좀가 두고 / 萬里 煙樹를 薊門ᄀ지 늘워시니 / 皇城이 거의냥ᄒᆞ냐 佳氣 葱葱ᄒᆞ야라.

허강의 작품인 ①, ②를 보면 낯선 공간에서 느끼는 객수와 향수의 정서가 표출되고 있다. '봉황성(鳳凰城)'과 '팔도하(八渡河)'는 새로운 세계라기보다는 고향과의 거리감을 인식하고 '겨우 든 잠'도 쉽게 깨게 하는 이질적 공간으로 형상화되고 있는 것이다. ②에 나타난 '난하(灤河)' 역시 '외로운 꿈'을 '돌아가게' 하는 곳에 불과하다. 두 작품 모두 낯선 세계에 대한 가시적 인지나 그 과정에서 촉발된 감회를 읊기보다는 자국으로 회귀하고자 하는 정조가 주를 이루고 있음을 알 수 있다.

그런데 정철의 작품인 ③을 보면 사행 체험에서 촉발된 감회가 보다 구체적으로 표현되고 있어 다소 차이를 보이고 있다. 정철은 '장성만리(長城萬里)'에서 '황성(皇城)'에 이르는 연행길을 '연수(煙樹)'을 매개로 하여 속도감 있게 형상화 하고 있다. '산해관(山海關)을 좀가 두고'는 양국의 경계를 넘어 중국에 진입한 상황을 비유한 것이며 '만리 연수(萬里 煙樹)'라는 표현은 '장성만리(長城萬里)'로부터 '계문(薊門)'까지의 여정과 시간을 '연수(煙樹)'로 연결 · 압축하고 있음을 보여준다.

특히 '계문(薊門)ᄭ지 늘워시니'에서 '늘워시니'는 나무들이 배열된 시각적 심상을 환기해주는 동시에 연속성을 강화하는 동사라는 점에서 시·공간의 전환이 비약적인 연행 체험의 일면을 효과적으로 구현한 시어라고 볼 수 있다. '황성(皇城)이 거의냥ᄒᆞ냐'로 시작하는 종장에서도 알 수 있듯이 ③은 연경에 도착한 감흥을 형상화하고자 한 작품인데 이를 표상하는 제재로서 '연수(煙樹)'를 활용하고 있는 것이다. '만리(萬里)'와 같은 지난 여정을 돌아봄으로써 곧 당도할 목적지에 대한 심적 거리감은 더욱 축소될 수 있으며 이 순간의 설렘과 발걸음이 '가기 총총(佳氣 葱葱)ᄒᆞ야라'에서 확인된다. 비록 한 수밖에 전하지 않지만 정철이 연행 도중 촉발된 감회를 시조로 표출하기도 했음을 보여주고 있다는 점에서 주목해 볼 만한 작품이다.

이후에도 사행을 소재로 한 시조 작품들은 꾸준하게 창작되면서[12] 공적인 사행의 이면에서 발현된 내면의 울림을 형상화했음을 알 수 있다. 그러나 사행에서의 견문은 일상적 지각의 범위를 넘어선 것이고 그 체험도 소수에게 한정된 일회적 성격을 지닌다는 점에서 주체의 기억에는 총체적 체험으로서 강렬하게 각인되었을 것이다. 그러므로 순간적으로 촉발된 감회보다는 전체적인 서사를 재구성하고자 한 문학적 욕구가 보다 강했을 것으로 보인다. 그런 점에서 시조보다는 가사가 사행 체험에 대한 효율적인 문학화의 수단으로 선택되었을 가능성이 높았을 것으로 보인다.

사행가사와 직접적으로 관련된 최초의 기록은 신흠(申欽, 1566~1628)

12 일례로 朗原君 이간(李偘, 1640~1699)은 1676(숙종 2)년에 사은사, 1686년에 동지사 겸 진주사로 청나라에 다녀온 경험이 있다. 그런데 이 때 창작된 것으로 보이는 시조 작품 7수가 『청진』에 실려 있다. 또한 이세보(李世輔, 1832~1895)도 1857(철종 8)년 동지사은정사(冬至謝恩正使)로 연행을 다녀왔는데 이 때 창작한 16수의 시조가 전하고 있다. 이세보의 기행시조에 대한 연구는 진동혁, 「이세보 기행시조 연구」(『어문논집』 23, 민족어문학회, 1982)에서 진행된 바 있다.

이 남긴 '서지봉조천록가사(書芝峯朝天錄歌詞)'[13]라는 글이다. 이를 통해 1597년 지봉 이수광(李睟光, 1563~1628)이 연행 후 국문으로 〈조천록가사〉를 창작했음이 확인되며 사행가사의 창작 관습이 16세기 후반부터 형성되었음을 알 수 있다. 또한 사행가사의 실질적 효용과 국문학에 대한 신흠의 적극적 보여준다는 점에서 주목할 만한 자료이다.

> 기억을 더듬어 보건대, 임오년간에 나는 나이가 열일곱이었고 지봉(芝峯)의 나이는 스무살이었다. 종남산(終南山) 아래에서 자리를 같이하여 글을 읽고 난 여가에 가끔 장난삼아 노래를 지었다. 나는 노래에 본디 소질이 없었거니와, 지봉공 역시 막히어 유창하지 못하였으므로 노래가 끝나면 서로 조롱하고 놀리지 않은 적이 없었다. 그런데 ①【금년에 지봉공이 연경(燕京)에서 돌아와서 나에게 조천사(朝天詞)를 보여 주었는데, 그 소리가 맑고 깨끗하였다. 고우면서도 바른 소리를 잃지 않고 수려하면서도 아담한 정취에 어긋나지 않으며, 맑으면서도 시들지 않고 유순하면서도 늘어지지 않았으니, 비록 근세에 가곡으로 이름난 자라 하더라도 모두 이를 따라갈 수 없을 정도였다.】 옛날에 막히어 유창하지 못하던 것이 과연 어디에 있는가. 나는 이에 공이 하늘에서 타고난 재주가 온전하여, ②【시로부터 노래에 이르고 노래 또한 오묘한 경지에 도달하였음을 비로소 알았다.】

13 기존 연구사에서도 이 자료는 최초의 사행가사 및 국문시가론과 관련해서 언급된 바 있다. 정재호는 이 기록을 토대로 이수광의 〈조천록가사〉가 최초의 연행가라고 보았다(정재호, 「연행가류에 나타난 중국」, 『여행과 체험의 문학 – 중국편』, 민족문화문고간행회, 1985, 275쪽). 그리고 길진숙은 시가의 공효성과 상관없이 국문시가의 현실적 효용을 인정한 자료로 보았으며(길진숙, 『조선전기 시가예술론의 형성과 전개』, 소명출판, 2001, 330~331쪽), 최근 윤덕진은 상촌과 신흠이 국문시가를 한문 악부와 균등한 시각에서 가치를 부여했다는 점을 강조하였다(윤덕진, 『조선조 長歌 가사의 연원과 맥락』, 보고사, 2008, 67쪽). 본 연구는 이러한 선행 연구들의 관점을 기반으로 하되 조선전기의 사행가사 창작 양상과 그 실질적 효용성에 보다 주목하여 자료에 접근할 것이다.

중국에서 이른바 가사라는 것은 곧 고악부(古樂府) 및 신성(新聲)을 관현(管絃)의 악기에 올린 것이 모두 그것이다. ③【우리나라는 속음(俗音)을 내어 문어(文語)에 맞추니, 이는 비록 중국과 다르지만 정경(情境)이 모두 실리고 음률(音律)이 조화를 이루어서 사람으로 하여금 영탄하고 흠뻑 젖어 즐거워 춤을 추게 하는 데 있어서는 똑같다. ④ 공은 세 번이나 연경을 다녀오고 나도 두 번이나 갔다왔다. 관람했던 많은 경치와 여행에서의 어려웠던 일들이 눈앞에 어른거려 누워서 유람하게 한다.】 나는 이로 인하여 느끼는 바가 있다. 세도가 변하고 인사가 바뀌는 것이 마치 잠깐 동안에 여러 형태로 변하는 구름과 같은데, 인정의 따뜻하고 차가움과 영화와 몰락 속에 끝까지 지조를 변치 않는 자가 몇 사람이나 되겠는가. 오직 나와 공은 서로 만나 즐김을 머리가 희도록 폐하지 않고 부르면 화답해 30년을 하루같이 하고 있으니, 어찌 다행이 아니겠는가. 그러나 이 후로 종유할 시일이 몇 해나 되겠으며 조물주가 과연 안일을 누리어 모이고 흩어지지 않게 해 줄런지 모르겠다. ⑤【후일에 가서 모든 일을 떨쳐버리고 함께 돌아가서 술잔을 들어 서로 권하고 이 가곡을 부르면서 만년의 즐거움을 삼는다면 아마도 더욱 다행이 아니겠는가.】[14]

14 申欽,「書芝峯朝天錄歌詞後」,『象村集』한국문집총간 72, 민족문화추진회, 220쪽. "嘗記壬午年間。欽年十七。芝峯公年二十。同榻於終南山下。誦讀之暇。時戲爲歌曲。欽於歌。固所不能。而芝峯云亦泥而未暢。歌罷未嘗不以此相嘲謔也。今歲公自燕回。示欽朝天詞。其響瀏瀏。艶而不失於正。麗而不爽於雅。淸而不病於萎。婉而不落於靡。雖近世以歌曲名者。皆莫及也。昔之泥而未暢者。果安在哉。欽於是始知公之才之得於天者全。由詩而歌。而歌亦臻於妙也。中國之所謂歌詞。卽古樂府暨新聲。被之管絃者俱是也。我國則發之藩音。協以文語。此雖與中國異。而若其情境咸載。宮商諧和。使人詠嘆淫佚。手舞足蹈。則其歸一也。公凡三赴京師。而欽且再焉。觀覽之富。行役之艱。恍在眼中。而成我臥游矣。欽因此而有所感焉。世道推遷。人事變更。蒼狗白衣。倏忽於俯仰之間。炎涼榮落。能保其歲寒者幾人也。獨吾與公傾蓋之歡。白首毋替。有唱斯和。三十年如一日。豈非幸歟。抑不知從今以往。燕遊過從。又幾何歲月。而造物者果能享之以優逸。聚而不散歟。異日謝事同歸。擧觴相屬。而度此一曲。以爲暮年之懽。豈非尤幸歟。"

이 자료는 지봉이 남긴 〈조천록가사〉에 대한 상촌의 글인데 16세기에 이미 사행가사가 창작 · 향유된 정황을 명확하게 보여주고 있다. ①, ②를 보면 지봉이 연경으로 사행을 다녀온 후 그 감흥을 '조천사'라는 작품으로 형상화했는데 시가 아닌 노래(歌曲)이며 그 질적 수준의 상당함이 예찬되고 있다. 어린 시절부터 상촌과 지봉은 글을 쓴 후의 여흥을 종종 노래로 표현하며 즐거운 시간을 공유했으며 〈조천사〉의 경우 그 소리가 탁월하게 맑고 수려하여 오묘한 경지에 이르렀음을 감탄하고 있는 것이다. 더욱 중요한 것은 ③에서 알 수 있듯이 〈조천사〉가 속음을 이용한 것이라 중국의 가사와는 다르지만 '정경(情境)이 모두 실리고 음률(音律)이 조화를 이루는' 점에서 그 문학성이 동등함을 강조하고 있는 점이다. 국문 시가의 내용과 형식은 물론 '영탄하고 흠뻑 젖어 즐거워 춤을 추게'되는 효용성까지 보편적 층위에서 논의함으로써 16세기의 진전된 자국어 문학론을 확인하게 한다.

특히 〈조천사〉는 사행 과정에서 관람한 풍경과 행역의 고단함을 회상하게 함으로써 기억 속에서의 '와유(臥游)'를 가능하게 한 작품임을 ④, ⑤를 통해 알 수 있다. 흐르는 세월과 무상한 인생 속에서 〈조천사〉를 통해 지난 추억을 공유함으로써 서로에게 위안이 될 수 있는 문학이자 음악으로 삼고자 했던 것이다. 이는 사행 과정에서의 공식적 산문 기록이나 한시가 담당할 수 없었던 사행가사만의 존재 영역과 효용을 짐작하게 한다는 점에서 의의가 있다. 국문을 통한 심미적 재현은 인식의 직접성은 물론 정서 표출의 강도 면에서 우위를 담보할 수밖에 없으므로 사행 체험을 한 이들에게 사행가사는 상당한 정서적 구심점으로 작동했던 것이다. 이수광은 네 차례나 중국을 방문하면서 다양한 견문을 접하게 되는데 그 과정에서 습득한 지식을 토대로 아시아 및 서양의 문물을 조선에 소개한 인물이기도 하다.[15] 그의 국제적 감각과 개방적 세계관은 '자아 인식'으로 연결되어 중화문화의 핵심으로서 조선의 위상을 강조하게 되는 것이다. 또한 〈조천사〉와 관련하여 지봉 역시 다음과 같은 한시 작품을 남기고 있어 주목할 만하다.

> 고성(孤城)에서 우연히 만나 크게 한 번 웃음 지었는데,
> 해질녘 이별하는 자리에서 노랫소리와 젓대소리 들리는구나.
> 邂逅孤城一解顔
> 別筵歌笛夕陽間。
>
> 급한 마음에 아직 조천곡(朝天曲)도 마치지 못하였는데,
> 기쁘게 이별의 술잔을 기울이며 먼 산을 가리키네.
> 悤悤未了朝天曲
> 快倒離觴指遠山
> 余赴京時。製朝天歌一闋。州妓能傳唱故云。[16]

이 작품에서는 천추사(千秋使)로 사행을 가는 '오덕구(吳德耉)'와의 송별 현장을 형상화하고 있다. 신안관에 울리는 피리 소리와 미소 그리고 노을빛은 이별의 상황에 대한 감각적 배경에 해당하며 끝나지 않은 곡조가 술잔과 함께 먼 산을 향하는 미련(尾聯)의 심상은 의경(意境)[17]의

15 이에 대한 자세한 논의는 김문식, 「이수광의 자아인식과 타자인식」, 『연행록연구총서』 8, 학고방, 2006 참고.

16 이수광, 〈新安館。別千秋使吳德耉〉, 『芝峯集』 한국문집총간 66, 민족문화추진회, 161쪽.

17 意境은 주관적 情志와 객관적 物象의 총체적 융합으로 意境이 현시하는 것은 구체적으로 생동하는 한 폭의 화면일 뿐 아니라 감상자의 상상을 불러일으켜 주는 예술 공간이기도 하다. 오전진[吳戰壘], 유병례 역, 『중국시학의 이해』, 태학사, 2003, 71쪽.

확장을 통해 작품의 심미성을 배가시키고 있다. 이 과정에서 〈조천곡〉은 송별연(送別宴)의 현장에서 향유되면서 시상(詩想)과 감정의 구심점으로 작동한 것으로 보인다. 특히 이 작품에 대한 지봉의 자주(自註)를 보면 자신이 이전에 지은 작품을 신안관이 있는 주의 창기가 전해 부르고 있음을 알 수 있다. 이는 〈조천곡〉이 여기(女妓)의 창(唱)을 통해 전승되고 있음을 보여준다. 사행과 관련된 국문 시가 작품들이 연행을 떠나는 사대부들의 송별연 현장에서 종종 가창된 정황을 발견할 수 있는 것이다.

그러므로 이 시기 사행 관련 국문시가들은 직 · 간접적으로 사행과 관련된 이들이 주로 향유의 범주를 형성하여 다른 가사 작품들에 비해 상대적으로 그 파급 효과가 크지는 않았을 것으로 보인다. 그러나 관련된 이들에게는 절실한 감정적 이입을 가능하게 함으로써 그 효용성을 발휘했음이 분명하다. 사행을 떠나는 이들에게는 내적 긴장의 완화를, 사행 이후에는 회상을 통한 자족적 의식 및 소통 집단 내의 동질감 형성을 가능하게 한 것이다. 이처럼 16세기에 사행을 기반으로 창작된 국문시가가 창작 · 향유 · 소통되는 맥락은 17세기 사행가사 작품들에서 확인되는 양상들과 그 특징이 유사하다는 점에서 전사적(前史的) 의의를 확보하고 있다.

지금까지 살펴보았듯이 18세기 이전에 국문시가가 향유되는 방식은 악곡을 수반한 연행의 현장에서 이루어졌음을 알 수 있다. 가사체 문학이 정립되고 확산되는 데에는 송강의 가사가 주요한 역할을 담당했는데 최근 윤덕진[18]은 이를 실증적으로 고찰하여 가사 양식의 다기한

18 윤덕진, 『조선조 長歌 가사의 연원과 맥락』, 보고사, 2008.

분화로 연계되는 맥락을 논증하였다. 특히 〈송강가사〉의 전승자들이 〈관동별곡〉을 중심으로 이끌어 갔던 가사 향유의 한 갈래가 서사화·장편화의 방향으로 전환되는 계기를 기행가사 쪽에서 찾을 수 있다는 것이다. 18세기 이후 가사 양식은 외연이나 내용 실질 면에서 매우 다양한 방식으로 분화되며 어느 특정 장르에 귀속되지 않으면서 다양한 말하기의 방식을 채택하는 것이 가사 장르의 잠재력이기도 하다다.[19]

현전하는 사행가사 작품들을 보아도 이러한 가사문학사의 전변과 궤를 같이 하고 있는 현상이 확인되어 그 실체에 대한 통시적 고찰이 이루어질 필요가 있다. 작품의 현전하지 않을 뿐 이미 16세기부터 사행가사가 본격적으로 창작·향유된 정황을 확인할 수 있는 것이다. 사행가사 작품들은 〈관동별곡〉을 중심으로 하는 기행가사의 창작 및 확산은 물론 국문시가에 대한 본격적 인식의 대두 등과 같은 국문학사의 흐름과 밀접한 상관성을 보이고 있다. 특히 한문기록을 저본으로 재구성된 문학적 관습과 형성 원리를 포착할 수 있다는 점에서 사행가사가 시가문학사에서 차지하고 있는 위상이 제고될 수 있을 것으로 보인다. 교술적 기록에 해당하는 일기나 한문이라는 표기 수단이 담당할 수 없었던 국문시가만의 영역이 사행가사 작품들을 통해 선명하게 확인되고 있기 때문이다. 따라서 다음 장에서는 17세기 이후의 사행가사 작품들에서 확인되는 세계 인식과 문학적 특질을 면밀하게 규명하고 그 통시적 전변 양상을 입체적으로 고찰해 보도록 하겠다.

19 위의 책, 254~255쪽.

2. 17세기 – 중화주의와 내면의 서정적 조응

현전하는 17세기 기행가사 작품들은 모두 일곱 편이다. 17세기 국내 기행가사의 경우 16세기의 특징을 계승하고 있으며 체험적 내면 공간이 점차 확장되는 양상을 보인다.[20] 이 중 사행가사에 해당하는 작품들은 〈장유가〉(1655),[21] 〈연행별곡〉(1694), 〈서정별곡〉(1695)이며 국내 기행가사와 창작 및 향유의 기반은 유사하지만 투영된 세계 인식과 문학적 특질에서 차이점이 있어 독립적 고찰이 필요해 보인다. '유람'으로서의 성격과 탈속적 흥취가 강화되는 국내 기행가사들과는 달리 사행가사에서는 동아시아와 관련된 세계 인식이 작품의 기저에 관류하고 있기 때문이다. 17세기 중 · 후반 조선 지식인들에게 있어 중화주의는 중국과 일본을 인식하는 과정에서 발현된 주된 기제였으며 국내외의 정치적 상황에 따라 변모 양상을 보이는 개념이기도 하다. 17세기 사행가사 작품들은 이러한 중화주의의 시대적 특징이 투사되어 있는 동시에 국문 가사로서의 일정한 경향성과 다채로운 문학적 특질을 보이고 있다. 특히 〈장유가〉의 경우 작품 속에 투영된 세계 인식과 문학적 특질이 중국과 일본의 경우에 따라 대칭적 양상을 보이고 있다.[22] 이는 당

20 이형대, 「17, 18세기 기행가사와 풍경의 미학」, 『민족문화연구』 40, 고려대 민족문화연구원, 2004, 131~135쪽.

21 〈장유가〉는 일본과 중국 사행을 기반으로 창작된 작품이지만 서사나 결사로 보았을 때 하나의 작품으로 창작된 것은 분명해 보인다. 그러나 일본과 중국의 경우가 분리되어 있고 각각 출발과 회정의 단계로 구성되어 있다. 또한 두 경우 투영된 세계 인식과 문학적 형상화의 측면에서 확연한 차이점이 발견된다. 따라서 본 연구에서는 논의의 편의상 일본 사행과 관련된 부분을 〈장유가A〉, 중국은 〈장유가B〉로 설정하고 작품을 전체적인 측면에서 조망하여 설명할 경우에는 〈장유가〉로 명명할 것임을 밝혀둔다.

22 이러한 시각에서의 논의는 김윤희, 「〈장유가〉의 표현 양상과 공간관을 통해 본 17세기

〈중국사행도〉(부분) 1624년 등주(登州)를 통과할 때의 장면. 가마 셋은 정사, 부사, 서장관으로 보임.

시의 조선이 동아시아 구도하에서 중국과 일본을 인식한 양상과 변별점을 확연하게 보여준다는 점에서 의의가 있다. 그러므로 17세기 사행가사 작품들을 중국과 일본의 경우로 분류하고 세계 인식과 문학적 표상의 상관성 및 변별적 특징에 대해 살펴보도록 하겠다.

1) 중국

(1) 〈장유가B〉

① 17세기 중반의 중화회복의식

16세기 중반 이후 확립된 주자성리학과 임병양난, 명·청 교체 등의 급변하는 국제 정세 속에서 조선 집권층은 중화주의를 구심점으로 한 통치 이데올로기를 강화하게 된다. 특히 17세기 초반에 발생한 병자호란과 명의 멸망은 조선 집권층의 이념적 지층이 붕괴된 사건으로 현실

사행가사의 특징」, 『어문논집』 56, 민족어문학회, 2007, 76~77쪽.

과 당위의 괴리 속에서 조선은 새로운 동아시아 관계망을 도모할 수밖에 없는 상황에 이르렀다. 이 과정에서 사대 · 조공의 현실성과 정치성은 희석되고 주자학의 심화를 기반으로 한 중화 · 화이론이 강하게 부각되며 대외 인식의 기본 구도가 형성되었다. 나아가 청나라의 현실적 권력에 대한 정치적 조공책봉 제도와 문화적 구심점인 숭명배청(崇明背淸) 사상의 모순을 상쇄하기 위해 '중화계승의식'을 강화하게 된다.

특히 1623년의 인조반정은 광해군의 '배명통호(背明通胡)'를 징치한다는 목적 하에 이루어진 것으로 당시의 반청 의식은 효종(孝宗)의 '북벌론(北伐論)'으로 계승되는 등 17세기 중반까지 조선의 대외 인식은 '반청복명(反淸復明)'의 구도를 벗어나지 않았다. 송시열(宋時烈, 1607~1689)의 경우 공자의 『춘추(春秋)』에서 강조된 화이론을 근거로 '친청(親淸)'을 '신복(臣服)'으로 규정하는 등[23] 대외 인식에 대한 당시의 입각점은 내내적 정치의 구심점이 되었다. 그런데 강희(康熙) 12(1673)년에 중국에서는 삼번(三藩) 세력이 대만(臺灣) 등과 연계하여 복명(復明)을 기치로 청을 위협하는 사건이 발생한다. 이를 계기로 조선에서도 북벌론이 다시 대두되고 청 역시 조선의 사신을 경계하는 등 국제 정세는 불안해진다. 그런데 삼번의 난이 실패로 돌아가고 청나라의 세력이 점차 안정을 회복하면서 조선 내부의 북벌론도 소멸되었으며 조청(朝淸) 관계도 점차 안정되는 양상을 보이게 된다.[24] 이처럼 청나라의 중원 지배가 확고해지자 숙종대(肅宗代) 초반의 남인 정권은 송시열의 주자성리학에 대한 문제를 제기하며 되며, 송시열은 『춘추(春秋)』의 성동론을 통해 중화 문

23 정재훈, 「17세기 尤庵 宋時烈의 政治思想」, 『韓國思想과 文化』 42, 한국사상문화학회, 2008, 178~179쪽.

24 이러한 일련의 사건들과 관련된 조청 관계의 변화에 대해서는 다음을 참고했음. 김한규, 『한 · 중 관계사』 II, 아르케, 1999, 714~725쪽.

화의 적통으로서 조선왕조에 대한 존숭을 강조한다.[25] 이러한 변화의 전후 양상을 기존의 연구에서는 각각 소중화, 조선중화로 지칭하는 경우가 많았다.

그런데 허태용은 최근 이 용어들의 부적절함을 지적하고 명·청 교체부터 17세기 말까지의 관념은 '중화회복의식'으로, 명나라의 회복이 포기되기 시작하는 17세기 말 이후는 '중화계승의식'으로 설명하는 것이 적절하다는 견해를 제시한 바 있다.[26] 당시 조선의 대외 인식이 변화되는 기점에는 '복명(復明)'의 가능성 여부가 중요한 좌표가 되었으므로 이러한 용어는 변화의 전후 상황을 명확하게 보여준다는 것이다. 1666(현종 7)년의 연행 체험을 토대로 창작된 〈장유가B〉의 경우 '중화회복의식'과 관련된 당시의 대청 인식이 쉽게 확인되는 작품이다. 현종대(顯宗代)는 청에 대한 '복수의리론'과 관련된 논쟁을 통해 '친친(親親)'에 기반한 유교 원리의 사적 특성이 공적 영역으로 전화하는 특성을 보이는 시기이다.[27] 송시열의 존주대의론과 직결되는 이러한 양상과 夷狄의 중원 지배 불가론은 17세기 중반을 전후한 시기에 대다수의 조선 지식인들이 공유한 대외 인식의 구도이기도 했다. 실례로 민정중(閔

25 정재훈, 앞의 글, 183~184쪽.

26 허태용은 소중화는 다른 시대나 국가에서도 사용될 수 있는 보편적 용어일 수 있다는 점에서 맹점이 있으며 조선중화주의는 일본형화이관처럼 '조선' 특유의 중화로 오해될 여지가 있다는 점에서 문제적이라고 보았다. 허태용, 앞의 책, 22~24쪽. 17세기 말을 전후로 조선 집권층이 청나라를 인식하는 구도는 변화했으며 그 과정에서의 실질적 대응 양상이 변별되는 지점을 설명하는 데 있어 중화회복의식과 중화계승의식은 적절한 용어라고 판단된다. 이러한 개념 설정은 사행가사에 투영된 대외 인식의 통시적 흐름과도 조응하여 작품의 분석에 유효하게 활용될 수 있는바, 본 연구에서도 주로 이 용어를 사용할 것이다. 그러나 선행 연구에서 대부분 소중화 의식과 조선중화주의를 사용하고 있어 인용 과정이나 부분적으로 혼용될 수도 있을 것으로 보인다. 본 연구의 경우 소중화 의식은 중화회복의식과 조선중화주의는 중화계승의식과 의미 실질이 유사하다는 점을 전제하고 이를 혼용할 수 있음을 밝혀두는 바이다.

27 이원택, 「顯宗祖의 復讐義理 논쟁과 公私 관념」, 『한국정치학회보』 35(4), 한국정치학회, 2001.

鼎重, 1628~1692)은 1654(효종 5)년에 '나선정벌'을 위한 원군을 청나라에서 요청하자 청나라가 몰락하는 조짐으로 해석했고 송시열과 송준길은 남명(南明)과의 연결을 모색하기도 하였다.[28]

또한 남용익은 정치적 행로나 주요 교유 관계[29] 등을 통해 볼 때 기본적으로 서인 계열에 속했으므로 당시 집권층의 대청 인식과 직접적 상관성이 있는 인물임은 분명해 보인다. 〈장유가B〉는 이러한 시기적 자장(磁場) 내에 위치한 작품으로 17세기 중반 조선 지식인들의 관념 속에 형성된 중화계승의식의 보편성과 절대성을 감지할 수 있게 해준다. 당시의 중화회복의식은 단순한 대외 인식의 차원을 넘어 자국의 유교적 질서와 정치적 인식의 구심점으로 작동하고 있었기 때문에 사적 층위에서 창작된 가사문학에도 그 양상이 투영되어 있는 것이다.

> 香爐 淸蹕에 예거동 잇다마는 / 皇極殿 龍床의 喬木은 依舊ᄒᆞ되 / 三百年 明天下는 어이ᄒᆞ야 일탄말고 / 도라와 歎息하고 예일을 싱각ᄒᆞ니 / 太祖 龍興ᄒᆞ샤 腥膻을 쓸러내고 / 成皇이 定鼎ᄒᆞ샤 金湯을 拱掖ᄒᆞ니[30] / 만국이 梯航ᄒᆞ야 北極텨로 둘

---

28 허태용, 앞의 책, 77~85쪽.

29 남용익은 효종과 함께 북벌론을 추진했던 송시열(宋時烈, 1607~1689)과 긴밀한 관계를 유지하였는데, 송시열은 『부상록』의 서문을 써 준 바 있고 『송자대전(宋子大全)』에서도 송시열과 남용익이 주고받은 시문을 확인할 수 있다. 현종 9년에는 송시열의 치사(致仕)를 만류하기 위해 남용익을 보낸 기록도 확인할 수 있다. 또한 송시열과 함께 북벌을 추진했던 송준길(宋浚吉, 1606~1672)과도 교유 관계를 유지했으며, 서인의 주 세력이었던 김수항(金壽恒, 1629~1689)도 많은 시문을 주고받은 문우(文友)였다. 수필집 『국당배어(菊堂俳語)』와 한문소설 『천군연의(天君衍義)』를 남긴 정태제(鄭泰齊, 1612~?), 병자호란 때 강화에서 성을 지키다가 김상용(金尙容, 1561~1637)을 따라 남문에 올라가 분신자결한 김익겸(金益兼, 1614~1636), 시조를 남긴 남구만(南九萬, 1629~1711) 등과도 관계를 유지하였다.

30 '成皇이 定鼎ᄒᆞ샤'는 明의 영락제(永樂帝, 1360~1424)가 수도를 남경에서 북경으로 옮긴 사실을 말함. '金湯'은 '金城湯池'의 준말로 매우 견고함을 의미하며 '拱掖'은 설치했다는 뜻.

러더니 / 이러훈 好家居을 뉘라셔 撞破ᄒᆞ고 / 崇禎이 붉으시고 城闕이 堅固ᄒᆞ니 / 敵兵이 千萬이나 나라도 못 올디니 / 姦臣이 貪黷ᄒᆞ고 宦官이 擁蔽ᄒᆞ야 / ᄒᆞᆫ눈먼 李自誠을 굿타야 혀드리니 / 人心도 叵測ᄒᆞ고 天理도 難諶ᄒᆞ야 / 媒山 大變[31] 은 다 시하마 못닐너도 / 國君死社稷이 簡策의 빗치엿다 / 吳三桂 첫일은 容恕도 ᄒᆞ려니와 / 虜庭의 甘心ᄒᆞ야 宗國을 도라티니 / 不孝 不忠이라 萬古의 罪人일다.

위의 인용문은 당시 청 황제였던 강희제(康熙帝, 1654~1722)를 알현하는 과정과 그 감회가 형상화된 부분이다. 화자는 청나라의 발전된 문물과 가시적 웅장함을 표피적으로 인지할 뿐 이면을 점유하고 있는 인식의 실체는 명에 대한 회고로 수렴되고 있음이 확인된다. 우선 '향로 청필(香爐 淸蹕)'과 '황극전 용상(皇極殿 龍床)의 교목(喬木)'은 청나라 황제의 권력에 대한 표상이 아닌 과거를 환기하는 소재로 인식되고 있다. 이어 명이 원을 누르고 건국된 시점부터 영락제(永樂帝, 1360~1424)의 치적을 회상함으로써 상실된 '삼백 년 명천하(三百年 明天下)'의 역사가 기억의 구심점에 위치해 있음을 명확히 보여준다. 특히 '만국이 제항(梯航)ᄒᆞ야 북극(北極)텨로 둘러더니'라는 구절은 명을 중심으로 형성된 과거의 동아시아 질서가 17세기 중반에 이르러 '明(명) = 中華(중화)'라는 중화주의 구도 하에서 재인식되고 있음을 의미한다. 따라서 '이러ᄒᆞᆫ 호가거(好家居)을 뉘라셔 당파(撞破)ᄒᆞᆫ고' 구절은 청으로 인해 그 구심점이 상실된 동아시아의 중화 질서에 대한 탄식의 은유로 읽을 수 있는 것이다.

또한 명나라의 멸망과 관련된 고사를 지속적으로 연상하면서 '이자

31 매산은 경산(景山)이라고도 함. 북경 자금성에 있는 언덕으로 이자성 반군에 의해 북경이 함락 당했을 때 숭정황제가 명나라와 운명을 같이 해서 자살한 곳.

성'과 '오삼계'를 비난하는 것도 명을 중심으로 한 중화주의 질서가 회복되기를 염원하는 의식의 표출로 볼 수 있다. 특히 그들의 행위에 대한 비난의 근거를 '불효(不孝)'와 '불충(不忠)'으로 간주하고 있는 점도 흥미롭다. 조선 후기 대명관계에서 '종번관계'는 '군신'이 아닌 '부자'로 이해되었으며 이러한 양상은 '보편적'인 조공제도의 특성이 아닌 '특수한' 사례라고 볼 수 있기 때문이다. 왜란 이전부터 형성된 조선과 명의 '부자' 관계는 천륜이 전제되어 있다는 점에서 절대적 지속성을 보이게 된다. 이는 이념적 대외론의 차원을 넘어 조선 지배층의 현실적 이해관계가 첨예하게 결부되어 있는 '생존전략'이기도 했다. 조선의 통치 체제가 유교적 지배 구조에 기반을 둔 것이므로 명과 조선의 부자 관계는 곧 조선의 존립 기반과 상응하는 구조였던 것이다.[32] 송시열의 존주대의론은 이러한 맥락을 기반으로 하여 대내적 구심점을 형성한 것이며 〈장유가B〉를 보면 이러한 관념이 중국을 실제적으로 체험하는 과정에서 더욱 직접적으로 발현되어 투사되어 있음이 확인된 것이다.

金臺[33]예 草沒ᄒᆞ고 石鼓[34]의 塵埋ᄒᆞ니 / 柴市[35] 北風의 白日이 慘憺ᄒᆞᆫ다 / 千載 忠魂을 뉘라셔 됴상ᄒᆞ리 / 萬歲山 松栢이 ᄒᆞᆫ가지로 업서잇다 / 黃河水 언제말가 漢威儀 다시볼고 / 臘月 못진ᄒᆞ야 客行이 도라오니 / 籠中 脫出ᄒᆞᆫ새 이도곤 快ᄒᆞᆯ손냐 / 靑石嶺 草下谷 風雲이 ᄌᆞ자시니 / 先王 御製歌을 을퍼보니 嗚咽ᄒᆞ다

32 명분론을 유교 논리 및 조선 지배층의 이해관계 속에서 분석하는 이러한 시각은 다음의 논문을 참고·원용함. 계승범, 「조선시대 동아시아 질서와 한·중 관계―쟁점별 분석과 이해」, 『한·중·일 학계의 한·중 관계사 연구와 쟁점』, 동북아역사재단 편, 2009, 153~156쪽.

33 金臺夕照는 중국(中國) 북경 명소(名所)의 하나로 조양문(朝陽門) 밖에 있음.

34 수(周)나라 때의 북 모양(模樣)으로 된 석각(石刻).

35 북경의 거리 이름으로 남송의 충신 문천상(文天祥)이 순국한 곳, 명나라 때 이곳에 문천상의 사당이 세워짐.

/ 金石山 지나면서 白馬山城 ᄇᆞ라보니 / 東萊 回泊적과 어ᄂᆡ야 더깃부니.

이 부분에서도 선험적 관념에 근거한 세계 인식의 특징이 선명하게 확인된다. '금대(金臺), 석고(石鼓), 시시(柴市)' 등의 소재는 각각 '초몰(草沒)', '진매(塵埋)', '참담(慘惔)'이라는 어휘와 조응하고 있는데 이는 가시적 풍경을 감각적으로 지각하지 않고 인식 주체의 심적 태세를 직접적으로 투사하고 있음을 보여주는 사례이다. 실재하는 질료이지만 상실된 과거의 기억만으로 인식되는 그 대상들은 현재적 의미의 실질이 전혀 고려되지 못하고 있는 것이다. 특히 그 회고의 지향점이 한(漢)나라에까지 이르고 있는 것은 종족적 화이론을 기반으로 한 문명－야만의 이분법적 구도를 짐작하게 한다. 유교 문명의 직접적 계승국인 조선의 입장에서 보면 이적이 점령하고 있는 중원의 현실은 한족이 지배하는 시·공간으로 회복되어야 하는 일시적 세계에 불과했던 것이다. '황하수(黃河水) 언제말가 한위의(漢威儀) 다시볼고'라는 언술은 이러한 의식의 직접적 표출로 〈장유가B〉에 투영된 세계 인식이 종족적 화이론과 상관성이 있음을 보여준다. 중국의 공간은 지리적·문화적 차원에서 여전히 중화 문명이 지속되고 있는 곳이라 이적(夷狄)－한족(漢族)의 구도만 변화하면 되므로 중화 회복에 대한 열망이 더욱 더 강하게 표출될 수 있었던 것이다.

이와 관련하여 결사의 '농중(籠中) 탈출(脫出)ᄒᆞᆫ새 이도곤 쾌(快)ᄒᆞᆯ손냐'[36]라는 구절은 〈장유가A〉에서는 확인할 수 없었던 내용으로 청나라

36 이와 유사한 표현과 감정은 다음의 한시에서도 확인할 수 있다. 南龍翼, 「燕行錄·出鳳城柵門志喜」, 『壺谷集』 한국문집총간 131, 민족문화추진회, 273쪽.
"漸蹴龍灣路。忙跳鳳柵門。廈氈仍報慶。親席更聞溫。喜甚兒歸母。輕於鳥脫樊。行行須信馬。不怕峽無村。"

에서 유발된 심적 무게가 일본에 비해 상당했음을 보여준다. 또한 이는 〈장유가B〉의 서사 부분의 한 구절인 '신축년(辛丑年) 천사(天使)제 넷사룸을 싱각ᄒᆞ니 오생(吾生)은 무ᄉᆞ일노 이ᄯᅢ예 나돗던고'와도 상응하는 내용이기도 하다. 명나라의 사신인 '조천사(朝天使)'가 아닌 '연행사(燕行使)'로 파견되는 울울한 탄식이 출발 과정에서 표출되었다면 회정 과정에서는 '탈출(脫出)'이라는 어휘를 통해 심리적 부담의 소거를 강조하고 있는 것이다.

또한 중국과 조선의 경계가 되는 '청석령 초하곡(靑石嶺 草下谷)'에서 화자는 효종의 '어제가(御製歌)'를 읊으며 오열함으로써 청에 대한 반감을 재확인하고 있는 장면도 확인된다. 청이 지배하는 중원의 현실을 목도하면서 축적된 화자의 심적 고뇌가 조선에 들어오면서 상쇄되는 기점에 '어제가'를 배치함으로써 공간과 감정의 전환을 시도하고 있는 것이다.[37] 이념적 당위와 실제적 현실이 분열된 상황에서 화자는 상실된 세계를 지향하는 방식으로 청나라를 이해하려 했음을 알 수 있다. 대의명분론에 기반한 이러한 대외 인식은 기존 연구에서 주로 한계로 지적되었는데 그러한 측면이 일면 있다 하더라도 문학적 특질 내지는 작품 자체의 한계로까지 이어지는 것은 문제가 있다고 본다. 당대적 시각에서 본다면 중화 회복에 대한 열망의 투사는 조선 지식인의 정체성을 기반으로 동아시아 세계를 보다 치열하게 인식하고자 했던 한 사례로서 이해될 수 있기 때문이다. 〈장유가B〉는 이러한 의식이 반영된 사료인 동시에 한시나 산문기록과는 다른 층위에서 문학적 미감을 확보하고 있는 가사 작품이기도 하다. 따라서 경험과 문물의 형상화 과

37 청과 조선에 대한 이러한 대립적 인식의 실체는 17세기 후반 이후 조선이 중화의 계승국으로 설정되어 자국의 공간에 대한 인식을 강화하는 양상과 연계되는 것으로 보인다.

정에서 포착되는 화자의 시선과 정서적 표출 양상에 보다 유의하여 〈장유가B〉의 문학적 특질을 살펴보도록 하겠다.

② 회고적 시선과 탄식의 정서

〈장유가B〉에서 직접적으로 확인되는 중화계승의식은 중국을 인식하는 선험적 기제로 작동하여 주자학적 명분론에 기반한 회고적 시선과 지속적으로 교직을 이루고 있음이 확인된다. 조선 집권층에게 있어 17세기 중반까지의 대명 의리론은 충과 효의 유교적 논리가 결부되어 있는 절대적 관념이었다는 점은 앞서 확인한 바이기도 하다. 또한 종족적 차원에서만 화(華)와 이(夷)가 교체되었을 뿐 지리적 · 문화적 차원에서의 '중화(中華)'는 여전히 명나라로 간주되고 있어 사행 과정에서 청의 문물을 가시적으로 인지하는 것은 어려웠을 것으로 보인다. 이와 관련하여 남용익의 문집인 『호곡집(壺谷集)』의 「연행록(燕行錄)」에는 〈장유가B〉와 동일한 연행 체험에 대한 한시 작품들이 수록되어 있는데 이 작품들 역시 '중화회복의식'이 강하게 투영되어 있다.

그런데 이 작품들을 살펴보던 중 자못 흥미로운 현상을 발견할 수 있었다. 한시 작품들은 대부분 시간적 순서대로 창작, 배치되어 있는데 그 형상화의 공간 및 진행 양상이 〈장유가B〉의 경우와 상당 부분 일치하고 있는 것이다. 결론부터 말하자면 연행 과정에서 단편적으로 창작된 한시 작품들과 달리 사행가사의 경우 귀국 후 사행의 체험을 회고하면서 창작한 정황이 확인된다. 특히 〈장유가B〉를 창작하는 과정에서 기존의 연행 기록과 연행시 작품들을 직 · 간접적으로 참고했던 사행가사의 문학적 형성 원리를 발견할 수 있었다.[38] 이를 구체적으로 확인하기 위해 우선 「연행록」에 수록된 한시 작품들의 제목을 순서대로 배열한 후 〈장유가B〉와의 비교를 통해 A, B, C의 세 부분으로 구분하였다. '강조 표시'된 부분은 〈장유가B〉와 중첩되는 제목을 의미하며 사행가사가 창작되는 과정에서의 문학적 특질을 살핀 결과 다음의 세 양상으로 변별되는 특징을 확인할 수 있었다.

A → A′ : 중국 도착 이전의 전반부는 여정 위주의 배열

B → B′ : 대명의리론이 연상되는 공간에서는 한시와의 유사성 증가

C → C′ : 후반부는 여정 및 내용의 재배치를 통한 문학적 구성

A

〈弘濟橋餞席 留別諸丈諸友〉 → 〈爲歷親庭 先向新溪縣高陽客舍 戱別書狀〉 → 〈夜宿松京〉 → 〈留別石教授〉 → 〈金川途中〉 → 〈留新溪衙二日 曉辭庭闈〉 → 〈玉溜泉有感〉 → 〈寄書狀〉 → 〈益損堂 次板上芝峯韻〉 → 〈洞仙嶺〉 → 〈太虛樓〉 → 〈生陽館〉 → 〈**練光亭** 示書狀〉 → 〈又戱書伏〉 → 〈西京別從弟〉 → 〈謁箕子墓〉 → 〈安定館戱書狀〉 → 〈戱贈成川金使君 丈〉 → 〈安興館餞席 走次李博士 贈別韻〉 → 〈**百祥樓**感舊〉 → 〈定州途中〉 → 〈鐵山途中〉 → 〈渡龍灣感懷〉

A′

丙年 秋九月은 今上朝 七年이라 / 北京의 奏聞ᄒᆞᆯ시 副使을 막히셔ᄂᆞᆯ / **新溪縣** 지나들어 두 老親 ᄯᅩᄯᅥ나니 / 路傍의 告別ᄒᆞ기 前後의 마ᄎᆞᆷᄀᆞᆺ다 / 箕城의 ᄉᆞ라모

38 이와 관련하여 사행 시기와 창작 연도가 유사한 〈장유가B〉의 경우와 10년이라는 시간적 차이가 있는 〈장유가A〉는 변별적 특징이 확인된다. 〈장유가A〉는 공식적 기록인 〈부상일기〉의 산문과 한시를 상당히 직접적으로 참고했음이 확인되는 반면 〈장유가B〉는 현재적 층위에서의 감흥과 '창작'의 측면이 보다 강화되어 있다. 이에 대해서는 추후 논의를 전개하는 과정에서 보다 명확하게 논증할 것임을 밝혀둔다.

다 **練光亭** 올나가니 / 西路 繁華을 쳐음으로 보완지라 / **百祥樓** 管絃의 藥山東臺 멀니보고 / 新安館 노리ᄒᆞ고 統軍亭 登臨ᄒᆞ니 / 三國 地境이 眼中의 了了ᄒᆞ다 / 花叢을 다거ᄂᆞ려 九龍淵의 비씌오고 / 辛丑年 天使제 녯사ᄅᆞᆷ을 ᄉᆡᆼ각ᄒᆞ니 / 吾生은 무ᄉᆞ일노 이ᄣᅴ예 나돗던고 / **龍灣**의 大醉ᄒᆞ야 越江ᄒᆞᆫ줄 몰나더니.

위에 제시한 A와 A′는 국내 노정과 관련된 부분으로 〈장유가B〉에서 '신계현(新溪縣)', '연광정(練光亭)', '백상루(百祥樓)', '용만(龍灣)'으로 이어지는 주요 여정을 선택적으로 배치하여 속도감을 확보하고 있음이 확인된다. 한시와 달리 〈장유가B〉의 서사에는 사행 시기, 부사(副使)로 임명된 일, 노친(老親)을 떠나는 심경 등과 같은 주요 정보들이 간략하게 제시되어 있으며[39] 이는 이후에 확인되는 사행가사에도 지속적으로 확인된다는 점에서 일종의 창작 관습이었을 것으로 추정된다. A′의 경우 한시 작품들의 내용과는 부분적인 상관성이 확인되고[40] 서술어가 여정 과정에서의 주요 정보를 제공하고 이동의 연속성을 확보하게 하는 데 주요한 역할을 담당하고 있다. 가사문학의 경우 '(-으)니'라는 연결 어미가 통사적 연속성과 행말 휴지라는 두 가지 조건을 절충하는

39 물론 이러한 정보는 대다수의 연행록의 산문 기록이나 일기에 구체적으로 서술되어 있다. 남용익의 경우에도 한시로만 구성된 「燕行錄」 이외에 산문 기록이 있었을 것으로 추정되나 현전하지는 않는다.

40 A′의 경우 여정 위주로 구성된 내용이라 그러한 것으로 보이는데 '百祥樓 管絃의 藥山東臺 멀니보고'는 〈百祥樓感舊〉의 내용 중 '亂峯遙見藥山臺'라는 일치된 부분을 확인할 수 있었다. 또한 명분론과 직결된 '辛丑年 天使제 녯사ᄅᆞᆷ을 ᄉᆡᆼ각ᄒᆞ니 / 吾生은 무ᄉᆞ일노 이ᄣᅴ예 나돗던고'라는 구절은 〈練光亭 示書狀〉의 일부인 '秋光判自明朝去。使節當從幾日回。只恨吾生生苦晚。朝天石下更遲徊'와 내용이 거의 유사함을 발견할 수 있었다. 그런데 이 경우 여정의 배치상 A와 A′가 어긋나는데 이는 사행가사가 창작되는 과정에서 여정 및 감흥의 재구성이 이루어졌음을 보여주는 사례라고 볼 수 있다. 이처럼 〈장유가B〉가 「燕行錄」를 토대로 창작되었다는 점에 그 과정에서의 구체적 특질은 작품론이 진행되는 과정에서 보다 선명하게 논증될 것이다.

시적 리듬으로 작동하는 경우가 있는데[41] 이는 〈장유가B〉에도 유효하게 적용된다. 위의 'ᄯᅩᄯᅥ나니', '올나가니', '등임(登臨) ᄒᆞ니' 등에서 알 수 있듯이 한시에서는 분절되어 형상화된 공간을 연결하는 어미로서 '(－으)니'는 기행가사문학의 특질을 배가하는 요소로 작동하고 있는 것이다. 특히 '－(으)니'와 호응하는 구절들은 각각 '노방(路傍)의 고별(告別) ᄒᆞ기 전후(前後)의 마촘ᄀᆞᆺ다', '서로(西路) 번화(繁華)을 쳐음으로 보완지라', '삼국 지경(三國 地境)이 안즁(眼中)의 요요(了了) ᄒᆞ다'인데 여정의 이동에 따른 주관적 감흥을 표출하고 있음을 알 수 있다.

또한 이 내용들은 한시나 산문에 표현되지 않은, 사적 층위에서의 경험과 감흥들이 대부분인데 이를 보다 직접적이고 지속적으로 표출하는 데 있어 사행가사는 효율적 문학 수단이 되었던 것으로 보인다. 이러한 종속적 통사 단위와는 달리 '벌니보고', '노리ᄒᆞ고', '비씌오고' 등과 같은 대등적 연결 어미는 병렬적 리듬을 지속하게 하는 요소라고 볼 수 있다. 이처럼 A′에서 확인되는 율격 구조는 대체로 4음보로 유지되는 통사적 분단[42]을 기저로 하여 종속적 어미는 여정과 촉발된 감흥을, 대등적 연결 어미는 여정과 풍광의 배열을 지속하게 함을 알 수 있다. 사행가사의 이러한 문학적 특질은 체험의 주요 국면들을 총체적 구도하에서 재조망할 수 있게 함으로써 18세기 전반까지 일정한 경향성을 토대로 창작·향유된 맥락을 짐작하게 한다.

또한 A와 A′가 중첩되는 지역에서 창작된 한시를 보면 연행 당시의

41 고정희, 『고전시가와 문체의 시학—윤선도와 정철의 경우』, 월인, 2004, 165쪽.
42 한국 시가에서는 음보의 경계가 통사적 경계와 일치하며 '음보'란 통사적 경계에 의해 실제로 분단되는 객관적 실체이다. 이러한 '통사적 분단'은 한국 시가의 율격을 형성하는 기본 자질이다. 김흥규, 「韓國 詩歌 律格의 이론 I」, 『욕망과 형식의 시학』, 태학사, 1999, 32~36쪽.

객수(客愁)나 지명과 관련된 내용들이 대부분이라 작가가 A′를 형상화하는 과정에서 부분적으로 취사선택을 진행했음이 확인된다. 이처럼 〈장유가B〉의 전반부에 해당하는 A′의 경우 중화주의와 관련된 대외인식이나 감흥이 직접적으로 촉발되지 않는 지역이라 여정의 속도감 있는 배열과 주관적 내면이 표출이 강화되어 있음을 알 수 있다. 다음에 살펴볼 B′의 경우는 중화주의와 관련된 화자의 인식이 직접적으로 형상화 되어 있어 사행가사로서 〈장유가B〉의 문학적 특질이 확연하게 감지된다는 점에서 주목할 만하다. 특히 이 경우 한시 작품들이 형상화한 공간 및 내용 면에서 양자 사이의 상당한 친연성이 확인된다.

B

〈塞上曲十四絶〉→〈遼陽行〉→〈十月十八日 早發遼東 遇大風〉→〈**沙河堡**〉→〈發**牛家莊**〉→〈**渡三叉河**〉→〈夜發沙嶺驛〉→〈宿**高平** 夢拜二親 呼燭起坐走次東岳高平思親曲〉→〈**廣寧**行〉→〈**閭陽**途中〉→〈**十三山**〉→〈**大凌河**〉→〈古戰場行〉→〈曉過高橋堡〉→〈**連山**驛 因齎曆韓譯之還 修付親庭書 記實〉→〈**寧遠衛**感舊〉→〈行役三苦〉→〈曉發中後所〉→〈二十八日 將入**長城** 曉訪**九門口** 洞門幽邃 極有景致 **城將**張維新**漢人** 接待甚厚 被**勸醉**歸 記實〉→〈**入**長城**登山海關門樓**〉→〈登角山寺 次庭中碑刻梁夢龍韻〉→〈又次碑刻傅公韻〉→〈又次新刻吳光義韻〉→〈**永平**府尋古跡〉→〈謁淸節祠 次庭刻程知府朝京韻〉→〈**豐潤**縣 次月沙豐潤古詩韻〉→〈曉過高麗堡〉→〈鼇山途中〉→〈宋子城〉→〈薊州懷古〉→〈臥佛寺〉→〈香花庵〉→〈三河途中〉→〈三河逢大雪〉

〈**沙河堡**〉

沙河堡接蔣家屯 **五里煙臺十里**村 **白草黃沙**常極目 **崩城破壁幾傷魂** 茫茫野路

遼通薊 歷歷民居漢雜蕃 最是昔年征戰地 行人過此欲無言

〈玉河館與書狀聯句〉

苦矣高平驛 哀哉廣寧衛

〈廣寧行〉

昔年曾讀**屈原遠遊詞** 微閭之山在東維

〈古戰場行〉

大凌河小凌河 悲風咽咽生微波 松山堡杏山堡 寒煙漠漠縈衰草 遼陽以西摠**戰場** 到此斷盡征人腸 欲哭且收淚 欲語還呑聲 寄語吾東後來者 他年莫向此間行.

〈**寧遠衛**感舊〉 **袁崇煥**[43] 曾守此地 遇讒**冤死 大監高起潛**[44] 城陷**不降** 屢徵不出云

東寧故衛入遙瞻 歷遍城池感慨兼 樓記舊恩空彩石 市移新肆尙靑帘 **岳王冤憤稱崇煥 承業忠誠說起潛** 指點遺墟何處是 三韓使者淚雙添.

(『壺谷集』, 「燕行錄」)

B′

龍灣의 大醉ᄒᆞ야 越江ᄒᆞᆫ줄 몰나더니 / 돌붉은 소새바틔 시닉소릐 느리거놀 / 줌씨냐 무러보니 九蓮城 알애로다 / **沙河堡** 지난후의 간ᄃᆡ마도 戰場이라 / **崩城敗壁**은 본ᄃᆡ마도 悽愴ᄒᆞ고 / **白草 黃河**는 ᄀᆞ이없이 蕭條ᄒᆞ다 / **十里 五里**예 **烟臺** 버러시니 / 防備는 이러ᄒᆞ되 어이ᄒᆞ여 못직히고 / **牛家庄** ᄒᆞ로묵어 夫馬을 點送ᄒᆞ고 / **三叉河** ᄇᆡ로건너 瀋陽을 져만보고 / **高平** 盤山의 괴로옴도 ᄀᆞ이업다 / 슬풀샤 **廣寧衛**여 兵火의 蕩敗ᄒᆞ되 / 市肆 佛刹이 이제도 셩ᄒᆞ도다 / 李成樑 牌樓의 威令을 想像ᄒᆞ고 / 崇興寺 雙榻의 古跡이 荒凉ᄒᆞ다 / 醫無 山色이 하늘의 눌너

---

43 원숭환(袁崇煥, 1584~1630) : 명(明) 말기의 장군으로 후금(後金)의 침략에 맞서 요동(遼東) 방어에 공을 세웠지만 모반(謀反)의 누명을 쓰고 처형되었다.

44 고기잠(高起潛, ?~?) : 후금의 반란을 진압하려 한 명나라 장수. 영원위가 함락당해도 항복하지 않음.

> 시니 / **屈原**의 **遠遊賦**을 다시곰 읇퍼볼다 / 閭陽驛 도라들어 十三山 ᄇᆞ라보니 / 巫峽 一峰이 어이ᄒᆞ여 더ᄒᆞᆫ게고 / **松山堡 杏山堡**의 白骨이 그저잇고 / **大陵河 小陵河**의 ᄎᆞᆫ물결 슬피운다 / 洪承疇 降虜ᄂᆞᆫ 닐너 쓸ᄃᆡ 업거니와 / 錦州衛 役事ᄂᆞᆫ 至今의 목이멘다 / **連山館** 朝飯ᄒᆞ고 **寧遠衛** 宿所ᄒᆞ니 / **袁經畧 寃死**와 **高太監 忠誠**은 ᄉᆞ름마다 傳說ᄒᆞ되 / 祖大壽 失節은 家風이 掃地ᄒᆞ다 / **長城**을 채못들어 **九門口** ᄎᆞ자가니 / 彩堞이 繚繞ᄒᆞ고 洞門이 幽僻ᄒᆞ다 / **城將**은 **漢人**이라 禮貌도 恭謹ᄒᆞ다 / 杯盤 音樂으로 盡誠ᄒᆞ야 **술권ᄒᆞ되** / ᄆᆞ음의 먹은말을 번거ᄒᆞ여 못다ᄒᆞᆫ다 / **山海關** 들어가서 **門樓**의 올나보니 / (…중략…) **豊潤** 玉田縣의 排日ᄒᆞ야 지나자고 / 薊門 烟樹의 漁陽橋 지나오니 / 阿犖山 鼙鼓聲 이제도 들니ᄂᆞᆫ닷.

위의 B는 〈장유가〉의 B′와 관련된 부분의 한시 제목들과 작품들의 주요 구절을 정리해 본 것이다. '강조 표시'된 부분을 보면 A→A′에 비해 한시와 중첩되는 비중이 상당히 증가되어 있음을 알 수 있다. 여정이 일치하는 것은 물론 촉발된 감흥까지 유사하게 표현되어 '구련성(九蓮城)' 이후의 공간은 회고적 지향과 탄식의 정서가 주를 이루고 있는 것이다. '사하보(沙河堡)'는 '전장(戰場)'이 연상되는 공간이며 '붕성 패벽(崩城 敗壁)'과 '백초 황하(白草 黃河)'는 쓸쓸함과 무상감을 환기할 뿐이다.

특히 '처창(悽愴)', '소조(蕭條)' 등과 같은 어휘는 명(明)이 실재하지 않는 현실에서 직접적으로 유발된 탄식의 편린들이다. 변방의 웅장한 '연대(烟臺)'도 '명(明)'을 지키지 못한 무용지물의 대상으로서만 인식되고 있는데 이러한 일련의 표상은 〈사하보(沙河堡)〉라는 7언 율시에 대부분 형상화 되어 있다는 점이 흥미롭다. '붕성 패벽(崩城 敗壁)은 본ᄃᆡ마도 처창(悽愴)ᄒᆞ고'은 '崩城破壁幾傷魂'과 유사하며 '白草(백초) 黃河(황하)ᄂᆞᆫ ᄀᆞ이없이 소조(蕭條)ᄒᆞ다 / 十里(십리) 五里(오리)에 烟臺(연대) 버러시니' 라는 두 구절은 '五里煙臺十里村 白草黃沙常極目' 의 내용과 거의 일치하고 있음을 알 수 있다.

이 과정에서 한시에 형상화된 내용과 순서나 어휘를 재배치함으로써 가사문학의 통사적 연속성과 리듬을 구현하고 있음이 확인되는 것이다. 또한 새롭게 첨가된 구절들을 보면 '본디마도 처창(悽愴)ᄒᆞ고', 'ᄀᆞ이없이 소조(蕭條)ᄒᆞ다', '방비(防備)는 이러ᄒᆞ되 어이ᄒᆞ여 못직히고' 등인데 감정과 관련된 한시의 어휘를 동사화가 유리한 유사어로 변경하거나 'ᄀᆞ이없이', '어이ᄒᆞ여' 등의 고유어를 부사어로 첨가하여 정서적 고양을 시도하고 있음이 확인된다.

이러한 특질은 이후에도 지속되는데 '고평(高平) 반산(盤山)의 괴로옴도 ᄀᆞ이업다 / 슬풀샤 광영위(廣寧衛)여 병화(兵火)의 탕패(蕩敗)ᄒᆞ되'는 〈옥하관여서상련구(玉河館與書狀聯句)〉의 한 구질인 '苦矣高平驛 哀哉廣寧衛'와 일치하며 '굴원(屈原)의 원유부(遠遊賦)을 다시곰 읇퍼볼다'는 〈광영위(廣寧衛)〉의 일부인 '昔年曾讀屈原遠遊詞 微閭之山在東維'와, '송산보(松山堡) 행산보(杏山堡)의 백골(白骨)이 그저잇고 / 대릉하(大陵河) 소릉하(小陵河)의 촌물결 슬피운다'는 〈고전장행(古戰場行)〉의 '大凌河小凌河 悲風咽咽生微波 松山堡杏山堡 寒煙漠漠縈衰草'와 거의 유사한 심상임이 확인된다. 이처럼 명나라의 패망이 연상되는 공간에서는 회고적 시선이 강하게 투영되어 한탄의 정서가 표출되어 있다. 명의 패망과 관련된 특정한 공간과 풍경은 관련된 감정의 현재적 지속성과 관련하여 사행가사에도 형상화된 것으로 보이며 B→B'의 경우는 이러한 양상을 선명하게 보여주는 사례인 것이다.

그러나 사행가사의 경우 4음보의 통사적 분단 속에 한시의 주요 구절들을 적절하게 재배치함으로써 단조로운 구성을 지양하고자 했음이 확인된다. 예컨대 '苦矣高平驛 哀哉廣寧衛'라는 한시의 구절을 '고평(高平) 반산(盤山)의 괴로옴도 ᄀᆞ이업다 / 슬풀샤 광영위(廣寧衛)여 병화(兵火)의 탕패(蕩敗)ᄒᆞ되'로 전환하는 과정에서 첫 구는 주술 구조를 도치하고 두 번째 구는 '병화(兵火) 탕패(蕩敗)ᄒᆞ되'라는 새로운 정보를 첨가함으로써 통사 구조의 안정과 탄식의 효율적 전달이라는 효과를 동시에 거두고 있는 것이다. 또한 한시에서 확인할 수 없는 '이성량(李成樑) 패루(牌樓)의 위령(威令)을 상상(想像)ᄒᆞ고 / 숭흥사(崇興寺) 쌍탑(雙榻)의 고적(古跡)이 황량(荒凉)ᄒᆞ다' 등의 구절 역시 회고적 시선과 탄식의 정서가 상응하는 양상을 선명하게 보여주고 있다.

'영원위'에서의 감흥은 〈영원위감구(寧遠衛感舊)〉의 자주(自註)에 해당하는 '袁崇煥曾守此地 遇讒冤死 大監高起潛城陷不降 屢徵不出云'를 참고함으로써 인식의 직접성을 강화하고자 한 점도 흥미롭다. '원경락 원사와 고태감 충성은 ᄉᆞ롬마다 전설ᄒᆞ되'라는 구절에서 알 수 있는 명나라 장수들의 충성은 〈영원위감구(寧遠衛感舊)〉의 전반부에서 확인되는 공간의 내력이나 감회보다 보다 직접적으로 대의명분론을 표상할 수 있기 때문이다. 그리고 이 과정에서 우리말의 주어부에 한시의 주요 소재를 배치하고 서술부는 적절하게 재구성을 함으로써 국문 시가의 통사 구조에 적합한 형상화를 시도한 점 역시 다시 한 번 확인할 수 있다. '성장은 한인이라 예모도 공근ᄒᆞ다'도 이러한 원리로 구성된 구절이며 '한인(漢人)－이적(夷狄)'을 구분하고 있는 화자의 종족적 화이론도 읽을 수 있다.

이처럼 〈장유가B〉의 경우 중화주의와 관련된 대외 인식이 강하게 투사되어 있어 특히 B' 부분에서는 정서적 단일성과 지속성이 더욱 강화되어 있는 양상을 보이고 있음을 알 수 있다. 이후 감정의 촉발과 다소 거리가 있는 지역은 A′의 경우처럼 한시의 내용보다는 제목과 일치하는 양상을 보이며 속도감 있는 전개가 지속된다. 여정의 배열과 그 과정에서 촉발된 정서의 결이 교직을 이루며 지속적으로 전개되는 특질은 기행가사만이 확보할 수 있는 문학적 미감으로 사행가사를 통해서도 이를 새확인할 수 있다. 마지막으로 살펴볼 C′는 통주와 연경에서의 감흥을 형상화한 부분으로 여정과 내용의 재배열이 강화되고 있어 작가의 문학적 개성을 발견할 수 있는 장면이다.

C

〈**通州**歌〉→〈玉河館與書狀聯句〉→〈哀燕都賦〉→〈夜坐無眠 淸陰, 東岳, 月沙集 皆有玉河思歸之作 各次一律韻 釋悶〉→〈明將還發 夜坐書懷 示書狀〉→〈十二月初四日 還發北京 宿通州〉→〈三河縣 次東岳三河韻〉→〈永平途中 記所見〉→〈山海關 逢冬至使鄭公 閔公之行 夜會小酌 仍用閔公贐我詩首句 成一律以別〉→〈山海關 送先來軍官 付親庭書 感吟〉→〈苦哉行〉→〈曉渡小凌河〉→〈曉發十三山〉→〈沙嶺衛途中 逢家尊初度日 次泛海時此日詩韻〉→〈朝渡遼河記所見〉→〈曉發南沙河〉→〈朝過遼東〉→〈夜投狼子山〉→〈**青石嶺** 次東岳石嶺韻〉→〈夜坐連山館待卜馱之落後者 次東岳下高嶺韻〉→〈出鳳城柵門志喜〉→〈二十七日 **過金石山城 喜吟**〉

(『壺谷集』 卷之十二 「燕行錄」 所在 漢詩 작품들의 제목)

〈通州歌〉

昔年我作桑海遊 大坂城頭繫客舟 今年我躡北燕路 通州館裏停行輈 可笑風塵十載中 男兒兩眼窮西東 中冬節候適相合 兩地繁華誰最雄 抽毫曾有大坂作 扣劍可無通州曲 **通州形勝信佳哉** 九里京師猶咫尺 **通州城外大江來** 通州城中列肆開 **簇**

簇千帆若蝟集 紛紛萬貨如雲堆 又有高臺與大屋 璇題彩牓驚人目 日暮歌鍾動四街 金鞭絡繹香車擊 通州壯觀絶堪誇 不啻臨淄百萬家 彼哉蠻鄕何必較 吾於此地重嗟嗟 昔時文物今安有 弔古且飮通州酒 酒酣忽憶戊申年大明兵至 通州元順走.

〈哀燕都賦〉

惟燕都之壯麗兮 古九域之冀方 襟河濟而傍海兮 阻長城與太行 雄關屹其倚天兮 蟠北維而扼吭 緬奭祀之殄丹兮 郡於秦而迄唐 捐中土而媚戎兮 銊余亳於石郞 慨趙武之不競兮 終未復其故疆 奄耶律之徙居兮 替三窟於豺狼 祚就擒而顔 熾兮 緖投焰而渥昌 ⓜ **幸聖祖之蕩掃兮** 驅妥懽於窮荒 ⓛ **滌宇內之腥**羶**兮** (…중략…) ⓝ **儼北辰之居所兮 通萬國之梯航** 固天心之培栽兮 亦坤靈之效祥 曾英廟之狩北兮 劇時勢之蒼黃 逮永陵之受圍兮 恣戎馬之陸梁 然人和地利之相資兮 禦暴寇而自强 胡後世之漸夷兮 (…중략…) 朝發軔於通州兮 夕余至乎 ⓐ **朝陽** ⓑ **紛肩磨而轂擊兮** 停余駕於康莊 ⓓ **指衣冠而嗤笑兮** ⓒ **故老或有嗟傷** 經長安之舊街兮 追往蹟而杳茫 華何變而爲夷兮 海何變而爲桑 城郭是兮人民非 欸此時之適當 鎖玉河之空館兮 經一日兮九廻腸 ⓔ **淸人導余於朝參兮** 扶病軀而踉蹡 歷 ⓕ **金水與九龍兮** 蜿 ⓖ 二橋之迤長 由貞度與 ⓗ **右掖兮** 泣馴象於門傍 僭 ⓘ **淸蹕於明廷兮 氳滿眼之爐香** 引余入於殿廡兮 旋授余以酪漿 瞻山龍之寶扆兮 ⓙ **坐單于於御床 何昔日之鵷鷺兮** 今直爲此大羊 忽反顧而遐思兮 思盛際之明良 熙朝儼以祗敬兮 孝辟文以重光 必有臣以名世兮 疇登庸而贊襄 宿望推於蹇夏兮 大名齊於三楊 惟王劉之事業兮 與何李之文章 或黼黻於王猷兮 或訏謨於岩廊 或登筵而啓沃兮 歡魚水於一堂 或播詠於早朝兮 聯步武而趨蹌 卽其地兮想其人 宛玉佩之鏘鏘 ⓚ **歸旅舍而自悼兮** 嘿無言兮涕自雱 ⓠ **望九陵之松柏兮** 悲風起於寒岡 念再造之洪恩兮 於萬曆之難忘 溯哀響於麥穗兮 懷好音於芑稂 欲訪古兮不自由 心鬱結兮魂飛揚 ⓞ **石鼓埋**而剝落兮 ⓟ **金臺廢**而荒涼 孰中興如周宣 孰洗恥如燕王 和易

水之悲歌兮 誰擊筑而慨慷 瞻文山之故祠兮 誰更扶乎綱常 扣長劍而咄嗟兮 壯髮化爲秋霜 聊援筆以作賦兮 瀉我憂之悢悢 亂曰相此燕都地金湯兮 緊我皇朝功德彰兮 云胡日夕遽覆隍兮 衣冠文物一夢忙兮 豺虎縱橫蛟龍藏兮 我來自東愁彷徨兮 悠悠往事問彼蒼兮 弔古凄然奠一觴兮.

C′

通州 佳麗ᄂᆞᆫ 自古로 有名ᄒᆞ니 / 樓臺ᄂᆞᆫ 出雲ᄒᆞ고 舸艦이 迷津ᄒᆞᆫ더 / 滄波 一帶ᄂᆞᆫ 揚子江을 通ᄒᆞ엿고 / 金陵 物華들니 져ᄌᆞ에 싸혀시니 / 李忘軒 詩句[45]을 오날이야 알니로다 / 燕道 二十里에 行人이 如織ᄒᆞ니 / 槖駝驢騾ᄂᆞᆫ 거리거리 흘넛더라 / 東岳廟 改服ᄒᆞ고 대강만 드라보니 / 殿閣의 宏崇홈과 物象이 虛誕ᄒᆞ미 / ᄒᆞᆫ 입으로 못이ᄅᆞ고 열흘에도 못다볼다 / ⓐ′ **朝陽門** 계오들어 衍福宮 지나가니 / ⓑ′ **人肩**이 골니이고 **車轂**이 시로치니 / 耳目이 眩亂ᄒᆞ고 갈길히 녜여세라 / ⓒ′ 나만ᄒᆞᆫ **父老**들은 **衣冠**을 불워ᄒᆞ고 / ⓓ′ 굿자ᄅᆞᄂᆞᆫ **兒童**들은 **指點**ᄒᆞ고 웃ᄂᆞᆫ고야 / (…중략…) ⓘ′ 香爐 淸蹕에 예거동 잇다마ᄂᆞᆫ / 皇極殿 龍床의 喬木은 依舊ᄒᆞ되 / 三百年 明天下ᄂᆞᆫ 어이ᄒᆞ야 일탄말고 / 도라와 歎息하고 예일을 ᄉᆡᆼ각ᄒᆞ니 / 太祖 龍興ᄒᆞ샤 腥膻을 쓸러내고 / ⓛ′ **成皇**이 **定鼎**ᄒᆞ샤 **金湯**을 **拱掖**ᄒᆞ니 / ⓝ′ 만국이 **梯航**ᄒᆞ야 **北極**터로 둘러더니 / 이러ᄒᆞᆫ 好家居을 뉘라셔 撞破ᄒᆞᆫ고 / 崇禎이 붉으시고 城闕이 堅固ᄒᆞ니 / 敵兵이 千萬이나 나라도 못 올디니 / 姦臣이 貪黷ᄒᆞ고 宦官이 擁蔽ᄒᆞ야 / ᄒᆞᆫ눈먼 李自誠을 굿타야 혀드리니 / 人心도 叵測ᄒᆞ고 天理도 難諶ᄒᆞ야 / 媒山 大變은 다시하마 못닐너도 / 國君死社稷이 簡策의 빗치엿다 /

45 이망헌은 성종 연산군 연간의 인물인 이주(李胄, 1468~1504). 망헌은 그의 호. 그가 중국에 사신으로 가면서 통주에서 지은 시가 명편으로 평가를 받아왔다. 「惺叟詩話」(『惺所覆瓿稿』 권 25)에서 이를 확인할 수 있었다. "李忘軒胄詩最沈著。有盛唐風格。如朝日噴紅跳渤澥。晴雲挹白出巫閭。甚有力。凍雨斜連千嶂雪。飢烏驚叫一林風。老蒼奇傑。其通州詩曰。通州天下勝。樓觀出雲霄。市積金陵貨。江通楊子潮。寒煙秋落渚。獨鶴暮歸遼。鞍馬身千里。登臨故國遙。亦咄咄逼王, 孟也。" 〈李胄詩沈着有盛唐風格〉

> 吳三桂 쳣일은 容恕도 ᄒᆞ려니와 / 虜庭의 甘心ᄒᆞ야 宗國을 도라티니 / 不孝 不忠이라 萬古의 罪人일다 / 金臺에 草沒ᄒᆞ고 石鼓의 塵埋ᄒᆞ니 / 柴市 北風의 白日이 慘惔ᄒᆞ다 / 千載 忠魂을 뉘라셔 됴샹ᄒᆞ리 / 萬歲山 松栢이 ᄒᆞᆫ가지로 업서잇다 / 黃河水 언제말가 漢威儀 다시볼고.

우선 A, B의 경우에 비해 C에서는 한시의 제목과 일치하는 여정이 '통주(通州)'와 '청석령(靑石嶺)', '금석산(金石山)'밖에 없음을 알 수 있다. 조심스러운 추측이지만 〈연행록〉의 경우 회정할 때 중복되는 지역에서도 한시를 창작한 반면 사행가사의 경우 이를 생략한 것으로 보인다. 대신 〈통주가(通州歌)〉, 〈애연도부(哀燕都賦)〉 등의 내용을 부분적으로 참고하면서 당시에 경험한 풍광과 감흥을 전면적으로 재구성하고 있음이 확인된다. 통주의 문물을 형상화하고 있는 C′부분을 보면 〈통주가〉의 심상을 부분적으로 차용하고 있지만 일치도는 B→B′의 경우에 비해 대체로 약화되어 있으며 중화회복의식이 투영된 경우에는 상관성이 증가하는 양상을 보이고 있기 때문이다.

먼저 C′전반부의 심상을 살펴보면 〈통주가〉의 '佳, 江, 帆, 雲, 臺' 등과 같은 단편적 어휘들만 중첩되고 있음을 알 수 있다. B′의 경우와 달리 C′의 전반부는 가시적인 풍경을 재현하고 있기 때문에 한정된 분량 속에 주요 장면들을 재배치하는 과정에서 발생한 현상인 듯하다. 예컨대 〈통주가〉와 달리 〈장유가B〉에서는 '通州(통주) 佳麗(가려)는 自古(자고)로 有名(유명)ᄒᆞ니'라는 포괄적인 명제구를 전면에 배치한 후 '樓臺(누대) → 가함(舸艦) → 양자강(揚子江)'으로 전이되는 원경에 이어 '저자거리'의 근경을 형상화하는 전략을 구사하고 있으며 이 과정에서 〈통주가〉에 형상화된 주요 풍경의 순서와 내용이 변화하고 있는 것이다.

그런데 흥미로운 점은 '이망헌(李忘軒) 시구(詩句)'와 일치하는 부분이 발견된다는 것이다.[46] '누대(樓臺)ᄂᆞᆫ 출운(出雲)ᄒᆞ고'는 '樓觀出雲霄'와 '양자강(揚子江)을 통(通)ᄒᆞ엿고'는 '江通楊子潮'와 '金陵 物華(금릉 물화)들니 져ᄌᆞ에 싸혀시니'는 '市積金陵貨'와 그 일치도가 상당하다. 그 과정에서 한시의 동사 역할을 하는 어휘를 우리말의 서술부에 재배치하는 방식을 구사하고 있으며 그 순서도 조금 다르다. 풍광에 대한 감각적 재현이 부각되는 C′의 전반부는 유명한 시구를 차용하여 재구성함으로써 당시의 기억을 심미적으로 환기하려 했음이 확인되는 것이다. '李忘軒 詩句을 오날이야 알니로다'라는 구절은 이러한 의식의 직접적 표출인 동시에 '통주'의 풍경을 완성하는 역할을 하고 있다.

이후 지속되는 C′의 문학적 특질은 〈애연도부〉의 내용을 전면적으로 재구성한 양상을 보이고 있다. C′와 중첩되는 〈애연도부〉의 부분을 ⓐ~ⓠ로 설정하고 〈장유가B〉에 형상화된 내용을 중심으로 순서를 표시해 보았다. 그 결과 '조양문' 이후의 내용은 〈애연도부〉의 순서와 대체로 일치하며(ⓐ~ⓚ) '太祖(태조) 龍興(용흥)ᄒᆞ샤 성전(腥羶)을 쓸러내고' 이후의 몇 구절은 〈애연도부〉의 전반부를 참고한 후(ⓛ~ⓝ) '금대에 초몰ᄒᆞ고 석고의 진매ᄒᆞ니'부터는 원래 순서(ⓞ~ⓠ)를 회복하고 있다. ⓐ~ⓚ의 경우 여정의 주요 지명들이 〈장유가B〉와 일치하고 있으며 대의명분론을 환기하는 구절들은 내용이 유사하다. 예컨대 'ⓓ 指衣冠而嗤笑兮 ⓒ 故老或有嗟傷'의 경우 '나만ᄒᆞᆫ 부로(父老)들은 의관(衣冠)을 불워ᄒᆞ고 / ᄌᆞ자ᄅᆞᄂᆞᆫ 아동(兒童)들은 지점(指點)ᄒᆞ고 웃ᄂᆞᆫ고야'로 표현되고 있는데 '의관'이 두 문장의 공통적 목적어이기 때문에 자연스럽게

46 李忘軒의 詩句에 대해서는 주석 45번의 '강조 표시' 부분 참고.

서술 주체의 변환이 일어나고 있다. 한시의 경우처럼 '아동들'을 첫 문장의 주어로 설정하면 4음보의 율격을 유지하기가 어렵기 때문에 주체의 순서를 변경함으로써 대칭적인 주술 구조가 가능하게 된 것이다. 내용 면에서도 노인들의 탄식을 '衣冠을 불워ᄒᆞ고'로 전환함으로써 조선은 여전히 중화의 국가임을 강조하고 살리고 있다. 또한 '나이 많은'과 '갓 자라는'의 대칭적 구도의 설정은 시대의 변화에 따른 미세한 의식의 균열이 읽히는 지점이기도 하다. 아이들의 '손가락질'과 '웃음'에 대한 인지는 청의 현실에 대한 탄식인 동시에 변화하는 시대에 대한 불안감의 표상일 수도 있기 때문이다.

그러나 문학적 특질은 대체로 유사한데 '皇極殿(황극전) 龍床(용상)의 喬木(교목)은 依舊(의구)ᄒᆞ되'라는 구절 역시 ⓙ 부분과 내용이 일치하고 있다. 그리고 대응하는 구절로서 '三百年(삼백년) 明天下(명천하)는 어이ᄒᆞ야 일탄말고'를 설정함으로써 ⓙ 이후 부분의 내용에 대한 정리는 물론 한탄의 정서를 효과적으로 표출하고 있다. 이어 '太祖 龍興ᄒᆞ샤 腥膻을 쓸러내고' 이후의 내용은 〈애연도부〉의 전반부인 ⓛ~ⓝ 부분을 참고한 것으로 보이며 '만국이 梯航ᄒᆞ야 北極텨로 둘러더니'와 'ⓝ 儼北辰之居所兮 通萬國之梯航'의 경우에서처럼 내용도 거의 일치하고 있다. 특히 ⓚ 이후의 〈哀燕都賦〉 내용이 '念再造之洪恩兮 於萬曆之難忘'처럼 직접적인 개념어의 표출로 구성되어 있어 명에 대한 회고를 문학적으로 형상화 하기에는 어려움이 있었던 듯하다. 그래서 관련된 부분을 〈애연도부〉의 전반부에서 다시 찾아 재구성한 것으로 보인다. ⓛ~ⓝ의 내용을 보면 비유적 수사는 물론 우리말의 주술 구조로 전환하기에 적절한 개념어와 술어가 포함되어 있기 때문이다.

이후 '이러ᄒᆞᆫ 好家居을 뉘라셔 撞破ᄒᆞᆫ고'부터 '不孝(불효) 不忠(불충)이라 萬古(만고)의 罪人(죄인)일다'에 이르는 C'부분은 C와 중첩되는 부분이 발견되지 않는다. 특히 이 부분은 명의 멸망과 관련된 사례들을 나열하며 다소 구체화된 고유명사와 개념어를 통해 내용을 구성하고 있다. ⓝ 이후의 〈애연도부〉 내용도 대체로 '胡後世之漸夷兮'로 수렴되는 일반론으로 전개되고 있어 사행가사에서는 '李自誠(이자성), 매산(媒山) 대변(大變), 오삼계(吳三桂)' 등과 관련된 역사적 사건을 나열함으로써 문학적 생동감을 확보하려 한 것으로 보인다. 그리고 다시 구체적 문물로 시선이 변화되는 '金臺(금대)에 草沒(초몰)ᄒᆞ고 石鼓(석고)의 塵埋(진매)ᄒᆞ니' 이후의 내용은 C의 ⓞ~ⓠ를 참고하고 있음이 확인된다. 이처럼 〈장유가B〉의 후반부에 해당하는 C'는 '통주에서의 풍경 → 황극전에서의 감회 → 명에 대한 회고와 한탄 → 북경의 풍경'을 중심 축으로 하여 〈애연도부〉의 내용을 재배치하고 필요한 내용은 첨가함으로써 형상화된 부분임을 알 수 있다.

〈장유가B〉에서 지속적으로 표출되던 한탄의 정서는 이후 결사에 이르러 전환되는 양상을 보인다. '金石山(금석산) 지나면서 백마산성(白馬山城) ᄇᆞ라보니 / 東萊(동래) 回泊(회박)적과 어너야 더깃부니'[47]라는 내용은 10년 전의 대일 사행과 비교했을 때 이후 살펴보게 될 〈장유가A〉의 경우 귀국 전후로 감정의 흐름이 유사하게 지속되는 반면 〈장유가B〉에서는 급격히 전환되고 있기 때문이다. 특히 그 감정적 전환의 계기가 되는 구절이 '白馬山城 ᄇᆞ라보니'라는 점도 청이 지배하는 중원의

47 이와 관련하여 다음의 한시도 주목할 만하다. 南龍翼, 「燕行錄 · 二十七日 過金石山城喜吟」, 『壺谷集』 한국문집총간 131, 273쪽. "風塵大地十年間。可笑吾生不暫閑。東陟日光看大海。北窮遼左度陰山。扶桑曉景留詩在。薊樹寒雲滿袖還。未識當年回棹興。何如今夕望龍灣。" 이 작품을 보면 일본의 좋은 경치는 '시'에 머물러 있는 반면 현재의 상황은 너무 대조적이라 빠른 시일 내 귀국을 원하는 심정이 형상화되어 있음을 알 수 있다.

현실과 조선의 공간을 분리하여 인식하고 있음을 보여준다. 탄식과 환희라는 대립적 정서는 중국과 조선의 경계를 기점으로 대칭적으로 배치되어 〈장유가B〉에서 중국이 형상화된 양상의 주된 특질과 그 동인을 조망할 수 있게 해 주는 것이다.

지금까지 살펴본 대로 17세기 중반의 〈장유가B〉는 연행 도중 창작한 한시들을 토대로 재구성된 작품이라 할 수 있다. 특히 중화회복의식이 연상되는 공간에서 양자 사이의 일치도가 상당했으며 이는 사행가사에 투영된 세계 인식에도 당대 지식인의 보편적 사유와 감정의 실질이 반영되어 있음을 보여주는 사례라 할 것이다. 또한 단편적인 한시 작품들에서 확인되는 여정과 주요 내용들을 토대로 나름대로의 문학적 전략을 통해 사행 체험을 총체적으로 재구성하고 있음을 알 수 있었다. 일정한 서사의 배치를 통해 장면을 재구성하고 우리말의 통사구조로 전환하기에 적절한 표현들을 선별함으로써 풍경과 감흥을 효율적으로 전달하고 있는 것이다.

특히 시적 주체의 심적 태세가 투사된 한시의 부분들을 4음보의 통사 구조에 선택적으로 배치함으로써 보다 효율적인 방식으로 정서를 구현하고자 한 사행가사의 장르적 특성이 확인된다. 비교적 간략한 구조 내에 완결된 서사와 촉발된 감흥을 재배치함으로써 가창을 기반으로 한 심미적 환기와 추체험을 지속하고자 한 17세기 중반 사행가사의 문학적 전략이 해명되는 지점인 것이다.

다음 장에서 살펴볼 〈연행별곡〉과 〈서정별곡〉의 경우도 창작 맥락 및 문학적 형상화의 측면에서 〈장유가B〉와 일정 정도 유사성이 확인된다. 그러나 작품에 투영된 세계 인식을 살펴보면 17세기 후반의 사행가사 작품들과 변별되는 점들도 발견할 수 있다. 이러한 시대적 차이와 문학적 특질의 상관성에 보다 유의하면서 다음의 두 작품을 분석해 보도록 하겠다.

(2) 〈연행별곡〉, 〈서정별곡〉

① 17세기 후반의 중화계승의식

〈장유가〉에서 확인되는 대청 인식은 17세기 후반의 사행가사인 〈연행별곡〉, 〈서정별곡〉에서도 부분적으로 확인할 수 있다. 여전히 청나라를 중화의 중심으로 인정하지 않으며 청의 문화와 문물에 대한 피상적인 인식을 보이고 있는 것이다. 기존의 연구사에서도 이 두 작품은 유자적(儒者的) 신념에 근거한 대의명분과 역사의식이 주를 이루고 있다고 평가되었다.[48] 그러나 두 작품에 투영된 대외 인식을 보다 면밀하게 살펴보면 〈장유가〉와 변별되는 측면이 발견된다. 청나라의 세력이 강화됨에 따라 변모하게 되는 17세기 후반의 대외 인식의 양상이 〈연행별곡〉과 〈서정별곡〉에서도 확인되는 것이다.

앞서 언급했듯이 강희제의 치세는 삼번의 난을 평정하고 끝까지 청에 저항한 타이완의 정씨(鄭氏)를 항복시킨 1680년을 기점으로 급격히 안정을 찾는다.[49] 그리고 이를 기점으로 청도 점차 조선의 사신들에 대한 경계의 시선을 완화하게 된다. 숙종(肅宗, 1661~1720)은 1686년에 청나라가 중원을 오랫동안 지배하고 있는 현실이 지속되자 '천리를 짐작하기 어렵다'라는 반응[50]을 보인 바 있고 1694(숙종 20)년에는 조선이 진

48 유정선, 『18 · 19세기 기행가사의 작품세계와 시대적 변모양상』, 역락, 2007, 41~44쪽.

49 기시모토 미오 · 미야지마 히로시, 김현영 · 문순실 역, 『조선과 중국 근세 오백년을 가다』, 역사비평사, 2008, 265~266쪽.

50 『肅宗實錄』 12年 11月 30日(庚戌) 召對玉堂官 上曰: "自古凶奴之入處中華者 皆不能久長 而今此淸虜 據中國已過五十年 天理實難推知也 大明積德深厚 其子孫必有中興之慶 且神宗皇帝於我國 有百世不忘之恩 而拘於强弱之勢 抱羞忍過 以至于今 痛恨可勝言哉?"

유(眞儒)를 많이 배출했기 때문에 '중화국(中華國)'과 다를 바 없음을 강조[51]하기도 하였다. 〈연행별곡〉과 〈서정별곡〉이 창작된 시기가 각각 1694년, 1695년이기 때문에 명이 아닌 조선을 중화로 설정하는 이러한 자존 의식은 대청 사행의 과정에 반영되었을 것으로 보인다. 박권(朴權, 1658~1715)의 경우 문집이 남아 있지 않아 여타 기록이나 작품들을 살필 수는 없지만 사행 후 복명(復命)하는 실록의 기록[52]을 보면 청에 대한 배타적 시선과 피상적 인식이 대청 인식의 주된 기제였음이 확인된다. 1703년의 연행 체험에 대한 한시를 남긴 서종태(徐宗泰, 1652~1719)의 『만정당집(晚靜堂集)』을 보면[53] 청 문물에 대한 부정적 의식과 회고적 역사관이 확인되고 있어 두 작품과의 유사성이 감지된다. 청은 이적의 문물로만 규정되고 있으며 오히려 기자성, 발해, 심양 등지에서 적극적으로 한반도의 역사와 고구려를 회상하며 비감을 표출하고 있는 특징이 발견되는 것이다. 조선이 곧 소중화국이라는 직설적 표현도 확인되어 당시 중화회복의식이 중화계승의식으로 변모하는 양상을 보여주고 있다.

이러한 맥락에서 볼 때 〈연행별곡〉과 〈서정별곡〉에 투영되어 있는 세계 인식이 앞서 살펴본 〈장유가〉의 경우와 변별되고 있다는 점에 보다 유의할 필요가 있다. 우선 이 시기에 부각된 '중화회복사상'이 두 작

51 『肅宗實錄』 20年 6月 23日(己未) "眷玆青丘之文教 奧自本朝而蔚興 列聖培養之功 儷美於隆古 眞儒輩出之盛 匹休於中華."

52 『肅宗實錄』 21年 3月 21日(壬午) "冬至副使李弘迪、書狀官朴權等還. 上引見, 問以彼國事情, 對曰: "皇帝荒淫遊佃, 不親政事. 用事之臣, 又皆貪虐, 賄賂公行. 且蒙古別部喀喀一種甚强, 今方擧兵侵境, 人多憂之, 而但年事雖荒, 賦役甚簡, 故民不知苦矣." 上使申琓, 被削黜之罰, 不得復命."

53 이와 관련된 논의는 다음의 논문을 참고했음. 고연희, 「18세기 초 徐宗泰의 연행체험—그의 역사관과 문예관을 중심으로」, 『연행록연구총서』 7, 학고방, 2006.

품에 투사되어 있는 양상은 사행 과정에서 목도하게 된 자국의 공간을 매우 비중 있게 다루고 있다는 점에서 발견할 수 있다. 〈장유가B〉의 경우 전반부에 간략히 제시된 국내 공간은 단순히 경유하는 곳 이상의 의미를 지니지 못했었다. 그런데 〈연행별곡〉과 〈서정별곡〉에서는 국내의 여정에 주목하고 의미를 부여하는 양상이 발견되고 있어 주목할 만한 것이다.

〈장유가B〉

신계현→기성 · 연광정→백상루 · 약산동대→신안관→통군정→구룡연→용만→구련성→안시성→봉황성→책문

〈연행별곡〉

모화관→홍제원→벽제관→파평관→송악산 · 구도→만월대 · 선죽교→청석동 · 금천관→총수 · 동선령→성양관 · 지송관→연광정→청천강 · 납청정→의검정 · 용만관→압록강→구련성→봉황성→안시성→책문

〈서정별곡〉

연은문→홍제원→벽제→임진→송악산→만월대→평산→총수참→황강성→통판→연광정→중화→기자성→영명사→청천강→백상루→가산→남청전 · 신안관→의검정→용만관→통군정→압록강→구련성→금석산→봉황산→안시성→청석령

위의 세 경우는 중국에 도착하기 전까지의 여정을 배열해 본 것으로 〈장유가B〉와 공통된 부분은 '강조 표시'된 부분으로, 〈장유가B〉에는 없

지만 〈연행별곡〉과 〈서정별곡〉에 동시에 나타난 공간은 '밑줄'로 표시해 보았다. 이를 비교해 보면 〈연행별곡〉과 〈서정별곡〉은 〈장유가B〉에 비해 자국의 공간을 형상화한 비중이 강화되어 있음을 확인할 수 있다. 특히 〈연행별곡〉과 〈서정별곡〉에서 새롭게 추가된 공간은 '홍제원', '벽제', '송악관', '만월대', '청천강', '의검정', '압록강' 등 대체로 고려나 고구려의 유적과 관련된 곳이다. 이처럼 사행 과정에서의 공간을 인식·형상화하는 비중의 변모 양상은 유인목의 문집인 『퇴당집(退堂集)』 소재 〈연행록(燕行錄)〉에 수록된 한시 작품들에서도 선명하게 확인된다.

따라서 이러한 소재들은 그 지명만 나열되어 있다 하더라도 특정한 의미 구조의 자장 내로 선택적으로 편입되었다고 보아야 한다. 일종의 활성적 기억으로 기능하는 공간으로 단순한 지리적 명칭 이상의 의미를 확보하고 있는 것이다. 활성적 기억은 가치들을 중개하고 이를 토대로 국가나 민족의 정체성과 행동의 규범을 규정한다는 점에서 비활성적 기억과 변별되는 개념이다.[54] 특히 역사적 기억의 경우 민족 국가의 정체성 확립과 밀접한 상관성이 있으며[55] 그런 점에서 〈서정별곡〉과 〈연행별곡〉은 조선 후기 지식인들이 자국의 정체성을 강화해 나가던 17세기 후반의 시기적 특성이 반영된 작품들로 볼 수 있는 것이다. 자국의 공간을 형상화한 비중을 전체적 분량 하에서 조망해 보아도 〈장유가B〉는 5~6%에 불과한 반면 〈연행별곡〉의 경우 약 30%, 〈서정별곡〉은 38%를 차지하고 있다. 따라서 중국을 형상화한 비중은 상대적으로 감소되어 있으며 중화회복의식 역시 약화된 양상을 보이고 있다. 작

54 알라이다 아스만(Aleida Assmann), 변학수·백설자·채연숙 역, 『기억의 공간』, 경북대 출판부, 2003, 164~174쪽.

55 위의 책, 98~99쪽.

품들의 내용을 토대로 이를 보다 구체적으로 확인해 보도록 하겠다.

벽졔관 적막ᄒᆞᆫ ᄃᆡ 대취코 너머드니 / 련궐 단침의 가지록 ᄉᆡ로왜라 / 파평관 슉쇼ᄒᆞ고 림진강 건너와셔 / ㉠【숑악산 ᄇᆞ라보니 이거시 구도ㅣ로다 / 만월ᄃᆡ예 달만 ᄇᆞᆰ고 션쥭교의 졀만 노파】 / 쳥셕동 험ᄒᆞᆫ 길에 금쳔관 계우 오니 / 춍수ᄂᆞᆫ 어그메오 동션령이 여긔로다 / 쇼션 젹벽을 이졔 와 다시보니 / 풍류도 거록홀샤 고젹이 방불ᄒᆞ다 / 셩양관 말마ᄒᆞ고 ᄌᆡ숑관 도라드니 / ᄑᆡ슈에 빙합ᄒᆞᆫ ᄃᆡ 련광이 어릐엿다 / ㉡【긔ᄌᆞ의 구봉이오 팔조의 교민인가 / 셔관 쇄약이 이 ᄯᅡ히 거록ᄒᆞ다 / 안쥬를 들어와셔 ᄇᆡᆨ상누를 올나보니 / 쳥쳔강 건너 ᄃᆞ라 납쳥졍 잠깐 쉬니 / 소쇄 승상이 일비에 다 드럿다】 / (…중략…) ㉢【잇틀을 노쥭ᄒᆞ고 봉황셩의 득달ᄒᆞ니 / 안시셩이 지젹이오 ᄎᆡᆨ문이 예로고나.】

(〈연행별곡〉)

동지달 긴긴 밤을 벽졔셔 계유 ᄉᆡ와 / 임진을 건너리라 ㉠´【송악산 ᄇᆞ라보니 / 오ᄇᆡᆨ연 도읍지의 긔셰도 웅장ᄒᆞ다 / 션쥭교 나린 물이 지금의 오열ᄒᆞ니 / 뎡포은 쳔고원ᄒᆞᆫ 여긔 아니 부쳣ᄂᆞᆫ가 / 만월ᄃᆡ 너분 터의 쇠쵸만 나마시니 / 인간 홍폐ᄂᆞᆫ 일너 쓸 ᄃᆡ 업거니와 / 고국 풍년이 ᄀᆡᆨ수를 도도놋ᄯᅡ】 / 평산을 겨유 지나 총슈촘 드러가니 / 쥬천사 구유쳐의 승젹만 나마이셔 / 창ᄋᆡ의 ᄡᅳ인 글ᄶᆞ 묵젹이 어제론듯 / (…중략…) ㉡´【듕화의 잠깐 쉬여 긔ᄌᆞ셩 드러가니 / 영명ᄉᆞ 부벽누을 아니 보려 ᄒᆞ랴마ᄂᆞᆫ / 왕졍이 유한ᄒᆞ니 ᄒᆞᆺ긔약을 머무르니라 / 숙영관 밤의 쉬어 쳥쳔강 건너드니 / 남누 셜월의 금연을 버려ᄂᆞᆫᄃᆡ / ᄇᆡᆨᄃᆡ 홍장이 좌우의 버러시니 / 타향 평수의 니시라 ᄒᆞ련마ᄂᆞᆫ / 졀ᄉᆡᆨ 금기ᄂᆞᆫ 여흔을 비이놋다】 / (…중략…) ㉢´【봉황산 겻틔 두고 안시셩 여긔로다 / 당가 ᄇᆡᆨ만병이 예 와셔 ᄑᆡ탄 말가 / 산쳔은 의구ᄒᆞᆫᄃᆡ 인걸은 어ᄃᆡ 간고 / 져근 듯 비러다가 셩쥬긔 드리고져 /

요동 옛 지계를 거의 회복 ᄒᆞ련마는 / 쳔츄의 챵망ᄒᆞ니 속절업슬 ᄲᅮᆫ이로다.】

(〈서정별곡〉)

위에 인용된 두 부분을 보면 형상화의 분량 면에서 차이가 있을 뿐 공간을 인식하는 대체적 양상은 유사함을 알 수 있다. 우선 ㉠과 ㉠′의 경우 송악산[56] 아래에 위치한 개성(開城)을 보며 각각 '이것이 구도(舊都)로다', '오백년 도읍지 기세도 웅장하다'로 표현하고 있어 '고려'의 도읍지에 대한 환기를 통해 개성을 재인식하고 있음을 알 수 있다. 이와 관련하여 유명천의 〈연행록〉에 수록된 첫 작품이 〈도송도록정사제례판(到松都錄呈舍弟禮判)〉일 뿐만 아니라 〈연행별곡〉에는 없는 '기성(箕城)'과 '정주(定州)'에서의 감회가 확인되는 등 한시 작품들에서도 자국 영토에 대한 적극적 인식이 발견된다.

또한 두 작품 모두 만월대와 선죽교를 정몽주의 절개가 표상된 곳으로 인식하고 있는데 〈서정별곡〉의 경우 탄식과 무상감을 기반으로 보다 강한 존숭 의식을 표출하고 있음이 ㉠′에서 확인된다. 17세기 후반 지식인들에게 있어 정몽주는 존주론에 기반한 중화계승의식을 강화하는 데 있어 구심점이 되는 인물이었다. 송시열은 정몽주를 '양이존하(攘夷尊夏)'로서 동방(東方)에 예의를 알게 한 충신(忠臣)으로 존숭한 바 있으며[57] 또한 정몽주가 주자를 존신(尊信)하여 조선에 유학이 성할 수

56 『肅宗實錄』에는 송악산에 기우제를 비롯한 제사를 지낸 기록이 5건 정도 확인되며 이는 世宗代(1397~1450)의 경우와 유사하다. 숙종 전후 시기의 왕조실록에서는 송악산에서 제를 지낸 기록을 거의 확인할 수 없다는 점에서 숙종 시기에 송악산이 중요한 공간으로 인식되었음이 간접적으로 확인된다.

57 『肅宗實錄』 7年 1月 21日(乙亥) "時烈又曰 : "鄭夢周同時有朴尙衷者, 正義深忠, 眞一代之名臣也. 爲奸臣所誣, 杖流而死. 此人之有功於東方甚大, 其出幽遷喬, 攘夷尊夏, 使東方知有禮義者, 皆夢周, 尙衷之所爲也. 當與夢周有一體追奬之典." 承旨崔逸, 侍讀官趙

있게 되었음을 강조[58]하기도 하였다. 그러므로 이러한 맥락에서 이 시기 연행사들은 개성에서 정몽주를 회고하는 양상을 보였다고 할 수 있으며 그 일면을 〈연행별곡〉과 〈서정별곡〉에서 확인할 수 있는 것이다.

이후 기자성과 안시성은 두 작품에 모두 언급되고 있지만 형상화의 비중에서 차이가 있다. 우선 기자성이 경유하는 공간으로 언급된 〈서정별곡〉과 달리 〈연행별곡〉에서는 감회가 보다 직접적으로 표출되고 있음이 ㉡에서 확인된다. '기자의 구봉이오 팔조의 교민인가'라는 구절을 보면 감탄형 어미를 통해 공간과의 감격적 조우 순간을 드러내고 있으며 그 인식의 구심점이 과거의 기자 조선에 있음을 '팔조 교민'이라는 어휘를 통해 알 수 있다. 17세기 후반의 남인 계열은 성리학적 질서를 정치적 논리에 적용함으로써 질의(節義)·왕도(王道)·풍교(風敎)의 상징인 기자를 지극히 존숭하는 양상을 보인다.[59] 그리고 1667(현종 8)년에 허목은 『동사』를 통해 기자 이후의 혈연적 계보를 확립하려 했으며 숙종은 1679(숙종 5)년에 조선이 소중화가 된 근거로서 기자를 주목하고 기자의 후손 중 쓸 만한 자를 찾으라는 명을 내리기도 하였다.[60] 이처럼 17세기 후반에 대두된 정통론과 기자존숭의식은 중화성에 대한 계승과 조선의 정체성을 연계하려는 노력의 일환으로 볼 수 있으며

持謙皆以爲言. 檢討官朴泰輔曰 : "此乃臣十代祖也. 以經學名世, 與鄭夢周齊名. 恭愍之末, 謀背大明, 復事胡元遺孽, 尙衷陳疏力爭, 其疏尙在史傳矣. 以此爲崔瑩, 李仁任, 池奫等構陷, 杖流而死於中路. 麗朝不行三年喪, 尙衷始爲心喪三年矣." 上令該曹議于大臣稟處. 後命贈謚文正, 建祠于松京."

58 『肅宗實錄』 13年 2月 4日(壬子) "臣少師文元公金長生, 嘗以爲孟子之功, 誠不在禹下, 朱子之功, 又或過之, 蓋非朱子則堯舜周孔之道, 不明於天下後世也. 我東則自文忠公鄭夢周尊信朱子之學, 以至我朝, 儒賢輩出, 無不欽崇服習, 而至於文純公李滉, 文成公李珥, 則又異焉."

59 박광용, 「箕子 朝鮮에 대한 認識의 변천－高麗부터 韓末까지의 史書를 중심으로」, 『韓國史論』 6, 서울대 국사학과, 1980.

60 허태용, 앞의 책, 146～149쪽.

〈연행별곡〉의 ㉡에서 확인되는 '이 땅이 거룩하다'라는 직접적 감탄은 이러한 시대적 맥락에서 형성된 의식의 발현임이 분명해 보인다.

안시성에 대한 인식은 기자성의 경우와 반대로 〈서정별곡〉에서 상당히 비중 있게 표출되고 있음이 ㉢에서 확인된다. 유명천도 〈연행록〉에서 〈과안시성유감(過安市城有感)〉[61]이라는 한시를 남기고 있어 박권과 유사한 인식의 기반이 확인되지만 사행가사에서는 '안시성이 지척이오'로만 표현되어 있다. 그런데 〈서정별곡〉의 ㉢에는 안시성이 '당나라를 패배'하게 한 웅혼한 정신이 깃든 곳으로 회상되는 등 공간을 인식하는 양상이 직접적으로 확인되고 있다. 고구려의 기세와 정신을 '잠시 빌려다 성주께 드리고 싶'을 만큼 북방 고토에 대한 회복의 열망이 강하게 투사되어 있음을 알 수 있는 것이다. '요동 옛 지계를 거의 회복하련만'이라는 이후 구절은 이러한 목적의식에 대한 표면적 발화인 동시에 현실적 열세에 대한 인식을 보여준다. 안시성의 전투를 중심으로 한 고구려의 강한 무력에 대한 기억은 조선의 정체성과 관련하여 당시 지식인들 사이에서 널리 공유되었으며 17세기 말~18세기 전반에 걸쳐 안시성을 소재로 한 한시 작품들도 많이 창작된 바 있다.[62]

이처럼 무너진 동아시아 중화질서에 대한 동경과 탄식이 앞서 살펴본 〈장유가B〉에서는 '명에 대한 기억'을 구심점으로 형상화 되었다면 〈연행별곡〉과 〈서정별곡〉의 경우 고구려나 고려와 관련된 자국사 인식으로 전이되고 있음을 확인할 수 있다. 〈장유가〉에서는 명과 관련이 있는 주요 공간이 활성적 기억이었다면 〈연행별곡〉과 〈서정별곡〉에

---

61 柳命天, 「過安市城有感」, 『退堂集』, 『한국문집총간』 續 40, 민족문화추진회, "鳳山東麓有荒城 安市猶傳舊將名 怊悵九原難可作 間關愧我赴燕行."

62 허태용에 따르면 안시성 소재 한시 작품들이 확인되는 이 시기의 문집은 23권 정도이다. 구체적인 작가와 작품명에 대해서는 허태용, 앞의 책, 161~164쪽.

서는 조선의 정체성 확립과 관련된 공간이 그러한 역할을 담당하고 있는 것이다.

상황이 이러하다 보니 〈연행별곡〉과 〈서정별곡〉에서 청의 공간을 인식하고 형상화하는 양상 역시 〈장유가B〉의 경우와 현저히 다르다. 중국의 공간을 인식하는 과정에서 '중화회복의식'이라는 선험적 기제가 지속적으로 작동했던 〈장유가B〉의 경우와 달리 〈연행별곡〉과 〈서정별곡〉에는 비교적 객관적인 시선이 발견되고 있는 것이다. 예를 들면 〈장유가B〉에서 명의 패망을 직접적으로 환기하는 기제로 인식되었던 '황극전(皇極殿)'은 〈연행별곡〉에서 '갸슐년 샹원일에 황극뎐의 됴참ᄒᆞ니 / 명도ᄶᅵᆨ 졔작인가 굉려홈도 굉려ᄒᆞ다'로 표현되고 있다. 명과 관련된 의미 실질이 상당히 약화되어 있고 '굉려하다'라는 구체적 인식이 우위를 점하고 있음이 확인된다. 〈서정별곡〉에는 황극전이 아예 생략되어 있으며 '황조 옛 궁궐이 완연히 잇다마는 / 한관 위의를 어디 가 ᄎᆞᄌᆞ보리'라는 구절만이 피상적으로 남아있는 중화회복의식을 보여준다. 이처럼 17세기 후반의 사행가사에서 중국의 공간을 인식하는 대체적 양상은 이념의 소거와 가시적 세계에 대한 인지로 정리할 수 있을 것이다. 그러나 청(淸)에 대한 종족적 화이론은 여전히 상존하고 있어 청대에 제작된 문물에 대해 비판적으로 인식하는 양상을 〈서정별곡〉에서 확인할 수 있다.

금화 취벽은 조일을 ᄇᆞ라 잇고 / 수각 ᄃᆞᆫ누ᄂᆞᆫ ᄎᆡ운이 어ᄅᆡ엿다 / 경천 옥슈ᄂᆞᆫ 일ᄊᆡᆼ이 마조 셔고 / 가공 은교ᄂᆞᆫ ᄃᆡ소시 비러 잇다 / ᄐᆡ익지 ᄆᆞᆯ근 물이 만수산 ᄃᆞᆯ러시니 / 곤명이 놉다 ᄒᆞᆫ들 청결ᄒᆞ미 이러ᄒᆞ랴 / 인공이 극딘ᄒᆞ니 민역이 견ᄃᆡᆯ소냐 / 존망이 유슈ᄒᆞ니 폐흥이 유덕이라 / 궁ᄉᆞ 극치ᄒᆞ고 쟝구ᄒᆞ니 위 잇던고.

위의 인용문을 보면 자금성 서쪽에 위치한 '태액지' 주변의 경관에 대해 화자는 '인공이 극진하니 민역이 견딜소냐'라는 탄식을 표출하며 화려한 문물의 이면에 내재한 실정(失政)을 경고하고 있다. 특히 외적 번영을 '궁사 극치(窮奢 極侈)'한 현상으로 규정하고 그것이 '망국(亡國)'의 원인이 될 수 있음을 지적한 내용은 청을 종족적 이적(夷狄)으로만 간주하는 시각은 약화되었지만 문화적 층위에서는 여전히 강한 화이론이 작동하고 있음을 의미한다. '폐흥(廢興)이 유덕(有德)이라'는 구절은 '중화'를 결정하는 것은 '문화'이지 '종족'이 아님을 보여주고 있는 의식이 표면화된 논리인 것이다. 그러나 유명천의 〈연행별곡〉과 〈연행일기〉의 경우 대체로 이곳에 대한 객관적 인지를 통해 그 위세를 가시적으로 재현하고 있어 사행의 시기가 유사함에도 불과하고 형상화의 측면에서 차이점이 확인된다. 이는 17세기 후반에 이르면 청에 대한 화이론의 발현 강도가 점차 약화되면서 청나라의 문화나 문물을 개별적 층위에서 인식하는 구도가 형성되었음을 보여주는 것이기도 하다.

이처럼 중화주의의 개념적 수용태가 중화회복에서 중화계승으로 변화되는 세계 인식의 추이는 사행가사의 통시적 흐름과도 조응하고 있음이 확인되었다. 결국 〈연행별곡〉과 〈서정별곡〉은 17세기 후반의 사행가사로서 그 시대적 존재 기반을 명확하게 확보하고 있는 작품들인 것이다. 따라서 다음 장에서는 두 작품에 투영된 세계 인식과 상응하는 화자의 시선과 문학적 특질에 보다 유의하여 작품들을 살펴보도록 하겠다.

② 객관적 시선의 확보와 가시적 표상

17세기 중반의 연행사들에게 인식된 중국은 일시적으로 이적에 점령되었을 뿐 '복명(復明)'을 통해 지리적 · 문화적 차원에서의 중화를 회복해야 하는 당위적 공간이었다. 그러므로 중국을 인식하는 과정에서 회고적 시선이 작동하는 것은 필연적 결과였으며 대의명분론은 한탄의 정서를 촉발하는 주요 동인이었다. 반면 점차 청의 세력이 강화되는 17세기 후반에 이르러 현실과 관념의 괴리를 타개하고자 '중화'를 '조선'으로 설정하는 대외 인식이 부각되었음은 앞서 확인한 바이다. 그리고 그 과정에서 지리적 관념은 차치하고라도 종족적 · 문화적 차원에서는 조선이 유일하게 중화를 계승한 국가라는 대타적 자존 의식이 형성되었다.

그러므로 청나라에 대한 체험을 형상화하는 과정에서 대의명분론에 근거한 선험적 의식 기제가 작동했던 〈장유가B〉의 경우와 달리 〈연행별곡〉과 〈서정별곡〉에서는 가시적 세계를 구체적으로 인지하는 시선이 보다 강화되는 양상을 확인해 볼 수 있다. 중원의 공간에서 중화국이 재건될 수 있다는 명제가 점차 권위를 상실하게 되면서 공간을 형상화하는 과정에서 탄식의 정서는 약화되는 반면 청나라의 문물과 풍광을 개별적 시선에서 포착하여 문학화 하는 특징이 발견되는 것이다. 그렇다고 그들의 문물을 '관찰'하거나 '긍정'적으로 인식하는 범위까지 확장되지는 않으며 가시적 세계를 '인지'하여 형상화하기 시작하는 단계로서의 문학적 표상이 발현된다. 또한 명과 관련된 공간이나 문물에 대해서는 가치 판단을 유보한 채 절제된 방식으로 형상화를 하고 있다. 그리고 가시적 풍경에 경도된 개별적 층위의 감흥이 부분적으로 확인되는 등 세계를 인식하는 구도의 변화가 문학적 특질의 측면과 직결되고 있음이 발견되기에 이러한 측면에 유의한 문학적 분석이 필요해 보인다.

너른 벌 건넬 ᄇᆞ롬 심양을 드러가니 / ᄇᆡᆨ두산 ᄂᆞ린 줄기 이거시 쥬봉일다 / 셩곽도 쟝려ᄒᆞ고 물화도 은부ᄒᆞ다 / 영안교 지ᄂᆞ오며 의무려를 ᄇᆞᄅᆞ보니 / 이 산 밧근 몽고ㅣ요 몽고 밧근 달ᄌᆡ로다 / 소황긔 대황긔를 죠반춤 지ᄂᆡ 와셔 / 일판문 이도졍을 슉쇼 다혀 드러가니 / 남희를 겻틔 두고 십이산이 버럿ᄂᆞᆫᄃᆡ / 대릉하 쇼릉하ᄂᆞᆫ 구뷔구뷔 둘너셰라 / 송산이 어드메오 힝산이 여긔로다 / 홍군문 뎐장의 ᄇᆡᆨ골도 하도 홀샤 / 풍진을 무릅시고 녕원위를 드러오니 / 직티슈 ᄉᆞ셰훈업 냥픠루 나맛도다.

(〈연행별곡〉)

ᄉᆞ희봉 지나다라 심양의 드러가니 / 셩지도 결험ᄒᆞ고 젼우도 굉녀ᄒᆞ다 / 황긔포 ᄇᆡᆨ긔포 소흑산 신광녕이 / 지명도 ᄒᆞ고 만코 도리도 요원ᄒᆞ다 / 여양역 건넌편의 십삼산이 버러시니 / 우공이 졔 왓ᄂᆞᆫ가 우부로 싹가ᄂᆞᆫ가 / 무산 육육봉이 언졔 나라 져왓ᄂᆞᆫ고 / 대쇼능ᄒᆞ 겨유 건너 고교포의 다다라니 / 운간의 비긴 모히 의무려 아니런가 / 쳔봉이 두발ᄒᆞ고 반공의 다 아시니 / 오악이 이 뫼두곤 놉ᄃᆞᆫ 말 못ᄒᆞᆯ노다 / 졍춤을 좀주ᄒᆞ고 발히를 구버보니 / 쟝풍의 놀랜 물결 은옥이 ᄎᆞ아ᄒᆞ다 / 노련ᄌᆞ 다시 살아 금셰의 날작시면 / 창명이 깁다 ᄒᆞ나 필연이 바라려니 / 연산역 조반후의 영녕ᄉᆞ 좀싼 보고 / 거마를 밧비 모라 영원위 드러가니 / 금탕이 굿다 ᄒᆞᆫ들 쇄약을 뉘 알소니 / 붕셩 픠벽의 옛 긔지만 나마셔라.

(〈서정별곡〉)

위의 두 인용문은 〈연행별곡〉과 〈서정별곡〉에서 '심양~영원위'의 여정과 관련된 부분이다. 주지하듯 심양은 두 차례의 호란 이후 수많은 조선인 포로와 소현세자, 봉림대군, 삼학사 등이 끌려간 곳이다. 그러므로 이 길을 지나는 연행사들은 비분의 감회를 표출했으며 시대가 지날수록 그 경향은 점차 퇴색되는 양상을 보인다.[63] 〈연행별곡〉의 경우 '빅두산 ᄂᆞ린 줄기 이거시 쥬봉일다'라는 구절을 통해 자국사에 근거한 인식을 보여주고 있으며 〈서정별곡〉에서는 전쟁터인 '성지(城池)'에 대한 현재적 이해를 확인할 수 있다. 〈장유가B〉에서처럼 과거의 전장(戰場)을 환기하는 곳이 아니라 현상적 인지에 근거함이 '절험(絶險)'이라는 어휘에서 확인되는 것이다. 이후의 '젼우도 굉녀ᄒᆞ다', '지명도 ᄒᆞ고 만코 도리도 요원ᄒᆞ다' 등과 같은 구절도 체험한 문물에 대한 가시적 형상화의 특질을 보여준다. 〈연행별곡〉에서도 이와 유사한 특징이 '셩곽도 쟝려ᄒᆞ고 물화도 은부ᄒᆞ다'라는 구절에서 확인된다.

이러한 양상은 십삼산, 대소릉하, 영원위로 이어지는 공간에서도 지속적으로 확인된다. 1828(순조 28)년에 간행된 박사호의 『연계기정(燕薊紀程)』에 의하면 대릉하, 소릉하, 송산 행산(杏山)은 명(明), 청(淸) 때에 여러 번 싸운 싸움터로 특히 대릉하는 명말 장군 유정(劉綎)과 그의 수만 군사가 몰살당한 곳이다. 그로 인해 조선 사신들이 이곳을 지날 때에 기상이 악화된 것은 물론 귀신의 울음소리가 요란하여 제사를 지내기도 했다는 것이다. 남용익은 이곳을 지나면서 〈고전장행(古戰場行)〉[64]이라는 작품으로 탄식을 표현한 바 있으며 〈장유가B〉에서는 '송산보 행산보의 백골이 그저 있고 / 대릉하 소릉하의 찬 물결 슬피 운다'와 같은 구절로 감회를 형상화했다.

반면 위에서 제시된 〈연행별곡〉을 보면 '대릉하 쇼릉하는 구뷔구뷔

63 김태순 · 이승수 · 김일환, 『조선의 지식인들과 함께 문명의 연행길을 가다』, 푸른 역사, 2005, 313~325쪽.

64 南龍翼, 「燕行錄 · 古戰場行」, 『壺谷集』, 『한국문집총간』 131, 266쪽. "大凌河小凌河。悲風咽咽生微波。松山堡杏山堡。寒煙漠漠縈衰草。遼陽以西摠戰場。到此斷盡征人腸。欲哭且收淚。欲語還呑聲。寄語吾東後來者。他年莫向此間行"

둘너셰라'라는 외적인 재현이 확인될 뿐이다. '홍군문 뎐장의 빅골도 하도 흘샤'라는 표현에서도 전장(戰場)이 유발하는 탄식의 강도가 상당 부분 약화되어 있음을 알 수 있다. 더욱이 〈서정별곡〉에서는 '대쇼능ᄒᆞ 겨유 건너 고교포의 다다라니'라는 구절을 통해 단순한 경유지로만 언급되고 있을 뿐이다. 영원위와 관련된 곳에서는 두 작품 모두 무상감이 감지되지만 인식의 실질이 과거가 아닌 현재에 있다는 점에서 〈장유가 B〉와 변별된다. 〈연행별곡〉에서는 조대수의 고사를 회고하기보다 '양패루'에 기록되어 있는 'ᄉᆞ셰훈업'만을 인지하고 있으며 〈서정별곡〉의 경우에는 '붕셩 픠벽의 옛 긔지'로 간주되어 사실상 명의 패망을 인정하고 있다. 영원성 역시 명말의 중요한 군사 기지이자 산해관 진격을 막는 최후 저지선이었으며 이곳의 함락은 명 제국의 패망을 의미하는 것이기도 했기 때문이다.[65] 이처럼 회고적 시선이 약화되다 보니 청나라의 문물에 대해서는 가시적으로 표상하는 양상이 발견된다.

A

二十二日晴。日氣頗暖。鷄初鳴, 副使促發。不得已繼其後。到夏店。東方才白。朝飯後歷烟郊鋪 到通州止宿。通計八十里也。通州在潞河。過舸艦。船在氷岸者甚多。城門外有大橋。ⓐ **橋下大船出入。遠通於城內**。ⓑ **可謂壯哉**。城內外市肆。左右布列。ⓒ **物貨堆積**。其繁華雄腴。比之瀋陽尤加。行路所未見者。可謂觀於海者難爲水也。ⓓ **止宿於佟老家**。佟**曾經知州頗能文。而有不廉之聲**。適往北京。故借宿於客室。圖書花草。左右照輝。重簾復戶。雕鏤甚巧。佟之官爵不高。而豪奢至此。華人之崇飾虛文。良可異也。知州王光謨。送酒猪棗栗生魚。亦以紙扇諸種謝之。

65 김태준 · 이승수 · 김일환, 앞의 책, 464~465쪽.

二十三日晴。日暖。曉發到八里鋪朝飯。到東嶽廟。改着冠帶。午前入北京。止宿於 ⓔ **朝陽門內智化寺**。ⓕ **通計四十里也**。曉歷通州西門。凡五○門。門外有八里橋。橋下漕紅通入。仍抵北京云。ⓖ **東嶽廟**乃東方岳神祠宇。ⓗ **而中有四大殿**。**壯麗無敵**。ⓘ **入皇城**之路。車馬人民。塞路塡巷。ⓙ **左右鋪肆之盛**。**炫煌奪目**。正所謂對海難言河者也。壯哉玉河館。蒙使方留住。ⓚ **故館我輩於智化寺**。寺雖廣濶。房堗皆久廢。吾輩得一房。而其餘副使書狀。皆修緝久廢之堗。艱苦萬狀。

A′

ⓑ′ 어와 거룩할샤 통쥬는 대도회라 / 대강을 둘너다가 틱읙지로 인슈ᄒᆞ야 / ⓐ′ 남경 소항쥬를 션로로 다 통ᄒᆞ니 / ⓒ′ 물화는 퇴젹ᄒᆞ고 ⓓ′ 인물도 거록ᄒᆞ다 / 녀염이 년쇽ᄒᆞ야 ⓕ′ ᄉᆞ십니를 드러가니 / ⓖ′ 동악묘 이거신가 어너 히예 짓돗던고 / ⓗ′ 각뎐을 보려ᄒᆞ면 ᄒᆞ로로셔 다 못볼쇠 / ⓘ′ 황도를 들녀 ᄒᆞ고 잠싼 쉬여 기복ᄒᆞ니 / 통관빅는 젼도ᄒᆞ고 갑군이 후비로다 / ⓔ′ 졔화문 드리ᄃᆞ라 ⓚ′ 지화ᄉᆞ의 뉴접ᄒᆞ니 / 삼각산 졔일봉을 모로면 못볼노다 / 만불뎐을 올ᄂᆞ 안져 황셩을 구버보니 / ⓙ′ 쟝홈도 쟝할시고 이 그르시 졍 크도다.

위에 인용된 A와 A′는 유명천의 〈연행일기〉와 〈연행별곡〉의 공통된 부분인데 통주와 그 주변의 문물들이 형상화[66]된 특징을 확인할 수 있다. 문집이 전하지 않는 박권과는 달리 유명천은 『퇴당집(退堂集)』이 있어 연행 당시 창작된 한시들을 〈연행록(燕行錄)〉이라는 부분에서 확인

66 통주에 대해서는 〈장유가B〉에서도 그 화려함을 경탄하며 가시적 풍광을 형상화한 부분이 있다. 이는 통주가 중화회복의식을 직접적으로 유발하는 장소가 아니라는 점과도 관련이 있겠지만 그 의식을 압도할 만큼 시각적 감흥이 대단했음을 의미하는 것으로도 볼 수 있을 것이다. 『호곡집』 소재 통주 관련 한시들을 살펴본 결과 주로 탄식과 비감이 표출되고 있어 사행가사에서는 보다 가시적 인지의 층위에서 풍경이 재현된 것으로 보인다.

할 수 있고 동일 체험에 대한 〈연행일기(燕行日記)〉가 『연행록선집(燕行錄選集)』 下권[67]에 영인 · 수록되어 있기도 하다. 임기중은 주요 부분들에 대한 비교를 통해 〈연행별곡〉이 〈연행일기〉를 토대로 창작된 것임을 논증한 바 있다.[68]

본 연구에서는 이러한 점에 유의하되 17세기 후반에 창작된 사행가사로서 〈연행별곡〉이 확보하고 있는 문학적 특질을 파악하기 위해 변환의 한 사례를 고찰해 보고자 한다. 위에 제시된 A→A′의 경우를 보면 이틀간의 일기 내용이 사행가사에서는 속도감 있게 압축되고 있음이 확인된다. 특히 통주 주변의 화려한 풍광에 대한 감탄의 구절들이 대부분 일치하고 있음을 알 수 있다. A′의 구성을 살펴보면 'ⓑ′ 어와 거록할샤 통쥬는 대도회라', 'ⓙ′ 쟝홈도 쟝홀시고 이 그르시 졍 크도다'와 같이 감탄이 구절이 정면의 전후에 배치되어 있음을 알 수 있다. A의 논리와 비교해 보면 의도적으로 순서를 변환하여 통주에 대한 서경과 이를 응집할 수 있는 주관적 감흥을 정연하게 배열하여 간결하지만 인상적인 장면을 구성하고 있는 것이다. ⓐ′~ⓚ′를 보면 대부분 순서가 A와 유사하게 진행되고 있으며 생략과 압축으로 인해 〈연행별곡〉에서는 속도감이 확보되어 있음을 알 수 있다.

또한 〈서정별곡〉에서는 개별적 층위에서 포착된 풍경과 그에 대한 감흥이 형상화된 부분도 발견되어 흥미롭다.

계쥐셩 드러다라 와불ᄉᆞ의 올나가니 / 삼층 취각의 금상이 최외ᄒᆞ다 / ㉠ 금산

67 『燕行錄選集』 下, 影印本, 성균관대 대동문화연구원, 1962.

68 임기중, 앞의 책, 31~34쪽. 이 책에서는 유명천의 〈연행일기〉가 작자 미상이었던 〈연행별곡〉의 작자를 고증하는 데 유효한 자료로서 제시되었다.

ᄉᆞ(金山寺) 장육신을 뉘라셔 놉다터니 / 이제묘 보게 되면 소사미 되리로다 / 상우의 취ᄒᆞᆫ 부쳐 몃 겁을 누어 이셔 / 셔천을 ᄭᅮᆷᄭᅮᄂᆞᆫ가 ᄭᆡᆯ 줄를 모로ᄂᆞᆫ고 / 삼하현다 디나셔 **통쥐강** ᄃᆞᄃᆞᄅᆞ니 / 장범이 독입ᄒᆞ고 읍니도 은셩ᄒᆞ다 / 동악묘의 옷슬 가라 치화문 드러가니 / 황조 옛 궁궐이 완연이 잇다마ᄂᆞᆫ / 한관 위의를 어ᄃᆡ 가 ᄎᆞᄌᆞ보리 / **금화(金華)** 취벽은 조일을 ᄇᆞ라 잇고 수각 ᄃᆞᆫ누ᄂᆞᆫ 치운이 어릐엿다 / 경쳔 옥슈ᄂᆞᆫ 일쌍이 마조 셔고 / 가공 은교ᄂᆞᆫ 다ᄉᆞ시 버러 잇다 / 틔익지 말근 물이 만수산 둘러시니 / 곤명이 놉다 ᄒᆞᆫ들 청결ᄒᆞ미 이러ᄒᆞ랴 / 인공이 극딘ᄒᆞ니 민역이 견딀소냐 / 존망이 유슈ᄒᆞ니 폐흥이 유덕이라 / 궁ᄉᆞ 극치ᄒᆞ고 쟝구ᄒᆞ니 뉘 잇던고 / ㉡ 옥ᄒᆞ관 깁흔 고ᄃᆡ 벗업시 ᄒᆞᆫᄌᆞ 누어 / 힝졍을 묵산ᄒᆞ니 ᄉᆞ쳔니 밧기로다 / 수방(殊方) ᄀᆡᆨ이의 츈식이 ᄉᆡ로와라 / 챵텬 효월은 여침을 여어 보고 / 적니 양유ᄂᆞᆫ ᄀᆡᆨ몽을 놀ᄂᆡ난다 / 교두의 우ᄂᆞᆫ 물이 동히로 갈작시면 / ᄉᆞ향누 ᄲᅮ려내야 고원의 붓치고져 / 언제면 청춘으로 벗즐 ᄉᆞ마 됴히 됴라가리요.

(〈서정별곡〉)

위에 인용된 부분은 작품의 후반부인데 견문에 대한 재현과 함께 서정적 감회로 수렴되는 문학적 특질이 확인된다. 우선 '와불사'는 '독락사' 내부에 있는 와불로 인해 붙여진 이름인데 그 규모가 매우 웅장하여 많은 사행시에 형상화된 곳이기도 하다. 〈장유가B〉에서도 간단히 언급된 내용[69]을 확인할 수 있는데 〈서정별곡〉의 경우 문학적 특질이 보다 강화되어 있다. '삼층 취각의 금상이 최외ᄒᆞ다'라는 외적인 감탄 이외에 개별적 층위에 형성된 인식과 감흥을 확인할 수 있는 것이다. 우선 ㉠에서는 와불을 '금산사 장육신'과 비교하고 '소사미 되리로다'와

69 "獨樂寺 셔ᄂᆞᆫ부쳐 놉씨도 놉풀시고 / 樓우희 자ᄂᆞᆫ이ᄂᆞᆫ 언제나 닐써일고."

같은 대조적 심상을 활용함으로써 그 규모가 효과적으로 표현되고 있다. 특히 '금산사'를 문학적 소재로 배치한 점은 중국의 공간에서도 자국을 연상할 수 있는 의식적 영역이 확보되었음을 보여준다. 중화회복에의 열망이 강했던 시기에는 청의 문물에 대한 객관적 이해는 물론 자국의 대상과 비교할 수 있는 심적 여유가 형성되기 어려웠기 때문이다. 그러므로 〈서정별곡〉에서 확인된 이러한 특징은 대타적 자국 인식이 강화되는 이후 사행가사 작품들의 특징으로 미루어 볼 때 유의미한 현상이라 할 수 있는 것이다. 또한 밑줄 친 ㉠에서 '상 우의 취ᄒᆞᆫ 부쳐 몃 겹을 누어 이셔 / 셔천을 ᄭᅮᆷᄭᅮᄂᆞᆫ가 ᄭᅢᆯ 줄를 모로ᄂᆞᆫ고'라는 부분에서와 같이 문학적 상상력이 발현되는 특질이 확인되기도 한다. '취한 부처'가 '서천을 꿈꾸고 있다'는 설정은 종교적 차원의 이해를 넘어 일회적이고 유한한 인간의 삶과 그 한계에 대한 인식이 투사된 것으로 보이기 때문이다. 〈서정별곡〉에서 발견할 수 있는 이러한 상상력은 향유의 과정에서 심미성을 배가하는 요소가 되었을 것으로 보인다.

그런데 〈서정별곡〉은 국내가 아닌 중국의 공간에서 작품의 형상화가 완료되고 있어 다른 사행가사 작품들과 변별된다. ㉡을 보면 '옥하관'에서 남은 여정을 생각하며 객수를 달래는 화자의 모습이 확인되며 이후 '수방(殊方)', '객리(客裡)', '려침(旅寢)', '객몽(客夢)' 등의 어휘가 지속적으로 배치되고 있다. 이러한 특징으로 보아 〈서정별곡〉은 타국에서 객수를 달래기 위해 창작되었을 가능성이 높아 보인다. '언제면 청춘으로 벗즐 ᄉᆞ마 됴히 됴라 가리요'라는 작품의 결사구는 물론 '교두의 우ᄂᆞᆫ 물이 동희로 갈작시면 ᄉᆞ향누 ᄲᅧ려내야 고원의 붓치고져'라는 구절 역시 고국에 대한 그리움이 투사되어 있기 때문이다. 이로 인해 〈서정별곡〉의 후반부에는 서정성이 보다 강화되어 있으며 문학적 상상력에 기반을 둔 형상화의 특질도 확인되는 것으로 보인다. 또한 위의 인용문에서 "황조 옛 궁궐이 완연이 잇다마는 한관 위의를 어ᄃᆡ 가 ᄎᆞᄌᆞ보리"라는 구절의 전후로 통주강과 궁전의 번화함이 배치됨으로써 '한관 위의'를 더 이상 확인할 수 없는 현실을 인정하고 있는 화자의 의식을 감지할 수 있다. 물론 이후 청나라의 실정을 비판함으로써 지속되는 화이론을 보여주지만 〈장유가B〉에서 표출되었던 중화회복에 대한 치열한 고민과 한탄의 정서가 상당 부분 약화되어 있음은 분명한 것이다.

이처럼 선험적 대의명분론이 강하게 작동했던 〈장유가B〉의 경우 한탄의 정서로 수렴되는 문학적 특질을 보인 반면 〈연행별곡〉과 〈서정별곡〉은 인식한 세계를 가시적으로 표상하는 특징을 확인할 수 있었다. 명이 중원을 회복할 가능성이 희박해짐에 따라 중화회복의 주관적 열망에 사로잡힌 시각장(視覺場)이 해체되고 있는 현상을 발견할 수 있는 것이다. 이로 인해 보다 사실적이고 객관적인 세계의 모습이 포착되어 작품에 형상화된 것으로 보인다. 또한 개별적 층위에서 목도한 풍경과 문학적 상상력, 객수와 같은 사적 소회의 표출 등의 양상이 확인되는 점은 사행가사의 통시적 변모와 관련하여 유의미한 현상이라 할 수 있다. 다음 장에서 살펴보게 될 〈장유가A〉의 경우 경험론적 시선이 우위에 있어 사행가사의 이러한 문학적 특질이 17세기 중반에 이미 형성되었음을 보여주기 때문이다. 단순한 창작 시기가 아닌 경험하는 세계에 투사된 이념의 특징과 강도에 따라 작품들의 문학적 특질이 변모하고 있음이 확인되는 것이다. 또한 이후 시기의 대청 사행가사 작품들에서는 이러한 특징이 점차 확대되고 있어 〈연행별곡〉과 〈서행별곡〉은 중요한 분기점에 위치해 있는 17세기 후반의 사행가사 작품들로 평가되어야 할 것이다.

2) 일본

(1) 〈장유가A〉

① 탈중화적 교린과 사적(私的) 인식

임진왜란 후 단절되었던 일본과 조선의 국교는 1607년 '회답겸쇄환사(回答兼刷還使)'의 파견을 기점으로 재개되었다. 이 시기 조선의 대일 정책은 명의 책봉을 전제로 한 조선 국왕과 일본 국왕간의 대등한 관계를 회복하여 조선전기의 중화적 교린체제를 부활하고자 하는 방향으로 진행되었다. 조선에서는 '일본국왕(日本國王)'이라는 호칭을 도쿠가와 막부에 요구함으로써 동아시아 외교 질서의 회복을 시도하지만 일본은 이를 거부한다. 그로 인해 1624년까지 쓰시마가 국서를 개작 또는 위작하는 방식으로 양국의 관계가 유지되며 조선 역시 후금(後金)으로부터의 군사적 위협에 대처하기 위해 이를 묵인하게 된다.[70] 덕천(德川) 막부(1603~1867) 역시 동아시아 정세의 탐색과 국내 권력의 강화를 위해 조일 관계를 의도적으로 유지하려 했기 때문에 우호적 신뢰에 기반한 교린 관계의 유지가 어려웠던 것이다. 그러나 1616년에 건국된 후금의 세력이 확장되면서 조선에 '군신지의(君臣之義)'를 요구하게 되며 이것을 거절했다는 이유로 1636년에 병자호란이 발발하게 되었다. 이로 인해 중화적 국제 질서가 붕괴하게 되었고 명의 책봉을 전제로 한 종래의 대일 정책은 청을 견제하고 대비하기 위한 방식으로 전환될 수밖에 없었다.

조선은 1636년부터 병자통신사를 파견함으로써 '탈중화적' 교린 체

70 손승철, 『조선시대 한일관계사 연구－교린관계의 허와 실』, 경인문화사, 2006, 103~172쪽.

〈朝鮮通信使 入江戶城圖〉, 1636, 紙本彩色, 30.6×595.0cm, 國立中央博物館 소장. 인조 4년 제4차 조선통신사의 행렬도. 일본화가의 그림과 달리 통신사 행렬이 우에서 좌로 전개된다. 출처 : 국사편찬위원회 한국사데이터베이스(http://db.history.go.kr).

제를 모색하게 되었고 조선국왕이 막부장군에게 파견한 통신사는 이때부터 정례화되어 1811년까지 9차례 파견되었다. 또한 이 시기에 일본에서 국서개작사건이 폭로되어 문제가 되자 막부에서도 의례적이고 공식적인 절차를 지향하게 되었고 쓰시마로 파견되는 '문위행'이 '통신사' 이외에도 정례화 되는 등 양국의 외교 관계는 점차 안정되었다. 이는 중국의 질서를 배제한 독립적인 대등 외교의 측면들을 보여주고 있다는 점에서 조선 후기 교린체제의 탈중화적 성격을 보여주는 사례라고 할 수 있다.[71] 통신사의 구성원을 보아도 1607~1623년까지는 비문학적 인물들이 주로 참여한 반면 4차에 해당하는 1636년의 병자통신사부터는 사대부 문사가 삼사신으로 대다수 기용된다.[72] 이 시기 조선에

71 위의 책, 175~203쪽.

72 이혜순, 『조선통신사의 문학』, 이화여대 출판부, 1996, 31~37쪽.

서는 성리학을 중심으로 한 중화주의의 회복을 모색함으로써 내적 통치 질서를 확립하려 했고 일본과의 정치적 관계가 안정되면서 중화주의의 문명으로의 포섭 내지는 전수를 시도하고자 한 것이다.

이러한 맥락에서 볼 때 17세기 중반의 조선 지식인들은 '중화-이적'의 이분법을 적용하여 일본을 중화의 세계 안으로 포섭되어야 할 '주변국'으로 간주하고 있었음을 알 수 있다. 일본은 종족 · 지리 · 문화적 측면에서 '중화'의 세계로 고려될 수 있는 요소가 전혀 없었기 때문에 '화이론'이 이 시기 대일 인식의 주된 개념항이 되었던 것이다. 남용익이 종사관으로 소속된 6차 통신사는 1655년에 파견되었고 이에 대한 기록인 『부상록』의 서문을 보면 이 시기 대일 인식의 대체적 특징을 확인할 수 있다.

> ①【옛날에 서남쪽 오랑캐의 나라에 사신으로 가서 방망이 상투를 한 미개민족을 복종시키고 먼 나라를 개통시킨 사람으로는 육태중(陸太中) · 장박망(張博望)이 가장 유명하였다. 오직 일본은 해외에 있어 중국에 복종하지 않으므로 중국에서 그들을 오랑캐로 여겼는데,】 고려 때에 미쳐서 포은(圃隱) 정몽주(鄭夢周) 선생이 패가대(覇家臺, 현 일본 큐슈의 하카다) 박다(博多)에 사신으로 가서 의리로 설득시키고 매창 판옥(梅窓板屋)의 글귀가 지금까지 일컬어지고 있다. 우리 조선에 이르러 무(武)로써 임하고 인(仁)으로써 회유하매 ②【섬 오랑캐가 사모하여 복종해서 우리에게 공급을 의뢰하고 토산물을 가지고 연달아 조공(朝貢)하였다.】 그러다가, ③【임진년의 변란에 그들이 명나라를 침범하려 하므로 조정에서 그의 죄를 성토하여 물리치고 더불어 통하지 않았는데】 뒤에 원씨(源氏)가 평씨(平氏)를 멸하고 우리에게 화친을 청하므로 때때로 사신의 행차가 있었다. 그러나 삼천리의 강산에 묵은 수치를 씻지 못하고 이릉(二陵)의 송백(松

柏)이 아직도 깊은 통분(痛憤)을 머금었다. 그러므로 ③′【충성되고 뜻있는 선비들로 일본에 사신으로 가는 이는 모두 분개하지 않은 이가 없었으니,】 전일에 토당(土塘) 상국(相國) 오윤겸(吳允謙)과 나의 돌아가신 형님 효민공(孝敏公) 이경직(李景稷)이 일본에 사신으로 갈 때에 내가 직접 보았다. 지금 호곡(壺谷) 남공(南公)이 일본에서 돌아온 지 오래인데, 부상시화첩(扶桑詩畫帖)을 나에게 보여주고는 나의 글을 청하였다. 나는 그 부상시화첩을 열람하고는 감탄하여 말하였다. "(…중략…) 이는 실로 시(詩) 삼백 편(三百篇)을 외운 나머지에서 나온 것이며, 또한 그 충신독경(忠信篤敬)함이 본래 마음속에 쌓여서 간 곳마다 당하지 않음이 없는 것을 볼 수 있다. ④【이것이 어찌 다만 전대(專對)를 잘하여 임금의 명령을 욕되게 하지 아니할 뿐이겠는가. 또한 오랑캐들로 하여금 감탄하고 두려워 엎드리게 함이로다.】"[73]

이 인용문을 통해 확인할 수 있는 이 시기 대일 인식의 양상은 크게 네 가지 양상으로 구분해 볼 수 있다. 우선 ①에서 확인할 수 있듯이 중국을 중심으로 한 중화주의 구도 하에서 보면 일본은 포섭되지 않은 변경의 이적에 불과하다는 인식이 가장 기본적 전제이다. 그럼에도 불구하고 고려와 조선은 지속적으로 일본을 감화하기 위해 노력했으며 이에 일본은 임란 전까지 조공국의 임무를 행했던 것이다(②). 특히 ③

73 李景奭, 「南壺谷扶桑錄序」 『해행총재』 III, 민족문화추진회, 1989. "古之之西南夷而臣魋結通絶域者。有陸太中張博望最著焉。惟日本在海外。不庭於中國。中國夷之。及高麗圃隱先生使霸家臺說義理缺梅窓板屋之句。至今稱誦不衰。至我朝。臨之以武。懷之以仁。島夷嚮附。仰給於我。執壤納款者相屬。龍蛇之變。自絶于天。朝廷聲罪斥之。不與之通矣。暨源滅平而請成。時有報聘之行。而十里山河。未雪宿恥。二陵松柏。尚含深痛。是以忠志之士使日本者。莫不慨然而髮衝冠也。昔者土塘吳相國。與吾先伯氏孝敏公之奉使而東也。親見之矣。今者壺谷南公。自東還久矣。迺示余以扶桑詩畫之帖。徵余拙文。閱而歎之曰。(…중략…) 寔出於誦詩三百之餘。亦可見其忠信篤敬之行。素蓄于中。無入而不自得。是奚特能專對而不辱命乎。且使雕題殊俗。竊嗟而慴伏也。"

의 내용처럼 임진왜란이 명에 대한 침략으로 간주되고 있는 것은 조선과 명이 '부자지의(父子之義)'에 기반한 관계임을 의미하는 동시에 조선=중화국, 일본=이적국이라는 경계를 분명히 하고 있는 인식의 발현이라고 볼 수 있다. 따라서 중화의 세계를 위협한 이적국(夷狄國)에 대한 분노와 통분이 지속될 수밖에 없으며 ④에서 알 수 있듯이 통신사에게는 단순한 외교 사절단 이상의 임무가 주어진다. 중화국으로서 우월성을 천명하고 이적의 문화를 교화함으로써 그들을 복속하게 해야 하는 당위적 명분이 부가되었던 것이다.

『부상록(扶桑錄)』에서 확인되는 이러한 내용들은 병자호란 이후 조일 양국이 탈중화적 교린 체제를 모색하지만 조선이 일본을 이적시(夷狄視)하는 시각에는 변화가 없음을 의미한다. 『부상록』의 기록과 한시 작품들을 보면 일본에 대한 배타적 화이론은 물론 문화적 시혜관도 곳곳에서 확인되기 때문이다. 그런데 이혜순은 남용익의 사행시 〈장유(壯遊)〉가 17세기 중반 통신사 집단의 의식이 변모되는 양상을 보여주고 있다는 점에 주목한 바 있다.[74] 〈장유〉는 일본에서의 문견이 하나의 '경이'로 인식되는 양상과 그로 인한 '내면적 흔들림'을 최초로 보여주고 있는 작품인 것이다. 또한 정영문[75]은 일기 · 한시 · 견문록이 유기적으로 결합되어 있는 『부상록』을 분석한 후 남용익의 의식 세계를 문화적 교류와 자긍심, 개인적 심회의 표출, 외교적 안정과 소명의식의 약화, 대마도와 역관에 대한 불신 이라는 네 항목으로 분류하여 설명한 바 있다.

---

74 이혜순, 「17세기 통신사행집단의 문학과 의식세계－南龍翼의 〈壯遊〉를 중심으로」, 『한국한문학연구』 17, 한국한문학회, 1994.

75 정영문, 「남용익의 『부상록』 연구」, 『조선통신사연구』 2, 조선통신사학회, 2006.

이러한 특징들은 종래의 시각처럼 문화적 교류가 증대되고 경험의 편폭이 확장되면서 발생한 결과임이 분명하다. 특히 〈장유가A〉를 분석하는 과정에서 이 시기 동아시아 관계사를 고려해 보면 보다 새로운 관점의 영역이 확보될 수 있다. 17세기 중반에 대외를 인식하는 구심점이었던 '중화회복의식'은 중국의 공간과 직결된 개념이다. 따라서 실제적으로 중국과 일본을 사행하는 과정에서 배타적 화이론은 청의 경우에 보다 강하게 투사되었을 것임이 분명하다. 『부상록』의 서문에서 확인했듯이 당대 지식인들의 대일 인식이 배타적 화이론에 기반해 있음은 분명하지만 '중화회복의식'의 구도 하에서 보면 일본은 포섭해야 할 '주변국'에 불과했던 것이다. 그러므로 대일 사행의 과정에서 관념과 괴리되는 실제적 풍경을 보다 구체적으로 인지할 수 있는 시각적 여유가 확보될 수 있었던 것으로 보인다. 사적인 향유를 위해 창작된 사행가사인 〈장유가A〉를 보면 이러한 특징이 보다 전면적으로 부각되고 있어 주목할 만하다. 〈장유가A〉 역시 〈장유가B〉의 경우와 마찬가지로 「부상일록(扶桑日錄)」[76]의 내용을 토대로 창작되었음이 확인되는데 '부사산(富士山)'과 관련된 다음의 사례는 사적 인식의 영역이 극대화된 사행가사의 특징을 잘 보여주고 있다.

A

晴。次小田原。距三島東八十里。朝前發行。義成前導。穿過閭閻十餘里。地勢漸高。卽箱根嶺之初頭。ⓐ **富士山**之東麓也。嶺在伊豆相模州之界。路甚屈曲。不啻九折。東西皆四十里。而西則行迤而沮洳。東則峭峻而崎嶇。飛泉絶壁。山

76 인용될 원문은 문집과 한국고전종합 DB(http://db.itkc.or.kr)를 함께 참고하였음.

石犖确。爲江戶西路之大關防也。泥濘處則編竹鋪之。既登嶺上則四面山圍。ⓔ **中陷爲大澤。卽箱根湖也。**周回數十里。澄碧幽深。不見其底。俗稱有。ⓔ′ **九頭龍。**故水中絶無魚鰕。(…중략…) ⓒ **南土終冬無一點雪。而峯頂之雪。四時長存。霖雨大暑。略不消減。**其靈異有足稱焉。方賦歌行而識之。達柏兩僧。連呈詩。頗有誇大之意。疊次折之。

〈富士山歌〉

噫吁戱危哉奇哉異矣哉富士之山。(…중략…) 霆霹靂雖欲動其脚。爲其立本之牢全不擾。ⓓ **煙霞雲霧雖欲掩其形。爲其全身之大未半遶。**(…중략…) 又不見長白之山輪囷斗起立於北 我國山脈自此分馳 不絶而嫋嫋 既以金剛頭流漢挐作三山 又有妙香之雄特 九月之挺秀 三角之峭岌 太白之幽邃 伽倻之醞藉 五臺之淸勝 俗離之明晶 毓秀鍾靈 挺出帝王將相聖賢與文武 ① 觀此山不啻天壤杳。此山猶不屈服五岳與三山。魁居自在聖化外。有若南越尉佗之僭穚。② 我自耳慣五岳目三山。聞此不驚見亦藐。我願上帝更命夸娥擲此山於中國我國間。俾霑雨露制强蹻。③ 噫吁戱富士之山危哉奇哉異矣哉。題詩尙恨聞此謏。

〈疊次達僧富士韻〉

玆山千載白雲封。從古仙人欲祕蹤。爲是昌黎誠感格。陰雲捲盡祝融峰。

俯視群山若蟻封。去天盈尺斷人蹤。④ 爭如方丈三韓外。玉立金剛萬二峰。

山居海外漏堯封。未到當年夏禹蹤。怪底陽烏生咫尺。不消殘雪尙留峰。

雨洗巉岩凍雪封。爲人於此駐雲蹤。ⓕ **芙蓉削出靑天畔。**莫是廬山五老峰。

山如函谷一泥封。ⓑ **屹立中天見卓蹤。**自是眞君分海嶽。文殊莫詑最高峰。

秦皇當日議東封。更遣徐生訪遠蹤。採得仙丹不歸去。淸風留作屹然峰。

誰擲東隅土一封。至今宛若化兒蹤。應知呼吸通仙座。放眺詩成落雁峰。

(〈扶桑日錄〉, 九月小 二十七日戊申)

A′

鳴古屋[77] 디나면서 **富士山** ᄇᆞ라보니 / **天中**의 **屹立**ᄒᆞ고 海上의 雄蟠ᄒᆞ야 / **萬古 積雪**이 **六月**의도 아니녹고 / **朝夕 風烟**이 허리우의 못오른다 / **湘根嶺 大澤**의 **九頭龍**이 서려이셔 / **玉芙蓉** 그림재ᄅᆞᆯ **碧波**의 ᄌᆞᆷ가시니 / 心神이 竦然ᄒᆞ여 오ᄅᆡ 보지 못ᄒᆞᆯ노다.

A′는 부사산의 웅장한 규모와 감탄을 형상화하고 있는 부분인데 기존의 연구[78]에서는 이 부분이 「부상일록」에 비해 감흥의 영역이 확장되어 있다고 평가되었다. 그러나 대부분의 구절이 「부상일록」과 일치하고 있어 산문 기록과 한시 작품들을 토대로 A′가 재구성된 것임이 확인된다. ⓐ, ⓒ, ⓔ를 보면 지명, 설화, 객관적 사실 등이 산문 기록과 일치하고 있으며 풍경에 대한 감탄과 비유적 형상화의 방식 등은 주로 한시를 차용하였음이 ⓑ, ⓓ, ⓕ에서 확인된다. 그런데 보다 흥미로운 점은 A′에 생략되어 있는 A의 내용 중 밑줄 친 ①~④에서와 같이 부사산에 대한 부정적 측면들이 발견된다는 데 있다. 우선 〈부사산가(富士山歌)〉 ①의 주요 내용은 '부사산은 백두산의 위세와 천양지차임에도 불구하고 중국의 오악과 조선의 삼신산에 굴복하지 않음'을 비판하고 있는 것이다. 특히 '聖主의 敎化 밖에 있음에도 참람되게 천자라고 칭하고' 있는 내용을 통해 부사산이 중화세계의 외부에 위치한 이적국의 '천자'로 이해되고 있음을 알 수 있다.

77 지금의 나고야[名古屋].
78 김유경, 「최초의 사행가사 〈장유가〉 연구」, 『한국시가연구』 23, 한국시가학회, 2007, 267쪽.

이와 관련하여 남용익은 '금강산-부사산의 우열 논쟁'을 최초로 시작한 인물로 주목을 받은 바 있다.[79] 이전의 사행록에서는 거의 언급되지 않았던 금강산에 대해 남용익이 그 가치를 적극적으로 인정하고 상대적으로 부사산을 폄하함으로써 양국의 논쟁을 유발한 것이다. 자국에 대한 인식이 강화되는 양상은 타국에 대한 이해도와 밀접한 상관성이 있기 때문에 부사산에 대한 폄하의 언술 이면에는 부사산으로 상징되는 일본의 문물에 대한 구체적 이해의 층위가 내재되어 있음을 유의해야 할 것이다. 중화-이적의 구도 하에서 중화국의 사신으로서 자존감을 표층화 하되 우월한 풍광을 구체적으로 인지하기도 했던 것이다. 이런 맥락에서 보면 '나는 귀로 오악을 익숙하게 듣고 눈으로는 삼신산을 보았기 때문에 이 부사산을 듣고도 놀라지 않고 보고도 사모하지 않는다'는 〈부사산가〉의 ② 내용은 중화국의 사신으로서 견지해야 하는 자부심을 의식적으로 표면화하고 있는 것으로 볼 수 있다. 〈첩차달승부사운(疊次達僧富士韻)〉의 ④를 보아도 금강산의 우월성이 강조되고 있다.

그러나 전반적인 〈부사산가〉의 구성에서 보면 부사산의 위용에 대한 묘사가 상당한 비중을 차지하고 있으며 〈첩차달승부사운〉의 경우에는 심미적 재현의 정도도 강화되어 있다. 부사산과 관련된 화자의 복잡한 내면은 ③에서 '위(危), 기(奇), 이(異)'와 같은 다층적 개념어들을 통해 표출되어 있기도 하다. 또한 중요한 현상은 〈장유가A〉를 보면 ①~④의 내용과 같은 부정적 측면들이 전혀 반영되어 있지 않다는 점

79 이혜순, 「18세기 韓日 文士의 金剛山-富士山 우열 논쟁과 그 의미」, 『한국한문학연구』 14, 한국한문학회, 1991. 이러한 논쟁은 1763년 계미 통신사에 이르기까지 지속되었으며 이 과정에서 조선의 문사들은 자국의 국토에 대한 자긍심을 강화하게 되며 금강산의 구체적 실경에 주목한 이들이 조선통신사의 일원인 경우가 많았던 것이다. 이러한 양상은 조선 후기 금강산 기행가사의 특징과 실체를 조망하는 데 있어 보다 유효한 시각을 제시해 줄 수 있을 것으로 보인다.

이다. 오히려 재구성 과정에서 '心神이 竦然ᄒᆞ여 오ᄅᆡ보지 못ᄒᆞᆯ노다'라는 구절을 첨가함으로써 사적 층위에서 형성된 감탄을 위주로 작품을 창작한 정황이 짐작된다. 「부상일록」에서 확인할 수 없는 다음의 부분도 이러한 〈장유가A〉의 세계 인식을 선명하게 보여준다.

> 室浦 兵庫의 處處의 머므다가 / 大坂城 ᄇᆡ를ᄆᆡ고 처음으로 下陸ᄒᆞ니 / 人民도 繁華ᄒᆞ고 景概도 긔특ᄒᆞᆯ샤 / 閭閻이 撲地ᄒᆞ야 四十里예 버러ᄂᆞᆫᄃᆡ / 房房 曲曲의 華屋이 對起ᄒᆞ니 / 집마다 寶貝요 뎔마다 錦繡로다 / 紅氈을 두로펼텨 온길히 輝映ᄒᆞ니 / 矜誇 ᄒᆞ거이와 奢侈도 그지업다 / 越女 顔色이 玉ᄀᆞᆺ고 눈ᄀᆞᆺᄐᆞ되 / 斑衣 柒齒예 所見이 駭怪ᄒᆞ다.

이 부분은 〈장유가A〉의 전반부인데 화자가 목도하게 된 '대판성(大坂城)'의 풍경이 감각적으로 형상화되어 있다. 중화주의와 관련된 이념적 사유가 투사되지 않아 〈장유가B〉의 경우와 달리 가시적인 풍경이 심미적으로 재현될 수 있었던 것이다. '여염(閭閻)'과 '화옥(華屋)'이 펼쳐진 마을의 원경은 각각 '박(撲)'과 '기(起)'의 대립적 심상을 통해 생동감 있게 구현되었으며 보패(寶貝), 금수(錦繡), 홍전(紅氈) 등의 효율적 배치는 근경을 시각적으로 형상화 하고 있다.

따라서 이러한 문학적 연속성을 고려해 본다면 '斑衣 柒齒예 所見이 駭怪ᄒᆞ다'라는 구절만으로 '비문화적 야만을 비판'하고 있다는 기존의 논의[80]는 재고가 필요하다. '칠치(柒齒)'가 일본의 야만 문화를 상징하는 관습적 표상이었음을 고려해 볼 때 '해괴(駭怪)ᄒᆞ다'라는 표현은 그것에

80 김유경, 앞의 글, 251쪽.

대한 재확인이나 문화적 거부감을 표시한 것일 뿐 그 이상의 비판적 시각을 확인하기는 어렵기 때문이다. 오히려 '奢侈도 그지업다'라는 구절에서 부정적 의식을 읽을 수 있지만 '사치'에 대한 언급은 『부상록』의 곳곳에서 확인되는 만큼 대일 인식과 관련하여 '비판'의 실질이 투사된 구절로 보는 것도 다소 무리인 듯하다. 〈장유가A〉에서 화이관이 발현된 양상은 다음의 사례에서 구체적으로 확인할 수 있다.

B

未末到館。館卽 ⓐ **本國寺也。** ⓑ **寢處設於高榻上。問之則曾前佛坐。而爲使臣移其像而設寢之。** ⓒ **可知其尊敬之意。而頗不安於心矣。** 博多下總守藤原俊次食邑十萬石者支待。花床饌品。豐具精潔。(…중략…) 所謂 ⓓ **倭皇**始祖神武天皇。姓王氏。名挾野。ⓕ **起自周幽王十一年。** 至今皇一百十二世。ⓕ′ **一姓相承。** 而自五百年來。强臣源, 平兩姓。ⓔ **迭相執權。雖居尊位。不預國事。** 除拜之目。皆出於關白。而必用倭皇印信。故見朝之日。必呈駿馬一匹。大刀一腰。以爲踏印之價。倭皇取之。以爲需用云。所謂見朝者。卽肅謝也。宮中作一齋室。每月望前則齋居拜天。望後則燕樂遊戲。嫡嗣之外。諸子諸女。皆爲僧尼。今皇時年十四。法皇之子。後光明之弟。元年爲甲午。今年四月。改元明曆。而自前國家無問訊之禮。ⓓ′ **使臣無相見之例。故方登場窺見云.**

(〈扶桑日錄〉, 九月小 十二日癸巳 癸酉)

B′

竹林을 허혀고 **本國寺**의 **下處**홀싀 / **佛像**을 츼우고 **榻**우의 자리ᄒᆞ니 / **尊敬**도 **太過**ᄒᆞ고 **寢處**도 **不安**ᄒᆞ다 / **倭皇**은 **無事**ᄒᆞ야 담의올나 구술보니 / **威權**은 다일허도 **身世**은 **閑暇**ᄒᆞ다 / **周幽王 以後**로 **一姓 相承**ᄒᆞ니 / 夷狄有君이 諸夏도곤 나은쟉가.[81]

위의 B→B′를 보아도 「부상일록」를 토대로 〈장유가A〉가 창작되었다는 점과 일본을 이적국으로 규정하고 있는 시각을 확인할 수 있다. 그런데 유의할 점은 여정 과정에서 목도하게 된 문물이나 자연적 풍경과 달리 '왜황(倭皇)'과의 만남은 화이관을 촉발하는 직접적 요인이 되었을 것으로 보인다. 본국사의 숙소에서 촉발된 불안감은 ⓐ, ⓑ, ⓒ에 구체적으로 서술되어 있는데 B′에서는 '佛像을 최우고 榻우의 자리ᄒᆞ니 / 尊敬도 太過ᄒᆞ고 寢處도 不安ᄒᆞ다'와 같이 간략하게 재구성하였다. 특히 그들의 환대를 '지나치다(太過)'라고 인식하고 '침처(寢處)'를 '불안(不安)'해 하는 양상은 오직 '본국사(本國寺)'에서만 확인되며 이를 B′에서도 형상화한 것은 감정적 실체가 비교적 강렬한 체험이었음을 의미한다. '이직'이 중화의 세계를 침범할 수도 있다는 잠재적 불안감은 '왜황'과 근접할수록 표면화될 수밖에 없었던 것이다.

또한 '왜황'의 실질적 권위를 부정함으로써 그 불안감을 상쇄하려는 점도 B와 B′가 유사하다. 다만 B′에서는 ⓓ′ 使臣無相見之例 故方登場窺見云에서 확인되는 사례를 먼저 배치하여 '威權은 다일허도 身世은 閑暇ᄒᆞ다'라는 조소적 어조를 효과적으로 구현하고 있다. 또한 '周幽王以後로 一姓 相承ᄒᆞ니'는 ⓕ, ⓕ′에서 확인되는 사실적 정보를 활용하되 다음 구절에 '夷狄有君이 諸夏도곤 나은쟈가'를 추가함으로써 B′를 재구성하는 과정에서의 의식을 명확하게 보여주고 있다. 이적국은 군주의 유무와 상관없이 본질적으로 중화국이 될 수 없다는 이분법적 화이론을 적용하고 있는 것이다. 그러나 다시 에도에 이르기까지의 여정을 형상화하는 부분에는 이러한 특징이 전혀 확인되지 않으며 본서사

81 『論語』「八佾」, "子曰, 夷狄之有君, 不如諸夏之無君." 이적국인 일본에 있는 천황의 존재는 유명무실함을 의미하는 구절로 볼 수 있다.

일광(日光)으로 가는 조선 통신사 행렬도. 일본인이 그린 것으로 日光 東照宮 소장 보물.

에서 관백을 통해 국서를 전달하는 다음의 장면에서 부분적인 화이론이 발견된다.

> 四大橋 건넌후에 本誓寺의 드러가니 / 關伯이 問安ᄒᆞ고 館伴이 待ᄒᆞ候니 / (…중략…) / 株樓 第二層의 一時에 行禮홀식 / 제님금 잔자바놀 나아가 酬酌ᄒᆞ고 / 宴享을 쏘바드니 大君이 押宴ᄒᆞᆫ다 / 花床 金案의 製造는 奇妙하되 / 土盃 漥樽의 儉薄을 崇尙하니 / 秀吉이 滅亡하고 廟算이 得宜로되 / 壬辰年 羞辱을 하마 어찌 잊었는고.

이 부분 역시 「부상일록」에서 확인되는 내용인데 〈장유가A〉에는 '秀吉이 滅亡하고 廟算이 得宜로되 壬辰年 羞辱을 하마 어찌 잊었는고'라는 구절이 첨가되어 있다. '본서사'는 평수길(平秀吉)과 덕천가강(德川家康)이 웅거한 역사적 사실과 관련이 있음이 「부상일록」에서 확인되는바, 위의 인용문에 제시된 연향 장면을 마무리하는 정서적 영역에 이를 활용한 것이다. 그러나 이 부분이 관백과 군주와 함께 하는 연회의 장면이라는 점도 중요하다. 앞서 살펴본 대로 〈장유가A〉는 대체적으로 개별적 층위에서 문물을 인식하되 '왜황'과 관련된 곳에서는 부분적으로 '화이론'이 발현되는 양상을 보이고 있기 때문이다. 특히 이 부분에서는 화자가 연회 과정에서 사용된 화상(花床), 금안(金案), 토배(土盃), 와준(窪樽) 등과 같은 구체적 문물에 주목하여 일본의 번영을 경계하고 있음을 알 수 있다. 또한 '임진년(壬辰年)'의 '수욕(羞辱)'을 환기함으로써 중화국으로서의 자존감과 국력을 유지해야 할 필요성을 재확인하고 있기도 하다.

그러나 이후 '일광산(日光山)'의 모습과 회정 과정의 풍경은 '이 땅의 이 몸 오기 꿈엔들 생각하랴'와 같은 감탄구로 정리될 만큼 대부분 긍정적인 시각에서 묘사되어 있다. 작품의 후반부를 보아도 중국과 자국의 경계에서 탄식 → 환희로 급격한 감정의 전환을 보였던 〈장유가B〉와는 달리 〈장유가A〉의 경우 긍정적인 감흥이 지속되고 있다.[82]

이처럼 중화회복의식이 직접적으로 발현되어 있는 〈장유가B〉와 달리 〈장유가A〉는 화이론이 부분적으로 확인될 뿐 전반적으로 개별적 층위에서 형성된 대일 인식에 기반해 있음을 알 수 있었다. 이와 관련하여 사행 후 10년이 지나 작품이 창작되었다는 점도 부분적인 이유가 될 수 있겠지만 무엇보다도 가사 장르의 특징[83] 및 17세기 중반의 대외 인식의 구도하에서 조망되어야 할 것이다. 〈장유가〉라는 동일 작품 내에서 중국과 일본을 인식하는 공간관이 대칭적인 것은 17세기 중반의

---

82 〈장유가A〉의 회정 장면은 다음과 같다. "수승 비사문은 황제의 지친이라 / 수가사 떨쳐입고 강절이 전도ᄒᆞ야 / 일진 청풍의 나아와 읍을ᄒᆞ니 / 사ᄅᆞᆷ은 만이로ᄃᆡ 보기ᄂᆞᆫ 신선ᄀᆞᆺ다 / (…중략…) 청춘을 자반ᄒᆞ야 미주에 고치오니 골골이 느즌매와 눈ᄀᆞᆺ치 피여서다 / 수종을 비야 지나 태종대 ᄇᆞ라보고 / 환성이 뇌동ᄒᆞ야 북치고 노저으니 / 부산관 기슭의 고국의 도라왓다 / 국가 안녕ᄒᆞ고 군친을 다시보니 / 이성의 이 즐겁기 이밧긔 ᄯᅩ잇ᄂᆞᆫ가"

83 남용익이 음악 문화에 기반한 사적 층위에서 〈장유가〉를 향유한 한시는 다음의 논문에서 확인되었다(김윤희, 「〈장유가〉의 표현 양상과 공간관을 통해 본 17세기 사행가사의 특징」, 『어문논집』 56, 민족어문학회, 2007, 76~77쪽). 이러한 정황을 보아도 가사문학은 산문 자료에 비해 주관적이고 경험적인 시선이 보다 강화된 장르임을 알 수 있다.

〈南龍翼筆蹟〉, 1655. 출처 : 국사편찬위원회 한국사데이터베이스(http://db.history.go.kr).

동아시아 관계사를 통해 그 동인이 보다 선명하게 규명될 수 있는 것이다. 이처럼 대청 인식과 확연히 변별되는 〈장유가A〉의 대일 인식은 '회고적 시선'에 근거한 〈장유가B〉의 경우와 달리 '경험론적 시선'이 강화되는 문학적 특질과 연계되고 있다. 다음 장에서는 이를 구체적으로 확인해 보도록 하겠다.

② 경험론적 시선과 초월적 형상화

1592년의 임진왜란은 당시 조선 지식인들에게 중화의 문명이 이적에 의해 위협을 받은 사건으로 간주되었다. 그러나 명·청 교체에 따른 중국의 변화에 따라 중화주의 세계의 주변부에 위치한 일본은 침입을 방지하기 위한 교린국으로만 인식되었다. 그러므로 사행의 과정에서 임진왜란이 연상되는 공간을 지나거나 집권 세력과 조우하는 경우가 아니면 특별히 선험적 관념이 작동할 이유가 없었을 것으로 보인다. 물론 일본이 이적의 국가라는 것은 보편적 차원의 인식 구도였기 때문에 종족에 대한 편견이나 정권에 대한 비판적 시각은 부분적으로 확인된다. 〈장유가A〉도 대체로 이러한 특징을 보이고 있는데 이는 대의명분론에 근거하여 회고의 정서로 수렴되는 특징을 보인 〈장유가B〉와는 확연하게 변별된다는 점에서 주목할 만하다. 〈장유가A〉와 관련된 기록으로는 산문 및 시편으로 구성된 『부상록(扶桑錄)』, 『호곡견문별록(壺谷見聞別錄)』이 『해행총재(海行摠裁)』에 수록되어 있는데 살펴본 결과 〈장유가A〉 역시 『부상록』 소재 「부상일록」을 토대로 창작된 작품임을 알 수 있었다. 따라서 이러한 측면들에 보다 유의하면서 〈장유가A〉의 주된 문학적 특질을 고찰해 보도록 하겠다.

A

ⓐ 〈**八月十五夜翫月望海樓以危樓望辰**分韻得望字〉

今夕是何夕。遠客登樓望。玆樓出半空。勝槪天所餉。疑是蜃氣浮。定非人力創。兩岸拆爲門。俯壓千層浪。千檣走似馬。簇簇迷彩舫。長洲櫓有聲。極浦帆無恙。八月銀河槎。超然心目放。三山落鰲背。羽客如相訪。疏疏暮雨過。爲洗黃業瘴。ⓑ **扶桑只尺天**。**苒苒明月上**。明月照我來。滿輪金波漾。ⓔ **一年**十二盈。**今宵**觀最壯。擧酒問明月。知我爲何狀。何爲出還沒。何爲消且長。四海九州間。何地最淸曠。千秋萬古來。何人最跌踼。公遠自何路。**却跨** ⓓ **銀橋** ⓒ **杖**。知微有何道。ⓒ′ **獨翫天柱嶂**。雲梯取桂魄。此術何其誑。金蟾着林光。此語何其妄。問月月無語。臨風忽悵悵。宸居杳何許。再拜仍北向。瓊樓最高處。月色應一樣。恍如對威顔。螭陛陪天仗。玉音尙在耳。一飯安可忘。坡仙水調歌。正合樽前唱。却憶去年夜。鑾城醉法醞。象床撤蓮燭。月照靑綺帳。今來萬里波。泛泛隨五兩。斑衣北堂下。誰奉甘旨養。嬌兒髮毛垂。想見床前傍。佳節倍思家。對月無好況。嚴程尙未半。回首心懩懩。三更獨延竚。非爲幽懷暢。唯思不辱命。且不愧俯仰。昭昭孔聖訓。篤敬兼忠諒。莊誦悄無寐。落月助凄悵。

(〈扶桑日錄〉, 八月 十五日丙寅)

A′

八月 十五夜의 **上關樓**의 올나안자 / **北辰**을 ㅂ라보고 長笛을 빗기부니 / 天河의 구름것고 大海의 물결잔다 / **扶桑 咫尺**의 **明月**이 도도쓰니 / **玉杖**을 혼자집고 **天柱峯**[84]의 올나는듯 / **銀橋**를 모다타고 廣寒殿에 올나는듯 / **一年 今宵**의 이짜히 어듸메오.

위의 인용문 A는 '상관(上關)'에 도착한 후 망해루(望海樓)에서 '남용익이 지은 작품인데 '팔월(八月) 십오야(五十夜)'라는 시간적 배경과 상관루(上關樓)에서 북진(北辰)을 ㅂ라보는' 제목이 A′의 첫 구절과 일치한다. 또한 A′에서 구현되는 초월적 · 상상적 장면에서의 주요 소재들은 대부분 A에서 부분적으로 차용한 것임을 알 수 있다. 그러나 〈장유가 A〉의 경우 나름의 문학적 구성 원리를 통해 당시의 장면을 보다 효율적으로 재구성하고 있음이 확인된다. 한시와 달리 '長笛을 빗기부니'라는 시적 계기를 삽입함으로써 이후 전개되는 초월적 풍경으로의 심미적 전이를 가능하게 하고 있기 때문이다. 또한 '天河의 구름것고 大海의 물결잔다'는 구절을 삽입하여 '장적(長笛)'으로 인한 환상성을 구현하는 동시에 '명월(明月)'의 심상과 연계되는 배경을 제시하고 있다. 이어 제시된 구절인 '扶桑 咫尺의 明月이 도도쓰니'는 'ⓑ 扶桑只尺天。苒

84 '천주봉'은 하늘이 무너지는 것을 떠받쳤다고 하는데 그래서 생겼다는 산봉우리. 신화적인 세계이며, 도교에서는 이상적 경지로 삼고 있고 중국에는 실제로 천주한 혹은 천주봉이란 이름이 붙여진 산이 여러 곳에 있다. '디다'는 '지다(負)'의 옛말로 '디였는 듯'은 '짊어진 듯'으로 풀이됨.

苒明月上'와 거의 일치하는 객관적 내용임에도 〈장유가A〉의 문학적 흐름 속에 배치됨으로써 초월적 상상력을 강화하는 직접적 계기가 되고 있다.

한시의 경우 달 아래의 풍경에 대한 감탄과 주관적 감회가 표출된 뒤 초월적 장면이 제시된 반면 〈장유가A〉는 '玉杖을 혼자집고 天柱峯의 올나는돗 / 銀橋를 모다타고 廣寒殿에 올나는돗'과 같은 비유적 형상화가 바로 이어지고 있기 때문이다. 이 과정에서 '옥장(玉杖), 천주봉(天柱峯), 은교(銀橋)' 등의 주요 소재가 일치하고 있으며 우리말의 통사 구조에 적합한 재배치를 통해 환상적 흥취를 선명하게 드러내고 있다. 특히 '올나는돗'이라는 서술어에 기반한 통사 구조를 반복함으로써 시적 상상력에 기반한 초월적 감격이 부각되고 있으며 이는 '一年 今宵의 이짜히 어듸메오'라는 구절로 수렴되고 있다. 이 부분도 'ⓔ 一年十二盈 今宵觀最壯'의 일부를 차용한 것인데 이는 ⓒ, ⓓ 이전의 내용에 해당하기 때문에 감격적 표현으로 A′의 장면을 완성하고자 한 사행가사만의 문학적 특질을 발견할 수 있다. 또한 A의 경우 후반부에 연군지정에 기반한 탄식과 객수 등과 같은 울울한 심사가 형상화된 반면 A′에는 이 내용들이 생략되어 있다는 점도 〈장유가A〉가 의도한 방향이 현재적 상황에서의 흥취 유발에 있음을 짐작하게 한다. 중화계승의식과 관련된 이념이 실제적으로 투사되지 않음으로써 이국적 풍경에 대한 재현은 물론 그 과정에서의 심미성도 배가되는 양상을 확인할 수 있는 것이다. 다음의 변환 사례에서도 이러한 특징을 발견할 수 있다.

B

晴東風。次 ⓐ **豁浦**。距忠海東百里。田島東北三十里。辰時發船。隨潮而行。

風勢雖逆。不至甚遲。過田島。未到韜浦十里許。見層欄高出懸崖之側。直壓行船之上。ⓑ′ **鍾聲隱隱。如在半空中**。問之乃海潮山 ⓑ **盤臺寺**。寺僧拓窓而坐。望之若仙。自前行人過此。必捐米穀。浮桶而去。居僧以此資活云。使下輩各給剩粮。格軍輩爭相出給。幾至四五石。鹽亦數三斛。蓋欲因其舍施之願。盡散餘米故也。諸僧幾爲搬去。攢手而謝。且進德談。更給尾扇, 色扇各一柄。申時到韜浦。水邊閭閻甚盛。幾至六七百戶。地屬備後州。自此至下津同 一邊連陸。備後州太守水野美作守源勝貞食邑十萬石者。時在江戶。副官上田玄蕃出待。供帳花臺之盛。不下於藍島。錦帳綵船。排列於津頭。觀光之人。塡街咽巷。乘船上下。連絡不絶。至有齎粮載鼎者。可知其遠來。**館于海吟山** ⓐ′ **福禪寺**。爽塏無比。俯滄海。ⓓ **眼界不啻千里**。遠而伊豫讚歧諸州。近而電戶尾路等島。隱約於天畔。明滅雲間。適當雨霽。海晏如鏡。風帆去來。沙鳥交翔。ⓒ **傍有猿山**。松石參差。屹立千丈。日本本産猿。而此山最多。故得名云。階下且有異草。種葉而生葉。葉上生葉。不花不實。四時一色。狀如佛耳。名曰唐茄。而出於南蠻云。此外可翫可詠者。不能殫記。**若論海路** ⓐ″ **形勝。則當以爲** ⓐ‴ **第一**。ⓔ **而可與洞庭爭雄矣**。

(〈扶桑日錄〉, 八月 二十二日癸酉)

B′

韜浦 福禪寺ᄂᆞᆫ **形勝**이 **第一**이라 / **盤臺菴** 경쇠소릐 **半空**의 ᄂᆞ려온다 / **猿山** 겻틔두고 薩馬州 ᄇᆞ라보니 / 吳楚 東南의 **眼界**도 無窮ᄒᆞ다 / **洞庭湖** 長波ᄂᆞᆫ 七百里 ᄲᅮᆫ이로다.

C

次倭京。距 ⓐ **淀浦**東三十里。

〈舟中卽事五絶〉

澄波一棹遡秋風。ⓒ **金屋紗窓玉鏡中**。ⓓ **舟子不須催錦纜**。ⓔ **白鷗驚散荻花叢**。

水國蒹葭逈得霜。客中佳節過重陽。何人會我東籬想。寫出屛間一朶黃。

松竹林中一逕開。夕陽簾箔見樓臺。蠻童指點爭相語。天上人從鏡裡來。

鷺眠煙定水無波。簫鼓聲中起棹歌。且向蘭洲停綵鷁。蘆花開處月明多。

ⓕ **夜闌江上睡初成**。**十里長洲夢裡行**。**畫角三聲驚起坐**。ⓖ **轉舟已泊岳陽城**。

ⓗ **渡海初登陸**。維舟更上輿。稻秔翻壟畝。橙橘擁田廬。節物驚如許。風光喜有餘。仍思故園興。何日賦歸歟。

辰時發行。威儀鼓吹前導而行。一行上下之人。相亘於十餘里。過一大橋。少憩實相寺。具冠帶以行。望見五層樓塔。卽倭京東寺也。ⓘ **自此左右人家**。**連絡不絶**。觀光之人。皆跪於路旁。使臣過去時。年老女人等。多有攢手祝願者。漸近倭京。則人物信盛。簇立如林。地盡橋溢。或有褰衣而立於水中者。兒小則多有跨人項而觀望者。重閣複閭。大街通衢。與大坂相似。家戶之數。雖或不及。ⓑ **觀光之盛**。**不啻過之**。市肆中。有有鬚高冠人。問之乃漢人。可知江南避世之客。多有來住者矣。

(〈扶桑日錄〉, 九月小 十二日癸巳 癸酉)

C′

樓船을 整齊ᄒᆞ고 **淀浦**로 가쟈ᄒᆞ니 / **士女 觀光**이 **水陸**의 **充滿**ᄒᆞ고 / **金欄 綵帳**이 **鏡裏**예 **照耀**ᄒᆞ뇌 / 金방울 소릐예 **金纜**늘 비야더디 / **荻花 叢邊**의 **白鷗**조차 모다논다 / **舟中**의 좀을 드러 **畵角聲**의 놀라셰니 / ᄒᆞ로밤 ᄉᆞ이예 **岳陽城**의 ᄆᆡ여셰라 / 예부터 ᄇᆡ롤ᄂᆞ려 大路로 遵行ᄒᆞ니 / 길ᄀᆞ의 三尺墻을 左右로 새로싸셔 / **三千里 陸路**의 ᄒᆞᆫ골ᄀᆞᆺ치 **連續**ᄒᆞ니 / 鬼神이 도아ᄂᆞᆫ가 人力도 無限ᄒᆞ다.

겸재 정선(鄭敾, 1676~1759),
〈소상팔경도(瀟湘八景圖)〉 중 '연사모종(煙寺暮鐘).'

위에 제시된 B→B′와 C→C′의 사례 역시 심미성에 근거한 사행가사의 문학적 특질을 보여주고 있다. 그런데 흥미로운 점은 '동정호(洞庭湖)', '악양성(岳陽城)'과 같은 표상에서 알 수 있듯이 일본의 풍경이 '소상팔경'의 장면과 중첩되고 있다는 것이다. '복선사(福禪寺)'와 주변 호수의 풍광이 '안개에 쌓여 저녁 종소리 울리는 산사의 풍경(煙寺暮鐘)'의 심상으로 전이되면서 형상의 심미성이 강화되고 있음을 알 수 있다. 〈관동별곡〉에서 드러나는 여행의 체험이 현실적이면서 동시에 신비성을 보이고 있듯이[85] 〈장유가A〉에서의 일본도 일상적 체험을 심미적 초월성의 세계로 연장함으로써 심상 지리적 공간을 재현하고 있는 것이다. 그렇다면 이러한 특징이 한문 기록들과 중첩 혹은 변별되는 측면들에 유의하면서 그 실제를 구체적으로 확인해 보도록 하겠다.

우선 B의 후반부 있는 '若論海路 ⓐ″ 形勝。則當以爲 ⓐ‴ 第一' 문장의 일부를 B′의 첫 부분에 배치하고 있다. '도포(韜浦) 복선사(福禪寺)'라는 주어에 호응하는 서술부로서 '形勝이 第一이라'를 배치한 것은 B의 내용을 효과적으로 포괄하는 감탄의 표출인 동시에 B′를 구성하는 적절한 방식으로 작용하고 있다. 바로 이어지는 '盤臺菴 경쇠소릐 半空의

85 김우창, 「풍경과 선험적 구성」, 『풍경과 마음』, 생각의나무, 2003, 60~66쪽.

ᄂᆞ려온다'라는 근경의 심상은 점차 원경으로 확대되면서 광활한 B의 풍경을 함축적으로 재구성하고 있기 때문이다. 특히 B′의 마지막 구절인 '洞庭湖 長波ᄂᆞᆫ 七百里 뿐이로다'는 B의 후반부인 ⓔ 가히 동정호와 겨룰만 하구나(而可與洞庭爭雄矣) 부분을 다시 참고한 것으로 B′는 B의 내용을 순환적으로 재배치했음이 확인된다. 또한 ⓑ′ 鍾聲隱隱 如在半空中 부분을 '盤臺菴 경쇠소릐 半空의 ᄂᆞ려온다'로 표현한 것은 서정성을 확보하고 있는 이 시기 사행가사의 미감을 확인할 수 있는 사례로 볼 수 있다. ⓑ′의 '在'를 'ᄂᆞ려온다'라는 서술어로 변환함으로써 '반대암(盤臺菴)'의 '경쇠소릐'가 보다 감각적으로 전이될 수 있는 특질을 유발하고 있기 때문이다.

이처럼 압축적인 방식으로 체험의 서정적 결을 되살리고 있는 〈장유가A〉의 문학적 특질은 C→C′의 경우에서도 확인된다. C′는 특히 한시 작품인 〈주중즉사오절(舟中卽事五絶)〉를 대부분 차용함으로써 초월적 미감을 극대화하고 있다는 점에서 더욱 흥미롭다. C′를 보면 여정을 이동하는 과정에서의 객관적 사실은 산문 기록을 토대로 전후에 배치하고(ⓐ, ⓑ, ⓗ, ⓘ) 중간 부분에 한시를 활용함으로써 서정적 영역을 확보하고 있음이 확인된다. '金欄 綵帳이 鏡裏예 照耀ᄒᆞ되 / 金방울 소릐예 金纜을 빅야더디'라는 구절은 각각 ⓒ 金屋紗窓玉鏡中, ⓓ 舟子不須催錦纜를 토대로 하되 보다 감각적인 층위에서 어휘가 재구성되고 있음을 알 수 있다. '금란(金欄) 채장(綵帳)'으로 표상되는 아름다운 가옥이 호수에 비진 영상은 한시와 거의 동일한 심상으로 구현되었으며 '金방울 소릐'라는 청각적 심상을 추가함으로써 심미적 환기의 효율성을 강화하고 있다.

또한 '荻花 叢邊의 白鷗조차 모다ᄂᆞᆫ다'라는 구절은 ⓔ 백구가 놀라 갈대 숲 사이로 흩어진다(白鷗驚散荻花叢) 부분과 거의 유사한 심상으로 한시와 동일한 층위에서의 서정성이 확보되고 있다. 특히 ⓔ 白鷗驚散荻花叢는 ⓓ 舟子不須催錦纜 부분에서 확인되는 부정적 명령문과 호응되는 가정적 상황에 해당하기 때문에 이를 변환하여 C′에서는 '金방울 소릐', '金纜을 빈야더듸', '白鷗조차 모다ᄂᆞᆫ다'라는 구절들을 연속적으로 배열함으로써 형상성의 미감이 강화되었다. 또한 '舟中의 좀을 드러 畫角聲의 놀라ᄭᅦ니 / ᄒᆞ로밤 ᄉᆞ이예 畫角聲의 ᄆᆡ여셰라'라는 구절은 〈舟中卽事五絶〉의 마지막 부분인 ⓕ 夜闌江上睡初成 十里長洲夢裡行 畫角三聲驚起坐, ⓖ 轉舟已泊岳陽城를 토대로 했으며 4음보의 통사 구조만으로도 환상적 미감이 충분히 재현되는 가사문학의 특질이 확인된다. '화각성(畫角聲)', '악양성(岳陽城)'과 같이 의미 실질을 확보하고 있는 어휘들은 그대로 활용하되 '좀을 드러', '놀라ᄭᅦ니', 'ᄆᆡ여셰라' 등과 같이 동사를 음수율에 맞게 재구성함으로써 현실과 꿈이 교차되는 듯한 심미적 기억이 심상 지리적 층위에서 재현되고 있는 것이다.

이 외에도 〈장유가A〉의 후반부에는 '아희적 언문칙의 이ᄉᆞ셜 드러더니 / 이ᄶᅢ희 이몸오기 ᄭᅮᆷ의들 ᄉᆡᆼ각ᄒᆞ랴'와 같은 감탄이 표출되어 있는데 이 부분 역시 「부상일록」에서 그대로 확인할 수 있는 내용이다.[86] 귀국 과정에서는 〈장유가B〉의 경우에서처럼 반복되는 여정을 생략하고 있으며 연회의 인상적인 장면을 형상화하는 전략을 통해 심미적 환기를 강화하고 있다. 예를 들면 '옥동(玉童)'이 춤을 추는 풍류의 현장을 '秦나라 童男童女 다시와 넘노ᄂᆞᆫ듯'이라는 비유를 구사함으로써 시적 상상력에 기반한 환상성의 진폭을 확대하고 있음이 확인되는 것이다. 그런

86 南龍翼, 〈扶桑日錄〉, 『壺谷集』. 今市。卽諺傳所謂三郎元大郎等相戰之地。幼時聞古談以爲絶國奇事。豈料身履其地也。

데 이는 '예술로서의 문학'을 추구하고 낭만적이고 환상적인 세계에 대한 동경을 주로 표현한 유선시(遊仙詩) 작품들의 소재와 일면 유사하다.

16~17C에 집중적으로 창작된 유선시 속의 선계는 중세 지식인들의 관념 속에 형성되었던 유토피아의 구체적 모습이었다는 점을 고려할 때[87] 〈장유가A〉에서의 일본이 초월적 · 이상적 공간으로 형상화된 측면이 있었음을 알 수 있는 것이다. 남용익은 〈장유가A〉에서 흔히 '부상(扶桑)'의 세계로 인식되는 공간을 '실제적'으로 체험한 측면을 강조하는 동시에 문학적 심미성을 강화하기 위해 이러한 도교적 소재를 차용한 것으로 보인다. 이처럼 〈장유가A〉는 「부상일록」의 기록을 토대로 하되 선험적 공간 인식 기제가 작동하지 않아 감각적 질료를 심미적으로 형상할 수 있는 시선이 확보될 수 있었을 것으로 보인다. 「부상일록」에서 확인되는 배타적 화이론이 〈장유가A〉에서는 상당히 약화되어 있으며 화려한 수사와 초월적 상상력을 통해 일본에서 체험한 전경(前景)을 감각적으로 형상화하는 전략을 구사했음이 확인되는 것이다.

지금까지 살펴보았듯이 17세기의 사행가사는 구체적 언어보다 이념이 우위에 있어 시적 주체의 자기 완결적 독백이 서정적인 정서로 형상화되는 경우가 많았다. 자신의 산문 기록을 토대로 하되 속도감 있는 서사 내에 인상적인 공간이나 감격을 재배치하여 자족적(自足的) 추체험의 문학으로 삼았던 것이다. 이러한 특징은 18세기 중반의 〈일동장유가〉를 기점으로 사행가사는 창작의 원리와 소통 구조까지 포함한 제반 측면에서 급격한 변화를 보이게 된다. 사행가사의 이러한 전개는 조선 후기 가사문학의 대체적 흐름과 유사하며 가사라는 추상적 양식

87 정민, 『초월의 상상』, 휴머니스트, 2002, 214~215쪽.

이 각 계층이나 문화권에서 구체적 장르로 운용되는 과정[88]에서 발생한 결과라고 할 수 있다. 특히 작품을 통해 표현하고자 하는 대상이 보다 구체화되고 서사적 진술 방식이 확대되는 양상을 보이기 때문에 18세기 사행가사의 문학적 특질은 이러한 구도 하에서 조망될 것이다.

3. 18세기－대타적(對他的) 자국 인식과 표상의 확대

1) 중국

(1) 〈연행장도가〉

① 성찰적 시선과 감격의 조율

홍대용(洪大容, 1731～1783)

홍대용(洪大容, 1731～1783)의 〈연행장도가〉는 『을병연행록』의 앞부분에 삽입된 짧은 가사체 작품으로 새로운 세계와 조우한 감격이 형상화되어 있다. 『을병연행록』은 김창업의 『노가재연행일기』를 기반으로 창작된 대표적 국문 사행록으로 일기체 보고(報告) 문학에 해당한다. 한문본 『담헌연기(湛軒燕記)』는 주제별로 편집되어 있고 중국의 견문만을 담고 있어 일기체로 구성된 『을병연행록』과는 창작 과정이나

88 김학성, 「가사 양식의 전통 유형과 계승방향」, 『고시가연구』 23, 한국고시가문학회, 2009, 158～160쪽.

의도가 상이한 기록이다. 이와 같이 조선 후기 한글 사행록은 대체로 한문―한글본의 이원적 구도를 형성하고 있으며 한문본은 '학술성'이 한글본은 '문학성'이 강한 기록으로 볼 수 있다.[89]

특히 『을병연행록』은 '구체성 · 사실성 · 객관성'이 강화된 일기체 작품으로 청의 문물에 대한 '만남과 발견'의 시선은 물론 조선의 편협한 화이론에 대한 성찰적 견해도 제시하고 있어 주목을 받아온 작품이다.[90] 주지하듯 홍대용의 실학사상은 합리성과 경험성의 조화를 중시했다는 점에서 새로운 가능성을 제시한 것으로 평가된다.[91] 홍대용의 사유는 지속적으로 변화하는 양상을 보이며 만년의 〈의산문답〉에서는 '화이무분론(華夷無分論)'이 발견되기도 하며 이 외의 대다수 북학론자들도 청국의 문물이 과거 중화의 전통을 잇고 있다는 '중화유제론(中華遺制論)'을 지녔다고 볼 수 있다.[92] 특히 홍대용은 화이론과 관련하여 가장 개혁적인 사고를 부분적으로나마 표면화했던 사상가라는 점에 주목할 필요가 있다. 물론 중화를 대체할 문명 유형이 제시된 것은 아니며 북학론이 당시의 보편적 담론이었다고 보기도 어렵지만 연행을 통한 사실의 발견과 경험의 축적이 북학론자들의 사유와 상호 침투하는 양상을 보이고 있음은 분명하다.

홍대용이 연행한 1765~1966년은 청 건륭제(乾隆帝, 1736~1795)의 번영기로 청의 문물에 대한 관찰의 적극성도 강화되는 시기이다. 이와 관련하여 1763년의 계미 통신사와 홍대용에 이르면 사행록을 저술하는 방식이 변화하고 그 체제가 유사함을 지적한 논의[93]는 흥미롭다. 계

89 김태준, 『홍대용과 그의 시대』, 일지사, 1982, 30~35쪽.
90 조규익, 앞의 책, 164~165쪽.
91 김문용, 『홍대용의 실학과 18세기 북학사상』, 상지사, 2005, 195~202쪽.
92 위의 책, 230~231쪽.

미 통신사의 일본 체험이 연암학파를 비롯한 실학자들에게 영향을 주었음은 이미 지적된 바 있다.[94] 특히 계미 통신사행의 사행록은 전대의 부수적 문견록이 아닌 총서류적 구성을 통해 확장된 지식을 입체적으로 수용하고자 했으며 체계적 항목화를 통해 장편화 · 세밀화된 양상을 보이고 있다.

이와 유사하게 홍대용은 『회우록(會友錄)』, 『연기(燕記)』, 『을병연행록』 등을 남기고 있어 입체적 글쓰기와 치밀한 묘사의 방식으로 지식의 생성을 모색했음이 확인된다. 국문 연행록의 계보로만 보아도 1712년의 『노가재연행일기』은 '유(遊)와 박람(博覽)'의 성격을 보이는 반면 홍대용은 '심문(審問)'에 기반한 작가 의식을 보이고 있는 것이다. 단순한 견문의 기록을 넘어 체계화된 사고를 가능하게 하는 표지로써 '자세히 살피려는' 의식은 의의가 있으며[95] 이는 『을병연행록』에서도 확인할 수 있는 특징이다. 이러한 맥락에서 본다면 〈연행장도가〉는 18세기 중반 홍대용의 대외 인식을 간접적으로나마 확인할 수 있게 한다는 점에서 의의가 있는 작품이다. 완결된 서사 구조를 보이는 여타 사행가사 작품들과는 달리 순간적으로 촉발된 감흥을 형상화하고 있지만 그 내용의 실질과 문학성에 대해 보다 세밀하게 살펴볼 필요성은 충분해 보인다.[96]

---

93 정훈식, 『홍대용 연행록의 글쓰기와 중국 인식』, 세종출판사, 2007, 36~50쪽.

94 임형택, 「계미 통신사와 실학자들의 일본관」, 『창작과 비평』 85, 창작과 비평, 1995.

95 김현미, 『18세기 연행록의 전개와 특성』, 혜안, 2007, 157~183쪽.

96 작품 및 관련 부분의 인용은 다음의 주해집에 의거한다. 홍대용 원작, 소재영 · 조규익 · 장경남 · 최인황 주해, 『주해 을병연행록』, 태학사, 1997. 의미 파악이 어려운 구절은 김태준 · 박성순이 현대어로 번역한 『산해관 잠긴 문을 한 손으로 밀치도다』, 돌베개, 2001.를 참고했음.

이십칠일 강을 건너 구련성(九蓮城) 한둔ᄒᆞ다.

(…중략…) 압녹강이 이 압희 니ᄅᆞ러 세 가지ᄂᆞᆫ ᄒᆞ여시니 이 삼강(三江)이라 니ᄅᆞᄂᆞᆫ 곳이라. 이ᄣᅢ 삼강이 다 어름이 합ᄒᆞ얏ᄂᆞᆫ디라. 그 우희 적셜이 ᄲᅡ혀 물을 ᄐᆞ고 디나ᄆᆡ 강인줄 ᄭᆡ치디 못ᄒᆞᆯ너라. 삼강을 디나ᄆᆡ 좁은 길히 겨오 술위ᄅᆞᆯ 통ᄒᆞ고 좌우의 ᄀᆞᆯ수풀이 길흘 ᄶᅵ시니 ᄒᆡᆼ식이 극히 수졀ᄒᆞ고 ᄒᆞ믈며 깁흔 겨울의 셕양이 뫼희 ᄂᆞ리ᄂᆞᆫ ᄣᆡᄅᆞᆯ 당ᄒᆞ야 친뎡을 ᄯᅥ나며 고국을 ᄇᆞ리고 먼니 만니(萬里) 연ᄉᆡ(燕使)ᄅᆞᆯ 향ᄒᆞᄂᆞᆫ ᄆᆞ음이 엇디 굿브디 아니리오마ᄂᆞᆫ 수십 년 평ᄉᆡᆼ지원(平生之願)이 일됴(一朝)의 ᄭᅮᆷᄀᆞᆺ치 일워 ᄒᆞᆫ낫 셔ᄉᆡᆼ으로 융복(戎服)의 ᄆᆞᆯ을 ᄃᆞᆯ녀 이 ᄯᅡ희 니ᄅᆞ니 상쾌ᄒᆞᆫ 의ᄉᆞ와 강개한 기운이 ᄆᆞᆯ 우희셔 ᄑᆞᆯ이 ᄲᅧᆸ내 이믈 ᄭᆡ돗디 못ᄒᆞ니, 드ᄃᆡ여 마샹의셔 ᄒᆞᆫ 곡죠 미친 노래ᄅᆞᆯ 지어 읇허 ᄀᆞᆯ오ᄃᆡ.

하ᄂᆞᆯ이 사ᄅᆞᆷ을 내매　　ᄡᅳᆯ 곳이 다 잇도다
날ᄀᆞᄐᆞᆫ 궁ᄉᆡᆼ(窮生)은　　무ᄉᆞᆷ 일을 일웟던고
등하(燈下)의 글을 닑어　　쟝문부(長門賦)[97]ᄅᆞᆯ 못 나오고
ᄆᆞᆯ 우희 활을 닉여　　오랑캐ᄅᆞᆯ 못 ᄡᅩ도다
반ᄉᆡᆼ을 녹녹(碌碌)ᄒᆞ야　　젼사(田舍)의 ᄌᆞᆷ겨시니
비슈(匕首)ᄅᆞᆯ 녑희 ᄭᅵ고　　역슈(易水)ᄅᆞᆯ 못 건넌들
금등(金燈)[98]이 압희 셔니　　이거시 므ᄉᆞᆷ 일고
간밤의 ᄭᅮᆷ을 ᄭᅮ니　　뇨야(遼野)ᄅᆞᆯ ᄂᆞ라 건너
산ᄒᆡ관(山海關) ᄌᆞᆷ은 문을　　ᄒᆞᆫ 손으로 밀치도다
망ᄒᆡ뎡(望海亭) 졔 일층의　　취후(醉後)의 놉히 안자

97 한 문제 진황후가 총애를 잃어 장문궁에 별거하면서 사마상여(司馬相如)에게 〈長門賦〉를 짓게 하여 다시 사랑을 얻었다고 한다. 『文選』의 「哀傷部」에 실려 있다.

98 조선시대 의장(儀仗)의 한 가지. 붉은 칠을 한 창(槍) 대의 한 끝에 도금한 등자를 거꾸로 붙인 것. 모두 나무로 만드나 대와 맞닿은 등자 부분(部分)만은 쇠로 하기도 함.

갈셕(碣石)을 발노 박차　　불히(渤海)롤 마신 후의
진시황 미친 뜻을　　칼 집고 우섯더니
오늘날 초초 힝식이　　뉘 타시라 ᄒ리오

우선 〈연행장도가〉를 분석하기 이전에 작품이 배치되어 있는 맥락과 수사를 살펴보고자 한다. 『을병연행록』 전반에 걸쳐 한시가 삽입되어 있는 경우는 간혹 있지만 가사체 작품은 〈연행장도가〉가 유일하며 그 지점이 바로 '압록강'을 건너는 곳이기 때문이다. 특히 도강(渡江) 과정의 풍경과 감흥은 절묘한 수사를 통해 조응을 이루면서 〈연행장도가〉가 배치될 수 있는 정서적 공간을 만들어내고 있어 흥미롭다. 도강의 결과는 '적설'로 인해 압록강인지 미처 깨닫지 못하고 건넜다는 내용에서 쉽게 확인된다. 그렇지만 곧바로 '좁은 길'과 '갈대 숲'을 '겨우' 수레로 건너는 장면을 배치함으로써 폐쇄적 세계로부터의 탈출이라는 은유적 의미를 생성하고 있다. 그 열망은 '수십년 평싱지원'으로 구체화되며 '상쾌ᄒᆞᆫ 의ᄉᆞ와 강개한 기운'으로 확장된 감정적 실체가 확인된다. 그리고 '말 위에서 팔을 뽐내는' 모습은 이제 '미친 노래'[99]를 부를 수 있을 만큼 그 감정이 정점에 도달했음을 보여주고 있는 것이다.

이처럼 대비적 수사를 통해 암시된 세계 인식의 구도와 고조된 감격의 양상은 〈연행장도가〉에 고스란히 투영되어 있으며 그에 대한 문학적 수사 역시 뛰어나다. 우선 시대적 사명을 인지하고 있음에도 실천

99 이 표현은 〈연행장도가〉가 홍대용에게 '歌'로 인식되어 창작된 국문시가임을 정확하게 보여준다. 주지하듯 홍대용은 〈大東風謠序〉에서 里巷의 歌謠는 天機와 性情을 표현하고 있으므로 긍정적으로 평가되어야 함을 주장한 바 있다. 국문시가에 대한 홍대용의 적극적 관심과 애정을 확인할 수 있는 사례인 것이다. 또한 이 〈大東風謠序〉에는 '朝鮮, 固東方之夷也'라는 구절도 있어 종래의 사상사에서 지속적으로 논의된 '華夷一也'와의 접점도 확인할 수 있다.

적 한계를 느낀 지식인의 무력함과 자조적 심회를 '궁싱(窮生)'이라는 표현에서 읽을 수 있다. 특히 '오랑캐를 못 쓰도다'라는 구절은 조선의 지식인으로서 중화의 세계를 회복하는 데 기여하지 못한 점에 대한 탄식의 표출로 볼 수 있을 것이다. 이어 전국시대의 〈역수가(易水歌)〉를 연상하며 비록 형가(荊軻)와 같은 '비슈(匕首)'는 아니지만 조선 지식인으로서의 자의식을 견지하고 있음이 '금등(金燈)'을 앞세우는 행위에서 확인된다. 중화를 계승하기 위한 조선의 노력과 지속적으로 번영하는 청의 현실에서 발생한 괴리감은 이적국의 실체를 '탐색하기' 위한 비장한 의식으로 전환되고 있었기 때문이다. 그러므로 '간밤의 쑴을 쑤니 뇨야(遼野)를 느라 건너 / 산히관(山海關) 좀은 문을 흔 손으로 밀치도다'라는 다음 구절은 새로운 세계로 진입하는 감격과 의지가 응집된 표상이라 할 수 있다. '쑴'과 '비상(飛上)'의 이미지는 연행의 감격에 대한 초월적 수사라고 볼 수 있으며 '잠긴 문'을 '한 손으로 밀치는' 행위는 다음의 세계를 위한 결연한 의지의 표명인 것이다.

이처럼 〈연행장도가〉는 산문으로 결코 표현될 수 없는 시적 공명(共鳴)을 유발함으로써 『을병연행록』 전반을 관류하는 의식과 감정의 기저를 감지할 수 있게 하는 작품이다. 특히 그 의식과 감격이 사적 층위에 국한된 일회적 분출이 아니라는 점이 작품의 후반부에서 확인된다. '오늘날 초초 힝식이 뉘 타시라 ᄒᆞ리오'라는 마지막 구절을 보면 현실적 열세에 대한 냉정한 판단과 성찰의 시선이 작동되고 있기 때문이다. '누구를 탓할 수도 없는' 현실은 타자에 대한 인정을 통해 경직된 세계를 타파함으로써 극복될 수밖에 없음을 간파하고 있었던 것이다. 그런 점에서 '방해성에 높이 앉아 취한 상태에서 발해를 마신다'는 표현은 중화계승국의 일원이라는 기개와 현실적인 한계 사이에서 형성된 울분이 문학적 상상력에 기반한 수사로 구체화된 것으로 볼 수 있다. '진시황 미친 뜻을 칼 집고 우섯더니'를 보아도 중화와 이적의 세계를 분리하고자 하는 의지를 진시황의 만리장성에 투사하고 있음이 확인되기 때문이다. 또한 '오늘날 초초 힝식이 뉘 타시라 ᄒᆞ리오'라는 결사구와 '하놀이 사름을 내매 쁠 곳이 다 잇도다'라는 첫 구절을 연계해 본다면 청나라 연행사로서의 시대적 사명을 절실하게 인식하고 그것을 실천하고자 한 지식인의 비장감이 〈연행장도가〉를 관통하고 있음을 알 수 있다. 이는 『을병연행록』에 부분적으로 첨가된 작품이라는 시각을 넘어 〈연행장도가〉를 개별적인 가사문학으로 분석해야 하는 이유이기도 하다.

세계 인식의 측면에서 본다면 이러한 특징은 17세기에 창작된 사행가사에서는 확인할 수 없었던 부분이다. 그러므로 〈연행장도가〉는 북학론자로서 홍대용의 의식이 직접적으로 투사되어 있는 동시에 대청인식이 변모하는 의식을 보여주고 있는 가사 작품이라 할 수 있다. 18세기 중후반의 연행가사가 현전하지 않아 자칫 공백이 될 수 있었던 통시적 변모 양상의 일면을 〈연행장도가〉를 통해 부분적으로나마 확인할 수 있는 것이다. 특히 홍대용의 연행은 계미 통신사의 일본 파견 이후 곧바로 이루어졌고 계미 통신사와 북학론자들이 활발한 소통을 통해 담론과 의식을 공유했음은 앞서 확인한 바이다. 〈일동장유가〉에서도 실학적 사고는 물론 자국의 열세를 인정하는 논리까지 발견되는 바, 이러한 진전된 세계 인식의 일면이 〈연행장도가〉에서도 연속되고 있음을 알 수 있는 것이다. 또한 19세기에 창작된 대청 사행가사 작품들은 대체로 '청나라 사회 · 문물에 대한 세밀한 재현'을 시도하고 있어 18세기 후반의 『을병연행록』과 〈연행장도가〉는 대청 사행가사의 문학적 특질이 변모하는 지점과 그 맥락을 보여주고 있다는 점에서도 의의가 있다. 『을병연행록』은 매우 치밀한 보고 문학으로 평가되며 〈연행장도가〉는 그에 대한 의지의 표상이 확인되는 작품이기 때문이다. 이처럼 〈연행장도가〉는 전형적 사행가사는 아니지만 대청 사행의 체험과 관련하여 촉발된 감흥과 세계 인식이 변모하는 측면, 그리고 가사문학으로서의 미감이 확인된다는 점에서 그 가치가 제고되어야 할 것으로 보인다.

(2) 〈표해가〉

① 자긍적 시선과 강남의 표상

〈표해가〉는 18세기 후반의 중국 체험이 소재가 된 작품인데 사행가사는 아니지만 인식 및 표상의 변모 과정과 관련하여 비교적 의미 있는 점들이 확인되기 때문에 논의의 대상으로 삼고자 한다. 〈표해가〉에 대한 분석을 통해 본 연구에서 주목하고자 하는 사행가사의 대외 인식과 그 변모에 대한 이해의 시각이 확장될 수 있음은 물론 문학적 구성 원리의 유사성도 발견할 수 있다. 기존의 연구사를 통해 〈표해가〉[100]의 문학적 정체와 특질은 대체로 규명되었기 때문에 본 연구에서는 작품의 주요 부분들을 사행가사의 통시적 흐름과 연계하여 재조명해 보도록 하겠다. 또한 〈표해가〉에 형상화된 이방익의 체험과 관련된 산문 기록들과 연계하여 가사문학으로서 〈표해가〉가 확보하고 있는 문학

100 〈표해가〉는 『靑春』 創刊號와 고대본 『樂府』에 수록된 두 개의 異本이 있다. 그런데 두 이본을 검토한 결과 『靑春』誌의 경우 일정 부분의 내용이 생략되어 있음을 발견할 수 있었다. 이에 대해서는 별도의 고찰이 필요해 보이며 본 연구에서는 내용이 완전한 고대본 『樂府』의 자료를 활용할 것임을 밝혀둔다. 인용될 자료는 주해본인 정재호 · 김흥규 · 전경욱, 『註解 樂府』(민족문화연구원, 1992)에 의거함.

적 실질을 확인할 것이다.

〈표해가〉의 기반이 된 이방익의 체험은 표류라는 절체절명의 위기를 극복한 후 강남을 경유했다는 점에서 정조(正祖, 1752~1800)를 비롯한 당대 지식인들의 주목을 받은 바 있다. 강남 지역은 연행사들도 체험할 수 없었던 곳이므로 그 실체에 대한 관심이 증폭되었을 것이며 조선 후기에 지속된 '대명의리론'은 강남에 대한 심리적 친연성을 강화하는 요소로 작동했기 때문이다. 더욱이 임란 후 조선에 주둔한 명나라 군인들과의 지속적 교류와 치열한 당쟁으로 인한 정치적 환멸로 인해 조선 지식인들에게 있어 강남은 낭만적 탈출을 가능하게 하는 심상 공간으로 변모했다. 유명한 당송 문인들도 강남을 유려한 필치로 형상화했으며 이러한 작품들은 조선의 지식인들에게도 널리 향유되었다. 그러므로 조선시대의 지식인들에게 강남은 이국 정서가 충만하며 낭만적 상상력을 자극하는 이상의 땅으로 간주되었던 것이다.[101]

더욱이 중국의 북경 천도 이후 강남을 직접 체험할 수 있는 기회는 없었기 때문에 최부의 『표해록』은 강남 지역에 대한 추체험을 가능하게 한다는 점에서 널리 애독되기도 하였다. 『표해록』에서 강남은 인심과 풍속이 훌륭할 뿐만 아니라 자연과 도시 경관이 화려한 곳으로 묘사되고 있기[102] 때문에 이러한 특징은 조선 후기 지식인들의 심상 지리 형성에 큰 영향을 주었던 것이다. 양명학의 발원지로서의 강남을 부정적으로 인식한 측면들이 실학자들을 중심으로 확인되기도 하지만 대체로 강남에 대한 존숭 의식은 지속된 것으로 보인다. 1777년 연행의

---

101 정민, 「16·7세기 조선 문인지식층의 江南熱과 西湖圖」, 『고전문학연구』 22, 한국고전문학회, 2002, 292~296쪽.

102 김민호, 「他者의 視線으로 바라 본 中國 江南 이미지－燕行錄과 漂海錄의 記錄을 中心으로」, 『중국어문논총』 43, 중국어문연구회, 2009, 363~369쪽.

부사(副使)였던 이압(李押)의 『연행기사(燕行記事)』를 보면 주자학적 예의가 사라진 북방에 실망하면서 강남을 존숭하는 모습이 확인되기도 한다.[103] 주자학적 질서가 지속되기를 바라는 염원을 투사한 심상 공간으로서 강남이 인식되기도 했음을 보여주는 사례인 것이다. 정조 역시 이러한 이념적 맥락에서 강남을 인식하고 있었음이 『홍재전서(弘齋全書)』를 통해 확인된다.[104] 이방익의 강남 체험을 공론화하여 정치적 교화의 논리에 적용하고자 했던 정조는 '기이한 체험이니 기록으로 남기라'는 어명을 박지원에게 내리게 되고 박지원은 이방익의 체험을 〈서이방익사(書李邦翼事)〉로 재구성한다.

그런데 박지원은 언문을 몰랐기 때문에 〈표해가〉가 아닌 다른 기록이 저본이 되었을 것으로 보인다. 〈서이방익사〉를 보면 정조가 이방익을 불러 그 체험을 史官에게 기록하게 하였으나 기억에 의존한 것이라 간혹 차서(次序)가 맞지 않고 기록해 온 내용도 노정에 불과하다[105]는 내용이 있기 때문이다. 그렇다면 〈서이방익사(書李邦翼事)〉의 저본은 '史官의 기록'이었을 가능성이 높으며[106] 〈표해가〉는 〈서이방익사〉나

---

103 김민호, 위의 글, 376~378쪽.

104 이방익의 체험을 토대로 정조는 '강남 지역의 사람들이 조선을 여전히 흠모하며 춘추 대의명분을 유지하고 있는 국가로 섬기고 있음'이 확인된다고 보았으며 이를 통해 '속된 풍습과 병근의 폐혜'를 경계해야 함을 강조하였다. 이와 관련된 인용과 분석은 김윤희, 「〈표해가〉의 형상화 양상과 문학사적 의의」, 『고전문학연구』 34, 한국고전문학회, 2008, 49~51쪽.

105 朴趾源, 「書李邦翼事 沔川郡守臣朴趾源奉敎撰進」, 『燕巖集』.
"上特召見邦翼。問以所經山川風俗。命史官錄其事。同舟八人。惟邦翼曉文字。然僅記程途。又追憶口奏。往往失次。臣趾源以沔川郡守。陛辭入侍于熙政堂。上曰。李邦翼事甚奇。惜無好文字。爾宜撰進一編。臣趾源承命震越。退取其事。略加證正焉。"

106 이는 근래에 확인된 『燕巖先生 書簡集』에서 더욱 분명하게 확인할 수 있다. 박지원은 이방익의 기록에 대한 초고를 박제가(朴齊家, 1750~1805)와 유득공(柳得恭, 1749~1807) 및 仲存인 이재성(李在誠, 1766~1809)에게 부탁하였고 이 과정에서 중존에게 남긴 편지 글들이 확인된다. 여기에서 이방익의 '언문 기록(其諺錄)'이라는 표현이 확인되며 기존

'史官의 기록'을 기반으로 창작된 작품으로 보아야 할 것이다.[107] 그런데 '史官의 기록'은 아니지만 〈이방인표해록(李邦仁漂海錄)〉이라는 쪽지본이 일찍이 학계에 소개된 바 있다.[108] 이 기록의 후반부에는 언문으로 전하던 내용을 '정상사(鄭相舍)'라는 이가 한문으로 번역했다는 필사기가 있으며 그 내용을 살펴본 결과 대부분 〈표해가〉와 일치하고 있었다. 따라서 이 기록이 이방익이 구술한 내용에 보다 근접한 자료로 보이며 박지원의 〈서이방익사〉의 관련 부분과도 상당 부분 일치하고 있어 〈이방인표해록〉의 자료적 가치에 주목해 볼 필요가 있어 보인다.

〈이방인표해록〉이 언문으로 전하던 내용을 '한역'한 글이라고 하지

에는 이를 〈표해가〉로 추정하였다. 그러나 이 기록에 대해 박지원은 이방익이 '제 입으로 다 말했지만 상세하지 않다(彼旣語焉而不詳)'고 하여 글이 아닌 '口述'의 형식으로 이방익의 체험에 대한 일차적 전언이 이루어졌음이 확인된다.

또한 정조가 이방익을 대궐로 불러 이야기 할 때 입시한 승지인 景混(1758~1832)의 기록에 대한 입수를 고대하는 내용(李承宣景混 有所錄 (…중략…) 須以家兒書 索來如何?)도 확인할 수 있다(이상의 내용과 원문은 『연암선생 서간집』을 번역한 박지원, 박희병 역, 『고추장 작은 단지를 보내니』, 돌베개, 2006에 의거한 것이다). 또한 정조의 어명에 대해 '내가 이방익과 나눈 말을 기록한 초고가 그날 입시했던 승지한테 있을 것이다. 그걸 면천에 내려 보내도록 하겠으니 너는 한가할 때 좋은 글을 지어 바치도록 하라'고 기록한 박지원의 글도 확인된다(박종채, 박희병 역, 『나의 아버지 박지원』, 돌베개, 2006, 130쪽).

그러므로 이러한 정황들을 토대로 볼 때 '史官의 기록'은 언문'으로' 기록되었다기보다 이방익의 언문'을' 기록한 한문본이었을 가능성이 높다. 그러므로 박지원이 저본으로 삼았던 '史官의 기록'이 〈표해가〉일 가능성은 희박해 보이며 〈표해가〉는 추후에 새롭게 재구성된 가사 작품으로 보는 것이 적절하다고 판단된다.

107 물론 창작의 선후 관계가 중요한 것은 아니지만 조선시대 사행가사가 대부분 한문기록을 토대로 창작된 양상을 보이고 있기 때문에 〈표해가〉 역시 이러한 문학적 관습의 자장 내에 위치하고 있다는 점이 흥미롭다. 외국에 대한 체험은 그 희소성으로 인해 구술 및 필사의 형태로 쉽게 전파될 수 있었을 것이며 그런 점에서 〈표해가〉는 사행가사 작품들과 동궤에 있었던 것으로 보인다. 그러나 〈표해가〉의 경우 '표류'를 극복한 일종의 무용담으로 재구성되었고 '강남' 지역을 형상화하고 있어 '口傳'의 가능성은 사행가사 작품들에 비해 높았을 것으로 보인다.

108 최강현, 「표해가의 지은이를 살핌」, 『어문논집』 23, 민족어문학회, 1982. 이 논문은 최강현, 『韓國文學의 考證的 硏究』(고려대 민족문화연구소, 1996)에 다시 실리면서 번역문이 첨가되었다. 본 연구의 인용문은 이 책에 의거함을 밝혀두는 바이다.

만 이 때의 '언문'이 〈표해가〉인지 또 다른 기록이 있었는지 확언하기 어렵다.[109] 그러나 세 자료 모두 상당 부분의 유사성이 확인되는 만큼 그 변이의 측면들에 유의하여 논의를 진행하도록 하겠다. 〈표해가〉가 정확한 사실성보다는 심미적 환기의 측면을 중시하여 자긍적 시선에서 감각적 · 환상적으로 체험을 구현한 측면들은 선행 연구에서도 확인된 바이다.[110] 따라서 〈이방인표해록〉, 〈서이방익사〉와 관련된 주요 특징들을 세밀하게 분석함으로써 작품의 문학적 특질을 선명하게 살피고 동시에 18세기 후반의 세계 인식 측면에도 유의함으로써 〈표해가〉를 사행가사의 통시적 구도 하에서 조망해 보도록 하겠다.

A. 〈李邦仁漂海錄〉

衆人收小人等若干衣服物件 各負一人 行三里餘 抵一處 村落可三千餘戶 ⓐ **其中有公廨 門上有大書曰 大德天堂云** 間間持米飮少許 爲療飢 將爐大燎衣 小人等精神稍定 仍書問地名 則其人書以答曰 **此中國福建省澎湖軍府境云** 三日 調攝後有一人來言 ⓑ **馬宮大人 欲召見汝等 八人同乘彩船 行五里餘** 則江畔左右 有數百彩船 船之上 俱有彩樓閣 **府中有馬宮衙門** ⓒ **三門內 有三聲大呼** 又有一官員引八人入去 ⓓ **馬宮大人 被紅袍坐椅上** 年可六十里 美鬚髯好身手 階下建**一紅傘**臺上侍立者 左右八十人 着柳紋緞衣 或藍或草綠衣 或佩刀劍 或帶櫜鞬 ⓔ **臺下有邏卒三十人 着紅衣 拄朱杖大棍杖建黃龍旗二雙** 鍮燈一雙 引八人等到臺上 ⓕ **馬宮大人曰 汝等是何國人** ⓖ **以何事登舟** 以何日遇風 幾日到此 小人等答曰 (…

109 다만 두 자료의 내용을 보면 〈표해가〉에서 다소 생략된 부분들이 보이고 있어 〈李邦仁漂海錄〉의 저본이 된 언문기록이 〈표해가〉인 가능성은 매우 희박해 보인다. 상당 부분 유사성을 확보하고 있는 제3의 자료를 토대로 〈書李邦翼事〉와 〈표해가〉가 재구성되었을 가능성이 높다.

110 이러한 시각의 최근 논의는 김윤희, 앞의 글 참고. 전체적인 구도와 내용 배치, 문체 등과 관련하여 세 자료의 상관성은 보다 치밀하게 고찰될 필요가 있어 보인다.

중략…) 大人曰 情景可矜 退去安心休息 因送于一處 有一大舍 房中有錦席舖陳 各賜竹簞一枕一 每日兩時 各賜米飮一器 鷄膏一器 友各賜香砂六君子湯.

A′. 〈書李邦翼事〉[111]

邦翼奏曰。(…중략…) 收拾船中衣服等項。各負一人而去。三十許里。有村落。可三十餘戶。ⓐ′ **中有公廨。扁曰坤德配天堂**。以米飮飮之。取火燎衣。稍定精神。乃索紙硯書問。**始知爲中國福建屬島澎湖地方**。

邦翼奏曰。ⓑ′ **八人同乘彩船。行五里許。詣馬宮衙門**。沿江彩船數百艘。江邊畵閣。卽衙門也。ⓒ′ **門內高唱三聲**。導入八人。ⓓ′ **馬宮大人**。**紅袍椅坐**。年可六十餘。美鬚髥。階下建**紅傘**。臺上侍立者。可八十人。皆紋緞衣。或藍或綠。或佩劒。或負羽。ⓔ′ **臺下朱衣兵卒可三十人**。**皆持杖**。**或竹棍**。**黃龍旗二雙**。**銅鉦一雙**。引八人升臺上。ⓕ′ **馬宮大人問漂海之由**。答以朝鮮全羅道全州府人云云。退出有大廈鋪設。皆錦緞。各贈竹簞枕。每日給米飮一器。鷄膏一器。又給香砂六君子湯兩時。

A″. 〈漂海歌〉

㉠ 一夜를 지낸 後에 精神이 頓生하니 / 죽을 마음 젼혀 적고 故國 생각 懇切하다 / 눈물을 먹음고서 窓 밧게 나와보니 / ⓐ″ **크나큰 公廨** 집에 **懸板**이 걸녓는대 / **黃金**으로 메운 글자 **配天堂**이 **分明**하다 / 붓으로 써 무르니 **福建省 澎湖府**라 / ⓑ″ **馬宮大人** 무삼 일로 우리 **八人** 불넛던고 / **使者** 서로 인도하야 **彩船**에 올니

111 앞서 언급했듯이 〈書李邦翼事〉는 박지원이 이방익의 '口述' 기록을 토대로 전면적으로 재구성한 글이며 여타 자료들을 참고하여 중국에 대한 지리 · 내력 · 고사 등을 보완해 나가면서 서술된 글이다. 이방익의 '口述' 기록은 '邦翼奏曰'로 시작되며 간접 인용되고 있으며 그 분량은 전체에서 20%를 상회할 정도밖에 되지 않는다. 본 연구에서는 다른 자료들과의 비교 · 분석을 위해 '邦翼奏曰'로 시작되는 부분들만을 발췌하여 인용한 것임을 밝혀둔다.

거늘 / **船行 六七里**에 **衙門**에 이르럿다 / ㉡ 眼目이 眩恍하니 畵圖中이 아이럿다 / ⓒ″ 서너 **門** 지나가서 **高聲長呼**한 소래에 / ㉢ 나오너니 그 누군가 前後擁衛 恍惚하다 / ⓓ″ **身上**에는 **紅袍** 입고 불근 **日傘** 압헤 섯다 / ㉣ 端正하고 雄威할사 진실로 奇男子라 / 그 집을 돌나보니 左右翼廓 宏壯하다 / ⓔ″ **臺上**에 뫼신 사람 **庭下**에 **無數 軍卒** / **黃綾旗竹 棍杖**이 **雙雙**히 버렷스니 / ㉤ 威儀는 肅肅하고 風采도 凜凜할사 / ⓕ″ **그 官人** 뭇자오되 어느 나라 사람인고 / ㉥ 一杯酒로 慰勞한 後 저 七人은 다 보내고 / 나 혼자 부르거늘 쏘다시 드러가니 / 官人이 斂衽하고 무슨 말삼 하옵는고 / 그대 비록 飢困하나 七人 동무 아니로다 / ⓖ″ **무삼 일로 漂流**하야 이 싸에 이르신고 / ㉦ 眞情으로 뭇잡나니 隱諱 말미 엇더한고 / (…중략…) / ㉧ 左右를 둘러보니 平床이 몃몃친고 / 平床 우에 白氈 펴고 白氈 우에 紅氈이라 / 繡 노흔 緋緞 이불 畫床에 버린 飮食 / 生來에 初見이라 날 爲ᄒᆞ야 베프럿네.

위에서 '강조 표시'된 부분들은 〈표해가〉를 포함한 세 자료에서 모두 중첩되는 영역에 해당한다. 또한 A와 A′를 보면 두 기록의 표현 및 내용이 대부분 일치하고 있을 뿐 아니라 〈이방인표해록〉이 분량상 우위를 보이고 있어 박지원의 〈서이방익사〉가 이와 같은 기록을 토대로 재구성된 정황을 짐작할 수 있게 한다. 특히 A″의 ㉠~㉦은 〈표해가〉에서만 확인되고 있어 가사 작품으로의 문학적 특질을 보여주는 부분이라 할 수 있다. 우선 ㉠에서는 '故國 생각 懇切하다', '눈물을 머금고서' 등과 같은 구절을 통해 환기된 정서는 이후 '공해(公廨)' 건물의 위용과 대칭적 구조를 이루며 독자의 감정적 몰입을 가능하게 하고 있다. A와 A′의 경우 '마을이 삼천여 호이다'라는 설명만이 제시된 것에 반해 〈표해가〉에서는 정서와 견문을 효과적으로 배치하고 있는 것이다.

이러한 양상은 ㉡~㉤ 부분에서 더욱 구체적으로 확인할 수 있는데 이 구절들의 주관적 감흥은 ⓑ″~ⓔ″에 제시된 객관적 장면들과 각각 호응을 이루고 있다. '아문(衙門)'에 이르러서는 '안목(眼目)이 현황(眩恍)하니', '도화중(畵圖中)' 등의 어휘로 감탄을 표출하고 있으며 '마궁대인(馬宮大人)'에 대해서는 '황홀(恍惚)하다', '기남자(奇男子)라', '위의(威儀)는 숙숙(肅肅)하고 풍채(風采)도 늠름(凜凜)할사' 등과 같은 반복적 수사로 그 위용을 부각하고 있다. 이처럼 〈표해가〉가 산문기록들에 비해 유난히 '마궁대인'에 중점을 두고 있는 것은 이후의 흐름에 비추어 볼 때 다분히 의도적인 구성으로 보인다. 산문 기록들과 비교했을 때 ㉥ 이하는 대부분 허구적인 내용이며 '자긍적' 시선이 상당히 강화되어 있기 때문이다.

특히 ㉥에 형상화되고 있는 '마궁대인'과의 독대 장면과 '그대 비록 기곤(飢困)하나 칠인(七人) 동무 아니로다'라는 '마궁대인'의 간접 발화는 화자의 우월함과 특별함을 강조하기 위해 선택된 문학적 전략으로 보아야 할 것이다. ㉦에서 '진정(眞情)'을 언급한 점 역시 소통의 깊이를 강조한 것으로 표류 과정의 어려움을 눈물로 호소하여 '마궁대인'으로 하여금 동정을 유발했다고 기록된 〈이방인표해록〉과 사뭇 다르다. ㉧에 묘사된 화려한 숙소의 장면도 '날 爲ᄒᆞ야 베프럿네' 라는 구절로 수렴되고 있어 〈표해가〉가 창작되는 과정에서 강화된 자긍적 시선을 선명하게 보여준다. 또한 이러한 시선은 가사문학의 율격과 결합하면서 감각적 층위가 보다 부각되어 형상화된 양상을 보이기도 한다. '평상(平床) 우에 백전(白氈) 펴고 백전(白氈) 우에 홍전(紅氈)이라'라는 구절만 보아도 대구와 연쇄의 수사가 시각적 심상과 효과적으로 교직되고 있음을 알 수 있다. 이는 자신의 체험에 대한 우월성과 실제성을 강조하기 위한 문학적 수법으로 독자의 효율적 추체험과 지속적 몰입을 가능하게 하는 요인으로 작용했을 것이다. 〈표해가〉에서 확인되는 이러한 문학적 미감은 강남 지역의 '소상팔경'과 관련된 다음의 부분에서 더욱 강화되는 양상을 보이고 있다.

B

行到黃州 山川秀麗 人物繁盛 樓臺壯麗 有北關大禪寺 此地卽張風雲舊遊處地 遂出東門 登一大舟 舟中設彩閣 有娼女五六人 往來遊戲 粤四日抵 ⓐ **蘇州** 江之西有 ⓑ **寒山寺** 黃瓦所盖屋 盖四十間 一日留宿 主守王公 供飮食款曲以待 使之遊翫 又乘舟行十里 有姑蘇臺高三層 又行三百里 有 ⓒ **岳陽樓** 樓之柱銅也 **牕戶及軒板 皆琉璃也** 軒之底 又鑿蓮池 養出五色魚 其色玲瓏 不可名狀 ⓓ **前臨洞庭湖七百里** ⓔ **又有君山十二峯** 爲洞庭湖中之島嶼 如畵如(黑+冥) 又 ⓕ **行到湖西寺** 盖天下第一大刹云 上七層寶塔 望四方則滉瀁莽賞 眼力不能盡窮也 又行四日到 ⓖ **揚州五湖合水處** 有 ⓗ **金山寺** 寺殿以五色瓦覆之 法堂前 ⓘ **有石假山 其高二百丈** 又聚石周廻五里 建二層彩閣 下層有僧數千 上層玻瓈闌干 有笙歌琴簫而漁釣者列坐如仙人.

B′

邦翼奏曰。自杭州六日至 ⓐ′ **蘇州**。西有 ⓑ′ **寒山寺**。黃瓦四十間也。知縣王公。設饌款待。使之遊賞。舟行十里至姑蘇臺。又三十里有 ⓒ′ **岳陽樓**。以銅爲柱。**牕戶廳版**。**皆用琉璃**。爲之鑿池於廳底。養五色魚。ⓓ′ **前望洞庭還**。ⓕ′ **又至虎邱寺**。天下第一大寺云。七級浮圖。望見無際。

邦翼奏曰。ⓗ′ **金山寺**以五色彩瓦盖覆。寺前 ⓘ′ **石假山高可百丈**。又砌石周五里環。建二層閣。下層則儒生數千居住。鬻書爲業。上層歌吹薰天。漁釣之人。携竿列坐。

B″

岳陽樓 遠近道路 護行에게 무러 알고/ 順風에 돗츨 다니 九百里가 瞬息이라/ 採蓮하는 美人들은 雙雙이 往來하고/ 고기 잡는 漁父들은 낙대 메고 나려오네/ 鄂州 南城 十里 밧게 ⓒ″ **岳陽樓** 놉핫스니/ **十字閣 琉璃窓**이 **半空**에 소사낫다/ ⓓ″ **洞庭湖 七百里**에 ㉠【돗 달고 가는 배는/ 瀟湘江을 向하는가 彭蠡湖로 가시는가】/ ⓔ″ 【**巫山 十二峰**을 손으로 **指點**하니】/ ㉡【楚襄王 朝雲暮雨 눈 압헤 보앗는 듯/ 蒼梧山 점은 구름 시름으로 걸녓스니/ 二妃의 竹上窓淚 千古의 遺恨이라/ 十里明沙 海棠花는 불근 안게 자자 잇고/ 兩岸漁磯 紅桃花는 夕陽 漁夫 나려오네/ 杜工部의 遷謫愁는 古今에 머물넛고/ 李青蓮의 詩壇鐵椎 棟樑이 부서졋다/ 이 江山 壯탄 말을 녯 글에 드럿더니/ 万死餘生 이 내 몸이 오늘날 구경하니/ 꿈결인가 참이런가 羽化登仙 아니런가/ 西山에 日暮하고 東嶺에 月上하니/ 烟寺暮鍾 어대매뇨 金樽美酒 가득하다/ 虎邱砥柱 다 지나서】 ⓐ″ **蘇州府**에 배를 매니/ ㉢【孫仲謀의 壯한 都邑 數万 人家 버려 잇고/ 東門 밧 五里許에 赤壁江이 둘넛스니/ 武昌은 西에 잇고 夏口는 東便이라/ 山川은 寂寥하고 星月이 照耀한데/ 烏鵲이 지져괴니 千古興亡 네 아는가/ 玲瓏이 달인 石橋 그 아래 배를 타니/ 含嬌含態 嬋娟美人 날 爲하야 올녓스니/ 그 소래 嘹亮하다】 ⓕ″ **虎邱寺 黃金塔**에 南屛山을 指點하니/ 七星壇 諸葛 祭風 歷歷히 여긔로다[112] / ⓑ″ **寒山寺** ⓗ″ **金山寺**를 차례로 다 본 뒤에/ 탓던 배 다시 타니 蘇州差使 護行한다/ ⓖ″ **揚州府 江東縣**은 **五湖水 合流處**라/ ⓘ″ 그 가온대 **三里 石 百餘丈**이 놉핫스니/ ㉣【造化의 無窮함을 測量키 어렵도다.】

112 『삼국지연의』에서 제갈공명이 남병산의 칠성단에서 동남풍을 불게 하는 계책을 세워 적벽대전에서 손권을 승리하게 한 고사.

위의 사례 역시 A～A″에서 분석해 본 특징들과 유사한데 내용의 구성 및 문학적 특질 면에서 보다 확연한 차이가 발견된다. 두 산문 기록과 〈표해가〉는 여정이 대체로 일치하는데 위의 부분에서는 상당한 변화를 보이고 있기 때문이다. 우선 두 산문 기록에서 공통적으로 보이는 '항주－소주(한산사)－악양루(동정호)－양주(금산사)'의 여정에 유의해 볼 필요가 있다. 이 가운데 악양루는 항주, 소주에 비해 서남쪽으로 한참 떨어진 '호남성(湖南省)'에 위치해 있어 현실적으로 불가능한 이동 경로이기 때문이다. 박지원은 〈서이방익사〉에서 이러한 견문의 오류를 비판하며 실제적 지리의 설명에 많은 분량을 할애한 바 있다.[113]

그런데 놀랍게도 〈표해가〉에서는 이러한 문제가 수정되어 'ⓑ″ 한산사(寒山寺)'에서 보이듯이 '악양루－소주(한산사)－양주'로 여정의 배치가 소성되고 있었다. 산문 기록들에서 확인되는 이동 경로를 볼 때 박지원의 지적대로 실제로 이방익이 악양루를 유람했을 가능성은 희박하며 〈표해가〉에 형상화된 부분은 대부분 상상력에 의한 것으로 보인다. 그러므로 악양루의 체험에 대한 개연성을 강화하기 위해 공간의 배치 문제를 의식적으로 고려했다고 보아야 하는 것이다. 특히 악양루에 도착하기 이전에 화자는 '남정현(南鄭縣)', '보화사(寶華寺)', '현무령(玄武嶺)' 등과 같은 여러 지역들을 거쳐 중국의 서남쪽 지방을 경유한 내용을 첨가하고 있기까지 하다.[114] 이 역시 허구적 상상에 의한 것으

113 今邦翼乃能振衣閶門。濯纓太湖。而其曰岳陽樓者。殆如說夢。蓋太湖有東洞庭之名。中有包山。又名洞庭山。以此洞庭之名。遂冒岳州。城西門樓之稱。則太逕庭矣。今附太湖諸記。以破耳食之論。

114 〈표해가〉의 B″ 바로 이전 부분에는 이처럼 산문 기록에서 전혀 발견되지 않는 여정에 기반하여 B″와 유사한 분량만큼의 형상화가 이루어지고 있다. 현재 확인되지 않는 지명들도 많으며 확인이 되는 경우도 서남쪽으로 상당히 치우친 곳이라 실제적 경유지였을 가능성은 희박하다. 내용의 구성도 대체로 상상에 의한 것으로 보이며 문학적 특질도 B″와

로 보이는데 이들 지역을 통해 악양루에 자연스럽게 도착한 것으로 서사를 재구성하는 과정에서 첨가된 부분인 것이다. 위에서 확인할 수 있듯이 〈표해가〉는 '소상팔경'의 문학적 재현에 중점을 두고 있는 작품이며 ⓒ″, ⓓ″와 같이 악양루, 동정호와 관련된 사실적 정보만이 산문 기록과 일치하고 있기 때문이다.

구체적으로 ㉠의 내용을 살펴보면 동정호의 배가 '소상강'을 향한다는 허구적 설정을 통해 환상적 세계에 대한 자연스러운 몰입을 유도하고 있음을 알 수 있다. 이어 소상팔경의 '소상야우(瀟湘夜雨)', '어촌낙조(漁村落照)', '연사모종(煙寺暮鐘)'와 관련된 심상들이 지속적으로 배치되면서 심미성이 배가되고 있다. 이 과정에서 화자는 '무산(巫山) 십이봉(十二峰)을 손으로 지점(指點)하니 / 초양왕(楚襄王) 조운모우(朝雲暮雨)는 압헤 보앗는 듯'과 같은 구절을 첨가하여 체험의 실제성을 의도적으로 환기하고 있다. 특히 화자는 '이 강산(江山) 장(壯)탄 말을 녯 글에 드럿더니 / 만사여생(万死餘生) 이 내 몸이 오늘날 구경하니 / 꿈결인가 참이런가 우화등선(羽化登仙) 아니런가'에서와 같이 자신을 '우화등선'으로 지칭할 만큼 초월적 세계로 전이된 체험이었음을 강조하고 있다. 그러나 앞서 언급했듯이 이방익도 실제적으로 '소상팔경'을 체험했을 가능성이 희박해 보이며 '강남 지역'을 체험한 희소성이 이러한 문학적 영역을 생성케 한 것으로 보인다. 물론 〈몽유도원도〉나 〈소상팔경도〉의 사례에서도 알 수 있듯이 실경을 접촉하지 않더라도 작품 속에 형상화된 이국 산수를 간접적으로 경험함으로써 문인들의 심미적 향유 및 인식의 지평이 충분히 확장될 수 있었다.[115] 그러므로 〈표해가〉에

유사한 양상을 보이고 있다. 그래서인지 〈표해가〉의 다른 이본에는 B″이전의 부분이 생략되어 있다.

의도적으로 '소상팔경'이 배치되어 강남에 대한 심상지리적 공간을 구현하고 있는 점은 당대 문인들의 적극적 향유를 가능케 하는 특질이 되었을 것으로 보인다.

이후 ⓒ에서는 '소주부(蘇州府)'에 도착하여 손권의 도읍이라는 찬탄으로 적벽대전을 연상한 후 무상감을 환기하고 있다. 그런데 이와 관련하여 ⓕ"를 먼저 살펴보면 남병산(南屛山)에서 제갈공명이 동남풍을 빌어 승리한 고사를 활용하고 있음을 알 수 있다. 『사기(史記)』에서는 제갈공명이 자연 현상을 이용한 것으로 되어 있지만 『삼국지연의(三國志演義)』의 경우에는 제갈공명이 칠성단에서 제사를 지내며 주술로 바람을 일으킨 점을 강조하여 신인(神人)으로서의 측면을 강조하고 있다.[116]

그런데 〈표해가〉에서도 '칠성단(七星壇) 제갈(諸葛) 제풍(祭風) 역력(歷歷)히 여기로다'와 같은 표현을 통해 환상성이 부각됨과 동시에 '여기로다', '남병산(南屛山)을 지점(指點)하니'에서와 같이 체험의 직접성을 강화하는 표현들을 통해 초월적 존재와 상응하는 자신의 위치를 재차 부각하고 있음이 확인된다. 이는 전후에 배치된 내용이 '함교함태(含嬌含態) 선연미인(嬋娟美人) 날 위(爲)하야 올녀스니', '소주차사(蘇州差使) 호행(護行)한다' 등이라는 점에서 더욱 확연해진다. 이후 '양주부(揚州府) 강동현(江東縣)'과 관련된 현상적 기록은 산문과 겹치고 있으며 '조화(造化)의 무궁(無窮)함을 측량(測量)키 어렵도다'와 같은 감탄구를 추가하여 내용을 완성하고 있다. 자신의 체험에 대한 주관적 우월성을 부각할 수 있는 부분을 집중적으로 재구성함으로써 초월성과 환상성

115 이형대, 「15세기 이상향의 풍경과 추체험 방식」, 『한국 고전시가와 인물형상의 동아시아적 변전』, 소명출판, 2002, 265~267쪽.

116 김옥란, 「『삼국지연의』의 신화적 모티프 수용」, 『동양학』 45, 단국대 동양학 연구소, 2009, 110~111쪽.

이 두드러진 문학적 특질이 〈표해가〉에 발현될 수 있었던 것이다.

C

又行到于由縣州 蓋**山東省**境也 由此下舟登車 此地風俗惡陋野朴 人物儉樸麤率 人家皆以蓬菖爲門 白楊爲戶 **所食只黍稷而已** 行到北京 入正陽門內 望大淸門皇極殿 風俗景致 比諸南京 而不及者十留六七.

(〈李邦仁漂海錄〉)

C′

邦翼奏曰 **山東省**以後 下舟登車 土俗鄙野 人民儉嗇 蓬門蓽戶 **食惟黍稷** 槩所不錄.

(〈書李邦翼事〉)

C″

江南을 離別하고 **山東省** 드러오니 / 平原曠野 뵈는 穀食 **黍稷稻粟**뿐이로다 / 柴草ᄂᆞᆫ 極貴하야 수수대를 불 때이고 / 男女의 衣服들은 다 떠러진 羊皮로다 / 지져귀며 往來하니 그 形狀 鬼神 갓다 / 豆腐로 싼 수수 煎餠 猪油로 부쳣스니 / 아무리 飢腸인들 참아 엇지 먹을소냐 / 죽은 사람 入官하야 길가에 버렷스니 / 그 官이 다 썩은 後 白骨이 허여다 / 夷狄의 風俗이나 참아 못 보리로다 / 夏五月 初三日에 燕京에 다다르니 / 皇極殿 놉흔 집이 太淸門에 소사낫다 / 天子의 都邑이라 雄壯은 하거니와 / 人民의 豪奢함과 山川의 秀麗함을 / 比較하야 볼작시면 江南을 짜를소냐.

마지막으로 위의 세 인용문들을 보면 강북의 풍속과 연경의 문물을 인식하는 구도가 앞서 살핀 강남의 경우와 상당히 이질적임을 알 수 있다. 그러나 구체적인 표현의 측면에서는 차이가 선명하여 가사문학으로서 〈표해가〉가 확보하고 있는 특질이 또한 확인된다. 우선 강조 표시된 부분에서 알 수 있듯이 세 자료에서 공통되는 부분은 '산동성(山東省)'이라는 지명과 '서직(黍稷)'을 먹는다는 객관적인 사실뿐이다. 그러나 C와 C′에서 각각 '풍속오루(風俗惡陋)', '토속비야(土俗鄙野)'으로 개념화된 내용들을 C″에서는 상당히 구체적으로 묘사하고 있다. '풍속(風俗)'의 실체는 의복, 음식, 장례 문화 등의 사례로 설정되었고 '비루(鄙陋)'의 양상은 각각 '그 형상(形狀) 귀신(鬼神) 갓다', '참아 엇지 먹을소냐', '이적(夷狄)의 풍속(風俗)이나 참아 못 보리로다' 등의 표현으로 구체화되고 있는 것이다. 특히 '이적의 風俗'이라는 구절은 이 지역에서 작동한 시선이 '화이관(華夷觀)'에 기반해 있음을 명백히 보여준다. 물론 이러한 형상화가 일정 부분 객관적 상황을 토대로 한 것이라 할지라도 '강남-강북'의 대칭적 구도가 '중화-이적'의 구도와 상응하고 있음은 분명하다. 이는 '연경'의 문물을 인식하는 부분에서 더욱 확연하게 감지된다. 위의 밑줄 친 부분들을 보면 '황극전(皇極殿)'의 기세는 웅장하지만 풍속과 경치는 강남과 비교할 수 없다는 이원적 인식 구도를 표면화하고 있기 때문이다.

그런데 C와 C″에서 공통적으로 확인되는 이러한 내용이 C′에는 생략되고 있는 점도 흥미롭다. 북학파 실학자였던 박지원은 연경으로 표상되는 청 문물에 대한 부정적 시각을 수용하기 어려웠을 것이며 이에 대한 의도적 배세는 '개소불록(槩所不錄)'라는 마지막 구절에서 확인된다. 따라서 〈표해가〉에서 발견되는 대청 인식은 앞서 살펴본 〈연행장도가〉와 대칭적인 양상을 보이고 있다는 점에서 흥미롭다. 〈연행장도가〉에서는 북학파 지식인의 결연한 의지와 적극적 탐색의 자세가 보인 반면 〈표해가〉에서 연경의 문물은 의도적으로 배제되거나 축소된 특징을 보이고 있기 때문이다.

강남과 강북 지역의 선명한 대립 구도는 명분론적 화이관과 북학파의 대청관이 충돌하던 18세기 후반의 대외 인식의 일면을 확인케 하는 것이기도 하다. 이와 관련하여 18세기 후반의 북학론은 기존의 배타적 화이관이 극복될 수 있는 시각을 제시했다는 점에서 선구적 의의를 지니지만 실제로 소수의 의견에 불과하여 보편성을 확보하지는 못했을 것으로 보인다.[117] 실제로 영조 중반 이후에는 대청 무역과의 적자가 심화되면서 그 위기를 타개하고자 대내적으로 대명의리론을 강화하는 양상을 보였으며 이러한 기조는 정조대에도 유지되고 있기 때문이다.[118] 따라서 개별적 편차는 있겠지만 18세기 후반의 많은 연행 사신들은 청을 오랑캐로 간주하는 시각을 지녔을 것으로 보이며 다만 새로운 문화에 대한 이해와 인지의 측면은 강화되었을 것으로 보인다.

〈표해가〉의 창작 시기와 30여 년밖에 차이가 나지 않는 사행가사 〈무자서행록〉(1828)을 보면 연경의 문물과 외관이 상당히 화려한 곳으로 인지되고 있으며 묘사의 층위도 매우 세밀하다는 점을 보아도 그러하다. 그러므로 정조대의 대외 인식과 직·간접적 관련성이 있어 보이는 〈표해가〉의 경우 의도적으로 강남이 부각되어 있고 피상적으로 연경이 묘사될 수밖에 없었을 것으로 보인다. 〈무자서행록〉과 같은 연행가사의 경우 체험 주체의 신분이나 입장에 따라 사적 층위에서의 인식

117 계승범, 「조선시대 동아시아 질서와 한·중 관계－쟁점별 분석과 이해」, 동북아역사재단 편, 『한·중·일 학계의 한·중 관계사 연구와 쟁점』, 동북아역사재단, 2009, 164~168쪽.
118 노대환, 앞의 글, 72~73쪽.

이 보다 강화되어 열린 시선이 확보될 수 있었던 것이다.

지금까지 〈표해가〉의 주된 문학적 특질을 관련 산문기록인 〈이방인표해록〉, 〈서이방익사〉와 비교해 봄으로써 가사문학으로서의 독자적인 변이 양상을 확인할 수 있었다. 〈이방인표해록〉은 이방익의 일차적 구술과 가장 유사한 자료로 보이며 구전으로 전승 · 한역되는 과정에서 '이방인'과 같은 표기상 오류가 발생했을 가능성이 있다. 또한 〈서이방익사〉는 박지원이 정조의 어명에 따라 재구성한 글인 만큼 이방익의 체험이 최대한 간략하게 인용되고 있으며 관련 지리 · 역사 · 고사 등이 훨씬 많은 분량을 차지하고 있다. 자료들의 선후 관계를 확실하게 규명하기는 어렵지만 〈표해가〉도 두 자료들과 마찬가지로 추후에 재구성된 작품임은 분명해 보이며 나름의 문학적 원리와 미감이 확인된다. 〈표해가〉의 작가는 이른바 '소상팔경'에 대한 체험의 개연성을 확보하기 위해 여정을 수정하거나 추가했으며 강남 지역의 경우 자긍심과 초월적 상상력에 기반하여 작품을 구성한 부분도 확인할 수 있었다. 이는 일종의 무용담처럼 자신만의 독자적 체험을 부각하고자 한 욕망에 기인한 특성으로 보이며 가사는 일정 정도의 허구와 상상력을 용인할 수 있는 문학 장르였다는 점에서 선택 · 활용된 것으로 보인다. 또한 이러한 문학적 특질로 인해 〈표해가〉는 추체험에 대한 독자들의 열망을 충족시키고 상황에 대한 몰입은 물론 심정적 동화를 가능케 하여 당대 문인들로 하여금 강남 지역에 대한 심미적 심상 지리를 유지 · 심화하는 작품으로서 향유 · 전승되었을 것이다.

이러한 논의들을 사행가사의 통시적 구도 하에서 조망해 보면 우선 〈표해가〉는 강남 지역을 형상화하고 있는 소재적 측면에서 볼 때 대청 사행가사에 표상된 세계의 획일성을 보완하는 작품이라 할 수 있다.

그러므로 대청 인식의 변모와 관련된 세계 인식의 특징과 차이를 '강남—강북'이라는 입체적 시야에서 조망할 수 있게 하는 것이다. 또한 산문기록들과 병존하는 양상을 보이되 초월적 자긍심이 강화되어 있는 문학적 특질은 17세기 중반의 〈장유가A〉와 유사하다고 볼 수 있다. 심적 부담을 강화하는 이념적 기제가 약화될 경우 이국의 공간을 기억하는 과정에서 심미적 상상력이 강화되어 '이상 세계'를 환기하는 소재들이 보다 적극적으로 활용될 수 있음을 보여주는 작품인 것이다. 결과적으로 〈표해가〉는 18세기 후반 중국을 체험한 후 창작된 기행가사로서 조선 후기 사행가사의 통시적 구도에 대한 입체적 이해를 가능케 한다는 점에서도 문학사적 의의를 확인할 수 있는 작품이라 할 수 있을 것이다.

2) 일본

(1) 〈일동장유가〉

〈일동장유가〉는 일찍부터 사행가사의 대표작으로 주목을 받아왔으며 이미 다층적 차원에서 연구가 진행되어 그 실체가 대부분 규명되었다고 볼 수 있다. 특히 작품에 형상화된 일본 체험과 대일관을 분석하는 방향에서 진행되었는데 이 과정에서 여타 작품들에 비해 〈일동장유가〉의 세계 인식은 비교적 활발하게 논의되었다고 볼 수 있다. 그러나 이러한 연구가 지속되면서 작품의 문학적 특질이 섬세하게 해명되지 못하거나 유사한 논의들이 반복되는 양상을 보이고 있기도 하다. 따라서 본 연구에서는 〈일동장유가〉의 문학적 구성 원리에 주목함으로써 기존 연구의 유의미한 측면들을 수용하되 보다 새로운 시각에서 작품에 접근해 보고자 한다. 〈일동장유가〉는 객관적 기록물이라고 할 수 있는 여타 사행록과 변별되는 층위에서 재구성된 문학 작품임이 확인되기 때문이다.

주요 부분들에 대한 내재적 분석은 선행 연구에서 이미 진행되었으므로 본 연구에서 〈일동장유가〉가 김인겸의 사행일기인 『동사록(東槎錄)』을 토대로 재구성된 작품임을 새롭게 논증해 보고자 한다. 이는 사행가사의 형성 원리와 문학적 관습을 통시적 구도에서 확인케 할 뿐만 아니라 〈일동장유가〉를 기점으로 전환된 형식적 특질과 그 계기를 규명케 한다는 점에서 주목해 보아야 할 현상이다. 이러한 측면에 유의하면서 당시의 동아시아 관계사를 고려하면 기존에 논의된 〈일동장유가〉의 대일 인식이 입체적으로 조망될 수 있는 시야가 확보되기도 한다. 이를테면 화이관의 발현 양상에만 한정되었던 기존의 시각을, 실제적으로 포착하고자 한 세계에 대한 이해와 반응의 영역으로 확장해 볼 필요가 있는 것이다. 이를 위해서는 18세기 후반의 대일 관계와 통신사 문학의 주요한 특징들이 우선적으로 고려되어야 한다.

① 계미 통신사와 화이관의 실제

조선은 18세기에도 여전히 일본을 조공국으로 인식하며 화이관에 기반한 대외 인식을 유지했다고 볼 수 있다. 그러나 17세기에 비해 강화된 중화계승의식은 일본을 중화의 문명 세계로 포섭하려는 인식을 유발하게 되며 이로 인해 통신사의 역할도 학술·문화적 측면이 더욱 강조되는 양상을 보이게 된다.[119] 김태준[120]은 신유한(申維翰, 1681∼1752)이 1719년 기해 통신사의 제술관으로 일본에 다녀온 후 남긴 『해유록』을 유교적 문명성이 발휘되는 점에 유의하여 분석한 바 있다. 자국의 문화적 교양을 선양하려 한 동시에 예악 문화의 기준을 잃지 않고 문인으로서의 여유를 보이고 있으며 이마두(利瑪竇)에 대한 관심 등이 확인된다는 것이다. 이미 18세기 전반에 조선 통신사는 폭넓은 문학적 교양의 안목에서 타국 문화를 가늠했음을 보여주는 자료이다.

또한 이혜순은 1719년의 기해 사행시를 토대로 양국의 문화 교류 양상을 분석하여 당대 문사들의 진전된 시대 인식의 일면을 살폈다.[121] 양국의 실상과 문화에 대한 차이를 인지하면서도 시문을 통해 문화적·인간적인 측면에서 소통하고 교감한 측면들이 발견된다는 것이다. 그런데 이 시기 통신사들은 일본에 자국의 문화를 전수하려 함과 동시에 대타적 자국 인식도 강화되는 측면을 보이고 있어 주목할 만하다. 기해 통신사의 신유한은 일본의 풍요(風謠)에 대해 관심을 보이고 귀국 후 조선시의 독자성과 가치를 긍정하는 주장을 하게 된다.

그리고 1748년 통신사 서기들은 부사산과 금강산의 우열 논쟁을 펼치는 등 자국의 산수를 예찬했으며 북학파 실학자들의 사유에 계미 통신사[122]의 견문과 담론이 직·간접적 영향을 주었음은 이미 선행 연구

---

119 조선통신사의 경우 1~3차는 비문학적 인물들이, 4~6차는 사대부 문사가 7~12차는 위항 문사가 부각되면서 제술관·서기의 역할이 증대된다. 조선 사신과의 창화 필담을 요청하는 일본 문사가 급증하는 등 문화적 교류 관계가 증가하면서 발생한 현상이다. 이에 대한 자세한 논의는 이혜순, 『조선통신사의 문학』, 이화여대 출판부, 1996 참고. 〈장유가〉를 남긴 남용익은 6차, 김인겸은 11차에 파견되었던 인물이다.

120 김태준, 「유교적 문명성과 문학적 교양―신유한의 일본일기 『海遊錄』을 중심으로」, 『조선통신사 사행록 연구총서』 1, 학고방, 2008.

121 이혜순, 앞의 책, 215~235쪽.

122 김인겸과 함께 계미 통신사의 일원이었던 원중거, 성대중은 연암일파에 영향을 주었다. 이덕무, 홍대용, 박제가, 유득공, 이가환 등과의 직·간접적 교유 관계 확인된다. 특히 원중거의 일본 인식에 노론계 북학파 지식인들에게 영향을 준 것이 분명하다. 김인겸은 김상헌의 현손, 김창집의 5촌 조카에 해당한다. 또한 김인겸을 포함해 제술관·서기들 중 많은 수가 서얼 신분에 속한다. 이들의 문학 세계와 특징에 대해서는 김경숙, 『조선 후기

에서도 논증된 바 있다.[123] 계미 통신사가 일본에서 돌아온 직후인 1764년 '백탑시파'가 형성되었고 이봉환 · 유후 · 이명계 · 성대중 · 원중거 · 김인겸 등이 존경하는 선배 문사로 동인들의 시문에 자주 등장하고 있기 때문이다.[124]

또한 일본에 전하는 각종 창화집을 보면 일본 학술에 대한 사행원의 태도가 사행록과 다르게 묘사된 경우가 많다는 점에도 유의할 필요가 있다.[125] 1719년 사행에는 성여필(成汝弼)과 이토진사이(伊藤仁齋, 1627~1705)의 아들 이토바이우(伊藤梅宇, 1666~1728)와의 필담이 기록되어 있는데 성여필이 이토진사이의 책을 얻어 일본 유풍(儒風)의 성(盛)함을 알리겠다고 말한다. 또한 1748년의 이봉환은 이토바이우의 아들을 만나 조선 학사들이 이토진사이의 『동자문(童子問)』을 칭찬하고 있다면서 『논어고의(論語古義)』, 『맹자고의(孟子古義)』 등의 책을 얻어 오는 등 일본 학술에 대해 지대한 관심을 보였다. 이러한 지식이 전달되어 계미 통신사의 일행들은 일본의 반주자학적 분위기를 이미 인지하고 있었던 것으로 보인다. 남옥 · 성대중 · 원중거는 당시 일본 고학(古學)[126]의 핵심 인물이었던 오규소라이[荻生徂來]의 저작을 입수하는 데 매우 열정적이었음은 물론 『소라이집』을 숙독한 정황까지도 필담 자료를 통해

서얼문학 연구』, 소명출판, 2005.

123 계미 통신사가 18세기 실학자들의 담론에 직 · 간접적 영향을 주었다는 논의와(임형택, 「계미 통신사와 실학자들의 일본관」, 『창작과 비평』 85, 창작과 비평, 1995) 그들의 문학적 특성과 교류의 특성을 정리한 논의(구지현, 『계미 통신사 사행문학 연구』, 보고사, 2006)가 대표적이다.

124 안대회, 『18세기 한국 한시사 연구』, 소명출판, 1999, 301~308쪽.

125 한태문, 「通信使 往來를 通한 文化交流」, 『통신사 · 왜관과 한일관계』, 한일관계사학회, 경인문화사, 2005, 175쪽.

126 伊藤仁齋는 宋儒의 학이 孔孟과 괴리가 있다고 의심하면서 古義學을 주창하였고 이는 이후 荻生徂徠에 의해 계승 · 발전되었다. 이들의 학문 세계와 관련 인물에 대해서는 다음을 참고. 이노구치 아츠시, 심경호 · 한예원 역, 『일본한문학사』, 소명출판, 2000, 312~348쪽.

확인되기 때문이다.[127] 물론 이러한 이들의 의식이 공식적 보고에는 반영되지 않았지만 지식인들을 중심으로 청조의 한학과 일본의 고학 등과 같은 문예적 변화에 대한 적극적 담론이 확산된 점은 분명한 것이다.

이러한 일련의 흐름은 계미 통신사 이전에 이미 일본의 학술적 변화에 대한 활발한 담론과 수용의 논의가 진행되었음을 알 수 있게 해 준다. 그러므로 계미 통신사가 파견될 당시 조선 지식인들은 문화적 우월감뿐만 아니라 변화에 대한 일정 정도의 지식은 물론 탐색을 위한 긴장감을 견지했을 가능성이 높다. 기본적으로 일본에 대한 화이관은 지속적으로 작동하고 있었겠지만 임진왜란을 연상케 하는 부분이나 종족적 이적관을 제외하고는 실제적 효용성을 발휘했다고 보기 어려운 것이다. 오히려 '탐구'와 '관찰'의 시선이 강화된 측면에 유의해야 하며 실제로 계미 통신사 집단이 남긴 저술들은 역대 통신사들과 비교했을 때 분량과 체제 면에서 가장 풍부한 양상을 보이고 있다.

이러한 변화의 측면을 사행문학의 글쓰기 방식 연관하여 잠시 살펴보도록 하겠다. 한태문[128]은 조선 후기 통신사 사행문학의 특징과 문학사적 의의를 통시적 구도 하에서 해명한 바 있다. 논자는 교린체제를 포로 쇄환 등의 실무 중심이었던 모색기(1607~1624), 정상적 국교(國交)가 재개되는 확립기(1636~1655), 문화 교류가 급증하는 안정기(1682~1763), 에도가 아닌 대마도에서 역지통신(易地通信)이 진행된 와해기(1811)로 구분하고 안정기 시기의 사행문학에 대한 분석을 시도하였다. 특히 이 시기 사행록은 일기, 시, 잡문 등이 복합적으로 구성된 혼합적

127 후마 스스무[夫馬進], 하정식 외역, 「1764년 조선통신사와 일본의 소라이학」, 『연행사와 통신사』, 신서원, 2008.

128 한태문, 「조선 후기 통신사 사행문학의 특징과 문학사적 의의 – 교린체제 안정기(1682~1763)의 『사행록』을 중심으로」, 『조선통신사 사행록 연구총서』 2, 학고방, 2006.

서술 양식을 보이고 있다는 점에서 점차 고도의 문학성을 확보한 기록 문학으로 발전하는 양상을 보인다고 보았다. 이 시기 일본은 조선의 영향으로 성립한 주자학의 학문 체계가 이토진사이와 오규소라이의 고학(古學)을 중심으로 방향 전환을 하게 되면서 자국학의 발전을 이룩하게 된다. 탈주자학의 논의들이 심화 · 발전되면서 중국과 조선을 타자화한 일본은 18세기에 '일본형 화이관'[129]을 구심점으로 서양 문물을 능동적으로 수용하면서 자국의 경제와 문화를 발전시키게 되는 것이다.

더 이상 조선의 통신사를 통해 막부 정권의 문화적 정당성을 확인하고 청나라 중심의 조공 질서에 순응할 필요성이 사라진 일본은 19세기에 이르면 조선과의 통신사 교류를 정리하게 된다. 이러한 대체적 정황을 볼 때 18세기의 양국 관계에서 조선중화적 화이론[130]과 일본형 화이관은 충돌할 수밖에 없었을 것이다. 에도로 파견된 마지막 통신사인 계미 통신사(1763)는 최다의 사행록이 남아있는 등 이러한 교류의 정점이자 후반기 양상을 보여주고 있는 것이다. 따라서 그들의 사행기록을 통해 일본에 대한 문화적 우월감의 이면에 잠재된 현실적 열세의 위기 및 긴장 관계를 읽을 수 있으며 이러한 외교적 균열은 일본의 문물과 자국의 현실을 보다 구체적으로 자각하는 계기로 작동했을 것이다. 그러므로 1763년의 계미 통신사 일원들이 남긴 많은 사행록들[131]은 다양

---

129 탈중화를 통해 일본이 모색한 일본형 화이의식의 특징은 대체로 다음의 세 요소로 정리된다. ① 일본 스스로 '華'의 근거를 '武威'와 '천황'의 존재로 설정 ② 일본은 '神國'이라는 인식 ③ 德川幕府와 諸國의 관계를 禮的으로 구축하고 복속의례를 따르도록 규정

130 조선중화적 화이론이 소중화적 화이론은 '華'의 주체를 각각 조선, 명으로 설정했다는 점에서 변별된다. 그러므로 조선중화적 화이론의 경우 조선의 문화적 자긍심과 자의식이 보다 강화된 개념이라고 볼 수 있다.

131 계미 통신사가 창작한 사행 관련 기록들은 다음과 같다. 정사 조엄의 『해사일기』, 제술관 남옥의 『일관기』, 『일관기초』, 『일관수창』, 서기 원중거의 『乘槎錄』, 『화국지』, 서기 성대중의 『일본록』, 서기 김인겸의 〈일동장유가〉, 『동사록』(『동사록』은 현전하지 않으며

한 글쓰기 방식을 통해 변모하는 세계를 적극적으로 이해하고 사유하려 한 노력의 결과물인 것이다.

또한 남옥(南玉, 1722~1770)은 계미 통신사의 제술관이며 역대 사행 중 가장 많은 수의 사행 시문을 남긴 문재(文才)이다. 남옥의 『일관기(日觀記)』는 자부심과 사명의식을 토대로 창작된 사행록으로 양국 교류의 총체적 상황과 文에 대한 관심, 문화적 화이관과 반성적 시각, 절제력 있는 서술 등이 나타난 문화적 집적물로 평가되고 있다.[132] 그리고 김경숙[133]은 원중거(元重擧, 1719~1790)의 『승사록(乘槎錄)』을 분석하여 일기 형식의 전문적 서술 방식 속에 실증적인 탐구력, 이성과 감성의 적절한 조화 등을 융합된 사행록임을 논증한 바 있다. 일본에 대한 객관적 인식은 물론 '탐구'의 자세가 발견된다는 점에서 다른 사행록들과 변별되며 이는 원중거의 『승사록』와 『화국지(和國志)』가 연암그룹의 저작에서 지속적으로 인용되는 이유와 상관성이 있을 것임을 지적한 것이다. 또한 구지현[134]은 무인으로서 계미 통신사의 실무를 담당했던 일원인 변탁의 『계미수사록』을 분석하여 종래의 연구 성과를 보완하였다. 정치나 외교 업무에서 자유로운 주변인으로서 일본 사행을 하나의 이국 체험으로 인식하여 서술한 것이 『계미수사록』이며 일본을 이적시 하지 않고 현실적이고 객관적인 태도로 형상화한 사행록이라

『동사록초』라는 기록이 남아 있음), 한학상통사 오대령의 『명사록』, 명무군관 민혜수의 『사록』, 변탁의 『계미수사록』 등이 있다.

132 김보경, 「남옥의 『日觀記』 연구－대상 · 보기 · 문체를 축으로」, 『조선통신사 사행록 연구총서』 1, 학고방, 2008.

133 김경숙, 「『乘槎錄』의 서술 방식과 사행록으로서의 의의」, 『조선통신사 사행록 연구총서』 1, 학고방, 2008.

134 구지현, 「『계미수사록』에 대한 재검토－작가와 사행록으로서의 의미를 중심으로」, 『동방학지』 131, 연세대 국학연구원, 2005.

는 점에서 의의가 있다고 보았다.

이처럼 동일한 계미 통신사의 일원이지만 신분이나 입장에 따라 그 체험을 서술하는 시각은 유연성의 측면에서 차이가 있음을 알 수 있다. 종사관 서기였던 김인겸도 한문일기인 『동사록』을 남긴 정황이 확인되는바, 그 양상은 역시 서기였던 원중거의 『승사록』과 유사했을 것으로 보인다. 〈일동장유가〉는 이 『동사록』에 기반하되 '가내 소통'을 염두에 두고 재구성한 작품이기 때문에 주변인으로서의 자유로운 시선은 물론 가사 작품만의 문학적 영역이 동시에 확인된다는 점에서 여타 기록들과 변별될 수 있는 것이다. 특히 여타 산문 기록들과 비교했을 때 사적인 층위의 시선이 강화된 작품임은 다음의 사례를 통해 일차적으로 확인할 수 있다.

> ① 이에 이르자 주상께서 일행을 절대 바꿔 고치지 말라는 명령을 내리셨고, 이 날 삼사에게 명하여 각각 종행하는 사람을 거느리고 경현당(景賢堂)으로 들어 주상을 뵈알하라고 하셨다. ⓐ【제술관이 삼사를 따라 먼저 들었고, 조금 있다가 서기도 들라는 명령이 있어서 나와 종사관 서기인 김인겸이 함께 들어 어전(御殿)에 올랐다. 주상께서 성명과 나이를 물으시어 우리들이 차례로 대답을 하였고 삼사가 또 옆에서 넌지시 아뢰었다. 주상이 말씀하시기를 "그대들에게 시 짓는 능력이 있는지 먼저 시험해 보고자 하니, 그대들은 나가서 함께 시를 짓고 시가 이루어지는 차례에 따라 와서 내도록 하라"고 하셨다.】 내가 좌우를 보며 미처 대답을 하지 못하는데 종사관이 곁에서 말하기를 "글의 제목과 韻은 제술관이 이미 받들어 나갔으니 나가서 깊이 찾아보시게"라고 하였다. 드디어 어전에서 내려와 문을 나와 제술관을 찾으니 남옥 역시 사람을 보내 맞이하였다. 마침내 옥당(玉堂)의 의막(依幕)에 앉아 작품을 지었다. 가을 매미(秋蟬)를 제목

으로 한 칠언율시를 蟬 자를 압운으로 하여 지었다. 남옥이 먼저 지어 먼저 내고 나갔다. ⓑ【나와 김인겸이 함께 어전에 올라 아뢰니 주상께서 승지에게 명하여 차례로 읽게 하시고 옥음으로 "참되도다!"라고 하셨다. 김인겸이 지은 '해 뜨는 동쪽으로 가는 서기 몹시 부끄럽네(日東書記愧翩翩)'의 시구에 이르러서는 주상께서 웃으며 말하시기를 "그 일을 말함이 좋도다"라고 하셨다. 일어나서 물러나려고 하자 주상께서 말씀하시기를 "모습이 좋도다"라고 하셨다.】 인하여 하교(下敎)하시어 말씀하시기를 "그대들은 어느 곳에서도 다만 문자뿐만 아니라 다른 일도 나라에 부끄러운 일을 하지 말고 오라"고 하셨다. 신이 몸을 굽혀 인사를 하고 교지를 받들어 종종걸음으로 어전에서 내려왔는데 감격하여 눈물이 소매에 가득하였다. 이 날 관대(冠帶)는 군직(軍職)을 따랐는데 김인겸 역시 임시로 착용했으니 주상으로부터 임시로 착용하라는 명령이 있었던 것이다. 성대중은 정사서기인데 먼저 고향에 내려갔다가 돌아오지 않은 까닭에 들지 못했다.

(원중거, 『승사록』)[135]

② 복명(復命)하느라고 입시하였을 때에, 상이 이르기를, "경등(卿等)을 보내던 때에는 어찌 복명을 보게 될 줄 알았겠는가? 접때 선래(先來)가 들어오매 듣고서 아주 기쁘고 다행하였다. 칠순(七旬)에 사신을 보내고 80을 바라보는 해에 또 복명을 보니, 이것이 어찌 미리 생각한 바이랴!" 하매, 조엄(趙曮)이, "임금의 신령이 미친 바 되어 무사히 다녀오매 공사(公私)가 다행입니다" 하였다. 상이, "날이 이처럼 덥기 때문에, 천천히 돌아오라고 특별히 명하였었다" 하매, 대답하기를, "신등(臣等)이 하교에 따라 하루에 한 참(站)씩 왔는데, 이인배(李仁培)는 죽령(竹嶺)을 거치고 김상익(金相翊)은 추풍령(秋風嶺)을 거쳤으되 또한 그들

135 인용한 번역문은 다음의 책에 의거한 것임을 밝혀둔다. 원중거, 이혜순 감수, 김경숙 역, 『조선 후기 지식인, 일본과 만나다』, 소명출판, 2006, 27~28쪽.

도 참마다 묵었습니다" 하였다. (…중략…) "궁실(宮室)은 어떻던가?" 하매, 대답하기를, "그리 웅장하고 화려하지는 않으나 일곱 겹 문이 있었습니다." (…중략…) 하고, ⓒ【상이, "남옥(南玉)이 시(詩)로 이름을 얻었다 하거니와, 누가 많이 지었는가?" 하매, 대답하기를, "네 사람이 지은 수가 거의 같았습니다" 하였다. 상이 이르기를, "남옥은 몇 편이나 지었는가?" 하매, 옥이 대답하기를, "천여 수(首)를 지었습니다"】하니, 【상이, "장하다, 너도 저 사람들의 시(詩)를 얻어 왔느냐?" 하매, 대답하기를, "저 사람들이 먼저 짓고, 그런 뒤에 화답(和答)하였으므로, 저들이 지은 것을 가져왔습니다" 하였다. 조엄이 아뢰기를, "저 사람들의 시는 대저 원숙(圓成)한 편(篇)이 없어서 족히 볼 만한 것이 없었습니다" 하였다.】 (…중략…) 상이, "성대중(成大中)은 어떠하였는가?" 하매, 대답하기를, "범상(凡常)하지 않았습니다. 원중거(元重擧)와 김인겸(金仁謙)도 천여 수를 지었습니다" 하였다. (…중략…) ⓓ【상이 이르기를, "서유대(徐有大)는 서명응(徐命膺)의 일가인가?" 하매, 대답하기를, "서명형(徐命珩)의 재종손(再從孫)입니다. 이번에 서유대・유달원으로 말미암아, 거의 가라앉을 뻔한 배를 구해 내었습니다" 하였다. 상이 군관들에게 명하여 앞으로 나오게 하였다.】 (…중략…) 이덕리(李德履)에게 이르러 상이, "누구의 일가이냐?" 하매, 조엄이, "부사(副使)의 가까운 일가이며 장한상(張漢相)의 외손자입니다" 하니, 상이, "그러면 이삼(李森)의 처조카이구나" 하고, 명하여 전교를 쓰게 하였다.

(조엄, 『해사일기』)

③ 장복을 급히 출여 궐하의 드러가니 / 일힝제인들이 다 쥬어 모닷고야 / 삼ᄉᆞ신 몬져 들고 졔슐관 됴초 든 후 / 셔기를 브ᄅᆞ거ᄂᆞᆯ ᄉᆞ집은 근친 가고 / 원봉ᄉᆞ 민남앗기의 다만 둘이 입시ᄒᆞᆯ식 / 급급히 츄창ᄒᆞ야 탑뎐의 부복ᄒᆞ니 / ⓐ′【나라히 우ᄉᆞ시고 은언으로 무ᄅᆞ시되 / 네 셩명 무어시며 어ᄃᆡ서 ᄉᆞᆯ고 뉘 ᄌᆞ손으로 / 연

셰ᄂᆞᆫ 멧멧치며 뎐함은 무어신다 / 소신이 황공ᄒᆞ야 ᄀᆡ복ᄒᆞ야 엿ᄌᆞ오ᄃᆡ / 진ᄉᆞ신 김인겸은 문경공 현손으로 / 쉰일곱먹어습고 공쥐셔 ᄉᆞ나이다 / 어져 네 그러ᄒᆞ면 당동ᄃᆡ신[136] 멧촌인다 / 고샹신 츙헌공의 오촌딜이 되ᄂᆞ이다】/ 텽거가 슌슌ᄒᆞ야 곳처 하교 ᄒᆞ오시되 / "명됴의 손ᄌᆞ로셔 문임의 ᄲᆡ히여셔 / 나라 일노 가게 되니 귀ᄒᆞ고 기특ᄒᆞ다 / ᄌᆡ죠ᄅᆞᆯ 시험ᄒᆞ랴 너희를 블너시니 / 왜놈과 슈작ᄒᆞᆺ 측각의 제진ᄒᆞ되 / 글 제를 볼셔 ᄂᆡ여 졔슐관을 주어시니 / 슈이 나가 어셔 지어 ᄯᅩ 다시 입시ᄒᆞ라" / (…중략…) / ⓑ′ 시초ᄅᆞᆯ 드리오니 【입시ᄒᆞᆫ 유승지가 / ᄂᆡ 글을 몬져 바다 소ᄅᆡ 놉혀 엿ᄌᆞ오ᄆᆡ / 한 귀 읽고 두 귀 읽고 셰 귀 네 귀 다 닑그니 / 용안이 ᄃᆡ열ᄒᆞ샤 격졀탄상 ᄒᆞ오샤ᄃᆡ / "둘 ᄌᆡ 귀 셋 ᄌᆡ 귀ᄂᆞᆫ 제 ᄯᅳᆺ줄 잘 삭엿고 / 제 말노 ᄒᆞ여시니 말 ᄌᆡ 귀 더욱 됴타 / 남옥 원듕거ᄂᆞᆫ ᄌᆡᄉᆞ라 ᄒᆞ리로다 / 너희 ᄌᆡ조 보아ᄒᆞ니 국일시지 션인이라 / 이국의 보ᄂᆡ여도 근심이 업다스니 / 만니 창명 험ᄒᆞᆫ 길의 병 업시 단여오되 / ᄀᆡ교물을 탐치 말고 화국ᄒᆞ고 도라오라" / 빅비 슈명ᄒᆞ고 승셕ᄒᆞ여 도라오니.】

(〈일동장유가〉)[137]

④ 초팔일 평명시에 죵ᄉᆞ상 뫼시고셔 / 한강의 ᄇᆡᄅᆞᆯ ᄐᆞ고 두묵개로 올라가셔 / 신촌 고개 넘어 드러 동관왕묘 드러오니 / ᄉᆞ샹 ᄒᆡᆼᄎᆞ 몬져 와셔 묘듕의 안잣거ᄂᆞᆯ / ᄉᆞ샹ᄭᅴ 문후ᄒᆞ고 동뉴들 다 반기고 / 한훤을 못다ᄒᆞ야 부방 ᄒᆡᆼᄎᆞ 드러오ᄂᆡ / 됴뎡의 여러 ᄌᆡ샹 마조 나와 보ᄂᆞᆫ고나 / 일ᄒᆡᆼ 상하 당복ᄒᆞ고 궐하로 나아갈ᄉᆡ / 나ᄂᆞᆫ 당복 업ᄂᆞᆫ디라 냥션뎐 뎐갈ᄒᆞ야 / 무겸텽의 비러다가 ᄒᆞᆫ가지로 입시ᄒᆞᆯᄉᆡ / 삼ᄉᆞ신 ᄉᆞ문ᄉᆞ가 열닐급 비쟝들이 / 일시의 추창ᄒᆞ야 탑뎐의 국비ᄒᆞ니 / 나라히 우

136 壯洞大臣 : 지은이의 당숙으로 영의정을 지낸 김창집(金昌集, 1648~1722)을 의미함.

137 원문은 임기중, 『歷代歌辭文學全集』 제16권에 수록된 필사본에 의거함. 해석이 필요한 경우 국립 중앙 도서관본을 역주한 김인겸, 최강현 역주, 『일동장유가』, 보고사, 2007를 참고했음.

ᄉᆞ시고 삼ᄉᆞ신긔 묻ᄌᆞ오ᄃᆡ / 풍도의 험ᄒᆞᆫ 것과 힝역의 어려옴과 / 산쳔의 긔이ᄒᆞᆷ과 인물의 번셩ᄒᆞᆷ과 / 궁실의 장ᄒᆞᆫ 것과 풍쇽의 고이ᄒᆞᆫ 것

낫낫치 무ᄅᆞ신 후 버거 문ᄉᆞ 브ᄅᆞ시ᄃᆡ / ⓒ′【"장동 김문의셔 셔긔 가니 네 누군다" / ᄉᆞ신이 엿ᄌᆞ오ᄃᆡ "민 뒤히 업ᄃᆡᆫ 거시 / 진ᄉᆞ 김모ᄋᆞᆸ고 죵ᄉᆞ 셔긔 갓더니이다" / 갓가이 오라시매 나아가 부복ᄒᆞ니 / 나라히 무ᄅᆞ시ᄃᆡ "고샹신의 므어신다" / 긔복ᄒᆞ여 엿ᄌᆞᆸ기ᄅᆞᆯ 뎐대로 엿ᄌᆞ오니】/ 고텨 하문 ᄒᆞ오시ᄃᆡ 피국의 드러가니 / "피인의 문지들이 무셥더냐 언잔터냐" / ⓓ′【"문지가 유여ᄒᆞᆫ 놈 왕왕이 잇ᄉᆞ오나 / 시눕은 참혹ᄒᆞ야 졔슐ᄒᆞᆯ 줄 모ᄅᆞ더이다" / "네 이번 지은 거시 다쇼가 엇더ᄒᆞ뇨" / "네 문ᄉᆞ 짓ᄉᆞ온 것 대략은 ᄀᆞᆺᄉᆞ오나 / 다 주어 혜게 되면 수쳔 슈나 되ᄂᆞ이다"】/ 격졀탄샹 ᄒᆞ오시ᄃᆡ "장ᄒᆞ고 심히 만타 / 드ᄅᆞ니 너희 시지 젼도곤 ᄆᆞ이 낫고 / 윤필을 도로 주미 쳥빅이 ᄃᆞᆫ녀 오니 / 욕국을 아닌디라 아름답고 긔특ᄒᆞ다."

(〈일동장유가〉)

인용문이 다소 길지만 위의 네 자료를 살펴보면 〈일동장유가〉가 종래의 기록들을 참조하되 일정 부분의 허구적 요소를 첨가하며 재구성한 문학 작품임을 확실하게 알 수 있다. ①은 당시 조엄 부사의 서기였던 원중거가 남긴 『승사록』의 전반부이며 ②는 조엄의 『해사일기』에서 귀국 후 복명하는 과정과 관련된 기록이다. 또한 ③과 ④는 각각 〈일동장유가〉의 전 · 후반부에 해당하는데 두 산문 기록과 흥미롭게 비교되는 부분을 발견할 수 있다. 우선 ①에는 원중거와 김인겸이 영조 앞에서 응제(應製)하는 장면이 있는데 ⓐ를 보면 영조가 이들에게 성명과 나이를 물어본 사실이 확인된다. 그런데 ③에서 김인겸은 이를 대화체의 장면으로 재구성함으로써 현장성을 강화한 것은 물론 구체적 정보를 첨가하여 자신의 '특별함'에 초점을 맞추고 있다.

특히 '문정공의 후손'이라고 자신의 가계 족보를 언급하는 화법은 ② 에서 발견되는데 ②에는 귀국 후 삼사(三使)와 관련된 주변 인물들에게 영조가 '일가(一家)'를 물어보는 장면이 기록되어 있다. 『해사일기』의 전반부 배알(拜謁) 장면에서는 이러한 내용이 확인되지 않는 만큼 〈일동장유가〉의 ⓐ′ 화법은 이러한 산문기록에서 차용했을 가능성이 높아 보인다. 또한 ⓑ′를 보아도 응제에 대한 영조의 반응이 과장되어 있음을 알 수 있다. ⓑ에서 확인되는 당시의 정황은 승지가 글을 읽고 영조는 '참되도다!'와 같은 감탄을 표출하고 있는 것이다. 그런데 〈일동장유가〉의 ⓑ′에서는 영조가 '둘째 귀 셋째 귀는 / 제 뜻을 잘 새겼고 제 말로 하였으니 / 말째 귀 더욱 좋다'와 같이 김인겸의 시구를 자세하게 논평하는 상황으로 변환되고 있다. '내 글을 먼저 받아', '용안이 대열하사', '격절탄상 하오시되' 등과 같은 과장의 수사들도 재현된 장면에서 서술자의 우월성을 부각시키는 문학적 장치로서 작용하고 있다.

이러한 양상은 복명과 관련된 ④의 장면에서 다시 한 번 확인되는데 ①에 비해 허구적 특성이 더욱 강화되어 있어 흥미롭다. 계미 통신사의 제술관(製述官)이었던 남옥의 『일관기(日觀記)』에 의하면 김인겸은 귀국 후 곧바로 공주(公州)로 돌아가서 입시하는 데 참석하지 못했다고 되어 있다.[138] 또한 여타 기록들에서도 복명 과정에 김인겸이 참석한 사실은 전혀 확인되지 않는바, 〈일동장유가〉에 형상화된 ④의 장면은 완전한 허구적 구성임이 확실해 보인다.

특히 위의 '강조 표시'된 단어들에서도 알 수 있듯이 그 문학적 수법이 작품의 전반부인 ③ 부분과 상당히 유사하다. '궐하에 들어가니', '임

138 남옥, 이혜순 감수, 김보경 역, 『붓끝으로 부사산 바람을 가르다』, 소명출판, 2006, 536~537쪽.

금이 웃으시고', '격절탄상 하오시되' 등과 같은 주요 구절이 중첩되고 있으며 영조와의 대화 장면에서도 작품의 전반부를 의식적으로 고려하거나 참고한 정황이 짐작된다. '장동 김문에서 서기 간 이 네 누군가', '가까이 오라', '고상신의 무엇이냐' 등으로 이어지는 영조의 발언들은 자신의 우월성을 강화하기 위해 허구적으로 창작된 논리라고 볼 수 있으며 이 때의 '장동 김문'과 '고상신'은 ③에서도 확인되는 단어들이다. 더욱이 영조의 질문에 대한 화자의 답변은 '전대로 여쭈오니'인데 이는 서사 장면과의 상관성을 직접적으로 표면화한 발언이라 할 수 있다. 복명과 관련된 장면은 실제적 상황이 아니기 때문에 창작 과정에서 작품의 전반부를 고려한 것으로 보이며 이는 〈일동장유가〉의 문학적 유기성을 강화하는 요인이 되었다고 볼 수 있다.[139]

---

139 이러한 문학적 유기성은 다음의 장면에서도 발견할 수 있다. "서기노릇 하는 양반 비록 심히 비미하나 / 임하에서 독서하고 자호하는 선비로서 / 욕본 땅에 앉았다가 배 탄 후 또 욕보면 / 하늘로 못 오르고 바다로도 못 들지라 / 뒷발 디딜 평지에서 하직하고 가나이다" / 사상이 하오시되 "김진사 이런 말은 / 진실로 의외로다 **그대 입시하여 특명으로 글 지이고 / 이국에 보내시니 천은을 감격하여 / 화국하고 돌아옴이 분의에 옳삽거늘** / 별반시비 끌어내어 김진사 아니가면 / 저 세 사람 어찌 갈까 넷이 다 못 갈진대 / <u>사행인들 어지 갈까 나라일 그릇되면 / 김진사 탓 아닌가</u>" (…중략…) / 숙소로 돌아오니 내게 온 마두놈이 / 엎디어 아뢰오되 "소인이 이리 와서 / 모시고 다니다가 쾌하고 기쁜 일을 오늘이야 보았다네 / 진사님 객사에서 상사도와 다투실 때 / 각관의 아전 관속 문 밖에 다 모여서 / 혀 차고 이르오되 '이 사또 감사 때에 / 경주 안동 동래부사 다 모두 겁을 내고 / 그 밖 열읍 원님네가 꿈쩍도 못하더니 / <u>이번에 김진사는 어떠한 양반인지 / 정사도의 위엄으로 휘우지 못하여서 / 그 말대로 시행하니 사납고 무섭기가 / 아국에 없다</u>' 하고 지점하고 기리는 양 / 소인이 쾌하기를 비할 데 없나이다" / 우습고 기괴하여 꾸짖어 물리치고 / 방에 누워 생각하니 내 소범 많았으니 / 일변으로 구연하고 일변으로 부끄럽다"
위 인용문의 '강조 표시'된 부분을 보면 앞서 살펴본 서사 내용의 일부가 반복적으로 재현되고 있음을 알 수 있다. '입시, 특명, 이국, 화국' 등과 같이 완전히 동일한 어휘들이 사용되고 있어 자신의 우월함을 강조해야 하는 지점에 入侍 장면의 일부를 의도적으로 차용하고 있는 것이다. 특히 밑줄 친 부분에는 사행원으로 자신의 중요성과 강개한 선비 의식이 직접적으로 표출되고 있다. 〈일동장유가〉를 창작하는 과정에서 김인겸은 필요한 경우 이전의 장면을 고려 · 반영함으로써 서사적 유기성을 강화한 정황이 확인되는 것이다.

그런데 이 과정에서 대화를 구성하는 수법이 『해사일기』의 ② 부분과도 상당 부분 일치하고 있다. ②의 ⓒ를 보면 창작한 시문의 수에 대한 영조의 질문에는 남옥이, 일본 문사들의 시재와 관련해서는 조엄이 대답하고 있음을 알 수 있다. 반면 〈일동장유가〉에서는 이를 모두 김인겸이 대답한 것으로 변환하고 있으며 '시율이 참혹하여 제술할 줄 모르더이다', '다 주어 혜계 되면 수천 수나 되나이다'와 같은 구체적 논리와 표현까지 거의 일치하고 있다. 이 부분에 대해서는 선행 연구에서도 지적된 적이 있는데 정한기[140]는 실록과의 비교를 통해 『해사일기』가 역사적 사실에 근접해 있다고 보았다. 다른 기록들까지 고려해 보면 이러한 부분적 사실뿐만 아니라 복명의 장면 자체가 허구적임을 알 수 있고 그 과정에서 『해사일기』는 유효한 참조의 대상 자료였던 것이다.

지금까지 살펴본 것처럼 〈일동장유가〉는 자신의 체험을 과시하고자 하는 욕망과 '가내 소통'이라는 일정한 목적성이 결합된 문학 작품으로 창작된 것임을 알 수 있다. 특히 모본(母本)으로 추정되는 『동사록』의 일부가 확인되는 만큼 자신의 한문일기를 토대로 하되 일정 정도의 허구와 과장에 기반하여 윤색했으며 필요한 경우 여타 산문기록들도 참조했음을 알 수 있다. 이러한 〈일동장유가〉의 문학적 구성 원리는 작품에 투사된 세계 인식을 분석하고 평가할 때 기존의 시각과는 다른 영역을 조망케 한다는 점에서 의의가 있다. 대표적으로 기존 연구에서는 문물과 학문에 대한 관심이 결여되어 있는 점이 〈일동장유가〉의 한계로 많이 지적되었다.[141]

140 정한기, 앞의 글, 207~208쪽.

141 "김인겸은 변화하는 사회를 기존의 중세적 질서로 회복시키고자 하는 강력한 의지를 보이고 있어 보수성을 보인다. (…중략…) 연행기록물들에서는 신세계에 대한 문화적 충격으로 인해 청의 문물과 문화를 수용하려는 개방적 자세를 보이는 반면 김인겸은 일인의

그러나 창작 맥락을 고려한다면 〈일동장유가〉에 역사·사회적 층위의 심화된 담론이나 고찰이 결여되어 있는 점은 당연한 귀결로 보인다. 통신사의 일원이라는 실제적 주체와는 다소 변별되는 층위에서 〈일동장유가〉의 서술 주체가 재구성 되었다고 보아야 하기 때문이다. 즉 작품 내에서 김인겸은 우월적 시선을 바탕으로 일련의 경험 사태들을 관찰·전달하는 문학적 서술 주체로 변모하고 있다. 이 과정에서 사적 체험의 다양한 사례들이 화자의 시각에서 재조정되어 배치되었으며 문학적 흡인력을 강화하기 위한 문체를 통해 현장성과 흥미성이 배가되고 있는 것이다. 산문기록이나 한시를 토대로 창작된 전대의 〈장유가〉와 비교했을 때 〈일동장유가〉는 문학적 구성 원리는 유사하지만 서사성과 전달성이 강화된 장편가사로 변모되었음을 알 수 있다. 〈일동장유가〉에 형상화된 일본 체험의 특징과 그 의미에 대한 연구는 지속적으로 축적되었으므로 본 연구에서는 이러한 창작 원리에 유의하여 주요 쟁점들을 재조명해 보도록 하겠다.

〈일동장유가〉의 대일관과 관련하여 가장 많이 언급된 것은 화이론적 사고이다. 박희병[142]은 김인겸이 일본의 문물·제도를 인식할 때 종래의 고루한 화이론이나 명분론에 사로잡히지 않고 현실을 직시하고

문명과 문화를 수용하려는 자세를 전혀 지니고 있지 않아 한계점을 보인다." 고순희, 「18세기 향촌지식인의 선비의식－〈일동장유가〉를 통하여－」, 『한남어문학』 17·18, 한남어문학회, 1992, 176~177쪽.
"일본을 야만인으로 규정한 그의 선입관적 판단은 문물제도 등에서 근대화로 나아가고 있는 일본에 대해 그것이 역사·사회적으로 어떠한 의미를 지니는 지에는 별반 관심을 기울이지 않고, 다만 주관적 정서적 측면에 호소하는 피상적 구경꾼으로의 자세로 남아 있게 한 것이었다." 이동찬, 「계미 통신사행 기록의 장르 선택－『해사일기』와 〈일동장유가〉를 중심으로」, 『가사문학의 현실 인식과 서사적 형상』, 세종출판사, 2002, 127쪽.

142 박희병, 「조선 후기 조선 후기 歌辭의 일본체험, 〈일동장유가〉」, 『한국고전시가작품론』, 집문당, 1992, 711쪽.

인정하는 경험론자로서의 면모를 보이고 있다고 보았다. 이를 발전시켜 조규익[143]은 화이관의 질곡에 있지만 벗어날 가능성을 보여주고 있다고 판단하였다. 그런데 작품에 '왜'나 '왜구'라는 어휘가 50번 이상 나온다는 수량적 분석을 토대로 오히려 전대의 사행가사들에 비해 화이관이 강화되어 있다고 보는 견해도 발견할 수 있다.[144] 그러나 통시적 고찰의 경우 〈일동장유가〉는 전대의 〈장유가〉에 비해 25배나 그 분량이 확대되어 있다는 점에 유의할 필요가 있다. 20세기 초반의 사행가사인 〈유일록〉은 〈일동장유가〉보다 40% 정도 감소하고 있어 화이론을 표면화한 내용의 수치적 비율만을 비교한다면 세 작품이 대체로 유사하고 볼 수 있기 때문이다.

따라서 계미 통신사가 남긴 여러 기록들에서 보이듯이 전대에 비해 화이론이 약화되어 있는 대체적 경향에서 〈일동장유가〉에 접근하는 것이 적절해 보인다. 특히 18세기에 이르기까지 중국과 달리 일본에 대해서는 대외 인식의 주요 기제가 변모할 사건이 발생하지 않았다. 화이론은 조선 후기 대일 인식의 보편적 관념으로 간주하는 것이 타당해 보이며 단 〈일동장유가〉의 경우에는 화자의 자의식이 더욱 강화되어 있다는 점을 추가적으로 고려해야 할 것이다. 독자를 상정한 상태에서 화자는 조선인으로서의 문화적 정체성이 부각될 수 있는 층위에서 일본인들을 인식·형상화했을 가능성이 높기 때문이다. 특히 〈일동장유가〉에서 발견할 수 있는 화이관은 종족이나 풍습과 관련된 사례들에 한정되어 있다는 점에서 더욱 그러하다. 일본의 번화한 문물이

143 조규익, 「사행가사의 해외체험과 세계관」, 『국문 사행록의 미학』, 역락, 2004.

144 이에 대해서는 이동찬이 먼저 지적했으며(이동찬, 앞의 책, 93쪽), 박애경은 이를 수용하면서 〈장유가〉에 비해 오히려 화이관이 극심해졌다고 분석하였다(박애경, 「화이관의 동향과 일본 기행가사의 계보」, 『한국 고전시가의 근대적 변전과정 연구』, 소명출판, 2008, 170쪽).

나 실제적 생활과 직결된 부분들에 대해서는 긍정적인 시선에서 구체적으로 '관찰'하여 전달하고 있는 것이다. 그러므로 표면화된 화이관의 강도나 변모보다는 화이관을 대타적 자국 인식과 관련된 이념 기제로 이해한 후 대일 인식의 실제를 조망해 보는 시각이 필요해 보인다.

① 이 ᄣᆡ는 어ᄂᆞ ᄣᅢᆫ고 계미팔월 초삼이라 / 북궐의 하딕ᄒᆞ고 남ᄃᆡ문 ᄂᆞ다라셔 / (…중략…) / 한강을 얼풋 건너 이릉을 지나오며[145] / 임진년을 ᄉᆡᆼ각ᄒᆞ니 분ᄒᆞᆫ 눈물 절노 난다 / 삼십니 낭대역을 어둡게야 드러가니.

② 황산말 가라타고 영가ᄃᆡ 올나가니 / 동남의 요튱이오 산희의 인후로다 / 셩지도 극탕히오 여염도 장ᄒᆞᆯ시고 / 왜관과 절영도는 팔당처럼 환됴ᄒᆞ고 / 그 밧근 ᄆᆞ변ᄃᆡ양 하ᄂᆞᆯ의 다하 잇고 / 그 안은 오유처럼 안온ᄒᆞ고 광활ᄒᆞ다 / 슬푸다 임진년의 이곳치 됴흔지리 / 츙무공 니장군이 직희여 방비ᄒᆞ면 / 왜병이 강타ᄒᆞᆫ들 제 어이 등뉵ᄒᆞ리 / 삼경이 함몰ᄒᆞ고 승예가 파쳔ᄒᆞ샤 / 거의 망케 되엿다가 황은이 망극ᄒᆞ샤 / 천명이 나은 후의 계유 회복ᄒᆞ여시나 / 간신이 오국ᄒᆞ야 강화[146]는 무ᄉᆞ 일고 / 븟그럽고 분ᄒᆞᆫ 길을 열ᄒᆞᆫ 번 지 ᄒᆞᄂᆞᆫ고나 / 한 하늘 못 닐 원슈 아도 잇고 가게 되니 / 당부의 노ᄒᆞᆫ 터럭 관을 딜너 이러선다 / 석양이 거의 되니 ᄉᆞ힝이 나려오니.

③ 하뉵ᄒᆞ물 쳥ᄒᆞ거ᄂᆞᆯ 삼ᄉᆞ상을 뫼시고셔 / 본원ᄉᆞ로 드러갈ᄉᆡ 길ᄒᆞᆯ 낀 여염들이 / 겹옥 년깅ᄒᆞ고 빈화 부러ᄒᆞ아 / ㉠【아국 죵노의셔 반비나 더ᄒᆞ도다】/ (…

145 임진왜란 때에 왜인이 조선 성종(成宗)과 그 비(妃) 정현왕후(貞顯王后)의 능인 선릉(宣陵)과 중종(中宗)의 능인 정릉(靖陵)을 파헤친 사건을 의미함.

146 1582년 임진왜란 때 明의 沈惟敬이 倭將 小西行長과 화의한 것을 말함.

중략…) / 관소로 드러가니 그 집이 웅걸ᄒᆞ야 / ㉡【우리나라 딕궐의셔 크고 놉고 샤려ᄒᆞ다】/ 임도ᄉᆞ 오션뎐과 ᄒᆞᆫ 방의 ᄒᆞᆫ딕 드니 / 미릉태슈 관반으로 딕령ᄒᆞ야 영졉ᄒᆞᆫ다 / ㉢【셥진쥐 대판셩은 평슈길의 도읍이라 / 서더 딕 복견셩이 동편의 머디 아니코나 / 네 일을 싱각ᄒᆞ니 셩낸 털이 니러선다.】

위의 ①~③ 사례는 모두 임진왜란의 기억을 환기하고 있는 부분에 해당한다. 이와 관련하여 한태문[147]은 '설치(雪恥)' 의식이 부각된 내용이며 김인겸의 성격이 반영된 것으로 파악하였다. 그런데 이 기억들은 특정 공간에 한정되어 발현되고 있다는 점에 유의할 필요가 있다. 『해사일기』를 보면[148] 출발 전 영조가 삼사신에게 "예로부터 사신의 왕래가 있었으되, 이릉송백(二陵松柏)의 구절을 욀 적마다 느낌만 더 일어, 목이 메고 눈물이 나온다"라고 발언했음을 알 수 있다. 그러므로 ①의 '이릉'은 마치 연행사들이 북방 고토를 재인식하듯이 당시 통신사에게 임진왜란의 기억과 이적관을 환기하는 역사적 공간으로서 인식되었다고 보아야 할 것이다.

또한 ②의 영가대는 전통적으로 통신사 일원들이 해신제(海神祭)를 지내는 곳이며 『해사일기』에서도 이와 관련된 내용이 확인된다. 〈일

147 한태문, 앞의 글, 227~229쪽.

148 관련된 부분을 인용하면 다음과 같다.

"아침에 흐리다가 늦게 개었다. 아침 해 뜰 무렵에 조정을 하직하고 양재역(良才驛)에 닿았다. 향(香)을 맞이하는 일을 파한 뒤에 상이 숭현문(崇賢門)에 납시어 통신사로 가는 세 사신을 입시하도록 하니, 정사 조엄(趙曮)·부사 이인배(李仁培)·종사관 김상익(金相翊)이 차례로 앞에 나아갔다. 상이 친히 '두릉(宣陵, 靖陵)의 송백[二陵松柏]'이란 글귀를 외우면서 목이 메고 눈물을 머금어 감개하는 뜻을 나타내시며 친히 '잘 갔다오라[好往好來]'는 네 글자를 써서 세 사신에게 각각 주어 사신의 마음을 위로해 주시니, 연석(筵席)에서 한말은 아래에 있음. 선대(先代)를 생각하는 효성과 신하를 자신처럼 여기는 생각이 사람들로 하여금 스스로 감동되어 간절히 흠모하고 감탄하게 한다."

동장유가〉의 화자는 이곳에서 '임진년'을 회상하고 있으며 일본으로 출발하기 전의 비장한 심회를 표출하고 있다. 그런데 그 감정이 촉발되기 이전에 영가대에서 포착된 부산의 전경 및 충무공에 대한 연상의 장면이 배치되어 있는 구성에 주목해 보아야 한다. '왜병이 강타 한들 제 어이 등륙하리'라는 구절에서도 알 수 있듯이 자국의 공간에 대한 재인식과 우월감이 '임진년'에 대한 분노 표출의 전제적 논리로 작용하고 있는 것이다. 이는 일본에 대한 이적관이 맹목적인 분노에만 국한된 것이 아니라 대타적 자의식을 강화하는 요소로서 발현되고 있음을 보여주는 사례라 할 수 있다. 특히 '부끄럽고 분한 길'이지만 명나라와의 '강화(講和)'를 명분으로 제시함으로써 사행에 대한 정당성을 확보하고 있다는 점에서 더욱 그러하다.

이러한 양상은 일본 대판성과 관련된 ③의 부분에서 더욱 명확하게 확인된다. ㉢을 보면 '대판성'이 '평수길의 도읍'임을 환기하면서 '옛일을 생각하니 성난 털이 일어선다'와 같이 분노를 표출하고 있음을 알 수 있다. 그런데 ㉠과 ㉡을 보면 '아국의 종로보다', '우리나라 궁궐보다'와 같이 자국과의 비교 우위를 설정하며 일본의 가시적 번성함을 감탄하는 의식을 우선적으로 확인할 수 있다. 그러므로 ③에서 확인되는 화이관은 타자를 인식하는 의미로서의 실질성은 약화되어 있고 과거를 연상하는 층위에서 부분적으로 발현된 것으로 이해하는 것이 적절해 보인다.

또한 ②와 ③에서 확인되는 감정 표출의 양상은 여타 산문 기록에서는 발견되지 않으며 그 표현도 '장부의 노한 터럭 관을 질러 일어선다', '성난 털이 일어선다'와 같이 유사성을 보이고 있어 자신의 강개한 선비 정신을 의도적으로 강화하기 위한 수사인 것으로 짐작된다. 일본에서의 체험과 인식이 본격적으로 확인되는 다음의 사례들을 보면 이러한 특징들을 보다 선명하게 발견할 수 있다.

① 이십이일 병이 드러 하쳐의 누어시니 / 수업슨 왜시들이 뫼쳐로 빠히거늘 / 강질ᄒᆞ야 지어주니 긔운이 어렵도다 / ㉠【오칠뉼 절구와 고시 비뉼 합ᄒᆞ여셔 / 다 주어 혜여보니 일ᄇᆡᆨ삼십여 쉬로다 / 초지의 다히고셔 바로 뻐셔 주엇기의 / ᄃᆞᆼ초의 건질 적의 반나마 니졸로다 / 날마다 이러ᄒᆞ면 사ᄅᆞᆷ이 못견될쇠】/ 북산호라 ᄒᆞᄂᆞᆫ 사ᄅᆞᆷ 글과 인물 웃듬일다 / 윤필ᄒᆞ라 가져온 것 년노의 밧디 아니터니 / 여긔ᄂᆞᆫ 도회쳐라 부귀ᄒᆞ 니 만흔디라 / 온갓 거술 가져오ᄃᆡ 그 수가 풍셩ᄒᆞ다 / 젼과 ᄀᆞᆺ티 도로 주니 그 듕의 ᄒᆞᆫ 션비가 / 니마의 손을 언고 ᄇᆡᆨ 번이나 ᄀᆞᆫ청ᄒᆞ고 / 손목 거부 뷔ᄂᆞᆫ 양 소견이 지셩이매 / 인졍의 ᄒᆞᆯ일업서 먹 ᄒᆞᆫ 쟝 가지고셔 / 그 밧근 내여주고 우리나라 됴희 필묵 / 답녜로 만히 주니 저도 날과 ᄀᆞᆺ치 / 먹 ᄒᆞ나 가지고셔 그 밧근 도로 준다 / 미릉슈의 하쳐 겻히 놉흔 난간 우히 안자 / ᄉᆞ면을 바라보니 지형도 긔졀ᄒᆞ고 / 인호도 만흘시고 ᄇᆡᆨ만이나 ᄒᆞ야 뵌다 / ㉡【우리나라 도셩 안은 동의셔 셔의 오기 / 십 니라 ᄒᆞ오되ᄂᆞᆫ 채 십 니ᄂᆞᆫ 못ᄒᆞ고셔ᄂᆞᆫ】/ 부귀ᄒᆞᆫ 직샹들도 ᄇᆡᆨ 간 집이 금법이오 / 다물쇽 흙지와ᄅᆞᆯ 니워셔도 장타ᄂᆞᆫᄃᆡ / 장ᄒᆞᆯ손 왜놈들은 쳔 간이나 지어시며 / 그 듕의 호부ᄒᆞᆫ 놈 구리기와 니어노코 / 황금으로 집을 ᄭᅮ며 샤치키 이샹ᄒᆞ고 / 남의셔 북의 오기 ᄇᆡᆨ 니나 거의 ᄒᆞᄃᆡ / 녀염이 뷘틈 업서 ᄃᆞᆷ북이 드러시며 / ᄒᆞᆫ가온대 낭화강이 남북으로 흘러가니 / ㉢【텬하의 이러ᄒᆞᆫ 경 ᄯᅩ 어ᄃᆡ 잇단 말고 / 북경을 본 역관이 힝듕의 와 이시ᄃᆡ / 듕원의 장녀ᄒᆞ기 이에셔 낫잔타ᄂᆡ】/ 이러ᄒᆞᆫ 됴흔 셰계 ᄒᆡ외의 ᄇᆡ판ᄒᆞ고 / ㉣【더럽고 못쁠 삐로 구혈을 삼아 이셔】/ 쥬평왕 적 닙국ᄒᆞ야 이 ᄣᆡᄀᆞ디 이쳔 년을 / 흥망을 모ᄅᆞ고 ᄒᆞᆫ 셩으로 젼ᄒᆞ여셔 / 인민이 ᄉᆡᆼ식ᄒᆞ야 이쳐로 번셩ᄒᆞ니 / 모ᄅᆞᆯ 니ᄂᆞᆫ 하늘이라 가탄ᄒᆞ고 가ᄒᆞᆫ일다 / 제 나라 귀가 부녀 깃졉의 ᄃᆞᆫ닐 적의 / 바디 아니 닙어기의 셔셔 오좀 누게 되면 / 제 슈죵 그 뒤히셔 명지슈건 가젓다가 / 달나 ᄒᆞ

면 내여 주니 드ᄅᆞ매 히연(骸然)ᄒᆞ다 / 제 형이 죽은 후의 형수ᄅᆞᆯ 겨집 삼아 / ᄃᆞ리고 살게 되면 착다 ᄒᆞ고 기리되ᄂᆞᆫ / 제 아은 길너ᄶᅡ고 뎨슈ᄂᆞᆫ 못ᄒᆞᆫ다ᄂᆡ / ㉤【녜법이 바히 업서 금슈와 일반일다 / 대져 ᄒᆞᆫ 니 평슈길이 사오납고 강셩ᄒᆞ야 / 놉흔 뫼 ᄂᆞᆺ다 ᄒᆞ고 나존 뫼흔 놉게 ᄒᆞ고 / 바른 물은 에게 ᄒᆞ고 구분 물은 곳게 ᄒᆞ야 / 물 ᄒᆞ나 뫼 ᄒᆞ나흘 고이 둔 것 바히 업고 / 살인으로 여마ᄒᆞ며 닌국을 침노ᄒᆞ고 / 대명을 범ᄒᆞ려니 제 어이 망챤으리 / 번화ᄒᆞ기 졔일이오 인물이 못낫ᄂᆞᆫ디라 / 문ᄉᆞ도 만커니와 호걸도 잇다ᄒᆞᄂᆡ / 셔경셔 가번쟝노 우리ᄅᆞᆯ ᄃᆞ리고셔 / 강호로 드러가랴 예 와셔 기ᄃᆞ리ᄂᆡ.】

② 왜황의 사ᄂᆞᆫ ᄃᆡ라 샤치가 측냥업다 / 산형이 웅장ᄒᆞ고 슈셰도 환포ᄒᆞ여 / 옥야쳔니 삼겨시니 앗갑고 애ᄃᆞᆯ을손 / 이리 됴흔 텬부금탕 예놈의 ᄀᆡ물되여 / 칭뎨칭황ᄒᆞ고 젼ᄌᆞ젼손ᄒᆞ니 / ㉥【개돗 ᄀᆞᆺᄐᆞᆫ 비린뉴ᄅᆞᆯ 다물속 소탕ᄒᆞ고 / ᄉᆞ쳔니 뉵십쥐ᄅᆞᆯ 됴션ᄯᅡ ᄆᆡᆫ드라셔 / 왕화의 목욕 ᄀᆞᆷ겨 녜의국 ᄆᆡᆫ들고쟈.】

③ 어졔ᄂᆞᆫ 부ᄉᆞ산이 그리 놉디 아니터니 / 놉히 올나 ᄇᆞ라보니 ᄇᆡ히나마 더 놉흐니 / 대져 ᄒᆞᆫ 지샹녕이 아국을 의논ᄒᆞ면 / 됴령과 샹ᄒᆞ홀ᄃᆡ 예셔 부산 ᄇᆞ라보기 / 서너층이 더ᄒᆞ니라 ᄇᆡᆨ니나 남즉하다 / ㉦【히동의 명산 듕의 뎨일이라 ᄒᆞ리로다】/ 녕북편 도라보니 상근텩 물이 이셔 / 호호탕탕ᄒᆞ여 장관이 칠십니라 / 이리 놉흔 절듕 우희 이러ᄒᆞᆫ 크나큰 물 / 바다쳐로 깁고 머러 그 빗치 심벽ᄒᆞ야 / 남도 바다 맛치 ᄀᆞᆺ고 어별ᄒᆡ함 ᄀᆞᆺ초 잇코 / 왕ᄂᆞ ᄒᆞᄂᆞᆫ 돗단ᄇᆡ가 이 가고 져리 가니 / ㉧【장홈도 장ᄒᆞᆯ시고 텬리간 ᄀᆡ관일다 / 우리나라 공갈못술 장ᄒᆞ다 ᄒᆞ거니와 / 이긔 비거 보게되면 자최물과 ᄃᆡᄅᆞᆯ손가 / ᄇᆡᆨ두산 대택슈와 ᄒᆞᆫ나산 ᄇᆡᆨ녹담이 / 이와 엇더ᄒᆞᆫ작신고】 아모커나 이상ᄒᆞ다 / 관소로 ᄂᆞ려가니 호슈ᄅᆞᆯ 등지고셔 / 녀염이 즐비ᄒᆞ니 승지라 ᄒᆞ리로다.

④ 뉵십니 명호옥을 초경말의 드러오니 / 번화ᄒᆞ고 장녀ᄒᆞ기 대판셩과 일반일다 / 밤빗치 어두어셔 비록 ᄌᆞ시 못 보와도 / 산쳔이 광활ᄒᆞ고 싱치가 번셩ᄒᆞ며 / 젼답이 고유ᄒᆞ고 가샤의 샤치ᄒᆞ기 / ㉦【일노의 뎨일이라 듕원의도 흔티 아니니 / 갸륵다 ᄒᆞ것만은 / 예 비ᄒᆞ여 보게 되면 미물ᄒᆞ기 ᄀᆞ이 업네】 / (…중략…) / 인물이 명미ᄒᆞ야 연노의 읏듬일다 / 그 듕의 겨집들이 다몰속 일식일다 / 새별 ᄀᆞᆺᄐᆞᆫ 두 눈ᄡᅵ와 쥬ᄉᆞ ᄀᆞᆺᄐᆞᆫ 입시울과 / 닛셕은 ᄇᆡᆨ옥 ᄀᆞᆺ고 눈썹은 나븨 ᄀᆞᆺ고 / ᄡᅦ옥기 ᄀᆞᆺᄐᆞᆫ 손과 매암이 ᄀᆞᆺᄐᆞᆫ 니마 / 어름울 사겨시며 눈을 무어낸 ᄃᆞᆺ / ㉧【사ᄅᆞᆷ의 혈육으로 져리 곱게 삼겻는고 / 됴비연 양태진이 만고의 일ᄏᆞ라나 / 예다가 노화시면 응당이 무식ᄒᆞ리 / 월녀 쳔하ᄇᆡᆨ이 진실로 올흐시고 / 우리나라 복식을 칠보장 엄ᄒᆞ여 내면 / 신션인ᄃᆞᆺ 귀신인ᄃᆞᆺ 황홀난측 ᄒᆞ리로다】 / 관소도 웅장ᄒᆞ고 졉ᄃᆡ도 거룩ᄒᆞ다.

위의 ①과 ②는 '대판(大阪)' 지역에서의 감회인데 일본에 대한 이적관이 강하게 발현된 사례들을 발견할 수 있다. 우선 ①의 ㉣, ㉤을 보면 '못쓸 씨', '금수', '살인' 등의 어휘로 일본의 근본적 한계를 지적 · 비난하고 있다. 특히 '살인으로 여마하며 인국을 침노하고 대명을 범하려니 제 어이 망찮으리'라는 구절은 대명의리론을 통해 문화적 우월감을 환기하고 있는 조선 지식인의 자아 반응이 확인되는 사례이다. 그러나 이 표현들에만 한정하여 분석한다면 작가의 보수적 세계관, 전대에 비해 강화된 화이관, 화이관의 굴레 등과 같이 유사한 논의들이 답습 · 반복되는 기존의 연구 시각을 벗어나기 어렵다. ①에는 문물의 번성함을 감탄하는 내용도 상당하고 자국의 열세를 인정하는 논리까지 확인되므로 시야를 보다 확장하여 화이론적 시각의 전후 맥락을 고찰해 볼 필요가 있는 것이다.

①의 ㉢을 보면 '천하에 이러한 경 또 어디 있단 말고'라는 직접적 감

탄과 '중원의 장려하기 이에서 낫잖다네'라는 간접 인용이 확인되는바, 이는 가시적 문물에 압도된 의식을 보여주는 사례들이다. 특히 이에 비해 우리나라 도성은 '채 십리가 안된다'라는 ㉡의 논리는 문화적 우월감 이면에 내재한 열세를 인정 · 표면화한 자의식으로 볼 수 있다. 여타 산문기록들에서는 주로 조선의 문물이나 산수를 예찬하는 방식이었다면 〈일동장유가〉의 경우 열세를 인정하는 내면까지 직접적으로 확인되는 것이다.

특히 '이렇게 좋은 세계 해외에 배판하고 더럽고 못쓸 씨로 구혈을 삼아 주평왕 때 입국하여 이제까지 이천년을'이라는 논리는 일본의 가시적 세계와 민족적 근본을 분리하여 인식하고자 한 화자의 의식을 명확히 보여준다. '형이 죽은 뒤에 형수를 부인으로 삼는 풍속'을 갑작스럽게 논거로 보완 · 활용하며 '예법'에 어긋난 문화를 지적하고 있는 점도 이러한 의식의 연장선상에서 이해될 수 있는 것이다. 이처럼 일본의 번화함을 예찬함과 동시에 그 종족과 풍속을 강하게 비난하고 있는 이중적 구도는 ①에 발현된 화이관이 일본의 가시적 번영에 압도된 후 생성된 대타적 자국 인식의 논리임을 보여준다. ㉤을 보면 '대명을 범하려니 제 어이 망찮으리'라고 강한 비난을 표출한 후 '번화하기 제일이요 호걸도 있다 하네'와 같은 대립적 내용이 매개항 없이 등위적으로 연속되고 있는 비유기적 전개도 이러한 측면에서 이해될 수 있는 것이다.

이러한 양상은 ②의 장면에서도 지속되는데 대타적 자국 인식이 '왕화에 목욕 감겨 예의국 만들곺다'와 같은 소유의 열망으로 발현되고 있는 점이 흥미롭다. 화자의 눈에 비친 일본은 '옥야천리', '천부금탕'과 같은 곳이기에 탄복의 정도가 증폭되어 소유욕으로 전이되고 있는 현상이 확인되기 때문이다. '개톹 같은 비린 유를 모두다 소탕하고 사천리 육십주를 조선땅 만들어서'라는 논리를 보아도 강하게 발현된 '이적관'의 이면에는 자국의 번영을 열망하는 의식이 내재되어 있음을 알 수 있다. 그러므로 현실적으로 일본의 번화한 문물보다 우위에 두거나 등가적으로 환치될 수 있는 자국의 가치로서 '예의'를 설정하고 있는 것이다. 화자는 ①의 ㉠에 보이듯이 '날마다 이러하면 사람이 못 견딜세'와 같은 탄식이 표출될 정도로 일본 문사들과 수창에 최선을 다하고 있는 것도 이러한 맥락에서 이해될 수 있는 사례인 것이다.

③에 형상화된 '부사산'의 경우도 ①, ②와 유사하여 풍광에 대한 감탄은 물론 자국과의 비교도 확인할 수 있다.[149] ⓞ을 보면 화자는 부사산 내에서 발견한 호수의 규모에 탄복하며 우리나라의 경우를 연상하고 있다. 우리나라의 '공갈못'은 '자취물'에 불과할 만큼 초라하며 '백두산 대택수'와 '한라산 백록담'이 비교의 대상이 될 수 있을지에 대해서는 확답을 내리지 않고 있다. 그러나 전후 맥락과 '㉦ 해동의 명산중에 제일이라 하리로다'라는 감탄을 볼 때 자국에 비해 부사산이 우월하다는 인식이 전제되어 있음은 분명해 보인다. 17세기 중반의 〈장유가〉를 떠올려보면 산문 기록들을 토대로 사행가사가 창작되는 과정에서 부사산에 대한 부정적 측면들이 소거된 양상을 발견할 수 있었다. 남용익의 한시에서는 부사산보다 우리나라의 금강산이 더 우월하는 논리까지도 확인되지만 〈장유가〉의 경우 '상근령(湘根嶺) 대택(大澤)의 구두룡(九頭龍)이 서려이셔 / 옥부용(玉芙蓉) 그림재롤 벽파(碧波)의 줌가시니 / 심신(心神)이 송연(竦然)ᄒᆞ여 오릐보지 못ᄒᆞᆯ노다'와 같이 초월적인

149 이처럼 비교 열위를 인정하는 사례는 다음의 부분에서도 확인된다.
"우리나라 낙산사(落山寺)를 승지(勝地)라 하지마는 / 앞 경(景)은 있거니와 뒷 경은 없는지라 / 여기다가 비교하면 여러 층 떨어질세."

공간으로 형상화되고 있었던 것이다.

계미 통신사 일원들의 『승사록』과 『해사일기』를 살펴본 결과 부사산에 대한 감흥을 '일동의 명산이다'와 같이 간결하게 표출하고 있었으며 부정적 논리는 발견할 수 없었다. 18세기 중반의 통신사 일원들은 부사산의 가시적 풍경을 대체로 찬미했다고 볼 수 있으며[150] 〈일동장유가〉는 그 감탄의 표출 정도가 상당히 강화되어 있는 작품인 것이다. 부사산 체험의 '사실'을 강조하고 풍광을 '전달'하고자 하는 문학적 욕구로 인해 전대의 〈장유가〉에 비해 구체적인 묘사의 영역이 확대되었으며 이 과정에서 자국의 열세를 인정할 만큼 의식이 진전된 양상을 보이고 있는 것이다.

'명호옥'에서의 견문과 감탄을 형상화한 ④의 장면도 유사한데 '우리나라 삼경을 갸륵다 하건마는 예 비하여 보게 되면 매몰하기 가이 없네'와 같은 자의식이 발견된다(ㅈ). 특히 다음 장면에서 화자는 일본 여인들을 심미적으로 묘사하며 '사람의 혈육으로 저리 곱게 생겼는가'와 같은 찬탄을 표출하고 있기도 하다. '월녀천하백'[151]으로 간주할 만큼 아름다운 외모를 세밀하게 묘사하고 있어 종족적 이적관의 관념성이 감각적 구체화에 의해 균열 · 희석되는 양상을 발견할 수 있는 것이다.[152] 또한 부분적이긴 하지만 실생활과 직결된 문물을 세밀하게 관찰

150 18세기 통신사원들의 사행록에서 부사산의 경관을 예찬하는 분위기가 확인되지만 일본 문사들과의 필담 과정에서는 금강산의 우위성을 강조함으로써 우열 논쟁이 지속되는 양상을 보인다. 이에 대해서는 이혜순, 앞의 책, 260~274쪽.

151 越女天下白. '월녀 천하백 월땅의 여인들은 살결이 천하에 희다'라는 뜻으로 두보의 시 「壯遊」의 한 구절.

152 이러한 희석은 산문기록에서 사행가사로 전환되는 과정에서 일차적으로 이루어지는 듯하며 시대적 흐름에 따른 변화도 고려해 볼 수 있다. 〈장유가〉에서는 '秦나라 童男童女 다시와 넘노는 듯'과 같이 초월적으로 묘사되었던 장면이 〈일동장유가〉에 이르면 구체성의 층위가 강화된 특질을 보이고 있기 때문이다.

하고 수용하고자 하는 논리도 발견할 수 있다.

> ① 도듕이 토박ᄒᆞ야 싱니가 가난ᄒᆞ니 / 효ᄌᆞ 토란 심거두고 글노 구황ᄒᆞᆫ다커늘 / 쌀 서 되 보내여셔 사다가 ᄡᅧ 먹으니 / 모양은 하슈으요 그 마ᄉᆞᆫ 극히 됴타 / 마ᄌᆞᆺ치 므ᄅᆞᄃᆡ는 돌기ᄂᆞᆫ 더 낫도다 / ㉠【이 ᄡᅵ 내여다가 아국의 심거두고 / 간난ᄒᆞᆫ ᄇᆡᆨ셩들을 흉년의 먹게 ᄒᆞ면 / 진실로 됴컨마ᄂᆞᆫ 시절이 통한ᄒᆞ야】/ 가져가기 어려으니 취종을 어이 ᄒᆞ리.

> ② 이십 칠일 ᄉᆞ상ᄂᆡ가 관소의 잠간 ᄂᆞ려 / 숙공 밧고 잠간 쉬여 져므도록 힝션ᄒᆞ야 / 평포로 올나오니 녀염도 즐비ᄒᆞ며 / 물ᄀᆞ의 셩을 ᄡᅡ고 경개가 긔이ᄒᆞ다 / 물속의 슈긔 노화 강물을 ᄌᆞ아다가 / 홈을 인슈ᄒᆞ여 셩안을 드러가니 / ㉡【제작이 긔묘ᄒᆞ야 법 바담즉 ᄒᆞ고나야】/ 그 슈긔 ᄌᆞ시 보니 물네롤 ᄆᆡᆫᄃᆞ라셔 / 좌우의 박은 살이 각각 스물 여둛이오 / 살마다 ᄊᆞᆺ히다가 널 ᄒᆞ나식 ᄀᆞᄅᆞ믹야 / 물 속의 셰워시니 강물이 널을 밀면 / 물네가 절로 도니 살 ᄊᆞᆺ히 쟈근 통을 / 노호로 ᄆᆡ야시니 그 통이 물을 ᄯᅥ셔 / 도라살 제 올나가면 통 아리 말둑 박아 / 공듕의 남글 ᄆᆡ야 말둑이 걸니면 / 그 물이 ᄡᅩ다져셔 홈 속을 드ᄂᆞᆫ구나 / 물네가 빙빙 도니 뷘 통이 ᄂᆞ려와셔 / ᄯᅩ ᄯᅥ셔 순환ᄒᆞ야 듀야로 불식ᄒᆞ니 / ㉢【인녁을 아니 드려 셩 각희 놉흔 우희 / 물이 절로 너머가셔 온 셩 안 긔민들이 / 이 물을 바다 먹어 브죡들 아니 ᄒᆞ니 / 진실로 긔특ᄒᆞ고 묘흠도 묘홀시고】/ 긔명은 하ᄂᆡ쉬오 사십니 와 잇구나.

위의 두 인용문을 보면 각각 고구마와 일종의 '수차(水車)'에 감탄하고 있으며 나아가 이를 수용하고자 하는 의식도 발견할 수 있다. 이러한 김인겸의 탐구 자세에 대해서는 '실학적 사고'로 간주하여 많은 선행 연구에서 그 가치를 논증한 바 있다. 당시 계미 통신사 일원들은 대체로 실학적 사고를 보이고 있으며 조엄이나 원중거가 수차에 관심을 보였고 원중거는 성벽의 양식, 제도, 건축 상황 등을 자세히 살폈으며 이들은 귀국 후 조선의 선진 지식인들에게 일본의 발달된 문물을 전파하기도 하였다.[153] 〈일동장유가〉의 경우 가내 소통이 전제된 만큼 '고구마'나 '수차'와 같은 실생활에 직결된 사례들을 세밀하게 관찰하고 있으며 그 논리도 '가난한 백성들을 흉년에 먹게 하면', '물이 절로 넘어가서 온 성안 거민들이 / 이 물을 받아먹어 부족들 아니 하니'와 같이 애민정신에 초점을 두고 있다. 이는 〈일동장유가〉에서 확인할 수 있는 대일관에는 자국을 구심점으로 하는 인식이 지속적으로 작동하고 있음을 보여주는 사례이며 ㉡에서는 '제작이 기묘하여 법 받음직 하구나야'와 같은 수용 의사를 직접적으로 표출하고 있기도 하다. 이후 20세기 초의 〈유일록〉을 보면 근대적 문물에 대한 이해와 습득의 논리가 강화되고 있어 대일 사행가사 작품들을 분석할 때 '화이관'의 발현 양상에만 초점을 두는 시각은 수정·보완되어야 함을 알 수 있다.

그런데 〈유일록〉은 근대화된 세계 속에 소외된 약자의 시선으로 일본을 인식하고 있어 중화문명국의 일원이라는 자부심이 내재해 있는 〈일동장유가〉의 경우와 변별된다. 〈유일록〉의 경우 일본인들과의 교류는 고사하고 철저한 소외 의식만이 확인되는 반면 〈일동장유가〉에는 인간적인 교류와 소통이 진행된 사례들[154]이 발견되는 것이다. 특히

---

153 심경호, 「실학시대의 여행」, 『한국실학연구』 12, 한국실학학회, 2006, 75~77쪽.

154 대표적 장면의 주요 구절들을 제시하면 다음과 같다. ① 들으매 기이하고 비록 못쓸 왜놈이나 / 아비 유언 지키는 양 인심이 있다 한다. ② 그중에 묵정한이 눈물 지고 슬퍼하니 / 비록 이국(異國) 사람이나 인정(人情)이 무궁(無窮)하다. ③ 십이일(十二日)에 등지(藤只) 오니 한대영(韓大永) 평영(平英)이가 / 백 삼십 리 따라와서 차마 못 이별하여 / 우리 옷 붙들고서 읍체여우(泣涕如雨) 하다가 / 밤 든 후 돌아가서 오히려 아니 가고 / 길가에서 있다가 우리 가마 곁에 와서 / 손으로 눈물 씻고 목메어 우는 거동 / 참혹하고 기특하

'닭의 소리 개소리와 새 소리 우마(牛馬) 소리 / 아국(我國)과 일반(一般)이요 아이 소리 웃음 소리 / 천기로 나는지라 조금도 다르잖다'는 상당히 진전된 화자의 의식을 보여주는 구절이라 할 수 있다. 기존 연구에서는 이러한 내용들을 '화이일야(華夷一也)'의 시각을 보여준 것으로 평가하며 이는 조선중화주의에 투철했던 김인겸의 의식을 일부나마 열어준 요인으로 파악하기도 하였다.[155] 이처럼 〈일동장유가〉는 자신의 선험적 인식과 실제적 체험이 충돌하면서 생성된 일기의 다층적 국면들이 대부분 수용되고 있는 작품으로 보아야 한다. 그 전모를 확인할 수는 없지만 세밀한 비교가 가능한 몇몇 자료가 현전하는 만큼 다음 장에서는 이를 토대로 『동사록』에서 〈일동장유가〉로 변환되는 측면에 유의하여 논의를 전개해 보도록 하겠다.

② 『동사록』의 재구성과 형식적 전환

전대의 대일 사행가사인 〈장유가〉와 문학적 특질을 견주어 보면 〈일동장유가〉는 일기체로 구성되어 있어 우선 분량 면에서 상당히 확대된 양상을 보이고 있다. 그러다 보니 다층적 층위의 체험들이 수용되고 있으며 그것을 표현하는 문체 역시 전대에 비해 역동적이다. 이러한 특징에 대해 기존 연구에서는 〈일동장유가〉가 부녀자 및 자손을 위해 창작된 작품이기 때문에 견문에 대한 사실적 전달의 특성이 강화된 것으로 보았다.[156] 또한 다양한 체험에 대한 사적인 기록이라는 측면에서 〈일

니 마음이 좋지 아니해 / 그 누가 왜놈들이 간사하고 팍하다던가? / 이 거동 보아하니 마음이 연(軟)하도다.

155 조규익, 「사행가사의 해외체험과 세계관 : 〈일동장유가〉와 〈병인연행가〉」, 『국문 사행록의 미학』, 역락, 2004, 225～226쪽.

156 조규익, 「사행가사의 해외체험과 세계관」, 『국문 사행록의 미학』, 역락, 2004, 206～212쪽.

동장유가〉는 사절 의식에 충실하여 공식적 일정을 기록하는 성격이 강했던 전 시기의 사행가사와 차이를 보이고 있다고 보았다.[157] 이러한 논의들은 일면 타당하지만 사행가사의 통시적 구도와 관련하여 창작 맥락 및 문학적 구성 원리가 보다 새롭게 조망될 필요가 있다.

우선 앞서 확인했듯이 〈일동장유가〉는 추후 주관적 관점에서 재구성된 문학작품임이 확실해 보이는데 그 모본은 『동사록(東槎錄)』이라는 김인겸의 한문일기로 추정된다. 계미 통신사 일원이었던 성대중의 아들 성해응(成海應, 1760～1839)이 가려 뽑은 「퇴석김인겸소저동사록소재최천종사(退石金仁謙所著東槎錄所載崔天宗事)」와 「퇴석김인겸소저동사록초(退石金仁謙所著東槎錄抄)」라는 기록이 이상재(李長載) 편 『청구패설(靑丘稗說)』에서 확인되는데 이를 분석해 본 결과 〈일동장유가〉의 창작 원리를 확신할 수 있게 된 것이다. 이 자료를 학계에 소개한 최강현은 〈일동장유가〉가 『동사록』에 비해 보다 생생하며 내용이 더 풍부하다는 점을 지적한 바 있다.[158] 이 역시 타당한 논의지만 〈일동장유가〉의 창작 원리와 관련된 상관성은 아직까지 논의되지 않고 있다. 따라서 전대의 작품들과 마찬가지로 사행 과정에서의 기록을 토대로 추후에 가사를 창작한 문학적 관습이 〈일동장유가〉에서도 지속되고 있다는 측면에 유의한 분석이 필요해 보인다. 사행일기의 효용성과 파급효과는

157 유정선, 앞의 책, 82쪽.

158 최강현, 『韓國 紀行文學 硏究』, 일지사, 1982, 308～310쪽. 이 책에는 「退石金仁謙所著東槎錄所載崔天宗事」와 「退石金仁謙所著東槎錄抄」의 원문이 제시되어 있으며 본 연구에서 인용문은 이에 의거함을 밝혀둔다. 최강현은 이 자료를 통해 〈일동장유가〉와 『東槎錄』의 관계를 언급했으나 내용이 소략하고 〈일동장유가〉의 창작 원리와 관련하여 분석되지는 않았다. 자료의 중요성에도 불구하고 이후 학계에서는 이에 대한 고찰이 한 번도 이루어지지 않았다. 본 연구에서는 이 자료에 대한 중점적 해석을 통해 〈일동장유가〉에 새롭게 접근해 보고자 한다. 이후 두 자료는 각각 「崔天宗事」와 「東槎錄抄」로 약칭함을 밝혀둔다.

이미 『노가재연행일기』(1712)를 통해 확인할 수 있는데[159] 〈일동장유가〉는 이러한 한글일기와도 차별되는 문학 작품으로 창작되었던 것이다.

또한 이후에 창작된 사행가사 작품들이 대부분 장편이라는 점을 감안할 때 〈일동장유가〉를 기점으로 사행가사의 문학적 구성 원리가 변모했음을 알 수 있다. '자족적 향유'에 국한되었던 사행가사의 향유 맥락이 '가내 소통'으로 그 양상이 변화하고 창작의 원리도 변모하면서 '전달'과 '기록성'의 층위가 부각되고 있는 것이다. 이로 인해 〈일동장유가〉에서는 산문 기록이 확보하지 못하는 사적 체험의 흥미로운 재구성,[160] 서사적 주체로서의 자부심이 발견되는 에피소드, 다양한 문체를 통한 생동감 있는 장면화, 인간적 고뇌와 솔직한 내면의 표출 등과 같은 미적 특질을 확인할 수 있는 것이다.

이처럼 〈일동장유가〉의 창작 원리와 문학적 특질을 통시적 구도 하에서 재조명해 보면 전후 작품들과의 다면적 비교·분석이 가능해진다. 19세기 이후 창작되는 사행가사가 대부분의 장편이라는 점에서 〈일동장유가〉는 통시적 흐름에서 중요한 분기점에 위치한 작품에 해당한다. 따라서 본 연구에서는 「최천종사」와 「동사록초」의 주요 부분들과 관련된 〈일동장유가〉의 장면을 비교·분석해 봄으로써 작품의

---

159 〈노가재 연행일기〉는 후대 연행록의 교과서 역할을 했으며 청나라 문물에 대한 사실적이고 정확한 보고와 그 과정에서의 의식 변화를 통해 이후 한글 사행록은 물론 조선 지식인들의 대청 인식에 많은 영향을 주었다. 이에 대한 자세한 분석은 조규익, 「조선조 국문 사행록의 흐름」, 『국문 사행록의 미학』, 역락, 2004 참고.

160 대마도의 연원과 특징을 설명한 한문 기록과는 달리 국문시가에서는 그 지방에서 있었던 일화를 사실적으로 재현하고 있다. 일본 여인의 잠자리 요청을 거절한 격군 일인에게 그 여인이 '못 생겼다'를 외치는 장면은 주변 사람들은 물론 독자에게도 큰 웃음을 유발하는 사건임에 분명하다. 여행 과정에서 발생한 이러한 에피소드를 잊지 않고 작품 속에 배치하는 모습에서 인정물태를 중시하는 작가의 열린 시선을 확인할 수 있다. 이 외에도 역관 이언진이 기녀에게 속아 비웃음을 당하는 장면 등 가사문학을 통해 보다 생생하게 재현되고 있는 당시의 문화적 풍경들을 〈일동장유가〉 곳곳에서 확인할 수 있다.

창작 원리와 문학적 특질을 보다 섬세하게 살펴보도록 하겠다.

A

ⓐ 十一月初四日 留馬島西山寺 正使相無以破寂 以蜀漢人物比一行諸人 以余比蔣琬 時韞南玉比張松 子才比黃褘 士執成大中比法正 閔明川惠洙比關羽 金營將相玉比張飛 徐中和有大比趙子龍 李康翎海文比馬超 李陰竹梅比黃忠 柳營將達源比向寵 任都事屹比馬岱 吳宣傳載熙比王平 曺都事學臣比魏延 梁宣傳瑢比馬良 ⓑ 最絶倒者 權琦與劉琦同名故比之 ⓒ 李佐國良醫也 音相似故比楊儀 ⓓ 洪善輔比麋竺 理馬比周倉 ⓔ 一場大笑.

〈金退石仁謙東槎錄抄〉

A′

ⓐ′ 초ᄉᆞ일 ᄉᆞ방의 가니 ᄉᆞ샹ᄂᆡ 심심ᄒᆞ야 / 초한 적 인물로 일힝을 바교ᄒᆞ야 / 댱완으로 날 비ᄒᆞ고 시온은 장송이오 / ᄌᆞ지ᄂᆞᆫ 비위라고 ᄉᆞ집은 범증이오 / 민명쳔은 관우 ᄀᆞᆺ고 김영장은 장비로다 / 셔듕화ᄂᆞᆫ ᄌᆞ룡이오 니강녕은 마쵸라고 / 니매ᄂᆞᆫ 황튱이오 뉴영장은 향총이오 / 임도ᄉᆞᄂᆞᆫ 마ᄃᆡ라고 오션젼은 왕평이오 / 조도ᄉᆞᄂᆞᆫ 위연이오 냥션젼은 마량이오 / ⓓ′ 홍초관은 미축이오 니마ᄂᆞᆫ 쥬창일쇠 / ⓒ′ 니좌국은 냥읜고로 양의라 일흠ᄒᆞ고 / ⓑ′ 권긔ᄂᆞᆫ 동명ᄐᆞ고 뉴긔라 ᄒᆞᄂᆞᆫ구나 / ⓔ′ 일장을 대소ᄒᆞ고 ᄉᆞᄎᆞ의 도라와셔 / 왕유 궁ᄉᆞ 열두 슈룰 삼조로 ᄎᆞ운ᄒᆞ다.

위의 A는 「동사록초」 기록의 전반부인데 A′와 비교해보면 양자의 밀접한 상관 관계가 확인된다. ⓐ와 ⓐ′는 번역문으로 보아도 무방해 보이며 ⓑ′~ⓔ의 경우 서술의 순서만이 변경되어 있다. 그런데 ⓓ의 문장 구조를 보면 이러한 순서 변화의 이유가 짐작된다. ⓓ는 '○○○

比○○'의 구조를 보이는데 이는 A의 ⓐ부분에서 지속적으로 반복되고 있는 구절들과 그 흡사하다. 반면 A의 ⓒ, ⓓ의 구조는 각각 '○○~者 與故比○○', '○○~也 似故比○○'로 간략화해 볼 수 있는데 '~' 부분에 서술부가 확장적으로 첨가되어 있다. 그러므로 〈일동장유가〉에서는 ⓐ 부분과의 연속성을 유지하기 위해 ⓓ의 순서를 변경하고 있으며 비교의 논리에 서술부가 첨가된 ⓑ, ⓒ를 이후에 배치하고 있는 것이다.

그런데 ⓑ→ⓑ'의 경우 내용도 완전히 변환된 양상을 보이고 있다. '권기(權琦)'와 '유기(劉琦)'가 동일한 이름 때문에 비교되는 점이 가장 우습다고 표현한 ⓑ의 내용이 ⓑ'에서는 '권기는 총명타고 유기라 하는구나'로 변화하고 있는 것이다. 이는 사대부의 체면을 손상시키지 않으려는 작가의 배려로 볼 수 있으며 〈일동장유가〉가 일차적으로 가내 소통을 염두에 두고 창작된 작품임에 대한 방증으로 볼 수 있을 것이다. ⓔ'에서는 ⓔ를 그대로 활용하여 내용을 마무리하고 있으며 밑줄 친 부분에서 알 수 있듯이 'ᄉᆞᄎᆞ로 도라와셔'와 같은 어구를 첨가하여 4음보의 운율을 완성하고 있다.

내용적인 측면을 보아도 통신사의 일원들을 촉한 때의 인물들과 비교함으로써 각자의 개성이 효과적으로 표현되고 있음을 알 수 있다. 이러한 일화는 창작 당시는 물론 독자들에게도 효과적인 '파적(破寂)'의 사례가 되었을 것으로 보이며 그로 인해 「동사록초」에도 전하게 된 것으로 보인다. 이러한 측면에서 본다면 기존에 〈일동장유가〉를 비롯한 여타 사행가사들의 창작 동기를 설명함에 있어 '부녀층', '파적' 등의 용어에 전면적으로 의존하는 시각은 재조정이 필요해 보인다. 여성을 독자로 상정하고 '파적'을 목적으로 창작되었다 하더라도 그 내용은 대부분 『동사록』에 의거한 경우가 많기 때문에 사행가사의 특질과 효용성의 측면에 보다 유의할 필요가 있는 것이다.

「동사록초」에서 A 다음을 보면 '先是初二日 留馬島西山寺'라는 구절로 시작하고 있는데 이 역시 〈일동장유가〉의 '초이일 청명하고 서산사서 또 묵었다' 이하 부분과 내용이 완전히 일치하며 '괴이하다' 가 두 번 정도 첨가되어 있을 뿐이다. 만약 「동사록초」의 내용 순서가 『동사록』과 동일하다면 '先是初二日' 이하는 역전적 구성이라 할 수 있는데 〈일동장유가〉의 경우 순행적 구조에서 일탈된 부분을 전혀 발견할 수 없다. 이 역시 김인겸이 추후에 사행가사를 창작하는 과정에서 전체적 흐름과 내용 배치를 고려했음에 대한 방증으로 볼 수 있다.

이후 '十三日' 로 시작하는 「동사록초」의 내용은 '십삼일 진시량에'로 시작하는 〈일동장유가〉와 동일하며 대마도로의 선행(船行)에서 풍랑을 만난 상년이 역동석으로 형상화되어 있다. 흥미로운 것은 이 과정에서 대화체가 활용되어 명재경각의 위기가 급박하게 묘사되고 있는데 이 특징이 〈일동장유가〉에 고스란히 적용되고 있다는 점이다. 사행가사의 흐름에서 보면 〈일동장유가〉는 한문일기를 전면적으로 수용·재구성함으로써 문학적 특질의 다변화를 가능케 하여 '전환'적 계기를 마련하고 있는 작품이다. 이와 관련하여 〈일동장유가〉의 견문이 섬세한 시각에서 다채롭게 묘사된 사례들도 확인할 수 있는데 이를 가능케 한 창작 원리 역시 다음의 부분에서 살펴볼 수 있다.

B

ⓐ **男削其頂與鬆** ⓑ **惟存鬌髮** (d) 腦手以蜜油塗之 結髻於後腦上 以繩曲結之斷之 ⓒ **女人則不削髮** ⓓ **作髻於後** 如我國北髻 以兩梳前後插之 ⓔ **處女則以一梳插於頂上** ⓕ **衣帶則男女無別** 所見可駭 ⓖ **倭人所饋杉重者 以杉木作盒 盒三**

層 每一層盛二味 共六味 一曰松風 狀如方散子色黃 二曰祿快如**白殭蠶**味甘 三曰 **花片餠** 四曰**小輪**味如煎全椒 **狀似五花糖** 五曰**落鴈** **品三色白有紅點** 或如車輪 **或如半月形 俱以粘米如砂糖造出** 六曰色黃**盤龍形**中空矣.

B′

ᄇᆡ의 올나셔 보니 ᄯᅢ 십월 초뉵일이라/ 셩두가 쇼솜ᄒᆞ고 셔북풍이 ᄆᆞ이 분다/ 샹션포 세 번 노코 거졍포 ᄒᆞᆫ 소릐예/ ᄇᆡ ᄃᆞ리 올려 노코 일시의 닷출 주니/ (…중략…) / 션힝이 안온ᄒᆞ야 좌슈포로 드러가니/ 신시ᄂᆞᆫ ᄒᆞ여 잇고 북션은 몬져 왓다/ 포구로 드러가며 좌우ᄅᆞᆯ 둘러 보니/ 봉만이 삭닙ᄒᆞ야 경치가 긔졀ᄒᆞ나/ 용솜뉵 ᄇᆡᆨ귤뉴등감 다물쇽 동쳥일쇠/ 왜봉 여ᄉᆞᆺ 놈이 금도졍의 안잣고나/ 인개가 쇼됴ᄒᆞ고 여긔 세 집 뎌긔 네 집/ 합ᄒᆞ야 혜게 되면 ᄉᆞ오십 호 더 아니타/ 집형샹이 궁슝ᄒᆞ야 노젹덤이 ᄀᆞᆺ고내야/ 굿 보ᄂᆞᆫ 왜인들이 뫼히 안자 구버 본다/ ⓐ′ 그 듕의 ᄉᆞ나희ᄂᆞᆫ 머리를 쌋가시ᄃᆡ/ **ⓑ′ 쑥뒤만 죠금 남겨 고쵸샹토 ᄒᆞ여시며**/ ㉠ <u>발 벗고 바디 벗고 칼 ᄒᆞ나식 ᄎᆞ이시며</u>/ **ⓒ′ 왜녀의 치장들은 머리ᄅᆞᆯ 아니 싹고/ 밀기ᄅᆞᆷ 돔북 발라 뒤흐로 잡아 ᄆᆡ야**/ ㉡ <u>죡두리 모양쳐로 둥글게 ᄭᅮ여 잇고</u>/ **ⓔ′ 그 ᄭᅳᆺ촌 두로 트러 빈혀ᄅᆞᆯ 질러시며**/ ㉢ <u>무론 노쇼귀쳔ᄒᆞ고 어레빗술 ᄶᅩ잣구나</u>/ **ⓕ′ 의복으로 보와ᄒᆞ니** ㉣ <u>무 업ᄉᆞᆫ 두루막이/ ᄒᆞᆫ 동 단 막은ᄉᆞ매</u> **남녀 업시 ᄒᆞᆫ가지요**/ (…중략…) / 초칠일 쳥명ᄒᆞ야 ᄇᆡ 노키 됴컨마ᄂᆞᆫ/ 수험도 못ᄒᆞ엿고 치목도 쥬변ᄎᆞ로/ 여긔셔 묵게 되니 굼굼ᄒᆞ기 ᄀᆞ이 업ᄂᆡ/ (…중략…) / 왜놈이 보낸 음식 내여 노코 ᄌᆞ시 보니/ 네모진 **ⓖ′ 세 층합을 삼묵으로 ᄆᆡᆫᄃᆞᆫ 거술/ 삼듕이라 일홈 ᄒᆞ고 ᄆᆡ ᄒᆞᆫ 층의 두 가지식/ 겻겻치 녀허시니 합ᄒᆞ여 여ᄉᆞᆺ 가지**/ ᄒᆞᆫ 가지ᄂᆞᆫ **송풍이니** 빗 누ᄅᆞ고 산ᄌᆞᄀᆞᆺ고/ 뉴미라 ᄒᆞ는 거ᄉᆞᆫ ᄇᆡᆨ강ᄌᆞᆷ(**白**殭蠶) 형샹이오/ **쇼츈과 화면썩은 오화당 모양이오**/ 낙안 세 가지니 **붉고 희고 누ᄅᆞ고나**/ **반월형 ᄀᆞᆺᄐᆞᆫ 썩과 반뇽형 ᄀᆞᆺᄐᆞᆫ 과줄/ ᄎᆞᆯᄡᆞᆯ ᄀᆞᄅᆞ 셜당 타셔 ᄆᆡᆫᄃᆞ라다** ᄒᆞᄂᆞᆫ고나.

「동사록초」의 마지막 기록인 B 부분에는 날짜가 표기되어 있지 않고 일본 남녀의 의복과 대접 받은 음식이 상세하게 묘사되어 있다. 그런데 이 역시 〈일동장유가〉에서 발견되는 장면이었으며 B′는 이와 관련된 부분의 인용문에 해당한다. 살펴본 결과 10월 6, 7일 내용의 일부로 다소 긴 〈일동장유가〉의 부분 중 감각적 묘사가 두드러진 부분이 「동사록초」와 일치하고 있었다. 이는 『동사록』의 일기를 전면적으로 수용한 〈일동장유가〉와 달리 「동사록초」는 발췌자의 주관적 시각에 의해 선별된 기록임을 추측해 볼 수 있는 것이다. 그리고 B→B′의 변환 지점들을 세밀하게 살펴보면 대체로 그 내용이 일치하되 B에서 반복되는 소재나 심상을 생략하여 보다 간결하고 감각적인 층위에서 B′가 구성되고 있음을 알 수 있다. 일본 남자의 상투를 묘사한 ⓑ 이하의 내용은 ⓑ′에서 '고추상투'로 간결하게 압축되었으며 이 가운데 ⒟ 부분은 여성의 머리를 설명하는 부분으로 이동하여 'ⓓ′ 밀기름 듬뿍 발라 뒤쪽에 잡아매어'로 구체화되고 있다.

자칫 사소하게 보일 수 있는 이러한 변화는 한문기록을 가사문학으로 재구성하는 과정에서 문화적 이질성과 정체성이 고려되고 있음을 보여주는 하나의 사례로 해석해 볼 필요가 있다. 일본 남녀의 외모를 사실성의 층위에서 형상화한 한문기록과 달리 〈일동장유가〉는 수용자의 '이해'와 '연상'의 측면에 무게 중심을 두고 있는 것으로 보이기 때문이다. '고추상투', '밀기름', '비녀' 등과 같은 친숙한 소재의 활용은 물론 새롭게 첨가된 ㉠~㉣의 내용을 보아도 구체화된 어휘를 발견할 수 있다. '㉠ 발 벗고 바지 벗고 칼 하나만 차 있으며'라는 추가적 표현으로 인해 일본 남자에 대한 가시적 형상화가 가능해졌으며 ㉡~㉢에서는 '족두리', '얼레빗'과 같이 한국 여성들에게 익숙한 도구들을 활용함으로써 독자의 이해도를 강화하고 있다. 또한 'ⓕ 의복이 남녀 구별이 없으니 해괴해 보인다(衣帶則男女無別 所見可駭)'라는 구절을 변환하는 과정에서도 '해괴하다'는 논리는 생략하고 '무 없는 두루마기 / 한 동 단 막은 소매'를 추가함으로써 의복과 관련된 구체적 연상을 가능케 하고 있다.

ⓖ'의 경우에는 일본에서 대접받은 음식이 감각적으로 형상화되어 있는데 이 역시 대부분 ⓖ와 중첩되고 있으며 약간의 변이를 발견할 수 있다. B에서는 '二日~六日' 의 표현을 통해 병렬적으로 서술된 반면 B'의 경우 이를 생략하고 4음보의 율격에 따라 순서대로 배치함으로써 연속적 리듬감을 형성하고 있다. 또한 '미감(味甘)', '미여전전초(味如煎全椒)' 등과 같은 미각적 요소들은 배제하고 시각성이 강화된 형상화가 진행되었다는 점도 흥미로우며 마지막 부분의 경우 내용의 미세한 변화도 확인된다. '황색 반룡 모양으로 가운데가 비어있다(色黃盤龍形中空矣)'라는 내용과 상관없이 '반룡형'을 '반월형'과 동일하게 배치하여 '반월형 같은 떡과 반룡형 같은 과즐 / 찹쌀가루 설탕 타서 만들었다 하는구나'라고 변환하고 있는 것이다. 이 부분에서도 역시 견문의 정확성보다는 효율적인 형상화와 그 전달에 초점을 두면서 〈일동장유가〉가 창작되었음을 알 수 있다.

이처럼 부분적이나마 『동사록』과 〈일동장유가〉에 대한 직접적 비교를 가능케 하고 그 변환의 특징을 세밀하게 고찰할 수 있게 한다는 점에서 「동사록초」의 사료적 가치는 제고되어야 할 것이다. 이 「동사록초」 이외에 『동사록』에서 '최천종 사건'을 발췌한 것으로 보이는 「최천종사」라는 자료는 날짜별로 상세하게 당시의 정황이 기록되어 있어 〈일동장유가〉와 『동사록』과의 상관성을 보다 면밀하게 살펴볼 수 있게 한다는 점에서 주목을 요한다.

C

〈退石金仁謙所著東槎錄所載崔天宗事〉 金仁謙字士安官砥平縣監從事官書記 (英宗甲申)四月 ⓐ **初七日**丙戌 **上房執事大丘崔天宗**稟**開門 還臥就寢之際 有一倭人 據坐腹上 以三稜刀插咽喉 驚起大呼 倭人棄刀與鞘而走 一行驚動 往見** ⓑ **卯時 竟至殞命 慘矣** 三使相 **促入三首譯 棒考音使之往復馬島人究出罪人 馬人無一驚動者** ⓒ **夜深後分三首譯使之速查 奉行裁判及切力爲名官 來見尸身而去 仍無皁白 絶憤絶憤** 是日留大坂本願寺.

ⓓ **初八日**天宗尸身 尙未斂襲 又無究査之氣 三**使相 聯名作書島主 而亦無所答 又欲斂襲 則馬人言內斂襲之後 非吾輩所知 任意爲之云 遂不斂**.

C′

ⓐ′ 초칠일 샹방 집ᄉᆞ 대구사ᄅᆞᆷ 최천종이 / 기문을 품ᄒᆞ고서 제 방의 도라와셔 / ᄌᆞᆷ드러 누엇더니 엇더ᄒᆞᆫ 예 ᄒᆞᆫ 놈이 / 가ᄉᆞᆷ의 올나 안자 칼로 목을 지른니라 / 쳔종이 놀나 ᄭᆡ야 소릐 ᄒᆞ고 니러셔니 / 그 놈이 칼을 ᄇᆞ리고 쳔조히 도라오니 / 일힝이 경동ᄒᆞ야 급히 니러 모다 보니 / ㉠【창늘 ᄀᆞᆺ튼 세모 칼을 ᄲᅢ여 노코 누엇ᄂᆞᆫᄃᆡ / 호읍이 쳔촉ᄒᆞ야 ᄎᆞᆷ아 못 보리러니】/ ⓑ′ 모시냥의 운명ᄒᆞ니 참혹ᄒᆞ고 불샹ᄒᆞ다 / 슈역을 잡아드려 ㉡【ᄉᆞ신ᄂᆡ 분부ᄒᆞᄃᆡ / "만인의게 왕복ᄒᆞ여 죄인을 어드라"ᄃᆡ / 만인이 무상ᄒᆞ야 바히 경동 아니ᄒᆞ고 / 져므도록 기ᄃᆞ리ᄃᆡ ᄒᆞᆫ 말도 아니 오니 / 절통ᄒᆞ고 절분ᄒᆞ믈 어이 다 긔록ᄒᆞ리 / 종ᄉᆞ샹 하쳐ᄒᆞᆫᄃᆡ 시쉬가 드러오니 / 샹방의 가샤ᄒᆞᆫ ᄃᆡ 들고 최봉녕을 불러다가】/ ⓒ′ "수이 사힉ᄒᆞ라" ᄒᆞ고 "슈역의게 뎐ᄒᆞ라"ᄃᆡ / 바히 동념 아니ᄒᆞ니 절통 절통ᄒᆞᆫ 져이고 / 봉힝지핀 빔든 후에 ᄉᆞ신 보고 나가리라.

ⓓ′ 초팔일 마두놈이 흑빅이 업ᄂᆞᆫ디라 / ᄉᆞ샹ᄂᆡ 년병ᄒᆞ야 도쥬의게 편지ᄒᆞᄃᆡ / 답셔도 아니ᄒᆞ고 "습념을 ᄒᆞ랴" ᄒᆞ니 / 만인의 니ᄅᆞᄃᆡᄂᆞᆫ "념습을 ᄒᆞ온 후ᄂᆞᆫ / 우리 알배 아니오니 아모리나 ᄒᆞᆯ디어다" / 혹 그러ᄒᆞᆯ가 ᄒᆞ야 죽엄을 그져 두니 / ㉢【이

러케 분통훈 일 텬하의 쏘 잇는가 / 부과훈 슈역들은 조금도 긔탄업서 / 일분 인심 잇게 되면 이러케 무상홀가.】

위의 두 인용문을 통해 '최천종 사건'의 전반부를 비교해 보았으며 객관적 기록에 해당하는 C의 내용은 대부분 C′에 반영되고 있다. 그러나 〈일동장유가〉의 경우 당시의 정황이나 감정과 관련된 부분이 보다 강화되어 있음을 알 수 있다. 추가된 내용에 해당하는 ㉠을 보면 '창날 같은 세모 칼', '호흡이 천촉하여 차마 못 보리로다' 등과 같은 표현으로 긴박한 당시 정황과 탄식에 대한 감정적 몰입을 가능케 하고 있다. ㉡에도 '절통하고 절통함을 어이 다 기록하리'라는 구절이 첨가되어 있으며 '시취가 드러오니'와 같은 감각적 심상은 장면의 실제성을 환기하는 문학적 요소라고 볼 수 있다. 또한 ㉡에서는 '최봉령을 불러다가'와 같이 수역 사신의 이름을 구체화하고 이후 상황을 대화체로 구성하여 '절통 절통한 저이고'에서처럼 한탄이 거듭 유발되고 있는 정황을 사실적으로 재현하고 있다.

초팔일의 일기에 해당하는 ⓓ→ⓓ′의 경우를 보아도 '又欲斂襲'을 "습염을 하라" 하니'와 같이 대화체로 변환하고 있음이 확인된다. 또한 '혹 그러할까 하여 죽엄을 그저 두니'의 경우에서처럼 4음보는 유지하되 3(4)·4조의 기본적 음수율이 붕괴되는 현상이 발견되며 이는 ⓒ′의 '수이 사핵하라'의 경우도 마찬가지이다. 대화체를 통해 사실적 장면화를 시도한 부분이나 촉발된 감정이 과잉되어 있는 경우에는 음수율의 이완도 허용할 만큼 효율적인 전달을 중시하고 있는 것이다. 또한 ⓓ의 경우 습염을 하지 못한 사실을 제시('遂不斂')하면서 일기가 완료되고 있는 반면 C′에서는 '이렇게 분한 일이 천고에 또 있는가'와 같은 탄식의 발화가 첨가되어 있다. 사태에 대한 주관적 반응을 보다 직접적으로 표현할 수 있는 사행가사의 문학적 영역이 발견된다는 점에서 ㉢은 ㉠, ㉡과 유사한 작가 의식을 보여주는 사례인 것이다.

이국인 살해 유형의 연극 상연 장면.

이 최천종 사건은 양국의 상호 인식과 관련하여 많은 연구가 진행된 바 있으며 일본의 민간에도 급속도로 전파되면서 가부키 · 조루리 및 실록체 소설에 이르기까지 다양한 각색 · 변모를 보이면서 계승되기도 하였다.[161] 당시 일본인들의 조선통신사에 대한 상당한 관심과 반응의 측면에서 이해될 수 있는 사례인 것이다. 이후 「최천종사」의 초구일과 십일일에 해당하는 기록도 〈일동장유가〉와 대부분 일치하고 있으며 〈일동장유가〉에는 초십일, 십이일에 해당하는 내용도 간결하게 첨가되어 차이를 보이고 있다. 다음의 사례를 보도록 하자.

D

ⓐ 十三日 始出阜殯江邊 見倭人 ⓑ 周宏書 則大坂尹會島主及諸長老大言 罪

161 이에 대한 자세한 논의는 박찬기, 「도진고로시[唐人殺し]의 세계와 조선통신사」, 『조선통신사와 일본근세문학』, 한일일본학협회, 보고사, 2001.

人之査出 今日似有決末.

ⓒ 十四日 大坂尹 査出罪人 則乃馬島傳語官鈴木傳藏 傳藏逃走 故捉其奴 査問後囚樻中云.

ⓓ 十六日 査事大發 馬人多繫拘云.

D′

ⓐ′ 십삼 일 다 붉은 후 비로소 내여다가 / 강변의 초빈ᄒᆞ니 ㉠【불상코 참절ᄒᆞ다 / 이후브터 마인들이 문금을 장히 ᄒᆞ고 / 듀굉이 마인의게 ᄋᆡ걸ᄒᆞ고 드러와셔 / 읍톄 여우ᄒᆞ여 니별ᄒᆞ고 가ᄂᆞᆫ디라 / 인졍이 불상ᄒᆞ야 우리 역시 챵연ᄒᆞ다 / "도쥬의 ᄃᆡ답 편지 비로소 왓나" ᄒᆞᄃᆡ / 어의가 교휼ᄒᆞ니 졀졀이 통분ᄒᆞ다】 / ⓑ′ 듀긍이 편지ᄒᆞ야 옥청을 ᄀᆡ별ᄒᆞᄃᆡ / 오ᄂᆞᆯ이야 대판셩윤 제쟝로와 도쥬 모화 / 졍식ᄒᆞ고 대언ᄒᆞᄃᆡ ㉡【"통신ᄉᆞ힝 듕 ᄉᆞ롬 / ᄂᆡ 짜ᄋᆡ 와 죽은 거술 이 ᄡᅥᆨᄀᆞ디 그저 두니 / 도리가 그른디라 사획을 급히 ᄒᆞ야 / 만일 죄가 잇게 되면 내 혼자 담당ᄒᆞᆯ쇠" / 쟝뇌 역시 "올타" ᄒᆞ니 "사ᄉᆞ시작 ᄒᆞ다" ᄒᆞᄃᆡ / 필경 이 엇디 될ᄀᆞ 답답기 ᄀᆞ이 업다.】

ⓒ′ 십ᄉᆞ일 대판윤이 죄인을 ᄉᆞ획ᄒᆞ니 / "대마도 뎐어관놈 녕목젼장이라" ᄒᆞ니 / 젼쟝은 도망ᄒᆞ고 종 잡아 ᄉᆞ문ᄎᆞ로 / 궤 속의 너허다니 ㉢【이제나 샹명ᄒᆞᆯ가

㉣ 십오일 슈영쟝노 제ᄌᆞ들 보내여셔 / ᄀᆡᆨ회롤 위로ᄒᆞ니 삼년 통졀 두 즁일쇠】

ⓓ′ 십뉵칠십 ㉤【년 이틀을 삼년 통졀 고혀 와셔 / 쟝노의 녜단 주고 필담ᄒᆞ고 가ᄂᆞᆫ구내】 / 사ᄉᆞ가 대발ᄒᆞ야 마인들이 갓혀다되 / ㉥【ᄌᆞ셔히 못 드ᄅᆞ니 애돏기 ᄀᆞ이 업ᄂᆡ.】

위의 경우를 보면 D′에 비해 D에는 15, 17일의 내용이 생략되어 있음을 알 수 있다. 이는 「최천종사」가 『동사록』에서 발췌되는 과정에서 생략되어 발생한 현상인지 아니면 『동사록』에 원래 없는 부분인지 정확

하게 확인할 수는 없다. 그러나 중요한 점은 ㉠~㉥에서 알 수 있듯이 〈일동장유가〉에서는 문학적 측면에서의 형상화가 상당히 강화되어 있다는 것이다. 이는 C→C′의 경우와 유사하지만 새롭게 재구성된 부분의 내용이 많고 극적 구성의 전략과 정서 표출이 훨씬 증가된 양상을 보이고 있다. 우선 ㉠을 보면 '불쌍코 참절하다', '창연하다', '절절히 통한하다' 등과 같이 탄식을 직접적으로 표출한 표현들이 반복되고 있다.

또한 '주광'이 애걸할 수밖에 없는 상황과 '도주의 편지'가 '교휼(狡譎)'한 내용 등을 첨가하여 당시의 상황에 대한 긴장감을 부각시키고 있는 것이다. 이러한 측면들은 작품 속의 상황에 독자가 쉽게 몰입할 수 있게 하는 문학적 요소들로 작용했을 것이며 이후 ㉡에서는 극적 형상화가 두드러진 양상을 보이고 있다. '죄인의 사출(罪人之查出)'이라는 내용에 불과한 '대판(성)윤'의 발언을 상당히 구체화 하고 '장도 역시 "옳다" 하니' 등과 같은 주변 인물의 반응도 대화체로 첨가함으로써 극적인 장면화의 특질을 생성하고 있는 것이다.

그런데 내용을 보아면 '도리가 아니라 사핵을 급히 한다'와 논리가 구사되어 ㉠에서 부각된 문제적 국면이 진정되는 양상을 보이고 있다. 이 날의 기록에 대한 조엄의 『해사일기』를 보면 이러한 내용은 전혀 확인되지 않으며 오히려 일본의 도주가 보낸 회답 서계에 최천종 사건을 '자중지란'으로 간주하려는 의도가 보여 이를 강하게 비판하고 있다. 다만 그 서계의 내용 중 '만일 의심된 자가 있다면 즉시 조사하겠오'와 같은 의례적 표현이 있는데 〈일동장유가〉에서는 상황의 부당성을 지적하고 신속하게 대처하겠다는 내용으로 전환된 것으로 보인다.

따라서 ㉡부분은 일정 부분 허구와 과장을 가미하여 극적으로 새구성된 장면일 가능성이 높은 것이다. '필경 이 어찌 될까 답답하기 가이 없다'라는 마지막 구절은 작가의 의도가 확인되는 주관적 논평으로 〈일동장유가〉가 독자를 고려해 창작된 것임을 여실히 보여준다. ㉠, ㉡에서 확인되었듯이 문제적 상황의 심각성이 해결의 기미가 보이는 방향으로 급선회 되었지만 여전히 '답답하다'고 첨언함으로써 이후 상황에 대한 독자의 지속적 몰입을 가능케 하고 있는 것이다. ⓒ'에서 범인의 실체가 확인되면서 상황이 급진전되는 국면을 보임으로써 독자는 심리적 동요와 안정을 동시에 경험할 수 있게 되는 것이다.

이처럼 사실성의 영역을 크게 벗어나지 않는 한문일기와 달리 주관적 소망이 투사된 허구적 장면화가 부분적으로 삽입되어 있는 사례는 사행가사만의 '문학적 영역'을 확인케 하는 사례로 해석해야 할 것이다. 이후 별다른 정보가 없는 15, 16일의 일기도 독자를 배려하여 간단히 구성한 것으로 보인다. 이러한 양상은 '18～19일'의 경우에도 지속되며 '20일'에 해당하는 다음의 사례는 가사 작품으로서 확보된 문학적 영역이 더욱 확장된 양상을 보이고 있어 살펴볼 필요가 있다.

E

ⓐ **二十日** ⓑ **崔鶴齡來傳島主之言曰 罪一人足矣 其他无罪之人 不必蔓延之意 通于坂尹云 正使相責曰 坂尹之査究 非我所關 如此之言 何不自下退斥 有此來告也 崔譯唯唯而退.**

E′

ⓐ′ 이십일 ㉠【냥쟝노가 말 보내여 청을 ᄒᆞ되 / "ᄃᆡ마도쥬 못 본 젼은 '몬져 보쟈' ᄒᆞ오되는 / 젼네 업시 몬져 보기 사톄예 불가타"니 / 댱노가 ᄯᅩ 청ᄒᆞ되 도쥬가 나간 후의 / 저히는 머므러셔 "조용이 필담 챠ᄃᆡ" / ᄯᅩ 아니 허ᄒᆞ시고 도쥬가 나

간 후의 / ᄃᆡ청의 나가시니 도쥬는 아니 오고 / 두 쟝노 왓는지라 몬져 읍 아니ᄒᆞ고 / 도쥬ᄅᆞᆯ 쳥ᄒᆞ오니 비로소 드러오니 / ᄒᆞᆫ가지로 읍을 ᄒᆞ고 상ᄃᆡᄒᆞ야 안즌 후의 / 강호셔 온 위안셔ᄅᆞᆯ 도쥬가 내여노코 / 그 버금의 쳡쟝노가 졔위안셔 내여노코 / 소찰의 뻐셔 뵈ᄃᆡ "ᄒᆞ고 시븐 말 잇거든 / ᄌᆞ셰히 뻐 달라" ᄒᆞ니 대져한ᄒᆞᆫ디 강호의셔 / "쳡쟝노ᄅᆞᆯ 분부ᄒᆞ야 ᄆᆞᄅᆞ라" 연고로쇠 / 김믈이란 봉힝놈이 도쥬의 알ᄑᆡ 가셔 / 무어시라 ᄯᅩ ᄒᆞᄃᆡ는 밀밀이 말을 ᄒᆞ고 / 연쟝쟝의 알ᄑᆡ 가셔 아모란 줄 모ᄅᆞᆯ로내】/ ⓑ′ 최슈역 엿ᄌᆞ오ᄃᆡ 도쥬가 쳥ᄒᆞ오ᄃᆡ / "ᄒᆞᆫ 사ᄅᆞᆷ만 상명ᄒᆞ면 그거시 족ᄒᆞ오니 / 죄 업ᄉᆞᆫ 다ᄅᆞᆫ 사ᄅᆞᆷ 만연티 아니ᄒᆞ게 / 대판 셩윤의게 긔별ᄒᆞ야 달라" ᄒᆞᄂᆡ / ᄉᆞ샹이 칙ᄒᆞ시ᄃᆡ "판윤의 ᄉᆞ획는 일 / 우리 알 배 아닌디라 네 어이 이런 말을 / ᄌᆞ하로 퇴쳑디 아니고 내게 와 알외는다?" 슈역이 유유ᄒᆞ고 무료이 물러가니 / ㉡【애ᄃᆞᆯ을손 그 알ᄑᆡ셔 즉ᄀᆡᆨ의 잡아내야 염치ᄅᆞᆯ 못ᄒᆞ오니 한심코 분개ᄒᆞ다 / 도쥬가 나간 후의 ᄉᆞᄎᆞ의 도라와서 뉴쟝홍 말 드ᄅᆞ니 / (…중략…) / ᄉᆞ상이 ᄀᆞᆯ으샤ᄃᆡ "댱노와 필담ᄒᆞᆫ 일 / ᄉᆞ고가 그러ᄒᆞ야 브득이ᄒᆞᆫ 일이니 / 그ᄃᆡ는 죄 업ᄉᆞᆫ 줄 내 ᄌᆞ시 아는디라 / 어이ᄒᆞ야 그대도록 혼자 그리 노ᄒᆞ는다" / 내 굿혀 엿ᄌᆞ오ᄃᆡ "그 비쟝의 ᄒᆞᆫ 말 ᄯᅳᆺ이 ᄉᆞ샹 말ᄉᆞᆷ ᄀᆞᆺᄌᆞ으면 노홀 일 업ᄉᆞ오나 / 그 사ᄅᆞᆷ을 모ᄅᆞ다가 불츅ᄒᆞᆫᄃᆡ 보내오니 / 통ᄒᆞᆫ티 아니ᄒᆞ며 노흡디 아니ᄒᆞ랴 / 집ᄉᆞ와 ᄀᆞᆺᄐᆞᆫ 죽엄 ᄯᅩ 분명 잇ᄉᆞ오리" / 비로소 온언으로 우ᄉᆞ시고 니ᄅᆞ시ᄃᆡ / "만일 병난이 잇게 되면 창의ᄒᆞ고 분개ᄒᆞ리 / 반ᄃᆞ시 ᄌᆞ직로셔" 희언으로 미봉하니 / 종ᄉᆞ상이 ᄒᆞ으시ᄃᆡ "김진ᄉᆞ 자라날 제 / ᄉᆡ골셔 ᄒᆞ엿기에 힝셰보를 모ᄅᆞ고셔 / 직셜ᄒᆞ고 과격ᄒᆞ야 감언불휘 ᄒᆞ는 거시 / 대개 풍치 잇는디라 이는 비록 귀커니와 / ᄌᆞ가의 몸 꾀ᄒᆞ기는 소ᄒᆞ다" ᄒᆞ리로다 / 부역이 엿ᄌᆞ오ᄃᆡ "노둔ᄒᆞ고 일 보ᄂᆞ나 / 나라 위ᄒᆞᆫ 일편단심 흉듕의 잇사오니 / 나가 밥 먹삽고서 아요 구용ᄒᆞ고 / 망군부국 ᄒᆞ는 놈은 개돗ᄎᆞ로 보ᄂᆞ이다" / 인ᄒᆞ야 물러와서 분ᄒᆞ고 강개ᄒᆞ야 / 밥 ᄒᆞᆫ 술을 못 먹고셔 듀야로 돌돌ᄒᆞ니 / 등창이 날 ᄃᆞᆺᄒᆞᄃᆡ 안질이 나는구나.】

위의 ⓑ′는 「최천종사」의 내용과 거의 완벽하게 일치하고 있어 전후에 해당하는 ㉠, ㉡이 전면적으로 재구성된 정황을 짐작케 한다. 『해사일기』를 참조해 보면 ⓑ′ 부분은 이 날 사건의 주요 골자에 해당하는데 최천종 사건을 마무리하는 과정에서 대마도주가 보인 오만한 처사가 문제가 된 것으로 보인다. 정사인 조엄이 '처벌을 빨리 진행하되 죄 없는 하속(下屬)들에 대해서는 더 이상 의심하지 말고 추후의 단속을 철저히 부탁한다'는 내용에 대해 대마도주는 '현재 진행되고 있는 조사과정에서 무고한 이들을 모두 풀어주게 한 것을 감사한다'는 식으로 곡해(曲解)하여 답을 보낸 것이다. 조엄은 이에 대해 수역(首譯)에게 화를 낸 것이며 이후 조엄은 수사를 지연하기 위한 일본의 교활함을 강하게 비판하는 내용으로 일기를 마무리하고 있다.

이 사건에서 김인겸은 관찰자에 해당했으므로 그의 일기에는 ⓑ′와 같은 핵심 내용만이 기록된 것으로 보인다. 그러나 〈일동장유가〉에서는 사건의 개연성을 강화하기 위한 정황을 ㉠, ㉡에 첨가하고 있다. ㉠은 『해사일기』에도 나와 있는 내용으로 직급이 낮은 두 장로가 대마도주를 대신하려는 모습을 통해 그들의 무례함을 보여주고 있는 장면이다. 또한 의사소통이 필담으로 이루어지다보니 단계적으로 전달되는 과정에서 발생한 문제의 정황을 『해사일기』에서는 비교적 상세하게 표현했는데 〈일동장유가〉에서는 이를 '감물이란 봉행놈이 도주의 앞에 가서 / 무엇이라 또 하는데 밀밀히 말을 하고 / 영장로의 앞에 가서 아무런 줄 모르겠다'로 정리하고 있다. 이는 바로 이어지는 ⓑ′내용에 대한 이해를 보조하는 논리로 작용하고 있어 E′가 독자를 배려한 구성임을 알 수 있는 것이다.

이러한 ㉠과 달리 ㉡ 부분은 『해사일기』에서 확인되지 않으며 작가의 주관적 시각이 극대화된 양상을 보이고 있다는 점도 특징적이다. '어이하여 그렇도록 혼자 그리 노하는가'라는 '사상'[162]의 발언은 ㉡에 형상화된 장면이 화자의 '위국할 일편단심'을 강조하기 위해 의도적으로 첨가되었음을 암시한다. 화자가 '집사와 같은 죽음 또 분명 있사오리'와 같이 분노를 표명하자 사상은 '만일 병난 있게 되면 창의하고 분개할 이 / 반드시 자네로세'라고 반응한 부분 역시 이를 핵심적으로 보여주는 부분이다.

이후 '종사상'인 김상익도 이 대화에 참여하여 극적 장면화의 특성을 강화하고 있는데 이같은 '보여주기'의 전략을 통해 자신의 강개한 성품을 효과적으로 전달하고 있다. 또한 '분하고 강해하여 / 밥 한 술 못 먹고서 주야로 돌돌하니 / 등창이 날듯하나 안질이 나는구나'와 같은 마지막 구절에서도 격렬한 분노를 신체의 변화로 표현함으로써 독자의 심정적 공감도가 고조된 것은 물론 성품에 대한 탄복과 각인이 진행되었을 것으로 보인다. 〈일동장유가〉가 일차적으로 가내 소통을 고려하여 창작된 만큼 이처럼 자신의 우월성을 부각하는 측면에 각별히 유의하면서 재구성된 문학 작품임을 확인할 수 있는 것이다.

「최천종사」는 이후 4월 25일부터 다음 달 6일까지 기록되어 있으며 날짜별 사건과 형상화의 차이는 지금까지 살펴본 양상과 유사하다. 예컨대 사건을 마무리하는 명목으로 5월 2일에 '전장(傳藏)'을 처형하는 장면에 대해 〈일동장유가〉는 '옆에서 척 찍으니 머리 땅에 내려지니 / 한 놈 대령하였다가 머리를 물에 씻어 / 단 고금 쌓고서는 그 위에 머리 앉혀 / 사흘 후에 묻는다네 효시와 일체로다'에서처럼 우리말을 생동

162 계미 통신사의 上使였던 조엄을 지칭하는 듯함.

감 있게 구사하여 '칼을 휘둘러 베었다(揮劒斬之)'로만 표현된 「최천종사」와 차이를 보이고 있다.

이상에서 살펴보았듯이 〈일동장유가〉는 한문일기인 『동사록』를 토대로 재구성됨으로써 다면화된 문학적 특질을 확보하게 된 작품으로 이해되어야 할 것이다. 한문일기를 저본으로 삼았기 때문에 다양한 체험의 국면들이 〈일동장유가〉에 수용될 수 있었고 한문을 한글로 전환하고 가내 소통을 염두에 둔 창작의 맥락으로 인해 구체성과 사실성이 강화된 문학적 생동감이 확보되고 있는 것이다. 『동사록』을 토대로 일기체의 가사문학을 구현함으로써 체험 소재의 다원성에 따라 그 문학적 특질의 층위도 다층적으로 변모하는 양상을 보이고 있다는 점에서 〈일동장유가〉의 문학사적 의의는 상당하다고 볼 수 있다. 자족적 향유를 위해 창작되었던 〈장유가〉는 산문기록과 한시를 부분적으로 차용함으로써 서정성과 초월성이 강화되었음을 알 수 있었다.

반면 〈일동장유가〉는 창작의 기반과 소통의 방식이 모두 변화하면서 문학적 특질도 다변화되는 양상을 보이고 있다. 특히 〈일동장유가〉 이전의 작품들은 대체로 〈장유가〉와 유사한 향유 맥락에서 창작된 만큼 일인칭 독백의 형태로 구성되어 있다. 그러나 〈일동장유가〉에서는 관찰자의 시점도 확인되며 이러한 시점의 유연성은 이후 19세기 사행가사에도 두드러진다. 사행가사의 소통 구조가 음악 문화를 기반으로 하는 사적 향유의 영역에서 가문 내의 율독을 위한 기록성으로 변화하게 된 것도 이러한 문체 변화의 주요 요인이 되었을 것이다.

또한 가사문학은 4음 4보격 무한연속체라는 형식적 요건과 서술의 평면적 확장을 지향하는 전술 양식이 결합된 장르로 규정할 수 있다.[163] 〈일동장유가〉를 기점으로 모두 장편으로 창작된 사행가사 작품들은 이러한 가사문학의 특성과 관련하여 확장적 진술이라는 특질을 보이고 있다는 점에서 공통적이다. 그러나 개별 작품들의 주제나 세계 인식의 차이에 따라 확장적 진술을 구성하는 문학적 전략은 다양한 양상을 보이고 있다. 그러므로 다음 장에서는 이러한 통시적 변모와 문학적 특질의 다변화라는 측면에 유의하면서 19세기 사행가사 작품들을 분석해 보도록 하겠다.

163 김학성, 「가사의 장르적 특성과 현대사회의 존재 의의」, 『고시가연구』 21, 한국고시가문학회, 2008, 174쪽.

제3장

19세기 이후 사행가사의 역동적 변모 양상

1. 19세기 – 연행 체험에 대한 적극적 인식과 형상화의 다층성

1) 중국

(1) 〈무자서행록〉

백의한사(白衣寒士)였던 김지수는 1828년 종사관 신분으로 연행을 다녀오게 되었는데 이 체험을 통해 〈무자서행록〉이라는 사행가사가 창작되었다. 〈병인연행가〉와 동궤에서 논의될 수 있을 만큼 생산적인 의미 영역이 풍부한 작품임에도 불구하고 기존의 연구사에서는 크게 주목을 받지 못하였다. 그러므로 19세기 전반의 대청 인식과 관련하여 작품의 실체가 구체적으로 분석될 필요가 있어 보인다. 특히 작가가 백의

한사이고 종사관이라 비교적 자유로운 시선에서 중국을 인식했을 것이며 그로 인해 보편적 대외 인식과의 거리감도 있었을 것으로 보인다.

또한 타국의 문물과 문화에 대한 관심이 확대되면서 〈일동장유가〉와 같은 사행가사는 물론 사행록 전반의 글쓰기 방식도 변화한 현상은 앞서 확인한 바이다. 19세기 초반의 대청 사행가사인 〈무자서행록〉 역시 상당한 장편화를 통해 '사실성'과 '기록성'이 부각된 양상을 보이고 있다. 일상의 다층적 체험이 주관적으로 재구성되었던 〈일동장유가〉와는 차별되는 장편화의 특질을 확인할 수 있는 점도 흥미롭다. 그러므로 이러한 측면에서 〈무자서행록〉의 문학적 실질을 세밀하게 규명해 볼 것이며 이 과정에서 동일 체험에 대한 산문일기인 『부연일기(赴燕日記)』(작자미상)[1]와 부분적 비교도 진행될 예정이다. 19세기 전반 사행가사 작품으로서 〈무자서행록〉의 가치가 새롭게 조명되어 추후 관련 논의나 비교론의 주요한 대상으로 간주될 수 있기를 기대해 본다.

① 긍정적 대청관과 열세(劣勢)의 자각

〈무자서행록〉 역시 작품에 투사된 세계 인식을 고찰하기 이전에 문학적 구성 원리에 대해 잠시 살펴볼 필요가 있다. 19세기 대청 사행가사 작품들은 모두 작가의 한문사행록이 현전하지 않아 여타 사행가사 작품들처럼 변환의 특징을 살펴볼 수가 없다. 이로 인해 기존의 연구에서도 이 작품들은 연행 도중 창작한 것으로 판단되었으며 특히 〈무

1 『赴燕日記』는 「路程記」, 「往還日記」, 「歷覽諸處」, 「主見諸事」, 「回剌國의 國書」, 「日給」 등과 같은 체제로 되어있다. 〈무자서행록〉의 서사는 이 중 「왕환일기」와 유사하며 소재적 측면에서 「歷覽諸處」, 「主見諸事」와의 유사성도 확인된다. 본 연구에서는 논의 전개의 편의상 「왕환일기」를 『赴燕日記』로 지칭하겠으며 「歷覽諸處」, 「主見諸事」는 첨부하여 표기하도록 하겠다.

자서행록〉의 경우 표현의 사실성과 정확성으로 인해 연행 과정에서 그때그때 써나간 최초의 작품으로 간주되었다.[2]

그러나 사행가사의 문학적 창작 관습을 고려해 볼 때 〈무자서행록〉도 귀국 이후 창작된 작품으로 보는 것이 적절해 보인다. 작품의 서사가 진행되는 과정에 '〈월 십삼일의', '초숨일 난하 건너', '초구일 낫춤지나' 등과 같은 구절이 부분적으로 발견되는데 이는 창작 과정에서 일기를 참조한 흔적으로 볼 수 있을 것이다. 특히 김지수와 동일한 연행 체험에 대한 기록인 『부연일기』와 전반부를 비교[3]해 보면 이러한 정황을 보다 구체적으로 짐작해 볼 수 있다.

> 大淸道光八年**戊子 討平回疆** 國家差**進賀**入燕 **正使南延君球 副使參判李奎鉉 書狀官文學趙基謙** (…중략…) 余以醫兼裨將 隨正使而行 正使拌倘 幼學金老商字成汝年四十五 金魯榮字季實年四十 (…중략…) **四月十三日** 壬午晴 飯後**發行 騎迎華驛馬** 馬頭孫命海.
>
> (『赴燕日記』)

> 아동은 편방이라. (…중략…) **회즈국 강경ᄒᆞ야 당격이 반역ᄒᆞ니** (…중략…) **뉵ᄉᆞ로 토평커다** 무즈츈 회환ᄉᆞ의 헌괵한 긔별오니 ᄉᆞ디국 ᄒᆞ는도리 **딘하를 마을손가** (…중략…) **상사 남연구은** (…중략…) **부ᄉᆞ의 니참판은** (…중략…) **셔장관 됴문학은** (…중략…) 나역시 문ᄉᆞ로셔 (…중략…) 빅의로 종ᄉᆞᄒᆞᆫ다 (…중략…) ᄉᆞ

2 임기중, 앞의 책, 115쪽.

3 임기중은 이 『赴燕日記』와 유사한 부분들을 비교하면서 〈무자서행록〉의 주요 정보를 선명하게 하는 논거로 활용하였다. 임기중, 앞의 책, 106~116쪽. 본 연구는 이 자료들을 가사 작품으로 변환되는 측면에 유의하여 해석해 보고자 한다. 『부연일기』와 관련된 인용문은 모두 이 책에 의거한 것임을 밝혀둔다.

월심삽일의 영화역 말을트니 (…중략…) 오시에 발졍ᄒᆞ야 창으문 올ᄂᆞ가니.

(〈무자서행록〉)

위의 두 자료를 보면 연행과 관련된 사실적 정보와 주요 개념어들이 일치하고 있음을 알 수 있다. 특히 '사월십삼일(四月十三日)'은 물론 이후 진행되는 여정도 유사하여 〈무자서행록〉의 일기적 특성이 확인된다. 『부연일기』와의 이러한 유사성은 이후에도 지속적으로 확인되는 바,[4] 〈무자서행록〉은 『부연일기』와 같은 자신의 일기문을 토대로 재구성된 것으로 보아야 하는 것이다. 작품의 서사와 결사 부분에서 '함구문 드러와서 쥬작문 거긔로다', '칠셩문 닉다르니 강동교 지나거냐' 등과 같이 여정들이 연속적으로 구성되고 있는 점, 작품의 후반부 중 '그 늘은 통쥐즈고 이튼늘 단가령의'에서와 같이 과거형 표현이 발견되는 점 등도 〈무자서행록〉이 연행 이후 창작된 정황을 더욱 확실하게 보여주는 사례라 할 것이다. 특히 기존에는 '왕닉의 지닌일과 도쳐의 노든 경과 / 인물과 풍속이며 듯는일 보는거슬 / 날마다 기록ᄒᆞ야 녁녁히 적어시니'라는 결사구로 인해 연행 도중 '기록'된 작품으로 간주되었다.

그러나 실제로 〈무자서행록〉은 일기의 서사를 충실하게 따르지 않고 있으며 오히려 '날마다 기록'이라는 표현은 일기문의 존재를 의미한다고 보아야 한다. 그것을 토대로 '녁녁히 적은' 것이 바로 〈무자서행록〉일 가능성이 높아 보이며 '가내 소통'을 염두에 두고 가사 작품을 구성한 전대의 창작 관습을 볼 때 더욱 그러하다. 그렇지만 〈무자서행록〉과 〈일동장유가〉는 문학적 특질 면에서 일정한 거리가 발견되는데

4 임기중, 앞의 책, 106~116쪽.

이는 일본과 중국에 대한 세계 인식의 차이와 관련하여 접근할 필요가 있다. 두 작품에 대한 비교론은 기존 연구에서도 확인되는데 허남춘[5]은 〈일동장유가〉에는 서적 · 학문에 대한 소개가 없지만 〈무자서행록〉은 학문 · 예술 · 문화 등 다양한 방면을 상세히 서술하고 있으며 이는 중국과 일본에 대한 관계 비중의 차이 때문이라고 보았다. 본 연구는 이러한 접근 시각을 보다 심화하여 18세기 후반에서 19세기 초반에 이르는 대일관과 대청관의 주요 특징들을 고려할 것이다. 양국의 관계사적 차이에 주목하되 '가내 소통'을 전제하여 발생하는 사적 인식의 층위를 고려함으로써 〈무자서행록〉에 투사된 세계 인식의 특징을 규명해 보고자 한다.

18세기 후반에 해당하는 건륭제(乾隆帝, 1711~1799) 중기부터 청나라는 각종 반란으로 인해 세력이 약화되었으며 조선 연행사들도 이러한 정보를 국내에 신속히 보고하였다. 1786년에 백련교의 난(1796~1805)에 대한 내용이 처음 보고되었으며 1801년에 연행한 유득공(柳得恭, 1748~1807)은 청의 민란과 관련된 정보들을 상세히 기술하였다. 이처럼 대청 위기론이 대두된 동시에 북학론자들을 중심으로 청문물 도입론도 적극적으로 주창되기도 하였다.[6] 이와 관련하여 19세기 조선조의 대외 정책을 보면 순조(純祖, 1800~1834)대 초반부까지는 '전략적 사대'를 유지하지만 중반 이후 청나라에 대한 의존도를 강화하는 양상을 보이고 있다. 1811년의 홍경래의 난으로 국내정치의 취약점이 노정되었으며

---

5 허남춘, 「가사를 통해 본 중국과 일본—〈무자서행록〉과 〈일동장유가〉를 중심으로」, 『어문연구』 52, 어문학회, 2006.

6 이에 대해서는 다음의 두 논문이 자세하다. 김문식, 「18세기 후반 서울 學人의 淸學認識과 淸 文物 도입론」, 『奎章閣』 17, 서울대 규장각 한국학연구원, 1994; 노대환, 「19세기 전반 지식인의 對淸 危機認識과 北學論의 변화」, 『연행록연구총서』 8, 학고방, 2006.

서세동점이 본격화되는 시기가 되자 청나라와의 긴밀한 교섭을 강화하게 되는 것이다.[7] 그러므로 1828년의 연행을 토대로 창작된 〈무자서행록〉의 작가도 기본적으로 긍정적 대청관을 견지했을 것임은 쉽게 추정해 볼 수 있다. 조선이 중화의 유일한 계승국이라는 사고는 미약하게 지속되고 있지만 청나라의 현실적 위세를 인정할 수밖에 없는 체험적 · 의식적 영역이 확장되었기 때문이다.

이러한 측면은 〈일동장유가〉의 경우와 마찬가지로 대타적 자국 인식이 강화된 정황과도 무관하지 않을 것이다. 중화계승의식이 내포한 배타적 관념성의 한계가 노정되면서 점차 현실적 열세를 인정하는 방향으로 자국 인식이 변모하게 된 것이다. 특히 '이적국'임에도 불구하고 '중화'의 공간에서 오랫동안 강성하고 있는 청의 실체와 동인에 대해 당대 연행사들은 물론 지식인들도 탐구적 자세를 지녔을 것으로 보인다. 일본과 청에 대한 화이관이 변별되는 지점은 바로 이러한 영토적 관념과 상관성이 있을 것이다. 중국은 명나라가 존재했던 중화의 공간이라는 의미가 잔존해 있는 반면 일본의 경우 종족 · 지리 · 문화의 제반 측면에서 이적의 세계로만 간주되었던 것이다. 그로 인해 〈일동장유가〉에서는 일본의 발전된 문물을 긍정하되 '이적'의 것이므로 자국의 '소유'에 대한 열망을 표출하고 있는 반면 〈무자서행록〉은 '인정'과 '관찰'의 논리가 부각된다고 볼 수 있다. 〈무자서행록〉의 이러한 대청관에 대한 기본적 구도는 다음의 서두(序頭) 부분에 이미 명시되어 있다.

> 아동은 편방이라 목포를 셰공(歲貢)ᄒᆞ니 / 황하슈 묽다말이 긔약이 묘연ᄒᆞ다 /

---

7 박현모, 「세도정치기(1800～1863) 조선의 대외정책 연구」, 『국제정치논총』 44(4), 한국국제정치학회, 2004. 10～13쪽.

> 금텬자 명찰ᄒᆞ야 ᄉᆞ희를 진무ᄒᆞ고 / 물역을 상치 아녀 즁국문물 빈빈ᄒᆞ다 / 회ᄌᆞ국 강셩ᄒᆞ야 댱격[8]이 반역ᄒᆞ니 / 일융의 브득이라 뉵ᄉᆞ로 토평커다 / 무ᄌᆞ츈 회환ᄉᆞ의 헌괵ᄒᆞᆫ 긔별오니 / ᄉᆞᄃᆡ국 ᄒᆞ는도리 딘하를 마을손가 / 봉표코 젼ᄃᆡᄒᆞ기 인긔를 간발ᄒᆞ니 / 상ᄉᆞ 남연군의 죵영의 웃듬이오.

'아동은 편방이라 목포를 셰공하니'로 시작하는 첫 구에서 화자는 조선이 중화의 변방국으로서 청에 조공을 바치는 국가임을 인정하고 있다. 중화계승국을 자처할 수 있는 논리적 기반이 약화되면서 현실적 국제 논리를 수용하고 있는 것이다. '황하슈 묽다말이 긔약이 묘연ᄒᆞ다'라는 다음 구절은 이러한 인정의 이면에 중국의 강성한 세력이 위치해 있음을 보여준다. 번성한 청의 국력으로 인해 이적국을 멸망케 할 성인의 출현을 기대하기 힘든 현실을 '긔약이 묘연ᄒᆞ다'로 표현하고 있는 것이다. 특히 당시 청의 군주를 '금천자(今天子)'로 지칭하고 있고 '사해(四海)를 진무(鎭撫)'할 만큼 대단한 위세로 인해 중국의 문물이 '빈빈(彬彬)'하게 되었다고 보고 있다. '회자국(回剌國)'의 '반역(反逆)'이 '토평(討平)'된 사례를 제시한 것도 이러한 의식이 반영된 것이며 당시 자신의 연행에 대해서는 '사대국(事大國) 하는 도리(道理)'로 표현하고 있다.

이러한 서두의 논리 구성은 여타 사행가사 작품들에서 확인할 수 없는 부분이기도 하다. 대부분의 사행가사는 출발 과정을 형상화하며 사행의 명분을 개인적 층위에서 서술하고 있는 반면 〈무자서행록〉은 당시의 국제 관계를 통해 연행의 실질적 의미를 제시하고 있는 것이다. 이는 종래의 사행가사 작품들과 비교했을 때 상당히 열린 시각에서 중

8 인명으로 회자국의 우두머리 哈理平章을 지칭하는 듯.

국을 인식하고 있는 〈무자서행록〉의 작품 세계에 대한 전제적 논리라고도 볼 수 있다. 자국에 대한 현실적 인식과 긍정적 대청관이 이후에도 지속적으로 발현되고 있기 때문이다. 우선 작품의 전반부에서 자국의 공간 인식이 발현된 사례들을 살펴보도록 하겠다.

① 예ᄒᆞ로 묵은후의 평양셩 드러가니 / ㉠【팔조 유교는 ᄎᆞᄌᆞᆯᄃᆡ 바히업고 / 왕검구적이 셩쳡(城堞)이 예와갓다 / (…중략…) 평연이 바라보니 화즁경 아니런가 / 여염이 즐비ᄒᆞ고 쥬즙이 만강ᄒᆞᆫᄃᆡ / 가션 어쥬는 곳곳이 왕ᄂᆡᄒᆞ고 / 물가의 이층집들이 장셩을 의지ᄒᆞ여 / 인민이 부려ᄒᆞ고 물식의 번화홈과 / 강산 풍경이 국즁의 거갑이라】/ 긔려 본ᄃᆡ의 음악도 가즐시고 / 영부의 부ᄒᆞᆫ긔구 공급이 여류토다 / 외셩의 경승ᄃᆡ는 한ᄉᆞ정 더욱조희 / 인현원 ᄎᆞ자가니 ㉡【긔자의 영경이오 / 긔자궁 긔자뎡은 고젹이 ᄉᆞᆷᄉᆞᆷᄒᆞ다 / 뎡젼ᄒᆞ던 옛이랑 거민이 밧츨가니 / 방방ᄒᆞᆫ 도로구혁 져져히 법네 잇다.】

② ᄋᆡ달을손 요동들이 일축국(日縮局) ᄒᆞ야와셔 / ㉢【갓득의 젹은조션 북원이 바히쥬니 / 언졔나 시운도라 텩디를 멀니ᄒᆞ고 / 불연즉 진텬ᄌᆞ가 ᄉᆞ히를 통일ᄒᆞ야 / 즁국을 졍돈ᄒᆞ고 셩진을 졍히쓸어 / 만국이 일가되여 져혀를 놉히고져】/ 취승당(聚勝堂) 다든집은 임진년 쥬필(駐蹕)이라 / 시ᄉᆞ를 ᄉᆡᆼ각ᄒᆞ니 분긔키 그지업다.

③ 요동셩 드러가니 봉황셩 십비되고 / ㉣【아경의 비기건ᄃᆡ 곳곳이 초견이니 / 연경의 드러가면 망양지탄 응당이라 / 말타고 지나가니 요지경 드러간지 / 좌우의 탈목ᄒᆞ며 유리금은 조요ᄒᆞ니 / 고루ᄒᆞᆫ 소국인물 촌계의 관쳥인듯】/ 관뎨묘 얼픗단녀 빅탑을 바라보니 / 쥬회는 칠팔십간 놉희는 ᄉᆞᆷ십여장 / 층층이 벽을 ᄊᆞ허 연두마다 풍경 달고 / 팔면의 아로삭여 귀신형상 부쳐모양.

위의 ①에는 평양성과 인현원에서 촉발된 감회가 서술되어 있는데 전대의 작품들과는 달리 현재적 속성과 관련된 비중이 증가되어 있다. ㉠에서 보이듯이 평양성에서 환기된 '팔조 유교'와 '왕검구적'은 과거의 의미 실질이 거의 소멸되고 'ᄎᆞ즐딕 바히업고', '성첩'만 남은 곳으로 인식되고 있는 것이다. 오히려 ㉠에서는 평양성에서 조망된 도읍의 풍경을 재현하는 데 비중을 두고 있다. '인민이 부려ᄒᆞ고 물식의 번화홈과 / 강산 풍경이 국중의 거갑이라'에서와 같이 현실적 번성함이 공간 인식의 주요 기제로 간주되고 있는 것이다. '기자성' 이르러서 화자는 ㉡에서와 같이 '고적'을 연상하며 '법례가 있다'와 같은 긍정적 시선을 보이고 있다.

그러나 그 '법례'는 '반듯한 도로'에 비유되고 있어 중화계승의식으로 유발된 실질적 가치라고 보기는 어렵다. 또한 이러한 양상은 19세기에 이르러 청나라 번영을 문물의 번성함으로 치환하여 이해함으로써 발생한 대타적 자아 반응의 결과라고도 볼 수 있다. 현실적 열세를 수긍하지만 그 이면의 자의식은 당연히 자국 세력이 회복되기를 갈망하고 있는 것이다. ②에 표출된 중화회복의식도 이러한 측면에서 설명될 수 있다. 그런데 화자는 '이달을손 요동들이 일축국 ᄒᆞ야와셔'에서와 같이 요동이 상실된 현실을 인정 · 한탄하고 있는 것은 물론 중화국을 회복하게 할 주체도 추상적인 '진천자(眞天子)'로 설정하고 있다. 그 지향점도 'ᄉᆞ히를 통일ᄒᆞ야 / 만국이 일가되여' 등에서처럼 가정적이고 일반화된 논리로 표현되고 있어 실현 가능성을 전제하지 않은 막연한 열망이라는 점을 ㉢에서 확인할 수 있는 것이다.

이러한 세계 인식의 양상은 요동성에 진입해 있는 ③의 장면에서 더욱 구체화된다. ③의 ㉣을 보면 '요지경'과 같은 세계에 도착한 자신을

'촌계의 관청인듯'으로 비하함으로써 초라한 자신을 자조적으로 형상화하고 있다. '고루ᄒᆞᆫ 소국인물'이라는 전제적 논리 역시 조선의 현실적 열세가 변화에 능동적으로 대처하지 못한 '고루'함의 결과임을 자인하고 있기에 가능했을 것이다. 〈일동장유가〉의 화자는 문물과 산수에 대한 조선의 비교 열위는 인정하되 문화적 우월감을 견지한 자의식은 오히려 강하게 부각하고 있었다. 그러나 〈무자서행록〉에서는 화이론을 통해 타자를 비난하는 방식이 아닌 자신의 위치를 자각하고 인정하는 방향으로 자의식을 표명하고 있는 것이다. 가내 독자를 상정하고 있음에도 불구하고 이러한 고백이 확인되는 것은 타자에 대한 긍정을 통해 자아를 객관적으로 성찰함으로써 가능한 논리라고 볼 수 있다.

이런 점에서 본다면 중세적 민족에 대한 인식이 외부의 초월적인 종교적 이념에 지배되었고 근대적 민족 개념은 외부가 아닌 민족 자신의 내부에서 형성되었다와 같은 논리[9]는 수정될 필요가 있다. '시기'로만 구획된 이러한 이분법적 논의를 수용하여 근대적 여행기에 이르러서야 타자적 체험을 통해 민족의 일원으로서 자아를 인식하는 측면이 보인다고 분석하는 시각[10] 역시 그 전변(前變)적 상황은 고려하지 않은 채 19세기 후반 이후의 자료에만 주목함으로써 발생한 결과로 보인다. 중국과 일본에 대한 연행의 과정에서 조선인으로서의 정체성을 유지하며 타국의 공간과 문물을 인식한 태도는 전대의 사행가사들에서도 지속적으로 확인된 바이다. 또한 그 표상이 구체화되는 〈일동장유가〉에서는 체험 소재를 자국과의 비교를 통해 이해하는 현상들이 곳곳에서

9 나병철, 『근대서사와 탈식민주의』, 문예출판사, 2001, 179쪽.
10 우미영, 「視覺場의 변화와 근대적 心象 空間－근대 초기 기행문을 중심으로」, 『어문연구』 32(4), 어문학회, 2004, 344～345쪽.

확인되며 〈무자서행록〉에 이르면 '소국의 인물'로 자신의 정체성을 확인하는 사례까지도 확인된다. 20세기 초반의 작품인 〈유일록〉과 〈셔유견문록〉에서도 근대적 문물에 대한 적극적 인식과 수용 논리가 발견되는바, 근대적 문학을 분석함에 있어 이러한 문학적 연속성의 국면이 반드시 고려될 필요가 있는 것이다.

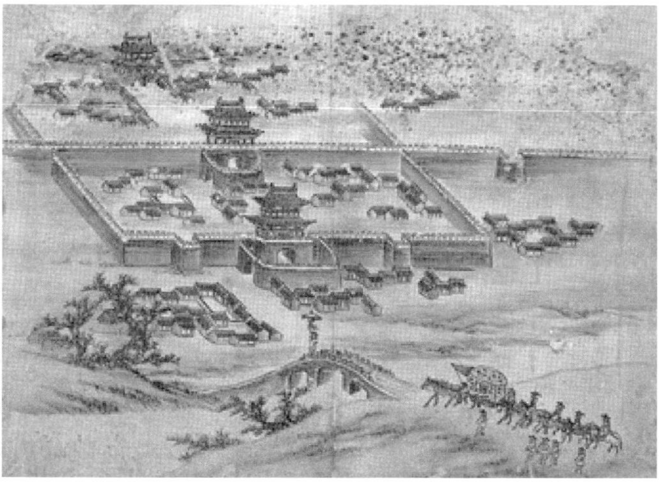

1760년에 그려진 작자 미상의 〈연행도〉, 숭실대 박물관 소장.

〈무자서행록〉의 화자는 연경에 도착한 이후에도 긍정적 시선을 지속하는데 관심의 초점이 된 대상들이 대부분 '유람(遊覽)'의 범주에 속하고 있다는 점이 특징적이다. 중국에 대한 긍정적 인정과 수용의 논리에 기반하되 독자를 상정한 창작이라는 점에서 〈무자서행록〉의 소재 범위가 '유람지'의 특성 내에서 재조정된 양상을 보이고 있는 것이다. 청 황제의 알현과 관련된 다음의 장면 역시 사신으로서의 자긍심보다는 '흥미성'을 중시한 작가 의식을 보여준다.

① 표ᄌᆞ문 바치려고 삼ᄉᆞ신 ᄀᆡ복ᄒᆞ고 / 뎡양문 안 큰길나셔 ᄃᆡ청문밧 동편골노 / 녜부를 ᄎᆞᄌᆞ가셔 왕회쳥의 안져더니 / 이시후 수레타고 녜부시랑 오는고야 / ᄃᆡ쳥의 상을노코 표ᄌᆞ문 여러ᄂᆡ여 / ᄎᆞ례로 젼슈ᄒᆞ고 삼비의 구고두라 / 황뎨는 피셔ᄒᆞ려 희젼에 나가이셔 / 삼일일ᄎᆞ ᄐᆡ후문안 삼ᄉᆞ신 지영ᄎᆞ로 / 초십일 북문나셔 숨십니 희젼가셔 / 잇튼날 진시냥의 황뎨가 츌궁ᄒᆞ니 / 션진도 바히업고 산ᄀᆡ도 아조업고 / 긔치와 의장들이 녕셩히 못겨오니 / 오륙십 말탄ᄉᆞ롬 노은력 느러셔셔 / 고취도 아니ᄒᆞ고 양산도 아니뵈고 / ㉠【누른연 멀니오니 긔아니 황뎨신가 / ᄌᆞ세히 보려ᄒᆞ고 눈고초 기다릴졔】 / ㉡【상판ᄉᆞ 마두놈이 ᄭᅮᆯ어앗기 쳥ᄒᆞ거늘 / 뒤쥴의 ᄉᆞ러안져 두손을 녑희ᄭᅵ고 / 어ᄂᆡ게 황뎨신고 우러러 바라보니 / ᄃᆡ가는 악직멀고 말ᄌᆞ최 ᄲᅮᆫ이로다】 / ㉢【어ᄂᆡ듯 마두놈이 이러셔라 ᄒᆞ는고야 / 그어인 곡졀인지 연고를 무러ᄒᆞ니 / 황뎨는 막지나고 져뒤흔 뷘년이라 / 이시히 ᄉᆡᆼ각ᄒᆞ니 맛업고 졀도ᄒᆞ다.】

② ㉣【그뒤희 년을 타고 텬ᄌᆞ가 츌궁ᄒᆞᆫ다 / 년졔도를 볼죽시면 경편ᄒᆞ고 ᄉᆞ치롭고 / 십여명 년멘군이 홋두루막 닙어더라】 / 뉴리창 다든속의 셔리셔리 안져시나 / 어두온ᄃᆡ 지나가니 볼길이 ᄯᅩ업고나 / 셤어히 드러와셔 당낭안의 안졋다가 / 환궁ᄯᅢ를 기다려서 도로나가 안ᄌᆞ보니 / 안ᄀᆡ는 헤여지고 동역히 밝아오니 / 그졔야 둘너보니 위의도 당ᄒᆞ거다 / 오문셔 단문ᄭᅡ지 담밋티 두편으로 / 의댱과 군병들이 뷘틈업셔 이어잇다 / (…중략…) / ㉤【조일이 도다올졔 황뎨가 드러오니 / 졈졈이 갓가와셔 안면ᄒᆞ여 보라보니 / 어ᄂᆡ듯 지ᄂᆞ치니 보온가 못보온가 / 년속의 안즌모양 농의형상 아니런다】 / ㉥【구쳑댱신 굽은거동 구뷔구뷔 셔려잇고 / 누른얼골 쥬걱턱이 숨결의 어ᄯᅳᆺ본지 / 망월국 너른입이 니빠져 우긋ᄒᆞ고 / 너른상의 하관ᄲᅢ고 슈염은 아조업고 / 가는눈이 길게붓고 안광이 급즉다ᄂᆡ / 우리ᄉᆞ신 지영쳐를 이시히 굽어보ᄂᆡ / 만승텬ᄌᆞ 뎨일인을 이졔야 보게고나.】

위의 ①에는 삼사신이 입궐한 후 '표자문'을 바치는 과정이 간략히 제시되어 있다. '삼비의 구고두'로 상징되는 양국의 권력 관계는 곧바로 황제가 피서를 위해 '출궁'하는 장면에서 더욱 부각되고 있다. 그런데 이 과정에서 ㉠~㉢과 같이 화자가 경험한 굴욕적 삽화가 삽입됨으로써 서사의 흥미성이 배가된 현상을 발견할 수 있다. 삼사신이 아닌 화자는 어차피 입궐하지 못한 터라 황제를 친견하고자 하는 열망을 표출하고 있다. ㉠을 보면 멀리 오는 황제를 자세히 보기 위해 '눈고초 기다리'는 모습이 확인되는데 이는 ㉡에 등장한 '마두놈'에 의해 좌절되고 있다. '마두놈'은 화자를 끌어내려 꿇어 앉게 만들고 있으며 이로 인해 황제를 '우러러 바라보'기 위해 노력하고 있지만 보일 리가 만무할 것이다. '디가는 악직멀고 말즈최 뿐이로다'라는 구설은 지나간 '말자취'만 보면서 엎드려 있는 화자의 모습을 효율적으로 보여주고 있다. 그런데 문제의 '마두놈'은 ㉢에서 다시 등장하여 화자의 굴욕감을 강화한다. "일어서라"는 그의 말에 따라 일어선 후 그 이유를 물어보니 황제는 지나가고 뒤에 오는 것은 빈 가마라고 대답한 것이다. 소국인으로서 황제를 친견해 보고자 한 화자의 노력과 좌절이 '마두놈'이라는 인물의 역할 및 대사를 통해 입체적이고 흥미롭게 재현된 장면이다.

이후 작품의 후반부에 해당하는 ②에는 출궁 장면이 재등장하여 화자가 ①에서 경험한 굴욕감을 보상하는 층위에서 내용이 구성되고 있다. ㉣을 보면 황제의 가마와 호위 군사들이 감각적으로 제시되어 있는데 이후에도 이러한 배경 묘사가 지속되어 황제를 친견하는 순간은 물론 그 위용을 상소하기 위한 예비적 단계로 기능하고 있다. 결국 ㉤과 ㉥에는 황제를 보게 된 감격과 그 모습이 형상화되어 있는데 실제적 체험에 의거하되 과장된 수사를 지배적으로 활용하고 있다. ㉤의

'어너듯 지ᄂᆞ치니 보온가 못보온가'라는 구절은 황제의 모습을 스치듯 잠깐 본 정황을 설명한 것이라 할 수 있다. 그럼에도 화자는 '년속의 안즌모양 농의형상 아니런다'와 같은 감탄을 표출하고 있으며 이 때의 '농의 형상'은 ⓗ의 내용을 응집하는 어구로 보인다. '구쳑댱신 굽은거동', '누른얼골', '쥬걱턱', '너른입', '슈염', '가는눈' 등으로 황제의 외양을 세밀하게 묘사하고 있기 때문이다. 이는 청 황제를 실제로 보았다는 사실 자체에 의미를 부여하기 위한 문학적 전략으로 보인다. 특히 '꿈결의 어뜻본지'라는 구절은 그 묘사가 실제성이 아닌 일정한 상상과 과장을 동원하여 진행된 것임을 의미하는 것이다.

더욱이 '우리ᄉᆞ신 지영쳐를 이시히 굽어보너'라는 상황 역시 불가능한 내용으로 일기와 달리 주관적 시각의 극대화 및 허구적 구성도 허용하는 사행가사의 문학적 특성을 활용한 부분으로 볼 수 있다. '만승텬ᄌᆞ 뎨일인을 이졔야 보게고나'라는 찬탄구에서 확인되듯 화자는 청나라 황제를 '천자 제일인'으로 인지하고 있어 자신의 친견 사실은 물론 그 위용을 강조하고자 ②의 장면을 구성한 것이다. 이처럼 형상화의 구심점에 황제를 배치하고 있는 ①, ②의 내용[11]은 당시 청의 권력을 철저하게 인정하고 있는 화자의 인식 구도를 다시 한 번 확인케 한다. 또한 이는 『부연일기』에서도 거의 유사하게 발견되는 내용인데 다음을 보면 허구적 재구성의 측면이 훨씬 강화되어 있음을 알 수 있어 흥미롭다.

11 『부연일기』를 살펴본 결과 ①, ②와 거의 유사한 내용을 확인할 수 있었다. ①에서 확인되는 '마두놈'과의 일화도 거의 동일하며 황제의 외모를 묘사한 부분도 상호텍스트성이 발견될 만큼 유사하다.

A

밤 2경부터 큰비가 와 아침이 되어서야 갰다. 밥 먹은 뒤에 수레를 삯내어 유리창(琉璃廠)에 가서 **장현령(張縣令)**의 집을 찾아갔다. 장(張)은 이름이 심(深), 호는 다농(茶農)인데, 강소성(江蘇省) 진강부(鎭江府) 단도현(丹徒縣) 사람이다. (…중략…) 붓을 가져다가 필담(筆談)으로 주고받는데 조금 뒤에 손님 한 분이 자리로 들어와 장과 서로 읍하고, 또한 나와도 서로 읍하고서 같이 의자로 나아가 앉았다. 장이 써서 보이기를, "**이분은 장형보(張亨甫) 선생인데 큰 명사이십니다**" 하고 또 곁에 쓰기를, "**이름은 제량(際亮)인데 복건(福建)사람입니다**" 하였다. (…중략…) 주인이 또 써서 보이기를, "**장형보는 시집(詩集)이 매우 많습니다**" 하였다. (…중략…) 대개 장형보는 **향공(鄕貢)** 효렴생(孝廉生)으로 거업을 벗어 버리지 못한 자이므로 특히 그의 말이 이러하였던 것이다. (…중략…) 내가, ⓐ【"연경(燕京)에 들어온 이래 소소한 소견이 있습니다. 대체로 상국의 국운이 구원하게 연장되어 제도와 범위가 바다처럼 굉장하고 크나, 다만 선왕 때의 예악과 중국의 의관을 사용하지 않는데, 이는 예전 것을 차마 버리지 못해서 그렇습니까, 조정에서 언급하려 하지 않아서입니까, 역대 조정 이래 금석같이 이루어진 규정이 있어서 그렇습니까?" 하니, 손이, "제도를 고치고 복색을 바꿈은 우리 조정의 엄중한 금법으로서 주청하는 조신(朝臣)이 있으면 베니, 이 역시 천운입니다. 또한 전일에 경계삼을 자가 있으니, 위(魏) 나라에서 한(漢) 나라 제도를 고쳤다가 망한 까닭입니다" 하고 끝에다 쓰기를, "이런 말은 속유(俗儒)를 대해서는 행여나 묻는 일이 없도록 하십시오" 하였다.】 또 쓰기를, "오늘은 일이 있으니 이대로 잠시 작별하였다가 다른 날 제 처소로 와서 다시 담화할 수 있겠습니까? 사관(使館)으로 직접 가기가 불편하기 때문입니다" 하였다. 내가, "당신의 처소는 어디 있습니까? 마땅히 일부러 찾아가겠습니다" 하니, 대답이, "순성문(順城門) 밖 서하(西河)의 연안 추기묘(粗旗廟)에 있으니 곧 **대은선원(大隱禪院)**

입니다. 내일 모레는 모두 틈이 있어 집에 있겠으므로 명함 한 장을 문지기에게 주며 물으면 곧 인도하여 접하게 됩니다." (…중략…) 주인은 나이 48세로 우리나라 사람들과 사귐이 많아, 이번 길에도 편지를 부쳐 온 것이 많았다. 사람됨이 매우 박식하고 단아하며, 필법과 화법이 묘하여 사가는 사람들이 많았다. (…중략…) 손은 나이 30으로 글이 물 흐르듯 하여 맑은 풍채가 남을 감동시켰다. 담화한 지 얼마 아니 되었으나 서로 헤어질 뜻이 없었으니, 실로 남쪽 지방의 아름다운 선비였다. 듣자니, 한인(漢人)들은 모두 외성(外城)에서 기류(寄留)한다는 것이다.

(『부연일기』, 6월 26일)

A′

슬푸다 문산ᄉᆞ당 싀시(柴市)가 여긔런가 / 소상과 비셕화샹 ᄎᆞᆷ담히 안젓시니 / 아이불ᄉᆞ ᄒᆞ온긔졀 쳔쥬의 빗치난다 / 셔양이 망창ᄒᆞ고 츄풍이 ᄌᆡ촉ᄒᆞ니 / 긔려(羈旅)의 이ᄂᆡ 종젹 어ᄃᆡ로 향ᄒᆞ실고 / 연놈 고시의 인걸을 ᄎᆞ즈리라 / 셔ᄒᆞ연 ᄃᆡ은션원 큰션비 잇다ᄒᆞ니 / 칠쳔니 복건ᄯᅡ의 건녕군 ᄉᆞ롬이라 / 셩명은 당뎨량이 년긔는 ᄉᆞᆷ십인ᄃᆡ / 표현ᄒᆞᆫ 쳥슈골격 문장이 독보로다 / 향공(鄕貢)의 ᄲᅡ히여셔 여ᄃᆞᆲ번 셔울오니 / 긔안은 발월ᄒᆞ고 의리는 졍밀ᄒᆞ며 / 강긔ᄒᆞ고 걸오ᄒᆞ여 츈츄가 ᄉᆞᆷ섬ᄒᆞᆫᄃᆡ / 분울ᄒᆞᆫ 당ᄒᆞᆫ긔운 은영이 드러나니 / 져러ᄒᆞᆫ 긔남ᄌᆞ가 앗가올ᄉᆞ 절통ᄒᆞ다 / 하놈파 조흔가셰 뎡쥬를 비호다가 / 일조의 치발ᄒᆞ고 좌임의 셧겨시니 / ⓑ【우리보고 흠션ᄒᆞ여 왕왕이 낙누ᄒᆞ며 / 종용히 필담ᄒᆞᆯ제 진졍소회 ᄒᆞ는말이 / "그ᄃᆡ는 외국이나 텬ᄒᆞ의 졔일이라 / 지금의 셰샹상ᄉᆞ롬 져마다 호복인ᄃᆡ / 의관을 보존ᄒᆞ고 녜악이 가잣시니 / 즁국의 졔로들고 션왕문물 간ᄃᆡ업고 / 존쥬ᄒᆞ는 놉흔의리 ᄒᆞᆫ조션 ᄲᅮᆫ이로다"】 / ⓒ【시쥬로 논희ᄒᆞ며 형뎨갓치 ᄆᆡᄌᆞᆫ졍의 / 동놈ᄯᅡ 만여리의 지긔가 샹통ᄒᆞ니 / 일부일 왕ᄂᆡᄒᆞ야 슈삭을 교유ᄒᆞ니 / 듕원의 놉흔션

빅 그조ᄎᆞ 몃치런가 / 틱학싱 진방희와 오가빈은 명경이오 / 하당취 당상놈이 명하의 걸식로다】/ ⓓ【일졔히 놀을보려 놈관의 ᄎᆞᄌᆞ오니 / 관법의 문을막아 젹근듯 도라갈졔 / 문ᄂᆞ가 송별ᄒᆞ고 시지어 ᄉᆞ례ᄒᆞ니 / 즁쥐향ᄉᆞ 모힌날의 긔회ᄒᆞ고 청ᄒᆞ거늘 / 복건도포로 ᄎᆞᄎᆞ가니 면면히 모혀시되 / 그즁의 당풍한이 이제야 초면이나 / 닉소문 몬져듯고 글지어 기다린다 / 거긔션비 힝셰법이 시ᄉᆞ가 뎨일이니 / 친구보면 쳣인ᄉᆞ로 글지어 몬져쥬고 / 우리글도 보려ᄒᆞ고 시험을 겸ᄒᆞ엿다 / 칠언뉼 강운시를 졸지의 마조쥬니 / 글바다 좀간보고 붓즙고 화답ᄒᆞ니 / 망발은 아니ᄒᆞ나 포쟝이 과ᄒᆞ도다.】

(〈무사서행록〉)

위의 두 인용문은 공통적으로 '장제량'과의 필담 장면을 보여주는데 내용 구성의 방식이 상당히 이질적이다. '강조 표시'된 부분에서 알 수 있듯이 '장제량'의 소재지나 신상과 관련된 사실적 정보는 두 자료가 일치하고 있다. 그러나 이를 제외한 A′의 내용에서는 상당 부분의 허구와 과장적 논리가 확인된다. 우선 A의 공간적 배경은 '장현령'의 집으로 '장제량'은 이곳에 손님으로 와 있으며 그의 실제 거처인 '대은선원'에서의 만남은 다음을 기약하고 있다. 그러나 A′에서는 필담 장소가 '대은선원'으로 설정되어 있으며 '장제량'이 서울에 자주 왔다는 정보도 친밀감을 표시하기 위한 허구적 논리로 첨가되어 있다.

그런데 보다 중요한 현상은 필담의 내용이 완전히 변환되어 있다는 것이다. 『부연일기』의 작가는 ⓐ에서 선왕 때의 예악과 의관을 사용하지 않는 이유를 묻고 있으며 장제량은 이에 대해 조정의 금법이라 답함과 동시에 '속유(俗儒)'에게 물어서는 안 된다는 논리로 질문의 위험성을 경고하고 있다. 반면 A′의 ⓑ를 보면 장제량이 조선의 문물을 몹시 흠모하고 있다는 내용이 확인된다. 물론 『부연일기』와 〈무자서행록〉은 동일인의 작품이 아니라 서로 다른 필담을 나누었을 수도 있지만 장제량의 논리가 워낙 대조적이라 〈무자서행록〉이 편향된 시각에서 재구성된 것은 분명해 보인다. ⓑ의 '우리보고 흠션ᄒᆞ여 왕왕이 낙누ᄒᆞ며'는 과장적 수사의 대표적 사례이며 "그ᄃᆡ는 외국이나 텬ᄒᆞ의 졔일이라 (…중략…) 존쥬ᄒᆞ는 놉흔의리 ᄒᆞᆫ조션 ᄲᅮᆫ이로다"라는 '장제량'의 발화는 화자의 의식적 열망이 투사된 가상 논리로 보아야 할 것이다.

또한 ⓒ에서는 '형뎨갓치 ᄆᆡ즌정의', '슈삭을 교유ᄒᆞ니' 등의 표현으로 교유의 깊이가 강조되고 있는데 실제 『부연일기』에서는 '진방해', '오가빈' 등과의 교유 장면이 6회 정도 확인[12]되어 이 사례들을 압축한 것으로 보인다. 그런데 ⓓ에서는 '일졔히 눌을보려 놈관의 ᄎᆞᄌᆞ오니'에

12 대표적인 장면은 다음과 같다

"전일에 언약이 있었기 때문에 김지수(金芝叟)와 같이 추기묘(麤旗廟)로 가 장생(張生 장제량), 진생(陳生 진방해)과 더불어 종일토록 이야기하였다. 오늘은 기망일(既望日)이라 술이 취하자 광세지감(曠世之感)이 유연히 일어나는데, 고향 산천을 회상하니 아득하게 끝이 없으므로 스스로 계면조(界面調) 몇 곡조를 불렀다. 장제량이, "귀국의 노래 곡조는 무슨 곡조를 제일 첫째로 하며, 창법(唱法)은 어느 것으로 시작합니까? 자상히 들려 주십시오" 하기에, 나는, "궁(宮)・상(商)・각(角)・치(徵)・우(羽)로서 법을 삼는데, 이는 5음(五音)입니다. 각은 인(仁)・춘(春)이 되는데 방위는 목(木)에 해당하고, 치는 예(禮)・하(夏)가 되는데 방위는 화(火)에 해당하고, 상은 의(議)・추(秋)가 되는데 금(金)에 해당하고, 우는 지(智)・동(冬)이 되는데 수(水)에 해당하고, 궁은 신(信)이 되고 중앙의 토(土)이니, 이로써 노래를 합니다" 하고 대답하였다. (…중략…) 내가 다시 두어 가지의 노래를 부르자, "장하십니다. 참으로 예의의 나라로서 문화(文華)와 사조(詞藻)가 모든 나라에 으뜸이지만, 노래 곡조에 있어서도 역시 5음으로 어찌 그리 예에 맞도록 곡진합니까?" 하며, 재삼 칭찬하며 부러워하기를 마지않다가, 침실 안으로 들어가 부채 한자루를 가지고 와 자신이 칠언 고시(七言古詩) 한 편을 써서 나에게 주었다. 나는 받으며 청심환(淸心丸) 10개로써 사례하고 어두워서야 관으로 돌아 왔다. 유 선래(劉先來) 편에 집으로 편지를 부쳤다." 『부연일기』, 7.15.

이 일기를 보면 장제량이 조선 곡조의 곡진함을 예찬하고 있음을 알 수 있다. 〈무자서행록〉의 A′ 부분에 조선을 흠모하는 인물로 장제량이 설정되어 그의 발화로 내용이 구성된 이유를 짐작케 하는 자료이다.

서와 같이 화자에게 초점을 둔 과장적 구성을 시도하고 있다. 이는 '니 소문 몬져듯고 글지어 기다린다'라는 구절에서도 확인되는데 독자를 상정한 상태에서의 구성인 만큼 여러 인물들이 등장하는 장면에서는 상상의 논리를 구사하면서까지 자신의 주인공적 면모를 부각하고 있음을 알 수 있는 것이다. 일정 정도의 허구와 과장을 통해 화자의 우월성을 강조하는 전략은 〈일동장유가〉에서도 확인된 바이며 이는 일기문과 차별되는 사행가사의 문학적 영역을 확인케 하는 사례로 볼 수 있다.

결국 〈무자서행록〉의 A′는 '필담'을 문학적 소재로 선택함으로써 조선 문사로서의 자존감과 중화회복에 대한 열망을 효과적으로 재현한 부분으로 평가할 수 있다. 그리고 보다 중요한 점은 이 필담 장면이 '문산ᄉ당'에서의 감회와 연계되고 있어 과거 지향적인 층위에서 형성되고 있다는 것이다. A′의 전반부를 보면 '문천상'의 절개를 회상하며 촉발된 '참담한' 정서가 확인되는데 이는 '긔려의 이닉 종적 어딕로 향ᄒ실고'에서와 같이 화자의 객수로 전이되면서 상상적 의식 세계를 가능케 하고 있다. 또한 그 의식은 '연놈 고시의 인걸을 ᄎ즈리라'로 구체화되어 화자는 심리적 위안의 대상으로 '인걸'을 연상하고 있다. '셔ᄒ연딕은션원 큰션비 잇다ᄒ니'라는 다음 구절은 이 인걸과 '장제량'을 연결케 하는 논리이며 이를 통해 '장제량'은 화자가 의도적으로 선택한 문학적 소재임을 알 수 있는 것이다. 결국 A′의 내용은 회고적 감회와 연계하여 상상적으로 재구성된 장면이라 할 수 있으며 이 과정에서 발견되는 존주론과 조선중화주의는 대타적 자존감을 견지하기 위한 기제로 활용된 것으로 보인다.

지금까지 살펴본 바와 같이 〈무자서행록〉의 화자는 청나라와 조선을 '대국(大國)-소국(小國)'의 구도 하에서 이해하고 있음을 알 수 있다.

특히 청나라 황제를 '천자(天子)'로 지칭하며 그 외양을 찬탄한 점은 화자가 이미 청나라의 번영과 위세를 중화국과 동등한 층위로 인식하고 있음을 보여준다. 이러한 대청 인식은 19세기 전반 연행사들의 기록에서 대체적으로 확인되는 논리이기도 하다. 중국은 아편전쟁과 태평천국을 전후한 시기에 엄격하게 사행과 관련된 정보를 차단했기 때문에 조선 연행사들은 청의 약화상을 파악하기 어려웠기 때문이다.[13] 또한 1826년의 연행사였던 홍석모의 한시 〈황성잡영(皇城雜詠)〉를 보면 청의 발달한 문화, 문물, 상업 등을 긍정적으로 수용하고 있어 도시 문화를 새로운 가치관으로 인식하고 있음을 알 수 있다.[14]

특히 〈무자서행록〉과 같이 상가, 음식, 풍속, 연희 등과 같이 세분화된 항목으로 청의 문물을 묘사하고 있으며 많은 양의 주를 첨가하는 등 실제적으로 체험한 연경의 모습을 '전달'하는 것에 초점을 맞추고 있는 것이다. 이러한 〈무자서행록〉을 〈일동장유가〉와 비교해 보면 자신을 '편방'에 위치한 '고루한 소국'의 '촌계'로 지칭하는 등 대타적 자의식에 현실적 감각이 더욱 강화되어 있는 것으로 보인다.

또한 부분적으로 중화 회복에 대한 열망이나 중화 계승적 자부심도 발견되지만 산문기록인 『부연일기』와 비교해 보면 문학적 상상이 투사된 구성이 발견된다는 점에 유의해야 한다. 내면 의식이 지향하는 영역을 비교적 자유롭게 구현할 수 있는 이러한 사행가사의 효용성은 작품들이 지속적으로 창작·향유될 수 있는 기반이 되었을 것으로 보이기 때문이다. 물론 이러한 내용은 작품의 일부이며 〈무자서행록〉의

13 정혜중, 「19세기 초 조선 사행 김경선의 북경체험과 외국정보 이해」, 『중국사연구』 37, 중국사학회, 2005.

14 이관성, 「홍석모의 〈皇城雜詠〉 小考-조선인의 눈에 비친 19세기 연경의 시적 형상화」, 『어문논집』 58, 민족어문학회, 2008.

전반적 특성은 '유람지'로 규정할 수 있을 만큼 흥미성과 전달성이 강화된 양상을 보이고 있다. 전대의 〈일동장유가〉와 마찬가지로 가내 소통을 전제로 창작되는 과정에서 전달의 효용성과 수용자의 흡인력을 제고할 수 있는 층위에서 연경에서의 체험 소재가 재조정되어 배열되고 있기 때문이다. 다음 장에서는 이와 관련된 구체적 양상과 문학적 특질을 살펴보도록 하겠다.

② '유람지(遊覽誌)'적 특성과 즉물적 묘사

중국을 대표하는 사행가사로 인식되는 〈병인연행가〉는 〈일동장유가〉와 함께 연구사에서 가장 주목을 많이 받은 작품이다. 그러나 임기중은 〈무사서행록〉에 비해 평면적이고 경색된 부분들이 있어 오히려 문학성은 부족함을 지적하기도 하였다.[15] 특히 살펴본 결과 〈무자서행록〉이 〈병인연행가〉의 모본(母本)으로 작용한 부분들도 확인되는바,[16] 작품의 문학적 특질에 대한 해명이 반드시 진행되어야 할 것으로 보인다. 〈무자서행록〉에서 가장 두드러지는 점은 연경의 문물을 묘사하는 방식이 매우 사실적이며 그 형상화의 대상들이 대체로 '유람'의 논리에 포섭된다는 것이다. 〈일동장유가〉의 경우 일상적 체험을 전경화하여 관찰하는 방식으로 인해 다채로운 소재들이 형상화되고 있다면 〈무자서행록〉은 묘사하고자 하는 대상들이 '선별'되어 주체의 시선도 대상과 매우 근접해 있는 양상을 보이고 있다. 또한 화자의 관심이 두드러지는 소재들을 보면 〈무자서행록〉은 '유람지'로서의 특성이 강화된 작

15 임기중, 앞의 책, 43~44쪽. 이후 논증되겠지만 〈병인연행가〉를 살펴보면 〈무자서행록〉을 능동적·체계적으로 재구성한 정황이 확인되기 때문에 두 작품의 문학성과 그 우열에 대한 검증은 보다 신중하게 검토되어야 할 것으로 보인다.

16 이에 대해서는 〈병인연행가〉를 분석하는 과정에서 자세하게 논증될 것임.

품으로 보인다.

연행록의 경우 이러한 특징이 보다 이른 시기인 18세기 후반부터 발견된다. '북학파'의 연행록들이 주로 담고 있는 내용은 청나라의 사상이나 문물과 관련된 것인데 18세기 후반에 가면 이 외에도 박물지적인 풍류와 관련된 연행록들이 등장하고 있다.[17] 또한 연행록 창작의 다원화 양상은 19세기에도 지속되며 '경물'에 대한 적극적 기록과 '유람'의 성격에 기반한 여행기로서의 연행록들도 확인된다. 이와 관련하여 이해응(李海應, 1775~1825)이 1803년에 연행을 다녀오며 남긴 『계산기정(薊山紀程)』의 서술 특징을 잠시 살펴볼 필요가 있다. 이해응은 당시 서장관이었던 서장보의 친구로 동행했으며 공식적 임무가 없던 위치였던 만큼 상당히 치밀하고 방대한 연행록을 저술하였다. 특히 이전의 연행록들과는 달리 시와 산문을 효율적으로 배치하여 일기를 구성함으로써 여행의 노정과 사건을 눈에 보이는 듯 생생하게 재현하고 있다. 그 과정에서 자신의 견문을 매우 사실적으로 서술하고 있으며 민속연희나 공연, 잡기 등과 같은 풍물을 치밀하게 관찰하여 묘사하고 있다.[18] 또한 이시수(李時秀, 1745~1821)가 1812년에 남긴 〈속북정(續北征)〉은 16,040자에 달하는 장편 연행시인데 이 작품은 일기체로 구성된 5언 고시(古詩)라는 점에서 흥미롭다.[19]

이처럼 청나라에 대한 관심이 확장됨에 따라 연행록의 소재 및 형식이 다원화되었고 이는 '유람지'로서의 특성을 보이고 있는 〈무자서행

---

17 김현미, 앞의 책, 79~80쪽.

18 김미영, 「東華 李海應의 『薊山紀程』 硏究」, 『연행록연구총서』 1, 학고방, 2006. 이 『薊山紀程』에 나타난 演戱의 양상은 다음의 논문에 자세하게 분석되고 있다. 김미경, 「19세기 燕行錄에 나타난 民俗演戱－『薊山紀程』을 중심으로」, 『연행록연구총서』 9, 학고방, 2006.

19 박우훈, 「李時秀의 燕行長詩 〈續北征〉 연구」, 『연행록연구총서』 4, 학고방, 2006.

록〉이 출현하게 된 문학사적 동인으로 작용했을 것이다. 또한 전대의 사행가사인 〈일동장유가〉를 보면 일기의 서사를 차용함으로써 장편화를 이루고 있는데 〈무자서행록〉도 이러한 문학적 관습의 자장 내에서 창작된 작품으로 보인다. 그러나 앞서 살펴보았듯이 〈일동장유가〉에서는 중화의 세계로 포섭하고자 하는 이적국으로 일본을 인식하고 있는 반면 〈무자서행록〉의 경우 중국의 실질적 위용과 자국의 열세를 인정하는 모습이 확인된다. 중화국의 일원으로서 우월감을 견지하며 문화를 전수하려는 부담감이 소거되면서 연행을 '대국(大國)'의 문물에 대한 유람으로 인식하는 비중이 확대된 것이다.

또한 여러 도회를 지나가는 일본에 비해 주요 체험이 연경이라는 공간에 집중되어 있는 점도 세밀한 기록과 관찰을 가능하게 한 요인 되었을 것으로 보인다. 〈무자서행록〉이 청국의 물질적 번영을 상징하는 문물과 기이한 풍물에 대한 관심이 확장되어 있다는 점은 기존 연구를 통해서도 확인되었다.[20] 그러므로 본 연구에서는 작품의 문학적 특질을 보다 선명하게 확인하기 위해서는 창작 원리의 측면을 고려하면서 『부연일기』와의 비교를 진행하고자 한다. 앞서 살펴보았듯이 〈무자서행록〉은 곳곳에서 『부연일기』와의 유사성이 확인되는 만큼 두 자료를 비교함으로써 〈무자서행록〉이 확보하고 있는 문학적 영역이 조망될 것으로 보이기 때문이다. 〈무자서행록〉의 서사를 『부연일기』와 비교해 보면 날짜와 여정의 순서가 대체로 유사하다.

그런데 일부 지점에서는 이러한 특징이 균열되면서 묘사의 특질이 강화된 장면이 삽입되어 있는 현상이 발견된다. '유람'의 범주에 속하

20 유정선, 앞의 책, 132~138쪽.

표 3. 『부연일기』와 〈무자서행록〉의 서사 비교

날짜	여정	묘사대상	형상화의 주요 논리
5월 16일	요동성	—	—
A (6월 13일)	—	창시 / 굿	㉠ 구경가ᄌᆞ 구경가ᄌᆞ 창시 구경 가ᄌᆞ셰라 ㉠ 이굿슨 그만ᄒᆞ고 발인굿 고이ᄒᆞ다 *『부연일기』「주견제사(主見諸事)」의 〈風俗〉과 유사
6월 6일	이제묘	독락사	㉠ 힝궁을 볼작시면 겹겹이 지은집이 / 당녀튼 아니ᄒᆞ나 긔교키 극진ᄒᆞ다
6월 9일	동악묘	동악묘 / 조양문	㉠ 초구일 낫촘 지나 동악묘 구경ᄒᆞ시 ㉡ 녀염이 거려ᄒᆞ고 시뎐이 웅부ᄒᆞ니
6월 11일	연경	호권 / 서산	㉠ 셔산 구경 가는길의 호권을 보려ᄒᆞ고 *『부연일기』「주견제사(主見諸事)」의 〈禽畜〉과 유사 ㉠ 셔산이라 ᄒᆞ는ᄃᆡ는 바라보니 황홀ᄒᆞ다 ㉡ 아무리 명화라도 그리든 못ᄒᆞ려니
6월 17일	연경	환희	㉠ 환희를 보려ᄒᆞ고 희ᄌᆞ를 불너오니 ㉡ 괴이ᄒᆞ고 우슈어셔 ᄒᆞ마ᄒᆞ면 요졀홀번 / 그 외의 잔직조는 긔록기 어렵도다 *『부연일기』「주견제사(主見諸事)」의 〈技術〉과 유사
6월 23일	경산	누각 / 만불사 / 천수불 / 오룡정 / 오색붕어 / 코끼리	㉠ 조산으로 무어시되 궁뎐이 몃고진지 / 산우의 표묘ᄒᆞ게 이상ᄒᆞᆫ 누각들이 ㉠ 거긔서 북편으로 만불ᄉᆞ의 드러가니 / 동셔의 삼층법당 웅댱키도 긔지업다 ㉠ 천불누를 볼작시면 쳔슈불이 니러셔셔 / 크기는 영악ᄒᆞ고 모양도 굉댱ᄒᆞ다 ㉡ 형형식식 별별거동 우습고 긔괴ᄒᆞ다 ㉠ 그밧긔 물가의는 오룡경이 댱관이라 ㉡ 슐먹고 글짓기는 이곳이 졔일이라 ㉠ 중문밧 다리아릐 오식부어 구경ᄒᆞ식 ㉡ 별별종유 이부어는 보다가 쳐음이라 ㉠ 션무문 안 셔편성밋 코키리도 구경일식 *『부연일기』「주견제사(主見諸事)」의 〈禽畜〉과 유사
6월 25일	회동관	아라사인	㉠ 이만여리 밧겻ᄉᆞ롬 십년식 톄번ᄒᆞ니 ㉡ ᄉᆞ롬보고 지조보면 긔이ᄒᆞ고 공교ᄒᆞ다
B (6월 30일, 7월 1일)	태화전 융복사 동화문	연경	㉠ 연경을 의논ᄒᆞ면 날일ᄌᆞ 갓튼셩이 / 놈의는 외셩이니 닉셩보다 더너르고 ㉡ 아국의 비기건ᄃᆡ 관원이 빅비로다 *『부연일기』「역람제처(歷覽諸處)」〈연경(燕京)〉과 유사
7월 1일 (작품에는 7월 7일)	태묘	천자 / 환궁	㉠ 지난번 힉뎐가셔 텬ᄌᆞ를 못본일이 / 지금의 졀통ᄒᆞ여 긔여히 ᄒᆞᆫ번보려 ㉡ 만승텬ᄌᆞ 뎨일인을 이졔야 보게고나
C (6월 30일)	융복사	새 / 화초 / 음식 / 의복 / 서적 / 약재	㉠ 차셰타고 가셔보니 긔쏘ᄒᆞᆫ 구경이라 ㉡ 괴긔ᄉᆞ슴 말당ᄂᆞ귀 신션귀신 조희로다 *『부연일기』「주견제사(主見諸事)」의 〈衣冠〉, 〈飮食〉, 〈禽畜〉, 〈樹木〉 등의 항목별 구성과 유사

7월 29일	법륜전	몽고승 / 태학	㉠ 법늪뎐 드러가니 몽고승 슈빅명이 ㉡ 뙤약뙤약 ᄒᆞ는소릭 듯기슬코 고이ᄒᆞ다 ㉠ 듕의모양 볼죽시면 복식도 괴이홀손 ㉠ 틱학은 그셔편의 뎨도가 광딕ᄒᆞ니 *『부연일기』「역람제처(歷覽諸處)」〈옹화궁(雍和宮)〉과 유사
D (7월 29일, 6월 26일, 7월 4일, 7월 15일)	문산 사당	필담 / 주안상	㉠ 슬프다 문산ᄉᆞ당 쇠시가 여긔런가 ㉠ 셔하연 딕온션원 큰션비 잇디ᄒᆞ니 ㉠ 차먹고 숣을드려 음식이 딕탁이라
8월 8일	科場	과거제도	㉠ 팔월초 팔일의 과거를 뵌다ᄒᆞ니
8월 13일	회정	–	십숨일 길써ᄂᆞ려 션닉군관 몬져온다
E	–	冊肆 / 시장 / 문방제구 / 毛物廛 / 針線 衣方 / 과일 곡식 / 낙타 / 철물전 / 목물전 / 상인들	㉠ 봉닉관 창연ᄒᆞ다 거긧숣 쏘먹을가 　/ 그 숣집 고쳐가니 문우의 금ᄌᆞ현판 ㉠ 번화ᄒᆞ기 금즉ᄒᆞ고 온갓뎐방 두루잇다 ㉠ 뉴리창의 드러가니 멀리보는 쳘니경과 ㉡ 여긔저긔 그러ᄒᆞ니 보기의도 지리ᄒᆞ다 ㉠ 두달ᄉᆞ흘 유관키로 구경도 다ᄒᆞ얏고 　/ 김써난지 디ᄉᆞᆺ달의 도리오기 밧분지리 *『부연일기』「주견제사(主見諸事)」의 〈市廛〉, 〈風俗〉과 유사
8월 13일	회정	–	십숨일 발힝하야 조양문 밧 ᄂᆞ와보니

주: ㉠은 묘사가 시작되는 구절, ㉡은 중간이나 후반부의 구절을 의미함.

는 다양한 소재들을 적극적으로 전달하고자 하는 의식으로 인해 서사적 진행이 파열되는 현상이 발생하고 있는 것이다. 이를 보다 구체적으로 확인하기 위해 즉물적 묘사가 두드러진 장면들과 관련된 주요 정보들을 표로 정리해 보면 〈표 3〉과 같다.

〈표 3〉에 정리된 제재들은 대체로 세밀한 묘사가 진행된 사례들이며 형상화의 전후 논리를 확인한 결과 상당한 유사성이 발견되었다. 〈표 3〉의 ㉠과 ㉡에 주로 사용되는 어휘들을 살펴보면 '구경', '볼죽시면', '괴이', '이상' 등과 같은 어휘들이 동일하게 반복되고 있는 것이다. 이는 〈무자시행록〉의 화자가 김텬과 호기심을 유발하는 다국 문물을 적극적으로 관찰하되 그 관심의 층위가 '유람'의 범주에 한정되어 있음을 명확히 보여준다. 연경 체험을 정리하는 구절이 '두달ᄉᆞ흘 유관키

로 구경도 다ᄒᆞ얏고'라는 점도 이에 대한 사례인 것이다.

그런데 우선적으로 주목해야 할 현상은 A~D에서와 같이 『부연일기』에서 확인되지 않거나 날짜 및 여정이 일치하지 않는 부분들이 발견된다는 것이다. 묘사하는 대상의 첨가나 연상으로 인해 서사 진행에 균열이 유발되고 있으며 이 부분들은 대체로 구체적이고 세밀한 장면화의 특성을 보이고 있다. 먼저 A 부분의 '창시(槍矢) 구경'과 '발인' 장면은 『부연일기』에서 확인되지 않는다. 다만 '창시'와 관련하여 『부연일기』의 6월 13일 일기에는 '광대 구경'을 한 사실이 기록되어 있다. A 다음 장면이 6월 6일에 해당한다는 점에서 이는 의도적인 삽입일 가능성이 높다. A와 관련된 여정은 '요동성'인데 '아경의 비기건딕 곳곳이 초견이니'와 같은 구절이 발견되고 있기 때문이다. 이는 타국의 세계에 진입한 만큼 흥미로운 풍속을 우선적으로 배치하여 단조로운 서사 진행을 극복하려 한 전략적 구성으로 볼 수 있다. 6월 11일에 연경에 도착한 이후부터는 이러한 특징이 전면적으로 부각된다는 점에서 더욱 그러하다.

〈표 3〉을 보면 11, 17, 23일과 관련된 부분에서는 연경에서의 견문이 매우 즉물적으로 묘사되고 있음을 알 수 있다. 〈무자서행록〉에 날짜가 기록되어 있는 것은 아니지만 『부연일기』를 토대로 배열해 본 결과 두 자료가 유사한 양상을 보이고 있는 것이다. 그런데 『부연일기』와는 달리 상당히 세밀하게 묘사되고 있는 특성은 「주견제사(主見諸事)」에서 발견할 수 있다. 『부연일기』는 일기문인 「왕환일기(往還日記)」 이외에도 몇 개의 독립적 체제로 구성되어 있으며 「주견제사」는 〈천기(天氣)〉, 〈지리(地理)〉, 〈인물(人物)〉, 〈풍속(風俗)〉 등 모두 19개의 소항목을 포함하고 있기 때문이다. 그러므로 〈무자서행록〉의 화자는 기본적

으로 일기의 서사를 차용하되 호기심을 유발하는 장면이나 강조하고 싶은 대상들에 대해서는 「주견제사」와 같은 자료를 활용[21]하면서 내용을 보완 · 확장한 것으로 보인다.

또한 B 부분에는 연경 도읍의 전경과 궁궐의 모습이 매우 사실적으로 설명되고 있다. 『부연일기』에의 기록에는 태화전, 융복사, 동화문 등을 방문한 사실과 감흥이 비교적 간략하게 제시되어 있는데 〈무자서행록〉은 이러한 정보가 아예 생략되어 있다. 이전 장면들의 경우 '가는길의', '바라보니', '드러가니' 등과 같이 여정 변화와 관련된 동사들이 확인되는 반면 B에서는 '연경을 의논ᄒᆞ면'으로 시작되면서 성곽 및 궁궐의 명칭과 규모 등이 자세하게 나열되고 있는 것이다.[22]

특히 이 내용들은 개인의 체험만으로는 알 수 없는 객관적 정보들로 구성되고 있어 참고 자료가 반드시 있었을 것으로 보이는데 『부연일기』 중 「역람제처(歷覽諸處)」 〈연경(燕景)〉 항목과의 유사성을 발견할 수 있었다. 일기 서사를 고려하되 그 상관성이 현저히 약화되면서 특정 장면의 형상화가 부각되는 양상이 B에서 확인되는 것이다. 특히 『부연일기』에 따라 이 부분의 날짜를 6월 30일로 본다면 7월 1일에 태묘를 방문한 사실과 〈무자서행록〉의 다음 전개는 일치한다. 그런데 C부분에

---

21 〈무자서행록〉이 산문기록을 토대로 재구성된 작품임은 분명해 보이는데 『부연일기』와의 친연성이 상당하여 그 저본이 『부연일기』였을 가능성도 있어 보인다. 그러나 이에 대해서는 별도의 논증이 필요하므로 우선 본 연구는 『부연일기』와 유사한 김지수의 기록이 있었음을 전제하기로 한다. 그리고 〈무자서행록〉의 문학적 특징을 선명하게 확인하기 위한 차원에서 『부연일기』와 비교 · 분석이 진행될 것이다.

22 주요 부분을 보면 다음과 같다.
"셩우희 셩낭지어 슈셩군이 거긔잇고 / 외놈문 영뎡문은 외셩의 놈문이오 / 뎌놈문 뎡양문은 너셩의 놈문이요 / 슝문문은 동놈이요 션무문은 셔놈이라 / (…중략…) / 톄인각 홍인각은 좌우의 ᄉᆞ가이요 / 좌익문 우익문은 동셔의 뎡문이오 / 중좌문 중우문은 북편의 협문이라 / 삼층뎐 놉히지어 구창이 도요ᄒᆞ고 / 그뒤희 중화뎐은 모지게 집을 지어이고."

묘사된 내용은 6월 30일에 방문한 '융복사' 주변에서의 견문[23]에 해당한다. 물론 재방문의 가능성도 있지만 7월 1일 이후의 『부연일기』에서는 이러한 측면이 확인되지 않으며 〈무자서행록〉에 '차셰타고 가셔보니'라는 구절이 보인다는 점에서 C는 서사를 고려하지 않고 삽입된 장면이라고 볼 수 있다. C에 묘사된 소재들 역시 「주견제사」의 〈의관(衣冠)〉, 〈음식(飮食)〉, 〈금축(禽畜)〉, 〈수목(樹木)〉에서 확인할 수 있었다.

이국적 문물에 대한 형상화의 비중이 확장되면서 서사가 균열되는 이러한 현상은 D의 장면에서 더욱 두드러지고 있다. D에서의 여정은 7월 29일에 방문한 '문산사당'인데 앞서 살펴보았듯이 이 부분에는 '장제량'과의 필담 장면이 허구적으로 구성되고 있기 때문이다. 『부연일기』에서 이들과의 필담 및 교유 장면이 기록된 날짜는 6회 정도로 분산되어 있었는데 D에서는 통합된 양상을 보이고 있다. 특히 6월 26일, 7월 4일, 7월 15일의 내용 구성과 상당한 유사하며 '장제량'과 '화자'가 중심인물로 변환되면서 〈무자서행록〉만의 문학적 영역이 생성된 것으로 볼 수 있다. '문산사당'에서 '영웅'을 연상하고 이를 '장제량'으로 치환하는 과정에서 분절적 체험들이 통합되고 있으며 이는 장면 단위의 유기성을 고려하고 있는 〈무자서행록〉의 문학성으로 간주할 수 있는 것이다.

이후 회복된 서사의 흐름은 회정 지점에서 다시 파열된 양상을 보이고 있다. 위의 표에서 E부분은 봉래관과 유리창에서의 견문으로 매우 다양한 소재들이 기록되어 있고 분량도 상당하다. 그런데 이 장면의 전

23 6월 30일의 일기에는 "융복사(隆福寺)로 가서 저자를 구경하는데, 먼저 짐승, 새, 화초를 구경하고 다음에 여러 가게와 사찰의 문간까지 구경하였는데, 사고 파는 곳에 도무지 없는 물건이 없었다"라는 부분이 있으며, 7월 2일 이후에는 이러한 내용이 확인되지 않는다.

후로 '십숨일 길 써누려', '십숨일 발힝하야' 등과 같이 동일한 어구가 배치되어 있음을 발견할 수 있었다. 8월 13일은 이들이 중국에서 떠난 날짜에 해당하므로 E가 독립적으로 삽입된 내용이라는 점이 명확하게 확인되는 것이다. 이들이 유리창에 방문한 것으로 기록된 『부연일기』의 날짜는 6월 26일이며 내용은 「주견제사」의 〈시전(市廛)〉, 〈풍속(風俗)〉 등과 유사하다는 점에서 E는 전면적으로 재구성된 부분이라 할 수 있다.

특히 〈표 3〉의 C 부분에서도 융복사 근처의 시장을 묘사한 장면이 있었는데 E는 이를 보완한 장면으로 보인다. C에서 비교적 상세하게 종류가 나열된 대상은 새, 화초, 장식품, 음식 등이며 '의복푸리 셔칙푸리 약파는디 ᄎᆞ파는디'와 같이 의복, 서적, 약 등은 가게가 있다는 사실만 언급되고 있다. 그런데 E를 보면 오히려 의복, 서적, 약 등은 매우 상세하게 나열되어 있고 새, 화조, 장식품, 음식 등과 관련된 내용은 거의 생략되어 있는 것이다. 더욱이 문방제구나 침선, 낙타, 철물, 목물(木物), 상인들의 모습 등과 같이 새롭게 추가된 장면들이 많이 발견되고 있어 E 부분은 C를 고려하며 구성되었을 가능성이 높은 것이다.

그런데 다른 부분들에 비해 E는 「주견제사」와 중첩되는 정도가 미약하며 순우리말로 구체화된 장면이나 새롭게 구성된 부분도 발견되고 있어 독자의 이해 층위를 고려한 창작 의식이 간취된다. 다음은 이를 확인할 수 있는 대표적 사례에 해당한다.

> ⓵ 금·은·보패(寶貝)·목석(木石)·금축(禽畜)·포백(布帛)·곡식 등 천백 가지의 여러 물건들로 열 지은 점포가 경성(京城)에 흩어져 있으며, 날로 쓰이는 보통 물건 이외에 천하에서 소소하게 쓰이는 온갖 잡물건들도 다 연경의 가게에서 판매하였다.

② 번화ᄒᆞ기 금즉하고 온갖뎐방 두루잇다 / (…중략…) / 의뎐이라 ᄒᆞ는ᄃᆡ는 온갖의복 파는고나 / ㉠【보션슬갑 장숨이며 바지젹삼 두루마기 / 비단관복 깁속것과 솜승무명 기져긔며 / 공단니불 포다기며 몽고뇨의 슈방셕과 / 아희입는 ᄇᆡ오라기 복쥬감토 당감토며 / 목도리의 겹ᄇᆡᄌᆞ며 ᄃᆡ련견ᄃᆡ ᄌᆞ로가지 / 당단맛게 여립소릐 여긔저긔 번화ᄒᆞ고.】

③ **목기(木器)**와 **궤장(櫃藏)** 등은 모두 완전하고 좋아서 쓸 만한데, 반드시 붉은 칠과 금(金) 무늬를 놓았고, 교의(交椅)와 교좌상(交坐床) 등은 화류(華榴)와 강진향(絳眞香) 등을 많이 썼으며, 토기(土器)는 모두 가볍고 치밀하게 문채를 놓았고, 일용음식(日用飮食)에는 모두 그림 그려진 옹기를 썼으며 유기(鍮器)나 도기(陶器)는 없었다. 토분(土盆)은 모두 청록(靑綠)으로 입혔고, 기와와 벽돌 등 물건은 모두 오색으로 만들었는데 진채(眞彩)가 선명하고 윤택하였다. **철물(鐵物)**과 **연기(鉛器)**는 매우 완전하였고 병배와 관첩(罐貼)과 촛대와 향로 등은 모두 놋쇠와 백철로 만들었으며, 납과 놋쇠는 값이 같은데 부드러워서 깨지지 않고 또한 오래 쓸 만하였다. 도검(刀劍) 등의 기구는 쇠가 날카롭고 솜씨가 정밀하며, 황석(黃錫)・백동(白銅)・적동(赤銅)・백은(白銀) 등의 그릇은 제작이 교묘하였다. 싸리광주리・대바구니・등람(藤籃)・지호(紙壺)의 유에 이르러서는 모두 사용하기에 편리하였다.

④ **털물뎐**의 ㉡【호미독긔 셕쇠곱쇠 얼기쇠며 / 광이 술포 가ᄅᆡᄂᆞᆯ과 모로 작도 쇠시랑과 / 작위 변탕 ᄃᆡ핏ᄂᆞᆯ과 도ᄅᆡ송곳 활비비며 / 한과쥴과 쓸톱가지 화져가락 통송곳과 / ᄃᆡ갈 편ᄌᆞ 거멀곳과 오븨칼의 장도리라】 / 지위도가 쑤닥쑤닥 **목물뎐**의 농두지며 / ㉢【ᄉᆞ금궤의 피상ᄌᆞ며 층찬합의 각계셝과 / 교의탁ᄌᆞ 교ᄉᆞ상의 쥬홍금칠 ᄉᆞ모통과 / ᄌᆞ긔박은 목장이며 ᄇᆡᆨ통장식 옷함이며 / ᄊᆞ리바ᄌᆞ 삿ᄌᆞ

리며 등다랏기 치광쥬리 / 치반상즈 바고니와 쥬격목판 함지박과 / 조리족박 두레박과 소반징반 칠합이며 / 횟딕변딕 넙가릭며 누역삿갓 나무신과 / 등경거리 밋돌테며 바지랑딕 지팡이라.】

위의 인용문에서 ①, ③은 「주견제사」 〈시전(市廛)〉의 일부이며 ②, ④는 이와 관련된 E 부분의 내용에 해당한다. 동일한 대상이지만 전혀 다른 층위에서 형상화가 진행되고 있음을 보여주는 사례이다. 「주견제사」에서 '의전(衣廛)'은 연경의 가게들을 소개하는 과정에서 언급만 되고 있다(①). 그런데 〈무자서행록〉을 보면 ②에서와 같이 '온갖 의복'들이 나열·소개되고 있음을 알 수 있다. 특히 ㉠에 보이듯이 '버선, 기저귀, 아이입는 베옷, 이불, 포대기, 감투, 목도리' 등과 같은 일상어들을 연속적으로 배열함으로써 '의전'의 풍경에 대한 실제성을 환기하고 있다. 이국에서의 견문이지만 일상적 어휘들이 반복됨으로써 인식의 직접성이 강화되고 심리적 이질감은 완화되는 효과가 유발되고 있는 것이다.

'의전' 상인들의 모습을 '당단맛게 여럽소릭'와 같이 청각적 심상으로 재현하고 있는 점도 독자들이 그 장면을 보다 생생하게 연상하고 이해하는 데 기여했을 것으로 보인다. 이러한 특징은 철물전과 목물전의 경우에도 유사하게 반복되고 있음을 ④에서 확인할 수 있다. 「주견제사」는 '목기(木器)', '궤장(櫃藏)', '철물(鐵物)', '연기(鉛器)'에 해당하는 종류를 대표적 사례와 특징을 중심으로 정리(③)하고 있는 반면 〈무자서행록〉은 대부분의 사례들을 열거함으로써 장면의 구체성이 강화되고 있는 것이다(④). 또한 ㉡, ㉢을 보면 ②에서와 같이 '거멀못, 장도리, 뒤주, 자개, 바구니, 함지박, 족박' 등과 같은 일상어들이 많은 비중을 차지하고 있음을 알 수 있다. 시각적 의미 문자인 한문과는 달리 국문

은 구술적 언어이며 모어로 씌어진 텍스트는 의식과 무의식적 요소가 풍부하게 혼합될 수 있게 한다.[24]

그런 점에서 〈무자서행록〉은 물론 장편 사행가사에서 발견되는 이러한 특징은 구술 문화의 자장 내에서 작품들이 창작 · 소통되었던 정황을 짐작케 하는 사례로 볼 수 있다. 또한 표현 특질을 보아도 4음보의 율격은 유지되지만 '과', '며' 등의 접속 조사로 등위적 배열이 연속되면서 통사적 완결성이 상당히 이완되는 양상을 보이고 있다. 이는 표현 · 전달하고자 하는 대상들이 급증하면서 발생한 현상인 동시에 수용자의 효율적 이해를 가능케 하는 요소로 작용했을 것으로 보인다. 〈일동장유가〉에서는 이러한 현상이 부분적으로 발견되었는데 〈무자서행록〉에 오면 일정한 항목의 하위 요소들이 매우 확장적으로 배열되어 있는 현상을 빈번하게 확인할 수 있는 것이다.

생소한 어휘들에 의한 장면화는 이국적 인상과 감탄을, 일상적 어휘들의 배열은 체험의 실제성에 대한 환기를 유발했을 것이며 이는 당시 독자들에게 마치 현대의 사진과 같은 효과로 기능한 특질이었을 것이다. 더욱이 그 과정에서 지속적으로 유지된 가사문학의 율격은 보다 효율적인 층위에서 간접적 이국 체험을 가능케 했던 것이다. 『부연일기』에서 전혀 확인되지 않는 E의 다음 장면은 이러한 특징을 보다 선명하게 보여주고 있다.

> 신창누비 계집들은 문간마다 ᄂᆞ와셔고 / 말ᄯᅩᆼ즙는 아희들은 숨티들고 쏘다니고 / 소음타는 큰활[25]소릐 짜랑짜랑 소릐나고 / 통장군의 물장ᄉᆞ는 쪽지게의 지

24 월터 옹(Walter J. Ong), 앞의 책, 254쪽.

25 활 : 목화송이를 솜으로 만드는 제구.

1789년 연행사절의 일원이었던 김홍도(金弘道, 1745~?)가 그린 〈연행도〉. 제13폭 '유리창(琉璃廠)' 연경 유리창의 화려한 가게들과 번화한 거리를 묘사한 그림으로 2명의 인물이 각각 낙타를 타고 이동하는 모습(가운데 아래)은 조선에서 구경하기 어려운 낯선 풍경이다. 숭실대 한국기독교박물관 소장.

걱비걱 / 동ᄎᆞ[26] 모는 거름장ᄉᆞ 섄각시걱 모라가고 / 딕ᄎᆞ소ᄎᆞ 노시말은 목테두리 열두방울 / 이골져골 모라갈제 와랑져령 소릭ᄂᆞ고 / 머리ᄀᆞ기 도부[27]장ᄉᆞ 젱경동당 소릭ᄂᆞ고 / 멜목판의 방울장ᄉᆞ 섄랑섄랑 흔들면서 / 여긔저긔 다갈[28]박기 마칫소릭 두루나고 / 오락가락 거마들은 우레쳐로 요란ᄒᆞ고 / 말삭타리[29] ᄎᆞ세타리[30] 병문병문[31] 느러셔고 / 집비들기 방울다라 셔양텬의 놉히눌세 / 쌘로로 ᄒᆞ는 소릭 져도갓고 싱도갓고 / 뎡양문의 쎄가마기 아춤마다 조회ᄒᆞ고 / 만슈산의 소로기는 ᄉᆞ면팔방 ᄂᆞ라들고 / 비둘기알 오리알과 계란장ᄉᆞ 웨는소릭 / 닷는말의 굽소릭와 박셕길의 박횟소릭 / 원앙소릭[32] 칫소릭[33]며 노소놈녀 뉴걸[34]들은 / 향

26 桐車 : 농가에서 쓰는 차.
27 到付 : 돌아다니며 물건을 파는 일
28 대갈 : 발굽에 편자를 신기는 데 박는 정.
29 말삯타리 : 말타는 삯을 내고 말을 빌어 타려는 사람.
30 차세타리 : 수레를 세내어 타려는 사람.
31 屛門屛門 : 골목 어귀릐 길가마다.

불 ᄒᆞ나들고 소텬[35]달ᄂᆞ 비는소릐 / ᄌᆞ부륵ᄒᆞᆫ 몬짓속의 이길져길 뭉게뭉게.

위의 장면에서 화자는 시정적(市井的) 삶을 살아가는 군상(群像)을 개별 단위로 포착하고 관련 소재들의 특성을 효율적으로 묘사함으로써 인간적인 풍경미를 창출하고 있다. '말똥 줍는 아이', '물장수', '거름장수'와 같은 이들의 분주한 움직임, 말과 마차의 요란스러운 이동, 말과 수레를 기다리는 모습 등을 통해 역동성이 충만한 도회지의 풍경이 효과적으로 재현되고 있는 것이다. 특히 이 과정에서 청각적 심상이 지속적으로 배열되고 있는데 이는 장면에 생동감을 부여하고 있는 것은 물론 수용자의 감각적 이해와 실제성에 대한 환기를 가능케 하고 있다.

위의 밑줄 친 부분에서도 알 수 있듯이 'ᄯᅡ랑ᄯᅡ랑', '와랑져령', 'ᄲᅧ로로' 등과 같은 다채로운 감각어가 전후 맥락에 따라 효율적으로 배치되고 있으며 이외에도 '마칫소릐', '박횟소릐', '웨는소릐', '비는소릐' 등이 반복되면서 청각적 심상이 극대화된 양상을 보이고 있기 때문이다. 또한 이러한 연속성을 유지하기 위해 '집비들기', 'ᄯᅨ가마기', '소로기' 등과 같은 조류들의 울음소리까지 삽입되고 있어 위의 장면이 일정한 의식 지향에 기반하여 구성되었음을 간취할 수 있다. 'ᄌᆞ부륵ᄒᆞᆫ 몬짓속의 이길져길 뭉게뭉게'는 이를 구획하는 구절로 전체적 풍경을 '먼지'와 '뭉게뭉게'로 시각화함으로써 이국적 장면을 인상적으로 완료하고 있는 것이다.

바로 다음 장면은 정양문 밖에 있는 시장의 물건들이라 병렬적 전개

---

32 워낭소리 : 워낭은 마소의 턱 아래 늘어뜨린 쇠소리나 방울.

33 칫소리 : 채찍소리.

34 流乞 : 거지.

35 小錢 : 동전.

의 지속을 보여주고 있다. 이처럼 〈무자서행록〉에서는 유사한 요소들로 전달적 범위를 설정하되 감각적 생동감을 일관되게 유지함으로써 소재들의 단조로운 병렬이 유발할 수 있는 교술적 층위가 극복된 장면도 발견할 수 있다. 그러므로 산문기록과는 다른 층위에서 체험을 연상·재현하려 한 사행가사의 문학적 영역을 확인할 수 있는 것이다. 그러나 이처럼 차별적인 영역이 부각되어 있는 E 부분과는 달리 「주견제사」, 「역람제처」와 중첩되는 여타 부분들[36]은 상당한 유사성이 확인되기도 한다.[37] 결국 〈무자서행록〉은 서사적 측면은 『부연일기』의 경

36 〈표 3〉에 *로 표시되어 있음.

37 대표적인 사례를 살펴보면 다음과 같다.
① 순상소(馴象所)가 연경의 내성 서남 모퉁이 선무문(宣武門)의 오른쪽에 있는데, 성문에 '순상소'라고 게시되어 있다. 안에 긴 마구 몇 군데를 지었고 칸마다 코끼리가 있는데 그 키가 길[丈]이 넘었다. 몸은 살뿐 털이 없고 피부가 검으면서 두꺼우며, 두어 자나 되는 두 어금니가 앞에 드리웠는데 크기가 서까래만 하였다. 코가 길어 땅에 닿고, 코 끝에 조그마한 입술이 있어 가운데에 구멍 둘이 뚫렸는데, 물을 마시고 풀을 끌어 잡기를 모두 코로 했다. 한 줌의 풀을 집어던지니 코끼리가 곧 코를 뻗어 가져다가 입에 말아넣고 씹기를 소와 같이 하며, (…중략…) 눈은 가느다랗고 귀는 매우 큰데 부채를 편 것과 같아 휘두르면 바람이 일었다. 네 다리는 뼈는 큰데 마디가 짧고 육족(肉足)에 다섯 발가락인데 발톱이 모지라져서 날이 없고, 짧은 꼬리는 소꼬리와 같으며, 등은 넓고 배는 번듯하였다. 소리가 크고 우렁찼으며 오줌은 폭포 쏟아지듯 했다. (…중략…) 등에 타고 싶으면 귀를 잡고 올라가는데 코끼리가 그의 무릎을 들어 발을 받는다. 살이 많고 골격이 장대하여 낙타의 유가 아니나, (…중략…) 본 것이 6, 7마리가 되는데, (…중략…) 코끼리가 몇 마리나 있는지는 알 수 없었다. (『부연일기』, 「主見諸事」, 〈禽畜〉)
② 선무문 안 셔편셩밋 코키리도 구경일식/ 슌상소라 ᄒᆞ는거슨 ᄉᆞ복쳐로 지엇는ᄃᆡ / 크다케 외치집을 이리져리 지어시ᄃᆡ / 겹겹이 몃간인지 숨십여슈 코키리라 / ᄒᆞᆫ상권의 드러가니 그 모양 슈상ᄒᆞ다 / 길놉은 큰즘싱이 다리는 별노 굵고 / 털업는 검은가족 당치련 잇기갓고 / 두 귀는 드리워셔 가지입 갓튼거시/ 크기는 소반갓고 살져셔 둣거우니 / ᄉᆞ롬이 올ᄂᆞ타려 귀를숩고 나모이번 / 무릅흘 슈혀드러 드듸게 ᄒᆞ여쥬고 / 방이고 가튼얼ᄂᆞ 빠오로 버드러져셔 / 닙슈얼 겸ᄒᆞᆫ코가 닛ᄉᆞ이로 들녹놀녹 / 느르치면 반발놈즛 오고리면 도로말고 / 집뭉쳐 더져쥬면 코를펼쳐 지버다가 / 두루루 말아다가 입으로 드러가고 / 나무통의 물을슈면 코ᄒᆞ로 마시는고 / 적우뉴 고부라져 속톱으로 젹인모양 / 초리는 쇠초리오 둣거운 기발갓고 / 소릐는 굉당ᄒᆞ여 나발소릐 방불ᄒᆞ다. 〈무자서행록〉.
이 두 사례에서 '강조 표시'된 부분을 보면 부분적 사실과 비유를 제외하고는 대부분 그 내용이 일치하고 있음을 알 수 있다. 다만 〈무자서행록〉에서는 묘사의 순서가 변경되어 있

우와 대체로 유사하지만 '유람적' 체험을 과시하거나 전달하고자 하는 의식으로 인해 장면의 확장과 서사적 균열이 곳곳에서 확인되는 작품이라고 볼 수 있다.

지금까지 살펴보았듯이 〈일동장유가〉를 기점으로 '가창 및 음영에 기반한 자족적 향유'에서 '일정한 독자를 상정한 기록'으로 변모하게 된 사행가사의 문학적 특질이 〈무자서행록〉에서도 확인됨을 알 수 있었다. 또한 18세기 후반에 이르면 연행록에 포함된 소재의 범주가 세분화되고 글쓰기 방식도 다변화되는 양상을 보이는데 이러한 특징이 사행가사의 변모에도 일정 부분 영향을 준 것으로 보인다. 이 시기 국내 기행가사 작품들을 보아도 다양한 견문이 수용되면서 기술(記述)과 묘사의 수법이 확대되는 현상이 발견되며[38] '기록성'이 전면적으로 부각되는 작품들도 확인할 수 있다.[39] 실기(實記)와 보고(報告)적 성격이 확대되면서 흥미 지향성이 강화되는 양상도 두드러진다.[40] 그러므로 장편 사행가사 작품들에서 확인되는 주된 특징과 시대적 변모 양상은 대체로 연행록 및 국내 기행가사의 흐름과 유사한 궤적을 보인다고 할 수 있다. 그러나 체험 소재의 이국성과 장대한 서사로 인해 사행가사 작품들은 관련 자료들을 토대로 추후에 재구성된 정황이 지속적으로 확인되며 이로 인해 국내 기행가사와 별도로 그 의의가 조망될 수 있

고 '들낙눌낙', '두루루'와 같은 의태어와 '소반', '가지입', '개발' 등과 같은 구체적 비유어를 통해 보다 생동감 있게 장면을 구성하고 있다. 이러한 유사성은 호랑이, 환희, 연경의 궁궐, 태학 등을 묘사하는 지점에서도 발견되며 작품의 후반부인 '유리창'의 견문에서만 변이가 심하게 발생하고 있다고 볼 수 있다.

38 장정수, 「금강산 기행가사의 전개 양상 연구」, 고려대 박사논문, 2002.

39 류준필, 「『박학사 포쇄일기』와 가사의 기록성」, 『민족문학사연구』 22, 민족문학사학회, 2003; 박애경, 「후기 가사의 흐름과 '록'으로의 지향」, 『한국 고전시가의 근대적 변전과정 연구』, 소명출판, 2008.

40 유정선, 앞의 책, 152~172쪽.

게 되었다. 〈무자서행록〉도 『부연일기』와의 상당한 유사성이 확인되는바, 산문기록들을 토대로 추후에 재구성된 작품으로 판단되며 〈일동장유가〉와 마찬가지로 가내 소통이 전제되어 '흥미성'과 '전달성'을 고려한 소재 범주와 표현 특질을 확인할 수 있었다. 더욱이 과장과 허구의 논리를 활용하여 자신의 주인공적 면모를 부각한 장면도 공통적으로 발견되었으며 이는 산문기록과 변별되는 사행가사의 독자적 영역을 조망케 한다는 점에서 주목해 보아야 할 현상이다.

그러나 〈일동장유가〉의 경우 기본적으로 일기의 서사를 유지하고 있어 매일 경험한 다채로운 체험 소재들이 폭넓게 수용되고 있었다. 반면 〈무자서행록〉은 '유람'의 범주에서 소재가 선택되어 집중적으로 묘사된 경우가 많았고 정대적(靜態的) 대상들은 사실적 정보들이 나열되면서 장면이 확장되고 있어 〈일동장유가〉와 차별적인 특질을 보이고 있다. 이를 분석하는 과정에서 서사의 파열을 감수할 만큼 이국 체험에 대한 재현 및 전달에 대한 문학적 욕구가 강렬했음을 확인할 수 있었다. 독자들이 〈무자서행록〉을 '가지 않아도 볼 수 있는 만물도(萬物圖)'[41]로 이해 · 수용할 수 있었던 이유는 바로 이러한 창작 의식 때문인 것으로 보인다.

그러므로 앞으로 〈무자서행록〉을 해석하는 경우에는 산문 기록이나 한시와 다른 층위에서 체험을 구성하고자 한 문학 관습과 차별적 영역에 유의할 필요가 있을 것이다. 선행 연구에서는 이러한 특징에 대해 자신이 체험한 중국의 선진문물에 대해 소재와 나열에만 집중할 뿐 그 원리나 이용 가치에 대한 면밀하고 구체적인 관찰의 시각은 결

41 이 구절은 〈무자서행록〉의 필사기에 나와 있는 표현이다.

여되어 있다고 보았다.[42] 또한 청의 표상이 일상적 소비문화의 측면에서 구축되고 있으며 문화적 심급의 차원에서 형성된 것은 아니라는 평가도 있었다.[43] 그러나 사행가사의 창작 원리와 작품을 관통하고 있는 주제 의식을 고려해 본다면 이러한 논의들은 수정될 필요가 있다. '이용 가치' 및 '문물의 원리'와 관련된 내용들은 산문기록에서 확인할 수 있으며 사행가사는 그러한 요소들이 대체로 배제되면서 창작된 양상을 보이고 있기 때문이다.

(2) 〈임자연행별곡〉

① 중화계승의식의 대두와 신문물에 대한 감탄

1852년에 임시 사행인 사은사(謝恩使)로 연행을 다녀온 서염순은 당시 정사(正使) 신분이었으며 다녀온 후에 〈임자연행별곡〉을 창작한 것으로 보인다. 앞서 살펴본 〈무자서행록〉이나 1866년 창작된 〈병인연행가〉에 비하면 분량이나 문학적 특질 면에서 많은 차이를 보이고 있다. 〈무자서행록〉과 〈병인연행가〉의 경우 가내 소통을 전제로 하여 '전달'을 위한 '기록성'이 강화된 작품들이라면 〈임자연행별곡〉은 17세기 중반의 〈장유가〉와 오히려 유사성을 보이고 있다. 그러므로 '유람지'라기 보다는 주관적 층위의 향유에 좀 더 무게 중심을 두고 창작된 작품으로 보인다.

또한 1840년에는 청나라에 아편전쟁이 발생하여 중국 중심의 중화

---

42 이동찬, 「〈셔힝녹〉에 드러난 문화충격의 실상과 의미」, 『가사문학의 현실 인식과 서사적 형상』, 세종출판사, 2002.

43 유정선, 「19세기 중국 사행가사에 반영된 기행 체험과 이국취향—〈서행록〉과 〈연행가〉를 중심으로」, 『한국고전연구』 17, 한국고전연구학회, 2008, 58쪽.

질서가 동요되고 본격적 서세동점이 진행되는데 〈무자서행록〉과 비교해 보면 이러한 세계 인식의 변모 양상도 확인할 수 있다. 긍정적 대청관을 견지했던 〈무자서행록〉과 달리 〈임자연행별곡〉에서는 중화계승의식이 대두되는 양상을 보인다. 이는 〈병인연행가〉에서 더욱 본격화되는 특징인데 아편전쟁 이후 조선의 대외 인식 구도도 급변했음을 보여주는 사례이기도 하다. 그렇지만 역사적 층위가 아닌 여행자의 시선으로서 청에서 목도한 신문물에 감탄하는 화자의 모습을 확인할 수 있다. 〈무자서행록〉에서는 새로운 문물을 상세하게 묘사하는 경우가 많았는데 〈임자연행별곡〉의 경우 사실적이고 감각적인 어휘들을 통해 주로 '신문물'이 예찬되고 있는 것이다. 작품에 대한 실제적 분석을 통해 이러한 특징들을 확인해 보도록 하겠다.

①

청셕관 ᄂᆡ다러셔 금교역마 가라타니 / 십년 전 도션싱을 산쳔도 반기는 듯 / 힝힝즁힝힝의 경셩이 머러지니 / 위궐의 달닌 마음 일시들 니즐손냐 / ᄐᆡᄇᆡᆨ산셩 도라드러 옥류쳔 다다르니 / 일편셕 만고흔은 쥬쳔ᄉᆞ[44]의 필젹이요 / 동션령 놉흔 고ᄀᆡ 허위허위 너머가니 / 젹병각 붉은 달은 소동파의 후신인가 / 구현 교게 지나셔셔 싱양관 즘간 들며 / ᄌᆡ숑원 올나셔니 ᄐᆡ사고국 예 아닌가.

②

ᄎᆡᆨ문을 다다라셔 안시셩 바라보고 / 봉황셩 찬운암의 고젹 차즈리라 / 다ᄉᆞ할 손 유당규는 ᄇᆡᆨ만적병 기나리고 / 만리도요ᄒᆞ여 일편고셩 둘넛다가 / 인부당관

44 朱天使 : 宣祖 39년 명 황제의 칙사로 온 한림원 수찬 주지번(朱之蕃)을 말함.

의 만부박ᄀᆡ라 / 픠적고 도라가니 쳔고우슘 되거구나 / 팔도하 건너셔니 연산관을 지ᄂᆡ가니 / 청셕녕 험ᄒᆞᆫ 길의 호풍은 무슴 일고 / 효죵ᄃᆡ왕 일곡가ᄂᆞᆫ 쳔고열ᄉᆞ 눈물이라 / 고려총슈 묘젼은 야화황접 어ᄃᆡ런고 / 요동야 칠ᄇᆡᆨ니의 일월츌을 다 보니다 / 티ᄌᆞ하 건너가니 젼로ᄉᆞ양 무궁ᄒᆞ다 / 화포쥬학의 넉시 영위젼신 되단말가 / 관니포 구절판은 왕양의 외도런가 / 심양성 다다르니 고ᄉᆞ가 ᄉᆡ로와라 / 조션관 도라보니 히음 업시 눈물이요 / 일구치젼 어ᄃᆡ런고 야판졍이 간ᄃᆡ업ᄂᆡ / ᄉᆞᆷ학ᄉᆞ 셩인을 ᄎᆞ지의 일너시니 / 여관한등 깁흔 밤의 젼젼이 잠못인다 / 신민둔 요히쳐는 몽고지져 막아잇고 / 쥬류하 슬푼 바람 가련ᄒᆞᆫ 츙혼열ᄇᆡᆨ / 검슈도산 창막ᄒᆞᆫᄃᆡ ᄎᆞ즐 곳이 바이 업다.

①은 작품의 전반부로 중국의 경계를 넘기 이전에 촉발된 감회가 형상화되어 있다. 우선 서울에서 점차 멀어지지만 연군의 불변성을 확인함으로써 공간 이동과 정서를 교직시키는 기행가사의 미감이 확보되고 있다. 또한 '태백산성 → 옥류천 → 동선령 → 적병각'이라는 여정의 구조에 '다다르니', '너머가니' 등과 같은 동사형을 지속적으로 활용하여 속도감을 확보하고 있으며, 그 과정에 '주천사'와 '소동파'가 배치되어 단조로운 배열이 극복되었다. 그리고 기자의 고국임을 재확인 하는 모습에서 자국을 구심점으로 한 회고의 정서를 읽을 수 있다.

이와 관련하여 ②를 보면 책문에 도착한 후 '안시성'을 인식하고 살수대첩을 형상화한 부분이 확인된다. 수나라 군사들의 패배를 '쳔고우슘 되거구나'로 표현함으로써 고구려 승리와 그 위엄의 현재적 지속성을 강화하고 있는 것이다. 고구려가 수 · 당을 물리친 역사적 기억은 당시 연행사들의 정신적 위안처이자 현실을 극복하기 위한 의지의 발현으로 표출되었음이 〈임자연행별곡〉에서도 확인된다. 또한 화자가 청석령을 지나면서 떠올린 '효종대왕의 일곡가' 역시 '천고열사'의 눈물로 형상화되고 있다. 병자호란의 패배와 명 · 청 교체는 고구려를 계승한 조선의 지식인들이 감당하기 힘든 국제적 현실이었던 것이다. '조선관'을 돌아보며 눈물을 흘리는 장면과 '삼학사'에 대한 회고 역시 이러한 현실 인식과 그 감회의 지속적인 발현으로 볼 수 있다. '몽고'라는 이적국 앞에서 촉발된 감정적 진폭은 슬픈 바람만이 가득한 '주류하'와 '충혼열백'을 찾을 수 없는 무상함으로 형상화되고 있다.

이처럼 '의무려산'에 도착하기 이전까지의 감회가 전체 분량의 40% 정도를 차지하는 것으로 볼 때 〈임자연행별곡〉은 북방 고토에 대한 재인식이 상대적으로 강화된 작품이라고 할 수 있다. 명분론적 시선이 여전히 지속되지만 17세기 중반의 〈장유가〉와 비교해 볼 때 자국 영토에 대한 환기의 정서가 강화되고 있음이 확인되는 것이다. 아편전쟁 이후 변화된 국제 정세로 인해 사신들의 중화계승의식은 단속적으로 다시 발현된 것으로 보이는데 이로 인해 〈임자연행별곡〉에는 〈무자서행록〉과 달리 대타적 자국 인식이 강화된 것으로 보인다.

그렇지만 19세기 연행가사들은 청나라의 새로운 문물에 대해 보다 적극적인 관심을 보이고 있다. 명나라 회복의 가능성이 약화된 상황을 인식하게 됨으로써 청나라의 구체적 문물에 대한 지식인들의 관심이 촉발되기 시작한 것이다. 이와 관련된 대표적 장면을 살펴보면 다음과 같다.

> 젼당ᄉᆞ 드러가니 ᄂᆡ와이쇼 반말ᄋᆞᆫ듸 / ᄇᆡ회고변ᄒᆞ여 낫낫치 살펴보니 / ᄃᆡ완포도[45]와 월즁녀지로다 / ᄑᆡ왕슈(霸王樹) 션인쟝의 계ᄌᆞ쳐향이 아닌가 / 황금불

45 가사 작품들 내에 괄호 표시로 첨부된 한자는 필자에 의한 것임.

경 연지판은 각식국화 심어잇고/ 청춘소연ᄌᆞ는 ᄇᆡᆨ마금편 왕ᄂᆡᄒᆞ고/ 북방가인 들은 칠양ᄎᆞ 조흘시고/ (…중략…) 려헌국현의 노름 탄도토화(呑刀吐火) 고이 ᄒᆞ다/ 이쳔피발 ᄇᆡᆨ년한[46]은 한ᄒᆞ여도 헐일업다.

위에 인용된 부분을 보면 천령사에서 목도하게 된 '긔화이쵸(奇花異草)'들이 'ᄃᆡ완포도(大宛蒲萄)', 'ᄑᆡ왕슈(霸王樹)', '션인장', '계ᄌᆞ천향(桂子天香)', '각식국화(各色菊花)' 등의 구체적 사례들로 나열되어 있다. 이국적 식물들에 대한 이러한 표상은 세밀한 '관찰'의 결과였음이 '낫낫치 살펴보니'라는 구절에서 확인된다. 또한 'ᄇᆡᆨ마금편'으로 오가는 젊은 남녀들과 '북방가인'에 대한 관심 역시 청나라의 문화적 풍경을 포착한 후 그것을 기억하고자 한 화자의 의식을 보여준다. 감각적이고 구체적인 어휘의 편린들은 향유의 과정에서 유발되는 추체험이 가시적인 층위로 구현될 수 있게 하는 매개항이 되었을 것이다.

그런데 19세기 초의 연행 체험을 토대로 창작된 〈무자서행록〉에서는 문물과 풍경에 대한 관찰과 묘사의 편폭이 급격하게 확장되어 있다. 몇몇 어휘를 통해 주요 식물들을 소개하는 것에 한정되는 〈임자연행별곡〉과 달리 〈무자서행록〉에서는 다양한 종류의 화초와 나무들이 상세하게 나열되어 있는 것이다.[47] 또한 위의 인용문에서 확인할 수 있는 '노름'이나 '탄도토화'의 경우도 〈무자서행록〉에서 구체적으로 묘사

---

46 伊川被髮 : 예(禮)가 없어져 장차 야만의 땅이 될 것이라는 뜻. 주평왕(周平王)이 동천(東遷)하였을 때 대부(大夫) 신유(辛有)가 이천(伊川)에 갔는데, 그 곳에서 산발하고 들에서 제사하는 자를 보고는, "백년이 못되어 이곳이 융(戎)이 되리라. 예가 먼저 없어졌구나" 하였는데, 과연 양왕(襄王) 때에 진(晋)나라가 육혼(陸渾) 땅의 융을 이천으로 옮겼음.

47 관련된 주요 부분을 인용하면 다음과 같다. "화초푸리 드러가니 긔화이초 다잇는ᄃᆡ/ 쥴노심은 옥좀화는 향ᄂᆡ나기 졔일이오/ 푸른쏫츤 취도화요 붉은쏫츤 도류화라/ 당국품국 셕죽화며 모란ᄌᆞ약 촉규화며 (…중략…) 파초난초 종녀쇼쳘 무화과라 ᄒᆞ는 것과……."

되는 현상을 발견할 수 있다. 〈임자연행별곡〉의 경우 어휘의 표상들만으로 당시의 체험을 기억하고 회고하려 했다면 〈무자서행록〉과 〈병인연행가〉는 사실적이고 상세한 묘사를 통해 '전달성'을 강화하려 했음을 알 수 있는 것이다.

> 이렁저렁 다 지ᄂᆡ셔 ᄎᆡᆨ문을 다다르니 / 고국강산이 의구이 갓갑도다 / 압녹강아 잘잇더냐 ᄇᆡᆨ마산도 박가와라 / ᄉᆡᆼ입옥문관[48] 을 옛말노 드럿더니 / 각망병쥬 시고향[49] 을 일노두고 이름이라 / ᄂᆡ셔각 말근 밤의 몽ᄉᆞ도 조흘시고 / 각국이 ᄃᆡ평ᄒᆞ고 풍셩이 양양ᄒᆞ니 / 쳔상신식이 즐겁기도 그지업다 / 만세종남산은 날을 보고 ᄇᆞᆺ기ᄂᆞᆫ듯 / 일ᄃᆡ한강슈는 은파가 호탕ᄒᆞ다 / 귀거ᄅᆡ 귀거ᄅᆡ 혀여 가영셩ᄐᆡᆨ ᄒᆞ오리라.

위의 인용문은 〈임자연행별곡〉의 후반부로 귀국 과정에서의 감격적 정회가 직접적으로 표출되어 있는 장면이다. 압록강과 백마산에 대한 의인화와 대구법은 당시의 감흥에 대한 생동감 있는 재현을 가능케 하고 있으며 'ᄉᆡᆼ입옥문관'과 '각망병쥬시고향'이라는 문학적 전거 역시 감흥의 진폭을 확장하는 수사로 활용되고 있다. 그런데 주목할 점은 연행 체험에 대한 화자의 의식이 '쳔상신식이 즐겁기도 그지업다'라는 구절에 수렴되고 있다는 것이다. '천상신식(天上新式)'은 경험의 외연이 확장되며 발생한 '차이'에 대한 인식과 가시적 문물의 '새로움'에 대한 감탄이 응집된 어구라고 볼 수 있기 때문이다.

---

48 『후한서(後漢書)』 반초전(班超傳)에 "臣不敢望到酒泉郡 願生入玉門關"이 있음.

49 당나라 시인 가도(賈島)의 「도상건(渡桑乾)」에 "병주의 나그네살이 십 년이 지나도록, 밤낮으로 고향 함양에 돌아가고팠어라. 무단히 다시금 상건수 물을 건너니, 돌아보매 병주가 바로 고향처럼 느껴지더라(客舍幷州已十霜 歸心日夜憶咸陽 無端更渡桑乾水 却望幷州是故鄕)"라고 한 것에서 유래한다.

타국을 체험하는 한 개인의 의식은 공식적 외교의 주체라 할지라도 단일한 이념으로 환원될 수 없는 다층적 경험의 진폭과 감정적 혼돈이 내재해 있었을 것이다. 〈임자연행별곡〉은 그러한 사적 층위의 내면이 완결된 구조 속에 표상된 사행가사의 특질을 여실히 보여주고 있는 작품으로 볼 수 있다. 다음 장에서는 〈임자연행별곡〉의 문학적 특질을 보다 구체적으로 살펴보도록 하겠다.

② 유연한 시선과 전아(典雅)함의 지향

주지하듯 연행은 공식적 외교를 위한 여정이었지만 쉽게 체험하기 어려운 타국으로의 '여행'이라는 점에서 경험의 실질과 진폭이 개인의 의식에 미치는 영향은 상당했을 것이다. 그러므로 그 과정에서 촉발된 개인적 소회는 물론 경험 세계에 대한 적극적 인식에 이르기까지 연행문학이 형상화한 외연의 범위도 넓을 수밖에 없다. 이와 관련하여 김현미[50]는 18세기 전기에 '농연그룹'[51]을 중심으로 한 삼사신(正使·副使·書狀官) 계층이 연행록을 연작적으로 창작한 현상에 주목한 바 있다. 이들은 산수유기의 적극적 창작을 통해 실제적 경물에 대한 관심과 흥취를 문학적으로 형상화했고 이는 연행록의 서술 방식에도 영향을 준 것이다. '여행의 기록'이라는 사적 표현 욕구가 발현되면서 연행록에도 일록이나 잡지 등과 같은 다양한 서술 방식이 나타난 것으로 보았다.

이러한 변화는 연행가사에도 영향을 준 것으로 보이는데 17세기 〈장유가〉에 비하면 19세기 작품들에는 새로운 문물에 대한 관심이 더욱 표면화되고 있는 것이다. 〈임자연행별곡〉은 이러한 시선의 변모는

50 김현미, 『18세기 연행록의 전개와 특성』, 혜안, 2007, 46~63쪽.

51 洛論的 세계관을 지닌 형성기 경화사족인 六昌의 친족과 문인들에 대한 지칭.

물론 전거의 활용이 두드러지는 작품이기도 하다. 〈무자서행록〉이나 〈병인연행가〉와 비교해 보았을 때 분량은 짧지만 전거와 고사 등을 적극적으로 활용하고 있어 전아(典雅)한 특질이 발견되는 것이다. 관련된 주요 부분들을 통해 이를 확인해 보도록 하겠다.

①

홍노연예와 오문지영을 ᄎᆞ례로 지ᄂᆞᆫ후의 / 산쳔형승과 셩궐제동을 넉넉히 술펴보니 / 슌쳔부 ᄃᆡ도회의 풍긔도 다를시고 / 영낙년 ᄐᆡ평시의 경눈도 장홀시고 / 뎡양문 너른 길의 오국숨죠 둘너잇고 / ᄐᆡ화젼 놉흔 집의 만호젼문 열녀셔라 / 경산 화목이 울울 총총ᄒᆞᆫᄃᆡ / ᄌᆞ광각 만셰루ᄂᆞᆫ 반공의 소ᄉᆞ잇고 / 오룡쳥 쳔불ᄉᆞ는 경즁의 좀겨셔라 / 동옥동 셔금오ᄂᆞᆫ 이셩기를 볼삭시면 / 냥가화각 쳔즁긔[52]요 한졔금경 운의직[53]을 / 문창 일누ᄂᆞᆫ 삼광이 어레잇고 / 셕고(石鼓) 십미ᄂᆞᆫ 만고의 유젼이라.

②

법장탑 올나보니 동ᄉᆞ졔명(東使題名) 넉넉ᄒᆞ다 / 노구효월(蘆溝曉月)이요 연ᄃᆡ셕조(金臺夕照)로다 / 황셩도 조커이와 희젼을 보리로다 / 셔화문 ᄂᆡ다라셔 ᄃᆡ종사 좀간 보고 / 업슈동문 휘여드러 곤명지 다다르니 / 거와요초 깁흔 곳의 별유쳔지 여긔로다 / 옥천ᄉᆞ 저녁 쇠북 풍편의 들니ᄂᆞᆫ듯 / 슈긔교 올나보니 옥야쳔니 열녀고다 / 셕경 어ᄃᆡ 가고 동아가 누어고나[54] / 십칠교 도라드니러 동졍유

52 '梁家畵閣天中起' : 노조린(盧照隣)의 장안고의(長安古意)에 있는 말.

53 '漢帝金莖雲歆直'으로 추정됨.

54 한무제(漢武帝)가 곤명(昆明)을 치기 위하여 수전(水戰)을 연습시키려고 장안(長安)에 곤명지란 큰 못을 파고 거기에 돌고래(石鯨)를 만들어 두었음. 이후 돌고래가 동우(銅牛)로 바뀐 것을 의미하는 듯함.

상쾌홀시고/ 뎡국의 착거[55]런가 니빙의 잇슈[56]런냐/ 텬부금탕(天府金湯)을 관 즁분 일너시냐.

①을 보면 산천과 성궐의 주요 지명과 경치가 형상화되어 있는데 그 출발점이 넉넉히 '살펴보니'로 시작하는 것이 흥미롭다. 간략하지만 외적 문물에 대한 '관찰'의 시선이 작동하여 자금성 주변의 경치가 유사한 통사 구조 속에 배치되고 있는 것이다. 또한 대도호 풍속이 조선과 '다르다'는 구절은 자국과의 '차이'에 주목함으로써 북경 내의 구체적 문물에 대한 인지가 가능하게 되었음을 보여준다. 물론 그러한 번성의 기반을 명나라 영락제의 경륜으로 규정함으로써 명분론적 의식은 지속되고 있지만 청나라의 구체적 문물이 그 의식을 압도하고 있음은 분명해 보인다.

②에서도 법장탑에 올라 아름다운 경치를 감상하고 황성에 긍정적 관심을 표명하는 화자를 발견할 수 있다. 명분론에 기반한 심적 무게가 감소함으로써 상대적으로 부각된 '유람'과 '관찰'의 시선이 부분적으로 확인되는 것이다. 더욱이 곤명지에서는 그 곳을 '별유천지'로 인식할 만큼 촉발된 감흥이 상당하여 쇠북 소리가 바람에 혼효되어 흩날리는 감각적 심상으로 전이되어 표출되고 있다.[57] 뿐만 아니라 지명과 관련된 고사로 인해 문학적 감흥이 배가되고 있으며 '천부금탕'은 연경의

55 춘추 시대에 한(韓)나라에서는 진(秦)나라의 국력을 피폐하게 하려고 수공(水工)인 정국을 간첩으로 진에 보내어 진왕을 달래어 중산(中山)에서 과구(瓠口)까지 이르는 거(渠)를 만들게 했다. 그 뒤 진에서는 그가 간첩이라는 사실을 알고 죽이려 하였으나 거를 만드는 것이 진에게 이익이라는 사실을 깨닫고 정국을 죽이지 않고 거를 완성하게 하였다. 진은 이 거로 인하여 관내(關內) 지방이 부유하게 되었으므로 정국거라 이름하였음.

56 진나라 이빙(李氷)이 촉거(蜀渠)를 개통한 일을 의미하는 듯함.

57 이 부분 역시 '소상팔경'의 '煙寺暮鐘' 부분을 연상케 한다.

문물에 대한 화자의 인식이 압축된 어휘이다. 지리적 위치는 물론 발달한 문물을 보면 관중의 계책이 무력할 정도로 훌륭한 곳임이 부각되고 있는 것이다.

17세기 사행가사에서 확인되는 공간 인식이 명분론으로 대표되는 시대적 이데올로기로 수렴되었던 반면 〈임자연행별곡〉에서는 고사나 문학 작품들이 지속적으로 작품 형상화 과정에 인식 기제로 작동하고 있음을 확인할 수 있다. 관련된 부분을 통해 이를 확인해 보도록 하자.

①

장셩일변 용용슈요 되야동두 졈졈산은 / 연광졍 놉흔 집의 김황원이 읇혀 잇고[58] / 송군남포동비가[59]는 눌을 위ᄒᆞ여 지엇ᄂᆞᆫ고 / 망민인혜 텬일방[60]은 날노 두고 일너도다.

②

무령현 슉소ᄒᆞ고 영평부 ᄎᆞᄌᆞ가니 / 창창ᄒᆞᆫ 초즁셕은 니장군[61]의 ᄌᆞ최러가 / 고

58 김황원(金黃元, 1045~1117)은 고려의 문신 및 시인이다. 자는 천민이고 본관은 광양이다. 일찍이 문과에 급제하고 고시에 이름을 날려 해동의 제일인자라 일컬어졌다. 한림원에 있을 때 요의 사신을 시로써 맞아 존경을 받았으며, 예종 때 중서사인(中書舍人)으로서 요나라에 가는 길에 대기근을 당한 북부 지방에서 주군(州郡)의 창고를 열어 백성을 구했다. 귀국 후, 예부 시랑(禮部侍郎) · 첨서추밀원사(簽書樞密院事)를 역임하고, 벼슬에서 물러났다. 그는 일찍이 평양 부벽루에서 아름다운 경치를 내려다보고 시를 짓다가 두 줄만 짓고 나머지는 표현하지 못해서 울고 내려왔다는 일화가 있다. "長城一面溶溶水, 大野東頭點點山(긴 성 한 쪽을 끼고 넓은 물이 질펀하게 흘러가고, 너른 벌 동쪽 가엔, 점점이 산이더라)"는 그때 지은 시라고 한다. 그는 문장에서 정지상(鄭知常) 이전의 제1인자라는 평을 받고 있는데, 시호는 문간(文簡)이다.

59 정지상(鄭知常)의 「송인(送人)」을 의미함. "雨歇長堤草色多 送君南浦動悲歌 大同江水何時盡 別淚年年添綠波."

60 '望美人兮天一方': 소동파(蘇東坡)의 「전적벽부(前赤壁賦)」에 있는 구절로 임금을 그리는 간절한 심정을 말함.

죽군 이ᄌᆞ묘ᄂᆞᆫ ᄇᆡᆨ셰청풍(百代淸風) 긔록ᄒᆞ다 / 등피 셔산[62] ᄒᆞ여 탄식고 도리나니 / 진ᄌᆞ점 놉흔 벽에 계문란의 슬픈 글ᄃᆡ / 통쇄춘풍 샹심양[63] 은 이제가지 일넛잇고.

③

연교보 말마ᄒᆞ고 통쥬강 도라드니 / 알ᄃᆡ 장강이 호호 탕탕ᄒᆞᆫᄃᆡ / 만상히고 뫼ᄂᆞᆫ 곳의 청작황룡[64] 장홀시고 / 츈풍의도 함녀셩[65] 은 긔들 아니 조흘소냐 / 풍염 슈막 놉흔 집의 비파 ᄐᆞᄂᆞᆫ 져 개인아 / 장쥬사마 어ᄃᆡ 가고 홀노 안져 노니ᄂᆞᆫ고.

인용문 ①을 보면 고려시대의 문인인 김황원과 정지상, 그리고 소동파의 시구가 부분적으로 차용되고 있음을 알 수 있다. 연광정과 대동강의 풍경을 직접적으로 묘사하기보다 유명한 시구를 통해 촉발된 감흥을 대체하고 있는 것이다. ②에서도 이제묘에서의 감흥을 '등피서산'이

61 한(漢)나라 명장 이광(李廣)이 우북평 태수(右北平太守)로 있을 때 사냥을 나갔다가 호랑이를 보고 활을 쏘아 적중시켰는데, 나중에 확인해 보니 큰 바윗돌 속에 화살이 박혀 있었다는 고사가 있다. 우북평은 바로 영평부(永平府)이다. 『史記』「李將軍列傳」에 기록되어 있음.

62 주 무왕이 은 나라를 멸망시키자, 백이(伯夷), 숙제(叔齊)가 주 나라 곡식을 먹을 수 없다 하여 수양산(首陽山)에 들어가서 고사리를 캐 먹다가 죽음에 임박하여 노래를 지어 부르기를, "저 서산에 올라가서 고사리를 캐도다. 폭력으로 폭력과 바꾸면서 자기의 그릇됨을 모르도다. 신농과 우순과 하우가 이제는 없으니 나는 어디로 돌아갈거나(登彼西山兮 採其薇矣 以暴易暴兮 不知其非矣 神農虞夏忽焉沒兮 我安適歸矣)" 의 한 구절임.

63 명 나라 말년에 강남 여자 계문란(季文蘭)이 청인(淸人)에게 사로잡혀 심양으로 행할 때, 이곳 가게에 시를 지어 벽 위에 썼는데 그 시의 일부 구절이다. "퇴계 속절없이 옛날 단장을 어여삐 여겼으니 길의 치마 월 나라 깁치마를 바꾸었다 하였도다 아비와 어미 생사를 어느 곳에 알꼬 봄바람에 심양으로 올라감을 슬퍼하노라(椎髻空憐昔日粧 征裙換着越羅裳 爺孃生死知何處 痛殺春風上瀋陽)."

64 왕발(王勃)의 등왕각서(滕王閣序)에 '가함미진 청작황룡지축(舸艦迷津靑雀黃龍之軸)'이라 하였다. 곧 놀잇배의 깃발에 푸른 새와 누런 용을 그려 넣은 데서 '놀잇배'의 뜻으로도 쓰이게 된 것이다. 왕발의 작품은 『古文眞寶』에 수록되어 있다.

65 萬竹 서익(徐益, 1542~1587)이 지은 〈春風倚棹闔閭城〉을 의미하는 듯함. 합려성(闔閭城)은 소주(蘇州)의 별칭이며 '합려'는 춘추시대의 오왕으로 소주의 虎丘에 묻혔다고 전해진다.

라는 〈채미가(採薇歌)〉의 한 구절로 표현하고 있다. 이어 진자점(榛子店)에서는 청나라에 잡혀 가는 안타까운 심정을 그린 계문란(季文蘭)의 시구를 인용함으로써 '탄식'과 '슬픔'의 정서를 연속적으로 환기하고 있다.

통주강의 풍경을 재현하는 방식도 유사한 맥락에서 설명될 수 있다. ③을 보면 강 위의 놀잇배들이 '청작황룡'이라는 왕발(王勃)의 글로 형상화되고 있으며 그 감흥은 서익(徐益)의 시를 연상함으로써 지속되고 있다. 특히 화자의 시선이 근경에서 포착된 장면으로 급격히 이동하고 있는 점도 흥미롭다. 세밀한 묘사보다는 인상적인 국면들에 대한 회상이 〈임자연행별곡〉의 주된 형상화 방식임이 확인되기 때문이다.

또한 수막(繡幕)이 드리운 높은 집 안에서 비파가 연주되는 풍경을 〈비파행〉과 연결함으로써 문학적 감흥이 배가되고 있다. 비파를 연주하는 이와 〈비파행〉에 형상화된 여인을 병치하여 기억 속의 그 장면이 유발하는 정서적 공명이 확대되고 있는 것이다. '장쥬사마 어딕 가고 홀노 안져 노니ᄂᆞᆫ고'라는 구절에는 쓸쓸함과 무상감의 정서가 녹아있으며 이는 곧 시적 화자의 정서라고도 볼 수 있을 것이다. 그러므로 화자가 당시에 비파 소리를 직접 들었다면 그 기억에 대한 환기를 선명하게 하는 감각적 매개체로 지속되었을 가능성이 높다. 또한 〈비파행〉은 그 장면에 대한 심미적 동화를 가능케 하는 작품이었을 것이며, 뛰어난 문학 작품의 미감은 시공을 초월하여 지속됨을 확인할 수 있는 것이다.

이처럼 〈임자연행별곡〉에는 문학적 전거뿐만 아니라 관련 고사도 지속적으로 배치되어 있는데 이러한 양상은 작품 전체에서 확인되는 특징이기도 하다. 관련 고사의 경우 다른 사행가사 작품들에서도 쉽게 발견할 수 있는 현상이지만 문학적 시구가 지속적으로 활용되는 것은 〈임자연행별곡〉에서 특히 두드러진다. 〈임자연행별곡〉에서 문학적 전거는 여정의 객관적 나열이 초래할 수 있는 심미적 환기의 단절을 방지하고 문학적 감흥을 배가하는 요인으로 작동하고 있는 것이다.

그러므로 지적 소양이 유사한 이들이 작품을 향유할 경우 문학적 전거를 통해 실제적 여정을 추체험 하는 과정에서의 감정적 진폭이 확장되었을 것으로 보인다. 풍경에 대한 심미적 재현을 기반으로 하는 국내 기행가사와 달리 '타국' 체험을 압축적으로 전달하고자 하는 욕구가 강한 사행가사의 경우 상대적으로 교술적 특징이 부각될 수 있다. 〈임자연행별곡〉에서 문학적 전거의 활용은 이러한 교술성을 극복케 하는 주된 요인이 되기도 하는 것이다. 지명과 풍경을 객관적으로 나열하는 구조 역시 관련된 고사나 시구를 통해 유연하게 확장되어 암송과 가창의 효율성에 기여했을 것으로 보인다. 이처럼 〈무사서행록〉이나 〈병인연행가〉와 비교했을 때 〈임자연행별곡〉은 전아함의 특질이 부각된 작품으로 독자들을 고려한 '전달'보다는 자족적 '향유'에 무게 중심을 둔 연행가사로 보는 것이 적절해 보인다.

(3) 〈병인연행가〉

〈병인연행가〉는 1866년의 연행 체험을 토대로 서장관이었던 홍순학이 창작한 작품으로 선행 연구를 통해 그 실체가 규명된 것은 물론 비교론을 통한 논의의 확장도 지속되어왔다. 그런데 비교론이 18세기 후반의 『무오연행록』이나 〈일동장유가〉를 통해서만 진행되다보니 19세기 중 · 후반의 연행 체험에 대한 실제적 의미가 부각되지 못한 측면이 있어 보인다. 따라서 본 연구에서는 이 시기 동아시아 관계사에 유의하되 19세기 초반의 사행가사인 〈무자서행록〉과 변별되는 측면을 주목하고자 한다.

특히 〈병인연행가〉에는 서양의 침입으로 인해 파괴된 중국의 공간에 대한 인식도 발견되는 만큼 이러한 측면에 유의하여 작품의 세계 인식을 분석해 보고자 한다. 또한 〈병인연행가〉의 문학적 특질은 여타 사행가사들과는 달리 상당 부분 〈무자서행록〉과 유사한 양상을 보이고 있다. 이에 대해 이미 임기중[66]은 몇몇 사례를 통해 〈무자서행록〉의 이본 생성과 관련하여 〈병인연행가〉를 살펴보아야 한다는 견해를 제시한 바 있다. 본 연구는 이러한 선행 연구를 수용하되 이본의 논리가 아닌 '상호텍스트성'[67]의 개념을 적용해 보고자 한다. 이를 통해 19세기 중·후반기에 생성된 가사 작품으로서 〈병인연행가〉가 확보하고 있는 문학적 흡인력의 실체와 그 시대적 의미가 보다 선명하게 조망될 수 있을 것으로 보인다.

① 서세동점(西勢東漸)과 중화계승의식(中華繼承意識)

기존 연구에서 〈병인연행가〉의 대외 인식은 〈무자서행록〉과 유사하고 대명의리론에 입각한 대의명분론이 약화되어 있으면서도 보수적인 한계를 보이는 작품으로 평가되었다.[68] 또한 전통적 화이관이 거의 청산될 무렵에 나온 작품이므로 화이관은 이미 극복되었으며 대의명분론은 관습적 수사와 집착에 불과할 뿐이라고 분석되었다.[69] 〈병인연행가〉는 〈무자서행록〉과 마찬가지로 청나라 문물에 대한 묘사와 찬탄이 상

---

66 임기중, 앞의 책, 65~81쪽.

67 줄리아 크리스테바는 바흐친의 논의를 확장하여 '상호텍스트성'이라는 용어를 창안했으며 "모든 텍스트는 인용의 모자이크로 구성되며 모든 다른 텍스트의 흡수이자 변형이다"라는 것이 주된 요지이다. 여홍상 편, 「말, 대화, 그리고 소설」, 『바흐친과 문학이론』, 문학과지성사, 1997, 237쪽.

68 유정선, 앞의 책, 141~142쪽.

69 조규익, 「사행가사의 해외체험과 세계관 : 〈일동장유가〉와 〈병인연행가〉」, 『국문 사행록의 미학』, 역락, 2004.

당한 비중을 차지하고 있어 이 특징에 주목함으로써 〈무자서행록〉과의 유사성 및 대의명분론의 약화라는 논의가 도출될 수 있었던 것이다.

그러나 본 연구는 시각을 다소 달리하여 작품에 접근해 보고자 한다. 〈병인연행가〉에는 '녜필후 도라오니 ᄉᆞ신홀일 다하녓다 / 무어스로 소일ᄒᆞ리 구경이나 가ᄌᆞ셔라'라는 구절이 있는데 이를 보면 〈무자서행록〉과 유사한 '북경(北京) 유람지(遊覽誌)'로서 작품이 생성된 것으로 볼 수 있다. 그러므로 이 부분에서는 〈무자서행록〉과의 상호텍스트성[70]이 확인될 만큼 그 유사성이 상당하며 주관적 감탄도 여과 없이 표출되고 있다. 그런데 주목할 점은 이를 제외한 자국의 공간 인식, 명에 대한 회고, 청 황제에 대한 묘사, 서양에 대한 인식 등과 관련된 부분에서는 〈무자서행록〉과의 상당한 차이점이 발견된다는 것이다. 기존에는 두 작품이 공통적으로 청에 대한 이중적 시선을 보이고 있으며 이는 전통적 유학에 대한 확고한 믿음에 근간하고 있기 때문인 것으로 파악되었다.

앞서 〈무자서행록〉은 기본적으로 긍정적 대청관을 보이는 작품이며 대의명분론이 부분적으로 확인되지만 이는 회고와 상상의 영역에서 발현된 대타적 인식 기제임을 알 수 있었다. 그러나 〈병인연행가〉에는 오히려 부정적 대청관이 발견되며 자국 고토 인식과 대명의리론이 상당히 강화된 양상을 보이는 등 〈무자서행록〉과의 차이점이 확연하다. 특히 '유람지'의 성격을 보이는 부분에서만 〈무자서행록〉과의 상호텍스트성이 확인되고 있어 〈병인연행가〉는 자신의 한문기록을 토대로 서사를 구성하되 부분적으로 〈무자서행록〉을 참고하여 생성된 작품일 가능성이 높다. 더욱이 '무어스로 소일ᄒᆞ리 구경이나 가ᄌᆞ셔라'

70 이에 대해서는 다음 장에서 논증될 것임을 밝혀둔다.

라는 구절 이후에는 서사적 흐름이 중단된 채 공간과 소재의 배열에 따라 형상화가 진행되다가 회정 장면에 이르러 다시 복원되는 양상을 보이고 있다.[71]

그러므로 〈무자서행록〉과의 유사성이 확인되지 않는 부분에 오히려 실제 홍순학의 대청 인식이 투사되어 있을 가능성이 높은 것이다. 따라서 '유람지'적 특성을 보이는 부분을 긍정적 대청관으로 간주한 후 대외 인식이 〈무자서행록〉과 유사하고 대명의리론이 약화되어 있다고 분석한 기존의 시각은 조정될 필요가 있다. 홍순학의 연행록이 현재 확인되지는 않지만 복명과 관련된 일부 기록을 보면 청국의 정세 파악과 정책적 측면이 그의 주된 임무였음을 알 수 있다.[72] 또한 다음의 복명 장면을 보면 당시 조정이 청의 정세보다 서양의 동향을 더욱 주시하고 있었던 정황을 발견할 알 수 있다.

> 돌아온 주청 사신 3인이 입시할 때에, 우승지 윤병정, 가주서 김상래, 기주관 김진모, 기사관 백의행·권명국, 주청 정사 유후조(柳厚祚), 부사 서당보(徐堂輔), 서장관 홍순학(洪淳學)이 차례로 나와 엎드렸다. (…중략…) 상이 이르기를, "중원(中原)의 농사는 어떠하던가?" 하니, 유후조가 아뢰기를, "풍년이었습니다" 하였다. 상이 이르기를, "근래에 비적(匪賊)들은 어떠하던가?" 하니, 유후조가 아뢰기를, "이전의 비적이 아직까지 남아 다고산(多姑山)에 있는데, 창궐하는 정도는 아닙니다" 하자, 상이 이르기를, "비적의 출몰이 아직도 그치지 않고 있다는 것은 서장관의 문견록을 통해서 알았다." (…중략…) ① [상이 이르기를, "국

71 〈표 3〉 참고.

72 유정선, 앞의 책, 142쪽. 『日省錄』(고종 3년)에는 〈書狀官洪淳學首譯玄鐸進聞見別單〉이라는 자료가 수록되어 있는데 이 자료의 내용을 의미한다.

내에서는 그동안 서양 선박이 경강(京江)까지 들어와 소요가 한 번 있었다" 하니, 유후조가 아뢰기를, "평양에서 서양 선박을 격멸한 이후로 지금 또다시 방자하게 경강(京江) 깊숙이 들어왔으니, 지금 비록 물러갔다고는 해도 그 정황을 깊이 살펴보면 놀랍기 그지없습니다. 중원에서는 서양인에 관한 일은 기휘(忌諱)하여 말을 하지 않기 때문에 여러 가지 방법으로 염탐하여도 자세한 사정을 모두 알기는 어려웠습니다.】 신이 예부에 간 이후에 비로소 자문이 나갔다는 것을 알게 되어 선래통사(先來通事)를 보내게 되었습니다" 하였다. ②【상이 이르기를, "중원에 있는 서양인의 습속은 근래에 어떠하던가?" 하니, 유후조가 아뢰기를, "서양인은 통제를 받지 않아서 예전에 없던 행동을 자행함이 매우 많다고 합니다" 하였다.】 ③【상이 이르기를, "서양인들이 과연 대국을 두려워하지 않던가?" 하니, 유후조가 아뢰기를, "조선관(朝鮮館)이 도성에서 매우 가까운 거리에 있는데 항상 서양 오랑캐들이 그 처자를 데리고 아무 어려움 없이 성에 오르며 오가는 것을 보았습니다. 대개 중국의 법에는 성에 오르는 사람은 처벌하여 절대로 용서해 주지 않도록 되어 있는데, 서양인들이 마음대로 출입하여도 막지 못하니, 저들의 방자하여 거리낌이 없는 것을 이를 미루어 알 수가 있습니다"】 하였다. 또 아뢰기를, ④【"서양 오랑캐들이 비록 교활하지만 사도(邪道)가 정도(正道)를 이길 수 없는 법이니 오래 갈 수 있겠습니까"】 하였다. (…중략…) 신하들이 차례로 물러나왔다.

(『승정원일기』, 1866(고종 3).8.23)

위의 인용문은 홍순학을 비롯한 삼사신의 복명 장면으로 ①~③을 보면 서양 세력의 실체에 대한 고종의 적극적 탐색 의지를 확인할 수 있다. 청에 대해서는 농사와 비적(匪賊)의 상황만을 질문하고 있으며 오히려 연행 도중 목도한 서양 세력의 실체에 대해 적극적 관심을 표명하고 있는 것이다. 특히 ①을 보면 국내에 출몰한 서양 선박에 대한 고종의 질문에 유후조는 상황을 설명한 후 '중원에서는 서양인에 관한 일은 기휘(忌諱)하여 말을 하지 않기 때문에 여러 가지 방법으로 염탐하여도 자세한 사정을 모두 알기는 어려웠습니다'라는 언급을 추가하고 있다. 서양과 관련된 실제적 정보를 탐색하고 수집하는 것도 이 시기 연행사들의 주된 임무였던 것이다.

또한 고종은 청에 있는 서양인들의 습속에 대해서도 질문하고 있는데 '통제를 받지 않아 전에 없던 행동들을 자행한다'라는 유후조의 대답을 볼 때 청에 대한 서양의 세력적 우세가 인정되고 있는 정황을 알 수 있다. '서양인들이 과연 대국을 두려워하지 않던가'라는 고종의 연이은 질문도 이를 전제한 논리라고 볼 수 있으며 ③에서 유후조는 조선관 주변에서 관찰한 서양인들을 '오랑캐'로 지칭하며 그들의 '방자함'을 비난하고 있다. 특히 '중국의 법률'을 위반해도 처벌받지 않고 있다는 보고는 서양의 권력 우위를 실제적으로 확인 · 전달하고 있는 것으로 볼 수 있다. 그러므로 당시 연행사들은 ④에서와 같이 서양을 '사도(邪道)'로 규정하는 방식으로 서세동점에 대한 대응 구도를 형성하고 있었던 것이다. 그런데 〈병인연행가〉에서도 이러한 의식을 고스란히 확인할 수 있어 주목해 보아야 한다.

① 셔산의 죳타홈은 드런지 오릭더니 / ㉠【신유연 서양국놈 거긔와셔 작변ᄒᆞ여 / 앗가온 희젼ᄃᆡ궐 몃쳔만간 죠흔집을 / 모도다 불을노하 일망무제 터ᄲᅮᆫ이니 / 보기의 유참ᄒᆞ여 광식이 ᄲᅳᆯᄲᅳᆯᄒᆞ다】 / 평지의 됴산무어 괴셕으로 가산ᄆᆡᆫ더 / 기암괴셕 층층ᄒᆞ고 고봉준영 듕듕ᄒᆞ여 / 아름다운 푸른봉은 산긔가 됴요ᄒᆞ고 / 그윽ᄒᆞᆫ 흰바회ᄂᆞᆫ 동운이 영농ᄒᆞ며 / 십여리 ᄲᅧ친산세 셔산이 져긔로다 / 산쏠작이

틈틈이와 언덕우희 곳곳이로 / 여긔져긔 집이잇셔 비포도 장흔지고 / 화반셕 삼층월디 졔눈무순 누각터며 / 빅옥으로 산인셤돌 졔눈무순 정주더오 / ㉡【최식기와 부스러져 왜록(瓦礫)덤이 틱산갓거 / 버픠집물 불애타셔 짓더미는 몃곳이냐 / 빅닥들보 침향도리 슛등걸이 되엿스며 / 진쥬쥬렴 산호어답 믹운지가 되엿고나 / 금부쳐며 퉁부쳐난 쇠뭉텅이 둥글둥글 / 기와소상 돌미럭은 돌가로다 펴셕펴셕 / 업더진것 지쳐진것 참혹히도 되어스니】/ ㉢【졔가만일 영검하만 져기경이 되엿시랴】/ 긔화요쵸 죠흔슈풀 거친풀이 덥허잇고 / 여긔저긔 적막흔디 식소릭 쁜이로다 / (…중략…) / 셔산구경 다흔후의 가마니 싱각흐니 / 쳐음볼제 당황흐여 안광이 희미터니 / 주시보믹 스ᄎ흠미 심계주연 방탕흐여 / 상청옥경 집죠화도 이러홀슈 바히업ᄃ / 왕모요지 경죠터도 져러흐든 못흐리라 / 아모리 명화라도 다그리든 못흐겟고 / 아모리 구변 됴하도 말노형용 다못흐리 / ㉣【신뉴년 회록(回祿) 이후 오히려 져러커든 / 그젼의 젼셩시야 오죽히 장홀소냐】/ ㉤【쳔흐지물 혀비흐고 빅셩인역 궁진흐여 / 쓸디업순 궁스극치 이일이 무순짓고 / 진시황의 아방궁은 쳔하로 지앙나니 / 젼감이 소소흐여 쳔이가 맛당토다】

② 황낭듕의 필담으로 비밀이 이른 말이 / ㉥【근일의 양귀즈 놈 귀국을 침노운운 / 녜부상셔 주문으로 몬져급보 흐엿스니 / 존형은 아모조록 썔이도라 갈지어다】/ 이말이 어인말고 딕경실식 놀라온듕 / 감격홀사 황낭듕을 무슈히 스례흐고 / 인흐여 작별흐니 ᄎ싱의 활별이라 / ㉦【도라오며 싱각히도 양귀즈놈 통분코나】/ 황셩안을 싱각히도 셔양관이 여러히오 / 쳐쳐의 쳔쥬당과 스혹편만 흐엿다며 / 큰길의 양귀즈들 무상히 왕닉흐 / 눈깔은 움푹하고 코마루는 웃둑흐며 / 머리털은 발간거시 곱실곱실 양피갓고 / 긔골은 팔쳑장신 의복도 고이흐다 / 쁜거순 무어신지 웃둑흔 젼닙又고 / 입은거순 어이흐야 두다리가 펑펑흐냐 / 계집년을 볼쟉시면 더구나 흉측흐다 / 퉁퉁흐고 커다흔년 살빨은 푸루죽죽 / 머리쳔

의 ᄀᆞᆺ튼거술 뒤로길게 느려쓰고/ ᄉᆞ미좁은 져구리의 쥬룸업는 긴치마을/ 엉벗히여 휘두루고 헤적헤적 가는고나/ 삿기놈들 볼만ᄒᆞ다 ᄉᆞ오뉵셰 먹은거시/ 답팔답팔 발간머리 시노란 동근눈쌀/ ◎【원숭이 삿기들과 쳔연이도 흡ᄉᆞ홀사/ 졍녕이 즘싱이오 사ᄅᆞᆷ죵ᄌᆞ 아니로다/ 져러틋 ᄉᆞ류요물 침노아국 되단말가.】

위의 두 사례는 〈병인연행가〉에서 서양에 대한 홍순학의 실제적 인식을 발견할 수 있는 장면들이다. 우선 ①에는 중국 서산에서의 감회가 나타나 있는데 〈무자서행록〉에서 서산은 절승지로서만 묘사되었다. 반면 〈병인연행가〉에서는 서세동점과 관련된 구체적 시대 인식이 첨가되어 있다. '신유연 서양국놈 거긔와셔 직변ᄒᆞ여'라는 구절은 제2차 아편전쟁[73]으로 인한 파괴를 의미하는 것으로 보이며 그 구체적 실상과 탄식이 ㉠, ㉡에 표출되고 있다. 특히 ㉡을 보면 '잿더미', '숯등걸', '매운재' 등의 구체적 어휘들로 화재의 처참한 결과가 표상되고 있으며 '쇠뭉텅이 둥글둥글', '돌가로다 펴셕펴셕' 등과 같은 묘사는 상황의 '참혹함'과 실제성을 환기하는 요인들이다.

그런데 ㉠의 '보기의 슈참ᄒᆞ여 광쉭이 쓸쓸ᄒᆞ다'라는 구절 이후에는 서산의 자연 경관이 예찬적으로 묘사되고 있어 장면의 비유기적 배열이 발견된다. ㉡의 전후 맥락에서도 이런 현상이 나타나는데 특히 ㉡ 이후에는 주변의 자연 경관뿐만 아니라 남아있는 정자와 가옥들도 '왕

73 제2차 아편 전쟁은 청나라와 영국, 프랑스, 아일랜드 연합군 간에 1856년에서 1860년까지 4년 동안 벌어진 전쟁이다. 제1차 아편 전쟁 이후 생각대로 개방이 이루어지지 않자, 애로호 사건을 일으키고 청나라를 공격하여, 톈진 조약을 맺어 개방을 확대시킨 전쟁이다. 애로호 때문에 격발되었다고 해서 애로호 전쟁이라고도 한다. 특히 연합군은 베이징 근방에 주둔한 후, 황제의 별궁인 원명원으로 쳐들어갔다. 영 · 프 연합군은 원명원에 침입하여 금은 세공품과 장식품, 여러 가지 화려하고 고상한 물건들을 약탈한 후 원명원에 불을 질렀다. 이 과정에서 이화원도 파괴되었다.

모요지 경죠틱도 져러ᄒᆞ든 못ᄒᆞ리라 / 아모리 명화라도 다그리든 못ᄒᆞ겟고'로 정리될 만큼 아름답게 묘사되고 있다. 이러한 구성 방식은 기존의 연행사들을 통해 형성된 '서산'에 대한 관념을 일정하게 유지하면서 서세동점의 실체를 구체적으로 전달하고자 하는 의식이 첨가된 것으로도 볼 수 있다.

그러나 보다 중요한 점은 이러한 대립적 내용의 병렬을 통해 서세의 파괴적 위력과 청문물의 번성함을 동시적으로 부각하고 있다는 것이다. '㉣ 신뉴년 회록 이후 오히려 져러커든 / 그젼의 젼셩시야 오죽히 장홀소냐'는 이를 보여주는 구절이며 여기서 전환된 논리가 청의 번영에 대한 비난으로 이어지고 있어 ㉣ 이전의 내용이 이를 강조하기 위한 배치였음이 확인되는 것이다. 이미 앞의 ㉢에서 '졔가만일 영검하먄 져기경이 되엿시랴'라는 표현으로 화자는 청의 한계를 지적하였으며 그 비난은 ㉤의 '쳔ᄒᆞ지물 허비ᄒᆞ고 빅셩인역 궁진ᄒᆞ여 / 쓸디업순 궁ᄉᆞ극치 이일이 무순짓고'라는 구절에 이르러 더욱 구체화되고 있다. 결국 화자는 당시 목도한 서세침탈의 결과가 '아방궁'에 비유될 만큼 '궁사극치'한 청의 실정 때문임을 강한 어조로 지적하고 있는 것이다. 그러므로 〈병인연행가〉의 화자가 결코 긍정적 대청관을 견지했었다고 보기는 어려우며 오히려 서양과 청을 모두 부정적 타자로 설정하고 있다고 보아야 한다.

특히 필담 과정이 형상화된 ②의 장면에서 화자는 서양의 '아국침탈'과 관련된 정보를 입수하게 되면서 서양인들에 대한 강한 반발감을 보이고 있다. ㉥을 보면 '황낭듕'이라는 이가 필담을 통해 서양이 조선을 침략할 것이니 빨리 귀국하라는 내용을 전달하고 있다. 이에 대한 사실 여부는 확인할 수 없지만 ①의 장면에 비해 서양에 대한 강한 이적관이 발현되고 있다는 점을 주목해야 한다. ①에서는 서양의 침입이 청의 실정을 비난하는 구도에서 이해되고 있지만 ②의 경우 그 피해자가 '아국'으로 인식되면서 'ㅅ 도라오며 싱각히도 양귀주놈 통분코나'와 같은 분노적 반응이 생성되고 있는 것이다. 특히 ㅅ 이후 부분에는 서양인들의 외양이 자세하게 묘사되고 있는데 '눈깔', '고이ᄒᆞ고', '흉칙ᄒᆞ다' 등의 어휘에서 알 수 있듯이 악의적인 층위에서 내용이 구성되고 있다. ◎을 보면 어린 아이들까지 '원슝이 삿기들'로 비유하고 있으며 결국 그 인식의 구심점에 종족적 화이관이 위치해 있음을 '졍녕이 즘싱이오 사름죵주 아니로다'라는 구절에서 알 수 있다.

이처럼 이적시된 대상이 서양으로 변화된 점을 화이관의 변질로 규정한 논의[74]도 있었지만 화이론이 자국 인식의 기제라는 측면을 고려한다면 인식이나 사상을 발전의 논리가 아닌, 주체가 처한 역사적 상황에 따라 계승·변용된다는 시각[75]에서 접근하는 것이 적절해 보인다. '져러틋 ᄉᆞ류요물 침노아국 되단말가'는 마지막 구절도 서양인에 대한 이적관이 대타적 자국 인식의 맥락에서 발현된 것임을 보여주고 있으며 따라서 이는 17세기 〈장유가〉나 18세기 〈일동장유가〉에서 확인된 종족적 이적관과 동등한 층위에서 이해되어야 하는 것이다. 〈병인연행가〉가 연행 이후에 창작된 작품임을 고려해 본다면 이러한 경험이 화자로 하여금 자국에 대한 인식을 강화하게 되는 계기가 되었을 것임은 분명하다. 실제로 〈무자서행록〉에 비해 〈병인연행가〉는 자국의 공간을 형상화하는 데 상당히 많은 비중을 할애하고 있으며 그 인식의 양상도 구체적이다. 앞서 살펴본 〈서정별곡〉, 〈연행별곡〉의 경우

74 조규익, 앞의 글, 234쪽.
75 허태용, 앞의 책, 250~251쪽.

17세기 후반~18세기 초반의 중화계승의식으로 인해 자국의 공간에 대한 재인식과 북방 고토 회복에의 열망이 투사되어 있음을 알 수 있었다. 앞서 살펴본 〈임자연행별곡〉과 마찬가지로 〈병인연행가〉도 19세기 중반의 연행 체험을 토대로 창작된 작품이기 때문이다.

> 영명사 구경가ᄌᆞ 쥭월누가 졔잇스며 / 을밀더을 ᄇᆞ라보니 반공의 소사잇다 / 칠성암니 어ᄃᆡ러냐 긔린굴이 잇다ᄒᆞ니 / ㉠【옛적의 어ᄂᆡᄊᆡ에 동명왕이 말을타고 / 그굴노 드러가셔 강가흐로 나왓다니 / 허황한 말갓흐나 긔이ᄒᆞᆫ 일이로다】 / (…중략…) / ㉡【이ᄯᅡᆼ을 말ᄒᆞ라면 우리나라 근본이라 / 쥬무왕시 긔ᄌᆞ계셔 죠션으로 쳐음오ᄉᆞ / 산명ᄒᆞ고 슈려키로 쳔년도읍 터니로다 / 긔ᄌᆞ의 뎡젼법은 옛밧치 그려잇고 / 긔자의 팔죠지교 ᄭᅴ친왕화 그져잇다】 / 함구문밧 외셩 안의 긔ᄌᆞ먹든 우물잇고 / 칠셩문밧 ᄂᆡ다라셔 긔자묘가 잇ᄃᆞᄒᆞ니 / 긔ᄌᆞ묘 봉심ᄒᆞᄌᆞ 감구지회 그음업ᄃᆞ / 고목과 거친풀른 몃쳔연된 옛무덤가 / 양마셕 망두석은 ᄲᅡᆼᄲᅡᆼ이 버러잇고 / 한조각 ᄭᅳᆫ어진비요 반쪽만 나머스니 / ㉢【슬푸다 님진난의 왜놈이 작변하여 / 져모양이 되엿다니 더구나 창감ᄒᆞ다 / (…중략…) / 취승당이 어ᄃᆡ메냐 옛일이 창감ᄒᆞ다 / 임진난 션조ᄃᆡ왕 쥬필ᄒᆞ신 집이로다 / 시ᄉᆞ을 ᄉᆡᆼ각ᄒᆞ면 분ᄀᆡᄒᆞ기 그지업다.】

위의 부분은 화자의 자국 인식이 발현되어 있는 부분들을 정리해 본 것이며 ㉠~㉢에는 '동명왕'과 '기자'에 대한 회고가 ㉣에는 일본에 대한 분노가 표출되어 있다. 동명왕과 기자는 자국의 정체성과 중화계승국으로서의 자부심을 재확인하기 위해 연상된 역사적 인물들이라 할 수 있다. 동명왕의 설화에 대해서는 '허황한 말갓흐나 긔이ᄒᆞᆫ 일이로다'라고 평가함으로써 신이성(神異性)을 환기하고 있고 ㉡에서는 기자 조선의 연원과 실체를 구체화하여 중화국의 계보 내에 자국을 배치하고 있다. '긔자의 팔죠지교 씌친왕화 그져잇다'라는 구절만 보아도 기자 문화의 현재적 연속성을 가정함으로써 조선의 정체성을 강화하려는 의식 지향이 명확하게 확인되는 것이다.

이처럼 〈무자서행록〉에 비해 정통론과 북방고대사 회고 의식이 강화되어 있는 점은 서세동점이 가시화된 현실을 목도하게 되면서 부각된 대타적 자국 인식의 결과임이 분명해 보인다. 특히 ㉢을 보면 화자가 임진왜란까지 회고하면서 일본에 대한 이적관을 표명하고 있는데 대청 사행가사 작품들에서 이처럼 일본을 비난하고 있는 경우는 〈병인연행가〉가 유일하다. 대일 사행이 아닌 연행의 공간에서 일본에 대한 이적관이 촉발되기는 쉽지 않기 때문이다.

그런데 이 시기 동아시아 관계사를 고려해 보면 이 문제는 간단히 해명될 수 있다. 19세기에 오면 통신사가 중단될 만큼 일본과의 관계는 악화되었고 일본이 서양의 문물을 적극적으로 수용하고 있었던 만큼 당시 홍순학에게 일본은 서양과 동등한 이적으로 규정되었던 것이다. 그로 인해 연행가사에서는 유일하게 임진왜란에 대한 탄식과 일본에 대한 분노가 발견되는 것이다. 이처럼 〈병인연행가〉는 자국을 구심점으로 한 인식 기제가 지속적으로 발현된다고 볼 수 있으며 이는 중국에 진입한 이후에는 더욱 다양한 방식으로 표출되고 있다.

① 밝기를 기다려서 칙문으로 향히가니 / (…중략…) / 녹창쥬호 여염들은 오식이 영농ᄒᆞ고 / 하ᄉᆞ치란 시젼들은 만물이 번화ᄒᆞ다 / 집집이 괴려ᄒᆞ여 쳐음보기 놀납도다 / 머리ᄂᆞᆫ 압흘싹가 뒤만ᄯᅡᆫᄒᆞᆫ 느리쳐셔 / (…중략…) / 발맵시을 볼작시면 수당혜를 신어시며 / 쳥녀ᄂᆞᆫ 발이커서 남ᄌᆞ의 발ᄀᆞᆺ트나 / 당여는 발이 작아

두치짐 되넌거술 / 비단으로 쏙동이고 신뒤축의 굽을달아 / 위쪽비쪽 가ᄂᆞᆫ모양 너머질가 위틔ᄒᆞ다 / ㉠【그러타고 웃지마라 명나라 ᄭᅵ친졔도 / 져계집의 발ᄒᆞᆫ가지 지금ᄭᅡ지 볼것잇다.】

② 회령녕 너머셔니 쳥셕영이 어ᄃᆡ메오 / 길바닥의 쌀닌돌은 톱니ᄀᆞᆺ치 니러셔고 / 좌우의달인 셕벽돌은 창감ᄀᆞᆺ치 둘어ᄂᆞᆫᄃᆡ / 이갓치 험ᄒᆞᆫ곳의 졉족ᄒᆞ기 어려워라 / ㉡【병ᄌᆞ년 호란시의 효종대왕 입심ᄒᆞ샤 / 이고ᄀᆡ 너무실제 ᄭᅵ친곡죠 유젼ᄒᆞ니 / 호풍도 참도찰ᄉᆞ 구진비ᄂᆞᆫ 무삼일고 / 산곡간 험ᄒᆞᆫ길의 창감키고 그지업다.】

③ 야리강(耶利江) 건너셔니 심양이 졔로구나 / 청나라 쳐음도읍 봉쳔부 셩경이라 / (…중략…) / 십ᄌᆞ가 네거리의 이층집 ᄉᆞ문통이 / ㉢【거리거리 놉히잇셔 번화ᄒᆞ고 웅위ᄒᆞ다】 / 오ᄂᆞᆫᄉᆞ록 가ᄂᆞᆫᄉᆞ곰 거마가 미만ᄒᆞ여 / 졍신이 아득ᄒᆞ여 향방을 모를네라 / ㉣【슬푸다 셔문박긔 삼혹ᄉᆞ 츙혼의ᄇᆡᆨ / 만니밧긔 외곱다가 우리보고 반기ᄂᆞᆫ듯 / 들으니 남문안의 됴션관이 잇ᄃᆞᄒᆞ니 / 효종ᄃᆡ왕 들어오셔 몃히슈욕 ᄒᆞ셧ᄂᆞᆫ가 / 병ᄌᆞ년 이원슈을 어ᄂᆞᄯᆡ 갑하보리 / 후셰인신 네지닐제 분ᄒᆞᆫ ᄆᆞ음 뉘업스랴.】

④ ᄃᆡ릉하 다다르니 물빗도 젹탁ᄒᆞ며 / 풍셰ᄂᆞᆫ 위름ᄒᆞ여 흉흉ᄒᆞᆫ 물결이라 / ㉤【슬푸다 ᄃᆡ명젹의 유장군 수십만명 / 일시의 함몰ᄒᆞ여 이물의 샌져싸니 / ᄆᆞᄎᆞᆷ이 지날젹의 엇지아니 창감ᄒᆞ랴】 / (…중략…) / 구혈ᄃᆡ라 ᄒᆞᄂᆞᆫ ᄇᆡ회 빵셕셩셔 쳐다뵌다 / ㉥【ᄃᆡ명장 원슝환이 청병을 ᄃᆡ젹ᄒᆞᄃᆡ / 노라치 다라ᄂᆞ다 피토하던 곳이라네】 / 영원셩ᄂᆡ 드러가니 ㉦【죠가의 두ᄑᆡ루가 / 의의히 마조잇셔 져러틋 장ᄒᆞ도다 / 드르니 ᄃᆡ명ᄯᆡ의 영원ᄇᆡᆨ 죠ᄃᆡ규가 / 형뎨 셰록지신으로 변방의 공셰우ᄆᆡ / 나라의셔 졍문ᄒᆞ샤 ᄑᆡ루둘을 셰우시고 / 츙열을 포ᄒᆞ시니 쳠피국은 ᄒᆞ엿시

ᄃᆡ / 무도ᄒᆞᆫ 죠가형데 그후릐 비반ᄒᆞ여 / 청나라히 투항ᄒᆞ니 붓그럽다 져ᄑᆡ루여 / 긔교ᄒᆞᆫ 져ᄑᆡ루는 의연이 나마잇다.】

⑤ 산히관 드러가니 다ᄉᆞᆺ겹 셩문이오 / 쳐쳐의 ᄑᆡ루각이 삼ᄉᆞ층식 굉장ᄒᆞ다 / 천하의 제일관을 두려시 현판힛너 / 뒤흐로 고분쥰영 압흐로 만경창히 / 지셰가 이려ᄒᆞ니 요히쳐 즁지니라 / ᄒᆞ물며 셩쳡지셰 비포가 견고ᄒᆞ여 / 일부당관 만부막기 네를두고 일너스나 / ⓞ【그형셰를 밋들마라 녯일이 비감ᄒᆞ다 / 만고역신 오삼계가 셩훈편 여러누코 / 한이를 불려들여 ᄃᆡ명운수 진히시니 / 무너진셩 철망쳐셔 져러틋 오활ᄒᆞ다.】

⑥ 슈양산 발근ᄇᆞ롬 고죽셩이 져아니냐 / 빅이슉졔 형데쇼상 곤면을 ᄀᆞᆺ초아셔 / 의의ᄒᆞᆫ 경젼우히 엄연이 안져잇고 / 읍손당 널분집의 청풍ᄃᆡ 놉흔곳의 / 경치도 조커니와 현인고텩 사랑흡다 / ⓩ【우리본ᄃᆡ 긔자유민 씨친왕하 입어더니 / 은나라 녯일월을 예와볼줄 ᄯᅳᆺ히시랴.】

위의 ①~⑥은 연경에 도착하기 이전에 특정 공간에서 촉발된 감정의 실체가 확인되는 사례들인데 ②, ③에서는 반청 의식을, ①, ④, ⑤, ⑥은 대명의리론을 확인할 수 있는 부분이다. ②의 청석령은 많은 연행사들이 효종과 그의 시조를 연상한 곳인데 〈무자서행록〉 달리 〈병인연행가〉의 경우 '호풍도 참도찰ᄉᆞ 구진비는 무삼일고'라는 작품의 구절까지 기록되어 있다. '창감키도 그지업다'로 표출된 그의 감회에서도 알 수 있듯이 병자호란이라는 역사적 사실이 직접적으로 연상되는 공간이었던 것이다. 이러한 의식은 ③의 ㉣ 부분에서 더욱 구체적으로 발현되고 있다. 심양에 도착한 화자는 ㉢에서처럼 도읍의 번화함에 감탄하지만 이내 '삼학사'의 충혼을 연상하며 역사적 감각을 회복하고 있다. 효종대왕의 수욕을 재차 환기하면서 '병즈년 이원슈을 어느써 갑하보리'와 같은 분노를 직접적으로 표출하고 있는 것이다.

또한 〈병인연행가〉의 경우 〈무자서행록〉에 비해 대명의리론도 상당히 강화된 양상을 보이고 있다. ①을 보면 호인들의 외양을 매우 자세하게 묘사하고 있으며 화이론을 투사하지 않고 대체로 흥미로운 관찰의 시선이 유지되고 있다. 문제가 되는 것은 명에 대한 언급이 있는 ㉠의 구절이다. 전족을 한 외양이 비록 우습지만 명나라의 제도가 남아있다는 점에서 화자는 '지금까지 볼것잇다'로 논평하고 있기 때문이다. 이에 대해 기존의 연구에서는 '이미 멸망하고 없는 명의 문물과 제도를 애써 찾으려는 작가의 태도'라고 분석[76]한 경우도 있었고 이러한 시각을 비판하며 오히려 '명나라의 문화를 맹목적으로 추수하는 데에 대한 명시적 비아냥이며 도에 넘친 숭명의식을 합리적인 선에서 조정하고 있어 자조와 통렬한 반성이 보이는 구절'로 파악된 논의[77]도 있었다.

이러한 관점의 차이는 〈병인연행가〉에 투사된 홍순학의 주요한 의식과 이전 사행가사 작품들과의 비교를 통해 극복될 수 있을 것으로 보인다. 〈병인연행가〉에는 서세침탈에 대한 대응 기제로서 강화된 중화계승의식이 관류하고 있으며 이는 〈무자서행록〉과의 비교를 통해 선명하게 확인되기 때문이다. 특히 당시 홍순학에게 있어 일차적 이적은 서양인이었으므로 청인(清人)은 '흥미위주의 관찰 대상'으로 간주된 것으로 보이며[78] 한인(漢人)들에게는 긍정적 시각을 투사하고 있다. 적

76 정영문, 「홍순학의 〈연행가〉 연구」, 『숭실어문』 18, 숭실어문학회, 2002. 251쪽.

77 조규익, 앞의 글, 230쪽.

78 서양인을 '짐승'과 같은 이적(夷狄)으로 규정한 반면 '몽고인들'은 특이한 외양을 흥미롭게 전달하는 층위에서 묘사되고 있으며 이는 '청인(清人)'들의 경우와도 유사하다. 그러

대적 화이관이 약화되었다[79]기 보다 이적으로 간주하는 대상이 변화된 것뿐이며 그런 점에서 '지금까지 볼것잇다'는 대명의리론이 실제적으로 발현된 구절로 볼 수 있는 것이다. 이러한 의식은 명을 회고케 하는 역사적 공간에 이르러 더욱 구체적인 양상으로 발현되고 있기도 하다.

④, ⑤를 보면 대릉하, 구혈대, 영원성, 산해관 등의 공간에서 화자는 대명의리론에 기반한 탄식을 지속적으로 표출하고 있다. 물론 이러한 〈병인연행가〉의 의식 지향이 홍순학의 개인적 성격에 의한 돌출적 특성일 수도 있고 19세기 중반인 만큼 '역사상의 한 사건으로 인지하는 담담한 슬픔'으로 해석[80]될 수도 있지만 중화회복의식이 부각되었던 17세기 중반의 〈장유가B〉와 유독 그 양상이 유사하다는 점에 유의해 볼 필요가 있다. 특히 이 부분들에서는 관련 일화들의 주요 내용이 설명되면서 탄식의 영역이 구체화되고 있다는 점에서 공통적이다. ④의 ㉤을 보면 대릉하에서 명 군사들의 죽음을 한탄하고 있는데 이는 〈장유가B〉의 '대릉하(大陵河) 소릉하(小陵河)의 촌 물결 슬피운다 홍승주(洪承疇) 항로(降虜)는 닐너 쓸딕 업거니와 금주위(錦州衛) 역사(役事)는 지금(至今)의 목이 멘다'라는 구절과 매우 유사한 것이다. 대릉하(大淩河)는 명말의 격전장으로 유명한데 연행사들은 이곳에서 조대수(祖大壽)가 성문을 굳게 닫고 혈전을 거듭했기 때문에 그 원혼의 불평으로 기상이 험악하다고 믿었던 공간이다.[81]

므로 종족적 차원에서의 화이론이 청인들에게 투사되지 않은 이유는 분명하지만 이는 전대의 〈무자서행록〉과 상호텍스트성이 발견될 만큼 유사하기 때문에 전대에 비해 '화이론이 약화'된 사례로 분석하는 것은 무리라고 판단된다. 지속적으로 언급했듯이 화이론은 내재적 인식의 층위에서 지속적으로 발현된 개념으로 보아야 하기 때문이다.

79 조규익, 앞의 글, 230쪽.

80 위의 글, 231쪽.

81 소재영, 「燕行의 山河와 燕行使의 歷史意識」, 『東洋學』 35집, 단국대 동양학연구소,

그러므로 〈병인연행가〉와 〈장유가B〉를 보면 이적의 실체를 자각하여 '중화회복'에의 열망이 강하에 발현되는 시기에 이러한 기억이 활성화되었음을 알 수 있다. ㉥, ㉦에서 발견되는 원숭환, 조대수 형제와 관련된 내용도 〈장유가B〉서 확인할 수 있으며[82] 〈병인연행가〉는 장편인 만큼 논리가 보다 구체적이며 '쳥나라희 투항ᄒᆞ니 붓그럽다 져픽루여'와 같은 직접적 탄식이 표출된 구절도 발견할 수 있다. ⑤에서 '만고역신 오삼계'를 강하게 비난함으로써 명의 멸망을 한탄하고 있는 논리 역시 '오삼계(吳三桂) 첫일은 용서(容恕)도 ᄒᆞ려니와 / 노정(虜庭)의 감심(甘心)ᄒᆞ야 종국(宗國)을 도라티니 / 불효(不孝) 불충(不忠)이라 만고(萬古)의 죄인(罪人)일다'와 같이 〈장유가B〉에서만 그 유사성이 확인된다.

이처럼 사행가사 작품들 중 〈병인연행가〉와 〈장유가B〉에서 대명의리론이 강하게 표출되어 있는 점은 '중화회복'을 지향하는 대외 인식의 구도와 상관성이 있다. 앞서 확인했듯이 홍순학은 '서세침탈'의 현장을 목도한 후 〈병인연행가〉를 창작한 것이므로 이적을 서구로 규정한 후 중화의 세계를 지향하는 의식이 더욱 강화되어 있는 것이다. 이러한 대명의리론이 조선의 중화계승의식과 연계되어 있음은 당연한 논리인데 〈병인연행가〉의 경우 구체적 사례를 ⑥에서 확인할 수 있다. 수양산에 이르러 화자는 고죽성에서 환기된 이제의 충절을 '우리본디 긔자유민'이라는 구절에 투사하여 '중화문명 계승자'로서의 정체성을 재차 확인하고 있기 때문이다. '은나라 녯일월을 예와볼줄'이라는 구절 역시 공간에 대한 심정적 동화를 보여주는 것으로 정통론에 입각한 자국 인

2004. 8쪽.

82 "連山館 朝飯ᄒᆞ고 寧遠衛 宿所ᄒᆞ니 袁經略 寃死와 高太監 忠誠은 ᄉᆞ름마다 傳說ᄒᆞ되 祖大壽 失節은 家風이 掃地ᄒᆞ다."

1789년 연행사절의 일원이었던 김홍도(金弘道, 1745~?)가 그린 '연행도' 제9폭 '조공(朝貢).' 조선사절단(오른쪽 아래)이 공복을 갖춰 입고 청 황제의 궁궐 밖 행차를 지영(祗迎 : 백관이 임금의 행차를 공경해 맞음)하는 장면을 묘사한 그림. 숭실대 한국기독교박물관 소장.

식이 반영된 결과임을 알 수 있다.

이처럼 연경에 대한 유람 인식이 아닌, 역사적 공간에서 유발된 감정의 실체들에 주목해 본다면 기존 논의에서처럼 〈병인연행가〉의 대청관이 결코 긍정적이었다고 볼 수 없음은 분명해졌다. 물론 조선지식인들의 대청위기인식은 1840년의 아편전쟁 이후부터 조청공동운명론의 형태로 변화하는 양상을 보이기도 한다.[83] 특히 서양에 대한 위기감이 고조되면서 조선은 청을 중화문화의 수호자로 인식하게 되며 외교정책도 친청(親淸)의 기조를 유지한다. 하지만 이러한 인식 변화의 기저에는 중화주의가 내재해 있음에 유의해야 한다. 중화문화의 최후였던 명의 세도와 전장(典章)을 계승하려는 구세직 징색이 확인되는바,

83 노대환, 앞의 글, 82~83쪽.

이는 반청의식이 아닌[84] 중화주의를 구심점으로 하는 자국 인식의 측면에서 이해되어야 하는 것이다. 따라서 서장관이었던 홍순학의 연행을 토대로 창작된 〈병인연행가〉에서 발견되는 반청 의식과 대명의리론은 이러한 측면에서 그 실질이 분석될 필요가 있다. 특히 〈무자서행록〉과 비교했을 때 이러한 특징은 더욱 선명하게 확인되기 때문에, 청 황제에 대한 묘사가 확인되는 부분들을 동시에 살펴보도록 하겠다.

> 조일이 도다올졔 황뎨가 드러오니 / 졈졈이 갓가와셔 안면ᄒᆞ여 보라보니 / 어너듯 지ᄂᆞ치니 보온가 못보온가 / ⓐ 년속의 안즌모양 놈의형상 아니런다 / 구척당신 굽은거동 구뷔구뷔 셔려잇고 / 누른얼골 쥬걱턱이 숨결의 어뜻본지 / 망월국 너른입이 니빠져 우굿ᄒᆞ고 / 너른상의 하관쌔고 슈염은 아조업고 / 가는눈이 길게붓고 안광이 급족다너 / 우리ᄉᆞ신 지영쳐를 이시히 굽어보너 / ⓑ 만승텬ᄌᆞ 뎨일인을 이졔야 보게고나.
>
> (〈무자서행록〉)

> 밀창을 반즘녈고 황뎨가 너다보니 / 용봉지ᄌᆞ 텬일지포 엇더ᄒᆞ신 텬안인고 / 츈츄가 십일셰라 ⓐ′ 어린티도 어엿브다 / 갸름ᄒᆞ온 얼골밧탕 일월각이 공골ᄎᆞ고 / 자그마ᄒᆞᆫ 눈모양이 안치가 돌올ᄒᆞ다 / 누른비단 두루마기 말익이도 누르더라 / ⓑ′ 텬하의 제일인이 호복ᄒᆞ신 져란말가.
>
> (〈병인연행가〉)

위의 두 인용문은 〈무자서행록〉과 〈병인연행가〉에서 청 황제를 목

84 김경록, 「조선시대 국제질서와 한 · 중 관계의 전개양상」, 『중국학보』 60, 한국중국학회, 2009.

도한 장면을 비교한 것으로 확연한 인식 차이가 발견된다는 점이 흥미롭다. 우선 〈무자서행록〉의 경우 ⓐ에서와 같이 '용의 형상'으로 비유하면서 상세한 묘사를 진행하고 있는 반면 ⓐ'의 경우 '어엿브다'와 같은 평가적 시선에서 외양을 간략하게 묘사하는 데 그치고 있다. 이러한 형상화의 차이는 근본적으로 대청 인식 구도와 상관성이 있음을 ⓑ와 ⓑ'의 비교를 통해 확인할 수 있다. 〈무자서행록〉의 경우 '만승천자 제일인'으로 청 황제를 격상시키고 있는 반면 〈병인연행가〉에서는 '천하의 제일인'이라고 하는 이가 '호복'을 하고 있음을 비판하고 있기 때문이다. 이는 〈병인연행가〉의 화자가 청의 물질적 번영은 인정하지만 종족적 차원에서는 이적으로 규정하고 있음을 보여준다.

물론 이러한 시각의 보편성에 대해서는 보다 심화된 논증이 필요하겠지만 서세동점의 국제 현실이 당시 연행사들의 의식에 미친 파급 효과는 상당했을 것이다. 〈병인연행가〉와 같이 부분적으로 배타적 화이관이 발견되기도 하지만 양상만 다르되 모두 대타적 자국 인식에서 발현된 관념들임은 분명해 보인다. 논의 대상을 사행가사에 한정해 보아도 20세기 초반의 〈셔유견문록〉에는 근대화에 대한 강한 열망과 긍정적 서양관이 발견되기 때문이다. 그러므로 사행가사에는 당대 지식인들이 변화하는 국제 정세를 체험한 후에 촉발된 자아 반응이 구체적으로 노출되어 있으며 단속적(斷續的)이지만 통시적으로 보았을 때 그 변모가 선명하다는 점에서 의의를 발견할 수 있다.

ᄐᆡ학은 고서편의 데도가 굉ᄃᆡᄒᆞ니 / ㉠【ᄋᆞ리나라 셩균관이 모ᄯᅧ다가 지어는ᄃᆡ / ᄃᆡ셩뎐은 ᄋᆞᆰ희잇고 명뉸당은 그뒤히니 / 즁원ᄐᆡ학 지을젹의 디형ᄃᆡ로 지은거슬 / 그ᄃᆡ로 달마오니 ᄃᆡ국ᄉᆞ룸 웃는다네】 / ᄐᆡ학문의 셕고잇셔 좌우의 열긔로

다 / ㉡【글ᄌᆞ를 볼작시면 고뎐이 긔이ᄒᆞᆫᄃᆡ / 쥬션왕 맨든거시 즁간의 셔실ᄒᆞ여 / ᄒᆞ나흔 졀구되여 글ᄌᆞ가 바이업고 / 불의타 가거을고 잣바룻쳐 노하두고 / 문밧긔 쏘열긔는 ᄉᆡ로만든 셕고로다】 / 밧문안 뜰가온ᄃᆡ 쥬룽쥬룽 셧는비는 / 식년의 과거뵈면 시관과 과거방을 / 번번이 삭여세워 ᄇᆡᆨ으로 혜리로다 / 그 셔편의 벽옹잇셔 텬ᄌᆞ의 학궁인데 / ᄉᆞ방으로 집을집고 가온ᄃᆡ 못술파고 / 못모양은 동고라케 슉셕으로 묘히ᄧᆞ고 / ᄉᆞ방으로 다리노코 가온ᄃᆡ 집을 지어 / 벽ᄃᆡ청의 좌탑잇셔 텬ᄌᆞ의 좌쳐로다 / 북편집 십여간과 도합이 이ᄇᆡᆨ십팔 / 구경과 즁용ᄃᆡ학 ᄒᆡᄌᆞ로 삭여시니 / 건늉의 우문지치 금죽고 거록ᄒᆞ다 / 슬푸다 문산ᄉᆞ당 ᄉᆡ시가 여긔런가 / 소상과 비셕화샹 츰담히 안졋시니 / 아이불ᄉᆞ ᄒᆞ온긔졀 쳔츄의 빗치난다.

(〈무자서행록〉)

ᄐᆡ혹을 ᄎᆞᄎᆞ가셔 ㉠′【ᄃᆡ셩젼의 ᄉᆞ빈ᄒᆞ고 / 젼ᄂᆡ을 봉심ᄒᆞ니 불근위픽 뫼셔노코 / ᄃᆡ셩지경 공ᄌᆞ신위 금ᄌᆞ로 여ᄃᆞᆲᄌᆞ요 / 안증ᄉᆞᄆᆡᆼ 녯셩인은 동셔로 뫼셧스며 / 공문칠십 이졔ᄌᆞ와 한당송명 션현ᄂᆡ도 / 뜰이릐 좌우익낭 ᄎᆞ례고 ᄇᆡ향이오】 / 뒷젼의 계셩ᄉᆞ는 슉냥흘을 뫼셧더라 / 듕문안의 셕고잇셔 좌우의 열 개로다 / ㉡′【주션왕의 만든돌북 지금가지 뉴젼ᄒᆞ여 / 삭인젼ᄌᆞ 박낙홈이 고젹이 긔이ᄒᆞ다】 / 둥문밧 뜰가온ᄃᆡ 쥬룽룽 셧ᄂᆞᆫ비ᄂᆞᆫ / 식년마다 과거뵈고 진ᄉᆞ방을 삭인비라 / 몃식년을 지ᄂᆡ더냐 몃ᄇᆡᆨ인지 모르겟다 / 그셔편의 벽옹이니 쳔ᄌᆞ의 ᄒᆞᆨ궁이라 / 동고란 큰년못ᄉᆡ 도라가며 난간치고 / ᄒᆞᆫ가온ᄃᆡ 셔음잇셔 네모반듯 셕축ᄒᆞ고 / ᄉᆞ면으로 아홉간의 셜흔녀슷 분합이라 / 그속의 어탑잇셔 친님과거 뵌다하데 / 동셔월낭 길게짓고 웃둑웃둑 세인비ᄂᆞᆫ / ㉢【시젼셔젼 쥬역이며 논어ᄆᆡᆼᄌᆞ 듕용ᄃᆡ학 / 좌시춘츄 례긔주례 십삼경을 삭인비라】 / 일부러 혜여보니 이ᄇᆡᆨ십팔 도합일네 / 북편의 놉흔집은 이륜당이 현판이라 / 아국으로 니로라면 명눈당과 일반이라 / 그우히 올나보니 션비모혀 글을짓고 / 그뒤당의 시관잇셔 글바다다 쏘흔다

네 / 아국으로 이르라면 승보뵈는 일쳬로다 / 신국공 문승상의 녯사당이 잇다ᄒᆞ니 / ᄎᆞᄌᆞ가 보리로다 싀싀가 녀긔련가 / 승상의 비셕화상 참담이 안져시니 / 문텬상의 경사옥즁 쳔츄의 빗치난다.

(〈병인연행가〉)

위의 두 장면은 공통적으로 태학에서의 견문을 형상화하고 있는데 '강조 표시'된 부분에서도 알 수 있듯이 상당한 유사성이 발견된다. 주변의 풍경과 관련된 부분적인 일치 외에도 문산사당에서 '문천상'을 추모하고 있는 마지막 장면은 거의 동일하다고 볼 수 있다. 특히 문천상의 절개를 예찬하는 부분은 그대로 수용하고 있는 반면 자신의 시각에 따라 내용을 수정 · 보완하고 있는 측면이 ㉠′~㉢에서 발견되어 명확한 의식 차이를 확인해 볼 수 있다. 〈무자서행록〉의 ㉠을 보면 태학의 웅장함을 감탄한 후 우리나라의 성균관은 이를 본뜬 것에 불과해 '대국사람'에게 비웃음을 당한다는 자의식을 표출하고 있다. 비교 열위를 인정하는 이러한 논리와는 달리 〈병인연행가〉에서는 이 부분을 삭제하고 ㉠′에서와 같이 성인들의 위패에 배향하는 경건한 자연을 삽입하고 있다.

또한 ㉡에서는 주선왕 때의 석고(石鼓)가 소실되어 글자를 찾을 수 없고 '새로 만든' 석고가 있다고 제시된 반면 ㉡′의 경우 '주션왕의 만든 돌북 지금가지 뉴젼ᄒᆞ여 / 삭인젼ᄌᆞ 박낙ᄒᆞ미 고젹이 긔이ᄒᆞ다'와 같이 존주대의론에 입각하여 그 현재적 연속성을 강조하고 있다. 이러한 사례들은 〈무자서행록〉을 참조하되 중화계승의식에 기반한 화자의 의식이 작품 내에 발현된 현상이라고 볼 수 있을 것이다. 과장(科場)과 관련된 다음 장면을 보아도 주변을 간략하게 묘사한 〈무자서행록〉과 달리 〈병인연행가〉의 화자는 ㉢에서와 같이 비석에 새겨진 각종 경전들을 모두 나열함으로써 유교적 선비 의식을 투사하고 있는 것이다. 자국을 인식하는 층위가 〈무자서행록〉에서는 열세를 자각하고 인정하는 방향으로 설정되어 있다면 〈병인연행가〉는 존주대의론과 대명의리론에 입각해 있음을 명확하게 보여준다.

이처럼 〈병인연행가〉는 〈무자서행록〉을 참고하되 나름대로의 역사 인식으로 수정·보완하여 창작한 지점들을 발견할 수 있는 작품이다. '아국으로 니로라면'으로 시작되는 비유적 설명을 첨가하고 있는 것도 〈병인연행가〉가 전대의 작품을 수용하는 과정에서 보다 효율적인 전달을 고려했음을 보여주는 사례라고 볼 수 있다.

지금까지 살펴보았듯이 〈병인연행가〉의 창작 맥락과 동아시아 관계사를 고려함으로써 세계 인식과 관련된 기존의 논의를 수정할 수 있게 되었다. 연경 문물에 대한 묘사의 비중과 그 유사성으로 인해 대청 인식의 긍정성이 강조되었던 〈병인연행가〉에는 오히려 부정적 대청관이 내재해 있음을 확인할 수 있었다. 홍순학은 연행 도중 목도한 서양 세력에 대해 위협을 느낀 후 작품을 창작했기 때문에 〈무자서행록〉에 비해 자국 인식을 강화한 것으로 보이며 이로 인해 〈병인연행가〉에는 대명의리론이 강하게 발현되고 있는 것이다. 기존 연구에서는 화자의 보수적 세계관이나 관습적 표현으로 간주되어 이러한 인식 구도와 의미 실질이 제대로 분석되지 못하였다.

그러나 앞서 언급했듯이 바로 이 부분에 화자의 실제적 대외 인식이 투사되어 있다는 점이 반드시 고려되어야 한다. 연경 문물에 대한 다채롭고 긍정적인 묘사인 개인적 '유람'의 층위에서 형성된 것으로 〈무자서행록〉과의 상당한 유사성이 확인되고 있기 때문이다. 그러므로 실제 〈병인연행가〉의 일차적 모본이었을 홍순학의 일기나 여타 산문

기록과의 중첩도가 높은 부분은 지금까지 살펴본 사례들이라 할 수 있다. 물론 이 부분에서도 유람적 시각에서 구성된 내용들이 확인되지만 〈무자서행록〉과 비교했을 때 그 세계 인식의 변모 양상이 확연하다는 점에 유의해야 한다. 〈무자서행록〉과의 상호텍스트성이 확인되는 부분과 그렇지 않은 부분들에 대해서는 별도의 시각에서 접근해야 〈병인연행가〉의 실체가 온당하게 규명될 수 있는 것이다. 따라서 다음 장에서는 두 작품의 상호텍스트성이 확인되는 사례와 그 의미에 대해 구체적으로 논증해 보도록 하겠다.

② 〈무자서행록〉과의 상호텍스트성

상당히 긍정적인 대청관을 견지했던 〈무자서행록〉과 달리 〈병인연행가〉는 서세동점의 실체를 목도하게 되면서 대타적 자국 인식으로서의 대명의리론이 강화된 작품임을 알 수 있었다. 급변하는 국제 질서의 변모에 대한 직접적 반응이자 능동적 대응의 방식으로써 서구에 대한 이적관이 발현되고 있는 것이다. 그러나 이러한 인식 구도의 변모에도 불구하고 연경에 대한 '유람지'로서의 특성은 유지되고 있는데 이는 〈병인연행가〉가 이 시기 사행가사의 문학적 관습 및 효용성을 고려하며 창작된 작품임을 의미한다. 홍순학은 서장관이었던 만큼 한문기록이 반드시 있었을 것이며 〈병인연행가〉도 이를 토대로 창작된 것으로 보이는데 흥미로운 점은 부분적으로 〈무자서행록〉이 모본(母本)으로 활용된 현상이 발견된다는 것이다. 사행가사 범수 내에서의 이러한 유사성은 처음 확인되는 것이며 이는 장르적 효용성 및 소통의 확대를 의미함과 동시에 이본이 남아있지 않는 〈무자서행록〉의 파급력을 짐작케 한다는 점에서도 주목할 만한 현상이다.

따라서 본 연구에서는 두 자료가 중첩되는 부분들과 그 특징을 세밀하게 살피기 위해 '상호텍스트성'이라는 개념을 사용하고자 한다. 기존 연구에서는 김창업의 「노가재연행일기」가 상호텍스트성의 개념으로 분석된 바 있다.[85] 논자는 크리스테바의 용어를 차용하면서 상호텍스트성을 '텍스트가 그 자체로서 완결적 의미를 갖는 것이 아니라 언제나 과거 혹은 동시대의 다른 텍스트들과의 연관 관계 아래에서 의미작용이 완성된다는 특성'이라고 정리했다. 그리고 「노가재연행일기」는 전대 글쓰기 관습을 주체적으로 수용 · 변용함으로써 새로운 사행록 글쓰기 관습의 모범을 보여주고 있으며 다시 후대 사행록의 전범으로 지속적으로 활용되고 있다고 보았다. 뿐만 아니라 조선 후기 국문 사행록은 「노가재연행일기」→「을병연행록」→「무오연행록」으로 이어지면서 '모방과 답습, 극복'이라는 수용 양태의 통시적 연결상을 보여주고 있다는 사실도 논증된 바 있다.[86]

또한 조선 후기 가사는 한시, 소설, 시조 등과 같은 선행 담화를 적극적으로 수용함으로써 '여러 목소리'의 현상과 '열린 체계'의 특성을 보이기도 한다.[87] 이처럼 텍스트는 단지 생생한 경험만으로 창조되는 것이 아니라 그 경험을 조직하는 데 익숙한 텍스트를 활용하게 되며 더욱이 필사 문화에서 상호텍스트성은 당연한 현상으로 간주되었다고 볼 수 있다.[88] 19세기 대청 사행가사인 〈무자서행록〉과 〈병인연행가〉는 이러한 측면이 확인되는 자료들로서 상호텍스트성에 의거한 비교 · 분석을

---

85 김아리, 「『노가재연행일기』의 글쓰기 방식—상호텍스트성을 중심으로」, 『한국한문학연구』 25, 한국한문학회, 2000.

86 조규익, 「조선조 국문 사행록의 흐름」, 『국문 사행록의 미학』, 역락, 2004.

87 이동찬, 「가사의 텍스트 상호관련성과 '여러 목소리' 현상」, 『한국문학논총』 12, 한국문학회, 1991.

88 월터옹(Walter J. Ong), 앞의 책, 212쪽.

표 4. 〈무자서행록〉과 〈병인연행가〉의 상호텍스트성 사례

〈무자서행록〉		〈병인연행가〉		
일치정도	여정(제재)	일치정도	여정(제재)	형상화의 주요 특징과 논리
△	요동	△	요동	요동성 찬탄과 묘사 ㉠ 요동셩닉 들어가니 굉장ᄒᆞ고 번화ᄒᆞ다 ㉡ 울지경덕 ᄲᅢ흔빅탑 지금ᄭᆞ지 놉하잇다 ㉡ 굉장ᄒᆞ고 찬나노흠이 이로긔록 못할너라
[A]	발인굿 喪輿 棺	●	대릉하 영원성	대명의리론 표출 ㉡ ᄆᆞᄎᆞᆷ 이리 지날젹의 엇지아니 창감ᄒᆞ랴 ㉡ 청나라히 투항ᄒᆞ니 붓그럽다 져픽루여
△	동악묘	△	동악묘 십이 나한상	동악묘 내부 묘사 ㉡ 금벽단청 휘황ᄒᆞᆫ딕 졍신이 어즈럽다 ㉠ 젼닉의 들어셔셔 ᄌᆞ셰히 솔펴보니 ㉡ 너모도 굉장ᄒᆞ니 딕강딕강 구경ᄒᆞᄌᆞ
B	서산	●	표자문	객수 표출과 **進呈** 장면 묘사 ㉡ 만니타국 외로운몸 집싱각도 그음업다 ㉠ 녜부지휘 드리여셔 포ᄌᆞ문 진졍ᄒᆞᆯᄎᆞ ㉡ 녜필후 도라오니 ᄉᆞ신ᄒᆞᆯ일 다ᄒᆞ녓다
△	환희	[C]′	연경 (황극전)	상호텍스트성 ㉠ 무어스로 소일ᄒᆞ리 구경이나 가ᄌᆞ셔라 ㉡ 그림 속이 아니이면 요지경이 졍영히다
△	만불사 천수불 오룡정	△ ●	만불사 천수불 오룡정	유람처의 배열과 연상적 구성 ㉠ 져리로 구경가ᄌᆞ 양틱문 드리다라 ㉠ 만물ᄉᆞ ᄎᆞᄌᆞ가니 삼층으로 지은 문누 ㉠ 천불ᄉᆞ 구경가ᄌᆞ 그도 ᄯᅩᄒᆞᆫ 삼층문누 ㉡ 굉장ᄒᆞ고 웅걸ᄒᆞᆷ은 보다가 쳐음일셰 *㉠ 극낙셰계 졔라ᄒᆞ니 이윽히 ᄇᆞ라보니 ㉡ 닉무숨 공덕으로 이곳의 이르럿노
★	회동관	[E]′	몽고승 태학	상호텍스트성 ㉠ 몽고놈들 볼작시면 머리ᄂᆞᆫ 다ᄭᅡᆨ갓고 ㉡ 엇지이로 구경ᄒᆞ며 이로긔록 못ᄒᆞᆯ너라 ㉠ 틱혹을 ᄎᆞᄌᆞ가셔 딕셩젼의 ᄉᆞ비ᄒᆞ고 ㉡ 문쳔상의 경사옥즁 천츄의 빗치난다
[C]	연경 (황극전)	[G]′	유리창	상호텍스트성 ㉡ 유리창이 여긔더라 쳔하보빅 드녀ᄈᆞᆺ다
D	청황제 출궁	[A]′	발인굿 喪輿 棺	상호텍스트성 ㉠ 상여를 볼작시면 황홀ᄒᆞ고 긔이ᄒᆞ게 ㉠ 관치례를 볼작시면 놉히ᄂᆞᆫ 간반되게 / 모양도 긔려ᄒᆞ고 크기도 굉장ᄒᆞ다 ㉡ 괴구두 작커이와 위의가 블민ᄒᆞ다
★	새풀이	●	선링사 백운관 장춘사 만수사 진각사	유람처의 배열 ㉠ 천령ᄉᆞ가 어딕미냐 그리로 구경가ᄌᆞ ㉠ 빅운관이 어딕메냐 그리로 차자가니 ㉠ 장춘ᄉᆞ가 어데메냐 그리로 향히가ᄌᆞ ㉠ 만슈ᄉᆞ가 어딕메냐 게도ᄯᅩᄒᆞᆫ 구경쳐라

				㉠진각ᄉᆞ가 어ᄃᆡ메냐 게도ᄯᅩᄒᆞᆫ 구경가ᄌᆞ
[E]	몽고승 태학	B′, ●	서산	내용 구성의 유사성 ㉠셔산의 좃타홈은 드런지 오래러니 *㉠신유연 서양국놈 거긔와셔 작변ᄒᆞ여 ㉡안ᄀᆡ가 황홀ᄒᆞ고 경치가 절승ᄒᆞ다 ㉡아무리 명화라도 다 그리든 못ᄒᆞ겟고
F	필담 술자리	△	환희	환희의 묘사 ㉠환희를 구경코져 희ᄌᆞ를 불너오니 ㉡이런지죠 저런요술 이로긔록 못헐네라 ㉡그아니 이상ᄒᆞ냐 구경듕 우습도다
★	科場	D′	청황제 출궁	내용 구성의 유사성 ㉠녜부지휘 드듸여셔 텬묘친졔 거동시의 ㉡쳔하의 제일인이 호복ᄒᆞ신 져란말가
[G]	유리창	F′, ●	필담 술자리	내용 구성의 유사성 ㉠관소로 도라오니 홀일이 ᄇᆡ히업ᄂᆡ 널남고시 강개지ᄉᆞ 인걸이나 ᄎᆞᄌᆞ리라 ㉡죵일토록 먹고나니 이로긔록 못홀너라 *㉠황냥듕의 필담으로 비밀이 이른말이 ㉡져러틋 ᄉᆞ류요물 침노아국 되단말가
△	회정	△	회정	㉠츄칠월 십일일의 회한ᄒᆞ여 ᄯᅥ나오니
[H]	입국	[H]′	입국	상호텍스트성 ㉠깃부도다 우리병쳐 무양ᄒᆞ온 친출이라 ㉡이졔야 ᄆᆞ음노혀 입이졀노 버러진다 ㉡듕원싱각 ᄒᆞ면 의의ᄒᆞᆫ 일쟝츈몽인가 ᄒᆞ노라

주: ① A~F: 내용 및 구성의 유사성, ② [A]~[F]: 상호텍스트성, ③ △: 여정과 제재는 동일하나 형상화가 이질적임, ④ ★: 〈무자서행록〉에서만 확인됨, ⑤ ●: 〈병인연행가〉에서만 확인됨, ⑥ *: 제재와 구성 방식은 유사하나 〈병인연행가〉에 추가된 내용, ⑦ ㉠: 묘사가 시작되는 구절, ⑧ ㉡: 중간이나 후반부의 구절).

통해 〈병인연행가〉의 문학적 특질도 새롭게 조망될 수 있을 것으로 보인다. 이를 구체적으로 논증하기 위해 두 작품의 유사성이 발견되는 부분들을 중심으로 여정과 제재를 배열·비교해 보면 〈표 4〉와 같다.

〈표 4〉를 보면 두 작품의 여정과 제재는 요동, 동악묘, 만불사 등과 같은 부분적 지점들을 제외하고는 상당한 차이를 보이고 있다. 앞서 살펴본 〈무자서행록〉의 서사는 『부연일기』와 대체로 유사했으나 강조나 전달 욕구가 강화되는 지점에서 부분적 파열이 발생하고 있었다. 그러나 〈병인연행가〉의 경우에는 연경에 도착한 이후부터 이동성이

거의 고려되지 않고 있으며 개별적 단위의 장면들이 병렬적으로 배치된 양상을 보이고 있다. 연경에 도착하기 이전과 회정의 과정에서만 서사적 흐름이 유지되고 있는 것이다. 특히 〈병인연행가〉의 전반부는 〈무자서행록〉과 상당한 차이를 보이지만 A~E로 표시된 부분에서 알 수 있듯이 중반 이후부터는 상당한 유사성이 확인된다. 소재는 동일하되 형상화의 특질이 이질적인 장면들(△)에 비해 내용 구성이나 묘사가 유사한 부분들이 더 많은 비중을 차지하고 있는 것이다.

특히 〈병인연행가〉에만 추가적으로 구성된 장면들을 보면(*, ●) 주관적 층위에서의 탄식이나 객수가 표현되어 있거나 '구경하자'의 논리가 반복되면서 '유람지'의 특성이 보다 강화된 양상을 보이고 있기도 하다. 그러나 가장 주목해 보아야 할 현상은 〈무자서행록〉과의 상호텍스트성이 명확하게 확인된다는 점이며, 〈무자서행록〉과 비교했을 때 순서는 [C]′→[E]′→[G]′→[A]′에서와 같이 변환되어 있지만 장면의 일치 정도[89]가 상당하다는 점에서 세밀한 분석이 필요하다. 그러므로 우선적으로 이 부분들과 관련된 주요 특징과 의미를 살펴보도록 하겠다.

> [C] ᄃᆡ청문 드러가면 텬안문을 디어시니 / 그안은 단문이오 그안은 오문이라 / 황기와 삼층문누 텬안문 오문ᄭᆞ지 / 둣겁게 셩을싸고 다ᄉᆞᆺ문식 ᄂᆡ엿고나 / 오문안 드러가면 ᄐᆡ화문이 안문이라 / 소덕문은 좌편이요 졍도문은 우편이라 / ᄐᆡ화문 드러가면 ᄐᆡ화뎐이 뎡뎐이니 / 황극뎐이라 ᄒᆞ는거시 ᄐᆡ화뎐 긔아닌가 / 놉기도 금즉ᄒᆞ고 웅댱도 ᄒᆞ온지고 / ᄉᆞ방의 월랑짓고 뒷돌은 길이놉고 / 큰벽돌 모박여셔 ᄯᅳᆯ안의 좀속쌀고 / ᄐᆡ화문의 옥난ᄒᆞ고 그압흐로 품텰잇고 / ᄐᆡ화뎐 볼즉시

89 기존 연구에서는 [E], [G]의 일부(칙푸리), [A]의 유사성이 논의된 바 있으며(임기중, 앞의 책, 66~81쪽), [C]와 [H], [G] 및 여타 부분은 본 연구에서 추가적으로 발견된 부분이다.

면 옥계가 숨층인ᄃᆡ / 한층이 길반되게 셥삭여 무어두고 / 뎡노의 노흔돌이 크기도 당ᄒᆞ도다 / 너븨는 간반이요 기릐는 숨간되게 / 아홉뇽 도도삭여 원쟝돌을 결쳐노코 / 그우층 ᄯᅩ우층이 옥계가 일반이오 / 민우층 셤돌우희 좌우로 노흔거시 / 동의는 오동거복 셔의는 완노로다 / 층층이 난간속의 오동향노 노핫는ᄃᆡ / 놉기는 길이놉고 슈십기 느러셧다 / 테인각 홍인각은 좌우의 ᄉᆞ각이요 / 좌익문 우익문은 동셔의 뎡문이오 / 즁좌문 즁우문은 북편의 협문이라 / 삼층뎐 놉히지어 구창이 됴요ᄒᆞ고 / 그뒤희 즁화뎐은 모지게 집을지어이고 / ᄯᅩ그뒤희 보화뎐은 그역시 조당이라 / ᄐᆡ화뎐 뒤뎐가지 아오로 숨뎐인ᄃᆡ / 다각각 담을막고 삼층계 ᄶᅩᆨ갓튼ᄃᆡ / ᄐᆡ화뎐 셤돌부터 숫물인 옥난간의 / 삼층난간 ᄒᆞᆫᄃᆡ이어 세뎐을 둘너고나 / 좌익문밧 동북으로 셕경문을 여어보면 / 아로삭인 담을 ᄡᅡ하 오치가 영농ᄒᆞ고 / 궁뎐이 몃곳진ᄃᆡ 궁슉ᄒᆞ고 조쳡ᄒᆞ니 / ᄂᆡ외궁뎐 동궁가지 ᄌᆞ비가 무슈ᄒᆞ다 / 쇠독의 물을너어 셤돌밋티 느러노하 / 여긔져긔 간ᄃᆡ마다 쳔ᄇᆡᆨ이 놈아ᄒᆞ니 / 만일의 실화ᄒᆞ면 방비ᄒᆞ는 거시로다.

[C]′ ᄃᆡ청문 들어셔면 쳔안문이 마조잇셔 / ㉠【다ᄉᆞᆺ홍예 두렷ᄒᆞ고 이층문누 굉장ᄒᆞ여 / 그입희 금쳔교ᄂᆞᆫ 다ᄉᆞᆺ다리 느려노혀 / 다리마다 옥난간이 간간히 격ᄒᆞ엿고 / 좌우의 돌기둥은 경쳔쥬 한빵이니 / 십여장 놉핫ᄂᆞᆫᄃᆡ 용트림 긔졀ᄒᆞ다】 / 쳔안문 들어셔면 단문이 마조잇셔 / ㉡【그도ᄯᅩᄒᆞᆫ 다ᄉᆞᆺ홍예 이층문누 웅장ᄒᆞ고 / 그압흐로 좌우편의 마조셧ᄂᆞᆫ 져삼문이】 / 좌편의ᄂᆞᆫ 사직이오 우편의ᄂᆞᆫ ᄐᆡ묘로다 / ㉢【단문을 들어셔면 오문이 마조잇셔 / ᄌᆞ금셩 봉누ᄂᆞᆫ 셩우희 놉히잇셔 / 좌루의ᄂᆞᆫ 쇠북이오 우루의ᄂᆞᆫ 북이로다 / 그입희 각ᄉᆞ직방 동셔로 난와잇고 / 일영보ᄂᆞᆫ 시판이며 비ᄌᆞ이ᄂᆞᆫ 측우긔ᄂᆞᆫ / 옥을삭여 긔이ᄒᆞ게 좌우로 버려노코】 / 오문안의 ᄐᆡ화문은 그도ᄯᅩ한 삼문이오 / 옥난간 두룬거시 볼ᄉᆞ록 장ᄒᆞ고나 / ᄐᆡ화문안 ᄐᆡ화젼은 황극젼이 져러토다 / 놉기도 금직하며 웅위도 ᄒᆞ온지고 / 길이너문 놉

ᄒᆞᆫ옥계 월ᄃᆡ가 삼층이오 / 층층이 옥난간의 겹ᄉᆡ김 용트림과 / 삼층젼각 놉히지어 구천이 포모ᄒᆞ니 / 금벽도 휘황ᄒᆞ고 단확도 찬난ᄒᆞ다 / 오동으로 민든거북 구리로 지은학은 / 동셔로 빵을지어 엇지ᄒᆞ여 노하시며 / 오동향노 큼도크사 수십개 버려노코 / ㉣【슌금두멍 물기러다 여긔져긔 몃치러냐 / 뜰아릐 품셕들은 일품이품 삭여세워 / ᄇᆡᆨ관이 조회ᄒᆞᆯ졔 품슈ᄃᆡ로 션다ᄒᆞ데 / 좌우의 월낭지어 의장을 둔다ᄒᆞ고】 / ᄐᆡ인각 홍의각은 좌우의 ᄌᆞ각이오 / 좌익문 우익문은 동셔의 졍문이며 / 듕하문 듕우문은 북편의 협문이니 / 그안의 듕화젼은 이층이 놉히잇고 / 그위희 보화젼은 그역시 정젼이라 / ᄐᆡ화젼 셤돌부터 섯물닌 옥난간이 / 보화젼 셤돌가지 세젼을 둘너고나 / ㉤【그뒤ᄒᆡ 건쳥젼은 황뎨의 편젼이오 / 그뒤희 교ᄐᆡ젼과 ᄯᅩ그뒤희 교녕젼은 / 황후잇ᄂᆞᆫ ᄂᆡ젼이니 구중궁궐 이아이내】 / 궁젼이 몃쳣인지 쳐쳐의 조쳡ᄒᆞ여 / 아로삭인 장원이며 치식칠ᄒᆞᆫ 바람벽과 / 벽돌ᄭᆞᆯ아 길을ᄂᆡ고 박셕ᄭᆞᆯ아 뜰이로다 / 울긋불긋 오ᄉᆡᆨ기와 ᄉᆞ면의 녕농ᄒᆞ니 / ㉥【것흐로 얼는보아 져러틋 휘황ᄒᆞᆯ졔 / 안의들어 ᄌᆞ세보면 오직히 장ᄒᆞᆯ호냐.】

위의 두 인용문은 〈병인연행가〉를 기준으로 했을 때 가장 먼저 상호텍스트성이 발견되는 경우에 해당한다. 이 장면이 시작하기 이전에 〈병인연행가〉의 화자는 '녜필후 도라오니 ᄉᆞ신ᄒᆞᆯ일 다ᄒᆞ녓다 / 무어스로 소일ᄒᆞ리 구경이나 가ᄌᆞ셔라'라고 서술하고 있다. 공식적인 일정이 완료되었으니 지금부터 본격적인 유람이 시작된다는 의식을 직접적으로 표명하고 있는 것이다. 또한 앞서 언급했듯이 이 부분부터 〈무자서행록〉과의 유사성 및 상호텍스트성이 집중적으로 발견되고 있다. 이전까지는 주로 자신의 신문기록을 토대로 작품을 구성하였다면 지금부터는 〈무자서행록〉을 참고하면서 작품을 창작한 정황을 발견할 수 있는 것이다.

특히 위의 두 사례를 보면 〈병인연행가〉의 작가가 〈무자서행록〉에

자금성 전경.

비해 보다 구체적이고 효율적인 장면화를 시도하고 있음이 확인된다. [C]의 전반부를 보면 '텬안문, 단문, 오문, 태화문'에 이르는 과정에서의 묘사가 상당히 간략한 반면 [C]'의 경우 '쳔안문 들어셔면', '단문을 들어셔면', '오문안의 틱화문은'이라는 소범주 내에 일정한 분량의 묘사가 첨가되어 있다. 또한 ㉠을 보면 '다리, 옥난간, 돌기동, 용트림' 등의 어휘로 대청문과 천안문 사이가 설명되고 있으며 천안문과 단문 사이도 '그도 쏘훈 다숫홍예'의 논리로 보완되고 있다. 단문과 오문 사이에는 상하 좌우에 배치된 주요 대상들과 '시판', '측우기'와 같은 문물이 첨가되어 있으며(㉢) 이후 '틱화문안 틱화젼은 황극젼이 져러토다 / 놉기도 금직하며 웅위도 ᄒᆞ온지고'라는 구절은 〈무자서행록〉과 거의 일치하고 있다.

이어 황극전을 묘사한 부분에서는 상당한 상호텍스성이 확인되는데 〈무자서행록〉의 내용이 구체적이고 체계적일 경우 홍순학은 그 장면을 전면적으로 수용한 것으로 보인다. 그 과정에서 '품계석'과 같이

〈무자서행록〉에 생략된 내용은 보완적으로 삽입하고 있으며(㉣), 이후 '틔인각 홍의각은 좌우의 ᄌᆞ각이오'부터는 다시 일치하고 있다. 또한 [C]의 마지막 부분에는 쇠독에 물을 넣어 배열한 장면과 그이유가 나와 있는데 [C]'에서는 이를 생략해 버렸다. 대신 '㉥ 것흐로 얼는보아 져러틋 휘항홀졔 / 안의들어 ᄌᆞ셰보면 오쥑히 장홀호냐'와 같은 감탄구를 삽입하여 주관적 감탄의 층위로 완결된 장면을 완성하고 있다. ㉤ 부분에서도 '구중궁궐 이아이냐'와 같은 감탄구가 확인되며 이처럼 [C] → [C]'의 사례만 보아도 〈병인연행가〉는 〈무자서행록〉을 참고하되 나름대로의 능동적 재구성을 시도한 작품임을 알 수 있는 것이다. 이후 몽고 승려들의 외양이 묘사된 [E]'부분에서도 이러한 특징을 확인할 수 있으며[90] 유리창의 문물을 형상화한 [G]'의 경우 [G]와의 상호텍스트성이 발견되는 동시에 소재의 재배열과 같은 진전된 구성 방식까지 보이고 있어 주목해 보아야 한다. 효율적 논의 전개를 위해 [G-1], [G-2]로 구분하여 살펴보도록 하겠다.

[G-1] ⓐ 신창누비 계집들은 문간마다 ᄂᆞ와셔고 / ⓑ 말ᄊᆞᆷ즙는 아희들은 솜틔

90 [E] 법눈젼 드러가니 몽고승 슈빅명이 식격을 외오면서 식당이라 ᄒᆞ는 거시 양육녀흔 슈져비를 십여통을 느러노코 ᄒᆞᆫ표ᄌᆞ식 쩌가지고 일시의 송경소릐 쇠약쇠약 ᄒᆞ는 소릐 듯기슬코 고이ᄒᆞ다 듕의 모양 볼족시며 복식도 괴이ᄒᆞᆯ손 버슨몸의 가ᄉᆞ착복 다리팔은 벌거ᄒᆞ고 목홍무명 네폭보를 왼몸의 뒤써감고 송낙이라 ᄒᆞ는거슨 기리는 ᄒᆞᆫᄌᆞ놈즉 머리우희 버친거시 기장뷔와 방불ᄒᆞ다.
[E]' 불경을 느러노코 일시의 송경ᄒᆞ니 웅왱웅왱 ᄒᆞ난소릐 듯기슬코 보기슬타 몽고놈들 볼작시변 머리는 나 싹갓고 격삼속깃 이니입이 팔다리는 벌거ᄒᆞ니 누른무명 네폭부을 왼몸의 뒤뼈감고 목홍삼승 가ᄉᆞ착복 엇개우희 메여시며 송낙이라 ᄒᆞ는거슨 기리는 ᄒᆞᆫ자남즉 우리나라 즁의 송낙 겁구로 쓴 것 갓치 우흐로 쌔친거시 기장비와 방물ᄒᆞ다.
이 두 사례의 '강조 표시'된 부분에서 알 수 있듯이 의복과 관련된 외양을 묘사하는 부분이 거의 일치하고 있어 상호텍스트성이 확인된다. 〈무자서행록〉에서는 '웅왱웅왱'과 같이 일부 어휘들이 전환되어 있으며 밑줄 친 부분을 보면 보다 구체적으로 상황을 설명하는 방식으로 보완적 구성이 진행되었음을 발견할 수 있다.

들고 쏘다니고 / ⓒ 소음타는 큰활소ᄅᆡ 싸랑싸랑 소ᄅᆡ나고 / ⓓ 장군의 물장ᄉᆞ는 쪽지게의 지격비격 / ⓔ 동ᄎᆞ모는 거름장ᄉᆞ ᄉᆡᆼ각시걱 모라가고 / ᄃᆡᄎᆞ소ᄎᆞ ⓕ 노ᄉᆡ말은 목테두리 열두방울 / 이골져골 모라갈졔 와랑져령 소ᄅᆡᄂᆞ고 / ⓖ 머리ᄌᆞᆨ기 도부장ᄉᆞ 젱겅동당 소ᄅᆡᄂᆞ고 / ⓗ 멜목판의 방울장ᄉᆞ ᄉᆡᆼ랑ᄉᆡᆼ랑 흔들면서 / 여긔저긔 ⓘ 다갈박기 마칫소ᄅᆡ 두루나고 / 오락가락 거마들은 ⓙ 우레쳐로 요란ᄒᆞ고 / 말삭타리 ᄎᆞ셰타리 병문병문 느러셔고 / ⓚ 집비들기 방울다라 셔양텬의 놉히ᄂᆞᆯ셰 / ⓛ ᄲᆡ로로 ᄒᆞ는소ᄅᆡ 져도갓고 싱도갓고 / 뎡양문의 ᄶᅦ가마기 아춤마다 조회ᄒᆞ고 / 만슈산의 소로기는 ᄉᆞ면팔방 ᄂᆞ라들고 / 비둘기알 오리알과 계란장ᄉᆞ 웨는소ᄅᆡ / ⓜ 닷는말의 굽소ᄅᆡ와 박셕길의 박힛소ᄅᆡ / ⓝ 원앙소ᄅᆡ ⓞ 칫소ᄅᆡ며 노소남녀 뉴걸들은 / ⓟ 향불 ᄒᆞ나들고 소텬달ᄂᆞ 비는소ᄅᆡ / ⓠ ᄌᆞ부룩ᄒᆞᆫ 몬짓속의 이길저길 뭉게뭉게.

[G-1]′ 큰길로 ᄎᆞᄌᆞ나와 정양문 ᄂᆡ다르니 / ⓞ 온ᄂᆞᆫ ᄎᆞ며 가ᄂᆞᆫ ᄎᆞ가 나가락 들어오락 / ⓜ 박셕우희 박회쇼ᄅᆡ 울룩룩 ᄶᅡᆨᄶᅡᆨᄒᆞ여 / 청쳔ᄇᆡᆨ일 말근날의 ⓙ 우ᄅᆡ소ᄅᆡ 일너나듯 / ⓕ 노ᄉᆡ목의 줄방울은 와랑져랑 소ᄅᆡ나고 / ⓝ 발목아지 ᄆᆡ단방울 왱걸젱겅 ᄒᆞᄂᆞᆫ서ᄅᆡ / ⓘ ᄃᆡ갈박ᄂᆞᆫ 마치서ᄅᆡ 쏘닥쏘닥 소ᄅᆡ나며 / ⓒ 소음타ᄂᆞᆫ 큰활쇼ᄅᆡ 싸랑싸랑 소ᄅᆡ나고 / ⓓ 외엇키 물통지게 지격비격 메고가셔 / ⓔ 외박회에 ᄯᅩᆼ거름ᄎᆞ 각ᄉᆡᆨ소들 모라가고 / ⓖ 머리ᄶᅡᆨ기 장ᄉᆞ놈은 찡당도당 쇼ᄅᆡ나며 / ⓗ 멜목판의 방울장ᄉᆞ ᄡᆡ랑ᄡᆡ랑 소ᄅᆡ나고 / ㉠【ᄯᅥᆨ쟌ᄉᆞ의 경쇠소ᄅᆡ 기름장ᄉᆞ 목탁소ᄅᆡ / 두부장ᄉᆞ 큰방울과 방물장ᄉᆞ 징소ᄅᆡ며 / 놋졉시들 맛브ᄃᆡ져 ᄯᅥᆨ각ᄯᅥᆨ각 슈박장슈 / 셔양철 여닛달아 뎅강뎅강 ᄇᆡ놀장ᄉᆞ】/ ⓚ 집비들기 목방울은 셕양쳔의 놉히나니 / ⓛ ᄲᅩ로록 ᄒᆞᄂᆞᆫ소ᄅᆡ 져도갓고 싱도ᄀᆞᆺ고 / 소경놈은 비파들고 길노가며 타ᄂᆞᆫ서ᄅᆡ / ⓟ 여러거지 향불들고 돈ᄒᆞᆫ푼 비ᄂᆞᆫ소ᄅᆡ / ⓑ 말ᄯᅩᆼ줍ᄂᆞᆫ 이ᄒᆡ놈은 쌈틔 들고 ᄲᅡ다니며 / ⓐ ᄉᆞᄎᆞ누비 계집년은 ᄃᆡ문밧게 나와셧고 / ⓠ ᄌᆞ옥헌 몬지속의

ᄉᆞ롬들은 와글와글 / ㉡【정신이 아득ᄒᆞᆫ듯 좌우룰 술펴보니】/ (…중략…) /【유리창이 여긔더라 쳔하보빅 드녀빗다.】

위의 [G-1]은 앞서 살펴보았듯이 청각적 심상이 극대화되어 전달과 환기의 효율성이 강화된 장면으로 [G-1]'과 상당한 상호텍스트성을 보이고 있다. '소리'라는 항목으로 설정될 수 있을 만큼 일관된 제재들로 구성된 장면이라 〈병인연행가〉에 전면적으로 수용된 것으로 보이며 앞의 [C]→[C]'경우와 달리 내용과 소재가 재배열되는 양상까지 확인해 볼 수 있다. [G-1]의 소재들이 [G-1]'에 배열된 양상을 보면 (1)(ⓞ, ⓜ, ⓙ, ⓕ, ⓝ) / (2)(ⓘ, ⓒ, ⓓ, ⓔ, ⓖ, ⓗ, ⓚ, ⓛ) / (3)(ⓟ, ⓑ, ⓐ, ⓠ)과 같이 세 부분으로 나눌 수 있는데 중간부는 대체로 유사하게 구성되어 있는 반면 (1), (3)은 어구의 일부가 서로 교체되어 있음을 알 수 있다. [G-1]'장면의 이러한 변화는 보다 체계적인 내용 전개를 위해 의도적으로 진행된 것으로 보인다.

우선 [G-1]의 ⓐ, ⓑ는 '소리'와 상관이 없는 내용이라 [G-1]'에서는 후반부로 배치되고 있다. 대신 [G-1]'은 정양문에 도착했을 때 먼저 들리게 될 차소리와 바퀴소리를 'ⓞ 차소리, ⓜ 바퀴소리, ⓙ 우뢰소리'와 같이 추출하여 전반부에 제시하고 있다. 특히 'ⓙ 우릐소릐 일너나듯' 이후에는 구체적으로 목도한 사례들이 나열되고 있다는 점에서 (1)은 [G-1]'의 주제를 고려하여 재구성된 부분으로 보아야 한다. 이후 ⓕ, ⓝ은 노새말의 방울소리와 소의 원앙소리와 관련된 구절인데 [G-1]에서 각각 분리되어 있던 것을 [G-1]'에서는 통합하고 있어 소재의 유기적 배열이 확인되며 이러한 양상은 (2)의 경우에 더욱 두드러지고 있다. (2)는 'ⓘ 마차, ⓒ 큰활, ⓓ 물통지게, ⓔ 똥거름차'와 'ⓖ 머리깎기장수, ⓗ

방울장수'로 구성되어 있는데 역시 유사성에 따라 순서를 변환하며 소재별 군집화를 시도했음이 확인된다.

특히 장사꾼들에 해당하는 ⓖ, ⓗ 이후에는 ㉠에서와 같이 '떡장수, 기름장수, 두부장수, 방물장수, 수박장수' 등을 추가적으로 나열하며 내용을 보완하고 있다. 이러한 변환의 과정에서 〈병인연행가〉는 다채로운 의성어를 반복적인 통사 구조 내에 적절하게 배치함으로써 생성된 [G-1]의 문학적 미감과 특질은 전면적으로 수용하고 있다. 더욱이 첨가된 ㉠의 부분에도 '씩각씩각', '딍강딍강'과 같은 음성상징어가 구사되고 있어 [G-1]을 발전적으로 수용한 [G-1]'의 특징을 확인할 수 있는 것이다. 또한 ⓚ, ⓛ은 집비둘기의 울음소리에 대한 구절인데 [G-1]과 비교해 보면 '뎡양문의 쎼가마기 아춤마다 조회ᄒᆞ고 / 만슈산의 소로기는 ᄉᆞ면팔방 ᄂᆞ라들고'와 같이 청각적 심상이 반영되지 않은 내용은 의도적으로 배제되고 있어 ⓚ, ⓛ만 선별되고 있다.

이후 '소경놈은 비파들고 길노가며 타는서릐'라는 구절이 첨가되어 있으며 이는 마지막 부분인 (3)(ⓟ, ⓑ, ⓐ, ⓠ)과 유기적으로 연결되는 내용에 해당한다. (3)은 '거지, 말뚱즙는 아이, 신창을 누비는 아이들'로 구성되어 있어 대체로 시장의 주변적 인물들을 형상화한 장면으로 보이기 때문이다. [G-1]의 'ⓠ ᄌᆞ부륵ᄒᆞᆫ 몬즷속의 이길져길 뭉게뭉게'와 [G-1]'의 'ⓠ ᄌᆞ옥헌 몬지속의 ᄉᆞ롬들은 와글와글'를 비교해 보아도 '이길져길 뭉게뭉게'가 'ᄉᆞ롬들은 와글와글'로 변환되고 있어 (3)이 인물들을 중심으로 구성된 부분임을 확실하게 알 수 있다.

이처럼 [G-1]→[G-1]'도 [C]→[C]'경우와 마찬가지로 〈무자서행록〉과 〈병인연행가〉의 상호텍스트성을 보여주는 사례라고 볼 수 있다. 또한 내용이 추가적으로 보완되는 차원을 넘어 소재별 재배치를 통해 체계적인 재구성을 시도하는 등 보다 능동적인 작가 의식을 확인할 수 있었다. 더욱 흥미로운 점은 유리창과 관련된 장면에서 [G-1], [G-1]′가 위치해 있는 순서도 변경되어 있다는 점이다. 〈무자서행록〉에서 이 장면은 유리창의 문물을 모두 소개하고 나서 후반부에 삽입되어 있다. 그러나 〈병인연행가〉의 경우 이를 전반부로 배치한 후 'ⓛ유리창이 여긔더라 쳔하보비 드녀빗다'로 시작되는 이후 장면을 진행하고 있는 것이다. 이는 [G-1]′의 청각적 심상과 시장의 역동적 풍경이 향유자로 하여금 감각적 환기와 장면에 대한 몰입을 가능케 하는 효과를 고려한 것으로 보인다. 〈무자서행록〉이 『부연일기』를 재구성하는 과정에서 발생한 점가적이고 분산적인 논리들이 〈병인연행가〉에 오면 상당히 세련되고 정돈된 방식으로 재배치되고 있는 것이다.

이러한 특징이 더욱 진전된 사례는 유리창의 문물이 형상화된 [G-2]→[G-2]′에서 확인해 볼 수 있다. 이 지점에서 〈병인연행가〉는 〈무자서행록〉과의 소재적 유사성을 유지하되 항목을 세분화하는 방식을 지속적으로 활용하면서 체계화된 배열을 시도하고 있기 때문이다. 내용이 워낙 방대하고 다양하여 〈무자서행록〉은 ㉮~㉺, 〈병인연행가〉는 ①~㉘의 순서에 따라 주요 소재들을 배열한 후 표를 만들어 보았다. 〈병인연행가〉의 배열 순서를 기준으로 삼되 상호텍스트성이 확인되는 〈무자서행록〉의 부분들을 재배치하는 방식을 설정했으며 변화 지점과 관련된 특징적 국면들을 〈표 5〉와 같이 Ⅰ~Ⅴ의 다섯 항목으로 구획해 볼 수 있었다.

표 5. 상호텍스트성의 주요 사례에 대한 검토([G-2] → [G-2]′)

〈무자서행록〉	〈병인연행가〉	
㉯ 뉴리창의 드러가니 멀리보는 쳘니경과 / 만호슈정 양목경은 더모양각 테를ᄒᆞ고 / 마조보기 소년경은 쥬셕빅철 테을ᄒᆞ고 / 지관보는 건량구며 면경톄경 오갑경과 / 시마초는 ᄌᆞ명종과 그림그린 뉴리병풍 / 빅옥등잔 뉴리등과 옥미화의 금ᄂᆞ뷔며 / 각식슐병 슐잔들과 어항슈적 됴뉴리라 / 온갓보픽 문방졔구 도셔필통 벼로필목 ㉾ 뎡양문밧 옹셩지어 그밧그로 도라가며 / 좌우즐노 가가짓고 빵다리뎐 버려는듸 / (…중략…) / 구리골모 됴가락지 초혓집의 부쉿돌과 / ᄉᆞ슐가락 나무국이 이쑤시긔 귀우긔며 / 좁쌀구슬 바놀통과 됴옥빈혀 납가락지 / 빗ᄎᆞ긔의 족집긔며 분졉시의 인쥬합과 / 몃빗춤빗 어레빗과 화각부친 음양소며 / 옥물부리 빅통더며 딘옥각지 ᄉᆞ긔연적 / 여긔저긔 그러ᄒᆞ니 보기의도 지리ᄒᆞ다 / 두달ᄉᆞ홀 유관키로 구경도 다ᄒᆞ얏고	① 유리창이 여긔더라 쳔하보빈 드녀밧다 쳔은졍은 녑ᄌᆞ금과 진옥무부 비위옥다 ② 안경푸리 볼작시면 오슈경과 ᄌᆞ슈경과 먼니보ᄂᆞᆫ 쳔니경과 노소층경 양목경과 ③ 잡화루리 볼작시면 면경셕경 화류테경 지관보ᄂᆞᆫ 지남철과 시맛ᄎᆞᄂᆞᆫ 시게들과 / 화각부친 음양쇼며 면빗참빗 어레빗과 볏치긔며 쪽직긔며 금졉시의 연지합과 이쑤시긔 귀이긔며 치아집의 바놀통과 진옥지환 구리골모 비단풀솜 가화쏫과 ④ 향푸리롤 볼작기면 침향경향 빅단향과 ⑤ 붓푸리롤 볼작시면 토호장호 순양호며	I
㉮ 외셩을 ᄂᆞ가보면 닉셩보다 더너르고 / 번화ᄒᆞ기 금족ᄒᆞ고 온갖뎐방 두루잇다 / 양한지초버러잇셔 각쳐셜축 모혀들고 / (…중략…) / 국슈틀과 기름치며 큰미판의 구을돌과 / 칙ᄉᆞᄒᆞᆫ곳 드러가니 만고셔가 다잇는듸 / 경ᄉᆞᄌᆞ집 빅가셔와 소셜픽관 우부ᄌᆞ던 / 슈학역학 텬문디리 의약복셔 불경이며 / 샹셔도경 긔문 틱을 시학뉼학 문집들과 / 제목써셔 ᄡᆞ혀시니 모르는글 틱반이라	⑥ 죠희푸리 볼쟉시면 분지죽지 틱ᄉᆞ지며 ⑦ 칙푸리을 볼작시면 만고셔가 다잇ᄂᆞᆫ듸 / 경셔ᄉᆞ긔 빅가셔와 쇼셜픽관 운부ᄌᆞ젼 / 슈흑역흑 천문지리 의약복셔 불경이며 / 샹셔도경 긔문벽셔 시흑율학 문집들과 / 명필법쳡 그림쳡과 쳔하산쳔 지도가지 아쳥갑의 쌔며쑥이 불근의예 황지부침 제목 뼈셔 놉히 ᄡᆞ하 못보던칙 틱반이오 /	II
㉰ 치풍푸리[91] 바느질은 옷도짓고 슈도노코 / 의뎐이라 ᄒᆞ는더는 온갖의복 파는고나 / 보션슬갑 장숨이며 바지젹숨 두루마기 / 비단관복 깁속것과 숨승무명 기져긔며 / 공단니불 포다기며 몽고뇨의 슈방셕과 /	⑧ 비단푸리 볼작시면 공단더단 운문단과 / (…중략…) ⑨ 붓치푸리 볼작시면 화루변듁 쇄금당션 / (…중략…) ⑩ ᄎᆞ푸리를 볼작시면 / (…중략…) ⑪ 긔명푸리 볼작시면 / (…중략…) ⑫ 모물풀리 볼작시면 총모피며 화셔피며 / (…중략…) ⑬ 치풍푸리 볼작시면 슈도노코 ᄇᆞᄂᆞ질의 / 속것젹삼 두루마기 소음바지 져고리며 / 보션슈갑 타오투와 잉쥬요의 창파ᄒᆞ며 /	III
㉱ 과실장ᄉᆞ 청근장ᄉᆞ 여긔져긔 버려노코 / 샬고능금 복셩화셔 모과ᄉᆞ과 포도듸초 / (…중략…) / 동고라ᄒᆞᆫ 검은가지 오지항과 쳔연ᄒᆞ고 / 쳥당무는 동고라코 홍당무는 진홍이오 / 무가지 외동아가 동고란것 긴것잇셔 / 져른거슨 통통ᄒᆞ고 가는거슨 기다ᄒᆞ다 / 고초당초 마늘싱강 굵은파의 가는부초 / 향갓슉갓 아옥비ᄎᆞ 상치근더 토련이며 / 버셧쥭순 도라지며 콩기름의 녹두슉쥬 / 고비달늬 고ᄉᆞ리며 콩입팟입 당호박과 / 곡식푸리 볼작시면 돌방하의 노미쌀과 / 기장슈슈 피좁쌀과 메밀보리 귀우리며 / 녹두젹두 광젹이며 황듸쳥듸 쥐눈콩과 / 옥슈슈를 밧출갈고 씨를븨여 울을ᄒᆞ고 ㉲ 털물뎐의 호미독긔 셕쇠곱쇠 얼기쇠며 / ㉳ 지위도가 쑤닥쑤닥 목물뎐의 농두지며 / 사금궤의 피상ᄌᆞ며 층찬합의 각계셝과 / ㉴ 셕지 판지 장목뎐[92]과 동희소라 항독아리 / 놋쇠지음피그릇과 유납ᄎᆞ관 신년노며 / (…중략…) / 상여연장 울	⑭ 실과푸리 볼작시면 싱실과며 당쇽이라 / 문비참비 능금이며 모과ᄉᆞ과 포도듸초 ⑮ 치소푸리 볼작시면 홍당무오 쳥당무오 / 향갓쑥갓 아옥비ᄎᆞ 버셧쥭순 도라지며 / 고초당초 마놀싱강 굴근파와 가ᄂᆞᆫ부쵸 / 동구란 거문가지 가ᄂᆞ라ᄒᆞᆫ 기단박과 / 호박동이 누른외며 고비달닉 고사리와 / 콩기름의 녹두슉쥬 콩닙팟닙 씨닙히오 / ⑯ 곡식푸리 볼작시면 이쌀찹쌀 슈슈쌀과 / 기장좁쌀 피쌀이며 모미보리 귀우리와 / 녹두젹두 광젹이며 황틱쳥틱 반주콩과 / 율모의이 옥슈슈며 참긔들긔 아쥭짜리 ⑰ 고리푸리 볼작시면 황육은 극귀하고 / (…중략…) ⑱ 싱션푸리 볼작시면 이어농어 가물치와 / (…중략…) ⑲ 슐푸리롤 볼작시면 약쥬소쥬 온갖술이 / (…중략…) ⑳ 썩푸리를 볼작시면 왼갓썩이 다잇스니 / (…중략…) ㉑ 목긔푸리 볼작시면 장롱뒤지 궤그릇과 / (…중략…)	IV

듯불긋 가갓발의 칙소리며 / ㉶ 신창누비 계집들은 문간마다 ᄂᆞ와셔고 / [G-1]	㉒ 마안푸리 볼쟉시면 밍이[93]등ᄌᆞ[94] 젼후거리 / ㉓ 철물푸리 볼쟉스면 장도환도 시칼졉칼 / (…중략…) ㉔ 옹긔푸리 볼쟉스면 동의소라 항독아리 / 오지그릇 툭박이며 셕간쥭 ᄉᆞ파병과 / (…중략…) ㉕ 젼당푸리 볼쟉시면 돈밧고며 은밧곤다 / (…중략…) ㉖ ᄯᅩᄒᆞᆫ곳 둘러보니 져권무슴 푸리련고 ᄡᅡ리바쟈 삿지리며 종다락기 바구니와	
㉴약ᄃᆡ모양 희괴ᄒᆞ다 킈는 놉하 셜멍ᄒᆞ고 / 가는다리 셩큼ᄒᆞ고 젹은ᄇᆡ는 등의붓고 / 볼기ᄧᅡᆨ은 쌔분이오 모가지는 뒤곱아셔 / ᄃᆡ가리는 별노젹고 샹을보면 말상이오 / 모가지는 셰모지고 ᄃᆡ가리는 츄허들어 / 어긋어긋 거러가니 두길이ᄂᆞ 되는고나 / 웃닙슈얼 코밋츠로 노를ᄊᆡ여 즙아가며 / 몬다외[95]는 압뒤흐로 길마쳐로 이러셔고 / 살발인ᄃᆡ 쪽발이오 발톱ᄂᆞ듯 굽이 붓고 / 져근초리 쇠초리요 우는소릭 말소릭요 / 열은가쥭 털버셔져 도랑오른 ᄀᆡ몸갓다 / (…중략…) /	㉗ 약ᄃᆡ모양 엇디터냐 킈는놉하 셜멍ᄒᆞ고 / 무릅마ᄃᆡ 세마ᄃᆡ오 ᄇᆡ는젹어 등의붓고 / 잔등우희 두봉잇고 길마실은 모양갓고 / 모가지는 뒤ᄭᅩᆸ아셔 게우목과 쳔연ᄒᆞ고 / ᄃᆡ가리몸 별노젹고 상을보면 말상갓고 / 볼기ᄶᅡᆨ은 쌔문이요 ᄭᅩ리ᄂᆞᆫ 됴고맛고 / 발은보면 쇠발갓되 굽은업고 살발이오 / 야튼가죽 털버셔셔 도랑올린 ᄀᆡ몸갓고 / 웃납시울 코밋트로 노흘ᄢᅦ여 잡아썰면 / 어긋어긋 거러가니 열업시 삼긴증싱 / 엇던시림 실업ᄉᆞᆫ놈 잔나븨을 썰고가니 / ㉘ 잔나븨 엇더터냐 쳔작히 비유컨ᄃᆡ / (…중략…) ㉙ ᄯᅩᄒᆞᆫ곳 지나더니 상가의셔 발인ᄒᆞᆫ다 / 쌍가라 ᄒᆞᄂᆞᆫᄃᆡᄂᆞᆫ 뜰가온ᄃᆡ 삿집[96]짓고	V

〈표 5〉에서 Ⅰ은 유리창과 관련된 전반부의 장면으로 〈무자서행록〉과 비교했을 때 〈병인연행가〉는 상당히 정돈된 구성을 보이고 있다. '강조 표시'에서 알 수 있듯이 ①에서부터 '쳔하보배', '안경푸리', '잡화푸리', '향푸리', '붓푸리' 등과 같은 소항목을 설정한 후 소재들을 적절하게 배치하고 있는 것이다. 각종 대상들이 뒤섞여 나열되어 있는 〈무자서행록〉의 ㉯, ㉶ 부분과는 확연하게 변별되는 특성이다. 특히 이 변환의 과정에서 ㉯, ㉶에서와 같이 〈무자서행록〉에서 분산된 내용들이 '잡화푸리' 항목으로 통합되고 있다는 점도 흥미롭다. ㉯에 소개된 '천리경, 시계, 자명종' 등의 소재는 물론 ㉶에서 발견되는 '빗, 바늘통, 구리골

91 치풍푸리 : 옷을 만들고 바느질을 하는 가게.
92 長木廛 : 재목을 파는 가게.
93 밍이 : 말 안장의 몸뚱이가 되는 물건.
94 鐙子 : 말에 탔을 때 두 발로 딛는 제구.
95 몬다외 : 약대 등의 두두룩한 살.
96 삿집 : 갈대를 엮어서 임시로 만든 집.

모' 등도 동일한 군집으로 재배치되고 있는 것이다. 이 때 〈병인연행가〉의 ③은 '화각부친 음양소며', '면빗참빗 어레빗과', '이쑤시ᄀᆡ 귀이ᄀᆡ며'에서와 같이 두 어절 이상의 구절은 물론 부분적 단어들이 〈무자서행록〉과 동일성을 보이고 있어 상호텍스트성에 기반한 창작임도 알 수 있다.

두 자료의 이러한 상호텍스트성은 Ⅱ 부분에서 보다 선명하게 확인된다. Ⅱ의 〈무자서행록〉에서 'ᄎᆡᆨᄉᆞ한곳 드러가니'로 시작된 구절이 〈병인연행가〉의 일관된 구성 방식에 따라 'ᄎᆡᆨ푸리를 볼작시면'로 전환되었을 뿐 그 이하 내용들은 거의 완벽하게 일치하고 있기 때문이다. 특히 이 경우에도 '책사(冊肆)'의 소재들이 군집된 부분에서만 상호텍스트성이 발견되고 있다. ㉮에 보이듯이 종이, 전당포, 약재 등의 각종 소재들이 나열된 내용은 〈병인연행가〉에 수용되지 않고 있는 것이다. 대신 '⑧ 죠희푸리 볼작시면'과 같은 소항목이 추가되어 있고 ㉮의 전당포나 항아리 등의 내용이 정리된 장면은 Ⅳ부분에서 발견된다.

Ⅲ도 이러한 변화를 보이고 있는 곳인데 〈무자서행록〉의 경우 '의전'에서 목도한 의류와 직물이 나열되어 있는 반면 〈병인연행가〉에서는 '비단푸리 볼작시면', '붓ᄎᆡ푸리 볼작시면' 등으로 분류되어 있다. 대체로 〈무자서행록〉의 ㉰와 내용이 유사하지만 보다 세분화된 항목을 설정함으로써 효율적인 전달과 이해의 층위를 제고하고 있는 것이다. Ⅳ의 경우 상호텍스트성 및 소재의 항목화가 발견되는 것은 물론 여타 항목과 사례들이 추가적으로 보완되어 있어 장면의 구체성이 강화된 양상을 보이고 있다. 〈병인연행가〉 ⑮, ⑯의 'ᄎᆡ소푸리'와 '곡식푸리'에 해당하는 사례들은 〈무자서행록〉의 ㉱와 상당 부분 일치하고 있는데 〈병인연행가〉는 이외에도 '고리(고기), 생선, 술, 떡'등의 음식류가 추가적으로 서술되어 있는 것이다.

이러한 문학적 전략은 V에서도 확인되는데 '약듸'를 묘사하고 부분에서는 상호텍스트성이 확인되며 〈병인연행가〉의 경우 '잔나븨'가 추가적으로 묘사된 현상을 확인할 수 있다. 그런데 〈무자서행록〉의 경우 '약듸'를 묘사한 ㉲가 과실 · 채소(㉱)와 철물전(㉳) 사이에 삽입되어 있었는데 〈병인연행가〉에서는 ㉗과 같이 후반부로 배치되었다. 이 역시 유리창에서 목도한 문물들을 동일한 범주로 설정(①~㉖)하고 '낙타, 잔나븨' 등은 별도의 항목으로 간주하여 재조정한 작가 의식이 확인되는 사례인 것이다. 더욱이 낙타가 묘사된 장면을 보면 주요 표현들은 대부분 일치하는데 '볼기쪽은 쌰분이오 모가지는 뒤곱아서'라는 구절이 '모가지는 뒤ᄭᅩᆸ아셔 게우목과 쳔연ᄒᆞ고 (…중략…) 볼기짝은 쌰문이요 ᄭᅩ리는 됴고맛고'와 같이 분산적으로 배열된 사례들이 발견된다. '볼기'와 '모가지'를 상 · 하체와 관련된 요소들로 분리 · 재결합함으로써 낙타의 형체를 보다 효율적으로 묘사하고자 한 고심이 반영된 흔적을 확인할 수 있는 것이다.

마지막으로 V의 ㉙를 보면 'ᄯᅩᄒᆞᆫ곳 지나더니 상가의셔 발인ᄒᆞᆫ다'와 같이 묘사 대상이 전환되고 있으며 앞의 〈표 4〉에서 살펴본 바와 명확한 상호텍스트성이 확인된다.[97] 그런데 이 두 장면은 상당한 서사적 균

97 [A] 상가라 ᄒᆞ는거슨 뜰가온듸 삿집짓고 / 문밧긔 초막짓고 듸취타와 셰히젹이 / 됴긱의 출입마다 풍유로 영송ᄒᆞᆫ다 / 상여를 볼작시면 소방상 틀을 ᄧᅡ고 / 오식비단 두로얽어 황홀ᄒᆞ고 긔이ᄒᆞ게 / 뒤얽어셔 문을 노하 ᄭᅩᆺ송이도 쳔연ᄒᆞ게 / 아릐우희 길반되게 층층이 ᄭᅮ며시며 / ᄉᆞ면 춘혀 충도리의 누각과 일테로다 / 관치례를 볼작시면 놉히는 반길되게 왜주홍으로 칠을 ᄒᆞ고 황금으로 그림그려 보방노 ᄡᅴ러ᄒᆞ고 크기도 엉당ᄒᆞ다 듸들의 줄을 기리 간간이 메어시듸 저근 어죽 줄을 이지 두놈이 미ᄌᆞ메여 이우물 저우물이 우물마다 그러ᄒᆞ니 상여는 달리워셔 물담은 듯 편안ᄒᆞ다 / 상여압희 상인셔고 상졔압희 공포셔고 / 동ᄌᆞ삼텬 그압셔고 계집복인 ᄎᆞ를 타고 / 휘슈건의 머리미고 흰옷슬 입어시며 / ᄎᆞ례로 슈상ᄒᆞ니 몃수렌지 모를노다
[A]′ 상가라 ᄒᆞ는듸는 뜰가온듸 삿집짓고 / 문밧긔 초막지어 듸취타와 필이젹이 / 죠긱의 츌입마다 풍유로 영송ᄒᆞᆫ다 / 상여을 볼작시면 소방상을 틀을 ᄧᅡ고 / 오식비단 두루얼거 황홀ᄒᆞ고 그이ᄒᆞ게 / 뒤얼거서 문흘 노하 ᄭᅩᆺ송이도 쳔연ᄒᆞ고 / 아릐우히 길반되게 층층이 ᄭᅮ며스며 /

열을 보이고 있다는 점에서 서사적 배치 양상을 잠시 짚어볼 필요가 있다. 〈무자서행록〉에서 [A]는 요동성을 지나 동악묘에 도착하기 이전에 관찰된 내용에 해당하는 반면 〈병인연행가〉에서는 유리창 이후의 장면에 삽입되어 있기 때문이다. 이는 〈병인연행가〉가 〈무자서행록〉과의 상호텍스트성이 확인되고 연경 문물에 대한 '유람지'적 특성을 보이는 부분에서부터 서사적 진행이 거의 파열되어 있는 작품임을 의미한다. 대신 흥미로운 대상이나 장면을 병렬적으로 나열 · 묘사하는 특질이 강화되어 있으며 결국 [A]→[A]'는 〈무자서행록〉에 형상화된 소재가 연경에서의 견문이 아닐지라도 임의적으로 절단하여 삽입했다는 점에서 능동적 작가 의식이 확인되는 사례로 보아야 하는 것이다. 마지막으로 상호텍스트성이 발견되는 곳은 회정에서 귀국까지의 장면인데 연경 유람의 내용이 아닌, 서사적 진행이 이루어지는 부분에서 발생하고 있는 현상이라 주목을 요한다.

> [H] 편지봉은 그져쥐고 뎜막의 드러와셔 / ᄎᆞᄎᆞ로 ᄡᅥ혀보니 집ᄉᆞᄅᆞᆷ들 편지로다 / 거록ᄒᆞ신 우리노친 평안ᄒᆞ신 친필이오 / 형뎨ᄌᆞ녀 무ᄉᆞ글시 마노라의 졍찰이

ᄉᆞ면춘혀 츙도리의 누각과 일체로다 / 관치례를 볼작시면 놉히ᄂᆞᆫ 간발되게 쥬홍으로 칠을 ᄒᆞ고 황금으로 그림그려 모양도 괴려ᄒᆞ고 크기도 영장ᄒᆞ다 ᄃᆡ틀의 줄을 걸어 간간이 머여시니 져근연츄 줄을달아 두놈식 마조메니 샹여ᄂᆞᆫ 달리녀서 물담은 듯 편안ᄒᆞ더 / ᄉᆞ니상졔 계집상졔 일가친쳑 복인들이 / ᄎᆞ을타고 뒷ᄃᆞ로ᄃᆡ 흰무명옷 입어시니 / ᄉᆞ나희ᄂᆞᆫ 흰두루막이 흰슈건 머리동여 / 계집은 흰무명을 ᄯᅩ아리를 ᄒᆞ여이고 / 무명ᄒᆞᆫ숫 뒤로느려 발뒤굼치 치렁치렁 / 상여압희 션동들은 식등거리 빵상토의 / 쌍을지어 느러셔니 몃쌍인지 모르겟고 / (…중략…) / ᄯᅩᄒᆞᆫ곳 지너더니 혼인구경 맛춤한다.
[A]→[A]'에서 '강조 표시'된 부분을 보면 상여와 관에 대한 묘사가 거의 완벽하게 일치함을 확인할 수 있다. 그러나 [A]'에서는 인물들의 외양과 관련된 부분이 새롭게 재구성되었으며 혼인구경에 대한 내용도 첨가되어 있어 차이를 보인다. 이는 〈무자서행록〉에 자세하게 묘사된 대상들에 대해서는 〈병인연행가〉가 전면적으로 수용하고 있어 상호텍스트성의 정도도 높아지는 사례로도 볼 수 있을 것이다.

라 / 이제야 마음노혀 얼시고가 졀노난다 / 통원보 황가장과 건ᄌᆞ포 ⓐ【칙문지나 / 구월 십오일의 온졍틀 경야홀제 / 오놀은 노친ᄉᆡᆼ신 ᄂᆡ회가 ᄇᆡ로나니 / 의려ᄒᆞ신 깁흔ᄉᆡᆼ각 불초ᄒᆞ기 가히업다 / 만지장셔 ᄒᆞ신편지 권권ᄒᆞ기 측양업다 / ᄉᆞ식 남은 불초ᄌᆞ식 유치갓치 아르시며 / 친ᄌᆡ의 불원유는 옛ᄉᆞ롬 교훈이나 / 봉힝치 못ᄒᆞ여서 반년이나 ᄯᅥ나시니 / 붓그럽고 두린마음 둘ᄃᆡ가 바히업다 / 츄산은 공냥ᄒᆞ고 상월이 쳐담ᄒᆞᆫᄃᆡ / 찬ᄉᆡ벽 촉불아릐 삼인듯 좀을 ᄭᆡ쳐 / 지촉ᄒᆞ야 길을ᄯᅥ나 어셔가ᄌᆞ 말을 모라 / 춤춤이 달녀오니 근친ᄒᆞ기 반갑도다 / (…중략…) / 십월초슴일 신시후 슈간파옥 집의오니 / 노친이 날보시고 반기는듯 늣기는 듯】/ 일ᄇᆡᆨ늒십 팔일만의 여름가을 다지ᄂᆡ고 / 쇠ᄒᆞ기는 더ᄒᆞ시나 병환업시 지ᄂᆡ시니 / ᄒᆞᄂᆞᆯ이 도우신가 다ᄒᆡᆼ코 요ᄒᆡᆼᄒᆞ며 / ᄉᆡᆼᄂᆡ의 쳐음먼길 무ᄉᆞ히 도라오니 / 집의와 안즌마음 일변의 위로된다 / 고상도 잇거니와 구경이 만ᄒᆞ시니 / 왕ᄂᆡ의 지ᄂᆞᆫ일과 도쳐의 노든 경과 / 인물과 풍속이며 듯는일 보는 거슬 / 날마다 기록ᄒᆞ야 녁녁히 적어시니 / 우리노친 심심즁의 파젹이나 ᄒᆞ오실가.

[H]′ ᄎᆞᄎᆞ로 ᄯᅥ혀보니 완지반 편지로다 / 반가울ᄉᆞ 우리노친 안녕ᄒᆞ신 친필이오 / 깃부도다 우리병쳐 무양ᄒᆞ온 친출이라 / 이제야 ᄆᆞ음노혀 입이졀노 버러진다 / 일ᄒᆡᆼ일 셔로무러 치ᄒᆞ가 분분ᄒᆞ다 / 쳥셕녕 회령녕과 팔도하 지ᄂᆡ셔셔 / 츄팔월 초오일의 ⓐ′【칙문을 다다르니 / 오날은 노친ᄉᆡᆼ신 이희가 ᄇᆡ로난다 / 의려ᄒᆞ심 오작ᄒᆞ시랴 불효ᄒᆞ기 그지업다 / 만지쟝셔 ᄒᆞ신ᄒᆞ셔 권권ᄒᆞ신 말슴이라 / 근삼십세 되온ᄌᆞ식 유치ᄀᆞᆺ치 아르시ᄂᆡ / 친ᄌᆡ 불원유는 녜ᄉᆞ람의 교훈이라 / 불효ᄒᆞ다 만니밧긔 반년이나 ᄯᅥᄌᆞ스니 / 붓그럽다 두린마음 둘ᄃᆡ가 바히업다 / 츄산이 적막ᄒᆞ고 친이슬 ᄂᆞ린밤의 / 삼인듯 ᄌᆞ고ᄭᆡ어 지촉ᄒᆞ여 어셔가ᄌᆞ】/ 온졍평 지ᄂᆞ셔셔 구련산 너머셔니 / ᄇᆡᆨ마산셩 반가오며 통근졍도 의구ᄒᆞ다 / (…중략…) / 이십삼일 저문후의 집으로 도라오니 / 노친이 마조나와 반기신듯 늣기신듯 / 파

렴ᄒᆞ신 덕턱으로 병업시 단여오니 / 혼실이 환희ᄒᆞ니 즐겁기도 그지업다 / 청계ᄉᆞ 녯곡죠을 의구히 노러ᄒᆞ니 / 듕원싱각 ᄒᆞ면 의의ᄒᆞᆫ 일쟝츈몽인가 ᄒᆞ노라.

위의 [H]→[H]′장면을 보면 〈병인연행가〉의 후반부도 〈무자서행록〉과의 상호텍스트성에 근거하여 구성되었음을 확인할 수 있다. 노친의 친필 편지를 받고 기뻐하는 장면도 유사하지만 ⓐ→ⓐ′부분은 두 자료가 거의 완벽하게 일치하고 있다. 날짜 정보가 〈병인연행가〉의 상황에 맞게 '구월 십오일'에서 '츄팔월 초오일'로 변경되었고 화자의 나이가 'ᄉᆞ식남은'에서 '근삼십셰'로 변경되었을 뿐 여타 표현들은 동일하게 차용되고 있다. 특히 ⓐ→ⓐ′의 내용을 보면 '오날은 노친싱신 이회가 비로난다'로 시작되면서 부모를 떠나 있는 자신의 불초함을 탄식하고 있다. 이는 화자의 효심을 부각시키고 '어셔가ᄌᆞ'와 같이 귀국길에서의 이동에 대한 심리적 원동력으로 작용하고 있다는 점에서 〈병인연행가〉에 전면적으로 수용된 것으로 보인다. 다음 장면을 보면 '노친이 마조나와 반기신듯 늣기신듯'과 같은 구절만 활용될 뿐 대다수의 내용은 생략되면서 〈병인연행가〉는 간략한 몇 구절로 마무리되고 있는 것이다.

앞서 살펴보았듯이 〈병인연행가〉의 전반부는 자국의 공간에 대한 적극적 인식과 중화계승의식에 기반한 탄식이 확인되는 등 〈무자서행록〉의 세계 인식과 차이를 보이고 있었다. 그리고 두 작품의 상호텍스트성은 연경 문물들이 정태적(靜態的)이고 병렬적으로 나열된 지점들에서 집중적으로 발견되었다. 그런데 위의 회정 장면을 보면 나름대로의 서사적 진행을 유지하면서도 〈무자서행록〉의 일부를 차용하고 있음을 알 수 있다. 사행가사 작품들의 회정 장면은 전반부와 반복되는 여정인 만큼 동일한 내용들은 배제하고 귀국에 대한 열망과 여정을 서술하는 차원에서 간략하게 구성되는 경우가 많다. 〈무자서행록〉의 후반부도 이러한 특성을 보이고 있는데 특히 대외관이 발견되지 않고 유교적 효심을 구현한 논리가 확인되고 있어 〈병인연행가〉에 상당 부분 수용될 수 있었던 것으로 보인다.

지금까지 살펴본 것처럼 〈병인연행가〉에 투사된 세계 인식의 구도는 〈무자서행록〉과 변별되지만 연경의 문물을 묘사하는 층위에서는 상호텍스트성이 발견될 만큼 상당한 유사성을 보이고 있음을 알 수 있다. 〈병인연행가〉는 외교적 주체로서의 체험이 반영된 산문기록을 토대로 하되 흥미로운 소재나 장면들을 묘사하는 경우에는 〈무자서행록〉을 참고함으로써 보다 진전된 문학적 구성의 전략과 형상화의 특질을 구사할 수 있었고 이를 통해 '유람지'로서의 특성이 보다 강화될 수 있었던 것이다. 특히 군집화된 소재별 분류와 확장적 첨가의 방식이라는 구성 전략을 통해 〈병인연행가〉는 〈무자서행록〉에 비해 선명하고 정돈된 문학적 특질을 확보하게 된 것으로 보인다. 이러한 작품의 문학적 창작 원리가 간과되어 기존 연구에서는 〈병인연행가〉가 긍정적 대청관에 기반하고 있으며 화이론이 극복된 작품으로까지 평가되었던 것으로 보인다.

전대의 사행가사 작품들과 비교해 본다면 〈병인연행가〉의 이러한 특성은 시각적 재현과 관련된 장면이 독립적인 층위에서 이해되었음을 보여주는 사례로 해석될 수 있다. 〈무자서행록〉과의 상호텍스트성이 확인되는 부분들은 〈병인연행가〉의 화자가 실제로 목도하거나 경험한 장면으로 보기는 어렵기 때문이다. 따라서 관찰자의 시각적 체험이 〈병인연행가〉의 세밀한 묘사를 가능케 했다는 기존의 전제적 인식은 재고될 필요가 있다. 물론 대명의리론이나 자국 인식이 촉발된 부분을 살펴보면 주관이 우위를 보이고 있어 17세기의 〈장유가〉나 비슷한 시기에 창작된 〈임자연행별곡〉과 유사하다.

이처럼 〈무자서행록〉과의 상호텍스트성이 확인되는 부분들은 시각이 더 이상 진리나 외부 조건에 종속되지 않으며 '실제 세계'를 말하지 않을 수 있음[98]을 보여주는 현상으로 볼 수 있다. 홍순학이 삼사 신분이었던 점을 고려한다면 그가 시각적 경험에 새로운 가치를 투사하고 있으며 이는 전례 없는 유동성에 의한 것으로 기본적 장소나 참조물이 되는 어떤 것으로부터 추상화[99]된 논리일 가능성이 높기 때문이다. 물론 〈병인연행가〉의 경우 이 과정에 문명론이나 근대성의 논리가 개입되어 있는 것은 아니지만 중국에 투사된 심상 지리적 화이론이 약화되고 경험 세계에 가치 부여를 하고 있다는 점[100]에서 문학사적 의의를 발견할 수 있다. 영국을 사행한 후 창작된 〈셔유견문록〉(1902)을 보면 근대화된 문물을 경탄의 층위에서 묘사함으로써 경험 세계에 압도되는 양상을 발견할 수 있는데 그 전단계적 현상을 〈무자서행록〉과 〈병인연행가〉에서 확인할 수 있게 되었다.

다음에 살펴볼 〈북행가〉는 홍순학과 동일한 연행 체험을 토대로 창작된 사행가사이지만 문학적 소재 및 질감에서 상당한 이질성이 발견

98 조나단 크레리, 임동근 · 오성훈 외역, 『관찰자의 기술—19세기 시각과 근대성』, 문화과학사, 2001, 206쪽.

99 위의 책, 29~31쪽. 이와 관련된 논자의 논점은 관찰자의 재조직화는 19세기에 사진이 등장하기 전부터 발생했다는 것이다. 사진은 관찰자가 머무르게 되는 소비와 유통이라는 새로우면서도 동질적 영역의 한 요소이다. 그러므로 19세기의 '사진효과'를 이해하려면 그것을 가치와 교환의 새로운 문화경제를 이루는 중요한 요소로 보아야지 시각적 재현의 연속된 역사 중 일부로 보아서는 안 된다는 것이다.

100 물론 이러한 특징은 〈무자서행록〉에서도 확인할 수 있는 요소이다. 그러나 본 연구에서는 긍정적 대청관을 견지했던 〈무자서행록〉과는 달리 부정적 대청관을 보이면서도 그 체험 세계를 더욱 세밀하게 보완하며 묘사하고 있는 〈병인연행가〉의 작가 의식을 강조하고자 한 것이다.

된다. 변화하는 세계에 대한 적극적 인식과 대타적 자국 인식은 물론 연경 '유람지'로서의 특질도 강화되어 있는 〈병인연행가〉와는 달리 〈북행가〉는 지극히 사적인 시선에 한정하여 연행 체험을 인식한 논리가 확인되기 때문이다. 따라서 〈북행가〉를 사행가사의 변모와 관련된 문학사적 현상의 측면에서 새롭게 조망해 볼 필요가 있다.

(4) 〈북행가〉

〈북행가〉는 1866년 자제군관으로 연경에 다녀온 유인목이 창작한 작품으로 선행 연구를 통해 대체로 그 실체가 확인되었다. 그러나 홍재휴, 권영철이 영인 및 주해 작업을 통해 연구의 초석을 마련한 후 이렇다 할 독립적 성과는 발견되지 않는다. 임기중[101]은 청루편력만을 담고 있는 연행가사의 놀연변이라고 간략히 언급하였고 유정선[102]은 공식적 사절의식이 약화되고 유흥체험이 강화되어 있는 작품으로 분석하였다. 연행가사의 계보를 소재적 범주에 한정하여 살펴본다면 〈북행가〉가 소재적 돌출성과 향락적 특징으로 인해 일탈의 특징을 보이고 있음은 분명하다.

이에 대해서는 기존 연구에서 지속적으로 논의된 사항이므로 본 연구에서는 관점을 다소 달리하여 작품에 접근해 보고자 한다. 우선 소재의 특성을 사행가사에 투영된 세계 인식의 통시적 구도 하에서 조망하여 '일탈'이 아닌 '확장'의 시야에서 논의해 볼 것이다. 〈북행가〉에서도 대청 인식은 부분적으로 확인되는바, 그 비중의 변화에 따른 문학적 소재의 확대는 사행가사가 표상해 온 소재적 범주의 획일성을 극복

101 임기중, 앞의 책, 43~44쪽.
102 유정선, 앞의 책, 145~148쪽.

하게 한 측면에서 해석해 볼 수 있는 것이다. 세계 인식의 범주에서 볼 때 공식적 사절의식이 내재된 대외 인식의 영역이 축소되고 개인적 층위에서의 시각이 적극적으로 발현되고 있는 양상은 흥미롭다.

또한 이러한 접근은 〈북행가〉의 문학적 특질을 새롭게 규명할 수 있는 방향을 제시해 주기도 한다. 지극히 주관적인 층위로 문학적 소재가 변모하게 되면서 그것을 보다 효과적으로 구현할 수 있는 문학적 구성과 전략이 〈북행가〉에서 확인되고 있기 때문이다. 이러한 시각에 기반한 세밀한 분석이 규방 문화 내에서 활발하게 소통·향유되었던 〈북행가〉의 미학과 그 문화적 의의를 규명하게 하는 데 기여할 수 있기를 기대해 본다.

① 유흥(遊興) 의식과 소재의 확장

〈북행가〉는 앞서 살핀 〈병인연행가〉와 동일한 연행을 기반으로 창작된 작품이지만 청나라 문물에 대한 적극적 관심과 세밀한 묘사 등의 특징이 전혀 확인되지 않는다. 자제군관이었던 유인목은 공식적 기록의 임무가 없었으므로 지극히 사적인 층위에서 사행 체험을 인식하고 기록했을 것이며 이로 인해 〈북행가〉와 같은 사행가사가 창작될 수 있었던 것으로 보인다. 〈북행가〉는 〈병인연행가〉와 마찬가지로 연행하는 도중에 가사 창작에 일정 일과를 할애하며 구성된 작품으로 추정된 바 있다.[103] 그러나 기존에 사행가사가 창작된 관습을 볼 때 〈북행가〉도 추후에 창작되었을 가능성이 높다. 그의 연행일기가 현전하지는 않지만 '승흥ᄒᆞ여 나려와셔 침쇼의 비겨안ᄌᆞ / 일기를 슈정ᄒᆞ고 그밤을

103 고순희, 「19세기 중엽 상층 사대부의 가사 창작」, 『국어국문학』 149, 국어국문학회, 2008, 119쪽.

지닌후의'라는 〈북행가〉의 한 구절은 밤마다 일기를 구성한 정황을 짐작케 하기 때문이다. 더욱이 서장관이었던 홍순학과 달리 유인목은 자제군관의 신분이었으므로 그 일기가 지극히 주관적인 층위에서 구성되었을 가능성이 높다. '승평일월 노리ᄒᆞ니 이녁시 장부사업이로다'라는 결사구에서도 알 수 있듯이 견문의 '전달'이 주목적이었던 〈병인연행가〉와 달리 〈북행가〉는 자유로운 시각에서 체험 소재가 선택·재구성된 양상을 보이고 있기 때문이다. 그러므로 유인목은 자신의 연행일기를 토대로 하되 기녀들과의 애정 및 유람을 주된 제재로 설정하여 자신의 '유락적(遊樂的)' 체험을 과시하는 층위에서 〈북행가〉를 창작한 것으로 보아야 할 것이다.

이와 관련하여 1888~1889년의 연행을 토대로 구성된 『연원일록(燕轅日錄)』(작자미상)에는 기녀들의 생활상이 상당히 구체적으로 형상화되어 있어 흥미롭다.[104] 이 일기에는 연행 도중 평양과 의주 지방에서 만난 기녀들의 공연 상황이 자세하게 기록되어 있으며 그녀들의 의식주 및 일상생활에 이르기까지 관심의 층위가 상당히 세분화되어 있는 현상이 발견되는 것이다. 이러한 정황을 본다면 1866년에 연행한 유인목도 기녀들과의 체험을 일기에 반영했을 가능성이 높다. 특히 사행가사는 창작되는 과정에서 주관적 층위에서 체험을 선택하여 과장하거나 허구적인 요소를 삽입하는 등 나름대로의 문학적 영역을 확보하고 있었음은 앞서 확인하였다. 그러므로 〈북행가〉도 자신의 일기를 토대로 하되 주관적 시각에서 선택된 기녀들과의 애정적 요소에 초점을 맞추어 작품이 창작된 것으로 보아야 할 것이다.

104 『燕轅日錄』과 관련된 내용은 다음의 논문을 참고했음. 김남기, 「『燕轅日錄』에 나타난 기녀의 생활과 애환」, 『돈암어문학』 20, 돈암어문학회, 2007.

이러한 특징으로 인해 기존의 연구에서는 이 작품이 공식적 사절 의식이 약화되어 있지만 대의명분의식이 상대적으로 강하여 연경에서의 견문을 소극적으로 기록하거나 호인들의 풍속을 비판하고 있다고 평가되었다.[105] 그러나 대의명분의식이 강하다는 시각보다는 중점을 두고자 했던 형상화의 대상이 다르다는 점에 유의해야 한다. 특히 〈병인연행가〉와 공시적으로 비교해 본다면 동일한 연행 체험을 인식하는 시선이 개별화 · 다변화된 측면에서의 독립적 해석이 충분히 가능하기 때문이다. 따라서 〈북행가〉의 세계 인식은 〈병인연행가〉와의 비교를 통해 살펴볼 필요가 있다. 우선 대외 인식과 관련된 기본적인 사유의 틀은 두 작품이 서로 유사하지만 〈북행가〉의 경우 그 시선이 역사 인식의 층위로 확대되지는 않음을 알 수 있다.

① 쳥셩영 올나셔셔 고ᄉᆞ를 ᄉᆡᆼ각하니 / 젼의 우리나라 병ᄌᆞ연 호란젹의 / 효종ᄃᆡ왕 츌갈ᄒᆞᄉᆞ 심양의 ᄀᆞ실ᄃᆡ의 / 이고지 올나계셔 가ᄉᆞ를 지어신ᄂᆡ / 청셕영 너머셔니 옥화관이 어ᄃᆡ미요 / 호풍은 춤도 출ᄉᆞ 구진비ᄂᆞᆫ 무ᄉᆞᆷ일고 / 그뉘라 이ᄂᆡ ᄒᆡᆼ식 그려다가 / 임계신ᄃᆡ 젼히쥬리 / 그노릐 한번읍고 그ᄲᅡᆼ을 지ᄂᆡ가니 / ㉠【교목셰신 이ᄂᆡ마음 ᄇᆡᆨ셰광감 졀노ᄂᆞᆫᄂᆡ.】

② 셔손으로 작노ᄒᆞ여 회젼의 드러가니 / ㉡【거록한 그궁궐이 양젹의 회신되고】 / 호호ᄒᆞᆫ 너른모시 셕ᄂᆞᆫ간 나마잇ᄂᆡ / 돌비ᄂᆞᆫ 무산일노 공졍의 ᄆᆡ여잇고 / 구리소ᄂᆞᆫ 어이ᄒᆞ여 텩반의 노여ᄂᆞᆫ고.

105 유정선, 앞의 책, 147~148쪽.

③ 장관은 못다보고 셩닉로 도라올제 / 셔셩문 드러셔셔 졔왕문 구경ᄒᆞ고 / 션무문운 도라드러 쳔쥬당을 바릭보니 / 만한의학 네글ᄌᆞ롤 픽문의 붓쳐스니 / ㉢【가려울ᄉᆞ 즁화국이 져모양이 무산일고 / 오제삼왕 정경왕도 늒침이 되단말가 / 자슈도탄 져양젹아 쳔도롤 거역마라】/ 여챵의 밤식우고 조발ᄒᆞ고 닉달나셔 / 원동션의 집을 ᄎᆞᄌᆞ가셔 만호쳔문 드러가며 / 칙실에 올라보니 만벽도셔 기이ᄒᆞ고 / 창밧긔 셕가산은 기림으로 지여도다 / 쥬인의 관곡함이 이짜의 쳐음일쇠 / 일호쥬 일완다로 간담.

위의 ①~③ 사례는 자국과 서양을 인식하는 구도가 발견되는 경우에 해당한다. 여러 공간에서 대명의리론과 중화계승의식을 표명했던 〈병인연행가〉와는 달리 〈북행가〉는 ①의 장면에서만 효종대왕에 대한 연상이 확인된다. 그러므로 '교복셰신 이닉마음 틱셰광삼 설노는닉'와 같은 ㉠의 탄식도 연속 · 확장된 감정적 진폭을 형성하지 못하고 관습적이고 단절된 층위에 머무르고 있는 것이다. 이러한 두 작품의 차이는 ②, ③의 부분에서 그 원인을 짐작해 볼 수 있다. ②의 ㉡에는 〈병인연행가〉와 마찬가지로 서산에서 서세침탈의 현장을 목도한 상황이 제시되어 있으며 ③의 ㉢을 보면 천주당에서의 탄식이 형상화되어 있다. 중화의 세계를 위협하는 이적으로서 서구를 규정하고 비난하는 양상은 〈병인연행가〉와 동일한 양상을 보이고 있는 것이다. 그러나 이러한 의식이 〈병인연행가〉에서와 같이 대타적 자국 인식에 기반한 중화계승의식으로까지는 발전하지 않고 있다. 다음의 사례를 보도록 하자.

① 요동셩 중 드러가니 번화불 말ᄒᆞᆯ소냐 / 닉몬닉 졍져와라 소션이 크다ᄒᆞ랴 / 젼방압 슈장목은 금ᄌᆞ로 식겨잇고 / 각식물화 명목이오 옥뉴리큰 항아리예 / 물

을담아 양어ᄒᆞ니 오식붕어 깃졀ᄒᆞ다 / ㉠【그나마 허다장관 일일이 다ᄒᆞᆯ소냐】/ (…중략…) / ㉡【심양으로 바ᄅᆡ보니 션경이 여계로다】/ 혼하를 건넌후의 셔경을 드러가니 / 비포도 굉장ᄒᆞ고 형셰도 훌륭ᄒᆞ다 / 틱학의 알묘ᄒᆞ고 졔ᄌᆞ궁 구경ᄒᆞ니 / 왕ᄉᆞ가 역역ᄒᆞ다.

② **황극젼** 드러가니 쳔위가 노푼지라 / 외국의 오는손이 자셰ᄒᆞᆫ쳬 업거니와 / 궁졍을 도라보니 황금으로 기와ᄒᆞ고 / 슈졍으로 쥬렴ᄒᆞ니 만호쳔간 너른궁궐 / 아방궁 복도라도 이예셔 더할소냐 / ㉢【장ᄒᆞ도다 장ᄒᆞ도가 쳔ᄌᆞ궁궐 죵ᄒᆞ도다 / 구즁궁궐 깁고깁흔중의 쳔ᄌᆞ승안 못ᄒᆞ여니 / 즁국의 허다장관 이밧기야 한이업소.】

위의 ①을 보면 화자는 요동성과 심양에서 목도한 문물의 번화함을 예찬하고 있다. ㉠에서 '허다장관'으로 압축된 감탄이 심양에 이르러서는 '션경이 여계로다'라는 구절로 연속되고 있다. 그런데 〈병인연행가〉에서 심양은 거리는 번화하지만 삼학사에 대한 회고와 탄식이 환기된 곳이었다. 병자호란의 치욕을 환기하며 자국 인식을 강화한 〈병인연행가〉와 달리 〈북행가〉는 감각적 인지의 차원에만 한정되어 있는 것이다. 〈병인연행가〉에서 이러한 공간 인식들이 확인되는 대릉하, 영원성, 산해관, 수양관 등에서도 이러한 양상을 보이고 있으며 중국의 황제와 관련된 ②의 장면에서는 더욱 극명한 대조를 보인다. 〈병인연행가〉에서 황제를 알현하는 장면은 '쳔하의 제일인이 호복ᄒᆞ신 져란말가'라는 논리로 귀결되어 있는 반면 〈북행가〉의 경우 궁궐의 웅장함을 예찬하며 '천자승안(天子承顔)'을 하지 못한 것을 탄식하고 있기 때문이다.

'장ᄒᆞ도다 장ᄒᆞ도가 쳔ᄌᆞ궁궐 죵ᄒᆞ도다'라는 ㉢의 구절만 보아도 화자는 청 황제를 천자로 인식하고 있으며 궁궐의 웅장함을 예찬하고 있음을 알 수 있다. 대의명분론에 입각해 있는 〈병인연행가〉와는 달리 〈북행가〉는 청나라에 대한 표피적 긍정관을 유지하고 있는 작품인 것이다. 그러므로 〈병인연행가〉에 비해 연경을 형상화하는 비중이 적다는 점에서 대의명분론이 강화된 작품으로 분석하는 시각[106]은 수정되어야 할 것으로 보인다. 두 작품에서 발견되는 이러한 인식의 분기점은 평양성에서의 연회가 형상화된 다음의 장면을 통해 선명하게 확인해 볼 수 있다.

김홍도(金弘道, 1745~?)의 〈연광정 연회도〉 부분.

연광젼 ᄎᆞᄌᆞ가니 졔일강산 예로고나 / ᄇᆡᆨ쳑고루 놉흔누가 물우후의 ᄯᅥ잇ᄂᆞᆫ듯 / (…중략…) / 부벽루가 어ᄃᆡ러냐 션유ᄒᆞ여 올나가ᄌᆞ / ᄃᆡ동문 도라나셔 강변의 ᄇᆡ올잡아 / ᄒᆞᆫᄇᆡᆨ의ᄂᆞᆫ ᄃᆡ츄티오 ᄯᅩᄒᆞᆫᄇᆡᆨ의 뉵각이라 / (…중략…) / ⓐ【여러기싱 모혀안져 노릐나 ᄒᆞ여보자 / 일졔히 병창ᄒᆞ여 곡죠도 아름답다 / 어부ᄉᆞ 한곡죠

106 유정선, 앞의 글, 147~148쪽. 논자는 이와 관련된 다른 사례로 〈북행가〉의 화자가 청국에 입국한 후 호인의 풍속을 비판하고 있다는 점, 강남에 가지 못한 것을 탄식하고 있다는 점을 들고 있다. 그러나 호인의 풍속과 관련된 감성어는 '고이하다', '해괴하다' 등에 불과하며 이질적 문화에 대한 거부감일 뿐 명분론에 입각한 비난으로 보기는 어렵다. 또한 강남에 가지 못한 것을 탄식하는 것은 '소상팔경'으로 환기되는 이상적 강남 세계를 지향하는 층위에서 자신의 호탕한 기개를 강조하고자 하는 수사일 뿐 강남을 명과 연계하고 있는 사유의 단서 및 맥락은 작품에서 전혀 발견되지 않는다.

의 비을져어 올나가니 / 풍악은 ᄌᆞ아지고 쳥흔은 도도ᄒᆞ다 / (…중략…) / 젼금문 드러가셔 누상의 올나보니 / 모란봉이 쥬슨이오 잉무쥬가 압히있다 / 산빗츤 요조ᄒᆞ여 원경이 볼만ᄒᆞ고 / 강소릐는 요란ᄒᆞ여 ᄀᆞᆺ가운ᄃᆡ 여울이라 / 심슈ᄒᆞ고 그윽홈미 별유천지 예로구나 / ᄃᆡ풍악 드려노코 가무을 구경ᄒᆞᄌᆞ / ᄋᆞ릿다은 노릐서릐 쳥쳔의 놉히썻다 / 츔츄는 긴ᄉᆞᄆᆡ는 바람의 나붓긴다 / 눈압희 버린거시 녹픠홍퓽 이아니냐 / 울긋불긋 고운모양 츈심이 호탕ᄒᆞ고 / 교언영식 져ᄐᆡ도는 경신을 흐리운다】/ ⓑ【져의ᄭᅵ리 시긔ᄒᆞ여 누구를 후리랴고 / 들으니 셕계상의 영웅열ᄉᆞ 업다ᄒᆞᄃᆡ / 어렵도다 이ᄂᆡ몸미 한미훈집 ᄉᆞ롬으로 / 이십여년 칙상물임 졸직이 자라나셔 / 강산풍월 죠흔곳의 어ᄃᆡ훈번 노라보랴 / 쳥누쥬ᄉᆞ 발빗터며 외립물졍 알아쓰라 / 쳐음으로 당희보니 졸풍류를 면홀소냐】/ 영명사 구경가ᄌᆞ 쥭월누가 졔잇스며 / 을밀ᄃᆡ을 ᄇᆞ라보니 반공의 소사잇다 / ⓒ【옛적의 어ᄂᆡ썩에 동명왕이 말을타고 / 그굴노 드러가셔 강가흐로 나왓다니 / 허황한 말갓흐나 긔이훈 일이로다 / (…중략…) / 이짱을 말ᄒᆞ라면 우리나라 근본이라 / 쥬무왕시 긔ᄌᆞ계셔 죠션으로 쳐음오ᄉᆞ / 산명ᄒᆞ고 슈려키로 쳔년도읍 터니로다 / 긔ᄌᆞ의 뎡젼법은 옛빗치 그려잇고 / 긔자의 팔죠지교 씩친왕화 그져잇다.】

(〈병인연행가〉)

ᄃᆡ동문 얼픗지ᄂᆡ 연광졍 올나가니 / 졔일강산 사ᄌᆞ졔목 두려시 결엿고야 / 졔일층 올나가니 쳔하장관 여게로다 / 난함밋티 흐른물은 ᄃᆡ동강수 쌔쳐잇고 / 북으로 능나슈는 운무중의 희미ᄒᆞ다 / (…중략…) / 하쳐로 도라오니 본부니방 문안ᄒᆞ니 / (…중략…) / ㉠【허다훈 삼빅기싱 일쳬로 보와드니 / 영문기싱 국심이는 연광졍셔 잠관보고 / 졔먼져 차ᄌᆞ와셔 다졍ᄒᆞ기 넘노는일 / 내요량 ᄒᆞ기고야 다시옴 싱각ᄒᆞ니 / 봉산의의 인졍두고 예와서 너롤두면 / 그아니 의심ᄒᆞ랴 쳥춘의 미친아위 / ᄭᅩᆺ츨보고 지ᄂᆡ는ᄃᆺ 녹슈의 져원낭이 / 물을보고 지ᄂᆡ는ᄃᆺ 즁졍은

탐참ᄒᆞ나 / 강박ᄒᆞ여 ᄡᅥ친양은 이ᄂᆡ간쟝 철셕일다】 / 황혼의 미인ᄀᆞ고 호련이 치침ᄒᆞ야 / 그날밤 지ᄂᆞᆫ후의 ᄃᆡ동강 선유노름 / (…중략…) / 거혹ᄒᆞ다 그노름을 얼푸시 구경ᄒᆞ고 / 영명ᄉᆞ 나려와서 연화보답 잠관쉬여 / 월ᄒᆞ의 거문고ᄂᆞᆫ 소ᄌᆞ쳠의 셔호런가 / 강샹의 타ᄂᆞᆫ비파 ᄇᆡᆨ낙쳔의 심양인가 / ㉡【일엽쥬 자바타고 국심의 손을ᄡᅳ어 / 오호의 편쥬상의 서시룰 시릿도다 / 일호쥬 엽희달고 양유사 일곡조의 / 시흥이 도도ᄒᆞ다 긔린굴 구경ᄒᆞ니 / 당명왕 됴쳔기리 완연히 분명ᄒᆞ다】 / 슈삼동긔 압셔우고 모란봉을 올나가니 / 안계가 쾌활ᄒᆞ여 슈ᄇᆡᆨ니 평양일구 / 슬하의 둘너잇고 셔련봉 구버보니 / (…중략…) / 젼후의 기악소리 의원졔자(梨園弟子) 다왓든가 / ㉢【어와구경 장할시고 이ᄂᆡ노림 장할시고】 / 취흥으로 하륙ᄒᆞ여 하쳐로 도라오니.

〈북행가〉

〈병인연행가〉의 ⓐ와 〈북행가〉의 ㉠에서 확인할 수 있듯이 위의 두 인용문에는 연광정에서의 선유놀음이 형상화되어 있다. 그러나 풍류의 장면을 기억하고 형상화하는 시선에서는 상당한 차이점이 발견된다. 우선 ⓐ를 보면 풍악과 주변의 자연 풍경이 조화를 이루는 장면이 묘사되고 있으며 〈병인연행가〉의 화자는 '심슈ᄒᆞ고 그윽홈미 별류쳔지 예로구나'라는 감정적 이입을 보이지만 대상에 대한 관찰자적 시선은 유지되고 있다. 이러한 시선은 '가무'를 감상하는 도중에도 지속되는데 '울긋불긋 고운 모양 츈심이 호탕ᄒᆞ고'에서와 같이 순간 '츈심이'라는 인물에 몰입되는 양상을 보인다. 그러나 화자는 이내 '교언영식 져틱도는 졍신을 흐리운다'와 같이 관찰자적 균형을 회복하려 한다. 그리고 ⓑ에서는 '져의ᄭᅵ리 시긔ᄒᆞ여 누구를 후리라고 / 들으니 식계상의 영웅열ᄉᆞ 업다ᄒᆞᄃᆡ'와 같이 기녀들을 비난하고 있지만 이어 자신의 감정적 몰입과 동요를 인정하고 있기도 하다. 그로 인해 화자는 '이십여년 칙상물림 졸직이 자라나셔 / (…중략…) / 청누쥬ᄉ 발밧터며 외립물졍 알아쓰라 / 쳐음으로 당힉보니 졸풍류를 면홀쇼냐'와 같이 풍류놀음에 동화되지 않은 자신을 정당화하고 있는 것이다. 이러한 홍순학의 행동과 논리는 실제적 기질일 수도 있고 삼사라는 신분을 고려한 의식적 방어 기제일 수도 있다. 또한 이와 유사한 논리가 〈일동장유가〉에서도 발견[107]되고 있어 가내 소통을 염두에 둔 창작 과정에서 여과된 장면이었을 가능성도 배제할 수 있다.

---

107 이와 관련된 내용은 다음과 같다.
"일장은 박소하고 숙소로 돌아오니 / 운정이 먼저 와서 수청차로 앉았구나 / 의복도 치레하고 교태도 그지없다 / 평생에 정한 뜻이 저를 보고 변할소냐 / 자리 펴고 촉 물리며 "나가자라" 재촉하니 / 무료하고 수괴하여 몸 둘 땅이 없어 하네." 이 장면을 보면 〈일동장유가〉의 화자가 '운정'이라는 기생의 수청을 거절하는 방식으로 자신의 지조를 강하게 표현하고 있다. 기존 연구에서는 이 내용을 사실적 정보로 활용하여 그의 성격과 연결시키기도 하였다. 그러나 작품의 창작 원리를 고려해 보면 이 장면에는 김인겸의 과장 · 허구적 논리가 개입되어 있을 가능성이 높다. 다른 사행원들의 경우 기녀로 인해 망신을 당하는 내용이 확인된다는 점이 그러하다. "종사상 병방군관 색중의 아귀로서 / 서울서 떠나면서 날마다 저녁 참에 / 행수호장 호령하여 고은 차모 추심하여 / 오히려 나삐 여겨 내게 와 간청하되 / 예천은 색향이라 날 위하여 먼저 가니 / 일등 미인 뽑아내어 두었다가 나를 주오 / 들으매 짓이 미워 한 번을 속여보세 / 헛 대답 쾌히 하고 정녕히 상약하고 / 동정자 지나와서 예천읍내 들이달아 / 뭇기생 불러 세고 그중에 말째 기생 / 늙고 얽고 박박색을 고르고 가려내어 / 이방에게 분부하고 병방차모 정한 후에 / (…중략…) / 오늘밤 합친하고 내 덕으로 아오소서 / 들으며 웃는 입이 함박만 하는구나 / (…중략…) / 이윽고 현신하니 저 차모 거동보소 / 쑥같은 헐은 머리 실로 땋아 마주 매고 / 눈꼽 기인 오횐 눈을 희부시시 겨우 뜨고 / 옻초롱 같은 낯이 멍석처럼 얽었구나 / 무명 반물 뒤롱다리 귀까지 담뿍 쓰고 / 헌 저고리 짧은 치마 현순백결 하였구나 / 동구안 삼월이는 예 비하면 일색일세 / 차보오 손에 들고 뜰에 와 주춤할 때 / 밑살이 터졌던지 방귀조차 뀌는구나."
이 부분은 병방군관이 색을 밝히다 외모가 추한 기녀로 인해 망신을 당하고 있는 장면이다. 특히 기녀에 대한 외양 묘사는 상당히 과장적이고 해학적이라 독자의 흥미를 고려한 작가 의식을 확인할 수 있다. 이 외에도 다른 사행원들이 기녀로 인해 겪는 몇몇 체험은 대부분 해학적인 층위에서 구성되고 있어 김인겸은 한문일기를 사행가사로 변환되는 과정에서 확보된 문학적 영역을 유연하게 활용했던 것으로 보인다. 따라서 자신과 기녀와의 일화 역시 문면 그대로 이해하기보다 가내 소통을 염두에 둔 의식적 재구성으로 파악하는 것이 적절해 보인다.

그러나 보다 중요한 점은 〈병인연행가〉의 화자는 사적인 감흥에 몰입하기보다는 ⓒ에서와 같이 역사 인식의 차원에 무게 중심을 두고 있다는 것이다. 이는 〈북행가〉의 ㉠~㉢과 비교했을 때 더욱 선명하게 확인된다. 〈북행가〉의 ㉠을 보면 이미 풍류에 대한 기억을 인식 · 형상화하는 층위가 '국심이'라는 기생과 그녀에 대한 자신의 내적 반응의 영역으로 전환되어 있다. 자신을 다시 찾아온 국심이에 대해 타인의 눈을 의식하며 애써 외면하는 마음이 '쳥춘의 미친아위 쏫츨보고 지닉는듯'과 같이 구체적으로 표현되고 있는 것이다. 이후 ㉡에서는 국심이를 '서시'에 비유하며 선유놀음을 즐기는 장면이 묘사되어 있으며 이러한 특징들은 〈북행가〉가 연회 장면을 단순히 관찰하고 감탄하는 차원을 넘어 개체적 단위에서 생성된 감정선과 내적 반응에 주목한 작품임을 보여준다.

반면 이 장면과 유사한 여정에 대해 〈병인연행가〉는 ⓒ에서와 같이 영명사를 유람하는 과정에서 촉발된 단군 인식과 기자조선에 대한 회고를 연속적으로 드러내고 있다. 〈북행가〉의 ㉢에서 '어와 구경 쟝할시고 이닉노림 장할시고'라는 구절로 장면이 정리되고 ㉢의 전후에 '기악소릭', '취흥' 등의 단어가 배치되어 있는 점 역시 이 작품의 투영된 주된 시선이 〈병인연행가〉와 이질적임을 보여주는 사례일 것이다. 물론 연경의 문물에 대해서는 〈병인연행가〉도 '유람지'적 성격을 보이고 있지만 〈북행가〉의 경우 '기녀와의 만남'라는 유흥 의식에 초점을 둔 작품이라 전혀 다른 문학적 질감을 보여주고 있는 것이다.[108] 이러한

108 이와 관련하여 유리창에 대한 〈북행가〉의 다음 장면도 흥미롭다.
"유리챵 드러가니 좌우의 져리들은 / 유리챵호 집집일식 물화롤 볼죽시면 / 금은동철 싸혀잇고 능나금슈 부고로다 / 산호슈 디무그럿 기와유추 쑤몃고야 / 기기괴괴 각종물은 거디슈 싱면일식 / 칙상의 나려가셔 셔칙을 구경ᄒᆞ고ᄂᆞ니 / ᄉᆞ셔삼경 의례 궁경벽셔 무한ᄒᆞ다 / 그 길노 셔양초기 ᄎᆞᄌᆞ가니 / 절디가인 허다ᄒᆞ고 복식도 능는터라 / 언어가 다르기로 슈쟉이야 잇슬소냐 / 무미ᄒᆞ기 극진ᄒᆞ여 아ᄉᆞ라 바리두고 / 빅운관 ᄎᆞᄌᆞ가니

〈북행가〉만의 특징은 회정과 관련된 다음의 장면에서도 확인된다.

ᄯᅥᄂᆞᆫ후 오륙일의 별산을 다다ᄅᆞ니 / 져ᄌᆞ관 오ᄂᆞᆫ편 가신을 ᄃᆡ강듯고 / ㉠【화홍편지 ᄯᅩ왓도다 일봉셔 만단졍곡 / 이 역시 위회로다】(…중략…) / 남ᄌᆞ산 다다ᄅᆞ니 찬물식 오ᄂᆞᆫ편의 / 반갑도다 가셔바다 아부롤 아온후의 / ㉡【일봉셔 ᄢᅦ여보니 화홍의 편지로다 / 구비구비 샹ᄌᆞᄌᆞ요 옥안화용 ᄃᆡᄒᆞ고야】 / 보기를 마ᄎᆞᆫ후의 봉물을 ᄢᅦ여보니 / 졔일품 감홍노ᄂᆞᆫ 항아리 가득ᄒᆞ고 / 뉴명ᄒᆞᆫ 슈륙진찬 오합의 ᄎᆞ녀고야 / 숲부어 안쥬ᄒᆞ고 밥먹을ᄃᆡ 반찬ᄒᆞ니 / 여러달 다든비위 오날날 여러고야 / 맛잇도다 맛잇도다 엇지그리 맛잇ᄂᆞᆫ고 / 네손으로 작만ᄒᆞᆫ것 그엇지 버면홀가 / (…중략…) / ㉢【반갑도다 져화홍아 울기ᄂᆞᆫ 무산일고】 / (…중략…) / 종남산 하직ᄒᆞ고 조령을 너머셔니 / 고향이 여계로다 ᄐᆡ봉의 졍심먹고 / 다ᄅᆡ산셩 너머셔니 우쳔(愚川)이 고ᄐᆡᆨ이라 / 큰ᄃᆡᆨ의 잠관단여 퇴잔(兎津) 나르 얼푼건ᄂᆡ / 귀암으로 나려오니 슈간모옥 ᄉᆡ로얼거 / 소혈이 분명ᄒᆞ다 어린ᄌᆞ식 기다리고 / 병든안히 반기ᄂᆞᆫ양 인간낙ᄉᆞ 이아닌가 / 하오올 계유쇠고 귀셩으로 나려가셔 / 부모님계 반명ᄒᆞ고 칙실노 드러가니 / ㉣【밤이되야 촉불켜니 그리든 져봉혜가 / 벽을안고 우ᄂᆞᆫ양이 셔류관 난간우의 화홍이 다시보니 / 아람다온 네거동을 화홍인가 넉엿드니 / 다시보니 봉혜로다 남ᄌᆞ이리 우습도다】 / 두어라 여운(黎元)계슈(界首) 다본셜화 다버리두고 / 상산ᄒᆞ 낙슈변의 일녑쥬 자바타고 / 고기낙도 도라와셔 여가의 나모ᄒᆞ고 / 셕양으이 밧흘갈고 송등의 글을일너 / 님쳐의 낙을 붓쳐 황관야복 일민되야 / 승평일월 노ᄅᆡᄒᆞ니 이녁시 장부사업이로다.

기화요초 버려ᄂᆞᆫᄃᆡ."
이 장면에서 밑줄 친 부분을 보면 화자가 유리창의 문물들을 감탄하고 나열하지만 이내 서양기생과의 만남으로 관심의 대상을 전환하고 있음을 알 수 있다. 〈무자서행록〉을 참고하면서 각종 문물들을 체계적으로 항목화하여 나열한 〈병인연행가〉와는 전혀 다른 특징을 보이고 있는 것이다.

위에 ㉠~㉣을 보면 〈북행가〉의 회정 장면에는 '화홍'과 관련된 내용이 지속적으로 배치되어 있음을 알 수 있다. 노친과 관련된 효심을 환기하는 내용이 큰 비중을 차지하며 상호텍스트성을 보였던 〈무자서행록〉, 〈병인연행가〉의 경우와 비교해 본다면 제재의 이질성으로 인해 사행가사의 회정 장면도 개성적 특질을 보이고 있는 것이다. 특히 ㉠~㉢의 경우 서사적 흐름에 화홍의 편지와 만남을 지속적으로 배치함으로써 여정의 단조로운 배열로 유발될 수 있는 교술적 특성을 극복하고 있다. 또한 집에 돌아온 이후에도 자식, 아내, 부모 등과 관련된 감탄은 '인간낙ᄉᆞ 이아닌가'와 같이 간략하게 제시되고 있을 뿐 여타 사행가사와 같은 격정적 감회가 표출되어 있지는 않다. 오히려 ㉤에서와 같이 화홍이에 대한 그리움을 직접적으로 표출하고 있어 잔류하는 감정적 실체를 거듭 환기하고 있는 것이다.

이처럼 〈북행가〉는 연행 체험을 토대로 창작되었지만 '자국 인식'이나 '연경의 문물'에 초점을 두지 않고 지극히 사적인 시선에서 소재를 선별·형상화한 작품임을 알 수 있다. 이러한 특징은 〈병인연행가〉와의 공시적 비교를 통해 더욱 선명하게 확인할 수 있었으며 따라서 그 소재적 특성에 주목하여 작품의 문학적 특질을 해명해 보아야 할 것이다. 이와 관련하여 〈북행가〉의 이본들이 유인목이 은거했던 경북 상주의 규방 문화권에서 주로 발견되었다는 점도 유의해야 한다. 규방가사의 수통 및 향유가 활발했던 영남지역권의 문화적 분위기도 유인목의 가사 창작에 일정 정도 기여했을 것으로 추정되기 때문이다. 19세기 중엽은 상층 사대부들이 장편 가사를 활발하게 창작하고 향유했음이 확인되는바, 〈북행가〉는 특히 소재나 구성의 측면에서 상당한 문학적 흡인력을 확보했던 작품이었을 것으로 보인다. 따라서 '기녀와의 만남'

을 형상화하는 전략과 그 과정에서 발견되는 문체적 특질에 유의하면서 〈북행가〉의 문학적 실체를 탐사해 보도록 하겠다.

② 극적(劇的) 구성과 문체의 파격

대부분의 사행가사가 타국의 문물과 촉발된 감흥에 기반하여 창작된 반면 〈북행가〉는 '기녀와의 애정'을 서사의 중요한 축으로 배치하고 있다. 소재적 외연의 확장이라 할 수 있는 이러한 특징은 문학적 구성의 전략과 그 상관성이 확인되는바, 이 점에 유의하여 〈북행가〉의 문학적 특질과 미학을 규명해 보아야 한다. 18세기 후반에 민우룡(閔雨龍, 1732~1778)은 제주 기생 애월과의 애정 실사를 토대로 〈금루사(金縷辭)〉라는 상사연정가사를 창작하기도 했으며 기행가사 작품으로서 〈북행가〉와의 소재적 유사성이 확인되는 김진형(金鎭衡, 1801~1865)의 〈북천가(北遷歌)〉의 경우는 잠시 살펴볼 필요가 있다. 이 작품은 1853년의 함경도 유배 체험을 바탕으로 창작된 가사로 한문기록인 『북천록』을 토대로 재구성된 작품임이 확인된다.[109] 유배지까지의 여정과 풍광, 촉발된 감회 등이 완결된 서사로 구성된 전형적 유배가사이지만 칠보산을 유산할 때 만난 기생 군산월과의 로맨스가 삽입되어 있어 흥미를 유발

109 김시업, 「북천가 연구－북천록과의 비교 고찰을 통하여」, 성균관대 석사논문, 1975. 이 논문에서는 〈북천가〉가 〈북천록〉을 토대로 재구성된 작품이며 〈북천록〉은 평면적 사실을 기술한 일기임에 반해 〈북천가〉는 사건의 순서를 바꾸고 첨삭하기도 함으로써 극적인 구성 효과를 거두고 있다고 보았다. 또한 〈북천가〉는 서경과 서정의 조화를 통해 진솔한 정서를 구현했으며 군산월과의 사랑을 통해 전통적 윤리규범으로부터 벗어나고자 하는 내적 충동을 구현했다는 점에서 가사문학으로서의 미적 형상이 확인된다고 보았다. 이러한 논의는 한문기록을 토대로 가사문학이 재구성된 문학적 관습을 확인케 하는 사례이며 따라서 〈북행가〉도 유사한 창작 원리에 기반한 작품일 가능성이 높다. 앞으로도 가사문학을 연구함에 있어 이러한 시각에 기반한 논의가 지속될 필요가 있다. 이와 관련된 실증적 성과들이 축적된다면 가사문학의 창작 원리와 문학적 미감이 보다 선명하게 확인될 수 있을 것으로 보이기 때문이다.

하고 있는 것이다.

1970년대의 한 조사[110] 자료에 따르면 〈북천가〉는 경북 북부지역 여성 독자들에게 〈도산별곡〉, 〈추풍감별곡〉에 이어 많이 읽힌 작품이었으며 가장 좋은 가사에서는 〈추풍감별곡〉에 이어 〈적벽부〉와 동일한 2위를 차지했다. 그런데 '가장 좋은 가사'의 이유를 보면 대부분이 '흥미가 있어서'였고 '가르쳐주는 내용이므로'라고 답한 독자가 비슷한 비중을 보였다. 규방문화 내에서 가사문학이 구비해야 할 문학적 자질은 '흥미'와 '전달'이라는 두 요소였음이 확인되는 것이다. 〈북행가〉 역시 주로 영남권역에서 9수의 이본이 발견되어 영남 북부 지방의 규중에서 널리 애독되던 작품이었다.[111] 특히 〈북행가〉는 〈북천가〉에 비해 로맨스 소재의 비중이 더욱 확대되어 있다는 점에서 그 문학적 형상화 수법에 주목해 보아야 할 것이다. 〈북행가〉에서 기녀와 관련된 부분은 평양의 대동강과 의주 지역 그리고 압록강의 여정에 집중되어 있지만 단순한 삽화의 성격을 넘어 작품의 전반적인 감정선을 지배하는 장면들로 재현되고 있기 때문이다. 따라서 이 요소들이 전체적으로 배치되어 있는 양상을 살핀 후에 주요한 부분의 문학적 특질을 확인해 보도록 하겠다.

> A. 출발 : ① 松都(연회－송옥이, 옥논이), ② 황해도 서흥(수작－계홍), ③ 황해도 봉산(애성－국심), ④ 황해도 황주(유람－일등기생), ⑤ 대동강(선유놀음－국심 재회), ⑥ 평양성(국심 재회), ⑦ 평안도 백상루(연회－칠십기생, 국심 이별),

110 이원주, 「가사의 독자－경북 북부지역을 중심으로」, 『조선 후기의 언어와 문학』, 형설출판사, 1980.

111 홍재휴, 『北行歌 硏究』, 효성여대 출판부, 1990, 58~59쪽.

⑧ 의주(애정－화홍 만남), ⑨ **압록강(선유놀음 - 화홍과의 애정)**

B. 중국 : ⑩ 책문(화홍의 편지), ⑪ 이제묘(만단기롱－미인), ⑫ 유리창(서양 창기), ⑬ 별산 (화홍의 편지), ⑭ 낭자산(화홍의 편지)

C. 회정 : ⑨′**압록강(화홍 재회 - 이별)**, ⑥′평양성(국심 재회), ⓪ 경북 상주(화홍 연상)

위의 A～C는 기녀와 관련된 부분을 여정별로 정리해 본 것으로 '강조 표시'된 부분은 형상화의 장면이 상당히 확장되어 있는 경우를 의미한다. A에서 확인할 수 있듯이 기녀를 소재로 한 내용은 국경을 건너기 이전의 연회와 유람 장면에 집중적으로 분포되어 있으며 B와 C에서는 소재적 연속성을 유지하되 회정 과정의 압록강(⑨′)에서는 다시 한 번 집중적 장면화의 사례가 발견된다. 화자가 처음으로 비중을 둔 곳은 국심과의 하룻밤을 형상화한 ③의 장면이며 이후의 여정에도 국심은 몰래 따라온 것으로 설정되어 지속적으로 등장한다. 특히 대동강에서의 선유놀음(⑤)과 백상루에서의 연회 장면(⑦)은 상당한 흥취에 기반하여 묘사되고 있으며 ⑦에서는 국심과의 이별 장면이 극적으로 구성되고 있다. 그러나 의주에서 화홍을 만난 이후에는 화자의 애정이 고조되며 보다 직접적으로 표출되는 양상을 보이고 있다. 화홍을 처음 본 후 그 자태에 감탄하는 ⑧과 그녀와 보낸 '꿈결'같은 시간들을 형상화한 ⑨의 장면은 〈북행가〉의 정서적 정점이 확인될 만큼 문학적 특질도 뛰어나다.

중국에 도착한 이후에도 화자는 화홍의 편지를 읽으며 그녀에 대한 잔상과 그리움을 환기하게 된다. B를 보면 중국의 미인들과 서양창기들에 대한 화자의 접근도 보이는데 전자의 경우 '고려인'이라는 오인으로, 후자의 서양창기들은 '절대미인'임에도 언어불통으로 인해 만남의 진전을 이루지 못하고 있음이 확인된다. 일회적 호기심에 그친 이 부분들로 인해 화자의 애정적 구심점으로서의 화홍의 위치는 보다 선명해지는 것이다. 특히 회정 과정에서도 두 번이나 배치된 그녀의 편지는 재회에 대한 기대나 설렘을 환기하는 서사적 장치로까지 보이기까지 한다.

결국 C의 ⑨'부분에 형상화된 그녀와의 만남에는 격동적 감정들이 관류하게 되는데 예정된 이별로 인해 ⑨의 장면과는 문학적 질감이 다르다. 동일하게 극적 형상화의 수법이 활용되고 있지만 슬픔의 정서가 보다 강화되어 있는 것이다. 하지만 평양성으로 이동한 화자는 국심을 다시 만나 회포를 푸는 장면[112]이 이어지고 있어 화홍과의 애정이 '상호간의 진정성'에 기반한 층위에서는 해석될 수 없음을 보여준다. 그럼에도 화홍이 〈북행가〉의 정서적 구심점에 해당하는 인물이라는 점은 분명하며 그녀에 대한 그리움은 회정 후 고향에 내려와서까지 지속된다. 그녀의 환영을 보기까지 하는 ⓪의 장면으로 기녀들과의 서사는 완료되며 이내 〈북행가〉의 전체 구성도 마무리되고 있기 때문이다. 이처럼 〈북행가〉는 연행이라는 완결된 서사 구조 내에 기녀와의 만남과 이별이라는 흥미로운 소재가 교차적으로 배치된 작품이며 곳곳에서 확인되는 극적 구성화의 전략은 정서적 몰입과 생동감 있는 장면화를

112 "홀연이 잠이드러 불셩인ᄉᆞ 홀지음의 / 진사님 부른소리 은은이 들니거늘 / 눈을 ᄯᅥ보니 평양의 져국심이 / 누은곁히 안ᄌᆞ고나 암족놀너 잠을 ᄭᅵ여 / 이러나셔 손늘 쇱고 만단슈쟉 ᄒᆞ온후의 / 져녁을 먹고ᄂᆞ니 아참나리 도라온다 / 인ᄒᆞ여 길을ᄯᅥ나 슉천읍 슉소ᄒᆞ니 / 너계밋친 져국심아 오날밤 연분일다 / 화홍의 이별눈물 마르도 아니ᄒᆞ녀 / ᄯᅩ너와 인연두니 호식남ᄌᆞ 뉘오홀나."

가능케 하고 있다. 그렇다면 이와 관련된 〈북행가〉의 주요 부분들을 살피면서 그 문학적 특질의 실체를 확인해 보도록 하겠다.

③ **황해도 봉산(애정 – 국심)** : 하쳐를 졍한후의 동기를 보ᄂᆡ시니 / 일홈은 국심이요 방년은 십오셰라 / 졀식은 못되나마 슌슌ᄒᆞ기 너븐일다 / 말니힝역 ᄒᆞᄂᆞᆫ손이 실셥홀쥴 알것마는 / 소년의 광음으로 아주무심 ᄒᆞ올손가 / 쥬관의 보ᄂᆡᆫ거슬 각지불공 하올지나 / 화촉을 물니치고 졍곡으로 경야ᄒᆞ니 / 하로밤 깁픈졍이 삼싱연분 그아니냐 / ᄉᆡ비달의 보ᄂᆡᆫ후의 이러안ᄌᆞ 건즐ᄒᆞ니 / 문밧긔 사영한쌍 국심의 현신이라 / 구름갓탄 싼머리 농봉잠 비겨고야 / 호탕한 뉴진ᄉᆞ가 네셔방이 되단말가 / 가소로다 남ᄌᆞ일 가소로다.

⑤ **대동강(선유놀음 – 국심 재회)** : ᄃᆡ동강 션유노름 분부ᄒᆞ여 셜시ᄒᆞ고 / 앗침밥 먹은후의 강두의 다달나셔 / 누션의 놉피타고 즁유의 소류ᄒᆞ여 / 쟝경문 지ᄂᆡᆫ후의 부평누 올나가니 / 풍경도 그지업고 음식도 장홀시고 / <u>좌샹의 뉘뉘든고</u> 샹부ᄉᆞ 셔쟝관은 / 차례로 좌졍ᄒᆞ고 곽산오고 셔윤오고 / 셩쳔오고 ᄌᆞ산오고 이쳔찰방 ᄯᅩ와드라 / 거룩ᄒᆞ다 그노름을 얼푸시 구경ᄒᆞ고 / 영명ᄉᆞ 나려와셔 연화보답 잠관쉬여 / 월ᄒᆞ의 거문고는 소ᄌᆞ첨의 셔호런가 / 강샹의 타는비파 ᄇᆡᆨ낙편의 심양인가 / 일엽쥬 자바타고 국심의 손을쓰어 / 오호의 편쥬샹의 셔시를 시럿도다 / 일호쥬 엽희달고 양유사 일곡조의 / <u>시홍이 도도ᄒᆞ다</u> 긔린굴 구경ᄒᆞ니 / 당명황 됴쳔기리 완연히 분명ᄒᆞ다 / 슈삼동긔 압셔우고 모란봉 올나가니 / <u>안계가 쾌활ᄒᆞ여</u> 슈빅니 평양일구 / 슬하의 둘너잇고 셔련봉 구버보니 / 왕소군 어ᄃᆡ가고 <u>쳥총이 의연ᄒᆞ다</u> / 나조의 셕연나고 셔봉의 나리지니 / 강두로 나려와셔 만강션 씌운비의 / <u>등촉히 휘황ᄒᆞ니</u> 구쳔의 싸힌벼리 / 강상의 어리엿다 젼후의 기악소릐 / 의원제자 다왓든가 <u>어와구경 장할시고</u> / 아ᄂᆡ노림 장할시고 취홍으로 하륙ᄒᆞ여.

위에 인용된 두 장면은 국심과의 첫 만남과 대동강에서의 유람을 형상화한 부분이다. 국심은 그 지역의 관리가 보내준 기녀로 비록 '절식'은 아니었지만 하룻밤을 함께 보낸 감회는 '삼싱연분 그아니냐'이라는 감탄으로 표출되고 있다. 특히 밖으로 나간 국심이가 창에 비친 자태를 '구름', '용봉잠' 등의 어휘로 표상함으로써 방 안에 있는 자신은 마치 그녀의 '서방'이 된 듯한 감격에 젖는다. '호탕', '가소로다' 등에서 알 수 있듯이 남자로서의 호탕한 기개를 과시하고 있는 장면인 것이다.

그러나 국심이에 대한 이러한 감정은 감각적이고 일회적인 차원에 머무르게 되며 이는 이후의 서사 전개에서 지속적으로 확인된다. 국심이가 등장하는 장면들에서 화자는 감정의 소극적 객체로서 관여하고 있기 때문이다. 반면 국심이는 자발적으로 이후 여정을 쫓아올 만큼(④, ⑤) 적극적으로 애정을 표출하지만 화자 감정은 놀라움 내지는 반가움의 영역에 한정된다. 특히 위에 인용된 대동강 선유놀음 부분을 보면 대부분 연회의 장면과 주위 풍광에 대한 묘사로 구성되고 있다. 기녀들과 연관된 흥취보다는 주변 경치에 대한 감탄이 주조를 이루고 있는 것이다. 중간에 국심이가 잠깐 등장하기는 하지만 감정적 파장이 형성되지 않을 만큼 부분적임을 알 수 있다.

이와 관련하여 〈북행가〉에서 확인되는 문체의 특징을 살펴볼 필요가 있다. 〈북행가〉는 대체로 4음보의 율격을 유지하고 있지만 때때로 일탈되는 양상이 보이는데 대부분 감격을 표출하거나 대화체가 보이는 장면과 상관성이 있다. 위의 ⑤부분은 전자에 해당하는 것으로 밑줄 친 부분들이 바로 이러한 특성을 보이는 곳이다. 이 부분들을 생략했을 경우 의미상 호응되는 4음보의 율격으로 재조정되는 양상이 확인됨을 알 수 있다. 비교적 객관적 사실을 토대로 전개되는 부분들은 대체로 율격의 안정성이 확보되고 있어 이러한 현상은 자못 흥미롭다. 일기를 토대로 〈북행가〉를 창작하는 과정에서 표현하고자 하는 감정이 과잉되거나 더욱 강조하고 싶을 경우 율격의 파격성을 감안했던 측면이 확인되는 것이다. 이러한 양상은 극적인 구성 장면에서 더욱 확연하게 감지되는데 우선 다음의 사례를 보도록 하겠다.

> ⑥ 평양성(국심 재회) : 평양성즁 보든 국심 어나다시 먼져왓닉 / "고이고야 고이고야 쳠영의 고이코야 / 닉네게 실상업시 네엇지 오단말가 / 도라가라 도라가라 명일은 도라가라" / 져국심 거동보소 울면서 ᄒᆞᄂᆞᆫ말이 / "야속ᄒᆞ오 야속ᄒᆞ오 양반님닉 야속ᄒᆞ오 / 실졍은 업드러도 졔마음의 탐탐ᄒᆞ여 / 불원쳘니 가ᄌᆞ더니 진ᄉᆞ님 이말삼이 / 안면박딕 너모마오 아무리 그리서도 / 미치고 미친마음 푸러질슈 젼혀업소 / 보기나 더보랴고 안쥬거지 가ᄉᆞ이다" / "네말을 드러본 의자낭 간졀ᄒᆞ다 / 네 소원 그롤진딕 닉굿히 막을소냐."

> ⑦ **평안도 백상루(연회 – 칠십기생, 국심 이별)** : 져국심이 거동보소 도라간다 ᄒᆞ직ᄒᆞ고 / 벽을지고 우ᄂᆞᆫ양은 유졍무졍 고ᄉᆞ하고 / 심장이 쳘셕인들 차마보기 어렵드라 / 위로ᄒᆞ여 보ᄂᆞᆫ마리 "네너모 슬허말고 / 도라가 잘잇거라 다시보ᄌᆞ 다시보ᄌᆞ / 즁츄망월 다시보ᄌᆞ."

위의 두 장면은 국심과의 재회와 이별의 장면이 대화체를 통해 구성되고 있음을 보여준다. ⑥을 보면 평양성에 먼저 도착하여 화자를 기다리고 있는 국심이를 보고 기뻐하기보다 '고이하다'며 '도라가라'는 말을 반복하고 있다. 이에 대한 국심이의 원망과 절절한 내면은 '져국심 거동보소'를 통해 환기되는 '보여주기'의 방식으로 구현되고 있다. 국심이를 대상화함으로써 대화의 내용에 독자가 보다 몰입할 수 있는 계기를 마련하고 있는 것이다. 국심과의 관계에서 수동성을 보이고 있는 화자는 반응하는 대화도 간결하게 제시되고 있다.

특히 국심이의 대화를 보면 '야속ᄒᆞ오 야속ᄒᆞ오 양반님닉 야속ᄒᆞ오'로 시작하고 있는데 '양반님닉 야속ᄒᆞ오'가 첨가됨으로써 이후 4음보 단위로 형성되는 내용적 조응 상태가 순간적으로 파열되었음을 확인할 수 있다. 대화문을 가사문학으로 재구성하는 과정에서 통사 구조의 안정적 율격은 감정이 과잉되는 지점에서 와해될 수 있음을 보여주는 사례인 것이다. 이러한 현상은 ⑦의 장면에도 보이는데 밑줄 친 부분인 '위로ᄒᆞ여 보는마리'가 생략되면 전후의 4음보 율격이 유지될 수 있음을 알 수 있다. 감정적 과잉만이 아닌 대화체의 재구성도 율격의 이완을 유발하는 요인이 될 수 있음을 보여주는 것이다.

이런 측면에서 본다면 〈북행가〉는 장면의 주체가 되는 인물들을 전면에 배치하고 그들의 대화를 통해 감정과 정황을 전달하여 생동감 있게 장면을 재현하고 있는 가사 작품이라고 볼 수 있다. 기녀들과의 애정이 중요한 소재로 설정되면서 그 당시의 상황과 감정선을 효과적으로 재현하기 위해 극적 구성이라는 문학적 전략을 적극적으로 구사하고 있는 것이다. 이러한 특징은 화홍이라는 기녀를 만나게 되는 다음 장면부터 더욱 부각되고 있어 흥미롭다.

⑧ 의주(애정 – 화홍 만남), ⑨ 압록강(선유놀음 – 화홍과의 애정)

화홍의 고은틱도 보든중 처음일쇠 / 이미를 반만 늣고 슈싸로 농정ᄒᆞ니 / 초양왕의 양딕운우 무산선여 네 아니며 / 당명왕의 틱익부용 회당이 조우는 듯 / 즈고로 영웅열ᄉᆞ 간장이 멋멋치야 / 호탕한 이닉 마음 여광여취 도야구나 / 셔장이 눈치보고 짜인다고 조롱ᄒᆞ닉 / 일장딕소 파한후의 닉먼져 길을 써나 / 딕치령 얼풋너머 젼불영 너머갈졔 / 교ᄌᆞ의 나려셔셔 담비를 피워물고 / 셔셔의 보힝할졔 뒤를 잠관 도라보니 / "화홍이 네 왓나야" 압셔우면 뒤가 되고 / 뒤셔우면 압히지니 "져화홍 숙기 보소" / 승교를 둘너타고 조용조용 압흘 가니 / "보보합면 도야고야" 마조보고 웃는 모양 / ᄌᆞ미도 그지업다 그렁져령 의쥬부 다다르니 / (…중략…) / 압녹강 삼파슈는 현함밋티 흘너잇고 / 금셕산 놉픈봉은 안계의 버러잇닉 / 말니타국 가는손이 심회들 졍할손가 / 음악도 시름답고 가무도 흥심업다 / 무류이 나려올졔 화홍을 압셔우고 / 유길현 올나가니 져화홍 가ᄉᆞ듯소 / 호환향 일곡조의 긱회가 푸러전다 / 구경쳐를 파한후의 쳐소의 도라오니 / 화홍이 압희안ᄌᆞ 만단졍곡 슈족ᄒᆞ니 / 어느듯 삼경이라 침샹의 비겨누어 / 월노승을 믹ᄌᆞ고야 깁흐도다 깁흐도다 / 우리인졍 깁흐도다 어듯고야 어듯고야 / 일지화를 어더고야 ᄌᆞ미로 날보닉고 / 흥황으로 밤보닉니 그렁져령 칠팔일을 / 숨결ᄀᆞᆺ치 넘어간다 발근날 닉일아참 / 도강을 ᄒᆞ단말가 져르도다 져르도다 / 오날밤이 져르도다 "화홍아 말듯그라 / 닉일아참 발힝시의 셔류관 강머리의 / 젼별ᄎᆞ 오지마라 네이별 우는모양 / 닉심쟝 상할지라" 부딕부딕 부탁ᄒᆞ니 / 화안의 슈식띄여 물겨리 져젓고야.

위의 인용문을 보면 화홍을 본 이후부터는 시선의 중심에 그녀만이 위치하게 되며 화자가 감정의 적극적 주체로 상황에 개입하고 있어 국심의 경우와 변별됨을 알 수 있다. 화홍의 '무산선녀(巫山仙女)' 같고 '태액부용(太液芙蓉)'과 같은 자태로 인해 이미 황홀경에 진입한 화자의 심리 상태는 '여광여취(如狂如醉)'라는 표현으로도 짐작해 볼 수 있다. 또한 화홍과 함께 의주부로 이동하면서 애정을 주고받는 장면에 대한 형상화는 가히 압권이라 할 만하다. '담비를 피워물고 셔셔의 보힝할졔'

신윤복(申潤福, 1758~?), 선유도(船遊圖), 간송미술관 소장.

라는 장면에서 확인되는 남성적 감성과 '뒤를 잠관 도라보니'라는 행동에 내재된 의도는 '화홍이 네 왓나야'라는 감탄에 탄력성을 부여하는 요소들이다.

'압셔우면 뒤가 되고 뒤셔우면 압히지니'라는 다음 구절 역시 '져화홍 슉기 보소'라는 직설적 발화의 연속으로 입체감을 확보하고 있다. 감탄에 대한 극적 구성의 전략이 전후 장면을 생동감 있게 변화시켜 감정과 서사가 효과적으로 교직되고 있는 것이다. 이러한 문학적 특질은 '보보합면 도야고야'로 수렴되는 다음 장면에서도 확인되며 이러한 감탄구들은 역시 4음보 율격의 유연성을 가능케 하는 요소들이기도 하다. 화자의 직접적 감탄에 기인한 직설 어구들은 4음보 단위로 의미를 형성하고 있는 전후의 맥락에서 독립된 양상을 보이고 있기 때문이다.

또한 압록강에서 선유(船遊)놀음을 문학적으로 형상화 한 부분 역시 앞서 살펴본 대동강의 경우와 비교했을 때 상당한 이질성이 확인된다.

대체로 객관적 경물과 연회의 장면이 감정선의 중심을 형성했던 대동강의 경우와는 달리 압록강에서는 인식의 구심점에 화홍이 위치하고 있기 때문이다. 압록강의 풍경은 오히려 화자에게 시름을 유발하는 요소로만 간략히 제시되고 있으며 '음악도 시름답고 가무도 흥심업다'라는 객수의 직설적 토로는 이후 화홍이의 역할을 부각시키는 내적 요인이 된다. 즉 '화홍을 압셔우고' 그녀의 가사를 들음으로써 해소된 'ᄀᆡᆨ회'는 선유놀음의 장면이 화홍에 대한 애정을 드러내기 위한 사례에 불과했음을 보여주는 것이다. 그로 인해 화자의 시선은 급격히 화홍과 함께 있는 방 안의 장면으로 이동하게 되며 내밀화된 거리와 감정은 더욱 고조된 방식으로 표출된다. '어ᄂᆞᄃᆞᆺ 삼경이라'라는 독립구의 삽입을 통해 형성된 감정적 공간에서는 화자의 초조함과 애틋함이 확인되며 이는 독자의 감정적 몰입과 이후 장면에 대한 기대치를 강화하는 요소로 작동하고 있다. 또한 '깁흐도다'와 '어듯고야'와 같은 감탄의 수사를 'aaba'의 구조 속에 연속적으로 배치함으로써 'ᄉᆞᆷ결'과도 같은 시간들에 대한 정서를 생생하게 재현하고 있기도 하다.

화홍과의 이별이 형상화된 다음의 장면에서도 화홍이 아닌 화자가 적극적인 발화의 주체로 등장하고 있으며 대화체는 절실함을 표면화하기 위한 수사적 장치임을 알 수 있다. 위 인용문의 밑줄 친 두 부분인 '화홍아 말듯그라'와 '부ᄃᆡ부ᄃᆡ 부탁ᄒᆞ니'는 화홍에 대한 적극적 애정에 기인한 표현으로 역시 생략했을 때 전후의 4음보가 안정감 있게 재배열된다. 대화체와 삽입으로 감정 표현을 극대화 하는 과정에서 율격의 파열과 회복 양상이 반복되고 있는 현상은 가사문학의 특질을 효율적으로 활용하고 있는 작가 의식이 발견되는 사례이기도 하다. 또한 이 장면에서의 간곡한 부탁은 얼마 지나지 않아 화홍이 바라보고 우는 모습을 통해 반전되는데[113] 이 역시 화홍과의 애정에 대한 지속적 몰입을 가능케 하는 문학적 장치라고 할 수 있다.

이후에도 화자는 압록강으로 다시 돌아오기 전까지 세 번이나 화홍과 편지를 주고받게 되는데 이는 그리움에 기반한 애틋한 감정의 진폭이 확산되는 계기가 되는 것은 물론 서사의 지속과 연속적 몰입을 가능케 하는 요인이 되고 있다. 이로 인해 귀국 후 화홍과 재회하는 다음의 장면에서는 기다렸던 만남과 예정된 이별이 교차되며 서정적 울림이 더욱 강화되고 있다.

⑨′ 압록강(화홍 재회, 이별)

삼강즁강 얼풋건너 압녹강을 건녀셔니 / 다왓도다 다왓도다 우리고국 다왓도다 / 셔류관 드러가셔 부윤을 인ᄉᆞᄒᆞ고 / 협실노 도라오니 본부즁 삼ᄇᆡᆨ기ᄉᆡᆼ / ᄎᆞᄎᆞ로 문안ᄒᆞ네 "반갑도다 져화홍아 / 울기ᄂᆞᆫ 무산일고 남녀ᄉᆞ 이별누ᄂᆞᆫ / 인졍의 여ᄉᆡ로다 오날날 다시 만ᄂᆞ / 우ᄂᆞᆫ 양 고이ᄒᆞ다 우지말고 네 안거라 / 만져보ᄌᆞ 셤셤옥슈 아람다온 네 얼굴을 / 도볼ᄉᆞ록 쏫치로다 화홍아 압셔거라 / 네뒤의 ᄂᆡ 가리라" 슉소의 도라와셔 / 오륙일 뉴한후의 ᄒᆡᆼᄎᆞ가 ᄯᅥ나신ᄃᆡ / (…중략…) / ᄂᆡ일은 ᄯᅥ날지라 ᄎᆞ복을 실인후의 / 압길을 ᄉᆡᆼ각ᄒᆞ니 아직도 슈쳘니라 / ᄉᆡ로이 슬음답다 화홍다려 이른마리 / "ᄂᆡ일아침 속고관의 부ᄃᆡ부ᄃᆡ 오지마라 / 인졍이 쳘셕이ᄂᆞ 네이별 견딜소냐 / 오지마라 오지마라" 신신부탁 당부ᄒᆞ니 / 화홍이 ᄒᆞᄂᆞᆫ마리 "그리ᄒᆞ오" ᄃᆡ답ᄒᆞ니 / 오월초길 ᄆᆡ친인년 오날밤 끈쳐진다 / 셰상일 모르

---

113 셔류관이 놉하잇고 압녹강이 너르도다 / 셔류관의 자관쉬고 조도를 비셜ᄒᆞ고 / 부윤을 작별ᄒᆞ고 모든 기싱 하직ᄒᆞ니 / 져 기싱들 모양 보소 깁흔 졍이 업건마ᄂᆞᆫ / 면면이 손을 잡고 우ᄂᆞᆫ 양이 결연ᄒᆞ다 / 그 즁의 화홍이ᄂᆞᆫ 오지 마라 당부ᄒᆞ여 / 아니온가 여겨드니 기동을 안고셔셔 / 은은이 우ᄂᆞᆫ 양의 "화홍이 네 왓나야" / 의화일지 쏫숭이의 봄비를 씌엿고나 / 오동츄야 조흔 다리 구름의 잠겨고야 / 말니의 이힝식이 상심쳐 만컨마ᄂᆞᆫ / 못 볼너라 못 볼너라 네 우ᄂᆞᆫ 양 못 볼너라.

나마 다시보기 기필ᄒᆞ랴 / 하향교의 통국어미 소즁낭을 보닉시니 / 말닉원국 쇼즁낭을 다시보든 못ᄒᆞ여스나 / 유그수를 품어다가 통국을 보나시니 / 너와나는 통국이라 소낭이별 갓흘소냐 / 그러나마 이제너도 통국어미 쎤을바다 / 훗언약을 믹ᄌᆞ두라 이튼날 조발ᄒᆞ여 / 속고관 다다르니 아니온다 ᄒᆞ든 화홍 / 어셔발셔 져긔왓닉 "부즈럽다 이화홍아 / 무엇ᄒᆞ로 네왓ᄂᆞ냐" 묵묵ᄒᆞ고 문을나셔 / 도라가기 졔고ᄒᆞ니 닉마음 위로ᄒᆞ여 / "아니우니 긔특ᄒᆞ다 아니우는 져의심회 / 그아니 오죽ᄒᆞ랴" 의침ᄒᆞ여 비겨누어 / 가는양을 슈뮨ᄒᆞ니 슈마장 계우나와 / 방셩통곡 ᄒᆞ드라닉 목젼의 아니보나 / 보이예셔 심ᄒᆞ도다 심화로 길을쪄나 / 양치관 드러ᄌᆞ고 기동의 발힝ᄒᆞ여.

위의 경우를 보면 화홍과의 재회 장면이 처음부터 대화체로 시작되고 있으며 'ᄎᆞᄎᆞ로 문안ᄒᆞ네 반갑도다 져화홍아'와 같은 4음보의 구성은 장면에 대한 적극적 몰입을 가능하게 한다. 사실적 장면과 정서적 감탄을 대비함으로써 상황의 급격한 전환과 고조된 감정을 효과적으로 전달하고 있는 것이다. 또한 청자로 설정된 화홍에게 직접적으로 발화하는 전략으로 인해 독자의 정서적 이입 강도도 강화되었을 것으로 보인다. '네 안거라', '네 얼굴을', '네뒤의 닉가리라' 등과 같은 어휘들은 규방권역의 여성 독자들로 하여금 심정적 동화를 경험하게 하는 매개적 요소로 작동했을 가능성이 높기 때문이다.

또한 이 장면에는 눈물, 울음, 이별 등과 관련된 표상들이 지속적으로 배치되며 비감(悲感)이 관류하고 있어 앞서 살펴본 ⑨의 경우와 차이가 있다. 출발 과정에서의 애정 장면은 재회가 전제되어 있기에 풍류적 요소가 강화되었다면 ⑨'의 경우 재회보다 이별을 의식하며 서사가 진행되고 있는 것이다. 그로 인해 '만져보ᄌᆞ 셤셤옥슈 아람다온 네 얼굴을 도볼수록 쏫치로다'와 같은 표상은 다시 오지 않을 순간을 감각적으로 기억하고자 하는 의식에 기인한 것으로 오히려 비감을 부각하는 요소가 되고 있다. 급속하게 전개된 이별의 장면 역시 두 사람의 대화로 구성되고 있는데 화자가 '오지마라'를 세 번이나 강조한 것은 화홍에 대한 마지막 배려이자 이후 상황의 반전을 위한 문학적 수사이다. 화홍의 '그리ᄒᆞ오'라는 간결한 대답도 동일한 층위에서 해석될 수 있으며 '아니온다 ᄒᆞ든 화홍 어셔발셔 져긔왓니'로 시작되는 이후 대화 부분과 접속하고 있어 극적 장면의 효율적 전개를 가능하게 한다.

이 때 '어셔발셔 져긔왓니'라는 강조구는 '부즈럽다 이화홍아 / 무엇ᄒᆞ로 네왓ᄂᆞ냐'라는 4음보의 내용적 조응을 파열시키지만 오히려 이별의 정황에서 생성되는 애절함을 강화하는 요소로 작용하고 있다. 이별의 마지막 장면에서도 "아니우니 긔특ᄒᆞ다 아니우ᄂᆞᆫ 져의심회 / 그아니 오족ᄒᆞ랴"를 통해 제시된 화홍의 모습이 '방셩통곡 ᄒᆞ드라니'라는 간접적 발화로 반전되면서 비감을 강화하고 있다. 극적 구성의 전략이 정서적 공명이 극대화될 수 있는 지점들에 효율적으로 배치되어 있는 〈북행가〉의 문학적 특질이 확인되는 것이다. 또한 전반부의 ⑨ 장면과 비교해 보았을 때 ⑨'는 소재는 물론 극적 구성의 유사성으로 인해 작품의 서사적 완결성을 가능하게 하고 있다. 그러나 관류하는 감정의 실체에 따라 그 문학적 미감이 상당히 이질적이며 ⑨'의 비감은 독자로 하여금 여행 · 애정 · 서사가 모두 하강의 국면에 진입했음을 환기하는 요소가 되었을 것으로 보인다.

결국 〈북행가〉는 여행의 여정과 화홍과의 애정을 교차시키며 극적 구성의 방식을 활용하여 감정적 교류의 정점을 효과적으로 구현한 사행가사 작품이라 할 수 있다. 사행이라는 공식적 목적을 소거했을 때

남는 여행의 설렘과 아쉬움이 기녀와의 만남과 이별이라는 감정적 동요의 체험과 교묘히 결합되면서 사행가사가 표상할 수 있는 문학적 특질을 확대한 작품으로 보아야 하는 것이다. 전대의 작품인 〈일동장유가〉에도 '기녀'가 등장하지만 대부분 관찰자적 시선에 포착된 부수적 인물형들인 경우가 많았다. 그러나 〈북행가〉에서는 서사 과정의 중요한 축에 기녀들이 배치되어 있고 그들과의 관계나 감정선이 중점적으로 형상화된 부분들이 많아 차별적 영역을 확보하고 있다. 또한 이념적 차원에 종속된다거나 외국 문물의 재현이라는 층위에서 벗어나 개별적인 인간의 감정에 주목하는 것으로 그 시야가 확장되어 보다 다층적인 구성의 전략이 구현된 점도 흥미롭다.

가사문학사에서 대화체는 화자의 내면이나 사태의 경과를 설명하는 데 종종 사용되었지만 19세기 전반의 작품인 구강(具康, 1757~1832)의 〈북새곡(北塞曲)〉(1812)에 이르면 실재 세계의 대화 방식을 작품 속에 구현하여 장면의 사실성과 생동하는 인물형을 확보하고 있음이 확인된다.[114] 또한 앞서 언급한 『연원일록(燕轅日錄)』도 백화문(白話文)으로 구성된 장면이 많으며 기녀들의 이름까지 상세하게 기록되어 있어 〈북행가〉와의 유사성이 감지된다. 19세기 가사문학이 구현할 수 있는 체험과 표현방식이 확장되어 온 내재적 흐름은 물론 연행록의 계보에서 확인되는 글쓰기 방식의 변모가 〈북행가〉의 문학적 특질에 영향을 주었다고 볼 수 있는 것이다.

〈북행가〉 이후 일본과 영국에 대한 사행가사 작품들은 각각 1편씩 남아있지만 1894년에 진행된 마지막 연행까지의 연행가사는 더 이상

---

114 이형대, 「〈北塞曲〉의 표현방식과 작품세계」, 『19세기 시가문학의 탐구』, 집문당, 1995.

확인되지 않는다. 19세기 후반에 오면 본격화된 서세동점으로 인해 청 문물에 대한 적극적 호기심은 많이 감소하게 되며 사행기록도 관습적으로 반복되거나 퇴행되는 양상을 보이게 된다. 1873~74년에 걸쳐 북경에 다녀온 강위(姜瑋, 1820~1884)의 연행시에는 서구에 의해 침탈된 청의 무기력함에 대한 허탈감이 형상화되어 있다.[115] 또한 마지막 연행록에 해당하는 김동호의 『연행록』을 보아도 중국 문물에 대한 선망이나 경탄이 발견되지 않으며 오히려 기대에 미치지 못함을 지적하고 있음이 확인된다. 이는 그가 근대적 신문을 통해 서구 열강과 일본의 근대화에 대한 구체적 정보를 접했기 때문에 발생한 결과라는 점[116]에 유의할 필요가 있다. 조선의 외교 관계를 보아도 19세기 후반에는 일본은 물론 러시아, 미국, 영국 등과 같은 서구의 강대국과 지속적인 교섭을 시도하고 있음이 확인된다. 그러므로 이 시기 사행록들은 대체로 근대적 세계에 대한 적극적 관심과 수용의 논리에 기반하여 창작되었음을 알 수 있다. 또한 〈병인연행가〉는 여러 이본들이 확인되는 만큼 새로운 연행가사가 창작되지 않더라도 독자층의 수요에 탄력적으로 대응한 것으로 보인다.

그러나 사행록을 토대로 하되 사적 층위에서 능동적으로 재구성되면서 그 존재 기반을 지속해 온 사행가사는 19세기 말~20세기 초에도 여전히 문학적 유효성을 확보하고 있었음이 확인된다. 특히 〈유일록〉과 〈셔유견문록〉은 각각 일본과 영국에 대한 체험이 형상화되어 있어 '중화'가 아닌 '근대화'가 세계 인식의 구심점이 되는 양상을 보여주고

115 김미영, 「姜瑋의 燕行詩 小考」, 『연행록연구총서』 1, 학고방, 2006.
116 임준철, 「대청사행의 종결과 마지막 연행록」, 『민족문화연구』 49, 고려대 민족문화연구원, 2008.

있다. 1866년의 〈병인연행가〉와 〈북행가〉 이후 연행가사는 확인되지 않고 〈유일록〉과 〈셔유견문록〉이 현전하고 있는 것은 조선지식인들의 대외 인식과 문학사의 한 국면이 조응을 이루며 변모했음을 확인케 하는 사례라 할 수 있을 것이다.[117]

2. 20세기 초—근대적 세계에 대한 인식과 표상의 변모

1) 일본

(1) 〈유일록〉

1902년에 창작된 이태직의 〈유일록〉은 국서 전달을 비롯한 공사(公使)로서의 외교 업무를 위해 1895년부터 이듬해까지 일본에 체류한 경험을 토대로 창작된 사행가사이다. 최강현이 발굴 및 해제 작업을 완료했으나 현재까지 연구된 경향을 보면 일본 사행가사의 구도를 보완하는 정도의 작품으로만 이해되고 있다. 본격적인 작품론이 진행된 바 없어 20세기 초반의 문학으로서 그 정체와 문학적 실질이 규명되지 못했기 때문으로 보인다.

117 이러한 이중적 구도가 지속되어 1910년대 기행 작품들에 묘사된 중국은 병자의 이미지이며 일본은 문명적이고 역동적인 국가로 표상된다는 점도 흥미롭다. 그 시선도 각각 경멸과 동경으로 구분되어 근대성이 내면화되는 양상을 보여주고 있다. 김중철, 「근대 초기 기행담론을 통해 본 시선과 경계 인식 고찰—중국과 일본 여행을 중심으로」, 『인문과학』 36, 성균관대 인문과학연구소, 2005.

이태직(李台稙, 1859~1903) : 구한말 외교관

그러나 〈유일록〉의 문학적 구성 원리나 대외 인식의 제양상은 조선 후기 사행가사의 통시적 구도 하에서 생산적으로 재해석될 여지가 충분해 보인다. 그러므로 본 연구에서는 19세기 말을 전후로 한 동아시아 관계를 통해 〈유일록〉에 반영된 세계 인식의 특징을 조망해 볼 것이다. 또한 〈유일록〉은 한문일기인 『범사록』을 재구성한 작품임이 확인되는바,[118] 이에 대한 치밀한 고찰을 통해 가사문학으로서의 문학적 특질을 도출해 낼 예정이다. 이 과정에서 전후 시기의 사행가사 작품들과 유사하거나 변별되는 측면을 조망하여 구한말 대일 사행가사 작품으로서 〈유일록〉의 문학적 가치와 그 사회 · 문화적 의의가 규명될 수 있기를 기대해 본다.

① 근대 문물의 긍정과 소외 의식

기존의 연구에서 〈유일록〉은 문화에 대한 합리성을 보여주되 유학자로서의 보수적 한계를 보이는 작품으로 평가[119]되거나 일본 풍속과 문화에 대한 멸시와 일본의 근대 문물과 제도에 대한 놀라움과 긍정이

118 최강현은 『泛槎錄』을 번역하면서 관련된 〈유일록〉의 내용을 주석으로 첨부하였다. 그러나 〈유일록〉이 『泛槎錄』을 토대로 창작된 작품이라는 점이 언급되지는 않았으며 내용상의 유사점과 차이점만이 제시되고 있다. 이태직, 최강현 역, 『명치시대 동경일기-원제 泛槎錄』, 서우얼출판사, 2006. 본 연구에서는 〈유일록〉이 『泛槎錄』을 토대로 흥미롭게 재구성된 작품임을 논증하면서 사행가사문학으로서의 문학적 구성 원리와 의의를 고찰하도록 할 것이다.

119 유정선, 앞의 책, 142~145쪽.

교차된 작품으로 파악[120]되었다. 일기에 포함된 다양한 체험들이 〈유일록〉에 반영되는 과정에서 가치관의 충돌로 보일 수 있는 요소들 발견되는데 이에 대한 평가의 기준이 연구자의 시각에 따라 조금씩 차이를 보이고 있는 것이다. 그러므로 이와 관련된 통합적 시야를 확보하기 위해서는 당시의 동아시아 관계사를 간략하게 짚어볼 필요가 있다.

1811년의 신미통신사를 끝으로 조선과 일본의 전통적 교린 관계는 와해되었다고 볼 수 있다. 19세기의 조선은 경제적인 이유 및 중국 의존도의 강화로 일본과 관련된 정책의 비중이 약화될 수밖에 없는 상황에 놓여있었다. 1840년 아편전쟁 이후 청과의 '공동운명론'이 대두될 만큼 서구 세력에 대한 외교적 대처가 중요한 문제로 부각되었던 것이다. 또한 일본의 경우도 접대에 드는 막대한 경비와 정치적 목적의 상실 등의 이유로 통신사 문제를 경시하게 되며 조선멸시론이 증폭되는 양상까지 보인다.[121] 이 시기 일본 역시 메이지유신(明治維新, 1868~1889)에 기반하여 서구를 모델로 한 근대화 세계를 구축하게 되며 이는 동아시아 내부의 교류가 아닌 서구 세력에 대한 외교적 대처가 정치의 중요 현안이었음을 짐작케 한다.

이 과정에서 일본은 동아시아의 중화국을 자처하며 강화해온 '일본형 화이관'을 '정한론(征韓論)'이라는 방식으로 조선에 적용한다. 특히 1868년 수립된 명치정부는 왕정복고와 서계 양식의 변경을 조선에 통보하는데 조선은 전통적 교린 체제에 의거하여 이를 불허하게 되며 이를 계기로 강경파 정한론이 득세하게 된 것이다.[122] 결국 1876년 체결된

120 박애경, 앞의 책, 174~175쪽.

121 이에 대한 자세한 논의는 손승철, 『조선시대 한일관계사 연구－교린관계의 허와 실』, 경인문화사, 2006. 239~263쪽.

122 손승철, 앞의 책, 276~285쪽.

강화도조약은 이러한 정한론의 일차적 결과물이며 이로 인해 통신사가 아닌 '수신사'의 파견으로 양국의 피상적 교린 관계는 재개된다. 1876년 파견된 1차 수신사에게는 일본의 사신 파견에 대한 회례사라는 명목적 임무 이외에 일본의 국정 시찰이라는 실질적 목적이 부여되었다.

당시의 대일 인식은 '위정척사사상'에 의거해 있었으나 김기수를 비롯한 1차 수신사는 일본의 근대적 제도와 문물에 큰 충격을 받게 되고 이들의 경험과 견문은 1880년대 개화자강정책의 계기가 되었다.[123] 이후 1884년까지 지속된 견일사절들은 일본을 통한 근대 기술과 지식의 수용을 위해 적극적으로 노력한 측면들이 확인된다. 동도서기론을 수용한 개신 유학자들이 증가하면서 화이론적 일본 인식도 점차 힘을 잃어갔으며 조국과 민족의 생존을 위한 국민국가의 필요성도 대두되었던 것이다.[124] 이러한 변화 속에서 발발한 1894년의 청일전쟁은 서양 열강과 일본 군사력의 실질적 위협을 보여준 사건으로 중국 중심의 중화주의가 서양 중심적 세계관으로 교체되는 상황을 상징한 사건이다.[125]

1895~1896년에 걸친 대일 사행 체험을 토대로 창작된 이태직의 한문일기인 『범사록』과 사행가사 〈유일록〉은 이러한 시대적 변화와 연관된 작품들로 이 시기 조선지식인의 세계 인식과 자아 반응을 확인할 수 있게 하는 자료들이다. 물론 〈유일록〉은 이본 제목인 〈디일본유람가〉에서도 알 수 있듯이 기본적으로 '유람' 의식이 전제된 사행가사이다. 그러나 『범사록』을 재구성하는 과정에서 수용 · 첨가된 내용을 보면 구

123 1차 수신사의 역할과 의의에 대해서는 다음 논문을 참고함. 한철호, 「1차 수신사 김기수의 견문활동과 그 의의」, 『韓國思想史學』 27, 한국사상사학회, 2006.

124 허동현, 「일본을 통한 근대기술 및 지식의 수용과 그 변용—1876~1884년 사이의 견일사절을 중심으로」, 동북아역사재단편, 『동아시아의 지식교류와 역사기억』, 동북아역사재단, 2009.

125 김문식, 「근대 한국의 탈중화주의」, 『오늘의 동양사상』 15, 예문동양사상연구원, 2006.

한말 지식인으로서의 일본에 대한 인식과 반응을 발견할 수 있어 세계 인식과 관련된 분석이 필요해 보인다. 특히 당시 조선지식인들의 대일 인식을 고려했을 때 이 시기 화이론은 배타적 관념으로서의 의미 실질이 약화되고 있다는 점에 유의해야 한다. 오히려 일본의 근대 문물을 적극적으로 인식 · 수용하고자 하는 의식이 부각되고 있기 때문이다.

〈유일록〉에서 확인할 수 있는 화이론은 표피적 층위에 한정되어 있으며 상대적으로 문물에 대한 '유람'과 '자국과의 비교', '문물이나 제도에 대한 수용 의식' 등이 강화되어 있다. 일본의 근대화와 관련된 활발한 담론을 화자도 이미 인지하고 있었을 것이며 사행을 통해 그 실체를 체험한 것으로 보이는 것이다. 특히 사행의 과정에서 화자가 조선의 열세적 위치를 자각하고 탄식하는 사례들이 발견되는데 이는 추후 〈유일록〉이 창작되는 과정에 대타적 자의식이 발현될 수 있는 계기로 작동했을 것으로 보인다.

A.

9월 17일 하루 종일 비가 내리었다. 일본 황제의 천장절이라서 아침 9시에 외무성으로 가서 축하하고 11시에 궁에 나아가서 축하연에 참석하고 오후 7시에는 외무대신의 관사로 가서 연회에 참석하였다. 오늘의 연회는 다른 날의 연회와 달라서 '일본국 정부의 각 대신들과 각국 공사들 이외에는 한사람도 초청하지 아니하였다'고 하였다. 나도 또한 통역관을 데리고 들어가지 못하여 다른 사람들과 이야기를 나눌 수가 없으니 재미가 하나도 없으니 역시 기분도 울적하였다.

(『범사록』)

A′

일본 황졔 쳔장졀의 궁닉으로 청힉씨로 / 딕례복을 가츄 입고 시각에 드러가믹 / 합문에 마차 나려 젼상의 올라가니 / 식부관이 느러 셔셔 좌우로 인도허며 / 궁닉딕신 외무딕신 마쥬 느와 인ᄉ허데 / (…중략…) / 황졔가 상좌 안ᄌ고 ᄎ려로 좌졍하야 / ᄒᆞᆫ 상식 바든 후에 ᄒᆞ인들이 슐을 치며 / 가진 풍악 두드리니 풍치는 믹우 죠나 / 음식을 도라보니 엉졍벙졍 써버린 것 / 푸닥거리 상 ᄎ리듯 머글 거시 젼여 업다 / ㉠【황제 이ᄒᆞ 여러 빅인 면면이 즁다바지 / 그 즁에 일렵청이 관듸 ᄉ모 품딕로다 / 닉 모양 닉가 보ᄋᆞ도 도로여 우슘 쪅에 / 져 ᄉ람들 쇽 오작히 비쇼허랴】/ 연파허고 나온 후의 이날 밤 ᄋᆞ홉시에 / 외무딕신 청힉씨로 관틱으로 나아가니 / 일본의 각딕신과 각국의 공ᄉ이라 / 다른 ᄉ람 ᄒᆞ나 업셔 모도 모ᄋᆞ 숨십인쯤 / 연회청 드러가셔 제제이 좌졍헌후 / ᄎ례로 슐을 치고 음식을 나ᄋᆞ 오믹 / 슈십가지 양요리를 ᄒᆞᆫ가지식 가져오니 / 악가 음식 비허며는 이거슨 진미로다 / ㉡【음식이 여러 가지 먹는 동안 지리헌 숭 / 져의끼리 질거워셔 슐들을 만냥 먹고 / 여러 ᄉ람 직거려셔 슈작이 난만허되 / 언어를 불통허니 답답허고 무미하야 / ᄶᅡ어온 보리ᄌ루 닉 모양 흡ᄉ허다】/ 일쎄이 이러나셔 면면이 인ᄉ허고 / 관쇼로 도라오니 오경이 지낫써라

(〈유일록〉)

위의 A는 일본 황제의 생일에 참석한 날의 일기로 A′를 보면 〈유일록〉에도 주요 내용이 공통적으로 확인된다. 그런데 〈유일록〉의 경우 ㉠, ㉡과 같이 화자의 솔직한 내면이 추가적으로 형상화되어 있어 열강들 속에서의 자아 반응을 발견할 수 있다. A에서는 오선에 축하연에 참석한 사실만 제시되어 있는 반면 〈유일록〉은 당시의 장면을 구체적으로 묘사한 후 그에 대한 감회를 ㉠에 첨부하고 있다. 특히 이 내용에서 중요한 점은 '닉 모양 닉가 보ᄋᆞ도 도로여 우슘 쪅에 / 져 ᄉ람들 쇽

오작히 비쇼허랴'와 같은 솔직한 내면과 자의식이 표출되고 있다는 것이다. 스스로에 대한 성찰은 자조적 탄식으로 귀결될 뿐이며 타국인들이 자신을 향하는 시선에는 '비소(卑小)'함이 투사되어 있다고 여길 만큼 위축된 자아의 형상을 드러내고 있다. 이러한 특징은 ㉡에서도 확인되며 자신을 '쑤어온 보리즈루'에 비유함으로써 당시 국제적 외교에서 소외된 조선의 정황을 간접적으로 보여주고 있기도 하다. 일본과 각국의 공사들만 모인 자리라 통역관이 동행하지 못해 대화를 나누지 못했다는 정황은 A에서도 확인된다.

그런데 〈유일록〉을 보면 '져의끠리 질거워셔 슐들을 만냥 먹고 여러 ᄉᆞ람 직거려셔 슈작이 난만허되'라는 구절이 첨가되어 있어 흥미롭다. 다른 국가의 공사들은 음주와 담소를 통해 활발한 교류의 장을 즐기고 있는 반면 화자는 '언어가 불통허니 답답허고 무미하야'와 같이 철저하게 소외되어 있음을 알 수 있는 것이다. 이 경우 언어는 근대화된 세계의 주체들의 소통을 매개하는 도구이자 상징으로 읽힐 수 있다. 또한 각 민족의 '본래적인' 언어적 · 문화적 정체성 / 동일성이 경시되고 영어를 중심으로 한 제국주의적 요소가 발견되는 사례이기도 하다. 공통 언어를 기반으로 한 관계는 상호인정과 상호인식의 수단이 될 수 있지만 차이를 통한 새로운 관계의 창출이 방해받을 수 있음[126]을 보여주는 단초적 사례에 해당하는 것이다. 이 시기 〈유일록〉의 화자가 경험한 근대적 세계로의 전환과 자아 반응은 다음의 경우에서 보다 선명하게 확인할 수 있다.

---

126 사카이 나오키[酒井直樹], 후지이 다케시 역, 『번역과 주체』, 이산, 2005, 70~71쪽.

B

1월 4일 맑다 (…중략…) 밤이 깊어진 뒤에 공관으로 돌아오니 그 사이에 외부에서 전보가 왔는데 펴보니 15일에 대군주께서 머리를 깎았다고 하였다. 비록 이미 그러리라고 생각은 하였으나 믿을 만한 자취를 직접 보게 되니 얼이 빠지고 혼이 나가서 임금님의 깊은 속마음이 어떻게 하시려고 이처럼 머리털을 깎는 지경에까지 이르렀는지를 알 수가 없다. 우리나라가 단제와 기자 조선 이래로 여러 천년간 시행하여 오던 의관문물이 하루아침에 개혁으로 사라져서 날아다니는 새나 기어다니는 짐승들의 세상이 되니 마음이 아프고 속이 쓰리어 어찌할 줄을 모르겠다. 또 이러한 때에 이 직책을 띠고 이 땅에 살고 있으니 이야 말로 참으로 도망을 가려 하여도 마땅한 갈 곳이 없으므로 앞으로 어떻게 하여야 할지 밤새도록 잠을 한 잠도 자지 못하였다.

1월 5일 맑다 아침 일찍 두 사람의 서기(書記)들과 같이 전문의 지시를 따라 머리털을 깎았다. 가슴 아픔과 원통함을 품고 참아내기는 하였지만, 이러한 때에 남자로 태어난 것이 한이 될 뿐이었다.

1월 7일 맑다 복택유길에게 가서 학생들의 일로 이야기를 나누어 담판을 하였다. 처음으로 양복을 입고 문을 나서니 마음속으로 부끄러움이 가득하여 얼굴을 들지 못하겠다. 이 어찌 평소의 마음이겠는가?

(『범사록』)

B′

연파후 도라오니 본국의셔 전보오빅 / 방방이 써여 보니 대군쥬폐ᄒᆞ께셔 / 십일월 십칠일에 단발을 허셧ᄯᅳ니 / 이거시 어인 말고 한심허고 놀라운 마음 / 천시가 ᄋᆞ득ᄒᆞ야 어안이 멍멍허나 / 우리나라 예의시방 열성노 의관문물 / 오늘날 당ᄒᆞ야셔 거연이 업셔지고 / 이적금슈 되는 모양 이거시 무슨 말고 / 만니 박게 몸이 잇셔 이 지경을 당ᄒᆡ쓰니 / 도망질을 허랴 헌들 어듸가면 면ᄒᆡ 보며 / 쥭으면 면헐테나 칠십 노친 시ᄒᆞ로다 / 밤ᄉᆡ두룩 ᄉᆡᆼ각ᄒᆞ도 무가ᄂᆡᄒᆞ 할릴 업셔 / ᄉᆞ십년 기른 터럭 일죠에 베버리니 / 절통허고 셜은 마음 통곡을 허깃쓰되 / 여긔 ᄉᆞ람 뵈기에는 도로여 창피ᄒᆞ야 / 션션이 싹구 나니 흡ᄉᆞ헌 즁놈이라 / ㉠【우리집 어마님이 이 경상을 ᄋᆞ르시면 / ᄋᆡ셕ᄒᆞ야 허시는 것 그 마음이 오작허며 / 일후에 집에 가셔 쳐ᄌᆞ를 엇지 볼꽈】/ 긴말ᄒᆞ야 무엇허리 이ᄊᆡ 나기 불힝이라 / 부득불 갈쩨 잇셔 양복을 썰쳐 입고 / 쳐음으로 길에 나니 ㉡【왜놈과 일반이라 / 뉘가 알 것 ᄋᆞ니로되 ᄂᆡ 마음이 붓그러워】/ ᄉᆞ람을 ᄃᆡᄒᆞ야셔 거안허기 어렵도다 / 각궁에 친왕이며 각셩에 ᄃᆡ신들이 / 셰쵸연 헌다 허고 날마다 청히쓰니 / ㉢【곳곳지 쏫차 가셔 먹기는 죠커니와 / 우리 공관 형세 업셔 ᄒᆞᆫ번 년회 못히보고 / 나무 것만 어더 먹거 마음에 붓그럽다 / (…중략…) / 이러틋 죠흔 노리 날마다 질탕허되 / 도루켜 ᄉᆡᆼ각허면 ᄂᆡ집만 못허도다.】

(〈유일록〉)

1895년 김홍집 내각에 의해 시행된 단발령은 일본의 상권 확대와 군사적 전략이라는 실리적 목적 외에 조선의 '문화적 자존심'을 훼손하기 위해 자행된 강압적 사건이었다.[127] 유길준을 위시한 개화파는 이를 문명화의 상징으로 여기고 적극적으로 지지한 반면 보수 세력을 비롯한 대다수의 조선인들은 강한 거부감을 보이면서 반발하게 된다. 위의 두 인용문은 이와 관련된 이태직의 내면이 형상화된 부분으로 1월 4~7일에 해당하는 일기가 〈유일록〉에는 통합적으로 구성되고 있다. 특히 단발과 의관은 소중화를 상징하는 마지막 보루와도 같다는 점에서 이 사

127 이민원, 「상투와 단발령」, 『사학지』 31, 단국대 사학회, 1998.

건이 화자에게 준 심리적 타격은 상당했을 것으로 보이며 일기에도 그 울분과 탄식이 생생하게 기술되어 있다. 그로 인해 B→B′의 경우 정서적 표현이 대체로 일치하고 있으며 ㉠~㉢에서와 같이 사적 층위의 내용이 부분적으로 첨가된 것으로 보인다. ㉠을 보면 노친을 염려하는 마음이 표현되어 있는데 이러한 수사는 작품 곳곳에서 발견되며 이는 〈유일록〉이 전대의 사행가사들과 마찬가지로 가내소통을 전제로 창작된 작품임을 보여준다.

또한 ㉡을 보면 단발 후 양복을 입고 밖으로 나간 상황을 부끄러워하는 감정에 '왜놈과 일반이라 / 뉘가 알 것 ᄋᆞ니로되'와 같은 구절을 첨가하고 있음을 알 수 있다. 앞서 공사들과의 모임에서 자신의 외양을 비하한 논리와 연계해 본다면 '뉘가 알 것 ᄋᆞ니로되'라는 구절은 그 변화를 수용할 수밖에 정황을 자인한 논리일 수도 있다. 수치심을 느끼는 대상은 오직 자신의 '마음'일 뿐이며 이는 유교적 사유의 입지가 축소된, 혹은 축소될 수밖에 없는 현실적 논리를 어느 정도 수긍하고 있다고 볼 수 있다. 성리학적 사유가 문화적 자존감을 담보할 수 없는 현실에 대한 자각의 논리를 발견할 수 있는 것이다.

물론 단발령의 소식을 들은 후의 절망감은 '니 박게 몸이 잇셔 이 지경을 당히쓰니 / 도망질을 허랴 헌들 어듸가면 면히 보며'라는 구절에서 확인된다. 그러나 이미 근대화된 세계의 위력과 자국의 열세를 인정하고 있는 화자가 '우리나라 예의지방 열셩도 의관문물 / 오늘날 당ᄒᆞ야셔 거연이 업셔지고 / 이셕금슈 되는 보양 이서시 무슨 밀고'와 같은 한탄을 토로하고 있는 것은 조선인으로서의 정체성을 유지하기 위한 의식적 대응 기제로 보아야 할 것이나. 근대화로 무장한 열강들의 논리에 조선의 지식인은 '예의국'라는 명분으로 대처한 것이며 그 변화의 결과를 '이적금수'로 규정하고 있는 것이다.

그러나 이미 화자가 간주하는 '이적금수'의 논리에는 '근대화'된 세계에 대한 경탄이 전제되어 있음을 간파해야 한다. 위의 ㉢을 보면 양복을 입은 화자가 대신들과 연회를 하면서 '곳곳지 ᄶᅩ차 가셔 먹기는 죠커니와 / 우리 공관 형세 업셔 ᄒᆞᆫ번 년회 못ᄒᆡ보고 / 나무 것만 어더 먹거 마음에 붓그럽다'와 같은 내면을 표출하고 있다는 점에서 더욱 그러하다. 근대화된 문물을 긍정하지만 자국의 열세로 인해 연회도 열지 못하고 타국에 의존하는 마음에 대해서도 '부끄러움'을 드러내고 있는 것이다. 단발과 양복에 대한 수치 못지 않게 화자는 국제 관계에서 소외되어버린 조선의 현실도 부끄러웠던 것이다. 이러한 화자의 의식은 화이관이 발현되어 있는 다음의 사례들을 통해 더욱 선명하게 확인해 볼 수 있다.

① ㉠【여긔 풍쇽 이샹ᄒᆞ야 목욕허기 일ᄉᆞᆷ는다】/ 목욕간을 지어쓰되 방쳐럼 만들구셔 / 그 안의 통을 노코 박그로 구녕 ᄯᅮ러 / 석탄을 푸이며는 그 물이 졀루 더워 / 그안의 안져 허면 ᄯᅢ지기가 가장 죠타 / 쥬인의 집 쳐음 드니 목욕허라 이르길릐 / 닙향슌쇽 헐 양으로 목욕간의 가셔 보니 / 시험으로 ᄒᆡ여보니 ᄒᆡ롭지는 ᄋᆞ니허나 / 졔일은 우슌 거시 쏫것치 졀문 계집 / ᄉᆞ나의 벗고 션데 타연이 드러와셔 / 왼몸을 ᄃᆞ 씩기고 온갓 거힝 ᄃᆞ히 쥬며 / ᄉᆞ나의 보는데도 져도 벗고 목욕허기 / 슈치로 ᄋᆞ니 ᄋᆞ되 우리 보기 면괴허ᄃᆞ / ㉡【야만의 풍쇽이라 ᄂᆡ외 업긴 고ᄉᆞ허고 / 이러트시 무례허니 돈견이ᄂᆞ 다를소냐.】

② 일본의 풍속들이 쌀ᄌᆞ식 나아 길러 / 어려셔 가르친 후 이런 집의 보ᄂᆡ야셔 / 몃ᄒᆡ든지 ᄉᆞ환ᄒᆞ야 손님 졉디 허는 범졀 / 비우기도 허려니와 달달이 월급 바다 / 그 돈을 모두아셔 시집 가는 미쳔 ᄉᆞᆷ고 / 져의 부모 모루는쳬 그 ᄋᆞ니 고이허냐 /

꼿가치 어엿분 것 십오셰 이십셰라 / 쥬인집의 숀이 들면 온갖 거힝 다 하야셔 / 방 쓸고 ᄌᆞ리 펴며 음식 먹는 시즁꺼지 / 젼슈이 계집이지 ᄉᆞ나의는 못보깃다 / 그 즁의도 엇던 계집 난잡히 음행히도 / 슈치되미 젼여 업셔 예ᄉᆞ로이 안다 허데 / 일본의 못된 풍속 점ᄌᆞ는 집 ᄌᆞ식들도 / ㉢【시집 안간 식악시는 음힝허기 일등이며 / ᄉᆞ촌누의 혼인허기 예ᄉᆞ로이 헌다 허니 / 금슈의 힝실이라 말허기 더럽도다】/ ㉣【ᄎᆞ의라 우리나라 당당헌 례졀로셔 / 일시의 분발ᄒᆞ야 부국강병 못ᄒᆞ야셔 / 져러헌 이젹의게 이쳐럼 견욕허니 / 한심허고 분헌 거슬 말ᄒᆞ야 무엇허리.】

③ 겸창의 나가보니 동경셔 오ᄇᆡᆨ여리 / 슈셕의 죠흔 경ᄀᆡ 청량헌 곳시로다 / 근일 가튼 심헌 더위 도모지 모롤러라 / 십여길 노픈 폭포 쇼리도 죠커니와 / 은빗가튼 물쥴기에 셕양이 죠요ᄒᆞ야 / 써러져 흐르는 곳 금광이 쒸어나고 / 쳡쳡헌 슈음쇽에 ᄆᆡ미쇼리 어지럽다 / ㉤【임진년 우리 원슈 왜장에 평슈길이 / 여ᄀᆡ셔 ᄉᆞ든 집터 지점ᄒᆞ야 가르치니 / 여러 ᄇᆡᆨ년 왕ᄉᆞ이나 분헌 마음 졀로 난다】/ 죠션창 가셔 보니 화륜션 진는데라.

④ 불난셔 공관에셔 무도회 헌다 허고 / 죠션공ᄉᆞ 청허기로 다다라 구경허고 / 각국ᄉᆞ람 ᄃᆞ 모인것 ᄉᆞ람도 ᄃᆞ단허고 / 가진 요리 차려논 것 음식도 풍셩허다 / 이리져리 단이면셔 노룸판을 ᄎᆞ리는데 / ᄉᆞᆷ십여인 셔양계집 일제이 모야 셔셔 / 웃통을 버셔 노아 살을 다 드러ᄂᆡ고 / ㉥【각국의 양인들이 ᄉᆞᆷᄉᆞ십명 느러셔셔 / 이놈에 계집 져놈 씨고 / 져놈에 계집 이놈 쪄셔 / 다 각각 상환ᄒᆞ야 허리를 쪄안구셔 / ᄉᆞ방으로 도라단여 쒸놀며 춤을 츄니 / 망측하고 고이헌 것 견융에 풍속이라】/ 이 노둠이 쇼ᄂᆞ 허고 ᄒᆡ바다 헌다 ᄒᆞ데.

⑤ 점ᄌᆞ는 집 부인들과 시집 안간 식악시들 / 각쳐의 셰ᄇᆡᄎᆞ로 길에 널려 단이

는 것 / 머리에 ᄶᆞ민 것과 옷 니분 것 치려허미 / 한 ᄉᆞ람 단장헌 것 여러 빅원 드러쓰니 / 죠션 계집 모양보다 찬란은 허거니와 / 면목이 셔투루니 죠흔 쥴은 모루깃고 / ㉧【빅쥬 딕도 즁인즁에 닉외 업시 단이는 것 / ᄋᆞ모리 싱각힉도 야만에 풍쇽이라.】

⑥ 음식이라 쥬는 거슬 죠곰식 먹어 보자 / 식루 온 식악시가 단장을 가츄 허고 / 나와셔 손님 졉딕 온갖 슈작 가치 허니 / ㉨【닉외지법 업는 쥴은 이왕부터 ᄋᆞ라쓰ᄂᆞ / 신부라 허는 거시 이러틋 무례허니 / 이젹에 풍쇽이라 말ᄒᆞ야 무엇허랴】/ 춍니딕신 이등방문 부상을 당ᄒᆞ야셔 금일이 장ᄉᆞ라니 가셔 회장허리로다 / (…중략…) / 상제라 허는 거슨 거상여부 젼여 업고 / 이젼 닙든 그 복식에 거문 헝겊 한 죠각을 / 갓모자에 둘러쓰니 이거시 표라 허며 / ㉩【우지 안는 풍쇽인 쥴 이왕부터 아라쓰ᄂᆞ 비쳑ᄒᆞ야 허는 것도 ᄯᅩ흔 못보깃쓰니 / 인륜에 픽상허미 지극히 한심허다.】

위의 ①~⑥ 사례들은 〈유일록〉에서 발견되는 이적관을 모두 나열해 본 것이다. ㉠~㉩ 표현들을 보면 풍속에 대한 상당한 거부감과 비판을 보이고 있음을 알 수 있다. 대부분의 사례에서 '풍속'이라는 단어가 확인되며 그 내용들도 대체로 유사하다. ㉠ 혼욕, ㉢ 음행 · 사촌과의 결혼, ㉧, ㉨남녀의 내외 허용, ㉩ 장례식 등과 같이 대체로 문화적 차이에서 유발된 이적관을 보여준다. 또한 ㉤에서 풍신수길을 비난하고 있는 내용은 전후 맥락을 보았을 때 의미의 파급 효과가 크지 못하다. 풍신수길의 집터인 '겸창'의 뛰어난 경관을 예찬한 후 제시된 ㉤의 탄식은, 현재에도 발현될 수 있을 만큼. 일반적인 층위에서 해석될 수 있는 논리인 것이다.

또한 서양인들의 무도회 장면을 비난하고 있는 ㉥의 내용도 조선의 유자로서 경험한 문화적 충격의 정도로만 이해되어야 한다. 서세침탈을 목도함으로써 서양인을 '이적'으로 간주 · 비난했던 〈병인연행가〉를 떠올려 본다면 〈유일록〉의 ④의 경우 서양의 문화까지 야만시하는 작가의 태도[128]로 일반화하기에는 의미 실질이 미약한 내용인 것이다. 일본을 이적으로 지칭하는 것은 조선 후기에 지속된 논리로 관습적이고 정형화된 시선에 기인한 표현[129]이라고 볼 수 있으며 근대적 세계관이 의식을 잠식하는 과정에서도 타자의 문화를 인식하는 표상으로써 일본의 풍속을 비난하는 정형구는 지속된 것으로 보아야 하는 것이다.

명말 소형 백과사전에는 맨몸의 상반신으로 칼을 빼어든 정형화된 '왜인' 그림이 많이 수록되어 있다. 도교대학 동양문화연구소 소장.

그런데 기존 연구에서는 위의 자료들이 화자의 문화적 우월의식으로 인해 일본인들의 생활 · 풍습 등에 대해 대부분 부정적 시각을 보이는 내용으로 평가[130]되거나 보수적 유자로서의 일정한 한계를 보이는 사례들로 분석[131]되었다. 또한 〈유일록〉의 작가가 유자이므로 전대 통신사들에 비해 자국의 우월함에 대한 믿음을 오히려 더 확고히 견지하고 있는 것으로 평가[132]되기도 하였다. 이 논의들은 조금씩 다르지만

128 박애경, 앞의 책, 175쪽.

129 이러한 시각은 다음의 논의를 참고했다. "여행자들은 여행국에 발을 들여놓기 전에 그 나라에 대해 읽고 그곳에 도착하여 기대했던 것만을 봤다는 것을 증명할 수도 있다. 정형화 시키기의 생생한 예는 17세기와 18세기에 이탈리아를 여행했던 외국인들이 기행문에서 찾을 수 있다. 예컨대 그들은 나폴리의 라차로니에 대한 상투화된 문구를 반복했는데, 라차로니란 태양 아래 누워서 아무 일도 하지 않는 것처럼 보이는 가난한 사람들을 말한다." 피터 버크(Peter Burke), 조한욱 역, 『문화사란 무엇인가』, 길, 2006. 111~112쪽.

130 송재용, 앞의 글, 17~18쪽.

131 유정선, 앞의 책, 144쪽.

132 박애경, 앞의 책, 174~175쪽.

대체로 〈유일록〉에 혼재되어 있는 화자의 대립적 인식을 유사한 비중에서 해석하고 있다는 점에서는 공통적이다. 그래서 〈유일록〉의 화자는 예의지국으로서의 자존감 보이면서도 일본의 부국강병이라는 현실을 인정하는 의식 사이에서 갈등을 보이고 있다는 평가가 도출되기도 한 것이다. 이러한 논의들은 현상론적 차원에서 작품의 실체를 해석한 것으로 실제 〈유일록〉의 특성이기도 하다. 그러나 앞서 언급했듯이 화이론의 의미 실질이 약화되어 있다는 점에서 그 평가의 비중과 강도가 조정될 필요가 있다. 〈유일록〉에서 발견되는 화이관이 〈일동장유가〉의 양상과 비교했을 때 차이가 발견된다는 점에서 더욱 그러하다. 〈일동장유가〉를 보면 풍속 이외에도 '씨앗'과 같은 어휘를 통해 '종족'에 대한 거부감을 표출함은 물론 비난의 논리가 자국으로의 '포섭'이나 '소유'에 대한 열망으로 전이되는 양상까지 발견할 수 있었다.

그런데 〈일동장유가〉에서 확인되는 화이론적 요소는 화자의 중화주의적 세계관과 교차되고 있다는 점에 유의해야 한다. 〈일동장유가〉의 화자는 일본이 이적국임에도 불구하고 웅장한 산세와 물질적 번영을 누리고 있는 괴리적 현상에 대해 일차적으로는 '감탄'과 '비난'을 보이고 있다. 물론 전대에 비해 완화된 중화주의의 배타성이 직접적 '찬탄'을 가능케 했지만 보다 중요한 점은 조선이 중화계승국이라는 대타적 자국 인식도 강화되면서 이적국에 대한 비난이 중화의 세계로 변환·포섭되기를 열망까지 진전되고 있다는 것이다.

그러나 〈유일록〉의 경우에는 중화주의가 내포한 의미 실질이 상당히 희석되어 있으며 '근대적' 세계를 긍정하고 지향하는 의식이 강화되어 있다. 위의 ② 장면에 대한 화자의 탄식을 보면 'ᄎᆞ의라 우리나라 당당헌 례졀로셔 / 일시의 분발ᄒᆞ야 부국강병 못ᄒᆞ야셔 / 져러헌 이젹의게 이쳐럼 견욕허니 / 한심허고 분헌 거슬 말ᄒᆞ야 무엇허리'와 같은 내용이 확인된다. 화자가 대일 사행을 통해 '부국강병'이 근대화의 핵심 기제임을 간파하고 있었음을 보여주는 것이다. 그러므로 〈유일록〉은 풍속과 관련된 표피적 층위에서만 화이론이 발현되고 있다고 보아야 하며 이는 대타적 자국 인식의 현상으로 일본의 문물에 대한 경탄 및 사회적 제도를 수용하고자 하는 의식이 곳곳에서 발현되는 다음의 사례들을 볼 때 더욱 선명하게 확인해 볼 수 있다.

① ㉠【신호라 허는데는 아국으로 이르며는 / 인쳔항구 가튼 덴데 지방의 널븐 거시 / 아국 경셩 쥬회보다 오히려 널다 허데 / 인민의 ᄉᆞ는 것과 물건의 풍셩허미 / 쳐음 보는 안목으로 ᄃᆡ단이 휘황허다】/ 집 제도 찬난허미 이층 숨층 놉피 짓고 / 가로의 시젼들은 긔이헌 물건들과 / 딩기며 파는 장ᄉᆞ 거리거리 연락허되 / 무어시라 외는 쇼리 아라 듯기 어려우되 / 가마니 ᄂᆡ다 보면 분분이 메구 가ᄆᆡ / 어름장ᄉᆞ 어름빙ᄶᅡ 기름장ᄉᆞ 기름유ᄶᅡ / 다 각각 등에 그려 ᄃᆡ강 짐작 허깃드라.

② 쥬회ᄀᆞ ᄉᆞ십니의 빈틈업시 집이로되 / 인총이 워낙 마나 용접허기 어려워셔 / 집 우의 집을 지여 이층숨층 늘비허ᄃᆞ / 젼긔등 켜는 거슨 집집이 쥴을 이여 / 히가 져 황혼시의 긔계고동 한번 틀면 / 홀련이 ᄇᆡᆨ쥬되야 츄호라도 분변허며 / 곳곳지 젼어긔계 십니며 ᄇᆡᆨ리라도 / 고동을 틀어노코 기계통의 입을 ᄃᆡ야 / 무슨 말을 거긔 허면 져편의 가 들리여셔 / 마쥬 안져 슈작허듯 못헐 말 업다 허데 / 죵일 왕ᄂᆡ 슈레쇼리 쇼나 말이 안이 쓸고 / ᄉᆞ람이 쓸구 가되 ᄒᆞᆫ 슈레 물건들이 / 셔너비리 가량 되되 신 은 들게 운젼허니 / ㉡【길도 원악 쥬커니와 일허는 것 다 부지다.】

③ 이십뉵일 뉵노로 ᄯᅥ나 **화륜거**를 쳐음 타니 / 륜거제도 엇더헌가 ᄃᆡ강 기록 ᄒᆞ야 보ᄌᆞ / 방쳐럼 만드러셔 ᄒᆞᆫ 슈레가 ᄉᆞᆷᄉᆞ간식 / 슈십 ᄎᆞ를 연니여셔 ᄒᆞᆫ틀에 올려 노코 / 압흐로 연통 다라 셕탄을 푸이며는 / 일시에 ᄲᅳᆯ리여셔 살거치 다라나니 / 좌유에 보는 거시 안목이 현황허다 / (…중략…) / 가ᄃᆞ가 드문드문 졔일 장관 무어신고 / 십니 장강 다리 노코 그 우로 죠ᄎᆞ 가며 / 여러 십니 산을 ᄯᅮ러 그 쇽으로 죠ᄎᆞ 가니 / 별안간 칠야되야 불 켜노코 가는구나 / ㉢【그런 ᄂᆡ치 ᄯᅮ러 ᄂᆡ여 이쳐럼 ᄀᆡ교허니 / 물력인들 얼마 들며 ᄌᆡ쥬고 놀납도다 / 신시에 셔경 와셔 슈레에 ᄂᆞ려보니 / 쳔리를 와ᄊᆞᆺ는데 오륙시간 되는구나.】

④ **죠션창** 가셔 보니 화륜션 진는데라 / ᄎᆡᄎᆡ이 집을 짓고 각식 장인 느러 안져 / 곳곳지 ᄀᆡ계 노코 쇠와 나무 ᄌᆡ작허ᄆᆡ / 풀무라 허는 거시 집치보다 더 큰 쇽에 / 셕탄을 ᄀᆞᆺ득 푸여 그 쇽에 쇠를 너어 / 잠시간 불려ᄂᆡ면 독만헌 쇠마치가 / ᄀᆡ게 한번 누루며는 져졀로 두두려셔 / 안반 가튼 쇠죠각을 간간이 금을 그어 / 죠각죠각 오려ᄂᆡ미 두부 네는 모양이라 / ㉣【온갖것 허는 거시 이쳐럼 ᄃᆞ 쉬우니 / 눈으로 못본 ᄉᆞ람 밋기가 어렵도다.】

⑤ **군ᄉᆞ**의 졍예헌 것 육ᄒᆡ군이 각각 잇셔 / 뉵군이 이십오만 ᄒᆡ군이 십일만명 / ᄃᆡ신에 ᄋᆞ들부터 평민에 ᄌᆞ식ᄭᆞ지 / 십구세 되든 ᄒᆡ에 의례이 군졍 박되 / ᄂᆞ무집 맛ᄋᆞ들과 신병 잇는 ᄉᆞ람외에 / 군안에 실린 후에 학교의 연습헌 후 / 현역ᄉᆞᆷ년 례비ᄉᆞᆷ년 후비ᄉᆞᆷ년 외비ᄉᆞᆷ년 / 십이년 ᄉᆞ역후에 도루 노ᄋᆞ 보ᄂᆡ야셔 / 농ᄉᆞ허고 장ᄉᆞ허물 임의로 허다가셔 / 나라의 큰닐 잇셔 군ᄉᆞ가 부죡허면 / 멧 만명 멧 쳔명을 ᄇᆡᆨ셩중의 ᄲᅩᄇᆞᄂᆡ도 / 이왕의 익힌 기예 모도 ᄃᆞ 일등졍병 / ㉤【이러무로 일본 ᄇᆡᆨ셩 군ᄉᆞ 복식 ᄋᆞ니허고 / ᄌᆞᆼᄉᆞ허고 롱ᄉᆞᄒᆡ도 쇽으로는 ᄃᆞ 군ᄉᆞ라】 / 황ᄐᆡᄌᆞ에 존귀험과 황족의 친왕들도 / 교장의 기예 빌 ᄯᆡ 군ᄉᆞ와 ᄒᆞᆫ 가지로 / ㉥【존

비지별 젼여 업셔 무란이 항녜허니 / 그 쓰이 다름 업셔 병권에 즁헌 거슬】/ 신후를 으니 쥬고 황족이 즈부랴구 / 연골부터 기예빅야 디장지졍 닷는드데.

⑥ 일본 지방에 부가 셋시니 동경부 셔경부 디판부요 / (…중략…) / 일평 니평 짱을 지야 그 즁에도 호부 보아 / 쳔원쯔리 빅원쯔리 다 각각 갑슬 정히 / 정부에셔 문셔 쥬면 그 뮨셔로 미미허되 / 갑을 훈번 정히 쥬면 가감이 다시 업셔 / 빅원쯔리 짱이며는 일년 세랍 나원이라 / 스람 스는 집터들도 본릭 졍헌 갑시 잇셔 / 훈 스람 스는 집이 쳔원쯔리 터이며는 / 일년에 세랍허미 이빅오십원이라 허며 / 각식장스 각식장인 졍헌 셰랍 다 잇셔셔 / 세라구 위명허믈 도무지 통계후야 / ㉦【정부의 일년 세입 팔쳔만원 된다 허네.】

⑦ 횡빈이라 허는 데는 우리나 인쳔 모양 / 각국 장스 모야 들어 화눈션 도박허면 / ◎【물건을 슈험후야 세 반는 히관이라】/ 부두에 나가보니 굉장허게 추렷도다 / 바다가에 세 시작후야 숨마장 되는 데를 / 물쇽으로 기둥 세워 건너 질러 다리 노코 / 다리우로 쳘로 노아 물건을 슈운허니 / 멧 십쳑 윤션짐을 슌식간에 드려오며 / 해관장 추져보고 셰츄 슈효 무러보니 / ㉧【미일에 십만원식 훈달을 회계허면 / 숨십만원 된드 허니 참말로 장허도다.】

⑧-1 잠시 안져 음식 먹는 방치레가 디단허다 / 그 즁의도 양요리집 스오인이 작반후야 / ㉨【잠시 먹은 음식갑시 쇼불하 숨스빅냥 / 아국스람 규모루는 놀랍고 오활허다.】

⑧-2 숨경냥에 빈숑 와셔 슌박십에 드러가니 / 쥬인이 미쥬 나와 거힙 범졀 지극허나 / ㉪【후루밤 즈는 부비 슈빅여냥 드러쓰니 / 으국 물졍 비허며는 진실로 우슙도다.】

⑧-3 슌막을 ᄎᆞ져가셔 하루밤 더싀구셔 / 밥갑슬 셈힉 오미 네 ᄉᆞ람 머근 거시 / ㉢【아국돈 이빅여양 실업구도 우습도다.】

위의 ①~⑧은 일본의 근대적 문물과 제도를 경탄하고 있는 화자의 시선이 발견되는 사례들이다. 전기등, 전어기계, 운전, 화륜거, 조선창, 군사제도, 세금제도 등 이전의 사행가사에서는 발견할 수 없었던 소재들이 확인되는 것도 화자의 세계 인식에 '근대성'이라는 새로운 가치관이 투사되어 있음을 의미한다. 우선 ①의 ㉠을 보면 '신호' 지방은 조선의 '인천'과 같은 곳인데 오히려 '경셩'보다 넓고 번화하다는 점이 제시되어 있다. 그러므로 '쳐음 보는 안목으로 듸단이 휘황허다'로 압축되는 화자의 감탄에는 자국에 대한 비교 우위의 시각이 내재되어 있다고 보아야 하는 것이다. ②~④를 보아도 기계가 도시 문명의 원동력임을 인지한 상태에서 관련된 소재들의 특성과 효용을 구체적으로 묘사되어 있다. 동경에 '이층숨층' 집들이 즐비하며 '전기등', '전어기계', '차(운전)'로 인해 발생하는 놀라운 효과는 ②에 나타나 있다. '홀련이 빅쥬되야 츄호라도 분변하며', '마쥬 안져 슈작허듯 못헐 말 업다 허데' 등과 같은 비유적 수사를 통해 자연적 한계 상황을 극복케 하는 기계의 위력을 강조하고 있는 것이다.

특히 ㉡에서 화자는 '소, 말'이 아닌 '인간'의 운전으로 인해 발생하는 노동의 효용성을 긍정하고 있으며 포장된 도로에 대한 감탄도 발견된다. 이동 수단에 대한 이러한 긍정은 화륜거를 직접 체험한 후 더욱 강화되어 ③에서는 화륜거의 특징이 상세하게 묘사되어 있기도 하다. '쳔리를 와ᄯᅳᆫ는데 오륙시간 되는구나'라는 ㉢의 구절은 기계 문명의 속도감과 시 · 공간적 압축을 경험했기에 가능한 찬탄인 것이다. 또한 화륜선의 제조 과정인 ④를 보면 '석탄'이 연료로 작용하여 '쇠망치'가 쇠 조각을 '저절로' 두드린 후 '두부 네는 모양' 같이 잘려지는 모습이 형상화되어 있다. 불가능해 보이는 일들이 순식간에 자동으로 처리되며 결과물이 산출되는 모습은 그 실제성을 의심할 정도로 경이로운 현상이었음이 'ⓔ 온갖것 허는 거시 이쳐렴 ᄃᆞ 쉬우니 / 눈으로 못본 ᄉᆞ람 밋기가 어렵도다'에서 확인된다.

이러한 기계문명 이외에도 화자는 ⑤와 같이 일본의 군사제도에도 주목하는데 그 실제에 대한 상세한 설명은 'ⓜ 이러무로 일본 빅셩 군ᄉᆞ 복식 ᄋᆞ니허고 / 중ᄉᆞ허고 롱ᄉᆞ히도 쇽으로는 ᄃᆞ 군ᄉᆞ라'라는 의식으로 귀결되고 있다. 일본인들은 계층이나 지위 고하를 막론하고 군사적 기예를 습득하기에 누구나 내재된 군사라는 짐을 간파하고 있는 것이다. 특히 '그 쁫이 다름업셔 병권에 즁헌 거슬'이라는 ⓗ의 내용은 일본의 군사력이 그 중요성에 대한 그들의 철저한 인식과 체계적인 제도에 기인하고 있음을 강조하는 논리라고 볼 수 있다. 이미 화자는 청·일 전쟁을 통해 일본의 파괴적 군사력을 인지하고 있었을 것이며 따라서 ⑤의 내용은 그 실체를 탐색·인지하고자 하는 의식에서 구성되었을 가능성이 높은 것이다. 근대적 문명 세계의 동력을 군사력으로 간주하여 찬탄하는 시선은 이후 〈셔유견문록〉에서도 발견되는데 자료적 정보를 참조하여 구성한 것으로 보이는 『범사록』과 〈유일록〉의 경우[133] 객관적·교술적 특성이 강하다고 볼 수 있다.

133 군사제도와 관련된 두 자료의 내용은 거의 유사하다. 『범사록』의 7월 5일 일기에는 일본의 세금, 무역, 정치, 군사 등에 대한 제도와 원리가 상세하게 기록되어 있는데 이 중 무역, 정치 부분이 〈유일록〉에 생략되어 있다. 사행가사를 창작하는 과정에서 심화된 지식이나 담론은 대체로 생략된다는 점을 고려할 때 〈유일록〉의 화자는 일본의 세금이나 군사 제도는 반드시 '전달'하고자 했음을 알 수 있다.

현재의 횡빈(橫濱, 요코하마) 항구

이처럼 지식이 기록되어 있는 특징은 세금 제도를 설명하고 있는 ⑥의 장면에서도 확인된다. 횡빈에서 발견한 세관에도 관심을 보이는 등(⑦) 화자는 자본의 중요성과 실질적 위력을 인지하고 있었으므로 그 원리나 운용에 대해서도 적극적 관심을 보이고 있는 것이다. 특히 『범사록』에서는 확인되지 않는 ㉦, ㉧ 구절을 보면 '일년 세입 팔쳔만원', '십만원식', '숨십만원[134]' 등과 같이 자국의 화폐단위로 일본의 경제 규모를 감탄하고 있다. 자본과 관련된 이러한 비교 인식은 ⑧-1,2,3 장면에서도 확인되는데 음식과 숙박 등에 대한 가격을 '숨ᄉᆞ빅냥', '슈빅여냥', '아국돈 이빅여냥' 등으로 표현함으로써 양국의 경제적 격차를 탄식하고 있다[135]. '진실로 우습도다', '실업구도 우습도다'라는 ㉪, ㉫ 구

134 ㉧의 논리를 보면 '숨백만원'이 정확한 표현이며 '숨십만원'은 誤記로 보인다.

135 『범사록』의 전반부에는 자신이 받은 출장비가 225원, 여행 준비물 구비 비용이 80원으로 기록되어 있다. 그러므로 이러한 구체적 수치들은 자국과의 비교를 위해 의도적으로 첨가한 것으로 보아야 하는 것이다.

절은 자국의 비교 열위에 대한 인정에서 나온 자조적 표현인 것이다.[136] 이처럼 근대적 세계의 구비 조건이라 할 수 있는 자본, 군사, 기계 등의 제반 측면에서 화자는 자국의 열세를 인식했다고 볼 수 있으며 이에 대한 대타적 반응이 긍정에서 수용의 논리로 심화되는 양상이 다음의 사례들에서 발견된다.

① 일본의 규모들이 귀천 상ᄒᆞ 남녀업시 / ᄉᆞ람 ᄂᆞ셔 칠팔셰면 교휵허기 젼여 힘써 / 쇼학교 ᄃᆡ학교며 ᄉᆞ범학교 고등학교 / ᄂᆞ라의셔 비셜ᄒᆞ야 연긔죠ᄎᆞ 가르치고 / 그 외도 ᄉᆞ립학교 곳곳지 비셜ᄒᆞ야 / 날마ᄃᆞ 공부허며 시각을 졍ᄒᆞ야셔 / 잘 허고 잘 못 허물 등을 죠ᄎᆞ 권장허니 / 이러무로 여긔 ᄉᆞ롬 ᄒᆞ천의 ᄌᆞ식들과 / 장ᄉᆞᄒᆞ는 상쳔들과 ᄉᆞ환ᄒᆞ는 계집들도 / ᄃᆡ강 문ᄌᆞ 아라보고 슈노키 일등ᄒᆞ니 / ㉠【이런 거슨 양법이라 진실로 본바들만.】

② 밍아원 잇ᄯᆞ 허니 가서 구경 허리로ᄃᆞ / 쇼경과 벙어리를 남녀 업시 모아 노코 / 학교를 비셜ᄒᆞ야 교ᄉᆞ가 가르치되 / 글ᄌᆞ도 가르치며 글시쓰고 슈노찌와 / 온갖 물건 만드는 것 능난이 다 잘 허니 / 눈 발고 말 잘헌들 이박게 더헐쇼냐 / ㉡【ᄉᆞ람을 교휵허미 병신도 ᄋᆞ니 버려 / 이쳐럼 도져허니 본바들만 헌 닐이라.】

③ 동경에 비포허문 쥬회가 오십니의 / 산이 업셔 평평헌데 셩은 잇고 못 업쓰며 / 셩니의 큰 기쳔들 쥴기쥴기 통ᄒᆞ야셔 / 좌우로 셕축하야 그 우의 다리 노코 / 다리 밋헤 비 니왕들 바다ᄋᆞ루 흘러가며 / 셩니가 십오구며 한구의 멧 번지식 / 곳곳지 공히집들 양제로 지어쓰되 / 벽돌루만 싸ᄋᆞ쓰니 찬란하고 굉장허며 / ᄃᆡ

136 『범사록』에는 ㉢, ㉣, ㉤의 내용도 없으므로 이는 〈유일록〉에서만 발견되는 솔직한 내면과 자아 반응에 해당한다.

관이며 평민들이 집치레가 디단허다 / ᄉᆞ면으로 통헌 길이 한갈것치 광할ᄒᆞ야 / 죠고마헌 골묵들도 우리나라 종노길만 / 셔발 막디 거침 업셔 평평허고 정결허다 / 길가의 순ᄉᆞ들은 환도 차고 느러셔셔 / 닉인 거긱 동졍이며 슈상죵적 검찰허되 / 잠시를 안 써나고 신지의 셔 잇ᄯᅥ가 / 시각이 다 헌 후의 다른 순ᄉᆞ 체번허니 / ㉢【법령과 규모들이 이러히야 헐 닐이라 / 그러무로 이 나라는 도젹이 젹다 허데.】

④ 쟈션회 허는 거슨 금년 봄에 지난는데 / 보지는 못히셔도 딕강 기록ᄒᆞ야 보ᄌᆞ / 그도 ᄯᅩᄒᆞᆫ 별닐이니 딕강 기록ᄒᆞ야 보ᄌᆞ / ᄌᆞ션회라 허는 거슨 닉력을 들어보니 / 무부모헌 ᄋᆞ희들과 의지헐 씌 업는 ᄉᆞ람 / 모도 모ᄋᆞ 살리는데 싱지허는 회라 허데 / 친왕 왕비부터 각 디신 부인이며 / 경직가의 부인들이 ᄒᆞᆫ가지로 쥬션ᄒᆞ야 / 회중 닐을 셜시허되 몃 빅간 집을 짓고 / 멧 만원 미쳔 들여 각식가지 물건들을 / 그 집에 갓다 노코 장ᄉᆞ쳐럼 가긔 버려 / ᄋᆞ무날부터 시작ᄒᆞ야 ᄌᆞ선회를 헌다 허고 / (…중략…) / 그 돈을 다모ᄋᆞ셔 얼마든지 유직삼ᄋᆞ / 그 중의 엇던 부인 회중의 회장되야 / 직물을 총찰ᄒᆞ야 궁헌 ᄉᆞ람 접졔허되 / 학교도 셜시ᄒᆞ야 교ᄉᆞ이ᄒᆞ 월급쥬고 / 연긔디로 죠ᄎᆞ가며 직쥬도 교휵허며 / 장ᄉᆞ길을 여러쥬어 미쳔도 당히쥬며 / 당혼헌 ᄋᆞ희들은 가취도 시긴다니 / ㉣【분슈로 말허면은 구졔허는 방냑이니 / 부인들에 젹션허미 민우 죠흔 법이로다.】

위의 ①을 보면 일본의 교육 제도와 관련된 구체적 묘사와 함께 '㉠ 이런 거슨 양법이라 진실로 본바들만'이라는 논평이 첨부되어 있다. 세금이나 군사, 기계 등은 실천적 담론으로 전환하기 어려운 논의들이지만 교육의 경우 실현의 가능성이 높은 동시에 변화의 원동력이 될 수 있다는 점에서 적극적 수용의 논리를 구사하고 있는 것이다. 교육의 위력을 경험한 구체적 사례는 맹아원을 방문한 내용(②)에서 확인할 수 있는데 '소경과 벙어리'를 구분하지 않고 학교에서 '글자'를 배우게 함으로써 '온갖 물건 만드는 것 능난히 다 잘 허니'와 같은 성과를 보이는 현장이 묘사되어 있다.

이러한 교육 외에 화자가 근대적 세계로의 전환을 위해 일상적 삶의 층위에서 수용 · 실현이 가능한 제도로 간주한 것이 청결, 치안이었음을 ②에서 확인할 수 있다. 'ᄉᆞ면으로 통헌 길이 한결갓치 광활ᄒᆞ야 죠고마한 골목길도 우리나라 종로길만'에서와 같이 자국에 비해 정비된 도로와 시가지의 모습을 감탄하는 것은 물론 '셔발 막더 거침 업셔 평평허고 졍결허다'와 같이 청결한 거리 상태를 예찬하고 있는 것이다. 또한 '순사'들이 '체번'하며 '검찰'함으로써 안정된 치안 질서를 '그러무로 이 나라는 도적이 젹다 허데'와 같이 높이 평가하고 있다. 특히 '법령과 규모들이 이러히야 헐 닐이라'라는 ㉡의 구절은 자국으로의 적극적 수용 의사와 염원이 발현된 내용이라고 볼 수 있다. 진전된 화자의 의식은 복지 관념을 긍정하는 양상으로도 표출되고 있는데 ④에는 자선회의 개념과 운용 원리가 구체적으로 묘사되고 있다. 화자는 이 자선회가 어려운 이들의 교육은 물론 생계의 기반을 보조한다는 점을 인식하고 있는 것이다. 특히 그 주체가 '친왕 왕비부터 각더신 부인'이고 수혜 대상이 '궁헌 ᄉᆞ람'이라는 점에서 자선회를 인식하는 화자의 의식에는 자본의 분배와 복지 관념이 반영되어 있음을 알 수 있다. '구졔허는 방냑이니, 믹우 죠흔 법이로다'라는 ㉣의 찬탄도 일본의 긍정적 세도를 습득하고 적용함으로써 자국의 부국강병을 염원했던 화자의 의식이 내재된 논리로 볼 수 있는 것이다.

이상에서 살펴본 내용들을 볼 때 사행 도중 을미사변, 아관파천, 단발령 등과 같은 격변적 사건들을 접하게 된 〈유일록〉의 화자는 근대화된 일본의 위력과 상대적인 조선의 약세를 완전하게 자각했던 것으로 보인다. 그러므로 일본의 기계 문명이나 군사, 세금제도 등을 긍정하고 있으며 교육과 일부 제도는 '본받아야' 한다는 논리까지 구사하고 있는 것이다. 반면 부정적 대일관은 대체로 '풍속'의 범주에 한정되어 발현되고 있었다. 그러므로 기존에 〈유일록〉의 주된 대일 인식으로 부각되었던 화이관은 근대성 이외의 논리에서 부분적으로 발현되는 관념으로만 이해하는 것이 적절해 보인다. 〈일동장유가〉의 경우 발현된 화이관이 대타적 자국 인식과 상응하는 구도를 형성하고 있었지만 〈유일록〉에서의 그러한 대응 논리를 형성할 만큼의 의미 실질을 확보하고 있지 못하는 점에서도 더욱 그러하다. 〈유일록〉의 화자가 일본을 체험한 후 생성된 자국 인식의 구도에 근대성이라는 새로운 관념이 개입되어 있기 때문이다.

결국 〈유일록〉에서 화이관이 대타적 자국 인식의 기제로 발현되고 있는 현상은 〈일동장유가〉와 유사하지만 일본 문물을 형상화하는 영역과 층위가 급변하고 있다는 점에 유의해야 함을 알 수 있다. 중화주의를 구심점으로 동아시아와 일본을 인식했던 〈일동장유가〉의 경우와는 달리 〈유일록〉의 화자는 근대성에 경도됨으로써 문물과 제도를 적극적으로 관찰하고 수용하는 논리를 개진할 수 있었던 것이다. 탈중화적 시선에서 일본을 인식했던 17세기 중반의 〈장유가〉의 경우 일본은 초월적 공간으로 인식되고 있었다. 그러므로 대일 사행가사 작품들인 〈장유가〉, 〈일동장유가〉, 〈유일록〉에 투사된 대일 인식을 다소 범박하게 정리해 본다면 '초월적 공간 → 중화의 세계로 포섭하고자 하는 공간 → 근대적 문물이 구현된 공간'으로 변했다고 볼 수 있다. 대청 사행가사인 〈무자서행록〉, 〈병인연행가〉와 비교해 보더라도 '유람지'의 성격에 해당하는 부분은 상당한 유사성을 보이지만 〈유일록〉의 경우 '근대적 문물'에 대한 구체적 인식이 심화되어 있음을 쉽게 알 수 있다.

특히 풍속의 범주를 넘어 자료에서 추출된 지식적 층위의 담론들까지 확인된다는 점에서도 이러한 차이는 선명하게 확인된다. 19세기 말에 이르러 사행가사에 투영된 대외 인식의 주된 관념이 중화에서 근대로 전환되는 이러한 양상은 동시기 대영 사행가사인 〈셔유견문록〉에서 더욱 명확하게 발견된다. 잔존하는 중화적 사고로 일본에 대한 이적관이 부분적으로나마 확인되는 〈유일록〉과 달리 영국은 근대화의 구심점으로 간주되어 찬탄의 시선만이 발현되고 있다는 점도 흥미롭다. 그러나 근대적 가치관을 우위에 두고 있다는 점에서 두 작품은 유사하며 따라서 〈유일록〉의 세계 인식은 이러한 맥락에서 조망될 수 있어야 한다. 물론 〈유일록〉이 유람지적 특성을 보이고 있으며 단발령에 대한 화자의 반응처럼 이적국이 근대적 세계로 전환된 현상에 대한 심적 충격과 고뇌도 확인되는데 이러한 다층적 인식이 동시적으로 발견되는 것은 이 시기 사행가사의 복합성 내지는 개방성을 의미한다고 볼 수 있다. 나아가 이러한 특징이 자신의 한문일기를 토대로 재구성되는 과정에서 발생한 문학적 현상이라는 점도 반드시 고려되어야 한다. 다음 장에서는 이러한 점에 유의하면서 〈유일록〉의 가사문학적 특질을 살펴보도록 하겠다.

② 『범사록』의 재구성과 능동적 기록화

〈유일록〉의 화자는 자신의 한문일기인 『범사록』을 토대로 사행가사를 창작[137]하면서 전달 및 기록의 가치가 있다고 판단된 부분들을 선별 · 강화한 것으로 보인다. 전대의 〈일동장유가〉와 창작의 원리는 동일하지만 문학적 특질은 오히려 〈무자서행록〉이나 〈병인연행가〉와 유사한 것이다. 허구적 재구성으로 자신의 체험을 과시하려는 욕망도 발견되었던 〈일동장유가〉에 비해 〈유일록〉은 사실적 전달의 층위를 크게 벗어나지 않고 있기 때문이다. '구경, 장관, 기이, 기록' 등의 어휘들이 많이 사용되고 있어 〈무자서행록〉이나 〈병인연행가〉처럼 〈유일록〉도 '유람지'로서 특성이 강화된 사행가사라고 볼 수 있다. 살펴본 결과 유람의 소재들을 나열 · 확장하는 과정에서 일기의 서사와 일탈되는 부분들이 역시 발견되었으며 이 경우에 화자의 전달 욕구가 투사되어 있음은 물론 나름대로의 작가 의식을 확인할 수 있었다. 〈유일록〉은 『범사록』과 비교해 본 결과 대부분의 서사가 일치하고 있으나 동경에 도착한 이후부터 균열을 보이며 이후 몇 번의 재조정 끝에 원래의 흐름이 회복되는 양상을 보이고 있다. 이 부분들에 대한 효과적 고찰을 위해 변화

---

137 이는 두 작품의 전반부를 비교해 보아도 확연하게 알 수 있다.

"惟歲之乙未夏 派使駐箚于日本 東京以學部協辦 高永喜 特命全權公使 政府以余奏任參書官 聞命驚悚罔知攸措 夫交隣事務關係甚重 事體迥別而 余卽眇末一書生年近不惑才不通一藝 跡不出百里以若孤陋庸拙 豈可萬一分堪勝於是任 且以私情言之七耋慈齡氣息奄奄中 出疆離闈閱月經年 亦豈可行也 左右思惟承膺無路以公以私 屢陳衷情于揆地未獲准許 乃受度支盤費銀二百二十 有五元暨日費銀八十元收拾行 李閏五月初九日 同公使與書記生劉燦詣闕辭陛陪奉國書." (『범사록』)

"을미 유세하에 공사를 파송하여 / 일본국에 주차할 새 학부협판 고영희로 / 전권공사 임명하고 참서관을 택차하고 / 불사한 내 이름을 정부에서 주임하니 / 명하오신 직책하에 조궁할 바 모를러라 / 무릇 군명을 받들어 인국에 빙사하니 / 관계가 심중하고 사체가 형별한데 / 자품이 용우하여 한가지도 재능없고 / 견문이 고루키가 백리 밖을 못 본 터에 / 교섭의 중대한 일 일분이나 감당하며 / 사정을 말하면은 친년이 칠십이라 / 기상에 다병하여 기식이 엄엄하니 / 만리밖에 떠나가서 이위하기 될 말이냐 / 좌우로 청촉하여 승병으로 칭탁하고 / 모모처에 부탁하며 사랑사랑 발론해도 / 면하기를 얻지 못해 떠나기로 결정하여 / 윤오월 초팔일에 궐내에 하직할 새 / 공사 참서 서기생이 한가지 예궐하여 / 국서를 받을어서 정문으로 퇴출하니." (〈유일록〉)

이 두 자료에서 '강조 표시'된 부분을 보면 두 자료의 주요 구절이나 개념 어구가 대부분 일치하고 있어 기본적으로 〈유일록〉은 『범사록』을 참고하면서 창작된 작품임을 알 수 있다.

표 6. 『범사록』과 〈유일록〉의 서사와 소재 비교

「범사록」 날짜	변화 순서	변화지점 구획	〈유일록〉의 서사 진행과 주요 소재
5/25	①-1		박람회(①-1) -박남회 헌다 허니 부득불 볼 거시라
5/27 6/7,15,17	②	A	동경도착-동경에 다ᄃ르니 셕양이 실힉쩌라 객수-왕ᄉ가 쇼중허나 불효는 막심하다 동경의 풍경과 문물 묘사 -동경에 비포허문 쥬회가 오십니의 -길가의 순ᄉ들은 환도차고 드러셔셔 -야시라 허는 거슨 본릭 잇는 시전외에 -권공장에 가셔 보니 몃 빅간 널분 집의
7/3 7/8	⑥, ⑧	B	궁내성에서의 조회 -궁닉셩의 조회 와셔 -궁닉셩에 나와 쉬여 궁궐 구경 딕강허니 동물원 구경 -동물원이라 허는 데는 각식 짐싱 모ᄋ노코
5/25	①-2	C	금각사 구경 -금각ᄉ 죠ᄐ 허니 거긔도 구경 가ᄌ
6/13	③	D	**先父主** 기일 -금일은 션부슈 긔일이라 난리박세 몸이 잇셔
6/18	⑤	E	맹아원, 혼인 예절, 조선창 -밍아원 잇ᄯ 허니 가셔 구경 허리로ᄃ -혼인례졀 드러보니 신랑신부 의혼헐 ᄢ -죠션창 가셔 보니 화륜션 진는데라 -화륜션 고치는 것 게도 ᄯᄒ 가셔 보ᄌ
6/15	④	F	연회-홍엽관에 연회 비셜 편지ᄒ야 청히씨로
7/5	⑦	G	일본의 사회 제도, 풍속 -일본지방 부가 셋이니 -정부의 일년 세입 팔천만원 된다 허데 -군ᄉ의 졍예헌 것 육히군이 각각 잇셔 -ᄉ람 쥭어 장ᄉ허미 고이허고 이상허다
9/19	⑪	H	지공원 덕천씨 묘당 -지공원 드러가셔 덕쳔씨 묘당 보니
8/21 9/6,7	⑨, ⑩	I	을미사변, 연회, 요술 -귀국에 ᄉ변 잇셔 / 왕후ᄭᅴ셔 상ᄉ 낫다 -홍엽관 연회 비셜 ᄂ도 ᄯᄒ 청히씨로 -요술ᄒ는 ᄉ람 불러 구경판을 ᄎ렷쩌라

가 발견되는 지점들을 〈표 6〉과 같이 A~I의 단위로 구획해 보았다.

〈표 6〉에서 〈유일록〉의 흐름에 해당하는 ①~⑪의 배열을 보면 5.25~9.19 사이에 상당한 재배치가 이루어졌음을 알 수 있다. 그리고 A~

I 지점의 전후 맥락을 세밀하게 고찰해 보면 그 이유를 대부분 확인할 수 있다. 우선 A에 해당하는 〈유일록〉의 내용을 보면 화자가 동경에 도착하여 객수를 형상화한 후 갑자기 동경 도시의 전반적 특성을 소개하고 있다. 『범사록』의 경우 동경에 도착한 사실과 공식적 일처리가 제시되어 있는데 〈유일록〉은 이 외에도 '닉 마음 이러헐 졔 집의셔 칠십노친 / 쥬야로 염려허심 눈으로 뵈옵는 듯 / 답답허고 가이 업셔 방촌이 쵸민허니 / 왕ᄉ가 쇼즁허나 불효는 막심하다' 에서와 같이 망운지정과 객수를 표출하고 있는 것이다.[138]

그런데 더욱 중요한 것은 이후 동경에 대한 추가적 내용들이 『범사록』의 이후 일기에서 발견된다는 점이다. 동경에 도착한 날짜는 5월 27일이지만 이후 6월 7, 15, 17일에 해당하는 『범사록』의 내용을 미리 참고하여 A 지점을 보완하고 있는 것이다. 이는 가내 소통을 전제한 창작 과정에서 화자가 동경에 대한 개략적 이해를 돕기 위해 주요한 정보를 우선적으로 선별 · 배치했음을 의미한다. 또한 화자는 A 다음에 일 황제를 알현하고 국서를 전달하는 장면을 삽입하고 있기도 하다. 실제 『범사록』에서 확인되는 국서 전달 날짜는 7월 3일이기 때문에 B는 '동경'의 주요 정보를 전달하려는 의식 층위가 연속되고 있음을 보여주는 것이다. 사신으로서의 공적 임무가 완료되었음을 언급한 후 본격적으로 유람 의식을 강화하는 구성은 앞서 〈병인연행가〉에서도 확인할 수 있었다. 〈유일록〉의 화자도 동경에 도착했으므로 그 도시의

138 이와 관련하여 『범사록』에서는 '일행이 아무 탈 없이 오게 된 것은 바로 왕령의 도움일 것이다. (…중략…) 집과 고향에 마음으로만 조용히 안부를 전하고 공관에 도착한 사실을 본국의 외부에 전송하였다'라는 내용이 확인된다. 이러한 내용의 차이를 볼 때 『범사록』은 일기이지만 한문표기인 만큼 공적 의식이 전제되어 있고 〈유일록〉의 경우 개인적 · 가내적 차원의 의식이 반영된 작품임을 알 수 있다.

주요 정보와 자신의 공식적 임무를 우선적으로 형상화하고자 의식이 발현되어 서사적 균열을 허용하고 있는 것이다.

또한 조회 장면 이후에는 '궁닉셩에 나와 쉬여 궁궐 구경 딕강허니'라고 시작되면서 궁궐이 감각적으로 묘사되어 있다. 이러한 '유람'의 논리는 이내 '동물원 구경'의 장면으로 연속된다. 동물원을 관람한 날짜는 7월 8일이라 국서를 전달한 7월 3일 근처에 해당하는데 7월 3일의 전후 날짜에 해당하는 일기에서 '유람'과 관련된 것은 7월 8일이 유일하여 화자가 이를 선택했다고 볼 수 있는 것이다.

이처럼 A, B에서 지속적으로 일탈되었던 〈유일록〉의 서사는 금각사 구경에 해당하는 C 부분에서 재조정되는 양상을 보이고 있다. 동경에 도착한 5월 27일 이후의 서사적 단절을 의식한 듯 5월 25일에 금각사를 구경한 장면으로 다시 돌아와 작품을 진행하고 있는 것이다. 특히 5월 25일은 동경에 도착한 5월 27일보다도 앞선 날짜인데 금각사의 경우 화자가 '여긔 와셔 졀구경을 여러 군딕 ᄒᆞ야쓰되 / 이처럼 굉장헌 것 오늘날 쳐음 본다 / 이러무로 금각ᄉᆞ가 일본에도 쳣찌라데'라고 표현할 만큼 상당히 인상적인 공간이었음을 알 수 있다. 또한 『범사록』의 5월 25일 일기는 금각사 외에 박람회를 구경한 것으로 되어 있는데 동경에 도착한 이후에 본격적으로 유람과 관련된 소재들을 형상화하려는 의식으로 인해 5월 25일의 일기가 〈유일록〉에서는 ①-1, ①-2에서와 같이 분리 · 배치되어 있음을 알 수 있다.

〈유일록〉의 다음 장면은 '금일은 션부쥬 긔일이라 만리박게 놈이 잇셔'로 시작되고 있는데 이는 『범사록』의 6월 13일에 해당하는 내용이라 5월 25일 이후와 7월 3일 이전에 해당하는 서사가 회복되고 있음을 의미한다. 그러나 D→E 지점을 보면 다시 한 번 서사적 균열이 발생되고 있다. 6월 13일은 선주부의 기일인데 6월 15일의 일기가 홍엽관의 연회와 관련된 내용이라 연속적으로 배치할 수 없었던 것이다. 대신 6월 18일에 맹아원, 조선창을 방문한 장면을 미리 활용한 후 그 다음에 홍엽관의 연회 장면을 묘사하고 있다(E→F). 그런데 I 부분을 보면 을미사변 이후 다시 홍엽관의 연회 장면이 확인되는데 이 경우에는 서사적 흐름이 붕괴되지 않고 있음이 확인된다. 〈유일록〉이 가내 소통을 전제로 창작된 작품인 만큼 D→E는 '기일'이 유발하는 애상적 정서를 고려하며 내용 배치를 재조정한 화자의 섬세한 의식을 감지할 수 있는 사례인 것이다.

마지막으로 확인되는 서사의 균열이 발견되는 부분은 G→H인데 이 역시 G 장면의 내용적 특징과 상관이 있어 보인다. G에는 일본의 사회제도나 문물 등이 확장적으로 나열 · 묘사되어 있는데 이러한 논리와의 연장선상에서 일본의 역사와 관련된 '덕천씨 묘당'에 대한 견문이 첨가되어 있는 것이다. 이곳을 방문한 날짜는 9월 19일이므로 을미사변과 관련된 8월 21일의 내용에 비해 역전적으로 배치되었음을 쉽게 확인할 수 있다(H→I). I 장면 이후부터 『범사록』과 〈유일록〉의 서사는 동일한 양상을 보이고 있으며 이러한 〈유일록〉의 특징은 앞서 살펴본 〈무자서행록〉이나 〈병인연행가〉의 경우와 유사하다고 볼 수 있다. 한문기록을 토대로 사행가사를 창작하는 과정에서 견문을 전달 · 표현하고자 하는 욕구가 강화될 경우 서사적 파열을 감안하면서까지 주요 소재나 내용의 배열을 재조정했음이 〈유일록〉에서도 확인되는 것이다. 이러한 작가 의식으로 인해 『범사록』과는 변별되는 층위에서 생성된 〈유일록〉만의 문학적 특질이 발견되기도 하는데 이를 보여줄 수 있는 주요 사례들은 다음과 같다.

A

ⓐ【5월 26일 흐리다 가랑비가 내렸다. 오전 9시에 출발하여 급히 달리는 것이】 마치 화살이 날아가는 듯하여 번갯불이 눈앞에 번쩍번쩍 하는 것 같아서 어질어질 하고 지나며 보이는 기이한 경치가 보면 볼수록 점점 뛰어나서 붓으로 그려낼 수가 없었다. ⓑ【오후 5시에 빈송에 도착하여】 대미옥 가게방에서 머물렀다.

A′

ⓐ′【이십뉵일 뉵노로 써나 화륜거를 쳐음 타니】/ ㉠【륜거제도 엇더 헌가 ᄃᆡ강 긔록ᄒᆞ야 보ᄌᆞ】/ 방쳐럼 만드러셔 ᄒᆞᆫ 슈레가 ᄉᆞᆷᄉᆞ간식 / 슈십 ᄎᆞ를 연니여셔 ᄒᆞᆫ 틀에 올려노코 / 압흐로 연통다라 셕탄을 푸이며는 / 일시에 ᄭᅳᆯ리여셔 살것치 다라나니 / 좌우의 보는 거시 안목이 현황허다 / 건듯건듯 지나는데 별 거시 다 마는 것 / 슈ᄉᆞᆷ깁니 ᄃᆡ슈풀에 왕ᄃᆡ도 울밀허며 / 큰들에 연을 시머 연ᄭᅩᆺ치 난긔헌 것 / 층암절벽 둘리여셔 ᄇᆡᆨ쳑이 노파 잇고 / 비류직ᄒᆞ ᄉᆞᆷ쳔쳑은 폭포도 장허도다 / (…중략…) / ㉡【신시에 셔경 와셔 슈레에 ᄂᆞ려보니 / 쳔리를 와ᄯᆞᆺ는데 오륙시간 되는구나】/ 곤허기도 헐 섄더러 셕양이 되야쓰니 / 자구셔 갈 셈으로 슌막집에 드러가니 / 집제도 찬란허고 긔구도 놀납도다 / ㉢【ᄒᆞ루밤 ᄌᆞ구 나셔 셔경구경 ᄒᆞ야 보ᄌᆞ】/ 셔경이라 허는 데는 일본국 ᄇᆡᆨ판후에 / 셰셰이 상젼ᄒᆞ야 이쳔여년 도읍인데 / 긔지도 크거니와 물식이 번화트니 / 무진년 변란 만나 일시에 회폭헌 후 / 동경으로 쳔도허고 등기ᄒᆞ야 두어써니 / 근련에 다시 회복 인민이 번셩ᄒᆞ야 / 셔경지ᄉᆞ 허는 말이 금년 셩칙 ᄒᆞ야 보니 / 인호가 ᄉᆞᆷ십만에 인구가 구십만명 / 시젼에 각식물건 질비허기 한량 업고 / 집집이 싱가쇼리 ᄉᆞ면셔 이러ᄂᆞ며 / 오입장이 계집들은 제 말이 단장허고 / ᄉᆞᆷᄉᆞ오오 단이는 것 그도 참 장관이라 / 여러 만호 널분 데를 엇지 다 구경허랴 / ㉣【박남회 헌다 허니 부득불 볼 거시라】/ 박남회라 허는 거슨 각국에 풍쇽들이 / 셰상에 싱긴 물건 가츄가츄 만들

어셔 / ᄉᆞ님니 터를 잡아 집부터 지어노코 / 각체에 ᄉᆞ람들이 ᄃᆞ 각각 모둬야셔 / 물건을 만드러셔 지명ᄃᆡ로 ᄑᆡ를 써셔 / (…중략…) / 쥬먹만한 진쥬ᄒᆞ나 오천원 달라는데 / 컹컴한 그뭄밤에 그거 ᄒᆞ나 들고가면 / 숨ᄉᆞ간 발근 거시 낫보다 더 허다니 / 다른 물건 비허며는 이게 참 보ᄇᆡ로다 / (…중략…) / 일셰가 져무러셔 여관으로 도라오니 / 집 쥬인 거ᄒᆞᆼ범졀 ᄂᆡ집인들 더 헐는가 / 저녁이라 쥬는 거슨 먹기가 어려우니 / 풍쇽 달라 그러헌 것 말ᄒᆞ야 무엇러리 / ⓑ′ **【이십뉵일 ᄯᅩ 써나셔 윤거로 죵일가니** / 어졔보는 그 모양들 쳐쳐에 구경이라 / 유시량에 ᄒᆞ거 ᄒᆞ야 **반송ᄯᅡ의 다다르니.】**

위의 A→A′는 〈유일록〉의 화자가 『범사록』의 서사를 참조하되 전달하고자 하는 대상들을 추가적으로 나열 · 확장하려 한 의식이 발견되는 사례이다. 『범사록』의 ⓐ, ⓑ를 보면 화자가 5월 26일의 오전에 화륜거를 탔고 오후에는 빈송에 도착했음을 알 수 있는데 이는 〈유일록〉의 ⓐ′, ⓑ′에서도 그대로 확인되는 사실적 정보이다. 그런데 흥미로운 점은 〈유일록〉의 경우 ㉠~㉢에서와 같이 추가적 견문이 삽입되어 내용이 상당히 확장되어 있다는 것이다. 이처럼 동일한 날짜 정보 사이에 견문이 삽입되어 있는 현상은 이미 〈무자서행록〉에서도 확인할 수 있었다. 일기를 토대로 사행가사가 창작되는 과정에서 견문에

〈유일록〉 원문.

대한 전달 욕구는 물론 유사한 내용을 연속적으로 배치하고자 하는 의식으로 인해 '첨가적'인 특질이 생성되었음을 보여주는 사례들인 것이다. 또한 '륜거제도'에 대한 '기록' 의사를 전제한 ㉠ 이후의 내용을 보면 화륜거의 모습과 실제적 탑승 체험이 생동감 있게 형상화되어 있

다. '호 슈레가 숨ᄉ간식 슈십 ᄎ를 연니여서'와 같이 화륜거의 외양이 묘사된 것은 물론 『범사록』에서 '기이한 경치'는 '연쏫', '층암절벽', '폭포' 등의 소재로 구체화되고 있는 것이다.

이처럼 화륜거의 체험을 묘사하며 고조된 감흥을 유지하기 위해 화자는 'ⓒ 호루밤 ᄌ구 나셔 셔경구경 ᄒ야 보ᄌ'라는 구절로 시작되는 장면을 연속적으로 배치하고 있다. 특히 화자는 'ⓛ 신시에 셔경 와셔 슈레에 ᄂ려보니'라는 내용을 이미 첨가하여 유기적 연결을 고려했음을 알 수 있다. 『범사록』을 보면 화자가 서경을 구경한 날짜는 전날인 5월 25일인데 위의 A′는 5월 26일의 다음 날로 첨가되어 있기 때문이다. 앞서 언급했듯이 ⓑ′에서 5월 26일이 다시 확인되므로 서경 구경과 관련된 ⓒ 이후의 내용은 날짜의 사실성 여부보다 장면의 유기적 연속성을 중시한 작가 의식으로 삽입된 사례일 것이다.

또한 『범사록』의 5월 25일 일기를 보면 박람회, 서경의 궁궐, 금각사에 대한 체험이 상세하게 기술되어 있는데 이들은 〈유일록〉에서 모두 분산 · 배치되어 있으며 5월 25일과 관련된 〈유일록〉의 내용은 생략되어 있다. A′의 'ⓔ 박남회 헌다 허니 부득불 볼 거시라' 이후 장면도 『범사록』의 5월 25일 일기가 활용된 것이며 'ⓑ′ 이십눅일 ᄯ 써나셔 윤거로 죵일가니'에서 원래의 서사가 회복되고 있는 것이다. 그리고 〈유일록〉의 박람회 장면을 보면 '쥬먹만한 진쥬ᄒ나 오쳔원 달라는데 / 컴컴한 그뭄밤에 그거 ᄒ나 들고가면 / 숨ᄉ간 발근 거시 낫보다 더허다니 / 다른 물건 비허며는 이게 참 보비로다'와 같이 『범사록』에는 없는 내용도 발견된다. 〈유일록〉을 구성하면서 개인적으로 가장 인상적이었던 대상을 첨가하고 이에 대한 과시 · 전달을 위해 과장적 수사를 활용하고 있는 것이다. 이처럼 〈유일록〉은 『범사록』을 재구성하는 과정에서

'첨가적'인 특질이 생성된 것은 물론 특정 장면의 경우 '체계적' 구성이 진행되고 있음을 다음의 사례에서 확인할 수 있다.

B

7월 8일 맑다. 한서기와 산기와 같이 동물원에 가사 각종 길심승과 날짐승들과 비늘짐승들을 구경하였다. 그중에 가장 몸통이 큰 것은 ⓐ 코끼리이니 높이가 4~5길이나 되고 길이는 6~7길이나 되며 허리통은 10여 아름은 되겠고 다리 하나의 크기가 거의 절구통만 하며 코의 길이는 두어 길이나 되는데 아래로 드리우면 땅에 끌리고 코를 말아 올리면 쌓이게 되는데 어떤 것이든 먹을 것이 앞에 주어지면 코끝으로 끌어 모아 걷어서 입으로 넣는다. 입 좌우로는 한 개의 이빨들이 드러나는데 모양은 방망이 같고 빛깔은 희기가 눈 같은데 이른바 상아라는 것이었다. 그 맞은편에는 쇠로 만든 우리 안에 ⓑ 호랑이와 표범들이 각 한 마리씩 들어 있는데 너무 사납고 흉악하여 보는 사람들에게 독을 품고 곧바로 우리 밖으로 뛰어나오면서 큰 소리로 으르렁거리어 산천이 진동할 것만 같았으나 그 사납고도 무서운 힘을 써보지도 못하고 이렇게 갇히어 있으니 너의 신세가 어찌 이 지경에 이르렀는지 오히려 불쌍하게 생각되었다. ⓒ 그 밑에는 큰 원숭이가 바야흐로 낮잠을 자고 있더니 구경하는 사람 때문에 벌떡 일어나서 천연스레 사람과 마주앉으니 마치 늙은 할아비 같아 보였다. 비록 말은 하지 못하나 아는 사람이 있어서 잣을 송이채 던져주니 한 움큼 잡아서 두 손으로 그것을 입에 넣고 씨를 발라 껍질은 뱉어내고 그 알을 먹었다. 일본 사람이 이리 이리 하라고 가르치니 왼손으로 붉은 부채를 잡고 오른 손으로 누런 수건을 잡고 훨훨 날듯이 춤을 추니 매우 우스웠다. 그밖에 ⓓ 물소나 낙타, 돌고래, 해마, 면양, 해록, 토끼, 노루, 여우, 이리 같은 짐승들의 모양은 다 기록할 수가 없다.

B′

동물원이라 허는 데는 각식 짐ᄉᆞ이 모ᄋᆞ노코/ 구경허는 곳시라니 거긔도 가보리라/ ᄉᆞ면으로 도라보니 쳠 볼 짐싱 만허도다/【탁타라 허는 거슨】크기도 영특헌데/ 머리는 말 모양의 젼신은 쇼커튼데/ 잔등이에 턱이 져셔 가운데가 우묵허니 안정 업시 타구 가도 ᄶᅥ러지지 안는ᄃᆞ데/ ⓐ′【코ᄭᅵ리 구경허니】싱긴 것 이상허다/ 크기로 말허며는 ᄉᆞ람에 길 두벌 되고/ 젼신에 털 난 거슨 누른 빗과 거문 빗세/ 허리가 육칠아름 다리 ᄒᆞ나 졀구통만/ 입박그로 이가 나와 좌우로 ᄲᅢ친 거시/ 크기는 홍독긔만 희기가 눈 것도다/ 코라구 허는 거슨 입우흐로 느러져셔/ 기동만큼 굴근 거시 ᄯᅡᆼ의 쳘쳘 ᄭᅳᆯ리다가/ 무어슬 머그라면 코루다가 그러다려/ 닙으로 넌는 모양 숀놀림과 방불허다/【쳐쳐럼 큰 짐싱을 쇠ᄉᆞ슬로 말을 ᄆᆡ야/ 꼼짝을 못ᄒᆞ야셔 빅힌듯시 셔 잇도다/ 여우라 허는 거슨】긔갓치 싱겻는데/ ᄯᅱ놀며 장난허미 교헐도 ᄒᆞ야 뵌다/【곰의 모양 엇너튼 ᄉᆡ】비린헌 것 뎐연ᄒᆞ다/ (…중략…)/【토ᄭᅵ들 볼 만허다】웅장이라 허ᄂᆞ보다/ 셔로 ᄯᅱ며 노는 모양 경망도 ᄒᆞ야 뵌다/ (…중략…)/【노루라 허는 거슨】긔보다 죠금 큰것/ 보기에 슌헌 거시 어엿부데 싱겻도다/ 젼신이 누룬 고로 노루라 ᄒᆞ엿는가/ (…중략…)/【야제라 허는 거슨】황쇼보다 더 큰 것들/ (…중략…)/【면양이라 허는 거슨】ᄯᅳ기도 허거니와/ (…중략…)/【산 호랑이 쳐음 보니】참말로 무섭도다/ (…중략…)/ ⓑ′【그 엽에 표범 잇셔】ᄒᆞᆫ가지로 ᄯᅱ노는데/ 호령이나 알번이되 털빗시 좀 다르다/ 져러헌 용밍으로 엇지ᄒᆞ야 붓들려셔/ 우리 쇽에 갓쳐 잇셔 마음ᄃᆡ루 못ᄃᆡᆼ기니/ 네 신세 싱각허니 도로여 가련허다/ (…중략…)/【삭이라 허는 거슨】그 엽헤 두언는데/ 쥬둥이는 ᄲᅠ쭉헌 것 녹허기노 ᄒᆞ야 뵌나/ (…중략…)/ ⓒ′【원숭이논 거동 보쇼 참말루 장관이라】/ ᄉᆞ람을 ᄃᆡᄒᆞ야셔 쳔연이 안는 모양/ 말을 못ᄒᆡ 그러허지 ᄂᆡ다라 슈작헐 듯/ 얼굴 모양 뵌 것 보번 니목구비 부튼 거시/ 분명이 ᄉᆞ람이니 그 아니 고이허냐/ 잣 한 쥼을 던져 쥬니 숀으로 집어다가/ 입의 너코 ᄉᆡ미러셔 낫낫치 썹질 벽겨 / 움물움물 씹는 모양 짐싱이라 ᄋᆞᆫ헐러라 / 일본 ᄉᆞ람 거긔 셔셔 부칙을 ᄎᆞ져 들고 / 너푼너푼 츔츄는 것 참말로 우습도다 / 【원슝이 ᄉᆞ람 임닉 이전의도 보ᄋᆞ쓰되 / 얼마나 가르쳐셔 져러틋 잘 허는고.】

위의 B는 동물원을 관람한 7월 8일 일기의 전문이며 이 부분과 관련된 〈유일록〉의 B′를 보면 대부분의 내용이 수용되고 있음을 알 수 있다. ⓐ′~ⓒ′를 보면 『범사록』에 묘사되어 있는 코끼리, 호랑이와 표범, 원숭이 등의 형상이 대체로 유사하게 발견되기 때문이다. 물론 이 과정에서 전달의 효율성을 강화하기 위한 가사문학만의 특질도 확인할 수 있다. ⓐ′를 보면 '전신에 털 난 거슨 누른 빗과 거문 빗세', '코라고 하는 거슨 기동만큼 굴근 거시 ᄯᅡᆼ의 철철 ᄭᅳᆯ리다가' 등과 같이 코끼리의 외양에 대한 감각적 묘사가 추가되어 있으며 '닙으로 넌믄 모양 숀놀림과 방불하다'라는 구절에도 독작의 효율적 이해를 가능케 하는 비유가 첨가되어 있다. 또한 원숭이를 묘사한 ⓒ′를 보면 '늙은 할아비 같았다'는 『범사록』의 내용이 '말을 못히 그러허지 ᄂᆡ다라 슈작헐 듯'과 같이 생생한 비유로 전환되었으며 '낫낫치 썹질 벽겨', '움물움물 씹는 모양', '너푼너푼 츔츄는 것'에서 활용된 의태어들은 장면에 대한 감각적 이해를 가능케 하는 문학적 요소로 작용하고 있다.

이처럼 『범사록』에 비해 효율적 전달 및 이해의 영역이 강화되어 있는 〈유일록〉의 문학적 특질은 B′의 '강조 표시'된 부분을 보면 보다 선명하게 확인할 수 있다. 『범사록』의 ⓒ를 보면 물소, 낙타, 돌고래, 해마 등과 여타 동물들의 종류가 나열되어 있으며 그 '모양은 다 기록할 수가 없다'로 구체적 묘사는 진행되지 않았다. 그런데 〈유일록〉을 보면 '【-라 허는 거슨】', '【-엇더튼ᄀᆞ】', '【-볼만허다】' 등과 같은 통사 구조가 반복되면서 ⓒ에 나열된 동물들의 주요 특징들이 체계적으로 나열 · 묘사되어 있는 것이다. 물론 그 내용을 살펴보면 상당히 간략하며 여우는 '교힐', 곰은 '미련', 토끼는 '경망' 등과 같이 상식적 범주에 한정되어 있어 화자가 자신의 지식과 기억을 종합하여 추가적으로 재구성한 내용들임을 알 수 있다.

그러나 이 역시 되도록 많은 종류의 동물들을 체계적으로 전달하려 한 작가의 의식적 노력으로 볼 수 있으며 이와 유사한 현상은 〈무자서행록〉과 〈병인연행가〉에서도 확인할 수 있었다. 특히 〈병인연행가〉는 〈무자서행록〉을 참조하되 더욱 세련되고 정돈된 구성 방식으로 진전되는 양상을 보이기도 했다. 사행가사가 다른 자료들과의 상호텍스트성에 기반하여 창작되는 과정에서 장면 단위 내의 체계성과 같은 문학적 특질을 생성 · 발전시켜 나간 현상을 〈유일록〉의 B→B′에서도 확인할 수 있는 것이다. 다음의 사례에서는 이러한 체계적 구성은 물론 구체적 묘사의 특질이 강화된 현상도 발견할 수 있다.

C

9월 30일 맑다 의화군 어른이 찾아오셔서 같이 아침을 먹은 뒤에 함께 왕자촌으로 가서 종이 만드는 공장을 구경하였다. ⓐ【그 공장 건물에는 기계를 설치하여 놓았는데 얼마나 어머어마한지 이루다 기록할 수가 없다.】 일반적으로 이곳의 종이는 원래 볏짚 줄기를 주자료로 하고 닥나무 껍질을 조금 섞어서 만들면 상품 종이가 되고 그밖의 질이 좋지 아니한 종이는 순볏짚으로만 만들었다. ⓑ【대제로 각 항목별로 기계를 차례로 벌려 놓고 닥나무를 저절로 두드려 다늠이질할 때까지 사람의 힘은 전혀 들이지 아니하니 바로 앞에서 들은 것과 같았다.】 가게에 들어가서 점심을 먹은 뒤에 또 종이를 만드는 공장에 들어가서 종이 만드는 것을 구경하다가 해질녘에 공관으로 돌아왔다.

C′

의화군 ᄒᆞᆫ가지로 왕ᄌᆞ촌 차져가셔 / 죠지쇼 드러가셔 죠희쓰는 구경허니 / ⓐ′【여러 빅간 널분집에 화륜긔계 다라노코 / 각식가지 잔 긔계를 ᄎᆞ례로 다라노아 / 닛집을 잘게 써러 가마에 너어두면 / 셕탄훈긔 쓰거운데 그 집히 무른후에 / 긔계 통에 너어 노코 무ᄌᆞ위로 물을 ᄃᆡ면 / 박퀴가 도라가면 져절로 마젼되야】/ 더러운 것 다 쌔져셔 희기가 눈빗 것고 / ᄯᅩ ᄒᆞᆫ 군ᄃᆡ 연허기가 풀쥼쳐럼 되년후에 / ᄯᅩ ᄒᆞᆫ 군ᄃᆡ 욍겨 너어 졍헌 물을 ᄃᆡ야 노면 / 고동이 도라가며 죠희가 졀루 되되 / 후박이 젼여 업셔 ᄒᆞᆫ갈 것치 다 잘되며 / ⓑ′【홍둑ᄀᆡ가 졀로 굴러 화통으로 지나가면 / 이리져리 두집펴셔 져절로 마른 후에 / ᄯᅩ ᄒᆞᆫ 군ᄃᆡ 드러가면 도침이 졀로 되야 / 반드럽고 밋그럽기 영치가 어른어른 / ᄯᅩ ᄒᆞᆫ 군ᄃᆡ 드러가면 비슈갓튼 큰 칼들이 / 번괘쳐럼 왕ᄂᆡᄒᆞ야 슈쳔장 쏘ᄋᆞ 논것 / 삽시간 도련허되 호리가 안 틀려셔 / 쳐음부터 ᄂᆞ즁ᄭᅥ지 온갖 허는 긔계들이 / ᄉᆞ람이 ᄃᆡ만 노면 이러틋 쉽게 되며】/ 못쓰는 슈지들과 ᄂᆡ버리는 헝겊죠각 / 닥썹질 죠금 셕거 ᄒᆞᆫ데 너쏘 마젼ᄒᆞ야 / 그도 ᄯᅩ ᄒᆞᆫ 죠희 쓰면 상품은 못되야도 / 질기고도 결빅허미 온갖 것 다 헐러라 / ㉠【죠희 쓰는 신통헌 법 말로만 들어써니 / 오늘날 당히 보니 듯든 말과 다름업.】

위의 C는 의화군과 함께 제지소를 견학한 날의 일기이다. 이 『범사록』의 내용을 토대로 하되 〈유일록〉의 경우 장면에 대한 구체적 설명이 보강되어 있음을 C′에서 발견할 수 있다. 우선 ⓐ를 보면 『범사록』은 공장의 기계에 대해 '얼마나 어마어마한지 이루다 기록할 수 없다'로 기술한 반면 〈유일록〉의 ⓐ′에는 기계의 원리와 작동 과정이 상세하게 묘사되어 있는 것이다. '다라노코', '다라노아', '너어두면' 등과 같은 종속적 연결 어미가 통사 분단의 말미에 지속되면서 변화의 과정이 효율적으로 전달되고 있으며 '화륜긔계', '셕탄훈긔', '긔계통', '박퀴' 등과 같은 구체적 어휘들은 장면의 실제성을 환기하는 데 기여하고 있다.

또한 ⓑ를 보면 닥나무가 종이로 변화할 때까지 '사람의 힘은 전혀 들이지 않았다'는 내용이 확인되는데 〈유일록〉의 C′를 보면 곳곳에 '져절로', '절루', '절로' 등의 어휘가 배치되어 있어 자동화된 기계의 공정을 강조하고자 한 화자의 의식을 발견할 수 있다. ⓑ에는 '대체로 각 항목별고 기계를 차려 놓고'와 같이 분업화된 공정에 대한 설명도 있는데 〈유일록〉에서는 이를 '쏘 ᄒᆞᆫ 군ᄃᆡ'로 시작되는 통사 분단을 반복하며 장면 단위의 묘사를 확장하는 방식으로 변화시키고 있다. 앞서 살핀 B→B′는 일기에 언급된 일부 소재들이 체계적으로 재배치되는 양상을 보이고 있었다면 위의 C→C′에는 대부분의 내용이 새롭게 첨가되고 있어 구성의 체계성은 물론 구체적 장면화의 특질이 생성된 현상을 발견할 수 있는 것이다. 특히 ⓑ′를 보면 '홍둑긔', '비슈갓튼 큰 칼들이', '번괘쳐럼 왕니ᄒᆞ야' 등과 같은 비유의 수사는 물론 '반드럽고 밋그럽기 영치가 어른어른'과 같은 묘사로 인해 실제적 이해의 층위가 강화되고 있다. '㉠ 죠희 쓰는 신통헌 법 말로만 들어써니 / 오늘날 당히 보니 듯든 말과 다름업다'라는 마지막 구절을 보더라도 〈유일록〉의 화자가 체험의 '직접성'을 염두에 두고 C′를 구성했음을 알 수 있는 것이다.

지금까지 살펴보았듯이 『범사록』과 관련된 〈유일록〉의 창작 원리에 주목함으로써 작품의 문학적 특질을 보다 선명하게 확인할 수 있었다. 대체로 한문일기의 서시를 수용하되 전달 및 기록의 욕구가 발현되는 경우에는 파열을 허용하며 장면을 확장하고 있어 〈무자서행록〉이나 〈병자연행가〉와 유사한 특질을 보이는 원리와 동인을 해명할 수 있게 된 것이다. 또한 그 전변의 지점들을 세밀하게 살펴본 결과 장면의 유기적 연속 · 확장을 위해 다른 날짜에 해당하는 내용들이 분산 · 재배치되는 현상과 장면 단위 내에서도 소재들이 재배열되어 체계적 구성이 강화된 양상을 확인할 수 있었다. 나아가 장면의 실제성과 전달의 효율성을 제고하기 위해 정연한 구조 내에 세밀한 묘사를 보완하는 등 〈유일록〉도 『범사록』을 토대로 창작되는 과정에서 나름대로의 문학적 특질을 확보하게 된 사행가사임을 알 수 있는 것이다.

〈일동장유가〉도 『동사록』을 토대로 창작되었지만 자신의 체험과 능력을 과시하고자 하는 층위에서 과장 및 허구의 논리가 적용된 양상을 확인할 수 있었다. 그러나 〈유일록〉은 이미 자국의 열세를 인지한 상황이므로 근대적 문물이나 소재와 관련된 장면에서 내용이 보완 · 확장되어 있는 경향을 보이고 있다. 이는 긍정적 대청관으로 인해 청나라의 문물을 세밀하게 묘사하고 있는 〈무자서행록〉과 상당한 유사성을 보이는 부분이기도 하다.[139]

다음에 살펴보게 될 〈셔유견문록〉은 〈유일록〉에서 확인된 근대성에 대한 경도 의식이 더욱 선명하게 확인된다는 점에서 흥미로운 고찰의 대상이다. 근대화된 세계의 대표국으로 간주되었던 서양(영국)을 직접 체험한 후 창작된 〈셔유견문록〉을 살펴보면 〈유일록〉에서 발견되었던 표피적 화이관조차 찾아볼 수 없다. 동아시아적 중화의식에서 완전히 탈피하게 됨으로써 영국을 문명의 중심국으로 간주하고 있는 가

139 일본의 풍속에 대한 거부감을 보이고 있는 〈유일록〉의 경우처럼 〈무자서행록〉의 화자도 부분적으로 대명의리론을 표출하고 있다. 〈유일록〉의 화이관은 풍속에 한정되어 있으며 〈무자서행록〉의 대명의리론은 회고적 특성이 강하다는 점에서 두 사례 모두 의미실질이 미약하며 따라서 화자의 실제적 세계 인식과 직접적으로 연계된 의식 기제로 보기는 어렵다.

치관이 발현되고 있는 것이다. 따라서 다음 장에서는 세계 인식의 변모는 물론 사행가사의 창작 원리 및 문학적 특질의 연속성을 확인케 한다는 측면에 유의하여 〈셔유견문록〉에 대한 고찰이 진행될 것이다.

2) 영국

(1) 〈셔유견문록〉

현전하는 사행가사로는 마지막 작품에 해당하는 이종응(李種應, 1853~1920)의 〈셔유견문록〉은 1902년 영국 사행의 체험을 소재로 창작되었다. 앞서 살펴본 작품들과 마찬가지로 〈셔유견문록〉도 『서사록(西槎錄)』이라는 한문일기를 토대로 재구성되었음을 확인할 수 있었다. 〈셔유견문록〉은 학계에 보고된 시기는 늦었지만 상대적으로 많은 연구 성과가 제출되어 작품의 형식 및 내용의 주요 특질들이 대부분 규명된 작품이다. 그러나 아직 통시적 관점 하에서 세계 인식의 특징이 조망되지 않았고 창작의 저본이 된 『서사록』과의 변별성에 대한 고찰이 이루어지지 않았다. 그러므로 본 장에서는 기존의 연구 성과들을 토대로 하되 조선 후기 사행가사의 흐름과 연계하여 〈셔유견문록〉을 살피고 당시의 조영 관계사를 통해 작품에 투영된 세계 인식의 특징을

1902년 영국 에드워드 7세 대관식에 참석한 이종응(오른쪽 아래)

보다 선명하게 확인할 것이다. 또한 『서사록』과 비교를 통해 가사문학으로서 〈셔유견문록〉이 확보하고 있는 문학적 표상과 문체적 특질을 살펴본 후 조선 후기 마지막 사행가사로서의 의의와 위상을 조망해 보도록 하겠다.

① 동아시아 외부 세계와 근대성 경탄

〈셔유견문록〉은 1902년의 영국 체험에 기반한 작품으로 현전하는 사행가사에서는 유일하게 동아시아 외부 세계가 형상화되어 있어 그 소재적 외연이 확장되고 있다는 점에서 주목할 만하다. 이로 인해 기존의 연구사에서도 작품에 표상된 서양의 양상과 그 의미에 대한 논의들이 주를 이루었다. 그런데 20세기 초는 서구적 근대화로 인해 중국 중심의 조공 질서가 해체되고 동아시아의 전통 역시 붕괴된 시기로 평가된다는 시각[140]에도 유의할 필요가 있다. 동아시아적 외교 체험과 관련하여 그 존재 양상을 지속해온 사행가사의 구도에서 본다면 〈셔유견문록〉은 대외 인식과 관련된 세계관이 '전환'되는 특징을 보이고 있기 때문이다. 그러므로 〈셔유견문록〉에서 확인되는 서양에 대한 인식을 동아시아 내부에서 소통 · 지속되던 중화주의의 소멸 양상과 관련하여 조망해 볼 필요가 있다. 또한 서양에 대한 조선 지식인들의 인식도 19세기말에 이르러 '돌출'된 것이 아니라 지속적으로 점도 유의해야 한다. 이미 1631년에 정두원(鄭斗源, 1581~1642)은 중국의 산동 반도에서 서양 선교사 로드리게스(Johannes Rodriguez, 陸若漢, 1561~1633)과의 조우 과정에서 지적 대화를 나눈 바 있다. 중국이 세계의 중심이냐는 정두원

140 임형택, 「19세기 말 20세기 초 동아시아 세계관적 전환과 지식인의 동아시아 인식」, 『대동문화연구』 50, 성균관대 대동문화연구원, 2005.

의 질문에 로드리게스는 '나라마다 중심이 될 수 있다'고 논함으로써 사상적 충격을 주었으며 이는 조공체제의 균열을 가능케 한 요인이 되기도 한다. 17세기 이래 발흥한 실학은 청의 고증학이나 일본의 고학처럼 서양의 '서세'에 대한 사상적 대응의 의미를 확보하고 있는 것이다.[141]

또한 18세기 후반에 이르면 근기남인과 북학파 실학자들에 의해 자발적인 문호개방론이 제시되었으며 19세기 중반에는 이규경, 최한기 등에 의해 서양에 대한 정보와 지식이 체계화되는 양상을 보인다.[142] 이는 1870년대 고종 정권이 추구한 대외적 유화정책과 단계적 문호개방론의 논리적 · 사상적 배경이 되었을 것이며 무엇보다 서양의 실체를 탐색하기 위한 적극적인 노력이 지속되었다는 점에 유의할 필요가 있다. 조선지식인들은 서양을 직접 체험할 기회는 없었지만 사행에서의 교류나 서적 등을 통해 접하게 된 다양한 정보들을 적극적으로 습득해왔음이 확인되고 있는 것이다.

〈셔유견문록〉의 창작 배경이 된 1902년의 영국 사행은 에드워드 7세(1841~1910)의 대관식을 축하하기 위해 파견되었다. 이 시기의 한반도는 러 · 일 양국의 군사적 대치로 긴장감이 고조되고 있던 시기라 이를 전후한 열강들의 움직임을 간략하게나마 살펴볼 필요가 있다.[143] 한 · 영 조약은 1883년 처음 체결되었으나 영국은 철저하게 친일 · 반러 정책에 기반한 정책을 지속하였다. 러시아의 남진 정책을 봉쇄하기 위해 거문도 점거사건(1885)을 일으켰으며 결국 일본과 1 · 2차 영 · 일 동맹을 체

---

141 성무원과 로드리게스에 대한 논의는 다음의 책을 참고한 것이다. 임형택, 『문명의식과 실학』, 돌베개, 2009. 78~94쪽.

142 원재연, 「조선시대 학자들의 서양인식」, 『대구사학』 73, 대구사학회, 2003.

143 이 시기 한 · 영 관계에 대해서는 다음의 논문을 참고했음을 밝혀둔다. 김원모, 「한국의 영국 축하사절단 파견과 한 · 영 외교관계」, 『동양학』 32, 단국대 동양학연구소, 2002.

결함으로써 러시아 세력을 견제하게 된다. 청 · 일 전쟁(1894~5)의 승리로 동아시아의 패권을 장악한 일본은 러 · 일 전쟁(1904~5)에서마저 승리함으로써 한반도를 장악하게 된 것이다. 또한 이 시기 미국과 영국은 일본과 3국 동맹 체제를 확립함으로써 을사조약(1905)을 승인하였다. 결국 한 · 영 관계로 한정해 보더라도 영국은 제국주의 열강국이었고 양국의 외교는 피상적이고 일시적인 우호관계에 불과했던 것이다. 그러나 조선의 입장에서는 한 · 영 친선관계를 유지하기 노력하는 것이 최선의 방법이었을 것이며 1897년 영국 빅토리아 여왕 즉위 기념식에 민영환(閔泳煥, 1861~1905) 부영대사(赴英大使)를 파견한 후 두 번째 사행이 1902년에 이루어진 것이다. 1897년의 민영환의 대영 체험은 『사구속초(使歐續草)』(1897)에 기록되어 있으며 유길준(兪吉濬, 1856~1914)도 『서유견문』(1895)에서 근대화된 서구 문물을 자세히 소개했기 때문에 1902년의 축하사절단은 이미 영국에 대한 선지식이 있었을 것이다.

또한 1876~1882년 동안 네 차례에 걸쳐 일본에 파견된 수신사를 통해 일본의 국력이 서구적 근대화에 기인한 것임이 확인된 바 있다. 그러므로 영국 사행은 근대 문물을 직접적으로 조우할 수 있는 기회로 인식되어 긍정적인 대영 인식이 주조를 이룰 수밖에 없었을 것이다. 하지만 1902년의 축하사절단에 대해 영국인들은 '일본보다 원시적인 나라', '한국은 일본의 근대화 노선에 따라 발전하고 있다' 등과 같이 평가하고 있었다.[144] 이미 열강들은 근대화의 정도를 기준으로 일본과 한국에 대한 우열 관계를 정립하고 있었던 것이다. 19세기 말에 이르러 강대국들의 무력 외교가 강화되면서 조선은 외교적 자주권을 상실한 것과 다름

144 "A Korean Prince's Trip Round the World", *Daily Express*, June 6, 1902. 김원모, 앞의 글, 25~26쪽에 전문이 번역되어 있으며 이 중 일부를 발췌 · 재인용 하였음.

없는 상황이 되었으며 '외교무용론'이 대두될 만큼 외국 사행의 실질적 성과는 미미했다. 주체적 견지에서 외국의 문물을 인식 · 수용할 수 있는 대내외적 기반이 조성되지 않았으므로 서양에 대한 세계관은 '막연한 동경'의 시선이 개입될 수밖에 없었을 것으로 보인다.

앞서 살펴본 〈유일록〉의 경우를 보면 기존에 축적된 지식과 담론에 기반하여 근대화된 문물과 제도에까지 그 관심의 층위가 확장되었음을 확인할 수 있었다. 특히 통신사 및 수신사를 다녀온 이들의 풍부한 기록물들은 일본의 실체를 적극적으로 탐색하고자 하는 의식을 추동하는 기반이 되었을 것이다. 그러므로 한문기록은 물론 사행가사에서도 그러한 세계 인식의 층위가 반영되었다고 볼 수 있는 것이다. 반면 서양의 경우에는 새로운 세계를 직접적으로 '체험'한 사실 자체에 일차적으로 가치가 부여되었을 것으로 보인다. 더욱이 대외를 인식하는 기제가 '중화'에서 '근대'로 변환되면서 서구 세계에 대한 경탄의 시선도 강화되었을 것이다. 따라서 이러한 점들에 유의하면서 〈셔유견문록〉에 투영된 세계 인식의 주요 국면들을 살펴보도록 하겠다.

①【쥬야불식 긔계운동 화륜선이 살 갓도다 / 일본 장긔 슈천니를 삼일만에 득달ᄒᆞ니 / 조화로다 조하로다 화륜션 조화로다】/ ②【장긔항 이경 좃타니 일ᄎᆞ 류람ᄒᆞ야 보세 / 산쳔이 슈려하고 도로가 정쇄ᄒᆞ며 긔화요쵸와 진슈가목과 가루희ᄃᆡ난 긔상이 ᄐᆡ평이요 / (…중략…) / 횡빈항은 ᄃᆡ도회라 각국 상민 운집ᄒᆞ야 / 여염이 질비ᄒᆞ고 인물이 풍셩ᄒᆞ다】/ (…중략…) / 긔통소릐 나는 곳에 방구보에 노박이라 / 여관 숙소 ᄒᆞᆫ연후에 화륜거에 올나 보세 / 본명사신 ᄃᆡ졉으로 특별거가 분명ᄒᆞ다 / ③【어렵도다 어렵도다 일만여리 쳘노로다 / 쳘노 공녁 볼작시면 귀신인가 사람인가 / 산을 ᄯᅮ러 길을 ᄂᆡ고 강을 건너 다리 ᄂᆞᆺ코 / 산은 놉고 골은 깁

펴 안고 돌고 지고 도닉】/ ④【밤낫 가는 긔추상에 안젼 경기 평논호셰 / 청산은 암암호고 녹슈난 울울호다 / 춘광이 만지혼디 봉봉이 빅셜이라 / 잔잔 간향은 금철이 긔명이요 영영 조셩은 쌍거 쌍닉로다 / 이 골물 폭포슈 져골물 폭포슈 / 열에 열골물 포포슈 한듸 합드려 흘너 / 이리로 탕탕 져리로 탕탕 쳔방즈 지방즈 / 월편 평풍셕 탕탕 치난 소릭 산곡이 응셩이라 / 별유천지 비인간을 오날날 보리로다.】

위에 인용된 ①, ③을 보면 '화륜선'과 '철도'의 위용에 대한 감탄을 확인할 수 있다. 이는『서사록』에 없는 내용으로 생략과 재구성의 과정 속에서 생성된 문학적 공간을 통해 속도감과 주관성이 노정되고 있음을 보여준다. '화륜선'과 '철도'에 대한 형상화는 〈유일록〉에서도 확인되는 바이며 〈셔유견문록〉의 경우 역동적 속도감이 강화되어 있는 양상을 보이고 있다. 〈유일록〉에서 '화륜선'은 감탄의 대상[145]이기도 했지만 항해 과정에서의 괴로움[146]으로 인해 급기야 '화륜선 또 안탈 일심히도 다행하다'라는 불편함을 노출하기도 한다.[147]

그러나 ①에서는 '살 갓도다', '슈천리', '득달', '조화' 등의 어휘를 연쇄적으로 배치하여 화륜선이 시 · 공간의 단축을 가능케 하는 근대적 문물로서 인식되고 있음을 알 수 있다. 이는 ③에 표상된 기차의 경우에서도 마찬가지이다. 이동 거리가 '일만여리'로 확대되었지만 기차의 속도와 관통력은 '귀신'의 능력으로 인식될 정도이다. '산을 뚜러 길을

145 "배 이름은 준하환의 제도가 찬란하다 / 화륜선 제도됨을 어찌 다 기록할까."

146 "배가 점점 흔들려서 갈수록 더해가니 / 환륜선 어려운 줄 이왕부터 들었으나 / 초행이라 그러한지 과연 좀 어렵도다."

147 그러나 이후 〈유일록〉에서는 화륜선 제작과 관련된 장면이 확인되고 있어 주목할 만하다. 조선소에서 선박의 주조 과정을 상세히 묘사하면서 감탄하는 화자의 모습이 발견되는 것이다. 이러한 특징은 일본의 경우 근대화된 문물의 '실체'가 주된 관심사였던 반면 서구의 세계에 대해서는 '근대성' 자체에 경탄하고 있음을 보여주는 사례로 보인다.

닉고 강을 건너 다리 놋코'의 서술어 배열은 공간의 직선적 연속성을 가능케 하는 기차의 특성을 효율적으로 전달하고 있는 것이다.

이 과정에서 목도한 풍경이 ④에 묘사되어 있는데 상당히 감각적이다. 〈유일록〉에도 이와 유사한 장면[148]이 있는데 〈셔유견문록〉의 경우 풍경에 대한 경탄의 시선이 보다 강화되어 있다. 특히 기차에서 바라본 외부 세계가 청각적 심상으로 구현되고 있는 점은 당시의 초월적 감격을 현재적 지속성의 층위에서 표상하고자 한 수사적 장치로 보아야 할 것이다. '별유천지 비인간'이라는 구절은 이러한 인식의 구심점에 해당한다고 볼 수 있다. 〈유일록〉에서는 다채로운 풍경을 인지할 수 있게 하는 기차의 '능력'이 강조되었다면 〈셔유견문록〉의 경우 인지된 세계마저도 긍정적 시선으로 여과되고 있는 것이다. 일본의 가시적 문물에 대한 감탄도 ②에서 확인되는바, 〈셔유견문록〉에 표상된 세계는 '근대성' 이외의 이념은 전혀 투사되지 않고 있음을 알 수 있다. 〈유일록〉의 경우 일본의 실제적 풍속에 대한 거부감과 지속되는 화이관이 발견되기 때문이다.

이처럼 동아시아의 경계를 벗어난 세계에서 중화·화이론은 대외인식의 매개항으로 그 유효성을 상실하게 되었음을 알 수 있다. 〈유일록〉과 달리 〈셔유견문록〉에서는 근대성의 원인이나 실체보다 근대적

148 "이십 육일 육로 떠나 화륜거를 처음 타니 / 윤거제도 어떠한가 대강 기록하여 보자 / 방처럼 만들어서 한 수레가 삼사간씩 / 수십차를 연이어서 한 틀에 올려놓고 / 앞으로 연통 달아 석탄을 피우며는 / 일시에 끌리이시 닐 길이 달이더니 / 좌우에 보는 것이 안목이 현황하다 / 건듯건듯 지나는데 별것이 다많은것 / 수삼십리 대수풀에 왕대도 울밀하며 / 큰 들에 연을 심어 연꽃이 난개한 것 / 층암절벽 둘리어서 백척이 높아있고 / 비류식하 삼천 척은 폭포도 장하두다 / 일망무제 너른 들에 곡식이 우거져서 / 농부들 모여 서서 김을 매는 모양들과 / 가다가 드문드문 제일 장관 무엇인가 / 십리 장강 다리 놓고 그 위도 좇아가니 / 별안간 칠야되니 불 켜 놓고 가는구나 / 그런 이치 뚫어내어 이처럼 기교하니 / 물력인들 얼마 들며 재주도 놀납도다."

세계 자체로서의 인식에 무게 중심을 두고 있는 것이다. 일본의 경우 근대화는 되었지만 이적이라는 가치관이 혼재하고 있었으며 일본의 무력적 패권 확대는 이적관을 강화하는 요소였을 것이다. 그러나 이 시기 영국은 근대화를 동경하는 조선 지식인들의 열망이 투사된 곳으로 심정적 동화 내지는 친밀도의 정도가 상당하다. 영국에 도착한 후 런던 거리를 유람하는 다음의 장면을 이를 잘 보여준다.

①【가로상 운동ᄒᆞ니 논돈 셔울 장ᄒᆞ도다 / 집치러를 볼작시면 층누고각 운즁긔라 / 네모 번듯 빅셕으로 마광ᄒᆞ야 지어니니 / 연장졉옥 화도즁에 삼빅만호 공장ᄒᆞ다 / 가가히 쳘난간에 문문이 화쵸로다 / 도로상 박셕 ᄶᅡᆯ고 ᄉᆞ이 ᄉᆞ이 슈목이라 / 일졈 진ᄋᆡ 돈졀ᄒᆞ니 우리 세계 여긔로다】/ 오난 사람 가난 ᄉᆞ람 억씌을 부븨이고 쌍마ᄎᆞ며 외마ᄎᆞ는 슈미를 년ᄒᆞ도가 / 긔정빅ᄃᆡ ᄀᆡ신시에 ᄃᆡ강 ᄃᆡ강 구경ᄒᆞ세 / 능나금슈 구산 갓고 금은보픠 말노 된다.

②【이리 져리 운동할제 화원 구경ᄒᆞ야 볼가 / 십녀리 쳘난간에 젼후 셕문 공장ᄒᆞ다 / 가득ᄒᆞ니 긔화요쵸 비단 갓튼 금잔듸라 / 슈만장 쳘교 위을 항열돗차 버려 노코 / 왕ᄂᆡ유람 쳔망인에 부녀 더욱 번화ᄒᆞ다 / 오싀 비단 상하 의복 금보픠물 화려ᄒᆞ다 / 일진쳥풍 건듯 불면 진진 향긔 촉비ᄒᆞᆫ다 / 인간인가 션경인가 츈몽이 의의ᄒᆞ다.】

①에 형상화된 런던의 거리는 가옥의 규모와 배치, 도로에 대한 시선으로 연속된다. '네모 번듯', '가가히', 'ᄉᆞ이 ᄉᆞ이' 등의 어휘는 가옥과 도로의 질서정연함을 보여주며 '마광(磨光)', '화도(花道)', '화쵸(花草)', '슈목(樹木)' 등은 정결함을 환기하고 있다. 19세기 후반은 개화파 지식

인들을 중심으로 도로와 가옥에 대한 위생론이 대두된 시기이다. 1882년 김옥균은 '치도약론(治道略論)'을 통해 처음으로 조선의 위생 상태를 비판했으며 박영효의 「건백서」와 유길준의 『서유견문』에서는 서양과의 비교를 통해 가옥 · 도로 · 하천의 재정비에 대한 정부의 개입을 보다 구체적으로 주장하기도 했다. 〈유일록〉에서도 확인되었듯이 일본은 이미 방역 행정을 강화하고 있었던 바 당시 한성에 창궐한 콜레라와 서구화에 대한 열망은 개화파의 위생론을 더욱 강화하게 만드는 요인이었던 것이다. 1897년 대한제국 성립 이후 한성의 위생 사업은 본격적으로 전개되었으며 1899년의 『독립신문』에서는 '오물'과 '화원'의 대립적 표상으로 문명과 야만의 이원적 구도를 설정하여 위생 담론을 개진했음이 확인된다.[149]

〈셔유견문록〉에 형상화된 런던의 거리는 그러한 문명국의 실제에 대한 표상이었으며 이는 '일졈 진이 돈절ᄒᆞ니 우리 세계 여긔로다'라는 ①의 구절에서 명확히 감지된다. 특히 '우리 세계 여긔로다'는 『서사록』에 없는 내용으로 '진애(塵埃)'로 상징되는 야만의 세계에서 문명국으로 진입하고자 하는 의식적 열망까지 표면화한 것으로 볼 수 있다. 그로 인해 화자는 런던의 백화점인 '긔정빅딕'보다 화원의 모습에 비중을 두면서 묘사를 진행하고 있는 것이다. 특히 ②에서 '굉장(宏壯)', '비단', '번화', '화려' 등의 다채로운 수식어로 묘사되고 있는 화원은 급기야 '션경'으로 격상되고 있다. 영국에서 체험한 '화원'이 감각적 지각의 차원을 넘어 근대화된 세계에 대한 심상 지리적 공간으로 인식되고 있

149 개화파의 위생 담론과 관련된 논의는 다음 논문을 참고했음. 쓰키아시 다쓰히코, 최혜림 역, 「조선의 개화와 근대성—단발 · 위생 · 콜레라 방역」, 『문명 개화 평화(한국과 일본)』, 아연출판부, 2008.

음을 보여주는 사례인 것이다.

이러한 양상은 이후 '버킹검궁'에서의 연회 장면을 묘사하는 부분에서도 지속되어 '웅장ᄒᆞ고 화려ᄒᆞ다 인간 쳔상 예 아닌가'라는 감탄으로 귀결되고 있다. 특히 그 곳에서 각국 사신들의 부인들을 '오륙빅명 미인더리 쏫가지를 ᄀᆡᄀᆡ 드니 / 옥경 션관 아니며난 요지연에 왕모로다'로 형상화하고 있으며 이 외에도 〈셔유견문록〉에서 영국의 여인들은 모두 미인으로 표현되고 있는데 이는 〈유일록〉 및 〈병인연행가〉의 경우와 정반대의 현상이다. 〈유일록〉에서의 연회 장면은 서양인에 대한 반감과 조선인으로서의 소외감으로 점철되어 있었고 〈병인연행가〉와의 차이에 대해서는 기존의 논의에서도 지적된 바[150] 이와 같은 표상의 변환은 세계 인식의 층위에서 보면 그 원인을 해명할 수 있다.

일차적으로 화이관은 동아시아 내부를 인식하는 층위에서만 그 담론을 축적하여 실질적 효력을 발휘한 것으로 보인다. 서구의 경우 실제적 체험과 정보가 부족했으므로 막연한 타자로서의 이적으로 간주되었던 것이다. 〈유일록〉에서는 일본에 대한 인식 기제로서의 화이관이 서양인에도 유사하게 적용된 것으로 보이며 〈병인연행가〉에서는 서세동점의 위기에 따른 배타적 이적관이 발현되었던 것으로 볼 수 있다. 그러나 19세기 말의 급변하는 정세 속에서 영국은 근대적 세계의 상징이자 조선의 열세를 극복해 줄 수 있는 구원의 공간으로 간주되어 초월적인 심상지리를 통해 형상화되고 있는 것이다. 〈셔유견문록〉에는 생략되어 있는 『서사록』의 다음 부분은 이러한 세계관의 전환을 여

150 정홍모, 「20세기 초 서양 기행가사의 작품 세계」, 『한민족문화연구』 31, 한민족문화학회, 2009, 40～41쪽. 이 논문에서는 서양인들을 '인괴요물'로 지칭하고 있는 〈병인연행가〉의 일부를 소개한 후 불과 40년 후에 창작된 〈셔유견문록〉에서는 서양인이 '여월여화 미인'으로 변화된 사실이 흥미롭다고 보았다.

실히 보여주고 있다.

6월 9일 흐리고 비 : 오후 3시에 우리 네 사람은 영국 주재 한국공사 민영돈과 함께 마차를 타고 유람했다. 대로상에 층루고각이 우뚝 솟아 있어서 ①【티끌 세상을 벗어난 것 같다. (…중략…) 옛날 임치도 이보다 낫지 못하리라.】(…중략…) 한참 가서 동물원에 이르렀다 (…중략…) 뿔이 한 개 달린 짐승이 있었는데 뿔끝에는 살이 달려 있고 꼬리는 소꼬리같고 발굽은 말발굽이요 몸크기는 소만해서 ②【이 짐승을 기린이라 한다. 이 기린은 인도산이라는데 그렇다면 서방에도 성인이 있다는 말인가!】

6월 13일 비 : 영국 황제께서 악수를 건네며 "몇 만리 바닷길을 과연 편하게 오셨는지요?"라고 인사하기에 "황령의 덕택에 힘입이 일행이 무사하게 잘 건너왔습니다"라 대답했다. (…중략…) 또 말씀하시기를 ③【"귀국 대황제께서 특파대사를 파견해 멀리 찾아와 안부를 묻게 하시니 감복을 이기지 못하겠으며 양국의 우의가 더욱 돈독해지기를 바랍니다"라고 했다. 영국 황제는 넉넉한 얼굴에 백발이었고 얼굴에 덕기가 넘쳐 흘렀다.】 영국의 궁궐은 그 규모가 광대하고 화려했다. ④【옛날 맹자가 제나라 왕의 거처를 보고 감탄해 말하기를 "크도다 거처여!"라 하였는데 그 옛날 제나라가 바로 오늘의 영국이 아닌가.】(…중략…) 영황 영후 어좌소로 가니 네 벽은 수놓은 비단으로 장식하고 용마룻대와 추녀끝은 금실로 장식했다. 상탁은 화려하고 등촉은 휘황찬란하고 음악 소리는 천둥처럼 울려 퍼지니 ⑤【실로 "크도다 거처여!"】

위에 인용된 일기문에는 영국과 제나라에 대한 병치의 수사가 확인되는데 이는 당시의 조선 지식인들이 영국을 이해하는 사유의 구소를 선명하게 보여주고 있다는 점에서 주목할 만하다. 개항기 한국의 정치

에드워드 7세와 대관식 기념주화

주체들에게 유럽의 국제 관계는 권력으로 추동되는 '만국대치'의 형상으로 간주되어 종종 '춘추전국'의 세계로 비유된 바 있다.[151] 위의 경우를 보면 '춘추전국'의 구심점에 위치한 제나라를 영국으로 치환하여 이해하고 있음이 ①, ④의 표현에서 확인된다.[152] ①의 경우 제나라의 수도인 임치와 비교를 하고 있는데 건물, 위생, 도로, 동물원 등이 전후에 배치된 점은 인식의 기준이 '근대성'으로 전환되었음을 보여주며 그로 인해 임치보다 런던이 우월함을 찬탄한 것으로 볼 수 있다.

또한 ④에서는 맹자의 논리를 원용함으로써 '왕도－패도'의 구도를 환기하고 있기도 하다. 19세기 중반 이후 조선의 위정척사론자들은 서양과 동아시아를 인식하는 구도로서 '무도(無道)－유도(有道)'의 개념틀

151 장인성, 『근대 한국의 국제 관념에 나타난 도덕과 권력』, 서울대 출판부, 2006, 39～41쪽.

152 이러한 구도는 17세기 중반의 사행가사 〈장유가〉에서 명나라를 회고하며 '만국이 梯航ᄒᆞ야 北極텨로 둘러더니'라고 표현한 구절을 연상케 한다. 20세기 초에 이르러 중화에서 근대로 그 대외 인식의 구도가 전환되는 정황이 상징적으로 확인되는 것이다.

을 활용하였지만 조선의 국권 상실 위기가 도래하면서 서구에 대한 인식이 급변하고 있는 상황을 발견할 수 있는 것이다. 19세기 말에 이르면 일부 개화론자들은 조선의 위치를 '고약(孤弱)', '격절(隔絶)' 등으로 표현하기도 했으며 대체로 권력투쟁보다는 강대국과의 연대나 동맹을 통해 위기를 타개하고자 했다.[153]

그러므로 이미 동아시아에서는 현실적 규정력을 상실한 유교의 논리를 근대화의 선두 국가인 영국에 적용한 것으로 보인다. 이는 당대 집권층에게 있어 근대성이라는 명제가 중화주의를 대체할 만큼 절실한 가치였음에 대한 방증일 것이다. 중화주의의 계승과 변용을 구심점으로 자국의 정체성을 지속해온 조선 지식인들에게 있어 근대성은 '춘추전국'과 같은 불안한 세계를 극복할 수 있게 하는 이념적 지향점이 되었던 것이다. 그러나 구심점만이 대체되었을 뿐 그 논리적 기반과 실제는 유교적 도덕관념에 의거해 있음이 위의 ②, ③ 부분에서 확인된다. 기린을 통해 서구에도 성인이 있음을 환기하거나 영국 황제의 외모를 '넉넉한', '덕기' 등의 어휘로 표상하고 있는 사례가 그러한 것이다. 또한 이러한 논리는 ③에 제시된 '양국의 우의가 돈독해지기를' 바라는 차원에서 진행된 대영 외교의 명분에 정당성을 부여하기도 한다. 유교적 왕도가 구현된 곳으로 영국이 상정된 것은 패도적 국제 관계에 놓여있는 조선이 '인정(仁政)'에 근거한 세계로 진입할 수 있는 수단으로써 서구와의 적극적 동맹이 모색되었음을 확인케 하는 것이다. 위의 ⑤ 부분에서 '그도다 거처여!'를 재차 강조함으로써 일기를 마무리하고 있는 점 역시 이러한 의식적 지향이 발현된 수사라고 볼 수 있을 것이다.

---

153 장인성, 앞의 책, 42~43쪽.

이러한 측면들과 관련하여 〈셔유견문록〉에서는 근대성에 대한 화자의 솔직한 내면이 발견되고 있어 흥미롭다. 『서사록』에서는 비교적 객관적으로 묘사되었지만 이를 주관적 감탄의 층위에서 재구성하고 있는 〈셔유견문록〉의 '관병식' 장면을 보도록 하자.

> 영국 군문 조련시에 관광ᄒᆞ라 청쳡왓네 / 소려복을 썰쳐 입고 연무장에 나아가니 / ① 본국 장졸 장ᄒᆞᆫ 즁에 이십ᄉᆞ국 속국 병정 / 슈풀 쳐름 드러셔셔 ᄃᆡ오가 분명ᄒᆞ다 / 총창 금극은 상셜 갓고 인마 복장은 넘넘ᄒᆞ다 / 긋ᄯᅥᆨ 영황 환졀 잇셔 황ᄐᆡᄌᆞ가 ᄃᆡ리ᄒᆞ네 / 황후 마ᄎᆞ 션도홀졔 둥두려시 안져난ᄃᆡ / 신슈 조흔 옥안이요 ᄃᆡ례복식 찬란ᄒᆞ다 / ② 황ᄐᆡᄌᆞ의 거동 보소 집치 갓튼 말을 모라 / 군장복식 션명ᄒᆞᆫᄃᆡ 풍가 늠늠ᄒᆞ다 / 구경ᄒᆞ난 쳔만빅셩 황후ᄐᆡᄌᆞ 경축ᄒᆞ야 / 환셩이 여뢰ᄒᆞ고 긔상이 ᄐᆡ평이라 / 방포 삼셩 호각 일셩 바다 갓튼 군악이라 / 각ᄃᆡ 병정 운동ᄒᆞ야 연무조련ᄒᆞ난 거동 / ③ 위의가 슉슉ᄒᆞ고 호령이 분명ᄒᆞ다 / 부국강병 분징시에 셔양에 졔일이라.

①에는 관병식의 웅장한 규모와 정렬된 군대의 도열이 조망되고 있다. 특히 영국과 속국의 병정들을 대비적으로 표현함으로써 군사적 강대국임을 환기하려는 의도가 선명하게 확인된다. 황태자와 황후에게로 근접한 시선에서도 그들의 풍채에 대한 경외감이 읽힌다. '옥안', '찬란하다', '집치 갓튼 말', '풍가 늠늠' 등에서 확인되는 화자의 내면은 권력의 중심에 위치한 자에 대한 경탄이라고 볼 수 있는 것이다. 특히 ②에서는 황태자와 황후를 둘러싼 '쳔만빅셩과'과 '여뢰와 같은 환셩'으로 장면이 재구성되어 영국의 권력에 경도되어 있는 화자의 모습을 확인할 수 있다. 이러한 심정적 동화는 '긔상이 ᄐᆡ평이라'라는 주관적 감탄

에서 더욱 분명하게 알 수 있다.

이는 『서사록』에는 없는 구절로 관병식의 장면을 '태평성대' 의 표상으로 해석하고 있는 의식을 직접적으로 보여준다. 즉 평화적 국제 질서를 위해서는 '유교적 덕치'보다 '강력한 군사력'이 담보되어야 하는 제국주의적 현실에 대한 내적 반응이 확인되는 것이다. 이와 관련하여 ③ 역시 〈셔유견문록〉에 첨가된 구절인데 궁극적으로 화자에게 영국은 권력의 주재자로서 간주되고 있었음을 보여준다. '부국강병 분쟁시'라는 표현은 당시 한반도를 둘러싼 열강들의 이권 다툼을 의미하며 '셔양에 졔일이라'는 권력의 정점에 위치한 영국이 분쟁의 종식 내지는 조정에 관여해 주기를 염원하는 의식이 투사된 것으로 보아야 할 것이다. 당시 권력 구도의 사실성 여부와 상관없이 〈셔유견문록〉에는 영국으로 상징되는 근대적 권력을 통해서라도 자국의 군사적 열세가 극복되기를 열망한 한 지식인의 내면 풍경이 반영되어 있는 것이다. 당시의 국제적 역학 관계에 대한 조선 지식인의 자의식과 그 구체적 실체는 다음의 사례에서도 확인되고 있다.

A

6월 23일 흐리다 맑음 : 버킹엄 궁전에서 친왕이 연회를 베풀었다. ⓐ 영국 황제는 삼가고 절제함이 있어 친임하지 못하고 황후는 친임했다. 주석인 황태자는 태자비를 동반하고 참석했다. 이날 좌석 차례를 보면 ⓑ 일본 친황은 제3좌로서 황태자와 같은 식탁에 앉았다. ⓒ 우리나라 친왕은 제4좌로서 태자비와 같은 식탁이었다. ⓓ 청국 친왕은 제6좌였다. 연회를 끝내고 나서 네 행인은 황후를 알현했다. 오후 12시에 여관으로 돌아왔다.

(『西槎錄』)

A′

양녁 뉵월 이십삼일 영황 영후 청쳡으로 / 각국 사신 졔회ᄒᆞ야 ᄃᆡ연을 비셜홀 식 / 잔치 비포 볼작시면 팔션식상 일곱인ᄃᆡ / 사신 좌차 마련ᄒᆞ야 차려 차려 안질 적에 / ⓐ′ **제일상은 영황뎨 쥬셕ᄒᆞ고 각국 사신 둘너 안고** / 졔이상은 영황후 쥬셕ᄒᆞ고 각국 사신 둘너 안고 / ⓑ′ **졔삼상은 황ᄐᆡᄌᆞ 쥬셕ᄒᆞ고 각국 사신 둘너 안고** / 제ᄉᆞ상은 ᄐᆡᄌᆞ비 쥬셕ᄒᆞ고 각국 사신 둘너 안져 / ⓒ′ **우리 좌ᄎᆞ 어딜넌고 ᄐᆡᄌᆞ비와 겸상이라** / 영화로다 영화로다 봉명사신 영화로다 / 잔치 긔구 거룩ᄒᆞ다 슌금 긔명 금슈져라 / 긔취차포 하년 후의 사은퇴귀 ᄒᆞ얏고나.

(〈셔유견문록〉)

위에 제시된 A → A′[154]를 보면 동일한 6월 23일의 체험에 대해 〈셔유견문록〉은 『서사록』을 문학적 상상력에 기반하여 재구성하고 있음을 알 수 있다. A의 주요한 사실적 정보는 ⓐ~ⓓ의 네 부분으로 정리해 볼 수 있는데 A′와 일치하는 부분은 ⓒ 밖에 없다. 우선 ⓐ를 보면 영국 황제가 연회에 참석하지 못한 것으로 되어 있지만 ⓐ′에서는 제일상에 위치하며 권력의 구심점을 형성하고 있는 장면으로 변환되었다. 또한 ⓑ에서 일본의 내용은 생략된 채 ⓑ′가 구성되었으며 청나라와 관련된 ⓓ 부분은 아예 삭제되었다. 조선의 친왕이 태자비와 겸상하고 있는 ⓒ 부분만이 ⓒ′에서 동일하게 확인되고 있는 것이다. 연회 장면에 대한 이러한 재구성은 당시의 국제 관계에 대한 조선 지식인의 자의식이 투사된 결과물로 해석해야 할 것이다. 중국은 더 이상 고려의 여지도 없는 국가로 간주되고 있으며 A′에서 청국 친왕이 제6좌에 위치함으로

154 이 경우 표현적인 측면보다 내용적인 부분에서의 비교가 진행되기 때문에 번역문을 인용함을 밝혀둔다.

서 드러난 국제적 위치의 실상은 이러한 정황을 뒷받침하기도 한다. 제3좌에서 위치한 일본의 경우 의도적으로 외면하고 싶거나 그 권력의 실체를 부정하고자 하는 의식이 발현되어 생략된 것으로 볼 수 있다.

또한 우리 친왕은 제4좌이지만 제1～3좌에 대해 '각국 사신 둘너 안고'로만 표현함으로써 우열관계의 실상이 희석되는 의미망이 확보되고 있다. 이러한 의도는 '영화로다 영화로다 봉명사신 영화로다'라는 구절을 통해 표면화되고 있으며 그 감탄의 구심점에 영국의 '황제'가 위치하고 있음이 ⓐ′의 가상적 배치에서 확인된다. 공적인 외교의 한 장면이 허구성에 기반한 문학으로 변환되는 실상이 확인된다는 점에서 A→A′는 흥미로운 사례임이 분명해 보인다. 공식적 한문기록이 표현할 수 있는 한계적 영역이 국문가사를 통해 확장됨으로써 인간적인 내면이 자리할 수 있는 문학적 공간이 확보되었음을 확인케 하기 때문이다. 근대화에 대한 열망과 조선인으로서의 자의식이 표면화되면서 〈셔유견문록〉에는 욕망의 등가체 내지는 대리물로서의 문학적 기능이 생성되었다고 볼 수 있다.

〈셔유견문록〉의 후반부에는 회정 과정에서 영국 이외의 세계를 체험한 내용이 담겨 있다. 대완국에서 만난 흑인들은 '모양이 녕악ᄒᆞ고 심슐이 흉영ᄒᆞ야'라고 비난하고 있으며 콜롬보에서 목도한 흑인들에 대해서도 '그 즁에 졀도할 일 두 코구녁 치ᄯᅮ러셔 / 금장식 은장식은 우슙고 이상ᄒᆞ다'라고 형상화 하였다. 이에 대해 기존 연구에서는 문화적 충격에 기인한 인식으로 보거나[155] '문명－미개'의 구도로 인한 것[156]

155 김상진, 「李鍾應의 〈셔유견문록〉에 나타난 서구 체험과 문화적 충격」, 『우리어문연구』 23, 우리문학회, 2008, 58～59쪽.

156 정흥모, 앞의 글, 38～40쪽.

으로 보았다. 이와 관련하여 유길준의 『서유견문』에서는 인종을 설명하는 데 '문명—야만'의 틀을 적용하지 않은 반면 청일전쟁 이후에는 『독립신문』을 중심으로 인종을 서열화 · 차별화하는 인식이 발견된다는 점[157]에 유의할 필요가 있다. 1899년의 『독립신문』의 논설을 보면 '문명화된 백인종은 지식과 덕을 겸비한 상위의 인종으로 존경의 대상으로, 흑인종 같은 무능한 인종은 하위의 인종이라 경멸하는 인종론까지 발견할 수 있는 것이다.[158]

그러므로 〈셔유견문록〉에서 발견되는 서양인들에 대한 예찬과 흑인들에 대한 부정적 시선은 이 시기 지식인들에게 이미 내면화된 근대적 인종론이 발현된 결과라고 보아야 할 것이다. 전대의 사행가사 작품들에서 발견되는 종족적 비난은 '금수(禽獸)'라는 추상적 대상으로 귀결되었던 반면 〈셔유견문록〉의 경우 피부색과 신체적 형질 등과 같은 구체적 논리로 전환된 현상도 근대적 인종론이 내면화된 당시 지식인의 내면을 확인할 수 있는 사례인 것이다.

지금까지 살펴본 것처럼 〈셔유견문록〉은 근대화에 대한 강한 열망을 확인할 수 있는 작품이다. 특히 영국이 군사적 주재자로 설정되는 등 조선의 국력이 격상되기를 염원하는 의식이 투사되어 있다는 점을 확인할 수 있었다. 1902년은 일본에 의한 국권 침탈이 가시화되던 시기였으므로 당시의 대영 체험과 그 인식 속에는 자국의 부국강병에 대한 열망이 내재되어 있는 것으로 보아야 하는 것이다. 〈셔유견문록〉이 '셔양국이 좃타한덜 고국산천 갓틀소냐'라는 결사구로 마무리되고 있는 점

157 장인성, 「'인종'과 '민족'의 사이—동아시아 연대론의 지역적 정체성과 '인종'」, 『국제정치논총』 40(4), 한국국제정치학회, 2000. 117~119쪽.

158 위의 글에서 재인용.

은 이러한 맥락에서 이해될 수 있다. 그렇다면 근대적 세계가 가사문학으로 형상화된 지점들에 유의하면서 다음 장에서는 〈셔유견문록〉이 확보하고 있는 문학적 특질과 미감을 구체적으로 살펴보도록 하겠다.

② 감각적 재구성과 문체의 역동성

〈셔유견문록〉이 한문일기인 『서사록』을 탈고한 지 한 달 후쯤 완성되었다는 점은 선행 연구에서 지적되었으나[159] 두 기록의 상관 관계는 구체적으로 논의되지 않았다. 살펴본 결과 〈셔유견문록〉 역시 한문일기를 저본으로 재구성된 작품임을 확신하게 되었다. 변환의 측면들을 살피던 중 우선 내용의 배치와 관련하여 다소 흥미로운 현상을 발견할 수 있었다. 〈셔유견문록〉의 서사는 『서사록』과 대체로 유사하게 진행되었으나 런던에서의 견문은 내용의 가감과 날짜의 역전적 배치를 통해 전면적으로 재구성되고 있는 것이다. 앞서 살펴본 〈유일록〉의 경우와 마찬가지로 가사문학만의 문학적 구성 원리에 기반한 내적 특질이 확인되는 사례인 것이다. 이는 가사문학이 담고자 했던 서양 체험의 실질과 범위를 보여주고 그 과정에서의 문학적 특질을 살필 수 있게 한다는 점에서 역시 주목해 보아야 할 현상이다.

A

①6월 7일 : 영국 도착과 예우→②6월 9일 : 동물원 유람→③6월 10일 : 상점과 서커스 관람→④6월 13일 : 국서 전달→⑤6월 16일 : 국립은행 견문→⑥6월 17일 : 터소 납인형관 박물관 견문→⑦6월 18일 : 수정궁 불꽃놀이→⑧

159 김원모, 「李鍾應의 『西槎錄』과 〈서유견문록〉 解題 · 資料」, 『동양학』 32, 단국대 동양학연구소, 2000, 1~3쪽.

6월 20일 : 영국 감옥서 시찰→⑨ 6월 21일 : 영국 주재 한국 공사관→⑩ **6월 23일 : 버킹엄 궁전에서의 연회**→⑪ 6월 26일 : 대관 예식 연기와 강가 산책→⑫ 6월 27일 : 소방본부 시찰→⑬ 6월 30일 : 놀이장 구경→⑭ **7월 1일 : 관병식**

A′

①′ 영국 도착→ⓐ 런던 유람→**③′ 백화점 구경**→**②′ 동물원 관람**→**③′ 서커스 관람**→**④′ 국서 전달**→ⓑ 버킹엄 궁전 묘사→**⑩′ 버킹엄 궁전에서의 연회**→ⓒ 객수 표출→ **⑦′ 수정궁 불꽃놀이**→**⑭′ 관병식**

위의 A→A′는 『서사록』과 〈셔유견문록〉에서 런던에서의 일정과 관련된 부분들을 날짜별로 배열해 본 것이다. 공통되는 부분들은 '강조 표시'를 했으며 A′의 밑줄 친 ⓐ~ⓒ는 〈셔유견문록〉에 추가적으로 구성된 내용들이다. 변환의 세부적 특징을 고찰하기 이전에 내용의 구성과 배치와 관련하여 거시적 변모 양상을 살펴볼 필요가 있다. 우선 A′의 전반부를 보면 '③′ 백화점 구경→②′ 동물원 관람→③′ 서커스 관람' 부분에서 순서가 변화하고 있다. 이는 〈셔유견문록〉에서 'ⓐ 런던 유람' 부분이 추가적으로 구성되면서 발생한 결과로 보인다. ⓐ 부분의 경우 그 내용이 비교적 상세한데 처음 목도하게 된 런던의 거리 풍경이 상당히 감각적으로 묘사되어 있다. 영국에 도착한 만큼 수도인 런던을 먼저 설명하고자 하는 의식[160]으로 인해 거리의 상점들이 우선적으로 형상화된 후 동물원과 서커스 내용이 배치되어 있는 것이다.

이 과정에서 6월 10일의 일기에 해당하는 ③의 내용이 백화점과 서

160 이러한 의식으로 서사가 정지 · 파열된 양상은 〈병인연행가〉와 〈유일록〉에서도 발견할 수 있었다.

런던 버킹엄 궁전과 근위병 교대식

커스의 경우로 분리되었으며 이는 〈셔유견문록〉의 문학적 구성 원리에 따라 『서사록』의 내용이 재배열된 현상을 보여주는 사례로 보아야 할 것이다. 이러한 변이는 점차 강화되는데 우선 '④ 국서 전달' 이후 국립은행과 납인형관을 탐방하여 그 견문을 상세히 기록한 A의 내용이 A′에는 생략되어 있다. 대신 A′에는 버킹엄 궁전의 화려한 외관과 내부를 묘사하는 부분(ⓑ)이 첨가되어 있다. 객관적 기록성이 강한 견문은 제외하고 감각적 층위에서 인상적이었던 장면이나 흥미를 유발할 수 있는 내용들을 선택함으로써 소재의 범위를 조정하여 형상화하고자 한 사행가사의 문학적 특징이 확인되는 것이다.

또한 버킹엄 궁전을 묘사한 ⓑ지점과의 자연스러운 연결을 위해 '⑦ 6월 19일 : 수정궁 불꽃놀이'이 아니라 '⑩ 6월 23일 : 버킹엄 궁전에서의 연회'의 내용이 역전적으로 배치되어 있는 현상이 발견된다. 그리고 매우 인상적이었던 ⑦의 불꽃놀이(6.19) 장면은 ⑩ 이후에 다시 형상화되고 있는 것이다. 특히 이 과정에서 의도적으로 '© 객수 표출' 부분을 첨가함으로써 연회 이후 촉발된 객수를 달래기 위해 불꽃놀이를 관람하게 된 서사의 개연성을 보완하고 있다. 날짜별로 분절되어 있는『서사록』의 장면들을 소재에 따라 재배치한 것은 물론 그 과정에서의 접속 지점까지 고려하여 〈셔유견문록〉을 창작한 구성 원리가 발견되는 것이다.

또한 내용적인 측면을 보아도 전반부와 마찬가지로 감옥서, 공사관, 소방 본부 등과 같은 공적인 범주에서의 견문 내용은 대부분 〈셔유견문록〉에 생략되어 있다. 체험의 사실성이나 정확성보다는 인상적 장면의 효과적 재현을 우위에 두고 내용의 출입이나 배치를 고려한 〈셔유견문록〉의 문학적 구성 원리가 확연하게 발견되는 것이다. 그렇다면 이러한 측면을 고려하되 근대적 문물에 대한 인식과 관련하여『서사록』에서 〈셔유견문록〉으로 변화되는 주요 지점들을 보다 세밀하게 규명해 보아야 할 것이다.

B.

十六日 初九日 早雨晚晴

到核峙 此地卽山嶺極亢 ⓐ **汽車**線 路自房口堡港 逶迤屈曲因地形開通 ⓔ **或環山抱谷** ⓓ **或沿江鐵架** 或浮橋築臺 ⓒ **或鑿山通穴行幾千里** ⓑ **其人工物力 可謂天作江山 人作鐵路** 到核峙嶺下 亂峰聳挿天面 白雲橫掩山腰 珍樹嘉木 ⓗ **奇花瑤草** 韶光滿目 上是 ⓕ **青山** ⓖ **綠樹** 下有 ⓘ **白雪**澌**氷** 果是非常時景或 ⓙ **流潤潺潺** ⓚ **鳥聲**嚶嚶 漸入佳境 飛瀑出從絶壁 ⓛ **亂谷方方曲曲 異源合流** ⓜ **蕩蕩激着於越壁屏風石者** 不知幾處 終日拍手喝采聲 不知高低而多 ⓝ **失眞於拙筆可歎** 車到核峙嶺 地形高於港口者 五千四百二十餘尺云 山嶺水勢乃分東西 西流者流入太平洋 東流者流入大西洋云而過核峙以後平.

B′

긔통 소ᄅᆡ 나는 곳에 방구보 도박이라 / 여관 숙소 ᄒᆞ연후에 ⓐ′ 화륜거에 올나 보셰 / ㉠ 봉명사신 ᄃᆡ졉으로 특별거가 분명ᄒᆞ다 / ㉡ 어렵도다 어렵도다 일만여리 쳘노로다 / ⓑ′ 쳘노 공녁 볼작시면 귀신인가 사람인가 / ⓒ′ 산을 뚜러 길을 ᄂᆡ고 ⓓ′ 강을 건너 다리 놋코 / ⓔ′ 산은 놉고 골은 깁퍼 안고 돌고 지고 도ᄂᆡ / ㉢ 밤낫 가는 긔ᄎᆞ상에 안젼 경ᄀᆡ 평논ᄒᆞ셰 / ⓕ′ 쳥산은 암암ᄒᆞ고 ⓖ′ 녹슈난 울울ᄒᆞ다 / ⓗ′ 츈광 만지ᄒᆞᆫᄃᆡ ⓘ′ 봉봉이 빅셜이라 / ⓙ′ 잔잔 간향은 금쳘이 ᄀᆡ명이요 ⓚ′영영 조셩은 쌍거 쌍ᄂᆡ로다 / ⓛ′ 이골물 폭포슈 져골물 폭포슈 / 열에 열골물 포포슈 한듸 합드려 흘너 / ㉣ 이리도 탕탕 져리로 탕탕 쳔방ᄌᆞ 지방ᄌᆞ / ⓜ′ 월편 평풍셕 탕탕 치난 소ᄅᆡ 산곡이 웅셩이라 / ⓝ′ 별유쳔지 비인간을 오날날 보리로다.

위의 B→B′부분을 보아도 〈셔유견문록〉이 〈서사록〉을 토대로 재구성된 작품임을 확실하게 알 수 있다. 주요 소재나 표현법이 대부분 일치하고 있으며 이들이 배치되는 순서에서 다소간의 변화가 발생했을 뿐이다. 전대의 사행가사 작품들에서 확인했듯이 자긍심에 기반하여 견문과 감상의 주요 국면들을 효율적으로 전달하고자 한 사행가사의 창작 원리가 〈셔유견문록〉에도 적용되고 있다.

우선 B′에 첨가된 ㉠, ㉡ 부분을 보면 사신으로서의 우월감과 이동 과정에서의 속도감이 부각되고 있음이 확인된다. 특히 ㉡에서 '강조 표시'된 '쳘노'의 소재로 인해 바로 다음 구절에 '쳘노 공녁 볼작시면 귀신인가 사람인가'라는 내용이 배치되고 있으며 이 과정에서 B의 ⓑ부분을 먼저 활용하게 된 것으로 보인다. 또한 ⓑ′~ⓔ′의 순서도 B의 경우와 어긋나는데 B의 경우 '或~'으로 시작하는 구절들이 '나열'되어 있다. 반면 B′에서는 ⓑ′에서 '강조 표시'된 철도의 '공녁'이 부각될 수 있는 강도에 따라 그 사례들이 재조정된 것으로 보인다. 그로 인해 'ⓔ′ 산은 놉고 골은 깁퍼 안고 돌고 지고 도니'에서는 감탄이 점차 하강된 국면을 보이고 있는 것이다.

이 과정에서 발생할 수 있는 서사적 흐름의 단절은 바로 다음 구절에 'ⓒ 밤낫 가는 긔ᄎᆞ상에 안젼 경기 평논(말한단 말)ᄒᆞ셰'를 첨가함으로써 극복되고 있다. ⓒ에 제시된 '평논'이라는 전제구와 관련하여 이후의 장면은 ⓒ 이전과 정반대로 점차 감정이 고조되는 양상을 보이고 있기 때문이다. 이는 B의 경우와도 유사하여 ⓕ′~ⓝ′의 부분은 내용의 배치와 관련된 변화는 발생하지 않고 있다. 그러나 B에서는 '과연 보통의 경치가 아니구나(果是非常時景)', '점입가경(漸入佳境)' 등과 같은 감탄구가 사이사이에 배치되어 있지만 B′에서는 마지막 구절인 'ⓝ′ 별유쳔지 비인간을 오날날 보리로다'에서만 확인할 수 있다. 이는 가사문학을 창작하는 과정에서 감각적 묘사와 찬탄을 지속하되 장면 단위내의 감정적 응집을 고려하며 구성된 작가 의식을 보여주는 사례인 것이다.

또한 B′에서는 감각적 심상을 보다 적극적으로 활용하고 관용구들 차용함으로써 생동감 있는 문체 특질과 문학적 미감이 생성되고 있다. 'ⓛ′ 이골몰 폭포슈 져골물 폭포슈 / 열에 열골물 포포슈 한듸 합드려 흘너, ⓜ′ 월편 평풍셕 탕탕 치난 소릐' 구절의 경우 〈유산가〉와 유사한[161]데 이에 대해서는 선행 연구에서 이미 언급된 바 있으며 대상에 대한 생생한 묘사를 위해 잡가적 리듬을 활용하고 있다고 평가되었

161 관련 부분을 제시하면 다음과 같다. "층암 절벽상에 폭포슈은 괄괄 슈정렴 드리온듯 이골물이 주루루룩 져골물이 쌀쌀 열에 열골물이 한듸 합수하야 쳔방뎌 디방져 소코라지고 펑퍼져 (…중략…) 져건너 병풍셕으로 으르렁 괄괄 흐르는 물결이."
〈셔유견문록〉과 중첩되는 부분은 '강조 표시'하였다.

다.[162] 그런데 이 경우 '①′ 난곡방방곡곡이원합류(亂谷方方曲曲異源合流) ⓜ′ 탕탕격착어월벽병풍석자(蕩蕩激着於越壁屛風石者)'의 두 구절을 변환하는 과정에서 문학적 관용구가 부분적으로 차용되었다는 점에 보다 유의할 필요가 있다. ①′의 부분은 〈유산가〉의 구절과 거의 유사하지만 ⓜ′는 ⓜ을 그대로 변환하면서 4음보가 유지되고 있으며 〈유산가〉의 구절과도 다르기 때문이다.

또한 ⓜ 부분의 '탕탕(蕩蕩)'에 대한 연쇄적 심상으로 '㉣이리도 탕탕 져리로 탕탕 쳔방즈 지방즈' 라는 구절이 연속되고 있다. ㉣은 B에 없는 부분으로 청각적 요소를 추가적으로 배치함으로써 폭포의 웅장함을 감각적 층위에서 구현한 것이다. 이러한 문학적 전략은 독자에게 현재적 환기와 효율적 전달이라는 두 측면을 동시적으로 기능하게 된다. 특히 이 과정에서 4음보의 율격을 이탈하면서까지 '쳔방즈 지방즈' 라는 〈유산가〉의 구절을 부분적으로 삽입하고 있는데 이는 과잉된 감정을 익숙한 관용구를 통해 효과적으로 전달하려는 의도로 보아야 할 것이다.

이처럼 〈셔유견문록〉은 한문일기에 기반하되 나름의 문학적 구성 원리가 작동하면서 소재나 감정선의 배치가 부분적으로 재조정된 작품임이 확인된다. 또한 전대의 사행가사에서는 발견되지 않았던 관용구의 삽입은 체험에서 형성된 감정적 진폭이 상당하여 이를 효율적으로 '전달'하고자 하는 의식적 지향이 강화되어 있음을 보여주는 사례로 보아야 할 것이다. 이 지점에서만 율격이 이완되고 있는 점 역시 이러한 맥락에서 이해될 수 있다. 다음의 경우에서도 이와 유사한 특실이 확인되는데 견문의 '생소함'으로 인해 그 양상이 보다 강화되고 있어 흥미롭다.

162 정흥모, 앞의 글, 32~33쪽.

C

十八日 十三日 陰 閔公使來訪 英名譽領事磨賡 送名刺

十九日 十四日 陰 英禮式院豫有請帖 戴冠禮式時 座次定以第八座云 英陸軍大都督 로버쓰 外部協辦크런본來訪 余等適出門運動 未得相見 皆留啣而去 下七鍾四行人搭汽車 往 ⓐ **水晶宮觀火戲** 大廈周回三千萬方米突云 內外上下電燈如滿天星耀 而其後面有一大沼 以白石爲怪石紋爲欄干沼中 亦以怪石造山滿栽花卉有小船男女爭載游戲 會社主人 及引接官導 至一小樓 可容八九人而以紅紫錦繡排舖 此是英皇觀火所云 而 ⓑ **其樓下卽火場也** 滿場電燈可謂火林而人山人海中奏軍樂一開 ⓒ **忽聞火砲數聲** ⓓ **火箭從平地 如林投飛上中天** 砲聲亂發於空中火箭坼裂降下 ⓖ **一天五色火雨** ⓗ **烟焰漲天** 如是者洽過半時 其樓前左右有十餘丈鐵架 架懸大鐵輪 輪內包無數小輪 板板幅幅如鵝卵 大之火燈抛珠散豆般 搖搖炫炫俄而有 ⓕ **坼坼**之聲 千萬火燈坼裂火光 迸出如噴水器上噴水出來而 已止息火輪忽地變動化爲一大象 鼻長耳垂蜿蜿如生者 又 (c) **一聲砲響**平地火箭飛上 右邊鐵架大輪上 生出一朶 ⓘ **牧丹葉靑花紅蝴蝶飛戲** 又其前有大鐵架數百間高可爲十餘丈 忽有砲聲那鐵架上 一時發火 ⓚ **有兩火人儼立如山 詳視之乃英皇及后也** 居無何止息火砲又發 數百間鐵架上一字長火發 火勢下瀉 ⓙ **如千丈壁上瀑布落來** 一半邊白瀑 一半邊黃瀑 水聲大作 飛雪漫空 ⓜ **如非鬼神於文不能形容其彷彿也** 如是者一時間乃止息 又其架前平地上 有火車二兩駕以雙火馬車上火人坐焉 兩車爭先馳走 一車飛也似去一車機械不利漸漸落後 車上火人跳下車乘作變通之狀 先車已馳往其信地 其火人下車蹈舞 此是火車勝負云 俄而一望平地 火砲聲聲火箭滿空 上下砲聲如 ⓔ **天翻地覆** ⓛ **兩耳脉脉** 千萬觀看之人如塑人空立是乃破戲王振也 問當夜所費可爲百餘萬圓 皆取足社會中而夜來入場券價錢幾十倍於該費用云耳.

C′

① 다라 다라 발근 다라 우리 문졍 빗친 다라 / 다라 다라 발근 다라 우리 부모 안녕헌가 / 다라 다라 발근 다라 우리 쳐즈 잘 잇던가 / 다라 다라 발근 다라 소식 잠간 젼ᄒᆞ여라 / ② 이리 심회 산란ᄒᆞᆯ졔 반졉관이 말ᄉᆞᆷᄒᆞ되 / 금야 삼경 ⓐ′ 슈졍궁에 불노리가 장ᄒᆞ오니 / 사신 회포 위로ᄒᆞ야 구경가셔 구경가셔 / 그말 듯고 반기ᄒᆞ야 쥭장으로 운동ᄒᆞ야 / 슈졍궁에 다다르니 특별상좌 안져보니 / 유리집 쳔만간에 ⓑ′ 누아ᄅᆡ가 화장일셰 / ⓒ′ 일셩포양 나는 곳에 ⓓ′ 승긔젼이 올나간다 / ⓔ′ 산악을 흔드난듯 강하가 쓸넌듯시 / ③ 예셔도 ⓕ′ 탕탕 졔셔도 탕탕 / 그져 탕 ᄯᅩ 탕탕 안식ᄒᆞ다가 / ⓖ′ 쳥쳔 반공즁에 오식비가 나리난듯 ᄯᅩ 씩식 탕탕 / ④ 이 쳔지가 모도 다 불쳔지라 ⓗ′ 연념이 창쳔 / 혹 ⓘ′ 목단화상에 호졉이 왕ᄂᆡᄒᆞ며 풍악이 진동 / 혹 ⓙ′ 쳔장절벽에 폭포슈 나리 쏫치난 모양도 되고 / 최말의난 ⓚ′ 영황 영후 완연히 안진 모양도 되니 / ⓛ′ 신긔노 하고 이상도 ᄒᆞ거이와 / 그져 두 눈 캉캄 ⓜ′ 귀가 먹먹 / ⑤ 쳐음 보지 쳐음 보지 불노리론 쳐음 보니.

위의 C′는 앞의 A→A′경우에서 확인했듯이 '불놀이 장면'만을 위해 구성된 장면으로 일기의 서사와는 순서가 어긋난다. 그 과정에서의 서사적 단절을 방지하고자 C에는 없는 '객수 표출'의 장면을 ①에 추가하고 있는 것이다. 특히 '다라 다라 발근 다라 우리 문졍 빗친 다라'의 통사 구조가 반복되고 있는 ①의 부분은 민요구의 차용이며 이 역시 기존의 연구사에서 지적된 바 있다.[163] 민요에 대한 작가의 관심이나 독자층에 대한 배려 등의 기존 시각도 일면 타당하겠지만 보다 중요한 것은 ①이 배치된 서사적 맥락이다. 이어 묘사된 불놀이의 장면에는

163 김기영, 앞의 글, 135~136쪽; 정흥모, 앞의 글, 33~34쪽.

상당히 고조된 감격이 투사되어 있으며 이는 ①의 객수 내용과 효과적인 대칭 구도를 형성하고 있기 때문이다. 그러므로 ①에서 민요구를 통해 환기된 향수의 정서는 일차적 독자로 상정된 가족들로 하여금 정서적 몰입을 가능케 하여 이후 불놀이 장면에서 상승하는 감정선에 효과적으로 진입하도록 했을 것으로 보인다. C와 달리 ② 부분에 새롭게 첨가된 '반졉관'의 말과 '구경가셔 구경가셔'라는 표현은 그 진입의 효율적 매개항으로 작동하고 있는 것이다.

이후 묘사되는 불놀이의 장면은 C의 어구들을 주로 활용하고 있는데 C의 경우 주변 광경이나 불놀이의 도구 등과 같이 확보된 시야가 넓고 묘사의 층위도 세밀하여 그 과정에서 반복되는 내용들도 있다. 그러나 C에서는 '시작－정점－완료'라는 단선적 구조 속에 불놀이의 주요 부분들을 감각적으로 배치함으로써 효과적인 구성 및 전달을 가능케 하고 있다. 그러므로 C′의 문학적 구성 방식에 따라 C의 어휘들은 배열 순서와 상관없이 차용되어 재배치되고 있는 것이다.

예컨대 'ⓒ′ 일셩포양 나는 곳에 ⓓ′ 승긔젼이 올나간다'의 경우 C의 'ⓒ 홀연히 화포소리를 듣고(忽聞火砲數聲) ⓓ 평지로 향하는 불화살은 마치 나무를 하늘로 던져 날게하는 것 같다(火箭從平地 如林投飛上中天)'라는 부분을 재구성한 것이지만 아래에 반복되는 내용 중 '(c) 일성포향(一聲砲響)'이 더 적합한 구절로 간주되어 활용되고 있다. C의 후반부에 있는 'ⓔ 천번지복(天翻地覆)'이 환기하는 이미지가 ' ⓔ′ 산악을 흔드난 듯'에서 발견되는 점도 마찬가지 현상이라 할 수 있다. 특히 '③ 예셔도 ⓕ′ 탕탕 졔셔도 탕탕 / 그져 탕 또 탕탕 안식ᄒᆞ다가' 이후부터는 본격적으로 불놀이의 장관이 묘사되면서 상당히 적극적인 방식으로 재구성이 진행되고 있다. '탕탕'으로 환기되는 청각적 심상은 작자의 미망

(迷妄)을 깨치게 하는 신호로 지적된 바 있으며[164] 율격의 파형은 충격과 흥분에 대한 생생한 전달을 가능케 한다고 보았다.[165]

이러한 측면들을 보다 심화하여 살펴보면 ③ 이후에서 확인되는 문학적 특질의 기저에는 '낯선' 문물에 대한 호기심과 경탄에서 유발된 감정적 고양 상태가 내재해 있음을 알 수 있다. B′에서 살펴본 폭포의 경우 자연 풍광의 웅장함을 감탄하는 방식으로 형상화되고 있었다면 불놀이는 근대성에 기인한 문물이라는 인식이 투사되어 감정 및 표상이 더욱 과잉된 양상을 보이고 있는 것이다. ⓖ′의 경우 '청쳔 반공즁에 오쇡비가 나리난듯 쏘 씩식 탕탕'에서 알 수 있듯이 '쏘 씩식 탕탕'을 첨가하여 율격적 파열이 '전달'에의 욕구과 상응 관계에 있음을 보여준다. 다음 구절인 '④ 이 쳔지가 모도 다 불쳔지라'는 'ⓗ′ 연념이 창쳔'과 거의 유사한 내용이지만 등위적 배열로 구성한 것도 그 사례로 보인다.

이후 불을 이용해 구체적 형상을 만드는 내용인 ⓘ′~ⓚ′는 율격적 이완이 가장 심한 부분으로 기술적 현란함이 화자에게 근대성에 대한 경탄으로 인지되었음을 보여준다. 특히 'ⓚ′ 영황 영후 완연히 안진 모양도 되니'는 'ⓚ 불로된 두 사람이 산처럼 엄숙치 서 있는데 자세히 보니 영국 황제와 황후구나(有兩火人儼立如山 詳視之乃英皇及后也)'의 재구성인데 '완연히 안진'으로 내용이 변환되고 있다. 영국 황후에 대한 위엄과 안정성이 강조되고 있는 점 역시 C′의 불놀이 장면이 근대적 세계의 실제적 사례에 대한 경외의 시선에 기반해 했음을 의미한다. 그 체험이 기존에 지각된 감각의 범위에서 이탈해 있음은 '신기도 하고 이상도 혼거이와 / 그져 두 눈 강감 귀가 먹먹'이라는 구절에서도 확인된다.

164 박노준, 앞의 글, 138쪽.
165 김상진, 앞의 글, 54~55쪽.

결국 〈셔유견문록〉에서는 '⑤ 쳐음 보지 쳐음 보지 불노리론 쳐음 보닉'를 첨가하여 불놀이 장면을 완성하고 있는데 이 부분에서도 '생소한' 근대 문물에 대한 화자의 적극적 인식과 재현의 욕구를 읽을 수 있다. 그리고 〈셔유견문록〉은 사행가사 작품들 중 여정의 물리적 거리가 가장 길었고 근대적 교통 수단을 이용한 만큼 속도감이 상당히 강화된 특질을 보이기도 한다. 다음의 사례를 통해 마지막으로 이를 확인해 보도록 하겠다.

D

十一日 初八日 晴 下十一鍾到日本**長崎** →十二日 初九日 晴上九鍾下船入英人**旅舘**此是去時所住處也卽電奏大內 →十三日 初十日 晴 →十四日 十一日 晴 →十五日 十二日 晴 →十六日 十三日 晴雨 下三鍾將搭日本商船大東丸大雨傾盆行李盡濕發船期退定以明日上三鍾 →十七日 十四日 晴 上三鍾開輪下二鍾到對馬島屬嚴源港暫停九鍾開輪 →十八日 十五日 晴 →上六鍾船到**釜山港**下陸入旅舘該監理主事及警視出迎下二鍾上船開輪 →十九日 十六日 晴 →下二鍾船到**木浦**停泊卽開輪 →二十日 十七日 晴雨 下三鍾船到**仁川**港七鍾乘汽車**入京**城詣闕**復命**.

D′

건느도다 건느도다 황하슈널 건느도다 / 게셔 써나 이일만에 일본 **장긔** 도달일셰 / 금년 삼월 쵸이일날 이곳에 지나더니 / 다시 완네 다시 완데 봉명사신 도로 완네 / **여관 휴식** 이일만니 륜션 타고 발힝혼다 / 빅씌여라 빅씌여라 이 바다만 건너가면 / 어셔 가자 밧븨 가셰 고국 산쳔 득달일셰 / 나러 왓나 쒸녀 왓나 십만니가 순식일셰 / 하로 밤만 지나가면 동닉 지방 도박일다 / 시원혼다 시원혼다 부산항을 발셔 왓네 / 슐넝 슐넝 빅씌여라 **목포**항을 지나구나 / 경각일셰 경각일셰 칠산바다 근너셔르 / 순풍에 놉흔 돗딕 팔괘국긔 다러고나 / 반갑도가 바갑도다 인천 졔물 뵈넌고나 / 한가ᄒᆞ다 져 빅구야 회환사신 반기난듯 / 츈몽을 씨친 듯시 졍신이 쇄락ᄒᆞ다 / 션창부두 다다르니 아들 족하 네 완나냐 / 가던 날이 어졔 갓고 오난 날이 금일일셰 / 긔ᄎᆞ 타고 입경ᄒᆞ야 복명후에 근친ᄒᆞ니 / 쳔덕일셰 쳔덕일셰 황뎨폐하 만셰티평 / 경ᄉᆞ로다 경ᄉᆞ로다 부모임 슈복강녕 / 쳐ᄌᆞ가 무탈ᄒᆞ니 경ᄉᆞ로다 경ᄉᆞ로다 / 셔양국이 좃타한덜 고국산천 갓틀소냐 / 동방뎨국 만쳔년에 일월이 명망ᄒᆞ다.

위에 인용된 D→D′ 부분은 나가사키를 지나 귀국에 이르는 여정으로 가사문학으로 재구성 되는 과정에서의 문체적 특질이 확인된다. 우선 D를 보면 一氣나 이동과 관련된 사실적 정보만이 날짜별로 기록되어 있음을 알 수 있다. 그러나 D′에서는 상당 부분 새로운 내용이 첨가되면서 문학적 생동감이 구현되고 있다. 대부분 동사 단위로 분절되는 구절들이 지속적으로 배열되어 연속성과 역동성을 강화하고 있는 것이다. '건느도다', '도달일셰', '지나더니', '건너가면' 등과 같이 공간의 전환을 의미하는 동사들을 중심으로 형성된 통사 구조들은 '나러 왓나 뛰녀 왓나 십만니가 순식일셰'에서 일차적으로 수렴된다. 이러한 근대적 이동 수단의 효율성은 '시원ᄒᆞ다 시원ᄒᆞ다 부산항을 발셔 왓네 / 슐넝 슐넝 비띄여라 목포항을 지나구나'와 같은 여정 인식에서도 확인할 수 있으며 '인쳔 졔물'에 도착한 후에 이 속도감은 완화되어 감격적 정회를 표출하는 방향으로 전환되고 있다.

또한 이러한 양상은 핵심적인 서술어를 전반부에 배치하는 도치법과 반복의 원리를 통해 더욱 강화되고 있어 흥미롭다. 위의 밑줄 친 부분들을 보면 이동성이 내포된 동사와 감격을 표출하는 형용사가 'aaba'

의 구조 내에서 반복되고 있는데 이는 D에 비해 D′가 입체적 질감을 확보케 하는 문학적 요소로 작용하고 있는 것이다. 〈셔유견문록〉의 이러한 후반부를 전대의 사행가사와 비교해 보면 동사의 배열로 인한 속도감은 물론 반복을 통해 형성된 율격적 리듬이 매우 강화되어 있다고 볼 수 있다. 〈유일록〉의 결사만 보더라도 대체로 '선로(船路)'의 어려움이 부각되어 있는[166] 반면 〈셔유견문록〉은 '슌풍에 놉흔 돗ᄃᆡ 팔괘국긔 다러고나'에서와 같이 내재된 자부심을 확인할 수 있고 체험한 시 · 공간을 압축적으로 인식하고 있는 지점을 '가던 날이 어제 갓고 오난 날이 금일일세'라는 구절에서 발견할 수 있기 때문이다. 서구의 경우 중국이나 일본에 비해 물리적 거리가 상당하며 그 이동 수단도 '화륜선'이라는 근대 문물이었기 때문에 속도감을 강조하고자 하는 의식이 직접적으로 발현된 것으로 볼 수 있다. 근대적 세계에 대한 직접적 체험으로 변모하게 된 시 · 공간적 인식의 전환이 문학적 특질에도 영향을 주고 있는 사례를 사행가사의 통시적 흐름 속에서도 확인할 수 있는 것이다.

지금까지 살펴보았듯이 〈셔유견문록〉은 『서사록』을 저본으로 삼되 근대적 세계에 대한 긍정적 인식과 감흥을 감각적으로 재현한 사행가사라고 볼 수 있다. 전대의 작품들과 달리 동아시아를 벗어난 외교 체험이 소재가 되었으며 그로 인해 중화주의가 근대적 세계관으로 교체

166 이와 관련된 〈유일록〉의 결사 부분은 다음과 같다.
"ᄒᆞᆫ날이 허시는 것 인력으로 헐 슈 업셔 / 쓔구리구 누엇쓰나 ᄃᆡ단이 어렵도다 / 일ᄶᆞ를 혜ᄋᆞ리미 오늘이 집ᄋᆡ 갈 날 / 잇ᄯᆡ것 못 ᄯᅥᄂᆞ니 일도 심히 공교허다 / 풍낭이 일향 ᄃᆡ단 션즁의셔 나흘 묵어 / 쵸칠일 ᄯᅩ ᄯᅥ나셔 ᄃᆡ마도에 간신 오고 / 쵸팔일 ᄯᅩ ᄯᅥ나셔 부산항의 다다르미 / 인ᄒᆞ야 ᄒᆞ륙허여 관찰부 드러가셔 / ᄒᆞ루밤 유슉허며 다쇼 슈작 셔루 허니 / 여러말 션즁의셔 침식을 다못ᄯᆞ가 / 오늘밤 잘 ᄌᆞ는 것 심히도 편커니와 / 걱정하심 ᄉᆡᆼ각허니 쵸민허기 한량업다 / 쵸구일 졈심후에 션상의 올라가니 / 금일도 안 ᄯᅥ나고 여긔셔 묵는다니 / 일각이 ᄉᆡᆨ론지라 미칠 ᄯᅳᆺ ᄒᆞ건마는 / 마음ᄃᆡ로 못허는 ᄂᆡᆯ 셩화ᄒᆞ야 무엇허리 / 쵸십일 묘시량에 부산셔 힝션ᄒᆞ야 / 역역히 지나는 곳 아국산쳔 반갑도다."

되는 전변(轉變) 양상을 선명하게 확인할 수 있는 작품인 것이다. 〈유일록〉에도 근대적 문물에 대한 긍정적 시각이 전제되어 있지만 중화주의적 가치관으로 인해 발현된 이적관과 자국의 열세에 대한 한탄이 대타적 자의식의 기제로 표출되어 있었다.

그러나 〈셔유견문록〉에서 확인되는 자국 인식의 구심점은 '근대성'이며 영국을 '제나라'로 환치하여 이해할 만큼 근대적 세계에 대한 맹목적 동경과 의식 지향이 발견된다는 점에서 차이가 있다. 특히 당시의 패도적 국제 관계를 종식케 하는 권력의 주재자로 영국을 인식하고 있는 것은 조선이라는 약소국이 구원될 수 있기를 염원하는 당시 지식인의 내적 반응이 투사된 결과인 것이다. 더욱이 『서사록』을 변환하는 과정에서 화자는 허구적 요소를 첨가하여 조선과 영국의 친밀한 관계를 상정하는 등 인간적 내면이 형상화된 문학적 공간을 발견할 수 있는 가사작품으로서 〈셔유견문록〉은 의의를 확보하고 있다고 보아야 한다.

또한 작품의 주된 표현 특질을 보면 관념적 인식이 거의 작동하지 않아 역동적인 문체로 근대적 세계가 감각적으로 재구성되어 있는 양상을 확인할 수 있었다. 인상적 장면을 효율적으로 전달하기 위해 서사가 파열된 지점은 물론 감각적 재현을 위한 율격의 이완된 사례도 발견되는 것이다. 그리고 회정 과정에서 화자는 시·공간을 압축한 듯한 자신의 체험을 속도감 있는 문체로 표현하는 등 전대의 사행가사 작품들과 확연하게 변별되는 양상을 보이기도 한다. 현전하는 마지막 사행가사인 〈셔유견문록〉은 전대의 작품들과 유사한 문학적 창작 원리를 보이지만 세계관적 전환이 여실히 확인되고 그 과정에서 변화된 문학적 특질도 살필 수 있다는 점에서 조선 후기 마지막 사행가사로서의 문학사적 의의를 확보하고 있다. 다음 4부에서는 지금까지 살펴본 작품들의 창작 및 향유와 관련된 주요 특징들을 고찰해 봄으로써 조선 후기 사행가사 작품들의 문학사적 위상을 조망해 보도록 하겠다.

제4장

사행가사의 문화적 연속성과 문학사적 위상

1. 사행가사의 창작 및 향유에 대한 통시적 고찰

사행가사 작품들의 문학사적 위상을 정립하기 위해서는 우선 작품들의 당대적 효용성과 관련된 사회·문화적 의미가 고찰될 수 있어야 할 것이다. 앞서 확인했듯이 조선 후기 사행가사는 세계 인식 및 문학적 특질이 시대별로 전변되는 양상을 보이고 있는 만큼 창작의 목적 및 소통 구조가 변화된 지점들도 살펴볼 필요가 있는 것이다. 조선 후기에는 예술 환경 및 소통 구조의 새로운 국면에 따라 작품들이 표현 형태와 심미적 특질도 변화하는 양상을 보이고 있으며[1] 사행록의 경우

1 김흥규, 「조선 후기 예술의 환경과 소통 구조」, 『한국 고전문학과 비평의 성찰』, 고려대 출판부, 2002, 7~8쪽.

표 7. 사행가사의 창작 · 향유 맥락과 주요 문학적 특질

시기	제목	작가신분	창작·향유 맥락	주요 문학적 특질
16세기	조천곡 (작품 부재)	正使	'歌曲'에 기반한 사적 향유 (文集과 漢詩)	•未詳
17세기	장유가 (1666)	從事官(일본) 書狀官(중국)	•歌詠太平(結辭) •'歌'에 기반한 사적 향유(漢詩)	•감각적, 초월적 (일본) •탄식과 회고(중국)
	연행별곡 (1694)	正使	'아희아 잔 ᄀᆞ득 부어라 쟝일취를 ᄒᆞ리라'(結辭句)	•여정 위주 •통사 구조의 안정과 간략한 구성
	서정별곡 (1695)	書狀官	'別曲'에 기반한 暗誦, 세상에 유명하다(筆寫記)	•공간 배열과 비애 정조의 교직
18세기	일동 장유가 (1764)	從事官 金相翊의 書記(서얼)	子孫을 위한 記錄(結辭句)	•한문일기의 재구성 •주관적 층위에서의 과장 •장편화 및 문체 특질의 다변화
19세기	무자 서행록 (1828)	從事官 (白衣寒士)	老親과 破寂을 위한 記錄(結辭句)	•'遊覽誌'의 성격 •청문물과 풍속에 대한 세밀한 묘사 •전달 의식으로 서사의 균열
	임자 연행별곡	正使	'어와 벗님네야 이ᄂᆡ 말ᄉᆞᆷ 드러보소'(序頭句)	•비교적 짧은 길이
	병인 연행가 (1866)	書狀官	심심소일을 위한 記錄(筆寫記)	•〈무자서행록〉과의 상호텍스트성
	북행가 (1866)	正使 柳厚祚의 子弟軍官	'어와 사람들아 이ᄂᆡ말삼 들어보소'(序頭句)	•유흥 의식에 기반한 창작 •사행가사의 소재와 형식을 확장 •극적 구성화 전략을 통한 기록성 탈피
20세기	유일록 (1902)	日本朝鮮 公使館 參書官	記錄(筆寫記)	•한문일기의 재구성 •근대적 문물에 대한 묘사와 전달 의식
	셔유 견문록 (1902)	영국 사절단 李載覺대사의 수행원	見聞을 記錄,冊으로 인식(筆寫記)	•한문일기의 재구성 •감각적 기록화

시대의 변화 및 창작 주체의 신분에 따라 글쓰기 방식도 변모해 왔음은 주지의 사실이다. 사행록을 기반으로 창작된 사행가사는 이러한 문학사의 흐름과 직결되어 있는 영역임에도 불구하고 창작 주체에 대한 통시적 논의가 진행된 적이 없다. 또한 서론에서도 언급했듯이 작품들이 실제적으로 소통되는 과정에서 발산한 문학적 효용성도 조선 후기

사행가사의 사회·문화적 의미를 확인하기 위해 반드시 고찰되어야 할 것이다.

〈표 7〉에서 작가 신분의 변화를 보면 대체로 삼사(三使 : 正使·副使·書狀官) 신분이 지속적으로 유지되고 있음을 알 수 있다. 이들이 창작한 작품들은 대체로 통사 구조가 안정되어 있으며 분량도 일정한 편이다. 18세기 전반기까지의 작품들은 가창 및 음영을 기반으로 한 경험 주체의 일차적 향유가 주목적[2]이었던 만큼 인상적인 지점들의 수평적 배열 속에 주관적 세계관이나 정서의 층위가 수직적으로 배치되어 균형적 교직을 이루고 있는 것이다. 〈장유가〉와 관련된 다음의 두 한시는 이러한 정황을 구체적으로 확인케 하는 사례이다.

①

至樂眼前是	지극한 즐거움이 눈 앞에 이러하니
人生知幾何	인생이 그 얼마인지 아는가
朝傾小麯酒	아침부터 작은 누룩 술을 기울여
夜聽壯遊歌	밤까지 장유가를 듣네
岳寺鍾聲近	산사의 종소리는 가깝게 들리고
溪橋草色多	시냇가 다리에는 풀빛이 가득하네
滄洲吾道在	푸른 물가에 나의 도가 있으니

2 이는 작품들의 서사나 결사에서 확인되는 구절들을 통해서도 확인된다. 장유가(1666)의 결사는 '국가 안녕하고 군친을 다시 보니 이승의 이 즐겁기 이밖에 또 있는가'이며 연행별곡(1694)은 '가국이 ᄐᆡ평ᄒᆞ니 ᄐᆡ평곡을 밀닐소냐 / 아희야 잔 ᄀᆞ득 부어라 장일취를 ᄒᆞ리라', 서성별곡(1695)은 '언제변 청춘으로 벗슬 ᄉᆞ마 / 뇨히 뇨라가리요', 서성별곡의 경우 유일하게 필사기가 있지만 독자 및 창작 목적에 대한 언급을 확인할 수는 없다. 이는 작품들이 모두 자긍심을 기반으로 한 회고적 향유의 층위에서 창작된 것을 의미하며 실제로 이러한 사적 향유의 측면들을 작품 외적 자료들을 통해 확인할 수 있다.

夢落白鷗波	백구가 물가에 나는 꿈을 꾸네.

(〈還松山醉吟〉,『壺谷集』 卷六)

②

南北奇觀一曲歌	남북의 기이한 장관이 한 곡조의 노래에 있으니
百年豪興少時多	백년의 호탕한 흥이 그 시절에 많았네
扶桑日月帆前出	일본의 일월이 배가 앞으로 나오고
碣石風煙馬首過	갈석의 바람 연기가 말 머리에 지나가네
司馬壯遊知不及	사마천의 장유에는 미치지 못하지만
博望長路較如何	박망후의 긴 노정과 견주면 어떠한가
今同老驥思千里	지금은 천리를 그리워하는 천리마 신세이니
只遣兒孫醉後哦	다만 아손이 취후에 노래하게 하네.

(〈次家兒題壯遊歌韻〉,『壺谷集』 卷四)

위의 ①과 ②에는 풍류의 현장에서 〈장유가〉가 가창되고 있는 상황이 묘사되어 있다. ①을 보면 인생의 무상감을 달래는 소재로서 아침에는 '술', 저녁에는 '장유가'가 등위적으로 배치되어 있다. 특히 '산사의 종소리는 가깝게 들리고', '시냇가 다리에는 풀빛이 가득하네'라고 구절은 사행에서의 기억이 〈장유가〉를 통해 선명하게 재현되고 있음을 보여준다. 사라지는 기억의 한 순간을 포착하여 몽상의 연장을 시도하고 있다는 점에서 사행가사는 산수화가 창작 · 향유된 동기와 유사성이 있어 보인다.[3] 현실적인 경험에 창작 주체의 주관적 심리 작용

3 김우창,「풍경과 선험적 구성」,『풍경과 마음』, 생각의 나무, 2003. 85~88쪽.

이 개입됨으로써 작품에는 일종의 내적 풍경이 창조된 것으로 볼 수 있으며 이는 작품의 서정성과 향유의 효용성을 가능케 한 요소로 작용하고 있는 것이다. 〈서지봉조천록가사(書芝峯朝天錄歌詞)〉에서도 여행의 체험을 환기하여 만년의 즐거움을 삼고자 한 것이 16세기 사행가사의 효용이었음이 확인된바, 17세기 중반의 〈장유가〉도 이와 유사한 맥락에서 창작·향유되었음을 알 수 있다.

이러한 정황은 ②의 작품에서도 확인되는데 화자는 일본과 중국을 각각 '부상(扶桑)'과 '갈석(碣石)'으로 표상하고 있으며 그 경험에 대한 정서를 '흥(興)'으로 집약하고 있다. 사마천의 '장유(壯遊)'에 견주고 있을 만큼 자부심은 대단하지만 이내 '지금 그 때의 늙은이가 천리를 그리워하니'라는 미련의 시상으로 전환되면서 무상감이 강하게 부각되고 있다. 사행의 기억들은 마치 오래전 꿈처럼 시간 속에서 마모되었을 것이며 가사작품에 담긴 편린들을 환기함으로써 만년의 삶을 위로했던 것으로 보인다. 모두 지나간 시간에 불과하고 변해버린 세월이지만 화자는 '다만' '취후'에 '노래'하게 함으로써 현실적 울울함을 극복하고자 했던 것이다. 사행과 관련된 비일상적이고 강렬한 체험들은 이처럼 사행가사에 심미적으로 구현되어 자신의 존재를 긍정하거나 재확인하는 데 있어 효율적으로 활용되었던 것으로 보인다. 남용익은 송강가사의 실질적 향유자[4]이기도 할 만큼 가사문학의 효용성을 긍정하고 있었으므로 자신의 사행 기록들을 토대로 〈장유가〉를 창작·향유하게 된 것이다. 이는 사행가사가 산문 기록과는 차별적인 동기에서 창작되었으며 그로 인해 나름대로의 문학적 미감을 생성하고 있음을 보여주는 사례이기도 하다.

4 이에 대한 자세한 논증은 윤덕진, 앞의 책, 123~129쪽.

16～17세기의 기행가사가 취흥의 현장에서 불린 것은 여러 기록에 남아있으며, 대표적으로 이세구(李世龜, 1646～1700)는 숙종과의 술자리에서 송강의 〈관동별곡〉을 들으며 흥취를 즐긴 경험을 서술한 바 있다.[5] 〈장유가〉 역시 이러한 시대적 맥락에서 창작된 작품인 만큼 자연스럽게 흥취의 공간에서 향유되었던 것으로 보인다. 〈장유가〉에서 발견되는 감각적 표현과 상상력의 활용, 회고적 감탄이나 탄식 등의 문학적 특질은 이러한 향유 구조와 상응 관계를 이루고 있는 것이다. 〈장유가〉 외에 〈연행별곡〉을 창작한 유명천의 문집에서도 송강 관련 한시를 발견할 수 있으며 〈서정별곡〉의 박권은 장암 정호나 삼연 김창흡 등 노론 중심인물들과 교유했으며 장암 정호는 1704(숙종 30)년에 『송강가사』 관북본을 발간한 인물이기도 하다.[6] 그러므로 17세기 후반의 〈연행별곡〉과 〈서정별곡〉도 일차적 창작 원리와 효용성은 〈장유가〉와 유사했을 것임을 추정해 볼 수 있는 것이다. '아희아 잔 ᄀᆞ득 부어라 쟝일취를 ᄒᆞ리라'로 끝나는 〈연행별곡〉의 결사구는 이러한 정황을 짐작케 하는 사례이기도 하다. 그런데 〈서정별곡〉의 경우 다음과 같은 필사기가 발견되어 흥미롭다.

> 오희라 이 별곡이 어나 ᄣᅵ 일이련고 혀아리건ᄃᆡ 년유갑술이요 시즉즁동이라 ①【구시ᄉᆞ긔록이 지금의 변치 아녀셔 셰상의 유명ᄒᆞ나 본집의 업ᄂᆞᆫ지라 불민이 막심ᄒᆞ다 션셰 유적을 수습지 못홈이여 ᄒᆞᆫ번 보기를 오ᄆᆡ의 구ᄒᆞ더니】 마춤 유붕이 원방내ᄒᆞ야 이 곡조 잇노라 ᄒᆞ거든 광풍을 무릅쓰고 견픠를 전혀 이겨가니 잠싼 빌이ᄂᆞᆫ지라 집의 도라와 칙상우의 노피 노코 ②【일편 ᄉᆞ의를 공경ᄒᆞ야 보

---

5 "主人進弦歌使敲伽倻琴誦鄭松江關東別曲以侑觴."『東遊錄』.

6 박권과 관련된 논의는 윤덕진, 앞의 책, 135～137쪽.

니 긋써 일을 싱각ᄒᆞ면 뉘 아니 슬러ᄒᆞ리 ᄌᆞ손쑨 아니로다 슬푸다 이내집이 구ᄉᆞ도 전혀업다 예를 싱각ᄒᆞ면 챵감일비요 이졔를 보건ᄃᆡ 체류만금이라】 슈간촌지의 정신을 가다듬아 ③【미거ᄒᆞᆫ 글ᄡᅵ로 일필의 ᄲᅧ니니 글씨도 만니 외고 추솔ᄒᆞ미 가이업다】 ④【그 글이나 글시 볼 것 아니라 이 별곡의 내 집의 귀ᄒᆞᆫ 것이니 보나니들이 상히오디 말고 보옵 다만 ᄒᆞᆫᄒᆞᆫ는 바는 세상의 와젼ᄒᆞ미로다.】 계묘[7] 팔월망일 우연지비근셔.

위의 기록의 ①에는 '셰상에 유명'이라는 구절이 있어 사행가사가 가내 전승의 범위를 넘어 사대부 계층을 중심으로 한 소통 구조가 형성되어 있었음을 짐작케 한다. 필사자도 친구에게 〈서정별곡〉이 있다는 말을 듣고 그것을 빌려와 기록하고 있기 때문이다. 또한 ②와 ③을 보면 추체험에 기반한 문학적 효용성과 작품이 암송(暗誦)된 정황을 확인할 수 있다. '긋써 일을 싱각ᄒᆞ면 뉘 아니 슬러ᄒᆞ리'라는 구절은 〈서정별곡〉에 나타난 탄식의 정서가 보편적 층위에서 이해·수용되었던 정황을 보여준다. 또한 '예를 싱각ᄒᆞ면 챵감일비요 이졔를 보건ᄃᆡ 체류만금이라'라는 표현은 중화의 세계가 회복되지 않은 현실에 대한 한탄이라고 볼 수 있을 것이다. 즉 〈서정별곡〉은 역사적 현실을 인지하고 관련된 정서에 대한 심적 투사를 매개하는 작품으로서 향유되고 있었음을 보여주는 것이다. 이 과정에서 〈서정별곡〉에 배열된 공간과 풍경, 관습적 어구 등은 수용자의 상상적 추체험을 형성하는 데 있어 주요한 문학적 요인이 되었을 것으로 보인다.

또한 ④에서 '세상의 와전'을 경계한 내용은 필사 과정에서의 자의적

7 〈서정별곡〉의 창작 이후 시기에 해당하는 계묘년은 1723, 1783, 1843년이지만 작품의 필사시기를 정확히 단정하기는 어렵다.

변개를 우려하여 첨가한 것으로 보이며 '그 글이나 글시 볼 것 아니라 이 별곡의 내 집의 귀흔 것'이라 서술한 것은 〈서정별곡〉이 '가곡'으로 인식되었기 때문일 것이다. 사실을 평면적으로 배열한 산문기록들과 달리 사행가사는 출발과 회정이라는 입체적 구도 하에 서사와 서정을 효율적으로 결합시키며 내용을 구성한다. 이러한 문학적 전략으로 인해 사행가사의 향유자는 심리적 동화와 감정적 몰입의 상태를 효과적으로 경험할 수 있었던 것이다. 19세기 중반의 〈임자연행별곡〉도 '귀거릐 귀거릐 혀여 가영셩텩 ᄒᆞ오리라'라는 구절로 마무리 되고 있다.

이와 관련하여 가사문학의 향유 주체와 독자에 유의함으로써 그 문화적 의미를 규명한 시각[8]은 참조할 만하다. 가창 및 음영의 방식으로 향유된 가사문학은 상층인적 정체성을 확보하기 위한 표지였다는 측면에서 문화적 의미를 확보하고 있다는 것이다. 18세기 중반의 〈일동장유가〉에 이르면 소통 구조와 문학적 특질의 측면에서 모두 상당한 변모를 보이고 있기 때문이다. 18세기 중 · 후반에 이르면 사행록의 서술 방식도 다원화되며 그 내용도 상당히 세밀하게 구현되는 양상을 보인다. 자신의 한문일기를 토대로 창작된 것으로 보이는 〈일동장유가〉도 이러한 문학적 흐름 내에 위치해 있으며 김인겸의 신분이 종사관 서기라는 점도 고려되어야 한다.

그런데 종래에는 삼사 신분에 비해 자유로운 위치에 있었으므로 김인겸이 〈일동장유가〉를 창작한 것으로 논의되었다. 이는 일면 타당하지만 〈일동장유가〉가 『동사록』을 토대로 재구성된 것으로 보이는 작품인 만큼 김인겸의 신분과 〈일동장유가〉를 직결시키는 시각은 보완

8 김대행, 「가사 양식의 문화적 의미」, 『한국시가연구』 3, 한국시가학회, 1998.

될 필요가 있다. 종사관 서기 신분으로서의 일차적 시각과 그 체험은 『동사록』에 서술되어 있으며 〈일동장유가〉는 추후 자신의 우월성을 과시 · 전달하고자 하는 의식에서 창작된 점에 유의해야 하기 때문이다. 그러므로 사행가사의 통시적 구도에서 보다 중요한 현상은 〈일동장유가〉에서부터 '기록'으로서의 특질이 부각되면서 견문의 '전달'을 중시하고 있다는 점이다. 이는 '노친(老親)'이나 '자손(子孫)' 등이 일차적 독자로 상정되어 가내 소통이라는 창작 목적이 표면화 되면서 발생한 현상이기도 하다. 그 과정에서 전대의 작품들에 비해 분량이 확장된 것은 물론 '3인칭'의 시각이 도입되어 대화체의 구사, 세밀한 장면화, 율격의 이완 등의 양상을 보이며 문학적 특질이 다면화되는 전기(轉機)가 마련된 것이다.

이러한 〈일동장유가〉의 경우 필사기는 없지만 '자손을 뵈려하고 가사를 지어내니 / 만의 하나 기록하되 지루하고 황잡하니 / 보시는 이 웃지 말고 파적이나 하오소서'와 같은 결사구를 발견할 수 있다. 이 중 '가사를 지어내니'는 〈일동장유가〉가 『동사록』[9]을 토대로 창작된 정황이 반영된 구절로 해석해 볼 수 있을 것이다. 또한 '기록하되'라는 표현은 '가곡'으로 간주되었던 전대의 작품들과 비교했을 때 창작 및 향유의 맥락도 변모한 정황을 보여주는 명백한 사례에 해당한다. 따라서 사행가사 작품들의 이러한 창작 관습 및 원리에 유의한다면 '파적'이라는 어휘에 과도한 의미 부여를 하여 작품의 실체를 외면하기보다는 한글로 표기된 글을 완성할 때 첨부하는 관습적 수사로 보는 것이 적절해 보인다.

9 앞서 확인했듯이 『동사록』의 일부 내용이 『靑丘稗說』에 현전하고 있는 점도 흥미롭다. 사행일기의 흥미 있는 장면들이 '野談'이나 '稗說'의 범주 내로 수용되어 전파 · 향유된 정황을 짐작해 볼 수 있기 때문이다.

근래에 학계에 보고된 한글연행록 『상봉록』은 강호부(姜浩溥, 1690~?)가 1727년의 연행 체험에서 창작한 한문본 『상봉록』의 번역본이다.[10] 이 작품의 말미에는 '이 샹봉녹은 우리 고됴부 ᄉᆞ양직공이 연힝ᄒᆞ야 겨오실덕의 즁국산쳔이며 풍속을 련노의 피곤ᄒᆞ시믈 이즈시고 딕부인긔 보시미ᄒᆞ랴고 ᄌᆞ셔이 낫낫 기록ᄒᆞ신 칙이라'와 같은 필사기가 확인된다. 한문본이 연행시에 창작된 정황을 고려해 볼 때 '딕부인'을 위해 낱낱이 '기록'했다고 하는 것은 한글본에 독립적인 가치를 부여하기 위한 수사적 장치라고 볼 수 있는 것이다. 이 필사는 1838년에 이루어진 것으로 추정되는데 18세기 중 · 후반부터 창작된 사행록들은 이같이 한글—한문본의 이원적 구도를 형성하되 전달을 주목적으로 한 '기록물'이었음이 확인되는 것이다.[11]

특히 〈일동장유가〉의 경우에서 알 수 있듯이 사행가사는 교술적 일기나 산문 기록과 달리 과장 및 상상의 논리를 구사할 수 있었던 것은 물론 일정한 율격을 통한 효율적 전달이 가능하다는 점에서 변별적 효용성을 확보하고 있었던 것으로 보인다. 그런데 이러한 기록물로서의 사행가사가 가내 유통 및 전승이라는 한정된 영역을 넘어 사회적 담론과 관련하여 일정한 소통망을 확보한 정황이 〈무자서행록〉의 필사기를 통해 확인된다.

---

10 한글연행록 『상봉록』에 대해서는 다음의 논문에서 확인할 수 있으며 본 연구에서 인용하는 필사기도 이 논문에 소개된 것임을 밝혀둔다. 고운기, 「한글본 燕行錄의 제작 양상—새 발굴자료 桑蓬錄과 乘槎錄을 중심으로」, 『연행록연구총서』 10, 학고방, 2006.

11 이계호(李繼祜, 1754~1833)의 『연행일록』을 보면 "일기를 진서로 하면 자연히 彼人을 諱하는 일이 많기에 언문으로 하여 온 이도 무수하다. 겸하여 노친과 처자식들 보기를 위하여 이리하였으나 언문도 설어 변변히 못하니 혹 보는 이가 웃을까 하노라"라는 기록이 있다. 최강현 역, 『休堂의 연행록』, 신성출판사, 2004. 이 기록을 보면 많은 연행사들이 자신의 솔직한 내면을 기록하기 위해 한글일기를 창작한 저간의 상황을 짐작해 볼 수 있다.

①【어와 동인들아 즁원 구경 ᄒᆞ엿는가 / 숨쳔칠십 먼먼길의 귀경ᄒᆞ니 몃몃친고】/ 우희로 의논ᄒᆞ면 상ᄉᆞ부ᄉᆞ 아니시며 / 셔장 반당 못가시니 져마다 보올손가 / 아릐로 이를진ᄃᆡ 역관 역졸 아니어니 / 압녹 칙문 못가시니 그뉘라셔 귀경ᄒᆞᆯ고 / 풍마산쳔 격졀ᄒᆞ니 인물풍속 긔뉘알고 / ②【션왕 세계 아니어니 녜악문물 볼것업니 / 우리ᄂᆞ라 소즁화는 일우탄환 젹어시니 / 품긔도 협소ᄒᆞ고 안목노 고루ᄒᆞ니 / 황명ᄐᆡ조 구즁원을 ᄃᆡ강젼어 드러더니 / 오놀날 셔힝녹의 죵두지미 ᄌᆞ셰보디 / 션왕의관 변ᄒᆞ엿고 법언법힝 간ᄃᆡ업다 / 즁국이 이젹된들 산쳔이야 변ᄒᆞᆯ손가】/ ③【연조도가 비가ᄉᆞ는 강긔들도 ᄒᆞ려니와 / 와유명산 이ᄂᆡ몸이 이가ᄉᆞ의 ᄃᆡ국보니 / 앗가올ᄉᆞ ᄃᆡ명풍속 간ᄃᆡ업시 더져두고 / 즉금황뎨 몃몃ᄃᆡ를 ᄐᆡ평으로 누려가니 / 호운이 무ᄇᆡᆨ년은 옛말도 못밋들이】/ ④【글귀보고 상상ᄒᆞ니 신친목격 다름업니 / 물화도 번셩ᄒᆞ고 긔륜도 댱ᄒᆞᆯ시고 / 상ᄌᆞ도셩 여염ᄁᆞ지 져의속상 괴이ᄒᆞ고 / 후어숨ᄃᆡ 송명가지 유션고적 분명ᄒᆞ다 / 고금의 물속들을 ᄌᆞ셔이도 긔록ᄒᆞ여 / 만물됴를 그려ᄂᆡ여 불건불쇄 조리잇다 / 귀귀ᄌᆞᄌᆞ ᄉᆞᄉᆞ물물 좀시완상 ᄒᆞ량이면 / 슈슈산산 방방곡곡 아니가도 ᄌᆞ세본듯】/ ⑤【일쳔숨ᄇᆡᆨ 벅긴글귀 우리아동 ᄉᆞ롬들노 / 상목지지 보아두고 회심긔지 ᄒᆞ여다가 / 풍속션악 알녀니와 산쳔험조 눈의발바 / 일후셩인 기다려셔 장구북벌 ᄒᆞ실젹의 / 쳔하호구 익식쳐를 익이아라 종정ᄒᆞ면 / 남한산셩 원슈갑고 일늉의 졍ᄒᆞ실제 / 일노좃ᄎᆞ 지휘ᄒᆞ면 만일소보 업슬는가 / 두어라 이가ᄉᆞ를 이ᄃᆡ후인 ᄒᆞ오리라.】[12]

위의 필사기는 단순히 가문적 차원의 향유를 넘어 체험의 희소성으로 발생한 다수의 지적 욕망을 충족시키는 매개체로서 〈무자시행록〉이 탐독된 정황을 보여주고 있다. ①의 '동인들아'와 ⑤의 '우리아동 ᄉᆞ

12 계미년은 1880으로 추정 — 인용자.

룸들노', '이디후인 ᄒᆞ오리다' 등의 표현들을 보면 필사자가 사적인 향유를 넘어 다수의 독자를 염두에 두고 있으며 작품의 지속적 전파를 염원하고 있음을 알 수 있다. 또한 ②를 보면 필사자는 우리나라가 '품긔도 협소ᄒᆞ고 안목도 고루ᄒᆞ'여 중원의 세계를 '대강' 들을 수밖에 없었던 현실을 언급하며 〈서행록〉을 통해 비로소 '자세히' 알 수 있게 되었다고 강조하고 있다. 그리고 '즁국이 이젹된들 산쳔이야 변홀손가'라는 구절은 이적의 예악문물이지만 세밀하게 관찰해야 하는 당위성을 전제한 내용이라 할 수 있다.

③을 보면 가사를 통해 보게 된 중국의 모습에서 대명풍속은 사라졌지만 청나라는 '오랑캐가 백년 가지 못한다'는 옛말을 무색하게 할 정도로 태평성대가 지속되고 있음을 재차 강조하고 있기 때문이다. 그리고 곧이어 ④에서는 〈서행록〉을 통해 청나라의 번영한 문물을 '귀귀ᄌᆞᄌᆞ ᄉᆞᄉᆞ물물' 자세히 보았음을 서술하고 있다. '글귀보고 상상ᄒᆞ니 신친목격 다름업닉', '만물됴를 그려닉여', '아니가도 ᄌᆞ셰본듯' 등과 같은 구절을 보면 독자들에게 〈무자서행록〉이 마치 그림이나 사진처럼 중국의 문물을 '보여주는' 역할을 담당했음을 알 수 있다. 작품의 문학적 특질에서 확인되었던 사실적 재현과 치밀한 기록성은 이러한 소통 구조를 통해 그 의미가 더욱 부각된다. 4음보에 기반하여 안정된 통사 구조가 반복되고 있는 현상은 독자들에게 문물이 보다 효율적으로 전달될 수 있게 하는 문학적 수사로서 의의를 확보하고 있는 것이다. 특히 ⑤에는 '성인'이 '북벌'을 하게 되었을 경우 〈무자서행록〉을 통해 습득된 지리적 정보가 '남한산성 원수'를 갚는 데 도움이 될 수 있음이 강조되고 있다. 이는 중화 회복에 대한 지속적 열망을 보여주는 동시에 그 이후의 상황에 대한 실질적인 대비책으로서 작품이 열독되었음을 의미한다.

물론 〈무자서행록〉의 창작 연대는 1828년이고 작품의 마지막 구절도 '우리노친 심심중의 파젹이나 ᄒᆞ오실가'로 되어 있어 〈일동장유가〉와 유사한 양상을 보이고 있다. 그러나 1880년에 필사된 것으로 보이는 위의 기록을 보면 사행가사가 소통되는 과정에서 그 사회 · 문화적 의미가 충분히 확장될 수 있음을 알 수 있다. 필사를 통한 전파가 지속되면서 사회적 담론을 생산 · 전달하는 소통 구조를 확보하고 있었음을 보여주는 것이다. 이와 관련된 지식인들의 담론을 구체적인 논증할 수는 없지만 18세기 후반부터 논의 되었던 '청나라 멸망론'과 같은 논리와 상관성이 있어 보인다. 박지원, 박제가, 홍양호 등은 역관 양성과 같은 부국강병의 논리를 강조하면서 전쟁을 대비하기 위해 그들의 문물과 일상 생활을 자세히 알아야 한다고 주장했기 때문이다.

또한 19세기 중반 이후부터 청나라가 약화된 실상이 지속적으로 유입되면서 청나라 위기론은 더욱 활발하게 논의되었을 것으로 보인다. 결과적으로 본다면 이들의 사고는 급변하던 국제 정세에 능동적으로 대처하지 못하고 '대명'을 중심으로 한 중원 회복을 염원하고 있다는 점에서 분명한 한계를 노정하고 있다. 그러나 기본적으로 평화로운 시대에 대한 갈망이 전제되어 있다는 점, 궁극적으로 자국에 대한 주체적 역사 인식의 발로에서 나온 사고라는 점에서 긍정적 의미 부여가 필요해 보이는 부분이기도 하다. 변화하는 세계에 대한 직접적 정보는 사행 관련 기록을 통해서만 유일하게 접할 수 있었을 것이다. 특히 사행가사는 시대적 변화와 소통하고 싶은 당대인들의 의식적 열망을 충족시켜 주는 문학물로서 그 효용성을 충분히 발휘했던 것으로 보인다. 따라서 19세기 사행가사를 분석함에 있어 학술적 차원의 논의가 없고 흥미 위주의 나열에 불과해 한계가 있다는 기존의 연구 시각은 이처럼 가사문학이 담당했던 사회 · 문화적 맥락을 재조명함으로써 수정되어야 할 것이다.

이후 〈병인연행가〉와 〈북행가〉는 각각 10편 정도의 이본이 발견되고 있어 당대적 소통이 활발했던 정황을 짐작해 볼 수 있다. 앞서 확인했듯이 〈병인연행가〉는 〈무자서행록〉을 참조하되 나름대로의 정연한 질서로 재구성함으로써 진전된 형상화를 이루고 있었다. 유람지로서의 특성을 유지하되 효율성이 강화된 구성 방식으로 인해 소통의 저변이 더욱 확산될 수 있었던 것이다. 그런데 〈병인연행가〉의 작가인 홍순학은 서장관 신분이었다는 점에도 유의할 필요가 있다. 〈무자서행록〉과의 상호텍스트성이 확인되지 않는 부분들은 자신의 일기를 토대로 재구성된 것으로 보이며 〈무자서행록〉과 변별되는 세계 인식의 특징이 발견되고 있다는 점에서 더욱 그러하다. 화자는 서세동점의 현실을 목도하게 되면서 서양을 이적으로 규정하고 자국 인식을 강화하는 등 외교적 주체로서 발현된 인식이 확연하게 감지되기 때문이다. 동일한 사행 체험을 토대로 창작된 〈북행가〉와 비교해 보면 더욱 그러하다. 〈북행가〉의 작가인 유후조는 자제군관의 신분이었던 만큼 지극히 사적인 층위에서 체험을 인식하여 형상화하고 있기 때문이다. 특히 〈북행가〉의 이본들은 대부분 영남 지역에서 발견되는바, 규방권 내에서 활발하게 향유되었던 작품이었음을 알 수 있으며 그 문학적 흡인력의 일차적 원인이 화홍과의 애정적 요소임은 앞서 확인하였다. 여행의 여정에 기녀와의 애정이 교차되는 흥미로운 서사에 파격적 문체와 극적 구성의 전략이 활용되면서 독자들은 작품에 관류하는 감정선에 지속적으로 몰입할 수 있었던 것이다.

1902년의 작품인 〈유일록〉과 〈셔유견문록〉의 필사기를 보더라도 창작의 원리와 소통 구조가 유사했음을 알 수 있다. 〈유일록〉의 경우 '이 칙 흔권을 일일 반의 쓰노라 글시 망측흐오니 보시는 니는 그 수정을 살피스 놀러 보시옵쇼서'라는 구절을 발견할 수 있는데 '보시는 니'와 같이 독자가 상정된 기록물이었던 것이다. 또한 〈유일록〉의 이본을 보면 제목이 〈딕일본유람가〉인데 이는 〈유일록〉이 '유람지'로서의 속성이 내재된 작품이었음을 의미한다. 〈무자서행록〉이나 〈병인연행가〉와 마찬가지로 흥미로운 문물들을 소개·전달하고자 하는 의식이 강화된 경우에는 한문일기의 서사가 파열되는 현상도 발견된다는 점에서 더욱 그러하다. 그러나 자신의 일기를 토대로 창작되다보니 외교적 주체이지만 그 실질적 힘을 발휘하지 못하는 현실에 대한 소외감과 탄식도 작품에 반영되어 있다. 〈셔유견문록〉의 필사기 내용은 '이 칙이 다른 칙과 다르니 타닌은 번역흐야 가는 봇할 수 (…중략…) 보고 듯난딕로 딕강 긔록흐며 만일 듯고 보난 거슬 난낫치 긔록흐면 도로혀 풍셜이 만를 듯 습불존일흐노라 오즉 마늘 듯흐나 딕강 뜻만 보난 거시 칙 보난 법일 듯'이다. 역시 타국의 체험에 대한 기록적 문학으로서 사행가사가 소통·향유된 정황을 확인할 수 있는 것이다.

특히 이 필사기를 보면 〈셔유견문록〉이 다른 책과 다르기 때문에 타인은 번역하기 어렵다는 내용이 발견된다. 생소하고 이질적인 문화권을 체험한 후 창작된 작품인 만큼 주된 소재나 어휘가 전대의 사행가사 작품들과 변별된다는 점을 표명하고 있는 것이다. 실제 작가는 창작 과정에서 난해한 어휘들에 대해 한글 설명을 병기함으로써 독자의 이해를 배려하고 있기도 하다. '가곡', '가사' 등으로 지칭되던 전대의 작품들과 달리 필사기에서 '책'으로 언급되고 있는 점을 보아도 20세기 초반의 사행가사는 의미론적 가독성이 강화되었음을 알 수 있다.

지금까지 살펴보았듯이 사행가사 작품들은 기본적으로 사적 향유 및 가내 독자를 상정하여 창작되었지만 그 범위를 넘어선 소통의 정황도 충분히 짐작해 볼 수 있었다. 따라서 다음 장에서는 조선 후기 사행가사 작품들의 주요한 특징들을 시가사적 구도 하에서 조망해 봄으로써 문학사적 위상을 확인해 보도록 하겠다.

2. 조선 후기 사행가사의 문학사적 의의

지금까지의 논의를 통해 조선 후기 사행가사는 공적 담론의 생성 및 유통을 의식한 여타 사행록들과 변별되는 문학적 특질 및 향유의 문화적 토대가 있었음을 확인할 수 있었다. 특히 타국으로의 '사행' 체험을 주된 소재로 삼아 대외 인식과 관련된 가치관의 전변과 관련된 자아 반응을 발견할 수 있는 국문시가의 하위 영역으로서 사행가사의 통시적 변모에 대한 고찰은 일차적 의의를 확보하고 있다.

대청 사행가사의 경우 17세기 중반의 〈장유가B〉에서는 중화회복의식, 19세기 전반의 〈무자서행록〉에서는 긍정적 대청관, 19세기 중 · 후반의 〈임자연행별곡〉과 〈병인연행가〉에서는 중화계승의식 및 조선중화의식 그리고 배타적서양관이 확실하게 포착된다. 그리고 이러한 양상은 명 · 청 교체 이후의 중화회복의식(17세기 중 · 후반), 대청 관계의 안정으로 인한 조선중화의식 강화(18세기 초반), 청위기론과 청문물 수용론 대두(18세기말~19세기초반), 서세동점에 따른 조선중화의식 발현(19세기 중반 이후)이라는 역사적 결절 지점과 연결됨을 확인할 수 있었다. 대일 사행가사의 경우 17세기 중반의 〈장유가B〉와 18세기 중반의 〈일동장유가〉, 20세기 초반의 〈유일록〉에서는 대부분 화이관이 작동하고 있지만 그 이면에 내재한 자국 인식의 측면에 유의해야 한다. 〈장유가B〉의 경우 일본을 초월적 공간으로 인식하고 있는 반면 〈일동장유가〉와 〈유일록〉에서는 번영된 문물을 감탄하며 자국의 열세를 인정하고 있기 때문이다.

그리고 이는 임진왜란 이후 조선과 일본이 명 중심의 중화 질서를 벗어나 독자적 교린 관계를 모색하던 시기(17세기 중반), 조선중화적 화이론과 일본형 화이론이 대립하던 시기(18세기 중반), 서구 중심의 근대화를 이룩한 일본과의 불리한 외교 관계가 진행되던 시기(19세기 후반~20세기 초반)의 양상과 각각 조응되고 있음을 알 수 있었다. 대청 사행가사를 보면 그 비중만 변화할 뿐 '중화'라는 가치 판단이 지속적으로 작동하고 있으며 조선과 중화의 연속성을 전제하는 사고로 인해 중화에 대한 회고 의식 아니면 중화로 인정된 세계(淸)를 찬탄하는 논리(19세기 전반의 〈무자서행록〉의 경우)로 귀결됨을 알 수 있었다. 그러나 대일 사행가사의 경우 대체로 임진왜란에 대한 분노나 종족적 · 문화적 차원의 화이관이 작동하여 그들을 비난하면서도 가시적 풍경이나 문물을 경탄하는 시선도 지속적으로 공존하고 있다. 그로 인해 〈일동장유가〉와 〈유일록〉은 각각 실학적 문물과 근대적 문물에 경도되어 '포섭' 내지는 '수용'의 논리로까지 진전되고 있는 양상이 확인되는 것이다.

이처럼 사행가사의 통시적 고찰을 통해 전반기에는 중국과 일본 모두 이적의 공간으로 간주되어 심상지리의 추상성이 부각되었던 반면 점차 구체적이고 가시화된 세계를 인지하는 방향으로 변모하는 양상을 발견할 수 있다. 이와 관련하여 일본 사행문학의 변화를 '풍경관'으로 비교하고 있는 논의[13]는 흥미롭다. 『해행총재』 소재 통신사 관련 기록들은 '풍속과 풍경을 구별'하는 방법을 통해 문화적 자존에 도달하고 있으며 선험적 원리에 지배된 안정된 질서 내에서 견문을 '재현'함으로써 타자의 변화에 대한 불안을 무마하고 있다. 반면 메이지 유신 이후의 일본 풍경의 경우 서사의 안정성을 매개하는 성리학적 사고가 임계점에 도달하면서 근대의 풍경을 거기에 합당한 근대적 시선의 장치 속에서 '제시'하고 있다고 보았다. 아름다움과 존엄이 사라지고 공포와 연관된 숭고와 고립감 · 현기증이 일본 기행의 미학이 되고 있다는 것이다. 대청 사행가사와 달리 대일 사행가사들의 통시적 흐름을 보면 중화주의가 근대적 세계관으로 전변되는 양상을 확인할 수 있기 때문에 이러한 시각은 유효하게 적용될 수 있는 것으로 보인다. 20세기 국내 기행가사를 보면 교통수단의 발달, 근대 문물의 유입 등으로 대체로 신문물이 묘사되고 있으며 소비적 · 향락적 여행 문화가 발견되는 등 전대와 질적인 차이를 보이고 있다는 점에서 더욱 그러하다.[14] 이러한 국내 기행가사의 변모와 관련하여 세계관적 지각 변동 살피는 데 있어 후반기 대일 사행가사와 〈셔유견문록〉은 유효한 시사점을 제공하고 있기도 하다.

세계 인식과 관련된 이러한 의의 외에도 조선 후기 사행가사는 문학적 창작 원리와 주된 특질을 통시적으로 확인케 하는 자료라는 점에서 유의미한 입지를 확보하고 있다. 앞서 살펴보았듯이 조선 후기 사행가

---

13 황호덕, 「타자로의 항해들, 「사이」에서 창안된 네이션―개항기의 견문록과 간문화적 자기 재현」, 『한국사상과 문화』 34, 한국사상과 문화학회, 2006.

14 장정수, 「20세기 기행가사의 창작 배경과 작품 세계―1945년 이전 작품을 중심으로」, 『어문논집』 47, 민족어문학회, 2003.

사는 대부분 연행 이후에 자신의 일기나 관련 기록들을 참고하며 창작된 것으로 보이며 이는 국내 기행가사의 창작 원리와도 일정 정도 상관성이 있어 보이기 때문이다. 우선 본 연구에서 창작의 저본으로 밝혀진 기록들과 현전하지는 않지만 추정되는 자료들은 〈표 8〉과 같다.

표 8. 조선 후기 사행가사와 한문기록의 병존 양상

	작품	한문기록		작품	한문기록
17세기	장유가A	『부상일기』	19세기	무자서행록	일기(추정)
	장유가B	『호곡집』			
	연행별곡	『연행일기』		임자연행별곡	미상
	서정별곡	미상		병인연행가	일기(추정)+〈무자서행록〉
				북행가	일기(추정)
18세기	표해가	〈이방익표해록〉	20세기	유일록	『범사록』
	일동장유가	『동사록』		셔유견문록	『서사록』

〈표 8〉에서 '강조 표시'된 부분은 본 연구에서 논증된 사례들인데 65%정도의 작품들이 기존의 한문기록을 토대로 창작되었음을 알 수 있다. 17세기 박권의 〈서정별곡〉의 경우 중국에서 고국을 연상하는 장면으로 마무리되고 있고 저본으로 추정되는 기록도 현재로서는 확인되지 않는다. 그러나 1712(숙종 38)년 백두산 정계비를 세우기 위해 청나라의 총독 목극등(穆克登)이 차사(差使)로 나올 때 조선의 접반사(接伴史)였던 박권은 그 과정을 『북정일기(北征日記)』로 남긴 바 있다. 그러므로 1695년의 연행에서도 박권의 자신의 일기를 남겼을 것으로 보이며 〈서정별곡〉은 이 기록을 토대로 창작되었을 가능성이 높다.

19세기 〈무자서행록〉의 작가인 김지수는 백의한사였고 〈북행가〉도 자제군관이었던 유인목의 작품인 만큼 이들과 관련된 기록을 발견하기는 어려웠다. 그러나 〈무자서행록〉의 서사가 대부분 『부연일기』와 일치하고 있고 '유람'과 관련된 장면이 동일한 날짜 사이에 삽입되어 있는 현상 등을 볼 때 일기를 기반으로 추후해 재구성된 작품임은 분명해 보인다. 〈북행가〉도 회정 이후 고향에 내려와 작품이 창작된 정황은 결사에서 확인할 수 있으며 작품 중에도 '일기를 슈정ᄒᆞ고 그밤을 지닌후의'와 같은 구절이 있어 유인목이 여행 도중 기록한 일기가 〈북행가〉의 저본이 되었을 가능성은 매우 높다고 볼 수 있다. 이처럼 사행가사가 한문기록과의 이원적 구도를 보이고 있다는 기존의 현상적 분석을 넘어 그 창작 원리가 통시적으로 해명됨으로써 작품들의 문학적 특질도 선명하게 확인할 수 있었다. 작가나 시대에 따른 개별적 편차를 고려하더라도 여타 기록들과 차별되는 영역을 통해 사행가사만의 문학적 미감과 효용성을 유지해 온 문학사적 흐름을 발견할 수 있게 된 것이다.

그런데 1624년에 연행을 다녀온 조즙(趙濈, 1568~1631)이 남긴 국문 사행일기가 소개된 적이 있는데 이 『조천일승(朝天日乘)』은 『연행록(燕行錄)』으로 지칭된 한문일기와 이원적 구도를 형성하고 있다.[15] 한문일기를 보면 매월의 간지가 명시되어 기록된 반면 『조천일승』은 생략되어 있는 것으로 볼 때 사행 이후 작가가 국문일기를 재구성했을 가능성이 높아 보인다. 또한 3종의 이본이 전하고 있는 『산셩일긔 병ᄌᆞ』라는 수필 문학 역시 나만갑(羅萬甲, 1592~1642)이 1636~7년의 사건을 기록한 『병자남한일기(丙子南漢日記)』를 국역한 작품으로 밝혀져 종래의 창작설이 수정되기도 하였다.[16] 17세기에 자신의 한문일기를 국문일기로 번역·재구성하는 문학적 관습이 형성되어 있었음을 확인할 수 있는 사례인 것이다. 또한 최강현에 의해 처음 학계에 소개된 〈북정가(北

15 최강현, 『韓國文學의 考證的 研究』, 고려대 민족문화연구소, 1996, 87~109쪽.
16 위의 책, 121~150쪽.

征歌)〉는 농암 김창협의 사위인 이용(李溶, ?~?)이 1776(영조 52)년에 관북지방을 유람한 후 창작한 기행가사인데 역시 한문기록인 『북정록』을 토대로 창작된 작품임이 고증되었다.[17] 1875년에 창작된 기행가사인 조희백(趙熙百, 1825~1900)의 〈도히가〉 역시 한문일기인 『을병조행록』과 이원적 구도를 형성하고 있다.[18] 비록 일부 사례에 불과하지만 사행가사의 경우에 비추어 볼 때 문학사의 의미 있는 현상들임은 분명해 보인다. 국내 기행가사의 경우에도 사행가사와 유사한 사례들이 확인되는바, 이에 대한 면밀한 고찰은 기행가사의 문학적 특질을 해명하는 데 있어 유용한 단서가 될 수 있을 것으로 보이기 때문이다. 특히 '기행'이나 '유배'의 경우처럼 타지역에서의 견문과 사적 심회가 상세하게 기록된 일기가 가사로 전환되는 사례가 많았을 것으로 보인다. 한시나 일기 장르가 담당했던 사적 층위의 인식과 정서는 '국문 가사'의 언어적·율격적 효용성과 결합되기에 수월했을 것으로 보이기 때문이다.

조선 후기 사행가사를 보면 창작의 과정에서 자신의 한문일기를 참조한 정황이 확인되며 〈병인연행가〉와 같이 전대의 사행가사가 반영되는 경우도 있었다. 그러므로 사행가사 내에서 다층적 인식이 발견되는 것은 이러한 창작의 과정에서 발생한 문학적 현상이며 일기의 복합적이고 개방적인 특징을 가사문학이 대부분 수용하고 있기 때문일 것이다. 그러나 추체험과 향유의 효율성을 위한 서사적 압축과 서정성의 강화, 상상적 열망의 투사, 과장 및 허구적 장면화, 체계적이고 감각적인 구성의 보완, 소재적 유기성에 따른 재배열 등과 같은 사행가사 나

17 위의 책, 381~404쪽.
18 위의 책, 438~458쪽.

름의 문학적 특질이 발견된다는 점에 유의해야 한다. 가사는 작자가 의도하는 메시지를 독자에게 전달하는 문학 양식이어서 명시적이든 묵시적이든 반드시 독자를 의식하는 진술방식을 가지며 그 전달 효과를 고도화하기 위해 여러 정제된 문학적 형식을 활용하게 된다.[19] 조선 후기 사행가사의 문학적 특질에서 추론된 다양한 결과들은 이러한 가사 양식의 특징이 구체적으로 실현되는 과정을 해명케 하는 실증적 논거로서 문학사적 의의를 확보하고 있는 것이다. 이후 김한홍(金漢弘, 1877~1943)은 1903~1908년에 걸친 미국 체험을 회상하며 〈해유가(海遊歌)〉라는 가사 작품을 남기고 있어[20] 이국 체험을 가사문학으로 창작하는 문학적 관습이 지속된 정황을 확인해 볼 수 있다. 또한 점차 이국에 대한 체험 범위와 관심이 확대되면서 최남선(崔南善, 1890~1957)이 가상 체험을 토대로 한 창가 〈세계일주가〉[21]를 창작하기도 했으며 미국 이민자에 의해 기행시조와 가사가 창작된 사례도 발견할 수 있다.[22] 국내에서도 이광수, 최남선 등에 의해 국토기행문이 지속적으로 창작되었으며 이는 민족의 심상지리를 구성하여 정체성을 발견케 하는 문학으

---

19 김학성, 「가사 양식의 전통 유형과 계승방향」, 『고시가연구』 23, 한국고시가문학회, 2009. 156쪽.

20 박노준, 「〈海遊歌〉의 세계인식」, 『한국학보』 17, 일지사, 1991. 이 작품은 학계에 소개된 후 다음과 같은 연구 성과가 추가되었다. 박노준, 「〈海遊歌〉과 〈셔유견문록〉 견주어 보기」, 『한국언어문화』 23, 한국언어문화학회, 2003; 최현재, 「미국기행가사 〈해유가〉에 나타난 자아인식과 타아인식 고찰」, 『한국언어문학』 58, 한국언어문학회, 2006.

21 이 작품의 경우 출발과 회정의 구조를 보이고 있고 상당히 구체적인 어휘 표상들이 발견되는 점에서 창작의 맥락과 관련된 고찰이 심화되어야 할 것으로 보인다.

22 박미영, 「재미작가 홍언의 미국기행시가에 나타난 디아스포라적 작가의식」, 『시조학논총』 25, 한국시조학회, 2006. 이 논문에 의하면 재미 작가 홍언(洪焉, 1880~1951)은 1936~1937, 1949년 두 차례에 걸쳐 『신한민보』에 미국 기행시가를 발표했으며 이 작품들을 통해 고국으로의 귀환을 갈망하다 점차 이민지에서의 정체성을 확립하기 위해 노력하는 자아의 변모를 발견할 수 있다. 본 연구에서는 시조와 가사라는 전통적 형식에 '이국 체험'이라는 소재가 반영되어 있는 문학사적 연속성에 가치를 두고자 한다.

로 작용하였다. 조선 후기의 역사적 결절 지점에 따라 대타적 자아 반응으로서 북방고토 인식이나 대명의리론이 강화된 것과 마찬가지로 식민지 시대에는 단군 중심의 조선사관과 근대적 계몽 의식이 발현된 현상을 기행문학에서 확인할 수 있는 것이다.

그러므로 20세기 초기 기행문학을 분석함에 있어 조선 후기와의 단절이나 성급한 이분법을 적용[23]하기보다 조선 후기와의 연속성에 대한

---

23 이와 관련된 대표적 논점을 보면 다음과 같다

"1895년 유길준의 『서유견문』에서 시작한 근대적 기행문은 1920년대에 활발하게 창작된 국토기행물에 이르러 비로소 '문학'으로 격상되었다. (…중략…) 18세기 실학자들의 기행문은 실증적이고 경험적인 정신, 꼼꼼한 관찰과 정밀한 표현, 일상적이고 세속적인 사물이나 사건에 대한 관심이 공통적이었다. 반면 『서유견문』에서 유길준은 '지구세계'라는 지평 속에서 서양의 정치, 경제, 문화, 풍습에 이르는 다양한 부면에 대한 종합적이고 체계적인 지식을 축적하고 있어 근대적 기행문이다. (…중략…) 기행문이 체계적인 지식을 제공하거나 시의성 있는 정보를 전달하는 실용적인 문징에서 벗어나 문학적인 것으로 지위 상승을 하게 된 것은 1920년대이다." 김현주, 「근대 초기 기행문의 전개 양상과 문학적 기행문의 기원－국토 기행을 중심으로」, 『현대문학의 연구』 16, 현대문학 연구학회, 2001. 이 논의의 핵심인 '문학'으로의 격상은 그 준거가 불분명하고 조선 후기를 분석하는 시각도 지나치게 단편적이다. 『서유견문』의 종합적이고 체계적인 구성은 이미 실학자들의 사행록에서도 지속적으로 시도된 것이며 『서유견문』의 경우 그 '대상'이 '서구'로 전환된 것뿐이다. 또한 최남선의 〈금강산유기〉를 정철의 〈관동별곡〉과 비교하여 그 차이를 설명하는 등 조선 후기 기행문학의 다층적 변전의 지점들이 전혀 고려되지 않고 있다.

양상은 다르지만 이러한 단절적 시각은 다음의 논의에서도 발견된다.

"조선시대 무수한 산수기행문과 기행가사 기행시에서 발견되는 정신은 대체로 한가함의 정신이며 무위와 통하는 정신이기도 했다. 이러한 배경에서 쓰인 기행문에서 수려한 경치와 여행의 체험에 대한 영탄과 관조의 정신은 흔히 노래라는 양식으로 나타나기 마련이다. 그런데 적어도 20세기 초에 발표된 기행문들은 전통적인 산수기행문 부류들과 차이를 나타낸다. 최남선은 '여행은 진정한 대지식의 근원'으로서 근대적 지식인이 갖추어야 할 수신, 지리수업의 일환으로 여기고 있다." 구인모, 「국토 순례와 민족의 자기구성－근대 국토기행문의 문학사적 의의」, 『한국문화연구』 27, 동국대 한국문학연구소, 2004. 이 논의 역시 조선시대 기행문의 다층적 영역과 그 변화를 전혀 고려하지 않은 채 20세기 초와의 대립 구도를 설정하고 있다. 최남선의 경우처럼 여행을 통해 새로운 지식을 재구성하려 한 노력은 조선 후기 연행사들이 기록에서 발견되는 정신과 크게 다를 바 없다. 여행을 지식의 근원으로 여기는 사고도 18세기 북학파들이 연행록에서 충분히 확인할 수 있는 논리이다. 조선의 지식인으로서 타국의 변화와 문물에 적극적으로 반응하고 치열한 지적 대결을 통해 조선중화적 담론을 구축한 사례들만 보더라도 20세기 초와 그 전대를 이분법적으로 구획하는 것은 지나치게 성급한 논리임을 알 수 있는 것이다.

섬세한 고찰이 전제되어야 할 것으로 보인다. 고전문학과 현대문학의 문제적 연속성이 결코 경시되어서는 안 되며 각 시대의 문학은 계승·반발·변이·전환의 역사적 계기들을 통해 심층적 연관성이 해명될 수 있어야 할 것이다.[24] 이를 가능케 하는 효율적 지표이자 국문시가의 차별적 영역이 통시적으로 확인되는 고전시가의 한 영역으로서 조선 후기 사행가사는 그 문학사적 위상이 정립되어야 할 것으로 보인다.

'근대성'에 지나친 가치 부여를 함으로써 이전 시기의 세계관인 '중화'의 의미를 간과하고 조선시대 지식인들에게는 심화된 지적 담론이나 대타적 자기 인식이 부재했던 것처럼 단순하게 치부하고 논의를 진행하는 시각은 반드시 지양되어야 한다고 본다. "기행문은 경험적 사실성과 주관적 진정성을 중심으로 하는 근대적 글쓰기의 일종이다(차혜영, 「동아시아 지역표상의 시간·지리학」, 『한국근대문학연구』 20, 한국근대문학회, 2009)"라는 결론적 명제 역시 이러한 시각들이 무비판적으로 수용·파생되고 있는 현상을 보여주는 사례라 할 것이다.

24 김흥규, 『한국문학의 이해』, 민음사, 2000, 200~205쪽.

제5장
결론

본 연구는 조선 후기 사행가사를 연구함에 있어 내재적 분석에 국한되었던 기존의 관점을 지양하고 동아시아 관계사에 기반한 입체적 접근과 한문기록과의 상관성에 대한 고찰을 통해 개별 작품들의 세계 인식과 문학적 특질을 보다 선명하게 확인해 보고자 하였다. 이상에서 논의된 주요 내용을 정리하고 전망적 과제를 제시하는 것으로 결론을 삼도록 하겠다.

사행가사는 조선시대의 지식인들의 외교적 체험이 소재가 되어 16세기부터 20세기 초반까지 지속적으로 창작·향유된 일련의 작품군으로 규정할 수 있다. 따라서 단편적인 작품론으로는 해명되지 않았던 인식의 지층과 문학적 특질의 제양상은 통시적 고찰의 시야에서 보다 선명하게 확인될 수 있었다. 본 연구에서는 작품들에 발현된 중화주의나 화이관이 대타적 자국 인식의 기제가 전제된 관념이라는 점에 유의하여 그 현상적 변모보다는 작품이나 시기에 따라 단속적(斷續的)으로 발현된 양상에 주목해 보았다. 또한 기존의 연구에서 간과되었던 작품들의 창작 원리를 논증함으로써 자신의 사행록이나 관련 기록들을 토대로 재구성한 사행가사의 문학적 관습과 그 지속적 경향을 발견할 수 있었다.

17세기 사행가사의 전반적 특징은 중화주의와 관련하여 형성된 화자의 인식이 서정적 층위로 수렴되고 있다는 점인데 중국과 일본에 따라 그 발현 양상과 문학적 질감은 확연한 차이가 있었다. 17세기 중반의 작품인 〈장유가B〉는 '중화회복'에 대한 열망이 실제적 공간 인식에 투사되어 대명의리론에 기반한 감정적 진폭이 확인되는 작품이다. 중화의 공간을 이적(淸)이 지배하고 있는 현실에 대한 분노와 심정적 고뇌가 탄식과 회고의 정서로 표출되고 있는 것이다. 특히 이 과정에서 남용익은 자신이 연행 도중 창작한 한시의 주요 구절들을 차용하며 체험의 서정적 결을 보완·심화해 나갔다. 반면 〈장유가A〉에서 일본은 중화의 주변국이라는 인식으로 인해 화이관이 부분적으로 발견될 뿐 대체로 경험론적 시선이 작동하고 있었다. 그럼에도 견문의 교술적 나열을 지양하고 초월적 상상력에 기반하여 창작함으로써 가사문학으로서의 심미적 특질이 구현되고 있었다. 〈장유가B〉와 마찬가지로 남용익은 자신의 한시 작품들 중 환상적 미감이 발견되는 구절들을 참조·재배열함으로써 사적인 향유에서의 정서적 몰입과 효용성이 극대화될 수 있는 작품을 창작한 것이다.

그런데 17세기 후반에 이르러 청의 세력이 점차 강성해지자 조선 집권층은 '중화계승'의식을 통해 자국 인식을 강화하게 되며 이러한 대외 인식의 변모가 17세기 후반의 사행가사인 〈서정별곡〉, 〈연행별곡〉에도 반영되어 있었다. 〈장유가B〉에 비해 자국의 공간을 인식하고 표상하는 비중이 강화되었으며 대명의리론에 기반한 탄식과 회고 의식은 감소되고 있는 것이다. 청을 비난하며 중화의 회복을 염원하는 구절도 확인되지만 〈장유가B〉에 비하면 부분적이며 청나라 문물을 가시적으로 인지·표상하거나 개별적 시각에서 풍경을 포착하여 감흥을 표현하는 등의 변모가 발견된다는 점에서 차이를 보이고 있다. 조선 후기 대청 인식의 구도와 사행가사의 문학적 표상이 상응하며 변모한 현상을 확인케 하는 일차적 사례인 것이다.

또한 〈연행별곡〉은 자신의 〈연행일기〉를 토대로 창작된 정황이 확인되는바, 일기의 인상적인 장면들이 선별되어 가사문학의 서사 내에 속도감 있게 배치되었음을 알 수 있다. 이처럼 사행가사 작품들은 일기나 한시 등을 토대로 서사적 축을 설정하고 주요 감흥을 보완함으로써 문학적 미감을 생성할 수 있었던 것으로 보인다. 비교적 안정된 율격과 분량을 유지하며 가창 및 음영되었던 이 시기 가사문학의 존재 기반과 유사하지만 그 창작 원리가 확인된다는 점에서 유의미한 지표가 될 수 있는 것이다.

이후 18세기 전반에 창작된 〈연행장도가〉를 통해 살펴본 사행가사의 주요 특징은 대타적(對他的) 자국 인식이 강화되는 양상을 보이고 있다는 점이다. 18세기 초는 대청 관계가 안정됨에 따라 조선의 외교 구도도 실질적인 변화를 보이는 시기이다. 북벌론이 주장될 만큼 중화 회복의식과 명분론에 집착했던 17세기 중·후반의 서인 집권층은 점차 청나라의 현실적 위력을 감지하게 되며 강희－옹정－건륭으로 이어지는 청나라의 정치·문화적 안정으로 인해 연행사들은 청의 문물을 적극적으로 인식·수용하는 양상을 보인다. 대내적으로는 존주론과 정통론이 강화되며 명나라 역사서가 본격적으로 저술되는 등 중화 계승국으로서의 자존적 의식을 강화한다. 기자의 계보를 추적하고 마한정통론이 대두되는 것은 물론 이 시기 연행을 다녀온 이들의 작품 속에 북방 고대사 회복에 대한 소재도 증가하고 있는 것이다.

이처럼 17세기 후반~18세기 초반 대청 사행가사의 경우 북방 고토를 인지 · 회고하는 방식으로 중화계승의식이 발현되어 있었지만 18세기 중반의 작품인 〈일동장유가〉에서는 자국의 문화적 우월감과 화이론적 관념이 작동되고 있었다. 그러나 〈일동장유가〉의 화자가 일본의 물질적 번영을 찬탄하고 자국의 열세를 인정하는 등 이적국을 중화의 세계로 포섭 · 소유하고자 열망을 보이고 있다는 점이 중요하다. 화이관의 수치적 변화나 동향을 파악하기보다는 그 이면에 내재한 실제적 의식을 주목해 보아야 하는 것이다. 또한 〈일동장유가〉의 창작 맥락을 살펴본 결과 전대의 작품들처럼 『동사록』이라는 자신의 일기를 저본으로 재구성된 작품이라는 점을 발견하게 되었다. 특히 자족적 향유의 차원을 넘어 가내 독자를 상정하여 창작된 작품인 만큼 과장이나 허구적 장면화로 자신의 능력적 우월함을 과시하는 내용도 곳곳에서 확인할 수 있었다. 이처럼 인식의 개방 및 전달 욕구가 강화되면서 김인겸은 자신의 일기를 가사 작품에 전면적으로 수용하고 있었으며 사행가사의 통시적 흐름에서 보면 이는 형식적 전변을 보이는 분기점이라 할 수 있다. 한문일기를 국문가사로 재구성하는 과정에서 대화체의 활용, 율격적 이완, 세밀한 묘사 등과 같이 전달의 효율성을 제고하기 위한 문체 특질들이 생성되고 있기 때문이다. 특히 이러한 특징은 19세기 사행가사 작품들에서 더욱 강화되는 양상을 보이고 있어 〈일동장유가〉의 형식적 전변은 문학사적 연속성을 확인케 하는 지표에 해당한다고 볼 수 있다.

19세기 이후에는 서세동점에 따른 근대화에 따라 사행가사에 투영된 세계 인식도 시기별 · 국가별로 급격하게 변화하는 양상을 보인다. 우선 19세기 전반의 대청 사행가사인 〈무자서행록〉의 경우 청나라와 조선을 '대국(大國)－소국(小國)'의 구도 하에서 이해하며 긍정적 대청관을 견지하고 있음을 확인할 수 있었다. 이는 19세기 전반의 연행사들 기록에서 대체적으로 확인되는 논리이기도 하며 아편전쟁과 태평천국을 전후한 시기에 청은 엄격하게 정보 누설을 차단했기 때문에 조선 연행사들은 청의 약화상을 파악하기 어려웠던 것으로 보인다. 특히 〈무자서행록〉의 화자는 자신을 '편방'에 위치한 '고루한 소국'의 '존계'로 지칭하고 있어 〈일동장유가〉과 비교했을 때 관념적 인식 기제가 더욱 약화되고 대타적 자의식의 현실성이 강화된 양상을 보이고 있다. 부분적으로 중화회복에 대한 열망이나 중화계승적 자부심도 발견되지만 산문기록인 『부연일기』와 비교했을 때 문학적 상상이 투사된 논리임을 확인할 수 있었다. 내면 의식이 지향하는 영역을 비교적 자유롭게 구현할 수 있는 이러한 사행가사의 효용성은 작품들이 지속적으로 창작 · 향유될 수 있는 기반이 되었을 것으로 보인다.

물론 이러한 내용은 일부이며 〈무자서행록〉의 전반적 특성은 '유람지'로 규정할 수 있을 만큼 흥미성과 전달성이 강화된 양상을 보이고 있다. 전대의 〈일동장유가〉와 마찬가지로 가내 소통을 전제로 창작되는 과정에서 전달의 효용성과 수용자의 흡인력을 제고할 수 있는 층위에서 연경에서의 체험 소재가 재조정되어 배열되고 있는 것이다. 그러나 〈일동장유가〉의 경우 일기의 서사를 유지하면서 매일의 경험이 폭넓게 수용되고 있는 반면 〈무자서행록〉은 '유람'의 범주에서 소재가 선택되어 집중적으로 묘사된 경우가 많았고 정태적(靜態的) 대상들은 사실적 정보들이 나열되면서 장면이 확장되고 있었다. 특히 이러한 측면이 부각되는 부분에서는 산문기록의 서사가 파열되는 양상이 발견될 만큼 '유람' 의식이 강화되어 이국 체험의 재현에 대한 강렬한 문학적 욕구를 확인할 수 있었다. 독자들이 〈무자서행록〉을 '가지 않아도 볼 수 있는 만물도'로 이해 · 수용할 수 있었던 이유는 바로 이러한 창작 의식 때문인 것이며 이는 산문기록이나 한시와 다른 층위에서 체험을 구성하고자 한 사행가사의 차별적 영역을 선명하게 확인케 하는 사례이기도 한 것이다. 〈무자서행록〉의 이러한 특징은 이후 〈병인연행가〉에서도 발견되는데 기존에는 두 작품의 차별적 영역이 고찰되지 않아 〈병인연행가〉의 대청관도 대체로 긍정적이었다는 평가가 지배적이었다.

그러나 〈병인연행가〉의 창작 맥락과 동아사아 관계사를 고려한 결과 〈병인연행가〉에는 오히려 부정적 대청관이 내재해 있음을 확인할 수 있었다. 홍순학은 연행 도중 목도한 서양 세력에 대해 위협을 느낀 후 작품을 창작했기 때문에 〈무자서행록〉에 비해 자국 인식의 측면이 강화되어 있으며 이로 인해 대명의리론이 강하게 발현되는 현상이 발생하게 된 것이다. 특히 홍순학은 삼사 신분이었던 만큼 〈병인연행가〉에서는 대명의리론이 주된 의식 기제로 작동하고 있었으며 이는 전대의 〈장유가〉나 비슷한 시기의 〈임자연행별곡〉과 같이 대타적 자국 인식이 강화된 측면에서 이해되어야 할 필요가 있다.

이번 연구를 통해 작가가 서염순으로 새롭게 밝혀진 〈임자연행별곡〉은 〈무자서행록〉과 〈병인연행가〉의 중간 시기에 해당하는 작품으로 19세기 연행가사의 다양한 존재 양상을 확인케 하는 자료로도 가치가 있다. 작품에서 확인되는 중화계승의식은 〈병인연행가〉와 유사하지만 청나라의 새로운 문물에 대한 적극적 관심과 이를 사실적 어휘들을 통해 표현하려 한 점 등은 17세기 연행가사와 차별되기 때문이다. 그렇지만 분량이 상대적으로 짧고 연경의 문물에 대한 세밀한 묘사의 특질이 확인되지는 않는다. 〈무자서행록〉과 〈병인연행가〉는 상호텍스트성을 보일 만큼 유사한데 이는 독자들을 고려한 상황에서 '전달'을 목적으로 기록된 작품임을 의미한다. 반면 〈임자연행별곡〉의 경우 17세기의 〈장유가〉처럼 자족적 향유를 목적으로 창작된 작품이었을 가능성이 높아 보인다. 연경에 대한 '유람지'로서의 성격보다는 문학적 전거나 고사의 활용 등을 통해 전아함을 지향하고 있는 작품이기 때문이다. 그러므로 19세기에는 연행을 다녀온 이들을 중심으로 가사문학을 창작하는 관습이 다층적으로 지속되었음을 알 수 있다. 특히 연경에 대한 '유람지'로서의 특질이 부각된 〈병인연행가〉의 경우 다수의 이본을 통해 활발하게 유통되었던 것으로 보인다.

그런데 〈병인연행가〉에서 확인되는 이러한 부분은 기존에 화자의 보수적 세계관이나 관습적 표현으로 간주되면서 그 의미 실질이 제대로 분석되지 못하였다. 〈병인연행가〉와 〈무자서행록〉의 상호텍스트성이 발견되고 있는 장면을 통해 연경의 문물을 체계적으로 전달하고자 한 문학적 현상에 주목할 필요가 있는 것이다. 〈병인연행가〉를 면밀하게 살펴보면 외교적 주체로서의 체험이 반영된 부분은 산문기록을 저본으로 삼고 흥미로운 소재나 장면들을 묘사하는 부분에서는 〈무자서행록〉을 참고한 정황을 발견할 수 있기 때문이다. 이 과정에서 군집화된 소재별 분류와 확장적 첨가의 방식 등을 통해 〈병인연행가〉는 보다 진전된 문학적 구성의 전략과 형상화의 특질을 확보할 수 있었던 것이다. 이러한 특성을 전대의 사행가사 작품들과 비교해 본다면 시각적 재현과 관련된 장면이 독립적인 층위에서 이해되었음을 보여주는 사례라고 할 수 있다. 〈무자서행록〉과의 상호텍스트성이 확인되는 부분들은 〈병인연행가〉의 화자가 실제로 목도하거나 경험한 장면으로 보기는 어렵기 때문이다. 따라서 관찰자의 시각적 체험이 〈병인연행가〉의 세밀한 묘사를 가능케 했다는 기존의 전제적 인식은 재고될 필요가 있으며 경험 세계에 가치 부여를 하고 있다는 점을 주목할 필요가 있다. 〈셔유견문록〉을 보면 근대화된 문물을 경탄의 층위에서 묘사함으로써 경험 세계에 압도되는 양상을 발견할 수 있는데 그 전단계적 현상을 〈무자서행록〉과 〈병인연행가〉에서 확인할 수 있기 때문이다.

이러한 〈병인연행가〉와 동일한 연행 체험을 토대로 창작된 〈북행가〉는 문학적 소재 및 질감에서 상당한 이질성이 발견되어 흥미로운 작품이라 할 수 있다. '자국 인식'이나 '연경의 문물'에 초점을 두지 않고 지극히 사적인 시선에서 소재를 선별 · 형상화한 작품이기 때문이다. 사행가사의 소재적 '변이'로 인식되었던 기존의 시각을 본 연구에서는 소재의 '확장'으로 규정하여 그 문학적 특질과 의의를 해명해 보았다. 그 결과 〈북행가〉는 여행의 여정과 화홍과의 애정을 교차되면서 문학적 흡인력이 생성된 작품임을 알 수 있었다. 사행이라는 공식적 목적을 소거했을 때 남는 여행의 설렘과 아쉬움이 기녀와의 만남과 이별이라는 감정적 동요의 체험과 교묘히 결합되면서 사행가사가 표상할 수 있는 문학적 특질이 확대될 수 있었던 것이다. 전대의 작품인 〈일동장유가〉에도 '기녀'가 등장하지만 대부분 관찰자적 시선에 포착된 부수적 인물형들인 경우가 많았지만 〈북행가〉에서는 서사 과정의 중요한 축에 기녀들이 배치되면서 그들과의 관계나 감정선이 중시되고 있다. 이념에 종속된 시선이나 외국 문물의 재현이라는 층위에서 벗어나 개별적인 인간의 감정에 주목함으로써 이를 극적 장면화의 수

법과 서사적 연속성의 방식으로 형상화하고 있는 것이다. 이러한 문학적 흡인력으로 인해 〈북행가〉는 경북 상주의 규방 문화권을 중심으로 활발하게 소통·향유되었던 것으로 보인다.

19세기 후반에 오면 본격화된 서세동점으로 인해 청 문물에 대한 적극적 호기심은 많이 감소하게 되며 사행기록도 관습적으로 반복되거나 퇴행되는 양상을 보이는 만큼 〈북행가〉 이후 새로운 대청 사행가사는 발견되지 않는다. 그러나 〈병인연행가〉는 여러 이본들이 확인되고 〈무자서행록〉의 필사년도가 19세기 후반으로 추정되는 만큼 새로운 연행가사가 창작되지 않더라도 독자층의 수요에 탄력적으로 대응한 정황을 짐작해 볼 수 있다. 그러나 근대적 세계로의 변화를 직접적으로 목도하게 된 일본과 서구 체험의 경우 각각 한 편씩의 사행가사가 발견되고 있다. 〈유일록〉과 〈셔유견문록〉은 '중화'에서 '근대'로 세계 인식이 전변되는 양상을 확인케 하는 사행가사 작품들인 것이다. 사행 도중 을미사변, 아관파천, 단발령 등과 같은 격변적 사건들을 접하게 된 〈유일록〉의 화자는 근대화된 일본의 위력과 상대적인 조선의 약세를 완전하게 자각했던 것으로 보인다. 그로 인해 일본의 기계 문명이나 군사, 세금제도 등을 긍정하고 있으며 교육과 일부 제도는 '본받아야' 한다는 논리까지 구사하고 있는 것이다. 반면 부정적 대일관은 대체로 '풍속'의 범주에 한정되어 발현되고 있었다.

그러므로 기존에 〈유일록〉의 주된 대일 인식으로 부각되었던 화이관은 근대성 이외의 논리에서 부분적으로 발현되는 관념으로만 이해하는 것이 적절해 보인다. 〈일동장유가〉의 경우 발현된 화이관이 대타적 자국 인식과 상응하는 구도를 형성하고 있었지만 〈유일록〉에서의 적실한 대응 논리를 형성할 만큼의 의미 실질을 확보하고 있지 못하는 점에서도 더욱 그러하다. 중화주의를 구심점으로 동아시아와 일본을 인식했던 〈일동장유가〉의 경우와는 달리 〈유일록〉의 화자는 근대성에 경도됨으로써 문물과 제도를 적극적으로 관찰하고 수용하는 논리를 개진하고 있기 때문이다.

대청 사행가사인 〈무자서행록〉, 〈병인연행가〉와 비교해 보더라도 '유람지'의 성격에 해당하는 부분은 상당한 유사성을 보이지만 〈유일록〉의 경우 '근대적 문물'에 대한 구체적 인식이 심화되어 있음을 쉽게 알 수 있다. 특히 풍속의 범주를 넘어 자료에서 추출된 지식적 층위의 담론들까지 확인된다는 점에서도 이러한 차이는 선명하게 확인된다. 또한 『범사록』과의 상관성을 중심으로 그 창작 원리를 규명해본 별과 대체로 한문일기의 서사를 수용하되 전달 및 기록의 욕구가 발현되는 부분에서는 장면이 확장되고 있었다. 〈무자서행록〉이나 〈병자연행가〉와 문학적 특질의 유사성이 확인되는바, 창작 원리를 고려함으로써 그 동인을 해명할 수 있게 된 것이다. 또한 그 전변의 지점들을 세밀하게 살펴본 결과 장면의 유기적 연속 · 확장을 위해 다른 날짜에 해당하는 내용들이 분산 · 재배치되는 현상과 장면 단위 내에서도 소재들이 재배열되어 체계적 구성이 강화된 양상을 확인할 수 있었다. 나아가 장면의 실제성과 전달의 효율성을 제고하기 위해 정연한 구조 내에 세밀한 묘사를 보완하는 등 〈유일록〉도 『범사록』을 토대로 창작되는 과정에서 나름대로의 문학적 특질을 확보하게 된 사행가사임을 알 수 있었다. 〈일동장유가〉도 『동사록』을 토대로 창작되었지만 자신의 체험과 능력을 과시하고자 하는 층위에서 과장 및 허구의 논리가 적용된 양상을 확인되었다. 그러나 〈유일록〉은 이미 자국의 열세를 인지한 상황이므로 근대적 문물과 관련된 장면에서는 내용이 보완 · 확장되고 있는 것이다.

19세기 말에 이르러 사행가사에 투영된 대외 인식의 주된 관념이 중화에서 근대로 전환되는 이러한 양상은 동시기 대영 사행가사인 〈셔유견문록〉에서 더욱 명확하게 발견된다. 특히 잔존하는 중화적 사고로 일본에 대한 이적관이 부분적으로나마 확인되는 〈유일록〉과 달리 영국의 경우 근대화의 구심점으로 설정되어 찬탄의 시선만이 발현되고 있기 때문이다. 전대와 달리 동아시아를 벗어난 외교 체험이 소재가 되었으며 그로 인해 중화주의가 근대적 세계관으로 교체되는 전변 양상을 선명하게 확인할 수 있게 된 것이다. 〈유일록〉에도 근대적 문물에 대한 긍정적 시각이 전제되어 있지만 중화주의적 가치관으로 인해 발현된 이적관과 자국의 열세에 대한 한탄도 대타적 자의식의 기제로 표출되어 있었다.

그러나 〈셔유견문록〉에서 확인되는 자국 인식의 구심점은 '근대성'이며 영국을 '제나라'로 환치하여 이해할 만큼 근대적 세계에 대한 맹목적 동경을 발견할 수 있었다. 특히 당시의 패도적 국제관계를 종식케 하는 권력의 주재자로 영국을 인식하고 있는 것은 조선이라는 약소국이 구원될 수 있기를 염원하는 당시 지식인의 내적 반응이 투사된 결과로 보아야 할 것이다. 1902년은 일본에 의한 국권 침탈이 가시화되던 시기였으므로 당시의 대영 체험과 그 인식 속에는 자국의 부국강병에 대한 열망이 내재되어 있는 것이다. 또한 〈셔유견문록〉도 『서사록』을 저본으로 삼되 근대적 세계에 대한 긍정적 인식과 감흥을 감각적으로 재현한 작품임을 확인할 수 있었다. 더욱이 『서사록』을 변환하는 과정에서 화자는 허구적 요소를 첨가하여 조선과 영국의 친밀한 관계를 상정하는 등 인간적 내면이 형상화된 문학적 공간을 발견할 수 있는 가사작품으로서 의의를 확보하고 있는 것이다.

또한 작품의 주된 표현 특질을 보면 관념적 인식이 거의 작동하지 않아 역동적인 문체로 근대적 세계가 감각적으로 재구성되어 있는 양상을 확인할 수 있었다. 인상적 장면을 효율적으로 전달하기 위해 서사가 파열된 지점은 물론 감각적 재현을 위해 율격이 이완되어 있는 사례들도 발견되었다. 그리고 회정 과정에서 화자는 시·공간을 압축한 듯한 자신의 체험을 속도감 있는 문체로 표현하는 등 전대의 사행가사 작품들과 확연하게 변별되는 양상을 보이기도 한다. 현전하는 마지막 사행가사인 〈셔유견문록〉은 전대의 작품들과 유사한 문학적 창작 원리를 보이지만 세계관적 전환이 여실히 확인되고 그 과정에서 변화된 문학적 특질도 살필 수 있다는 점에서 문학사적 의의를 확보하고 있는 것이다.

이상에서 살펴본 바와 같이 조선 후기 사행가사를 통시적으로 고찰함에 있어 동아시아 관계사와 중화·화이관에 내재한 대타적 자국 인식의 측면을 고려함으로써 단편적 작품 분석이나 평면적 비교의 한계적 시각이 극복될 수 있었다. 또한 개별 작품들의 창작 원리가 해명되어 사행가사 작품들이 문학적 특질과 그 의의도 선명하게 확인할 수 있었다. 주지하듯 전근대 지식인들이 세계를 인식하고 수용하는 차원이 가장 급격하게 변화하게 되는 것은 자국의 경계 밖에서 사유하게 된 계기들과 밀접하게 연관된다. 그리고 낯선 공간의 이동에 따른 다양한 체험들은 시적 주체의 시선이 유연해짐에 따라 상당히 넓은 편폭으로 수렴되어 국내 기행가사가 담당할 수 없는 층위의 경험과 어휘들로 구현된다. 이 과정에서 이념적 단일성은 물론 서사적 인과성도 유지되지 않으며 인식과 구조의 이러한 이완 양상은 작품의 장편화는 물론 문체 특질의 변화와 직접적 상관성을 보이게 된 것이다.

그러므로 기행가사의 특질이 변모하게 되는 동력 내지는 주요 표지로서 사행가사의 변모 양상은 큰 의의를 확보하고 있다. 또한 사행가사의 창작 및 향유와 관련된 기록들을 고찰함으로써 작품들의 실질적 창작 동인과 수용 양상을 확인할 수 있었다. 시대나 창작 주체에 따라 정서적 환기, 기억과 재현의 매개체, 향유층의 추체험, 의식적 열망의 대체물 등 나양한 문학적 기능이 발현되었음이 확인되는 것이다. 이는 '여행자 문학'의 시각과도 조응되며 낯선 세계에서 촉발된 자아의 내면이 시대에 따라 양상을 달리 하며 국문시가와 접속했음이 사행가사를 통해 확인된다. 기존에 사행가사를 분석하는 과정에서 전혀 고려되지 않았던 이러한 시각은 내재적 분석이 지닌 한계를 극복하고 작품들이 실질적으로 내포했던 당대의 사회·문화적 의미를 고찰할 수 있게 한다는 점에서 의의가 있다.

이러한 본 연구의 논의는 조선시대에 국한되었기 때문에 20세기 이후 기행을 소재로 창작된 국문시가 작품들과의 비교·분석도 진행되어야 할 것으로 보인다. 문학 양식은 일정한 역사성 위에서 형성·변모하는 '세계 인식의 질서'이며 새로운 시대에 따라 경험의 표현도 변화하는 국면을 맞이하게 된다고 볼 수 있다.[1] 그러므로 근대 매체나 새로운 형식과 관련된 단절이나 연속의 지점들을 보다 세밀하게 살펴 고전문학과 현대문학의 단절적 지층이 반성적으로 조망될 수 있어야 한다. 또한 사행을 소재로 한 국문시조 및 국문 사행록, 기행가사 등을 통해 공시적인 층위에서의 심화된 논의도 필요해 보인다. 이본들이 발견되는 작품들의 경우 변별한 고증을 통해 필사 및 향유의 실태를 규명

1 김홍규, 「'近代詩'의 幻想과 混沌」, 『文學과 歷史的 人間』, 창작과비평사, 1994, 182~183쪽.

해 보아야 하며 그 과정에서 작품들을 새롭게 분석할 수 있는 의미망이 생성될 수 있을 것으로 보인다. 고전시가는 민족의 언어로 당대인들의 절실한 내면이 형상화되어 있고 당대의 많은 사람들이 그 울림에 공감하고 향유했다는 점에서 여전히 아름답다. 본 연구를 토대로 고전시가의 미학적 · 성찰적 · 현재적 의의가 더욱 선명하게 규명될 수 있기를 기대해 본다.

참고문헌

1. 자료

김민수 교주, 「日東壯遊歌」, 『탐구신서』 105, 탐구당, 1981.

김인겸, 최강현 역주, 〈일동장유가〉, 보고사, 2007.

김원모, 「李鍾應의 『西槎錄』과 〈셔유견문록〉 解題 · 資料」, 『동양학』 32집, 단국대 동양학연구소, 2000.

남옥, 이혜순 감수, 김보경 역, 『붓끝으로 부사산 바람을 가르다』, 소명출판, 2006.

동국대 한국문학연구소 연행록 해제팀, 『(국학고전) 연행록 해제』 1~2, 유성문화사, 2003.

박노준, 「〈海遊歌〉의 세계인식」, 『한국학보』 17, 일지사, 1991.

심재완 교주, 「日東壯遊歌 · 燕行歌」, 『한국고전문학대계』 10, 교문사, 1984.

이태직, 최강현 역주, 『조선 외교관이 본 명치시대 일본』, 신성출판사, 1999.

임기중, 「西行錄 解說 紀行文學史의 新紀元」, 『文藝中央』 가을호, 중앙일보사, 1978.

______, 『연행가사 연구』, 아세아문화사, 2001.

______, 『歷代歌辭文學全集』 16권, 아세아문화사, 1988.

임형택, 『옛 노래, 옛 사람들의 내면 풍경』, 소명출판, 2005.

원중거, 이혜순 감수, 김경숙 역, 『조선 후기 지식인, 일본과 만나다』, 소명출판, 2006.

정재호 · 김흥규 · 전경욱 『註解 樂府』, 고려대 민족문화연구원, 1992.

정재호 · 장정수, 『송강가사』, 신구문화사, 2006.

홍대용, 소재영 · 조규익 · 장경남 · 최인황 주해, 『주해 을병연행록』, 태학사, 1997.

______, 김태준 · 박성순 역, 『산해관 잠긴 문을 한 손으로 밀치도다』, 돌베개, 2001.

홍재휴, 『北行歌 硏究』, 효성여대 출판부, 1990.

『국역 해행총재』 Ⅰ~Ⅻ, 민족문화추진회, 1975.

金昌協, 『農巖集』

南龍翼,『壺谷集』
朴趾源,『燕巖集』
申欽,『象村集』
柳命天,『退堂集』
李宜顯,『陶谷集』

『肅宗實錄』
『燕行錄選集』, 下. 影印本, 성균관대 대동문화연구원, 1962.
『가사소리』 필사본, 가사문학관 DB자료실(http:// www.gasa.go.kr).
한국고전종합 DB(http://db.itkc.or.kr).

2. 저서 및 논문

강동엽,「회동관과 동아시아 문화교류」,『동아시아 문화의 통섭과 역동성』, 박이정, 2009.
강전섭,「이방익의 표해가에 대하여」,『한국언어문학』 20, 한국언어문학회, 1981.
강정인 · 안외순,「서구중심주의와 중화주의의 비교 연구－그 전개과정 및 특성을 중심으로」,『국제정치논총』 40(3), 한국국제정치학회, 2000.
계승범,「조선시대 동아시아 질서와 한 · 중 관계－쟁점별 분석과 이해」,『한 · 중 · 일 학계의 한 · 중 관계사 연구와 쟁점』, 동북아역사재단 편, 2009.
고순희,「18세기 향촌지식인의 선비의식－〈일동장유가〉를 통하여」,『한남어문학』 17 · 18집, 한남어문학회, 1992.
______,「18세기 가사에 나타난 기생 삶의 모습과 의미」,『고전문학연구』 10, 한국고전문학회, 1995.
______,「가사문학의 구비적 성격」,『국문학의 구비성과 기록성』, 태학사, 1999.
______,「19세기 중엽 상층 사대부의 가사 창작」,『국어국문학』 149, 국어국문학회, 2008.
______,「18세기 初 徐宗泰의 연행체험－그의 역사관과 문예관을 중심으로」,『연행록연구총서』 7, 학고방, 2006.
고운기,「한글본 燕行錄의 제작 양상－새 발굴자료 桑蓬錄과 乘槎錄을 중심으로」,『연행록연구총서』 10, 학고방, 2006.
고정희,『고전시가와 문체의 시학－윤선도와 정철의 경우』, 월인, 2004.
구인모,「국토 순례와 민족의 자기구성－근대 국토기행문의 문학사적 의의」,『한국문화연구』 27권, 동국대 한국문학연구소, 2004.
구지현, 「『계미수사록』에 대한 재검토－작가와 사행록으로서의 의미를 중심으로」, 『동방학지』 131, 연세대 국학연구원, 2005.
______, 『계미 통신사 사행문학 연구』, 보고사, 2006.
권영철, 「北行歌에 對하여」, 『연행록연구총서』 2, 학고방, 2006.
기정순, 「도곡 이의현의 문장론 소고」, 『한문학논집』 17, 근역한문학회, 1999.
길진숙, 『조선전기 시가예술론의 형성과 전개』, 소명출판, 2001.
김갑기, 「退堂 柳命天의 杜詩受容論－〈悲秋八首〉와 〈秋興八首〉를 중심으로」, 『한국어문학연구』 35, 한국어문학연구학회, 1999.
김경록, 「조선시대 국제질서와 한·중 관계의 전개양상」, 『중국학보』 60, 한국중국학회, 2009.
김경숙, 「『乘槎錄』의 서술 방식과 사행록으로서의 의의」, 『조선통신사 사행록 연구총서』 1, 학고방, 2008.
김기봉, 「'언어로의 전환'에서 '문화로의 전환'으로」, 『'역사란 무엇인가'를 넘어서』, 푸른역사, 2007.
김기영, 「〈셔유견문록〉의 문예적 실상과 교육적 가치」, 『한국문학 이론과 비평』 17, 한국문학 이론과 비평학회, 2002.
김남기, 「『燕轅日錄』에 나타난 기녀의 생활과 애환」, 『돈암어문학』 20, 돈암어문학회, 2007.
김대행, 「가사 양식의 문화적 의미」, 『한국시가연구』 3, 한국시가학회, 1998.
______, 「가사와 태도의 시학」, 『고시가연구』 21, 한국고시가문학회, 2008.
김명희, 「歸菴 朴權의 〈西征別曲〉과 〈北征日記〉 考究」, 최강현 편, 『한국 기행문학 작품 연구』, 한국자료원, 1996.
김문식, 「18세기 후반 서울 學人의 淸學認識과 淸 文物 도입론」, 『奎章閣』 17, 서울대 규장각 한국학연구원, 1994.
______, 「조선 후기 지식인의 자아인식과 타자인식－대청교섭을 중심으로」, 『연행록연구총서』 8, 학고방, 2006.
______, 「이수광의 자아인식과 타자인식」, 『연행록연구총서 8』, 학고방, 2006.
______, 「근대 한국의 탈중화주의」, 『오늘의 동양사상』 15, 예문동양사상연구원, 2006.
김문용, 「중화의식, '민족'과 그리고 '세계'」, 윤사순 외, 『조선시대 삶과 생각』, 고려대 민족문화연구원, 2000.
김문용, 『홍대용의 실학과 18세기 북학사상』, 상지사, 2005.

김미경, 「19세기 燕行錄에 나타난 民俗演戲－『薊山紀程』을 중심으로」, 『연행록연구총서』 9, 학고방, 2006.
김미영, 「姜瑋의 燕行詩 小考」, 『연행록연구총서』 1, 학고방, 2006.
______, 「東華 李海應의 『薊山紀程』 硏究」, 『연행록연구총서』 1, 학고방, 2006.
김민호, 「他者의 視線으로 바라 본 中國 江南 이미지－燕行錄과 漂海錄의 記錄을 中心으로」, 『중국어문논총』 43, 중국어문연구회, 2009.
김병국 외, 『장르교섭과 고전시가』, 월인, 1999.
김보경, 「남옥의 『日觀記』 연구－대상 · 보기 · 문체를 축으로」, 『조선통신사 사행록 연구총서』 1, 학고방, 2008.
김상진, 「李鍾應의 〈셔유견문록〉에 나타난 서구 체험과 문화적 충격」, 『우리어문연구』 23, 우리문학회, 2008.
김순자, 『韓國 中世 韓中關係史』, 혜안, 2007.
김시업, 『북천가 연구－북천록과의 비교 고찰을 통하여』, 성균관대 석사논문, 1975.
김아리, 「『노가재연행일기』의 글쓰기 방식－상호텍스트성을 중심으로」, 『한국한문학연구』 25, 한국한문학회, 2000.
김옥란, 「『삼국지연의』의 신화적 모티프 수용」, 『동양학』 45, 단국대 동양학 연구소, 2009.
김우창, 「풍경과 선험적 구성」, 『풍경과 마음』, 생각의나무, 2003.
김유경, 「최초의 사행가사 〈장유가〉 연구」, 『한국시가연구』 23, 한국시가학회, 2007.
김윤희, 「〈장유가〉의 표현 양상과 공간관을 통해 본 17세기 사행가사의 특징」, 『어문논집』 56, 민족어문학회, 2007.
______, 「〈표해가〉의 형상화 양상과 문학사적 의의」, 『고전문학연구』 34, 한국고전문학회, 2008.
김원모, 「한국의 영국 축하사절단 파견과 한 · 영 외교관계」, 『동양학』 32, 단국대 동양학연구소, 2002.
김주한, 「연행록을 통해 본 한 · 중 문화교류－홍대용의 담헌서와 홍순학의 연행가를 중심으로」, 『모산학보』 2, 모산학술연구소, 1981.
김중렬, 「崔孤雲의 紀行詩 고찰－한국 紀行歌辭의 연원으로」, 최강현 편, 『한국 기행문학 작품 연구』, 한국자료원, 1996.
______, 「근대 초기 기행담론을 통해 본 시선과 경계 인식 고찰－중국과 일본 여행을 중심으로」, 『인문과학』 36, 성균관대 인문과학연구소, 2005.
김태준, 『홍대용과 그의 시대』, 일지사, 1982.

김태준 · 이승수 · 김일환, 『조선의 지식인들과 함께 문명의 연행길을 가다』, 푸른역사, 2005.

______, 「유교적 문명성과 문학적 교양－신유한의 일본일기 『海遊錄』을 중심으로」, 『조선통신사 사행록 연구총서』 1, 학고방, 2008.

김풍기, 「연행가의 교육적 독법－대타적 자아인식의 형성과 문화 상대주의」, 『한국 고전시가 교육의 역사적 지평』, 월인, 2002.

김한규, 『한 · 중 관계사』 II, 아르케, 1999.

김학성, 「가사의 실현화 과정과 근대적 지향」, 『근대문학의 형성과정』, 문학과지성사, 1983.

______, 『한국 고전시가의 정체성』, 성균관대 출판부, 2002.

______, 「가사의 장르적 특성과 현대사회의 존재 의의」, 『고시가연구』 21, 한국고시가문학회, 2008.

______, 「가사 양식의 전통 유형과 계승방향」, 『고시가연구』 23, 한국고시가문학회, 2009.

김현미, 『18세기 연행록의 전개와 특성』, 혜안, 2007.

김현주, 「근대 초기 기행문의 전개 양상과 문학적 기행문의 기원－국토 기행을 중심으로－」, 『현대문학의 연구』 16, 현대문학 연구학회, 2001.

김흥규, 「'近代詩'의 幻想과 混沌」, 『文學과 歷史的 人間』, 창작과비평사, 1994.

______, 「韓國 詩歌 律格의 이론 Ⅰ」, 『욕망과 형식의 시학』, 태학사, 1999.

______, 『한국문학의 이해』, 민음사, 2000.

______, 「조선 후기 예술의 환경과 소통 구조」, 『한국 고전문학과 비평의 성찰』, 고려대 출판부, 2002.

______, 「정치적 공동체의 상상과 기억－단절적 근대주의를 넘어선 한국 / 동아시아 민족 담론을 위하여」, 『현대 비평과 이론』 30, 한신문화사, 2008.

나병철, 『근대서사와 탈식민주의』, 문예출판사, 2001.

남궁곤, 「조선사행록을 통해 본 18세기 동아시아 평화체제로서의 조공체제」, 『연행록연구총서』 7, 학고방, 2006.

남궁곤, 「동아시아 전통적 국제질서의 구성주의적 이해」, 『국제정치논총』 43(4), 한국국제정치학회, 2003.

노대환, 「19세기 전반 지식인의 對淸 危機認識과 北學論의 변화」, 『연행록연구총서 8』, 학고방, 2006.

류준필, 「『박학사 포쇄일기』와 가사의 기록성」, 『민족문학사연구』 22, 민족문학사학회, 2003.

박경주, 「기행가사의 진술방식과 문학적 형상화 양상」, 『한국시가연구』 18, 한국시가학회, 2005.
박광용, 「箕子 朝鮮에 대한 認識의 변천－高麗부터 韓末까지의 史書를 중심으로」, 『韓國史論』 6, 서울대 국사학과, 1980.
박노준, 「〈해유가〉와 〈셔유견문록〉 견주어 보기」, 『한국언어문화』 23, 한국언어문화학회, 2003.
박미영, 「재미작가 홍언의 미국기행시가에 나타난 디아스포라적 작가의식」, 『시조학논총』 25, 한국시조학회, 2006.
박애경, 「조선 후기 일본 기행가사와 일본관」, 『18세기 한일문화교류의 양상』, 한국 18세기학회 편, 태학사, 2007.
______, 「화이관의 동향과 일본 기행가사의 계보」, 『한국 고전시가의 근대적 변전 과정 연구』, 소명출판, 2008.
______, 「'서양'이라는 낯선 타자와의 대면」, 『한국 고전시가의 근대적 변전 과정 연구』, 소명출판, 2008.
______, 「후기 가사의 흐름과 '록'으로의 지향」, 『한국 고전시가의 근대적 변전과정 연구』, 소명출판, 2008.
박우훈, 「李時秀의 燕行長詩 〈續北征〉 연구」, 『연행록연구총서』 4, 학고방, 2006.
박종채, 박희병 역, 『나의 아버지 박지원』, 돌베개, 2006.
박지원, 박희병 역, 『고추장 작은 단지를 보내니』, 돌베개, 2006.
박찬기, 「「도진고로시[唐人殺し]의 세계와 조선통신사」」, 『조선통신사와 일본근세문학』, 보고사, 2001.
박현모, 「세도정치기(1800~1863) 조선의 대외정책 연구」, 『국제정치논총』 44(4), 한국국제정치학회, 2004.
박희병, 「조선 후기 歌辭의 일본체험, 〈일동장유가〉」, 『한국고전시가작품론』, 집문당, 1992.
성무경, 「가사의 가창 전승과 '착간' 현상」, 『가사의 시학과 장르 실현』, 보고사, 2000.
소재영, 「18세기의 일본체험－일동장유가를 중심으로」, 『한국 기행문학 작품 연구』, 한국자료원, 1996.
______, 「무오연행록과 연행가의 비교 고찰」, 『한국어문학논고』, 태학사, 1997.
______, 「燕行의 山河와 燕行使의 歷史意識」, 『東洋學』 35, 단국대 동양학연구소, 2004.
소재영 · 김태준 · 조규익 · 김현미 · 김효민 · 김일환, 『연행노정, 그 고난과 깨달음의 길』, 박이정, 2004.
손승철, 『조선시대 한일관계사 연구—교린관계의 허와 실』, 경인문화사, 2006.
______, 『조선통신사, 일본과 通하다』, 동아시아, 2006.
심경호, 「실학시대의 여행」, 『한국실학연구』 12, 한국실학학회, 2006.
안대회, 『18세기 한국 한시사 연구』, 소명출판, 1999.
______, 「한문학에서의 민족적인 것과 세계적인 것」, 『국문학과 문화』, 월인, 2001.
양니엔췬, 「'동아시아'란 무엇인가?—근대 이후 한・중・일의 '아시아' 想像의 차이와 그 결과」, 『대동문화연구』 50, 성균관대 대동문화연구원, 2005.
여홍상 편, 「말, 대화, 그리고 소설」, 『바흐친과 문학이론』, 문학과지성사, 1997.
우미영, 「視覺場의 변화와 근대적 心象 空間—근대 초기 기행문을 중심으로」, 『어문연구』 32(4), 어문학회, 2004.
유봉학, 『연암일파 북학사상 연구』, 일지사, 1994.
______, 『조선 후기 학계와 지식인』, 신구문화사, 1998.
______, 「한국사학에서 바라본 중화주의」, 『中國文學』 44, 한국중국어문학회, 2005.
유정선, 『18・19세기 기행가사 연구』, 역락, 2007.
______, 「19세기 중국 사행가사에 반영된 기행 체험과 이국취향—〈서행록〉과 〈연행가〉를 중심으로」, 『한국고전연구』 17, 한국고전연구학회, 2008.
윤광봉, 「〈일동장유가〉에 나타난 놀이양상」, 최강현 편, 『한국 기행문학 작품 연구』, 한국자료원, 1996.
______, 「연행가에 나타난 연희양상」, 『연행록연구총서』 9, 학고방, 2006.
윤덕진, 「향유 방식을 중심으로 본 16~17세기 가사의 양상」, 『한국시가연구』 9, 한국시가학회, 2001.
윤치부, 「〈표해가〉의 이본 고찰」, 『한국기행문학작품연구』, 국학자료원, 1996.
원재연, 「조선시대 학자들의 서양인식」, 『대구사학』 73, 대구사학회, 2003.
이계호, 최강현 역, 『休堂의 연행록』, 신성출판사, 2004.
이개석, 「정통론과 13~14세기 동아시아 역사 서술」, 『대구사학』 88, 대구사학회, 2002.
이관성, 「홍석모의 〈皇城雜詠〉 小考—조선인의 눈에 비친 19세기 연경의 시적 형상화」, 『어문논집』 58, 민족어문학회, 2008.
이동찬, 「18세기 대일 사행체험의 문화적 충격 양상—『해사일기』와 〈일동장유가〉를 중심으로—」, 『한국문학논총』 15, 한국문학회, 1994.
______, 「계미 통신사행 기록의 장르 선택—『해사일기』와 〈일동장유가〉를 중심으

로」, 『가사문학의 현실 인식과 서사적 형상』, 세종출판사, 2002.
______, 「〈셔힝녹〉에 드러난 문화충격의 실상과 의미」, 『가사문학의 현실 인식과 서사적 형상』, 세종출판사, 2002.
이민원, 「상투와 단발령」, 『사학지』 31, 단국대 사학회, 1998.
이상보, 「燕行別曲」, 『詩文學』 52, 詩文學社, 1975.
______, 「長風에 놀난 물결」, 『文學思想』 33, 문학사상사, 1975.
이상원, 『조선시대 시가사의 구도와 시각』, 보고사, 2004.
이성규, 「중화제국의 팽창과 축소」, 『역사학보』 186, 역사학회, 2005.
이성후, 「〈일동장유가〉 연구」, 효성카톨릭대 박사논문, 1988.
______, 「〈일동장유가〉의 실학적 고찰」, 『어문학』 53, 한국어문학회, 1992.
이승수, 「조선 후기 燕行 체험과 故土 인식」, 『동방학지』 127, 연세대 국학연구원, 2004.
______, 「연행과 여행, 그리고 문학」, 『연행의 사회사』, 경기문화재단, 2005.
이원식, 『조선통신사』, 민음사, 1991.
이원주, 「가사의 독자—경북 북부지역을 중심으로」, 『조선 후기의 언어와 문학』, 형설출판사, 1980.
이원택, 「顯宗祖의 復讐義理 논쟁과 公私 관념」, 『한국정치학회보』 35(4), 한국정치학회, 2001.
이은숙, 「지리학의 한 분야로서의 문학지리학 · 지리학과 문학의 만남」, 김태준 편, 『문학지리 · 한국인의 심상공간』, 논형, 2005.
이재용, 「紀行文學으로서의 『眉岩日記』」, 최강현 편, 『한국 기행문학 작품 연구』, 한국자료원, 1996.
이종찬 · 김갑기, 「퇴당유명천론」, 『조선 후기 한시 작가론』 Ⅰ, 이회문화사, 1998.
이주영, 「燕行歌考」, 『한국고전시가작품론』 2, 집문당, 1995.
이창희 외, 『18세기 예술 · 사회사와 옥소 권섭』, 다운샘, 2007.
______ 외, 『옥소 권섭과 18세기 조선 문화』, 다운샘, 2009.
이채연, 「조선전기 대일 사행문학에 나타난 일본인식」, 『조선통신사 사행록 연구총서』 2, 학고방, 2008.
이철성, 「통신사와 연행사의 비교 연구」, 『통신사 · 왜관과 한일관계』, 한일관계사학회, 경인문화사, 2005.
이춘식, 『중화사상』, 교보문고, 1998.
이형대, 「〈北塞曲〉의 표현방식과 작품세계」, 『19세기 시가문학의 탐구』, 집문당, 1995.

______, 「15세기 이상향의 풍경과 추체험 방식」, 『한국 고전시가와 인물형상의 동아시아적 변전』, 소명출판, 2002.
______, 「17 · 18세기 기행가사와 풍경의 미학」, 『민족문화연구』 40, 고려대 민족문화연구원, 2004.
이혜순, 「18세기 韓日 文士의 金剛山-富士山 우열 논쟁과 그 의미」, 『한국한문학연구』 14, 한국한문학회, 1991.
______, 「17세기 통신사행집단의 문학과 의식세계-南龍翼의 〈壯遊〉를 중심으로」, 『한국한문학연구』 17, 한국한문학회, 1994.
______, 『조선 통신사의 문학』, 이화여대 출판부, 1996.
______ 외, 「여행자 문학론의 정립」, 『비교 문학의 새로운 조명』, 태학사, 2003.
임기중, 「연행가사의 연구」, 『한국문화연구』 10, 동국대 한국문학연구소, 1987.
______, 『연행록 연구』, 일지사, 2002.
임재욱, 「가사의 형태와 향유 방식 변화의 관련 양상 연구」, 『국문학연구』 137, 서울대 국문학연구회, 1998.
______, 「가사의 가창 전통과 부분창의 가능성」, 『한국시가연구』 3, 한국시가학회, 1998.
임종욱, 「여말선초 두 지식인의 일본 체험-정몽주와 신숙주의 한시를 중심으로」, 『조선통신사 사행록 연구총서』 2, 학고방, 2006.
임준철, 「대청사행의 종결과 마지막 연행록」, 『민족문화연구』 49, 고려대 민족문화연구원, 2008.
______, 「계미 통신사와 실학자들의 일본관」, 『창작과 비평』 85, 창작과비평사, 1995.
______, 「조선사행의 해로 연행록-17세기 동북아의 역사 전환과 실학」, 『한국실학연구』 9, 한국실학학회, 2005.
______, 「19세기 말 20세기 초 동아시아 세계관적 전환과 지식인의 동아시아 인식」, 『대동문화연구』 50, 성균관대 대동문화연구원, 2005.
______, 『문명의식과 실학』, 돌베개, 2009.
장덕순, 「日本紀行의 日東壯遊歌」, 『現代文學』 95, 현대문학사, 1962.
______, 「김인겸의 〈일동장유가〉」, 『여행과 체험의 문학-일본편』, 민족문화문고간행회, 1985.
장유승, 「이종휘의 자국사 인식과 소중화주의」, 『민족문학사연구』 35, 민족문학사학회, 2007.
장인성, 「'인종'과 '민족'의 사이-동아시아 연대론의 지역적 정체성과 '인종'」, 『국제정치논총』 40(4), 한국국제정치학회, 2000.
______, 『근대 한국의 국제 관념에 나타난 도덕과 권력』, 서울대 출판부, 2006.
장정수, 「금강산 기행가사의 전개 양상 연구」, 고려대 박사논문, 2002.
______, 「20세기 기행가사의 창작 배경과 작품 세계 — 1945년 이전 작품을 중심으로」, 『어문논집』 47, 민족어문학회, 2003.
정　민, 『초월의 상상』, 휴머니스트, 2002.
______, 「16 · 7세기 조선 문인지식층의 江南熱과 西湖圖」, 『고전문학연구』 22, 한국고전문학회, 2002.
정병국, 「此山 柳寅睦의 北行歌 硏究」, 한국교원대 석사논문, 1999.
정영문, 「홍순학의 『燕行歌』 硏究」, 『연행록연구총서』 5, 학고방, 2006.
______, 「남용익의 『부상록』 연구」, 『조선통신사연구』 2, 조선통신사학회, 2006.
정옥자, 『조선 후기 문학사상사』, 서울대 출판부, 1990.
______, 『조선중화사상연구』, 일지사, 1998.
______ 외, 『조선시대 문화사』 상 · 하, 일지사, 2009.
정용화, 「전환기 자주외교의 개념과 조건 — 19세기 말 조선의 대청외교의 이론적 고찰」, 『국제정치논총』 43(4), 한국국제정치학회, 2003.
정장식, 『통신사를 따라 일본 에도시대를 가다』, 고즈윈, 2005.
정재호, 「燕行歌類에 나타난 中國」, 『여행과 체험의 문학 — 중국편』, 민족문화문고간행회, 1985.
______, 「이방익의 〈표해가〉 攷」, 『한국기행문학작품연구』, 국학자료원, 1996.
______, 「조선 후기 史書에 나타난 中華主義와 民族主義」, 『한국실학연구』 8, 한국실학학회, 2004.
______, 「17세기 尤庵 宋時烈의 政治思想」, 『韓國思想과 文化』 42, 한국사상문화학회, 2008.
정한기, 「〈일동장유가〉에 나타난 일본에 대한 인식 연구 — 『해사일기』와의 비교를 중심으로」, 『관악어문연구』 25, 서울대 국어국문학과, 2000.
______, 「연행가에 나타난 客愁의 특징과 그 의미 — 『국역 연행록선집』에 수록된 연행록과의 대비를 중심으로」, 『고전문학과 교육』 16, 한국고전문학교육학회, 2008.
정혜중, 「19세기 초 조선 사행 김경선의 북경체험과 외국정보 이해」, 『중국사연구』 37, 중국사학회, 2005.
정훈식, 『홍대용 연행록의 글쓰기와 중국 인식』, 세종출판사, 2007.
정흥모, 「20세기 초 서양 기행가사의 작품 세계」, 『한민족문화연구』 31, 한민족문화학회, 2009.
조규익, 「해양가사의 문학적 성격」, 『한국기행문학작품연구』, 국학자료원, 1996.
______, 「화이 통합의 보편적 세계관, 그 현장의 기록－『을병연행록』」, 『국문 사행록의 미학』, 역락, 2004.
______, 「사행가사의 해외체험과 세계관－〈일동장유가〉와 〈병인연행가〉」, 『국문 사행록의 미학』, 역락, 2004.
______, 「조선조 국문 사행록의 흐름」, 『국문 사행록의 미학』, 역락, 2004.
______, 「연행록에 반영된 천산·의무려산·수양산의 내재적 의미」, 『연행록연구총서』 1, 학고방, 2006.
______ 외편, 『연행록 연구총서』 1～10, 학고방, 2006.
______ 외편, 『조선통신사 사행록 연구총서』 1～13, 학고방, 2008.
조선통신사문화사업회 편, 『조선통신사 옛길을 따라서』 1～2, 한울, 2005.
조성산, 「조선 후기 소론계의 古代史 연구와 中華主義의 변용」, 『역사학보』 202, 역사학회, 2009.
조세형, 「서사가사의 사적 전개 양상과 그 의미」, 『가사의 언어와 의식』, 보고사, 2009.
주경열, 「權近의 使行詩 硏究」, 『연행록연구총서』 1, 학고방, 2006.
진동혁, 「이세보 기행시조 연구」, 『어문논집』 23, 민족어문학회, 1982.
차혜영, 「동아시아 지역표상의 시간·지리학」, 『한국근대문학연구』 20, 한국근대문학회, 2009.
최강현, 「한국해양문학연구－주로 〈표해가〉를 중심하여」, 『성곡논총』 12, 성곡학술문화재단, 1981.
______, 「표해가의 지은이를 살핌」, 『어문논집』 23, 민족어문학회, 1982.
______, 『韓國 紀行文學 硏究』, 일지사, 1982.
______, 「해외견문과 자기인식－사행가사」, 『韓國 紀行文學 硏究』, 일지사, 1982.
______, 「幕府日本과 維新日本의 風物－〈일동장유가〉와 〈유일록〉을 중심으로 하여」, 『여행과 체험의 문학－일본편』, 민족문화문고간행회, 1985.
______, 「使行歌辭를 비교하며 살핌－〈병인연행가〉와 〈일동장유가〉를 중심으로 하여」, 『여행과 체험의 문학－일본편』, 민족문화문고간행회, 1985.
______, 「일본 기행 〈범사록〉을 살핌」, 『어문논집』 27, 민족어문학회, 1987.
______, 『韓國文學의 考證的 硏究』, 고려대 민족문화연구소, 1996.
최두식, 「표해기록의 가사화 과정」, 『동양예학』 7, 동양예학회, 2002.
최상은, 「〈일동장유가〉와 사대부 가사의 변모」, 『반교어문연구』 6, 반교어문학회,

1995.
최소자, 『명청시대 중 · 한 관계사 연구』, 이화여대 출판부, 1997.
최태호, 「松江의 『燕行日記』 考察」, 『목원대 논문집』 42, 목원대, 2003.
최현재, 「미국기행가사 〈해유가〉에 나타난 자아인식과 타아인식 고찰」, 『한국언어문학』 58, 한국언어문학회, 2006.
최희재, 「동아시아 국제질서의 변화와 한국」, 『사학지』 39, 단국대 사학회, 2007.
피터윤, 「서구 학계 조공제도 이론의 중국 중심적 문화론 비판」, 『아세아연구』 45(3), 고려대 아세아문제연구소, 2002.
하우봉, 「새로 발견된 일본사행록들-『海行摠載』의 보충과 관련하여」, 『역사학보』 112, 역사학회, 1986.
______, 「조선 후기 실학과 일본근세 고학의 비교연구 시론-교류사적 측면을 중심으로 」, 『한일관계사연구』 8집, 한일관계사학회, 1998.
한국18세기학회 편, 『18세기 한일문화교류의 양상』, 태학사, 2007.
한철호, 「1차 수신사 김기수의 견문활동과 그 의의」, 『韓國思想史學』 27, 한국사상사학회, 2006.
한태문, 「조선 후기 통신사 사행문학 연구」, 부산대 박사논문, 1995.
______, 「通信使 使行文學 硏究의 回顧와 展望」, 『국제어문』 27, 국제어문학회, 2003.
______, 「通信使 往來를 通한 文化交流」, 한일관계사학회, 『통신사 · 왜관과 한일관계』, 경인문화사, 2005.
______, 「조선 후기 통신사 사행문학의 특징과 문학사적 의의-교린체제 안정기(1682~1763)의 『사행록』을 중심으로」, 『조선통신사 사행록 연구총서』 2, 학고방, 2006.
허남춘, 「가사를 통해 본 중국과 일본-〈무자서행록〉과 〈일동장유가〉를 중심으로」, 『어문연구』 52, 어문학회, 2006.
허동현, 「일본을 통한 근대기술 및 지식의 수용과 그 변용-1876~1884년 사이의 견일 사절을 중심으로」, 『동아시아의 지식교류와 역사기억』, 동북아역사재단, 2009.
허태용, 『조선 후기 중화론과 역사인식』, 아카넷, 2009.
홍재휴, 「北行歌와 燕行路程記攷」, 『大邱教大學報』 96, 대구교대. 1973.
황호덕, 「타자로의 항해들, 「사이」에서 창안된 네이션-개항기의 견문록과 간문화적 자기 재현」, 『한국사상과 문화』 34, 한국사상과문화학회, 2006.

고지마 쓰요시, 신현승 역, 『사대부의 시대』, 동아시아, 2004.
기시모토 미오 · 미야지마 히로시, 김현영 · 문순실 역, 『조선과 중국 근세 오백년을 가다』, 역사비평사, 2008.
무라이 쇼스케, 손승철 · 김강일 역, 『동아시아속의 중세 한국과 일본』, 경인문화사, 2008.
미야케 히데토시, 손승철 역, 『역사적으로 본 일본인의 한국관』, 풀빛, 1990.
______________, 하우봉 역, 『근세 한일관계사 연구』, 이론과 실천, 1991.
미조구찌 유조 외, 동국대 동양사연구실 역, 『중국의 예치 시스템』, 청계, 2004.
사카이 나오키, 후지이 다케시 역, 『번역과 주체』, 이산, 2005.
오전진[吳戰壘], 유병례 역, 『중국시학의 이해』, 태학사, 2003.
쓰키아시 다쓰히코, 최혜림 역, 「조선의 개화와 근대성－단발 · 위생 · 콜레라 방역」, 『문명 개화 평화(한국과 일본)』, 아연출판부, 2008.
이노구치 아츠시, 심경호 · 한예원 역, 『일본한문학사』, 소명출판, 2000.
후마 스스무, 하정식 외역, 『연행사와 통신사』, 신서원, 2008.

Aleida Assmann, 변학수 · 백설자 · 채연숙 역, 『기억의 공간』, 경북대 출판부, 2003.
Antony Easthope, 임상훈 역, 『문학에서 문화연구로(*Literary Into Cultural Studies*)』, 현대미학사, 1994.
Antony Easthope, 박인기 역, 『시와 담론(*Poetry as discourse*)』, 지식산업사, 1994.
Astrid Erll, 배정희 역, 「회상사적 문학연구란 무엇이며, 그 목적은 무엇인가?」, 『문화이론과 문학연구』, 연세대 출판부, 2008.
Benjamin A. Elman, 양휘웅 역, 『성리학에서 고증학으로』, 예문서원, 2004.
Jonathan Crary, 임동근 · 오성훈 외역, 『관찰자의 기술－19세기 시각과 근대성』, 문화과학사, 2001.
Jon M. Frankl, 『한국문학에 나타난 외국의 의미』, 소명출판, 2008.
Peter Burke, 조한욱 역, 『문화사란 무엇인가』, 길, 2006.
Walter J. Ong, 이기우 · 임명진 역, 『구술문화와 문자문화(*Orality and literacy*)』, 문예출판사, 2009.

Andrew Hadfield, *Literature, Travel, and Colonial Writing in the English Renaissance 1545～1625*, Oxford University Press, 1998.
Alison Russell, *Crossing Boundaries-Postmodern Travel Literature*, palgrave, 2000.
Helga Quadflieg, "Approved civilities and the fruits of peregrination-Elizabethan and

Jacobean travellers and the making of Englishness", *The Making of Modern Tourism-The cultural history of the British Experience,* 1600～2000, palgrave, 2002.

John Brewer, *The Pleasure of the Imagination-English culture in the 18th century,* The university of Chicago press, 1997.

Roberto Romani, "Between Whiggism and the science of manners : Britain, 1750～1800", *National Character and Public Spirit in Britain and France—1750～1914*, Cambridge University Press, 2002.

Timothy Hampton, *Fictions of Embassy-Literature and Diplomacy in Early Modern Europe,* Cornell University Press, 2009.